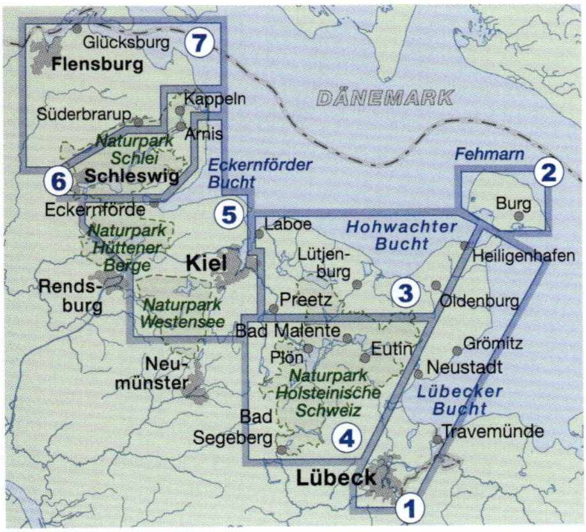

Lübeck und die Lübecker Bucht

② Fehmarn

③ Hohwachter Bucht und Probstei

④ Holsteinische Schweiz

⑤ Kiel und die Eckernförder Bucht

⑥ Schleswig und die Schlei

⑦ Angeln und die Flensburger Förde

Nachlesen & Nachschlagen

Unterwegs mit

Dieter Katz

Jahrgang 1964, studierte Wirtschafts- und Erziehungswissenschaften sowie Ethik. Der promovierte Pädagoge und begeisterte Fotograf verbrachte jeden Sommer seines Lebens an den deutschen Küsten – erst familiär erzwungen, später aus Leidenschaft. Neben diesem Buch hat er für den Michael Müller Verlag weitere Reiseführer über die Ost- und Nordseeküste geschrieben.

Kann sich die Liebe zu einer Region vererben? In meinem Fall – glaube ich – schon. Alles begann in den Wirren der Nachkriegszeit, als mein Vater einen Freund kennenlernte, der von einem Grömitzer Bauernhof stammte. Von da an jedenfalls verbrachte er dort, später mit Familie, jeden Sommerurlaub. Und wir Kinder lernten die Vorzüge der Küste schnell kennen, genossen ein unbeschwertes Strandleben, schlossen Freundschaften, lernten Windsurfen und Segeln und die Ostseeküste lieben. Längst haben meine Frau und ich auch schon wieder erwachsene Kinder, denen ein ähnliches Schicksal beschieden war: Sie verbrachten jeden Sommer ihres Lebens an der Küste.

Leidenschaft macht neugierig, und immer wieder gibt es etwas Neuartiges zu entdecken, sei es im wunderschönen Hinterland mit seinen herrschaftlichen Gutshöfen oder an einem der versteckt gelegenen und damit etwas ruhigeren Strände.

Und das nicht nur im Sommer. Ich persönlich schätze besonders die Frühsommerzeit an der Küste, wenn wochenlang das Gelb der Rapsfelder intensiv erstrahlt und zum tiefen Blau des Himmels einen intensiven Kontrast erzeugt. Und am Ende der Saison, wenn die Laubwälder über den Steilküsten ihr malerisches Kleid anlegen, gibt es kaum etwas Schöneres als stundenlange Spaziergänge an den nun fast menschenleeren Stränden.

Was haben Sie entdeckt?

Haben Sie ein besonderes Restaurant, ein neues Museum oder ein nettes Hotel entdeckt? Wenn Sie Ergänzungen, Verbesserungen oder Tipps zum Buch haben, lassen Sie es uns bitte wissen!

Schreiben Sie an: Dieter Katz, Stichwort „Ostseeküste – Schleswig-Holstein"
c/o Michael Müller Verlag GmbH | Gerberei 19 | D – 91054 Erlangen
dieter.katz@michael-mueller-verlag.de

Ostseeküste

Schleswig-Holstein

Dieter Katz

8. komplett überarbeitete und aktualisierte Auflage 2024

Inhalt

Orientiert an der Ostseeküste Schleswig-Holsteins ▪ 10

Die Region im Profil ▪ 12 | Erlebnis Kultur ▪ 14 | Strandleben ▪ 16 | Aktiv an der Ostseeküste ▪ 18 | Mit Kindern an der Küste ▪ 20

Unterwegs an der Ostseeküste Schleswig-Holsteins ▪ 22

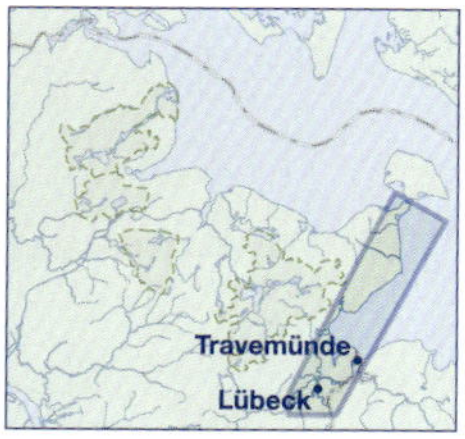

Lübeck und die Lübecker Bucht ▪ 24

Lübeck als „Königin der Hanse" ist Weltkulturerbe. Die nahe Lübecker Bucht gilt als Deutschlands Riviera, an der sich bekannte Ostseebäder wie Perlen an einer Schnur aneinanderreihen.

Lübeck ▪ 27
Gothmund ▪ 49
Bad Schwartau ▪ 49
Ratekau ▪ 51
Travemünde ▪ 52
Niendorf ▪ 59 ▪
Timmendorfer Strand ▪ 63
Scharbeutz ▪ 66
Haffkrug ▪ 68
Sierksdorf ▪ 70
Wandern: an der Sierksdorfer Steilküste ▪ 72 ▪
Altenkrempe ▪ 74
Neustadt in Holstein ▪ 77
Pelzerhaken ▪ 82
Rettin ▪ 83
Wandern: auf dem Rettiner Wiesenweg ▪ 83 ▪

Typisch Ostseeküste: aufgereihte Strandkörbe (hier in Ostermade)

Schashagen/Bliesdorf ■ 84
Grömitz ■ 85
Cismar ■ 92
Kellenhusen ■ 94
Wandern: von Kellenhusen nach Dahme ■ 96
Dahme ■ 97
Radfahren/Wandern: Dahme – Grube – Rosenfelder Strand ■ 99
Grube ■ 100
Heringsdorf ■ 103
Neukirchen ■ 105
Großenbrode ■ 106

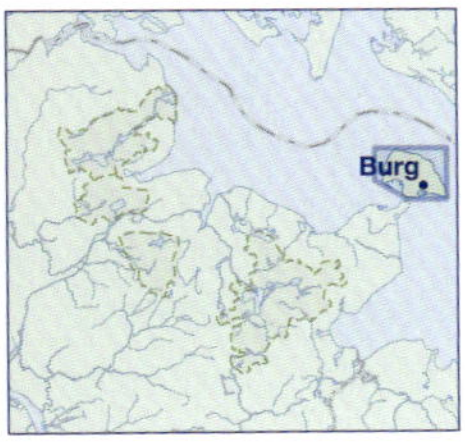

Fehmarn ■ 110

„Wie eine Krone" ragt Deutschlands drittgrößte Insel aus dem Meer. Die Sonneninsel Fehmarn bietet feinsandige Badestränе, aber auch steinig-einsame Meeresufer. Inselmetropole ist der schöne Ort Burg.

Burg ■ 114
Fehmarns Osten ■ 125
Leuchtturm Staberhuk ■ 125
Katharinenhof ■ 125
Bannesdorf ■ 127
Puttgarden ■ 127
Niobe-Denkmal ■ 128
Fehmarns Westen ■ 129
Westermarkelsdorf ■ 129
Petersdorf ■ 130
Wasservogelreservat Wallnau ■ 132
Flügge/Flügger Leuchtturm ■ 132
Orth ■ 133
Lemkenhafen ■ 133
Fehmarns Mitte ■ 135
Landkirchen ■ 135
Albertsdorf ■ 137
Gold ■ 137
Wulfener Hals/Wulfen ■ 138

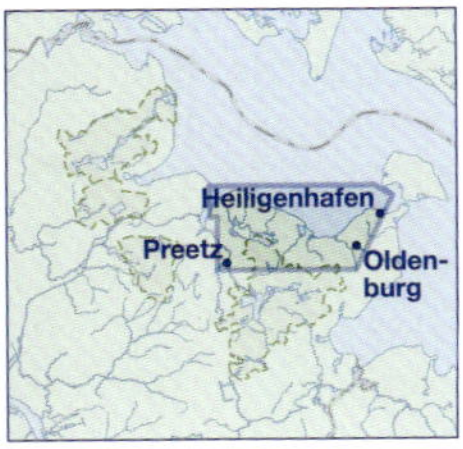

Hohwachter Bucht und Probstei ■ 140

Ein Wechsel von schönen Badestränden und Steilküsten prägt die Hohwachter Bucht. Die Probstei bietet feinsandige Strände hinter einem endlos langen Deich. Sehenswert ist zudem das sanft hügelige Hinterland.

Heiligenhafen ■ 142
Oldenburg in Holstein ■ 150
Lensahn ■ 154
Weissenhäuser Strand ■ 157
Sehlendorfer Strand, Blekendorf ■ 160
Hohwacht ■ 163
Wandern: rund um den Großen Binnensee ■ 164
Lütjenburg ■ 165
Behrensdorf ■ 171

Panker ▪ 173
Hohenfelde ▪ 177
Schönberg ▪ 178
Wendtorf und Stein ▪ 183
Radfahren: durch die Probstei ▪ 184
Laboe ▪ 184
Heikendorf (Möltenort) ▪ 188
Probsteierhagen/Passader und Dobersdorfer See ▪ 191
Selent/Selenter See ▪ 193
Preetz ▪ 198
Wandern/Radfahren: rund um den Lanker See ▪ 201

Holsteinische Schweiz ▪ 206

Die Holsteinische Schweiz ist seit 1986 ein Naturpark und präsentiert sich als hügelige und waldreiche Landschaft, die von zahlreichen Seen durchzogen ist. Dazwischen liegen geschichtsträchtige Städtchen und Dörfer.

Schönwalde am Bungsberg ▪ 208
Wandern: auf den Bungsberg ▪ 211
Kirchnüchel ▪ 211
Eutin ▪ 212
Wandern: rund um den Großen Eutiner See ▪ 217
Bad Malente-Gremsmühlen ▪ 220
Plön ▪ 226
Radfahren: rund um den Plöner See ▪ 230
Bosau ▪ 233
Dersau ▪ 236
Ascheberg ▪ 237
Wankendorfer Seengebiet ▪ 238
Bad Segeberg ▪ 239
Ahrensbök ▪ 245

Kiel und die Eckernförder Bucht ▪ 246

Wie zwei Keile schieben sich die von schönen Stränden flankierte Kieler Förde zur Landeshauptstadt Kiel und die Eckernförder Bucht bis in die Kreisstadt Eckernförde hinein und sorgen dort für maritimes Flair.

Kiel ▪ 248
Dänischer Wohld ▪ 274
Strande ▪ 275
Schwedeneck ▪ 277
Wandern: Steilküste Schwedeneck ▪ 279
Noer und Altenhof ▪ 280
Gettorf ▪ 283
Hüttener Berge ▪ 286
Eckernförde ▪ 288
Schwansen ▪ 298
Waabs ▪ 298
Fahrradtour: Waabser Schleichwege ▪ 301
Damp ▪ 302
Spaziergang: Seeadlerrundweg Damp ▪ 304
Schönhagen ▪ 305

Schleiidylle: Rabelsund bei Kappeln

Schleswig und die Schlei ■ 308

Sanft schmiegt sich das schleswig-holsteinische Hügelland an die Schlei, die sich als verschlungener Meeresarm 42 km in das Hinterland hinein bis zur Kultur- und Wikingerstadt Schleswig zieht.

Schleswig ■ 310
Wikinger Museum Haithabu ■ 325
St.-Andreas-Kirche Haddeby ■ 328
Wandern: rund um das Haddebyer Noor ■ 328
Danewerk ■ 328
Idstedter Räuberhöhle ■ 331
Farradtour: Rundtour durch das Schleswiger Land ■ 331
Die Schleidörfer ■ 332
Stexwig und Borgwedel ■ 335
Missunde und Brodersby ■ 336
Rieseby ■ 338
Ulsnis ■ 340
Lindaunis und Lindau ■ 343
Sieseby ■ 345
Arnis ■ 347
Kappeln ■ 350
Maasholm ■ 358

Angeln und die Flensburger Förde ■ 364

Die Landschaft Angeln mit ihren zumeist beschaulichen Dörfern wird flankiert von der Flensburger Förde. Deren Ende markiert die Hafenstadt Flensburg mit ihrer sehenswerten Altstadt.

Geltinger Bucht ■ 366
Wandern:
Strandrunde Habernis ■ 372
Süderbrarup ■ 375
Langballig/Unewatt ■ 380
Glücksburg ■ 384
Halbinsel Hölnis ■ 386
Flensburg ■ 390
Wassersleben ■ 410
Industriemuseum Kupfermühle ■ 411
Arnkiel Park ■ 413

Nachlesen & Nachschlagen ■ 414

Geografie und Landschaft ■ 416

Flora und Fauna ■ 419

Geschichte ■ 421

Typisch Ostseeküste ■ 429

Das Gildewesen ■ 429 | Plattdeutsch ■ 431 | Katen ■ 431 | Leuchttürme ■ 433 | Windmühlen ■ 433 | Windkraftanlagen ■ 434

Reisepraktisches in Stichworten ■ 435

Anreise und Verkehrsmittel vor Ort ■ 435 | Baden ■ 436 | Barrierefreiheit ■ 436 | Essen und Trinken ■ 438 | Kinder ■ 440 | Klima und Reisezeit ■ 440 | Kunst und Kultur ■ 441 | Hundestrände ■ 441 | Sport ■ 441 | Übernachten ■ 441

Verzeichnisse ■ 444

Kartenverzeichnis ■ 444 | Fotonachweis ■ 444 | Alles im Kasten ■ 445 | Impressum ■ 446 | Register ■ 451

Was haben Sie entdeckt?

Haben Sie ein besonderes Restaurant, ein neues Museum oder ein nettes Hotel entdeckt? Wenn Sie Ergänzungen, Verbesserungen oder Tipps zum Buch haben, lassen Sie es uns bitte wissen!

Schreiben Sie an: Dieter Katz, Stichwort „Ostseeküste – Schleswig-Holstein“ c/o Michael Müller Verlag GmbH | Gerberei 19, D – 91054 Erlangen
dieter.katz@michael-mueller-verlag.de

Preise Übernachten
(DZ inkl. Frühstück in der Hauptsaison)

€	bis 100 Euro
€€	101–200 Euro
€€€	201–300 Euro
€€€€	über 300 Euro

Preise Essen
(ein Hauptgericht)

€	bis 20 Euro
€€	20–30 Euro
€€€	30–40 Euro
€€€€	über 40 Euro

nachhaltig, ökologisch, regional

meinTipp Die besondere Empfehlung unseres Autors

Freundliches Hafenambiente: Eckernförde

Rundumblick: Leuchtturm Flügge

Orientiert

an der Ostseeküste Schleswig-Holsteins

Die Region im Profil ■ 12

Erlebnis Kultur ■ 14

Strandleben ■ 16

Aktiv an der Ostseeküste ■ 18

Mit Kindern an der Küste ■ 20

Schleswig-Holsteins Ostseeküste …

Mal präsentiert sich Schleswig-Holsteins Ostseeküste als schroffe Steilküste, mal als weite Strandlandschaft zum Sonnenbaden und Schwimmen. Einen vergleichbaren Kontrast gibt's bei den Ortschaften: hier die Ostseebäder mit Tradition und klangvollen Namen, dort die vielen kleinen Städtchen und Dörfer, in denen es sehr beschaulich zugeht.

Die **120 km größte Städte** sind Kiel (250.000 Einw.) und Lübeck (220.000 Einw.). Die schönen **Sandstrände** liegen an der Lübecker-, Hohwachter und Eckernförder Bucht. Die **Küstenlinie** erstreckt sch (einschließlich Fehmarn) über mehr als 400 km.

… ist eine sanft geschwungene Moränenlandschaft

Auch wenn Sonne, Strand und Meer die Attraktion der Küste sind – nicht unterschätzen darf man das reizvolle Hinterland, wo herrschaftliche Gutsanlagen, zu denen oft alte Baumalleen führen, Akzente setzen.

Die in der letzten Eiszeit durch die Schuttablagerung von Gletschern sanfthügelig geformte Landschaft ist ein Gesamtkunstwerk und unterscheidet sich deutlich von der flachen Nordseeküste Schleswig-Holsteins.

Nicht nur im Frühsommer, wenn das Gelb der Rapsfelder erstrahlt, lädt das Land zum Radfahren und Wandern ein. Die reizvolle Hügellandschaft bietet das ganze Jahr über Abwechslung, auch für Auto- und Motorradausflüge. Wie wäre es zum Beispiel mit einer Visite bei der Bräutigamseiche bei Eutin (→ S. 216) oder am Jimi-Hendrix-Gedenkstein auf Fehmarn (→ S. 131) oder – der Gipfel – mit einem verwegenen Trip auf den Bungsberg, der mit 168 m ü. NN höchsten Erhebung Schleswig-Holsteins? (→ S. 211)

… ist schützenswerte Natur

Abseits der Touristenzentren lockt die Ostseeküste Schleswig-Holsteins mit herrlichen, zum Teil unberührten Naturlandschaften. Große Teile dieser ökologischen Schatzkammern stehen unter Schutz. Die im Buch beschriebene Region umfasst einschließlich der Holsteinischen Schweiz rund 55 teilweise recht kleine Schutzgebiete: Neben den Uferregionen der vielen Seen und Wasserläufe im Binnenland sind dies oft auch kleine Streifen an den Küsten und sogenannte Nehrungs- oder Strandhaken, die für den hiesigen Küstenverlauf typisch sind. Diese Landzungen entstehen im Laufe der

Zeit durch Anschwemmung von Sand und Geröll und sind für bedrohte Vogelarten ideale Brutreviere. (→ S. 417)

Viele Naturschutzgebiete an der Küste sind mit Wanderwegen erschlossen und stehen Besuchern offen – natürlich außerhalb der Brutsaison der Vögel. Beliebt sind das Wasservogelreservat Wallnau in Westfehmarn (→ S. 132), die Vogelschutzstation auf dem wildromantischen Graswarder bei Heiligenhafen (→ S. 146) und das Naturschutzgebiet Schleimündung (→ S. 361). Hier gibt es jeweils mehrmals täglich informative Führungen.

... ist sonnenverwöhnt

Der deutsche Norden hat den Ruf eines Schlechtwettergebiets – zu Unrecht. Richtig ist: Das Küstenwetter ist kurzlebig, Temperaturschwankungen sind häufig. Doch lange Regenperioden gibt es kaum. Das Küstenklima ist vergleichsweise mild, die staubfreie, saubere und jodhaltige Luft gilt als gesundheitsfördernd. Tagsüber ist es fast durchgehend windig, abends wird es oft ruhiger. Kommt Wind von Westen, folgen oft Wolken und kurze Schauer. Kommt er von Osten, bringt er Sonnenschein (→ S. 440).

... ist kulturell und architektonisch vielfältig

Eine reiche Museumslandschaft bieten vor allem Lübeck, Kiel und Flensburg. Alle drei Städte verfügen darüber hinaus über Glanzlichter der Norddeutschen Backsteingotik. So beherbergt Lübecks Marienkirche das höchste Backsteingewölbe der Welt, aber auch Kiels und Flensburgs Nikolaikirchen sind imposante gotische Hallenbauten. Das flache Land seinerseits beeindruckt ebenfalls mit einigen interessanten Museen und zudem mit schlossähnlichen Herrenhäusern, uralten Kirchen, historischen Windmühlen und idyllischen Reetdachkaten.

... ist eine Urlaubsregion für alle

Schleswig-Holsteins Ostseeküste und die Schleiregion sind nicht nur für Familien mit Kindern ein Paradies, sie sind Refugium für alle, die Entspannung und Ruhe suchen. Wenn Sie einfach nur salzgeschwängerte Luft atmen möchten, die Gegend mit dem Fahrrad erkunden oder nur einen faulen Badeurlaub ohne Schickimicki verbringen wollen, finden Sie abseits der Hotspots auch kleine Strände und Dörfer, um auszuspannen.

Aber auch wer sich die Abwechslung liebt, kommt auf seine Kosten. Das Freizeitangebot ist groß und bietet nicht nur zahlreiche sehenswerte Museen, die Küste zeigt auch ein außerordentlich gutes Angebot in punkto Kultur, Freizeitsport, Veranstaltungen oder Feste.

Sightseeing und mehr

Erlebnis Kultur

Was kann man unternehmen, wenn mal kein Strandwetter ist und sich die Wolken zusammenbrauen? Im Zimmer herumsitzen und auf besseres Wetter warten ist unnötig. Spannende Ausflugsziele, sehenswerte Museen und bemerkenswerte Veranstaltungen gibt es mehr als genug.

Weltmarktführer: Die Kieler Woche gilt als die größte Segelveranstaltung der Welt und zugleich als das größte Volksfest im Norden Europas (→ S. 255). Und mit der Travemünder Woche findet die zweitgrößte Segelregatta weltweit ebenfalls in der Region statt (→ S. 57).

Lebendige Altstädte

Dass Lübeck als UNESCO-Weltkulturerbe mit seinen Meisterwerken der Backsteinarchitektur stets einen Besuch wert ist, wissen Sie vermutlich schon. Die Hansestadt gilt als die „Mutter der Backsteingotik". Aber auch in Flensburg, Schleswig und selbst in der ehemals kriegszerstörten Landeshauptstadt Kiel bildet eine gotische Backsteinhallenkirche den Mittelpunkt der Altstadt.

Und wen es in kleine Städte zieht: Auch das maritime Neustadt in Holstein glänzt mit Backsteinarchitektur, die herrliche Residenzstadt Plön und auch Eutin, das „Weimar des Nordens", ja selbst Kappeln und das kleine Lütjenburg zeigen wahre Schmuckstücke. Und Shoppen kann man in den Fußgängerzonen dieser hübschen Städtchen natürlich auch.

Auch in anderen Orten der Region haben viele weitere, teils sehr bedeutende Backsteinbauten die Zeit überdauert. So ist Bad Segebergs Marienkirche Norddeutschlands älteste Gewölbebasilika der Backsteinromanik. Sie war das architektonische Vorbild für den Lübecker Dom. Als bedeutende Bauwerke im Stil der Backsteingotik gelten auch die Klosterkirchen von Cismar und Preetz.

Prächtige Herrenhäuser

Keine andere Gegend in Deutschland ist so reich an schlossartigen Herrenhäusern wie die Ostseeküste Schleswig-Holsteins. Sie nehmen einen wesentlichen Platz in der Kulturgeschichte des nördlichsten Bundeslandes ein und sind reich an historischen Kunstschätzen. Diese architektonischen Perlen liegen fast immer versteckt, umgeben von alten Bäumen und abseits der Verbindungsstraßen. Nicht nur die prächtigen Fassaden der herrschaftlichen Anlagen, auch die darauf zuführenden Baumalleen und die großen Parks darum herum zeugen von der einst stolzen Vergangenheit.

Anfangs waren es nur kleine Wasserburgen, doch mit der Entwicklung zu großen landwirtschaftlichen Gütern wurden auch die Herrenhäuser immer stattlicher. Meist waren es adelige Besitzer, die hier den Ton angaben und über das Land bis weit ins 20. Jahrhundert hinein herrschten. Bis heute sind viele dieser „Schlösser des Nordens" in adeligem Besitz und verfügen über große Ländereien, nicht selten sind es 600 bis 1200 Hektar. So sind die meisten Herrenhäuser auch heute noch das, was sie seit jeher waren: Mittelpunkt eines landwirtschaftlichen Großbetriebs. Einige Gutshäuser haben sich für Besucher geöffnet und bieten gepflegte Ferienwohnungen wie auch Gästezimmer an oder beherbergen behagliche Cafés und Restaurants.

Festspielsommer

Lange schon haben die Kulturschaffenden die Reize der holsteinischen Architektur entdeckt. Vor allem im Juli und August verwandelt sich das Land an der Küste in einen großen Konzertsaal, und auch Liebhaber klassischer Musik kommen auf ihre Kosten: Das Schleswig-Holstein Musik-Festival (SHMF) ist eines der größten klassischen Musikfestivals Europas. Im Sommer klingen seine Klänge auch an ungewöhnlichen Orten, zum Beispiel in Gutsscheunen und Herrenhäusern, in Dorfkirchen und Basiliken (Kartenvorverkauf unter shmf.de). Landauf, landab gibt es weitere Musikfestivals, so die Eutiner Festspiele, die seit über 70 Jahren auf ihrer einzigartigen Naturbühne im Schlossgarten stattfinden (→ S. 217). Eine zweite Freilichtveranstaltung blickt ebenfalls auf eine 70-jährige Tradition zurück: die berühmten Karl-May-Spiele in Bad Segeberg (→ S. 240).

Was die vielen Hafen-, Altstadt- und Volksfeste oder Bauernmärkte angeht, entpuppen sich die meisten jedoch bei näherem Hinsehen als Verkaufsveranstaltungen und „Fressmeilen" mit lauter Musik und ohne Charme. Eine Ausnahme von der Regel ist etwa das historische Klosterfest in Cismar am 2. Augustwochenende (→ S. 93). Bunt und multikulturell geht es beim Europäischen Folklorefestival zu, das seit 70 Jahren Ende Juli in Neustadt in Holstein stattfindet, doch nur im 3-jährigen Turnus: 2025, 2028 etc. (→ S. 80).

Museumsland

Die reiche Geschichte des Landes spiegelt sich nicht zuletzt in seinen bemerkenswerten Museen wider, von denen es nicht nur in Lübeck, Kiel, Schleswig und Flensburg eine Fülle gibt. Auch kleine Gemeinden pflegen ihr Erbe in liebevoll gestalteten Sammlungen, die wir alle im Reiseteil beschreiben. Alltags- und kulturgeschichtlich hervorheben möchten wir das Europäische Hansemuseum Lübeck (→ S. 39), das schleswig-holsteinische Freilichtmuseum Molfsee (→ S. 266), den Museumshof in Lensahn (→ S. 154) sowie das Landschaftsmuseum Angeln in Unewatt (→ S. 380).

Sommer, Sonne, Strandkorb

Strandleben

Die Sandstrände sind das Kapital der Ostseebäder. Da ist es kein Wunder, dass viele Gäste Jahr für Jahr wieder kommen, um ein unbeschwertes Strand- und Badeleben zu genießen und sich in die kalten Ostseefluten zu stürzen. Neben den Publikumsmagneten gibt es auch einsame Naturstrände und felsige Steilküstenabschnitte.

Wussten Sie, dass ...

... der Strandkorb eine ganz und gar deutsche Erfindung ist und sich im Ausland nie richtig durchsetzen konnte (→ S.437)?

... in den Ostseebädern

Wenn Sie von Ihrer Ferienunterkunft auf den Strand gucken möchten oder zumindest nur wenige Meter Fußweg dorthin haben wollen, kommt als Urlaubsort eigentlich nur eines der Ostseebäder in Frage. Hier und da ist sogar noch etwas von der mondänen Bäderarchitektur übrig, doch in der Regel tobte der Bauboom der 1960er und 70er und zog wahre Bettenburgen hoch. Mehr oder weniger ist hier alles auf das Strandleben ausgerichtet, und die weißen und sorgsam sauber gehaltenen Strände sind fast zur Gänze mit Strandkörben bestückt. Die Küstenorte sind von einer hübschen Strandpromenade mit dazugehöriger Infrastruktur flankiert. Dem entspannten Badeurlaub steht also nichts entgegen.

... an einsamen Stränden

Wer einsame Strände schätzt, findet abseits der Küstenbäder nicht wenige naturbelassene Strandabschnitte. Diese sind jedoch nicht selten von Campingplätzen gesäumt und gehören meist zu kleineren Hinterlandgemeinden, die ebenfalls Ferienunterkünfte bereithalten. Für den Strandbesuch empfiehlt sich in diesem Fall ein Fahrrad. Es gibt aber auch ganz einsame Naturstrände, vor allem vor den Steilküsten. Angeschwemmter Seetang und Gehölz werden hier nicht weggeräumt, und beim Baden ist mit Steinen im flachen Wasser zu rechnen. Belohnt wird der Gast jedoch mit einer eigentümlichen und erholsamen Ursprünglichkeit. Zum Schutz vor Wind und Sonne haben sich besonders an Naturstränden die „Strandmuscheln“ (Windschutzzelte) bewährt.

... an Badestellen im Binnenland

Eine weitere Alternative abseits des Trubels sind die vielen, aber wenig bekannten Badestellen an den zahlreichen Seen im Hinterland, besonders in der Holsteinischen Schweiz und an der Schlei (→ Hinweise im Reiseteil). Ein Wegweiser mit Aufschrift „Badestelle“ kennzeichnet fast immer eine gepflegte, frei zugängliche Liegewiese (oft mit Toilette und Spielplatz) oder ein flaches Seeufer, oft mit etwas Sand bedeckt, das auch kleinen Kindern Badespaß ermöglicht.

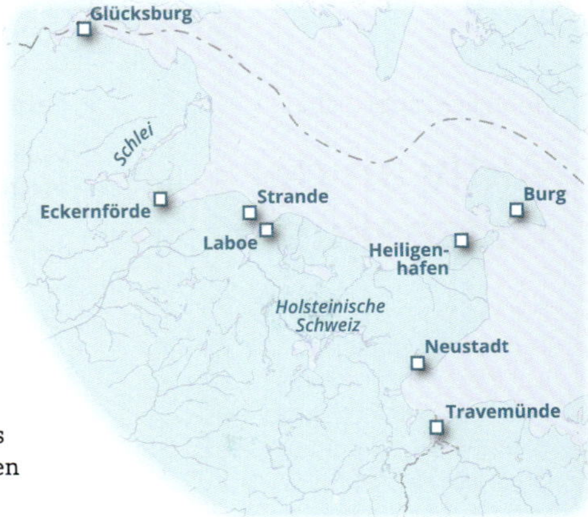

Baden, Badeaufsicht, Wasserqualität

Was die Ostsee mit ihren flachen Sandstränden zum perfekten Ferienziel für Familien macht, ist der Umstand, dass Ebbe und Flut kaum zu spüren sind und es nicht einmal eine nennenswerte Brandung gibt. Das erlaubt fast überall ein vergleichsweise gefahrloses Baden.

Und obwohl sich das Ostseewasser sogar im Hochsommer auf selten mehr als 19 °Celsius erwärmt, sind die Strände an schönen Tagen bei Einheimischen und Gästen beliebt und in der Hochsaison voll. Teilweise gleicht der Uferstreifen dann einem einzigen Sandkasten. Um den Strand benutzen zu dürfen, benötigt man meist eine Strandkarte oder die ortsübergreifend gültige *Ostseecard* (→ S. 435), mit der sich das Lösen einer Tageskarte erübrigt.

Selbstverständlich sind die meisten Badestrände der Küstenorte tagsüber bewacht. Weht eine rot-gelbe Flagge am Beobachtungsturm, ist die Station besetzt. Flattert zusätzlich die gelbe Flagge am Turm, signalisiert das Gefahr beim Baden und Schwimmen. Ist die rote Flagge gehisst, herrscht Badeverbot.

Die Wasserqualität ist im Allgemeinen gut und wird ständig überwacht. Aktuelle Daten zur Wasserqualität sind unter schleswig-holstein.de (unter dem Suchbegriff „Badegewässerqualität“) zugänglich. Infos und Vorhersagen über Wassertemperatur, Wind und Wasserstände bekommt man unter bsh.de.

Hundestrände

An fast allen Küstenorten sind spezielle Strandabschnitte (auch mit Strandkörben) für Hunde ausgewiesen. Das erlaubt ein unbeschwertes Herumtollen und stört Gäste ohne vierbeinigen Begleiter nicht. Konkrete Hinweise dazu im Reiseteil unter „Praktische Infos“. An den übrigen Strandabschnitten, auch an Naturstränden, können freilaufende Hunde für Brut- und Zugvögel, die sich Fettreserven für den Weiterflug anfressen müssen, gefährlich werden. Daher herrscht im Sommerhalbjahr außerhalb der Hundestrände Leinenzwang. Im Winterhalbjahr von 1. Oktober bis – je nach Ort – 31. März oder 30 April – sind fast alle Strände auch für Hunde zugänglich.

Tipp: Nehmen Sie zum Strand eine Flasche Süßwasser für Ihren Hund mit, damit dieser nicht durstig das salzige Ostseewasser trinkt. Zudem empfehlen sich für den Notfall Wundspray und Verband, falls sich Ihr Hund an einer scharfen Muschel schneidet.

Sportlich, sportlich

Aktiv an der Ostseeküste

Die Küste ist vor allem das Terrain der Radler. Gut ausgeschilderte Fahrradwege führen durch die Region, immer mehr Wanderwege kommen hinzu. Und natürlich ist für Wassersportler die Gegend ein Paradies. Nicht zuletzt ist Holstein ein Land des Reitsports – immerhin wurde eine Pferderasse nach diesem Landstrich benannt.

Tipp: Warum nicht mal wieder Minigolf spielen? Fast in jedem Ostseebad gibt es entsprechende Plätze, die mitunter sogar mit extra großen Bahnen versehen wurden (Adventure-Golf).

Fahrradfahren

Radeln und Ostseeurlaub – das gehört zusammen, weil das Fahrrad nicht nur tolle Touren erlaubt, sondern auch für den Weg zum Strand fast unentbehrlich ist. (Fahrradvermieter finden Sie im Reiseteil.)

Über ein gut ausgeschildertes Wegenetz geht es kreuz und quer durch das sanfthügelige Land. Fast immer verlaufen neben größeren Straßen ausgebaute Radwege, ansonsten bewegt man sich auf asphaltierten Straßen, Feldwegen und Feinschotterpisten. Probleme macht allenfalls der mitunter heftige Gegenwind.

Auskünfte zu regionalen Fahrradrouten geben die Touristinformationen. Infos und Downloads zu regionalen Rundtouren (von 16 bis 85 km Länge) finden Sie unter ostsee-schleswig-holstein.de/radfahren. Detaillierte Infos zu den Rad-Regionen und den Radfernwegen (und GPS-Tracks zum Download) gibt es auch unter sh-tourismus.de/radfahren sowie unter komoot.de.

Wenn Sie lieber lange Strecken bevorzugen, empfiehlt sich der beliebte Ostseeküsten-Radweg. Dieser verläuft über 438 km immer an der Küste entlang (→ vordere Umschlagkarte) und sollte wegen der vorherrschenden Westwinde am besten von Flensburg in Richtung Lübeck gefahren werden.

Wandern, Nordic Walking

Vor allem die Holsteinische Schweiz verfügt über ein gutes Netz von Wanderwegen. Vor Ort erhältliche Wanderkarten erleichtern dennoch die Orientierung. Für Jogger und Nordic Walker sind inzwischen 107 Routen mit 800 km Länge ausgewiesen (Infos über Laufrouten unter ostsee-schleswig-holstein.de/laufen-walken). Zudem gibt es in der Holsteinischen Schweiz abwechslungsreiche Wander- und Nordic-Walking-Strecken (malente-tourismus.de/aktivurlaub). Natur genießen können Sie auch einfach auf langen Strandspaziergängen oder auf den windigen Wegen an den zerklüfteten Steilküsten – gesunde Luft ist garantiert.

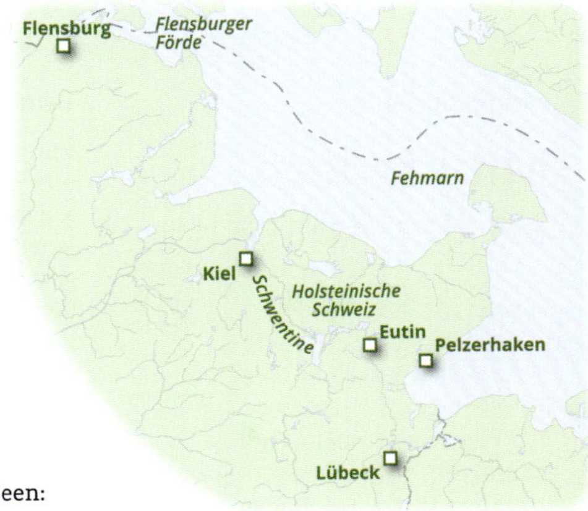

Wassersport

Ob an der Küste, ob auf den Seen: Ostholstein ist eines der schönsten Wassersportreviere Deutschlands. Besonders Segler, Wind- und Kitesurfer kommen hier auf ihre Kosten. Und an windstillen Tagen ist zunehmend Stand-Up-Paddling (SUP) populär.

Surf-, Kite-, SUP- und Segelschulen sowie Verleihstationen gibt es an der Küste fast allerorts. Action, auch auf dem Katamaran, ist damit fast überall möglich. Windsurfer, Kiter und zunehmend auch Wingfoiler, die auf einem Board stehend einen Flügel („Wing") in der Hand halten, fühlen sich vor allem in Pelzerhaken, auf Fehmarn und an der Flensburger Förde wohl.

Bei Wasserwanderern ist die Holsteinische Schweiz beliebt. Die mit blauen Schildern als Wasserwanderweg markierte Schwentine verbindet die Seen der Holsteinischen Schweiz miteinander und ist für Paddler von Eutin bis Kiel auf rund 50 km befahrbar. Nähere Infos und Flyer für Wassersportler gibt es, auch zum download, bei den Touristinformationen und unter ostsee-schleswig-holstein.de. Verleihstationen unter hlsteinischeschweiz.de.

… und sonst noch?

Golf: 16 anspruchsvolle Greens bietet die Region, teils mit herrlicher Aussicht. In Küstennähe liegen die Golfplätze bei Travemünde, Ratekau, Timmendorfer Strand, Brodau, Grömitz, Fehmarn, Hohwacht, Heikendorf, bei Schilksee (Uhlenhorst) und bei Eckernförde (Altenhof) sowie in Glücksburg. Im Binnenland gibt es Plätze in Bosau und Bösdorf am Plöner See, in Curau, Bad Segeberg und in Angeln (Stenerberg). Infos auch unter golfkueste.de.

Reiten: In der Region ist man auf Reiterferien spezialisiert. Nicht nur Ponyreiten für Kinder wird vielerorts angeboten, auch die Ausbildung in Reitschulen ist meist kein Problem. Ein Ausritt am Strand oder durch die Hügel ist ein Erlebnis und besonders in der Nebensaison an einigen Stränden möglich. Infos beim örtlichen Touristservice.

Angeln: Die Ostsee und ihr seenreiches Hinterland sind auch für Petrijünger paradiesisch. Gäste dürfen ohne Prüfung an der Küste und in vielen Binnengewässern angeln, vorausgesetzt, sie erwerben für 20 Euro einen Urlauberfischereischein (z. B. über serviceportal.schleswig-holstein.de). Einen Anglerguide finden Sie unter ostsee-schleswig-holstein.de. Darüber hinaus werden zünftige Hochseeangeltouren angeboten, zum Beispiel von Heiligenhafen aus.

Familienurlaub

Mit Kindern an der Küste

Strand, Meer, Kinder, das passt gut zusammen. Schleswig-Holsteins Ostseeküste bietet für einen unbeschwerten Familienurlaub beste Voraussetzungen. Spannende Orte wie Aquarien, Tier- und Freizeitparks runden das Angebot ab.

Tipp: Drachen nicht vergessen! Immer wieder ein Erlebnis – und zudem ein preiswertes – ist das Drachen-steigen-lassen. Der beständige Wind macht es fast immer möglich.

Buntes Programm

Zur Unterstützung ruhebedürftiger Eltern organisieren alle Ostseebäder ein Kinderunterhaltungsprogramm. Die Palette reicht von Kinderfesten, Bastelangeboten und Piratenabenteuern bis zu Clown-Vorführungen oder dem öffentlichen Vorlesen von Gutenachtgeschichten. Und bei Schietwetter können Sie auf die Familien- und Erlebnisbäder an der Küste zurückgreifen (Infos und Termine im örtlichen Veranstaltungskalender).

Hoch hinaus

Geschicklichkeit üben und Höhenangst überwinden: Kletterparks mit Parcours verschiedener Schwierigkeitsgrade machen ein Kletterabenteuer für die ganze Familie möglich. Der Kletterpark Grömitz (→ S. 89) erhebt sich auf am Strand errichteten mächtigen Holzpfählen, bei Scharbeutz (→ S. 67), Kiel (→ S. 266) und Eckernförde (→ S. 282) gibt es schöne Waldhochseilgärten.

Rauchende Colts

Schon seit 1952 inszenieren die Karl-May-Spiele im schönen Freilichttheater am Bad Segeberger Kalkberg kribbelnde Wildwestromantik. Die Inmitten rauchender Colts, galoppierender Rothäute und actionreicher Explosionen fiebern die Zuschauer mit, wenn Winnetou und Old Shatterhand für das Gute, Wahre und Schöne kämpfen. → S. 240

Eisenbahnromantik

Rund um den Bahnhof der Museumsbahnen Schönberger Strand haben sich rund 50 historische Schienenfahrzeuge versammelt, von denen sich einige am Wochenende Richtung Schönberg in Bewegung setzen (→ S. 179). Zudem bietet die Angelner Dampfeisenbahn von Kappeln aus mit Museumszügen

Fahrten nach Süderbrarup an (→ S. 351).

Blick in die Ferne

Der Aufstieg auf einen Turm ist für Kinder immer etwas Besonderes. Faszinierend sind vor allem der Flügger Leuchtturm auf Fehmarn (→ S. 132) und der Mürwiker Wasserturm in Flensburg (→ S. 392). Weite Aussichten bieten auch zahlreiche andere Türme wie der ehemalige Aufklärungsturm der Bundeswehr in der Ostsee-Erlebniswelt bei Großenbrode (→ S. 107), der Parnaß-Turm in Plön (→ S. 230), der Bismarckturm in Angeln (→ S. 372), der Aschberg-Aussichtsturm in den Hüttener Bergen (→ S. 286) und natürlich der Fernmeldeturm auf dem Bungsberg (→ S. 210).

Attraktionen, Attraktionen

Ein Erlebnis für Familien mit Kindern, allerdings ein nicht preiswertes, ist ein Besuch im Hansa Park Sierksdorf, „Deutschlands einzigem Erlebnispark am Meer" – da schlagen nicht nur Kinderherzen höher (→ S. 71). Vor allem für kleinere Kinder ist zudem die Tolk-Schau in Angeln ein echtes Abenteuer (→ S. 379).

Naturerlebnisse

Auch hier leuchten Kinderaugen: Tiere sind immer ein Erlebnis. Beeindruckend ist der Vogelpark Niendorf mit rund 250 verschiedenen Arten (→ S. 60). Ein tierisches Vergnügen ist auch der Privatzoo Arche Noah in Grömitz (→ S. 87), etwas gedrängter geht es im Tierpark Gettorf zu (→ S. 284). Faszinierend ist auch der Schmetterlingspark Fehmarn (→ S. 118). Und im Wildgehege von Bad Malente können Sie, ohne Eintritt zu bezahlen, ungezwungen heimische Waldtiere beobachten (→ S. 222).

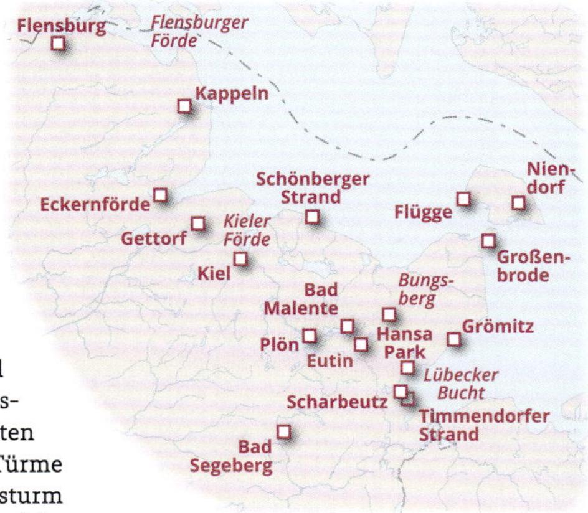

Unterwasserwelten

Verborgene Meereswelten lassen sich in den kommerziellen Aquarien SEA LIFE Timmendorfer Strand (→ S. 64) und im Meereszentrum Fehmarn erleben (→ S. 117). Etwas kleiner und weniger kommerziell ist das Aquarium-GEOMAR in Kiel (→ S. 258).

Leinen los!

Für eine Seereise braucht es keinen Ausflug mit dem Fährschiff von Puttgarden oder Travemünde aus. Gelegenheit bieten auch die Bäderschiffe auf der Lübecker Bucht und der Flensburger Förde, die an den Seebrücken der Ostseebäder festmachen. Auf der Kieler Förde verkehrt zudem als öffentlicher Personennahverkehr die Förde-Fährlinie. Empfehlenswert sind auch die Schiffe auf den Seen der Holsteinischen Schweiz ab Bad Malente (→ S. 223), Eutin (→ S. 218) und Plön (→ S. 230).

Schiffe gucken

Nirgendwo kommen einem die dicken Pötte so nahe wie auf dem Nord-Ostsee Kanal, der meistbefahrenen Wasserstraße der Welt. Bei Kiel mündet der Kanal in die Förde. Was liegt da näher, als von einer Aussichtsplattform in Kiel-Wik die Schiffe in den Schleusenkammern zu beobachten! → S. 264

Badekarre am Seebrückenvorplatz Niendorf

Unterwegs

an der Ostseeküste Schleswig-Holsteins

Lübeck und die Lübecker Bucht ▪ 24
Fehmarn ▪ 110
Hohwachter Bucht und Probstei ▪ 140
Holsteinische Schweiz ▪ 206
Kiel und die Eckernförder Bucht ▪ 246
Schleswig und die Schlei ▪ 308
Angeln und die Flensburger Förde ▪ 364

Lübeck und die Lübecker Bucht

Lübeck ist das perfekte Ziel für einen Tagesausflug oder ein ausgedehntes Wochenende. Hier beeindrucken historische Straßenzüge, reiche Kaufmannshäuser und prächtige Backsteinkirchen. Die Lübecker Bucht ist so etwas wie Deutschlands Riviera mit besonders feinsandigen kilometerlangen Stränden.

Lübecker Marzipan ...

... war in alter Zeit eine teure Medizin zur Behandlung von physischer Mattigkeit. Heute ist das einstige „Apothekerkonfekt" eine weltberühmte Süßigkeit. Stimulierend wirkt die kalorienreiche Masse aus Mandeln und Zucker immer noch – machen Sie einen Selbstversuch ...

Schon von Weitem erkennt man die sieben Kirchtürme **Lübecks.** Seit dem 13. Jh. waren sie augenfälliges Wahrzeichen des führenden Handelszentrums im Ostseeraum. Doch das Weltkulturerbe präsentiert sich nicht etwa als säuberliches Arrangement denkmalgeschützter Bauwerke, sondern mit ein lebendigen Kultur- und Gastronomieszene. Daneben ist Lübeck auch so etwas wie ein Shoppingparadies, in dem Sie herrlich durch belebte Altstadtgassen schlendern können.

Und was die zahlreichen Museen anbelangt, kann es die 215.000-Einwohner-Stadt leicht mit Millionenstädten aufnehmen. Immerhin ist Lübeck Heimatstadt dreier **Nobelpreisträger:** Jeweils ein eigenes Museum widmete man **Thomas Mann** und **Günther Grass,** beides Literaturnobelpreisträger. Und auch dem dritten im Bunde, dem in Lübeck geborenen und aufgewachsenen Friedensnobelpreisträger **Willi Brandt,** wird mit einem eigenen Haus gedacht.

In der **Lübecker Bucht** reihen sich bekannte Ostseebäder mit klingenden Namen wie Perlen auf einer Kette, mal eher mondän wie Travemünde oder Timmendorfer Strand, mal eher familiär wie Grömitz oder Kellenhusen.

Die Lübecker Bucht ist schon lange mehr als Hamburgs Badewanne. Als nach dem Zweiten Weltkrieg von den 1800 km deutscher Ostseeküste für die Westdeutschen nur 328 km in Schleswig-Holstein zur Verfügung standen, wurden die verbliebenen Ostseebäder hastig und auf Kosten ihrer historischen Substanz erweitert. Bis heute tummeln sich hier die meisten Feriengäste Schleswig-Holsteins. Und die wollen vor allem eines: an den weiten und feinsandigen Stränden unbeschwert Badeurlaub machen. Nur ab und zu wird das Bild durch eine naturbelassene Steilküste unterbrochen. Wer eher Hafenromantik bevorzugt, dem sei ein Ausflug nach Niendorf oder Neustadt/Holstein empfohlen.

Ihren Abschluss findet die Lübecker Bucht in der vorspringenden **Landspitze von Dahmeshöved.** Nördlich davon haben vor allem die Campingplätze das Terrain belegt.

Was anschauen?

Holstentor Lübeck: Auf dem Weg in die Altstadt kommt eigentlich jeder am Wahrzeichen mit den zwei charakteristischen Türmen vorbei. Im Inneren der bis zu 3,5 m dicken Mauern geht es gruselig zu; hier verbirgt sich u. a. eine Folterkammer. **→ S. 32 und S. 38**

Lübecker Rathaus: Es gehört zu den schönsten Rathäusern Deutschlands und besticht mit schlanken Türmchen und runden Windlöchern. **→ S. 33**

Europäisches Hansemuseum: Im historischen Burgkloster mit modernem Anbau wartet eine Zeitreise durch 800 spannende Jahre Hansegeschichte, die multimedial erzählt wird. **→ S. 39**

Viermastbark Passat: Einer der letzten großen deutschen Windjammer ist in Travemünde zu bewundern. Er ist das Wahrzeichen des Ostseebades. **→ S. 54**

Kloster Cismar: Einst war das Kloster ein bedeutendes Wallfahrtsziel, dessen Kirche den ältesten Flügelaltar der Welt beherbergt. **→ S. 92**

Was unternehmen?

Aussichtsplattform Petrikirche: Herrlichen Ausblick über Lübeck hat man vom Turm der Petrikirche aus. Ein Fahrstuhl bringt bequem auf die Aussichtsplattform in 50 m Höhe. **→ S. 33**

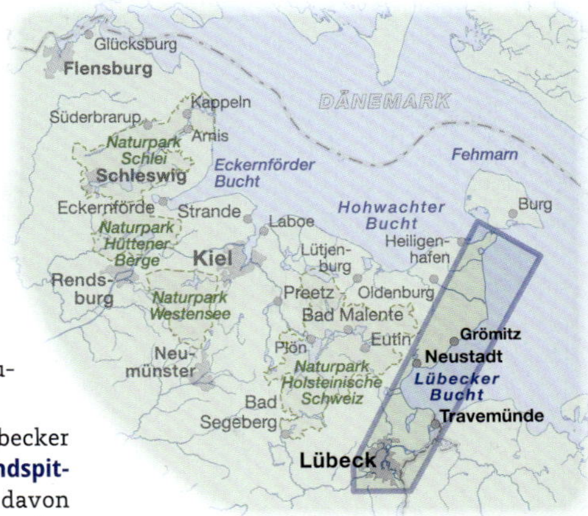

Wakenitzfahrt: Die Schifffahrt von Lübeck aus über das stille Nebenflüsschen Wakenitz zum Ratzeburger See ist ein weniger bekannter, aber ungemein erholsamer Ausflug. **→ S. 45**

Vogelpark Niendorf: Weitläufiges Gelände, in dem stille Beobachter über 250 verschiedene Vogelarten entdecken und bewundern können. **→ S. 60**

Hansa Park: Nicht nur, aber vor allem für Kinder und Jugendliche ist er ein wirklich aufregender Erlebnispark am Meer. **→ S. 71**

Wo baden?

Priwallstrand: Der herrlich breite und nicht allzu volle Badestrand ist nur mit der Fähre erreichbar. **→ S. 52**

Pelzerhaken: Auf diesem schönen, sich um eine Landzunge ziehenden Strand gibt es viel Platz. **→ S. 82**

Grömitz: Vielleicht ist er der feinsandigste, sicher ist er der längste Strand der Lübecker Bucht, und dazu noch mit exklusiver Südlage. **→ S. 85**

Kellenhusen: Das gemütliche, unkomplizierte Familienbad mit seinem 4 km langen, fast steinfreien Strand geht flach ins Wasser über. **→ S. 94**

Klostersee-Strand: Einer der wenigen kurtaxenfreien Naturstrände der Bucht. Im seichten Wasser ist allerdings mit einigen Steinen zu rechnen. **→ S. 93**

Lübeck und die Lübecker Bucht
3,5 km
Fehmarn, Dänemark
NSG Graswarder
Heiligenhafen
NSG Kleiner Binnensee
Hohwachter Bucht
Behrensdorf
Großenbrode
Ostsee-Erlebniswelt
Seekamp-Strand
Truppenübungsplatz Putlos
Gremersdorf
Bollbrügge
Sütel-Strand
Gut Waterneverstorf
Gr. Binnensee
Lippe
Gut Panker
Hohwacht
Neukirchen
Gut Löhrstorf
Ostermade
Weissenhäuser Strand
Darry
Stöfs
Haßberg
Gut Seegalendorf
L60
Putlos
Kraksdorf-Strand
Lütjenburg
Ruserberg
Sehlendorf
Gut Weissenhaus
Oldenburg in Holstein
Heringsdorf
Kiel
Futterkamp
Döhnsdorf
Gut Görtz
Gut Siggen
Gut Helmstorf
B202
Kaköhl
Gut Farve
Gut Ehlerstorf
Göhl
Biekendorf
Nessendorf
Wangels
Grammdorf
L59
Süssau-Strand
Hansühn
Oldenburger Graben
A1
Gut Gaarz
Siggeneben
Högsdorf
Gut Testorf
Rosenfelder Strand
Gut Kletkamp
L216
L258
Harmsdorf
Damlos
Gut Rosenhof
Langbett von Flehm
Grube
L178
Möchneversdorf
Gut Güldenstein
Lensahn
Riepsdorf
L231
Dahme
Benz
Kirchnüchel
Kabelhorst
Malkwitz
Bungsberg
Lensahnerhof
Grönwohldshorst
Nüchel
L58
Kellenhusener Forst
Bad Malente
Schönwalde am Bungsberg
Manhagen
Cismar
Kellenhusen (Ostsee)
Beschendorf
Kellersee
Ukleisee
Sagau
Gut Immenhof
L216
B501
Klostersee-Strand
Fissau
Kasseedorf
Lensterstrand
L57
Gut Hasselburg
Gr. Eutiner See
Schashagen
Bliesdorf
Grömitz
Eutin
Naturpark Holsteinische Schweiz
Altenkrempe
Gut Sierhagen
Beusloe
Bliesdorf - Strand
B76
Neustadt in Holstein
Gömnitzer Berg
Gut Brodau
Groß Meinsdorf
Rettin
Gut Oevelgönne
Gut Wintershagen
Süsel
Pelzerhaken
L184
Hansa-Park
Schwartau
L309
Sierksdorf
Travequelle
Haffkrug
Lübecker Bucht
Pönitz
B432
Klingberg
Scharbeutz
Ahrensbök
B76
Timmendorfer Strand
Warnkenhagen
Schürsdorf
Niendorf
Brodtener Steilufer
Brook
Sarkwitz
Groß Schwansee
Elmenhorst
Vogelpark
Travemünde
Pansdorf
A1
Hemmelsdorfer See
Rosenhagen
L01
Klütz
Techau
Hemmelsdorf
Barendorf
Kalkhorst
Grebenhagen
Ratekau
LSG Travemünder Winkel
Priwall
Mecklenburg-Vorpommern
Curau
B75
Pariner Berg
Pötenitz
Rankendorf
L184
Bad Schwartau
Sereetz
Bad Segeberg
A226
Kücknitz
Teschow
Trave
L03
Eckhorst
Stockelsdorf
Gothmund
Dassow
Rolofshagen
L332
Schlutup
B105
LSG Lauerholz
Mallentin
Selmsdorf
A1
L01
Wismar
Lübeck
B104
Palingen
Gr. Eutiner See
Schönberg
Grevesmühlen
B75
Hamburg
Herrnburg
A20
Wismar
A20

Vom Wasser umschlossen: Weltkulturerbe Lübeck

Lübeck

Lübeck ist Weltkulturerbe, und das zu Recht. Die berühmte Silhouette der „Königin der Hanse" mit ihren sieben Kirchtürmen grüßt schon von Weitem, etwas vom Ruhm und Reichtum vergangener Zeiten ist in der Altstadt an jeder Ecke zu spüren.

Fast scheint es, als sei Lübeck mit seinen jahrhundertealten, Betriebsamkeit atmenden Straßenzügen und den vielen historischen Gebäuden so etwas wie ein lebendes Museum, das überdies noch bequem zu Fuß erkundet werden kann. Die gesamte Altstadt befindet sich auf einem von der Trave umflossenen Oval. Wenn Sie zunächst eine andere Sicht auf die Stadt einnehmen wollen – kein Problem. Auf den Travekanälen verkehren stündlich Ausflugsschiffe, die die Altstadt mit ihren Salzspeichern am Ufer auch von der sehenswerten Wasserseite aus zugänglich machen.

Stadtbummel

Das nach wie vor schönste Entree in die **Altstadt** bildet das wuchtige, doppeltürmige Holstentor. Von hier ist es nur ein kurzes Stück hinauf zum weltberühmten Rathaus und der gewaltigen St.-Marien-Kirche. Noch vor Beginn eines Stadtrundgangs kann man vom Turm der nur wenige Schritte entfernten St.-Petri-Kirche einen herrlichen Rundblick über die Stadt genießen. Ein Aufzug führt hinauf zur 50 m hohen **Aussichtsplattform** (5 €). Oben angekommen, erkennt man, dass sich die Stadt auf einem Hügel befindet, von dessen Zentrum um die Marienkirche die Straßen fast schachbrettartig nach allen Seiten hinunter zum Wasser führen. Es wird auch deutlich, dass Lübecks historisches Zentrum nur rund 1 km breit und knapp 2 km lang ist, alles ist also bequem zu Fuß erreichbar.

Noch ist die Altstadt nicht autofrei, aber verkehrsberuhigt. Vom **Markt** aus zieht sich die stets geschäftige Fußgängerzone, die Breite Straße, nach Norden.

Lebensgroße Marzipanfiguren: Marzipansalon im Café Niederegger

Auf ihr ist auch das berühmte Café Niederegger zu finden, das den Ruf Lübecks als Marzipanstadt mitbegründet hat (→ *Lübecker Marzipan*, S. 41). Aber v. a. das jenseits von Markt und Geschäftsmeile liegende Lübeck lohnt, entdeckt und erlaufen zu werden. Dicht gedrängte Häuserzeilen mit über 3000 prächtigen Patrizierhäusern, die stolz ihre typischen Stufengiebel zeigen, schmücken viele Straßen und Plätze. Prunkvolle Exemplare finden sich beispielsweise im Ostteil der Altstadt, so in der Fleischhauer-, Hüx- und in der Wahmstraße. Alle drei Straßen bilden zudem ein wunderbar abwechslungsreiches **Shopping-Viertel.**

Ebenfalls sehenswert sind die Gruben (so heißen die zur Trave führenden Straßen) im Südwesten, insbesondere die im Schatten von St. Petri beginnende **Große Petersgrube.** Sie ist die einzige Altstadtstraße, in der die ursprünglichen Fassaden der Gebäude vollständig erhalten geblieben und darüber hinaus auch noch Bürgerhäuser aller Baustile zu finden sind. Die Große Petersgrube mündet in die Straße An der Obertrave, wo einige Restaurants zur Einkehr einladen und auch Traverundfahrten starten. Eine wenig bekannte Besonderheit ist der Bau an der Obertrave 19–20, der von außen wie ein uralter, schöner Speicher aussieht. Das aber ist nur Tarnung, denn es handelt sich schlicht um einen Bunker.

Obwohl Lübeck einst eine überaus reiche Stadt war, lebten in der Hansestadt natürlich nicht nur wohlhabende Kaufleute. Im Norden der Altstadt liegt beispielsweise das **Gängeviertel** (an der Engelsgrube), wo auf engstem Raum die spätmittelalterlichen Handwerker und Tagelöhner wohnten. Deren ehemalige Behausungen sind durch Gänge verbunden, die teilweise so niedrig sind, dass man sich tief bücken muss, um hindurchzugelangen. Heute ist die Hinterhofidylle der winzigen, blumenberankten Häuschen liebevoll restauriert, und es lohnt sich unbedingt, bei einem Stadtspaziergang in diese andere Welt mit ihren „Scheinsackgassen“ und versteckten Ausgängen einzutauchen. In der gesamten Altstadt sind heute noch etwa 90 dieser typischen Lübecker Gänge erhalten geblieben.

Lübeck und die Lübecker Bucht → Karte S. 26

Stadtgeschichte

Dreimal musste Lübeck gegründet werden, ehe es sich in voller Blüte entwickeln konnte. Etwas nördlich der heutigen Stadt, am Zusammenfluss von Trave und Schwartau (Alt-Lübeck genannt), entstand um das Jahr 1000 die Slawensiedlung *Liubice*, was „die Liebliche, die Schöne" bedeutet. Doch im Jahr 1138 wurde diese Siedlung, in der sich mittlerweile bereits eine Niederlassung deutscher Kaufleute mit christlicher Kirche behauptete, im Zuge innerslawischer Auseinandersetzungen von heidnischen Slawen komplett niedergebrannt.

Die Neugründung erfolgte 1143 unter der Federführung des Schauenburger Grafen Adolf II., der auf eben jenem Hügel zwischen Trave und Wakenitz, der heute noch die Altstadt bildet, eine Siedlung errichten ließ. Hier bestand seit alter Zeit ein Handelsweg, deshalb war der Standort ein idealer Ausgangspunkt, um das slawische Gebiet zu unterwerfen. Schnell zog die neue Stadt viele Kaufleute an und wickelte einen immer größeren Teil des Nordosthandels ab. Das wiederum war dem Lehnsherren des Grafen, Herzog Heinrich dem Löwen, ein Dorn im Auge, denn in seinem unmittelbaren Einflussbereich nahm der Handel ab. Deswegen forderte er Adolf II. auf, ihm die Hälfte der städtischen Einnahmen zu überlassen, was dieser jedoch ablehnte. Daraufhin entzog der Herzog der Stadt das Recht auf einen Fernhandelsmarkt, womit den hiesigen Kaufleuten die Existenzgrundlage genommen wurde. Das vorläufige Ende der Stadtgeschichte markierte schließlich ein verheerender Brand im Jahr 1157, dem große Teile der Siedlung zum Opfer fielen.

Der Neuanfang und damit gewissermaßen die dritte Stadtgründung ließ allerdings nicht lange auf sich warten. Nachdem Heinrich der Löwe den Kaufleuten nach der Brandkatastrophe einen neuen Siedlungsplatz im Lande Ratzeburg zugeteilt hatte, der jedoch wirtschaftlich nicht sonderlich florierte, ließ er sie kurzerhand zurückholen und wies sie an, ihre alte Siedlung wiederzuerrichten. So entstand Lübeck 1159 unter Heinrich dem Löwen nochmals, und zwar mit einem Grundriss, der heute noch Bestand hat. Eine seiner ersten Maßnahmen bestand darin, Lübeck zum Bischofssitz zu machen (den Grundstein für den Dom soll er angeblich selbst gelegt haben), sodass die Stadt schon bald zum Zentrum der Missionierung Ostholsteins wurde. Zudem stattete er Lübeck mit einem Stadtrecht (nach Soester Vorbild) aus, welches später „Lübisches Recht" genannt und mehr als 100 Städten im Ostseeraum verliehen wurde.

Aus Brandschutzgründen waren ab 1250 nur noch Backsteine als Baumaterial erlaubt. Auf engstem Raum entstanden so prächtige Häuser und Höfe, deren kunstvolle Giebel noch heute den Charme der Stadt ausmachen. Aufgrund seiner vielfältigen Handelsbeziehungen gelangte Lübeck innerhalb kürzester Zeit zu Macht und Reichtum. Dokumentiert wird dies u. a. durch die berühmten sieben Kirchtürme, die innerhalb von nur fünf Jahrzehnten, nämlich zwischen 1170 und 1220, erbaut wurden.

Zwar fiel die Stadt 1201 zwischenzeitlich in die Hände der Dänen, aber mit der Schlacht von Bornhöved (1227 → S. 424) erlangte auch Lübeck seine Souveränität zurück und wuchs rasant weiter. Denn nun wurde die neue Metropole an der Ostsee von Friedrich II. auch noch zur freien Reichsstadt erhoben, war also fortan keinem Grafen, Herzog oder Bischof, sondern lediglich dem Kaiser verpflichtet. Im Jahr 1300 trat die Stadt dann der Hanse bei und konnte hier rasch eine Führungsrolle übernehmen, ja sich zur „Königin der Hanse" entwickeln (→ Kasten S. 30). Was Venedig für das Mittelmeer war, wurde Lübeck für die Ostsee, nämlich das Handelszentrum schlechthin. Die

Metropole wuchs immer weiter und war bald nach Köln die zweitgrößte Stadt des Reiches.

Die politische Macht lag bei den reichen Kaufleuten, was fast zwangsläufig zu Differenzen mit den kirchlichen Autoritäten führen musste. Als steinernes Sinnbild kaufmännischen Selbstbewusstseins ließen die stolzen Ratsherren ab 1250 die gigantische Marienkirche bauen. Der Bischof, weitgehend entmachtet und des selbstherrlichen Rates überdrüssig, zog nach Eutin und lenkte seitdem von dort die Geschicke seines Bistums Lübeck.

Im Zeitalter der Reformation musste Lübeck behutsam vorgehen, denn die freie Reichsstadt unterstand ja dem katholischen Kaiser. Zudem wollte und konnte Lübeck als Oberhaupt der Hanse seine ebenfalls z. T. katholischen Handelspartner nicht plötzlich verprellen. So dauerte es in Lübeck bis zum Jahr 1531, ehe der Rat der Stadt auf Drängen der Bürgerschaft eine protestantische Kirchenordnung verabschiedete.

Durch geschickte Diplomatie schafften es die Lübecker Ratsherren, ihre stark befestigte Stadt aus dem Dreißigjährigen Krieg herauszuhalten, sodass Lübeck bis zum Ende des 18. Jh. eine blühende Kaufmannsstadt blieb. Der Niedergang begann erst, als napoleonische Truppen die Stadt 1806 besetzten. Zwar war der Spuk bereits 1813 wieder vorbei, doch die wenigen Jahre reichten aus, um die wirtschaftliche Macht Lübecks zu brechen. Einen we-

Die Hanse

Die Geschichte der Hanse begann mit einer Fahrgemeinschaft: Fernhandel treibende deutsche Kaufleute taten sich seit dem 12. Jh. (beispielsweise in Gotland oder London) zusammen, um ihre ebenso einträglichen wie gefährlichen Reisen kostengünstig zu organisieren. Aus den losen Interessengemeinschaften entwickelten sich dauerhafte Kooperationen, von Außenstehenden *Hansen* („Schar" oder „Bund") genannt. Diese Hansen waren die Keimzellen, aus denen im 13. Jh. unter der Führung Lübecks ein Bund niederdeutscher Städte entstand.

Vornehmliches Ziel der Hanse war (neben der Sicherung der städtischen Freiheiten) die Sicherung des Handels. Sie bot ihren Mitgliedern im Ausland Rechtssicherheit, verwaltete die ausländischen Handelsprivilegien und organisierte den Fernhandel. Über die Richtlinienkompetenz des Städtebundes entschieden unregelmäßig stattfindende Hansetage, die seit 1356 im Lübecker Rathaus abgehalten wurden. Dabei erörterten die Hansedelegierten nicht nur kaufmännische Fragen, sondern entschieden auch darüber, ob Krieg oder Frieden ihren wirtschaftlichen Interessen zuträglicher war. Spätestens mit dem Frieden von Stralsund 1370, der den zehn Jahre dauernden Krieg gegen Dänemark beendete und die Vorherrschaft der Hanse im Ostseeraum festigte, war der Städtebund – und damit Lübeck – auf dem Höhepunkt seiner Macht angelangt. Der Hanse gehörten 200 Binnen- und Hafenstädte an. Ihre Einflusssphäre reichte vom Finnischen Meeresbusen bis zur Zuidersee im Westen und Thüringen im Süden.

Den Aufstieg zur **„Königin der Hanse"** verdankte Lübeck seiner strategisch günstigen Lage. Die Stadt, die seit dem Erwerb von Travemünde 1329 über einen ungehinderten Zugang zur Ostsee verfügte, war der Knotenpunkt

sentlichen Einfluss hatte die von Napoleon gegen England verhängte Wirtschaftsblockade (Kontinentalsperre), die auch Auswirkungen auf die Handelsaktivitäten der Hansestädte hatte. Die Folge war der Bankrott zahlreicher Kaufmannsfamilien.

Noch bis 1937 blieb Lübeck als eine von sechs Städten in Deutschland freie Reichsstadt, die sie seit 711 Jahren war. Dann wurde die Stadt von den Nationalsozialisten der preußischen Provinz Schleswig-Holstein zugeschlagen und verlor – anders als Bremen und Hamburg – ihre Selbstständigkeit.

Am Palmsonntag 1942 ging ein Teil Lübecks im britischen Bombenhagel unter; es war der erste große Luftangriff auf eine deutsche Stadt. Von weiteren Zerstörungen blieb Lübeck wohl nur deshalb verschont, weil der Schweizer Präsident des Internationalen Roten Kreuzes sich vehement für eine „Neutralisierung" der Stadt als Umschlagplatz für Rot-Kreuz-Sendungen einsetzte. Dennoch schien es nach Kriegsende fast unmöglich, die gewaltigen Schäden zu beheben. Doch im Laufe der Zeit gelang es den Lübeckern, viel von der einstigen Pracht wiederherzustellen. Als Lohn für die jahrzehntelangen Bemühungen wurde die gesamte Altstadt 1987 von der UNESCO zum Weltkulturerbe erklärt. Heute, da sich der Osten Europas neu geordnet und seine Grenzen geöffnet hat, liegt Lübeck wieder ganz zentral und hofft darauf, erneut Drehscheibe des Ostseehandels zu werden.

der bedeutendsten hanseatischen Handelsrouten zwischen Ostseeraum und Westeuropa. Die Lübecker Lagerhallen wurden von den Kompanien, die für den Handel mit dem Osten und dem Norden zuständig waren, mit Rohstoffen beliefert. Die Nowgorod-Fahrer brachten Holz, Pelze, Teer, Wachs und Hanf aus Russland, Erz und Hering kamen aus Schweden, Stockfisch aus Norwegen. Von Lübeck aus wurden die Rohstoffe weiterversandt, während aus dem Süden und Westen Europas gelieferte Fertigwaren (Tuche, Werkzeuge, Wein etc.) für den Markt im Norden und Osten umgeschlagen wurden.

Grundlage für die logistischen Anforderungen war das richtige Transportmittel. Die Schiffe der Hanse, die **Koggen**, waren billig zu produzieren und verfügten dank ihres bauchigen Rumpfs vielleicht nicht über die Eleganz venezianischer Galeeren, dafür aber über die immense Ladungskapazität von bis zu 100 Tonnen. Die Lübecker Flotte war noch bis zum Dreißigjährigen Krieg größer als die Englands, lediglich die Niederländer besaßen mehr Schiffe.

Mit dem Verlust des hanseatischen Kontors in Nowgorod 1478 begann der Niedergang der Hanse. Der alte Städtebund erwies sich auf Dauer gegenüber sich verändernden Marktbedingungen (der wirtschaftspolitischen Entwicklungen der frühneuzeitlichen Staaten, die wachsende Bedeutung der großen Bankhäuser) als nicht konkurrenzfähig. Mit der zunehmenden Bedeutung des transatlantischen Handels verschoben sich zudem die europäischen Marktzentren nach Westen und marginalisierten den Ostseehandel. Der letzte Hansetag wurde 1630 abgehalten, neben Lübeck nahmen nur Hamburg und Bremen daran teil.

Blick von St. Petri: Salzspeicher und Holstentor

Sehenswertes

In der Weltkulturerbestadt Lübeck stolpern Sie geradezu über Kunstschätze, die sich unmöglich alle bei einem Kurzbesuch besichtigen lassen. Nicht entgehen lassen sollten Sie sich jedoch nach Möglichkeit die folgenden Sehenswürdigkeiten:

Holstentor

Der mächtige Verteidigungsbau mit seinen beiden charakteristischen Türmen wurde 1464–1478 unter der Leitung des Lübecker Ratsbaumeisters Hinrich Helmstede erbaut. Das Tor lag wie eine Art Brückenkopf vor der Stadt in Richtung Holstein (daher der Name). Es war mit 30 Geschützen ausgestattet, die jedoch nie zum Einsatz kamen. Schon während der Bauzeit hielt der weiche Boden der gewaltigen Last der bis zu 3,5 m dicken Mauern nicht stand, woraufhin der Südturm in Schieflage kam. Diese Neigung versuchte man bei der Errichtung der oberen Geschosse auszugleichen. Im Laufe der Jahrhunderte ist jedoch das gesamte Bauwerk abgesackt.

Durch die Entwicklung der Kriegstechnik war das Holstentor schon relativ schnell veraltet, sodass bereits im 16. Jh. eine dem Tor vorgelagerte Bastion errichtet wurde, um die Verteidigungsanlage zu verstärken. Deren prächtiges Tor wurde Mitte des 19. Jh. abgerissen, und fast wäre dem Holstentor das gleiche Schicksal widerfahren. Zu dieser Zeit war es nämlich zur Ruine verfallen und wurde von vielen als „steinernes Gerümpel" verunglimpft; folgerichtig drohte der Abriss. Nach kontroversen Diskussionen im Rat entschied man sich aber schließlich doch mit einer Stimme Mehrheit für den Erhalt und die Renovierung des historischen Bauwerks. Heute ist das Holstentor in aller Welt bekannt. Dazu beigetragen hat sicher auch der Umstand, dass es von 1958 bis 1991 auf den 50-Mark-Scheinen der Deutschen Bundesbank verewigt war. 2006 wurde diese Tradition wieder aufgegriffen, damals erschien das Holstentor auf der Rückseite der ersten deutschen 2-Euro-Gedenkmünze.

Begrüßt wird der Besucher mit einer über dem Falltor angebrachten Inschrift in goldenen Lettern: *Concordia Domi Foris Pax* („Eintracht drinnen, außen Frieden"). Auf der Stadtseite des Tors, dessen Mauern teilweise über 3 m dick sind, sieht man die großen Buchstaben S.P.Q.L. als Abkürzung für *Senatus Populusque Lubecensis* („Senat und Volk von Lübeck"). Heute beherbergt das Holstentor ein **Museum,** das sich in erster Linie mit Lübeck als einstiger Handelsmacht befasst (→ Museum , S. 38).

Petrikirche

Ein Fahrstuhl führt zur 50 m hohen Aussichtsplattform hinauf und ermöglicht einen tollen Rundblick über die Dächer der Stadt. Die im 13. Jh. erbaute ehemalige Kirche der Fischer wurde im Zweiten Weltkrieg fast völlig zerstört und über viele Jahrzehnte (bis 1987) wiederaufgebaut. Seitdem dient die weitgehend kahle, weiß getünchte Kirchenhalle als Ausstellungsraum kulturellen Zwecken. Die Kirche finanziert sich ausschließlich aus den Eintrittgeldern.

- **Aussichtsplattform:** Jan./Feb. tägl. 11–17 Uhr, März–Dez. tägl. 10–19 Uhr, letzte Auffahrt 30 Min. vor Schluss. Eintritt 5 €, Schüler 3 €. **Kirche:** März–Dez. tägl. 11–16 Uhr. Eintritt frei. In der Kirche gibt es auch ein kleines Café (Mo–Sa 12–17 Uhr). Petrihof 1, ✆ 0451-790 7014, st-petri-luebeck.de.

Rathaus

Es wurde zwischen dem 13. und 15. Jh. errichtet und gilt als eines der schönsten Rathäuser in Deutschland, obwohl es keinen einheitlichen Baustil aufweist. Vom Markt aus fällt der Blick auf die mittelalterliche, um 1350 fertiggestellte **Fassade** mit den lasierten Steinen, deren Pracht die Bedeutung der Stadt als „Haupt der Hanse" dokumentieren sollte. Drei Türme und zwei riesige Windlöcher zieren die Hauptfront, darunter befindet sich ein in der Renaissance erbauter Laubengang. Besonders eindrucksvoll sind die sich nach Süden hin zwischen Markt und Fußgängerzone erstreckenden Vorbauten – zunächst das um 1300 entstandene **Lange Haus** mit seiner Wappenschildfolge unter dem Hauptgesims. Daran schließt sich das vielleicht auffälligste Gebäude der Stadt an, der **Kriegsstubenbau** (um 1440) mit seiner Glasursteinfassade und den schmalen, spitzbehelmten Rundtürmen zwischen hohen, mit Stadtwappen geschmückten Schildwänden. Zur Marktseite zieht sich ein Arkadengang durch beide Gebäude. Von der Fußgängerzone (Breite Straße) aus führt eine große Freitreppe hinauf in die im Stil der Neugotik gestaltete Eingangshalle des Rathauses.

Eingangshalle des Rathauses

Im Erdgeschoss des alten Rathaustraktes befindet sich der **Audienzsaal** mit seiner aus dem Rokoko stammenden Ausstattung. Er war früher Tagungsort des hansischen Obergerichts. Ein hölzernes Portal mit zwei unterschiedlich hohen Türen führt in den Saal. Die höhere Tür war den Ratsherren vorbehalten, die mit ihren großen Hüten erhobenen Hauptes eintreten konnten, während die Angeklagten die niedrige Tür benutzen mussten. Noch bis 1963 war der hohe eiserne Ofen die einzige Möglichkeit, den Saal zu heizen.

▪ Besichtigungen derzeit nur im Rahmen von 2-stündigen Stadtführungen, die im Regelfall Mo–Sa um 10.30, 11 und 14 Uhr sowie So um 11 Uhr stattfinden (→ S. 45). Man sieht dann das ganze Rathaus mit dem historischen Bürgerschaftssaal.

Marienkirche: Mutterkirche norddeutscher Backsteingotik

Marienkirche

St. Marien ist die Kirche des einst mächtigen Rates der Stadt Lübeck. Mit ihrem Bau wollten die Ratsherren die immense Bedeutung der Stadt unterstreichen und sicher auch ihre eigene Machtfülle demonstrieren. Die Arbeiten begannen im Jahr 1250 und waren erst 100 Jahre später abgeschlossen; seither bildet die Marienkirche den Mittelpunkt der Stadt.

Architektonische Vorbilder waren die gotischen Kathedralen Frankreichs, die die Kaufleute auf ihren Reisen kennengelernt hatten. Allerdings waren die aus Naturstein gebaut, während das heimische Baumaterial der Backstein war – man musste also gewissermaßen „baustofftechnische Übersetzungsarbeit“ leisten. Dies gelang so meisterhaft, dass die dreischiffige Kirche – damals die größte der Christenheit und noch heute immerhin die drittgrößte Deutschlands – zum Prototypen und damit zur „Mutterkirche“ der nordeuropäischen Backsteingotik wurde.

Beim Betreten der Kirche richtet sich der Blick unweigerlich hinauf zum mit zartem Blätter- und Rankenwerk bemalten Mittelschiff, mit fast 40 m immer noch das **höchste Backsteingewölbe der Welt.**

Im Zweiten Weltkrieg musste St. Marien schwerste Beschädigungen hinnehmen. In der Bombennacht am Palmsonntag 1942 fielen auch die Glocken des Südturms hinab und krachten durch das Gewölbe auf den Boden der südlichen Turmkapelle, wo sie noch heute liegen. Einige Kunstschätze konnten allerdings vor der Zerstörung gerettet werden, so der Antwerpener Marienaltar (1518) mit seinen vergoldeten Holzschnitzereien, das in Bronze gegossene Sakramentshaus (1479) und die Bronzetaufe von Johann Apengeter aus dem 14. Jh.

In der nördlichen Totentanzkapelle befindet sich eine riesige **astronomische**

Die steinerne Maus

Eine der bekanntesten Stadtlegenden Lübecks ist die von der gefräßigen Maus, an die heute ein Sandsteinrelief mit Rosenstock an einer Säule hinter dem Chor in der Marienkirche erinnert (Abendmahltisch): An der Außenwand des Vorgängerbaus der heutigen Kirche wuchs einst ein mächtiger Rosenstock, der nach damaliger Überlieferung die Stadt vor allen Angreifern schützte. Dementsprechend wähnten sich die Bürger zunächst auch im Jahr 1201 in Sicherheit, als die Dänen vor den Toren der Stadt standen. Leider mussten sie aber bald feststellen, dass eine Maus im Rosenstock ihr Nest gebaut, die Wurzeln angefressen und die Pflanze zum Absterben gebracht hatte. Der Zauber des Rosenstocks war damit ein für alle Male verflogen und die Ratsherren der Stadt ergaben sich mutlos den Dänen. Zur Erinnerung an die Geschehnisse ließen sie später in ihrer neuen Kirche Maus und Rosenstock in Stein meißeln. Und obwohl das Mäuschen seinerzeit so viel Schaden angerichtet hat, soll es heute Glück bringen – zumindest dann, wenn man es streichelt. Und das tun seit Jahrhunderten sehr viele, wie unschwer an der von unzähligen Berührungen herrührenden schwarzen Färbung des feinen Sandsteinreliefs zu erkennen ist.

Uhr. Es handelt sich um eine Rekonstruktion, denn das Original von 1566 fiel den Kriegsbomben zum Opfer, hatte bis dahin aber jahrhundertelang einwandfrei funktioniert. Die Uhr war und ist ein wahres Meisterwerk an Präzision und Technik. Auf ihrer Kalenderscheibe ist genau abzulesen, auf welchen Wochentag irgendein Datum aus der Zeitspanne zwischen 1911 und 2080 fiel bzw. fällt. Täglich um 12 Uhr mittags setzen sich die Figuren der Uhr in Gang.

Anstelle der ebenfalls verbrannten Originalorgel wurde 1968 ein neues Meisterwerk geschaffen, damals die **größte mechanische Orgel der Welt.** Sie verfügt über fünf Manuale, 101 Register und rund 8500 Pfeifen. Um auf ihr spielen zu können, muss der Organist etwa 15 Minuten Fußweg quer durch die Kirche und das Kirchendach zurücklegen und dabei 110 Stufen erklimmen.

■ Tägl. 10–18 Uhr, im Winter 10–16 Uhr. Zur Gebäudeerhaltung zahlen Erwachsene 4 € Eintritt (den sog. Marientaler). Führungen Mai–Sept. (1:30 Std.) um 12.15 und 15 Uhr, Okt. und in der Adventszeit um 12.15 Uhr (Spende erbeten). Marienkirchhof 2.

Jakobikirche

Die Kirche, die den Zweiten Weltkrieg völlig unversehrt überstanden hat, wurde 1334 als **Kirche der Schiffer und Seefahrer** fertiggestellt. In ihrem Inneren beeindrucken v. a. der Altar (um 1500) und das reich beschnitzte Gebetsgestühl. In St. Jakobi befinden sich auch die letzten historischen **Orgeln** Lübecks mit originalem Pfeifenbestand. Ihre ältesten Teile sind gotische Werke (die heutigen Hauptwerke), von denen es weltweit nur noch sehr wenige gibt (um 1466 entstanden und damit aus hochprozentigem Blei). Die kleine Orgel wurde 1637 von Friedrich Stellwagen meisterhaft umgebaut (sie heißt auch Stellwagen-Orgel). Die größere Orgel über der Westempore ist mehrfach umgestaltet worden (hauptsächlich im 16. und 17. Jh.) und füllt die ganze Turmwand. Die Orgeln bestechen noch heute durch ihren außergewöhnlichen Klang; wer sich davon überzeugen will, kann an einer Orgelvesper teilnehmen (jeden Sa um 17 Uhr).

Die nördliche Turmkapelle beherbergt ein zerborstenes **Rettungsboot** der 1957 im Atlantik untergegangenen „Pamir" und erinnert auch mit den am Boden eingemeißelten Namen an die 80 Toten dieses Unglücks. Das Schwesterschiff der „Pamir", die „Passat", liegt heute als Museumsschiff in Travemünde. Die Backsteintraufenhäuser vor der Kirche stammen aus dem Jahr 1601 und dienen seit dieser Zeit als Pastorat.

▪ Tägl. 10–18 Uhr, Mo nur bis 16 Uhr. Breite Straße/Jakobikirchhof.

Heiligen-Geist-Hospital

Das Hospital gegenüber der Jakobikirche wurde schon 1286 eingeweiht und war für mittelalterliche Verhältnisse ein wahrer Monumentalbau. Stifter dieser Sozialeinrichtung waren fromme Lübecker Kaufleute, aufgenommen wurden kranke und alte Bewohner der Stadt. Im Kernbau der Anlage, dem *Langen Haus* mit seiner sich über fast 90 m erstreckenden Halle, standen bis 1820 die Betten der Heimbewohner nebeneinander in Reih und Glied. Dann wurden winzige hölzerne Kabäuschen eingebaut, die sehr spärlich eingerichtet waren und lediglich der Nachtruhe dienten. Die Halle war und ist nur über die **Hospitalskirche** aus zu betreten, dessen sehenswerte Altarraumabtrennung (Lettner von 1300) die Legende der hl. Elisabeth erzählt, die als Schutzpatronin der Armen, Alten und Kranken gilt. Erst 1970 zogen die letzten Bewohner hier (widerstrebend) aus. Heute werden Halle und Kammern in der Adventszeit für einen sehr stimmungsvollen Weihnachtsmarkt genutzt (dann 3 € Eintritt). In den 1970er-Jahren wurden die übrigen Gebäude zum modernen Seniorenheim und zur Altentagesstätte umgebaut.

▪ Tägl. 10–16 Uhr, im Sommer bis 17 Uhr, Mo geschlossen. Eintritt (außer bei Sonderausstellungen) frei. Am Koberg, ✆ 0451-1222040.

Schiffergesellschaft

Das ebenfalls an der Jakobikirche gelegene und von einem Dreimaster als Wetterfahne gekrönte Haus der Schiffergesellschaft (Breite Straße 2) ist die älteste erhaltene Seemannskneipe der Welt. Bereits 1535 erwarb die Gilde der Schiffer und Kaufleute Lübecks ihr **Gildehaus,** und es zieht noch heute Touristen magisch an. Nach wie vor sitzt man in der seit 150 Jahren als **Restaurant** genutzten ehemaligen Versammlungshalle an langen Tischen und Bänken aus dunklem Eichenholz, an deren Enden die Wappen der Seefahrer angebracht sind (→ S. 48). Die vor über 600 Jahren gegründete Schiffergesellschaft (1401) besteht übrigens noch heute als Bruderschaft und nimmt nur Lübecker Kapitäne auf. Sie verwendet die Pachteinkünfte nach wie vor satzungsgemäß für die Unterstützung bedürftiger Seeleute und deren Witwen.

Stiftshöfe

Die Versorgung von Armen, Witwen und Waisen in gepflegten Stiftshöfen war und ist bis heute eine Lübecker Besonderheit. Ende des 19. Jh. gab es noch 170 Stiftshöfe in der Stadt, viele davon sind bis heute erhalten geblieben. Deswegen gibt es neben dem berühmten Heiligen-Geist-Hospital noch andere Wohnstifte mit jahrhundertelanger Tradition. Meist sind sie nach ihrem Gründer, i. d. R. einem wohlhabenden Lübecker Kaufmann, benannt. Zu ihnen zählt der **Von-Dornes-Hof** in der Schlumacherstraße 15-23 (nahe Hüxstr.), der vor etwa 550 Jahren gegründet wurde und in dem noch heute Altenwohnungen untergebracht sind. Der jüngste Stiftshof ist der 1725 erbaute **Haasenhof** (Dr.-Julius-Leber-Str. 37–

39), in dem ursprünglich Wohnungen für Witwen und ledige Frauen zur Verfügung standen. Aus dem Jahr 1612 stammt die im Renaissancestil gebaute Wohnanlage **Glandorps Hof,** die aus einem dreigeschossigen Backsteintraufenhaus mit zwei Flügelbauten besteht (Glockengießerstr. 45–51). Auch diese Anlage wird heute noch genutzt. Der vielleicht eindrucksvollste aller Stiftshöfe befindet sich ebenfalls in der Glockengießerstraße (Nr. 23–27, neben dem Grass-Haus); es ist der 1639 erbaute **Füchtingshof.** Durch ein prächtiges Sandsteinportal gelangt man in den Hof und sieht die jeweils paarweise angeordneten Eingangstüren der Wohnungen, die einst Kaufmanns- und Schifferwitwen vorbehalten waren (freie Unterkunft auf Lebenszeit). Die Stiftung *Johann Füchting Testament* betreibt das Wohnstift noch heute.

▪ Besucher sind von 9–12 und 15–18 Uhr willkommen.

Burgtor

Baulicher Höhepunkt des Burgtorviertels im Norden der Altstadt ist das imposante Burgtor selbst. Es sicherte einst den einzigen natürlichen Zugang zur Stadt (noch heute fließt der Verkehr mitten hindurch). Das Tor mit seinen vier Öffnungen geht im Kern auf das 13. Jh. zurück und erhielt seine heutige Form bereits im Jahr 1444, als es mit schwarzen und roten Ziegeln neu verblendet wurde. Nach einem Brand im Jahre 1685 bekam es seine barocke Turmhaube. Zu beiden Seiten des Tores ist noch etwas von der alten, gewaltigen Stadtmauer von 1320 erhalten.

Aegidienkirche

Die im Zweiten Weltkrieg unzerstört gebliebene Kirche mit ihrem 86 m hohen quadratischen Turm war als **Kirche der Handwerker und Bauern** das kleinste und bescheidenste Gotteshaus der Stadt. Im Inneren der im 13. Jh. erbauten und im 15. Jh. erweiterten Kirche ist v. a. der von einem Lübecker Meister 1587 reich beschnitzte „Singechor" bemerkenswert (so wird die Lettnerbühne hier genannt). Sehenswert sind auch die gotischen Wandmalereien im Chor und in der Turmhalle, die nahezu vollständig erhalten sind.

▪ Di–Sa 10–16 Uhr. Aegidienstr. 75.

Dom

Ohne das **älteste Baudenkmal der Stadt** mit seinen beiden 115 m hohen Türmen wäre die Silhouette Lübecks nur unvollständig. Am gewaltigen Dom wurde schon im 12. Jh. fleißig gebaut. Fertiggestellt war er im Jahr 1230, doch bald darauf baute man ihn – dem Zeitgeschmack entsprechend – zur gotischen Hallenkirche um. 800 Jahre lang

Der Dom:
ältestes Baudenkmal der Stadt

hielt er allen äußeren Einflüssen stand, dann brannte er im Zweiten Weltkrieg vollständig aus. Die Kriegszerstörungen am Dom waren so gewaltig, dass der Wiederaufbau Jahrzehnte brauchte; das **Paradies,** eine besonders kunstvolle, ursprünglich spätromanische Vorhalle, konnte erst 1982 wiederhergestellt werden.

Die Mitte des Doms beherrscht ein tatsächlich 17 m hohes Triumphkreuz mit dem von Figuren der Heilsgeschichte umgebenen Gekreuzigten. Geschaffen wurde es 1477 vom einheimischen Bildhauer Bernd Notke, von dem auch der holzgeschnitzte Lettner stammt. Die Renaissancekanzel, an die 1625 eine Kirchenuhr angefügt wurde, datiert aus dem Jahr 1568. In der Kirche befinden sich zahlreiche weitere Kunstschätze, v. a. Bischofsgrabplatten sowie Steinsärge der Fürstbischöfe von Lübeck und späteren Großherzöge von Oldenburg.

Die zum Dom hinführende kleine Straße heißt Fegefeuer und galt im Mittelalter als Fluchtweg für diejenigen, die Unterschlupf im Machtbereich des Bischofs suchten und sich auf diese Weise der städtischen Gerichtsbarkeit entziehen wollten.

▪ Tägl. 10–18 Uhr, im Winter 10–16 Uhr. Mühlendamm 2.

Museen und Ausstellungen

Lübeck ist eine Stadt mit eindrucksvollen Museen, die sich fast alle zu einem Verbund zusammengeschlossen haben. Der **Eintritt** in die meisten Museen beträgt 8 € für Erwachsene und 2,50 € für Schüler (Kinder unter 6 J. sind frei). Zudem gibt es zwei verschiedene Familienkarten (wahlweise mit einem oder zwei Erwachsenen) für 9 bzw. 17 €. Wichtig: Beim Besuch eines zweiten Hauses der Lübecker Museen innerhalb von drei Tagen erhalten Sie bei Vorlage der Eintrittskarte einen **Rabatt** von 50 % (nicht im Europäischen Hansemuseum). Infos unter die-luebecker-museen.de.

Museum Holstentor

Das Kernstück der Ausstellung über die „Macht des Handels" bildet ein Stadtmodell, das Lübeck um 1650 zeigt. Auch historische **Schiffsmodelle** der berühmten Hansekoggen erinnern an die große Vergangenheit der Stadt. Der eher unrühmliche Teil der Stadtgeschichte, nämlich der äußerst grausame Umgang mit Gefangenen, wird in der **Folterkammer** dokumentiert. Die befindet sich im 3. Stock und ist ein reines Museum, denn systematisch gefoltert wurde im Holstentor nie (→ Holstentor S. 32).

▪ Tägl. 10–17 Uhr, Jan–März Mo geschlossen. Eintritt 8 €, Schüler 2,50 €, Familien 17 €. Holstentorplatz, ✆ 0451-122-4129.

Katharinenkirche (Museumskirche)

In der im 14. Jh. erbauten turmlosen Kirche eines ehemaligen Franziskanerklosters konnte im Hochchor und im Mittelschiff noch original mittelalterliche Farbgebung freigelegt werden. Im Inneren beherbergt die Backsteinbasilika u. a. das berühmte Gemälde „Auferweckung des Lazarus" von Jacopo **Tintoretto** (1578). Einen großen Schatz stellen auch die im Vorübergehen gut sichtbaren neun Terrakottafiguren dar, welche die Nischen der Westfassade zieren. Die drei linken wurden 1930–33 von **Ernst Barlach** geschaffen, ursprünglich für einen auf 18 Figuren angelegten Zyklus mit dem Titel „Gemeinschaft der Heiligen". Die Kirche dient häufig auch als Raum für Sonderausstellungen.

▪ Nur Mitte April bis Mitte Okt. Do–So 12–16 Uhr. Eintritt 2 €, Kinder 1,50 €. Königstraße/Ecke Glockengießerstraße. Infos zu Führungen und Sonderausstellungen unter museumskirche.de, ✆ 0451-122-4137.

Lübecks Visitenkarte: das Holstentor

Lübeck und die Lübecker Bucht → Karte S. 26

Museum Behnhaus Drägerhaus

Um einen Eindruck zu bekommen, wie reiche Kaufleute im 18. und 19. Jahrhundert lebten, lohnt ein Besuch der beiden nebeneinander liegenden Stadtpalais. Die Räume im **Drägerhaus** zeigen eine original erhaltene Folge von Fest- und Repräsentationsräumen des 18. Jahrhunderts. Das benachbarte **Behnhaus** zeigt Wohnräume des 19. Jh. Genutzt werden die historischen Ensembles heute als Galerie des 19. Jahrhunderts und der klassischen Moderne. Gezeigt werden u. a. Bilder des 1789 in Lübeck geborenen Bürgermeistersohns Johann Friedrich Overbeck, der einer der wichtigsten Vertreter der zeitgenössischen religiösen Malerei war. Daneben sind auch Werke nachfolgender Künstlergenerationen zu sehen, beispielsweise Arbeiten von August Macke (1887–1914) oder Edvard Munch (1863–1944).

▪ Jan.–März tägl. 11–17 Uhr, April–Dez. 10–17 Uhr (Mo jeweils Ruhetag). Eintritt 8 €, Schüler 2,50 €, Familien 17 €. Königstr. 9–11, ✆ 0451-122-4148.

Europäisches Hansemuseum (Burgkloster)

Erst 2015 eröffnet, führt dieses Themenmuseum im Norden der Altstadt die Besucher in einer Art **Zeitreise durch 800 Jahre Hansegeschichte** (mit einer Fokussierung auf die großen Handelsniederlassungen Lübeck, Nowgorod, Brügge, London und Bergen). Für den Rundgang geht es mit einem gläsernen Aufzug in eine Art unterirdisches Geschichtslabyrinth, in dem man zunächst die beim Bau des Museums wieder freigelegten uralten Baufundamente zu sehen bekommt. Außerdem werden die Geschichte der Hanse und deren weitreichende Handelsbeziehungen wie auch die Kunst des Mittelalters chronologisch in interessanten Rauminszenierungen präsentiert. Die Ausstellung, die auch über zahlreiche wertvolle Originalexponate verfügt, ist eine Multimedia-Mischung aus wissenschaftlich fundierten Rekonstruktionen, Licht- und Soundinstallationen, illustrierenden Filmen, aber auch klassischen Informationstafeln.

Der für 50 Mio. Euro erbaute backsteinern-historisierende, aber dennoch futuristisch anmutende Museumsneubau wurde in den historischen Burghügel integriert. Er steht neben dem im Jahr 1229 gegründeten **Burgkloster,** das heute als die bedeutendste norddeutsche Klosteranlage des Mittelalters gilt (ehemals ein Dominikanerkloster). Nach der Reformation wurde es als Armenhaus genutzt, später als Gericht und Untersuchungsgefängnis. Unter nationalsozialistischer Herrschaft diente es schließlich der Inhaftierung von Juden und Widerstandskämpfern, danach beherbergte es ein Museum für Archäologie.

▪ Tägl. 10–18 Uhr. Erw. 14 €, Kinder unter 18. J. frei. Besucher können sich von einem Audioguide führen lassen. Auf der Dachfläche befindet sich eine öffentlich zugängliche Terrasse mit schönem Traveblick und am Eingang (Spielhof) das **Stadtcafé Fräulein Brömse.** An der Untertrave 1, ✆ 0451-8090990, hansemuseum.eu.

Raum Newa im Europäischen Hansemuseum

Museumsquartier St. Annen

Das Quartier in den Räumlichkeiten eines ehemaligen Klosters im Südwesten der Altstadt besteht aus dem St.-Annen-Museum mit seinen mittelalterlichen Schätzen und aus der Kunsthalle St. Annen, in der moderne Kunst präsentiert wird.

Im kunsthistorisch sehr bedeutsamen **St.-Annen-Museum** sind alte Schätze kirchlicher Kunst und des Kunsthandwerks ausgestellt. Kernstück ist die größte deutsche Sammlung mittelalterlicher Schnitz- und Flügelaltäre (28 prächtige Altäre), zu der u. a. auch das kostbarste Kunstwerk Lübecks gehört: der berühmte Memling-Altar von Hans Memling. Eine Lübecker Kaufmannsfamilie stiftete diesen berühmten Passionsaltar im Jahr 1491 für den Dom. Nach dem Zweiten Weltkrieg soll ein reicher Amerikaner eine unvorstellbar hohe Summe für den Altar geboten haben, mit der man einen großen Teil der Stadt hätte wiederaufbauen können; die Lübecker lehnten jedoch ab.

Zu sehen gibt es darüber hinaus 25 Epochen- und Themenräume, darunter einige vollständig eingerichtete Wohnräume alter Lübecker Kaufmannsfamilien sowie erlesene Möbel, Gemälde, Porzellan und Fayencen.

Die **Kunsthalle St. Annen** befindet sich in den mittelalterlichen Ruinen der einstigen St.-Annen-Kirche, die 2003 zu einer modernen Kunsthalle umgestaltet wurde. Entstanden ist eine beeindruckend lichtdurchflutete Kulisse für die moderne Kunst nach 1945. Präsentiert wird durch wechselnde Ausstellungen vorwiegend zeitgenössische Kunst. Im Garten des Museumsquartiers stehen Skulpturen aus dem 18. Jh.,

Lübecker Marzipan

Das Lübecker Marzipan ist weltbekannt, und wie in Fällen großer Berühmtheit üblich, ranken sich auch um seine Herkunft viele Legenden. Eine davon berichtet von einer Hungersnot im Jahre 1407, die alle Vorräte in den Lübecker Lagerhäusern aufgezerrt hatte, alle bis auf Mandeln und Zucker. Um der Not ein Ende zu bereiten, wies ein Ratsherr die Bäcker an, aus diesen Zutaten ein stärkendes Kraftbrot zuzubereiten, das Marzipan.

Glaubwürdiger ist die folgende Geschichte, die auch Licht in die Herkunft der ungewöhnlichen Bezeichnung für die süße Schleckerei bringt. Demnach soll das Marzipan über die Handelsbeziehungen Lübecks zu Venedig in die Stadt gekommen sein. Händler, die ihren Hering in die Lagunenstadt lieferten, brachten auf dem Rückweg köstliches **Marci panis** mit, das „Brot des (heiligen) Markus", seines Zeichens Schutzpatron von Venedig.

Allerdings waren auch die Venezianer nicht die Erfinder der Köstlichkeit, die sie selbst als *marzapane* bezeichneten. Dieses Wort stammt aus dem arabischen Sprachraum und verweist damit auf den orientalischen Ursprung der „üppigen Magenbelastung aus Mandeln, Zucker und Rosenwasser" (Thomas Mann), die vermutlich von den Kreuzfahrern nach Europa gebracht wurde. Entgegen Thomas Manns Kennzeichnung als „üppige Magenbelastung" wurde das Marzipan kurioserweise zunächst für Heilzwecke verwendet – man schrieb ihm stimulierende Wirkung bei körperlicher Mattigkeit zu. Entsprechend war es gewissermaßen „verschreibungspflichtig", durfte nur von Apothekern hergestellt werden und nannte sich demzufolge auch **Apothekerkonfekt.** Doch die teure Medizin wurde in der wohlhabenden Gesellschaft bald immer beliebter, und nach Aufhebung des Apothekermonopols Ende des 17. Jh. traten flugs die Zuckerbäcker auf den Plan, um die besonderen kulinarischen Bedürfnisse ihrer gut betuchten Klientel zu befriedigen. Das Flair der Exklusivität blieb dem Marzipan noch eine ganze Weile erhalten. Dann jedoch ließ der weitflächige Anbau von Zuckerrüben die Preise für einen der Grundstoffe der Marzipanherstellung drastisch purzeln, sodass die einstmals wertvolle Delikatesse für breitere Schichten erschwinglicher wurde.

Im Grunde erst zu Beginn des 19. Jh. wurde das Marzipan zum Markenartikel Lübecks. Initiator dieser Entwicklung war der junge Zuckerbäckergeselle Johann Georg Niederegger aus Ulm, der um 1800 in der Konditorei Maret am Lübecker Markt seine Arbeit aufnahm. Bereits sechs Jahre später übernahm er die *Maretsche Conditorey* und baute sie kontinuierlich zur „Marzipanschmiede" aus. Schon bald wurden Dampfmaschinen eingesetzt, die die Rübenpressen, Mandelmühlen und Knetmaschinen antrieben, sodass die Produkte nun tonnenweise hergestellt werden konnten. Im 19. Jh. gab es zeitweise 130 Marzipanmanufakturen in der Stadt. Derzeit sind es noch vier, wobei das Haus Niederegger bis heute seinen herausragenden Ruf wahren konnte.

▪ Im **Marzipan-Salon** im 2. Stock des Cafés Niederegger ist sogar ein Museum eingerichtet (gegenüber der Rathaustreppe, tägl. 9–18 Uhr, Eintritt frei). Zu sehen gibt es hier u. a. 12 lebensgroße Figuren aus dem Jahr 1964, die zusammen das weltweit größte Kunstwerk aus Marzipan bilden (→ Foto S. 28).

die römische Götter und Personifikationen von Tugenden darstellen. Kopien dieser Skulpturen zieren die zum Holstentor führende Brücke. Sie werden im Volksmund als Puppen bezeichnet, weshalb die Brücke auch Puppenbrücke heißt.

▪ Jan.–März 11–17 Uhr, April–Dez. 10–17 Uhr (Mo jeweils geschlossen). Eintritt St. Annen Museum oder Kunsthalle 8 €, Schüler 2,50 €, Familien 17 €. Der Besuch des zweiten Museums kostet dann nur noch die Hälfte. St.-Annen-Str. 15, ✆ 0451-122-4137.

Museum für Natur und Umwelt

Südlich des Doms kommen Freunde der Tierwelt und Erdgeschichte auf ihre Kosten. Auf drei Etagen widmet sich das Museum u. a. der heimischen Tierwelt; eines der Glanzstücke sind die lebenden Honigbienen, die unter Glas ihrem geschäftigen Treiben nachgehen. In der geologischen Abteilung dreht sich alles um die Entstehungsgeschichte des Landes. Gezeigt werden u. a. ein durch den Eintritt in die Erdatmosphäre angeschmolzener, 208 kg schwerer Meteorit, Originalfunde von eiszeitlichen Riesenhirschen oder die europaweit einzigartigen 10 Mio. Jahre alten fossilen Skelette von Bartenwalen. Zudem ist in einem Glasanbau das riesige Skelett eines Pottwals unserer Zeit zu bewundern.

▪ Di–Fr 9–17 Uhr, Sa/So 10–17 Uhr (Mo geschlossen). Eintritt 6 €, Schüler 2 €, Familien 13 €. Vor Ort gibt es das **Walbaum-Café** (mit schönem Blick auf den Lübecker Dom), das unter der Leitung der Vorwerker Diakonie (auch) Menschen mit Behinderungen einen Arbeitsplatz bietet. Musterbahn 8, ✆ 0451-1224122.

Kolk 17 Figurentheater & Museum

In fünf historisch-backsteinernen Kaufmannshäusern in den engen Gassen zwischen Holstentor und Petrikirche befindet sich eine ungewöhnliche Sammlung. Es handelt sich dabei um das weltgrößte Arsenal an Theaterfiguren, Marionetten sowie Hand- und Stabpuppen (zu sehen sind aber auch Kulissen, Plakate und Musikinstrumente), anhand derer man einen ausgezeichneten Einblick in die Entwick-

Stadtidyll: „Schlüpferallee“ an der Obertrave

lung des Puppenspiel-Genres erhält. Von den rund 20.000 Figuren aus drei Jahrhunderten und drei Kontinenten sind etwa 1000 ausgestellt. Angeschlossen ist das Kobalt-Figurentheater Lübeck.

▪ Derzeit wird das Museum gründlich renoviert und bleibt bis Ende 2024 geschlossen. Kolk 14, ✆ 0451-70060, kolk17.de und kobalt-luebeck.de. Dem Haus angegliedert ist ein gemütliches Café.

Buddenbrookhaus

Das gleich hinter der Marienkirche gelegene Haus wurde 1758 erbaut und war das Vorbild für den wichtigsten Handlungsschauplatz des berühmten Romans, für den Thomas Mann im Jahre 1929 den Literaturnobelpreis erhielt (im Buch ist von „einem Haus in der Mengstraße" die Rede). In den Besitz der Manns kam es 1841, als es der Großvater von Heinrich und Thomas Mann erwarb und hier in der Mengestraße 4 sein Kontor und die Wohnräume für seine Familie einrichtete. Ab 1957 wurde das im Zweiten Weltkrieg zerstörte und anschließend wiederaufgebaute Gebäude von einer Bank genutzt. Ende 1991 ging es in den Besitz der Stadt Lübeck über, seit 1993 ist im Haus das Heinrich-und-Thomas-Mann-Zentrum untergebracht.

Bis 2025 wird das Museum um das Nachbarhaus erweitert, gründlich umgebaut und die Ausstellung zu Leben und Werk von Heinrich und Thomas Mann neu konzipiert. Sie können dann unter dem Motto „Vom Elternhaus zur Menschheit" der Familie Mann auf dem Weg von Lübeck in die Welt folgen. Behandelt werden dabei u. a. die Entstehungsgeschichte der Buddenbrooks, das komplizierte Verhältnis der Brüder und die Exiljahre in der Schweiz, Frankreich und den USA. Zudem sind aus dem Roman nachempfundene Zimmer aus der Zeit des 19. Jahrhunderts zu sehen.

▪ Bis 2025 geschlossen. Mengstr. 4, ✆ 0451-122-4190, buddenbrookhaus.de.

Giebelspeicher an der Untertrave

Günter-Grass-Haus

Seit dem Jahr 2002 ehrt die Stadt auch einen zweiten Literaturnobelpreisträger (1927–2015) mit einem eigenen (relativ kleinen) Museum. Träger des Grass-Hauses, das sich als „Forum für Literatur und bildende Kunst" versteht, ist die Kulturstiftung der Stadt, die auch das Buddenbrookhaus betreibt. Die Sammlung umfasst eine repräsentative Auswahl aus dem Gesamtwerk des Künstlers, darunter nicht nur seine literarischen, sondern auch seine druckgrafischen, zeichnerischen und bildnerischen Arbeiten, weshalb im Garten auch Skulpturen des Künstlers zu sehen sind. Touchscreens mit Original-Hörangeboten ergänzen die Ausstellung.

Außerdem sind im Haus ein liebevoll eingerichteter Kolonialwarenladen (in Anspielung auf den weltberühmten Roman *Die Blechtrommel*), ein aktueller Buchladen, eine Forschungsbibliothek und ein Archiv eingerichtet. Durch den Garten gelangt man übrigens ins Willy-Brandt-Haus.

▪ Jan.–März tägl. 11–17 Uhr, April–Dez. 10–17 Uhr. Eintritt 8 €, Schüler 2,50 €, Familien 17 €. Glockengießerstr. 21, ✆ 0451-122-4230, grass-haus.de.

Willy-Brandt-Haus

Inmitten der Altstadt gibt es eine von der Bundeskanzler-Willy-Brandt-Stiftung getragene Ausstellung, die sich teilweise interaktiv dem politischen Leben Brandts widmet. Dieser wurde 1913 als Herbert Ernst Karl Frahm in Lübeck geboren und lebte in seiner Heimatstadt bis zur Emigration nach Norwegen 1933, wo er sich den Decknamen Willy Brandt zulegte. In jedem Raum wird ein Lebensabschnitt Brandts († 1995) jeweils auch mit „privaten" Fotoalben gezeigt, von seinen Lübecker Jahren und seiner Emigration bis zu seinem Aufstieg vom Berliner Bürgermeister (1957) zum Bundeskanzler (1969) und Friedensnobelpreisträger (1971). Im Innenhof des Museums befindet sich ein Originalsegment der Berliner Mauer.

▪ Tägl. 11–18 Uhr. Der Eintritt ist frei. Wer detaillierter informiert werden möchte, bekommt eine Magnetkarte und kann dann verschiedene Audiostationen aufsuchen, an denen z. B. Reden Brandts zu hören sind. Kostenlose Führung Sa/So 15 Uhr. Königstr. 21, ✆ 0451-122-4250, willy-brandt.de.

Altstadtgang an der Engelsgrube

Industriemuseum Geschichtswerkstatt Herrenwyk

Fast 75 Jahre lang – bis 1981 – wurde an der Trave in mächtigen und heute längst abgerissenen Hochöfen Metall verhüttet. Als im Jahr 2002 die 1917 gegründete Flender-Werft mit zuletzt noch 800 Arbeitern Insolvenz anmelden musste, endete auch die lange Geschichte des Eisen- und Stahlschiffbaus in Lübeck. Zum Gedenken an Lübecks Industriekultur ist im ehemaligen, von außen unscheinbaren **Werkskaufhaus** der Arbeitersiedlung Herrenwyk eine Dauerausstellung zu sehen, die die Arbeit an den Öfen und auf der Werft, aber auch das Leben in der Werkskolonie sehr anschaulich dokumentiert.

▪ Ganzjährig nur Fr 14–17 Uhr und Sa/So 10–17 Uhr. Eintritt 4 €, Kinder 2 €. Das Museum liegt weit außerhalb der Altstadt im Norden Lübecks (Stadtteil Herrenwyk). Anfahrt von Lübeck aus: Richtung Travemünde, erst hinter der Klappbrücke rechts, immer auf der Hauptstraße bleiben, hinter der alten Eisenbahnbrücke rechts (Bäckereistr./Ecke Kokerstr. 1–3). ✆ 0451-1224195.

Lübecker Gänge: heute eine Hinterhofidylle

Lübeck und die Lübecker Bucht → Karte S. 26

Praktische Infos

Einwohner 200.000

Information **Touristinformation,** Holstentorplatz 1, 23552 Lübeck, ✆ 0451-8899700 oder 72300, luebeck-tourismus.de, und **Lübecker Verkehrsverein,** Am Bahnhof/Linden-Arcaden, ✆ 0451-76460, verkehrsverein-luebeck.de.

Fahrräder **Bike & Tour,** Geniner Str. 2, ✆ 0451-5041440, fahrrad-laden.info. **Die Pedale,** Roonstr. 7, ✆ 0451-64048, die-pedale.de.

Kino **CineStar,** großes Kinocenter in der Stadthalle (Mühlenbrücke 11), ✆ 0451-7030102, cinestar.de; **Kommunales Kino (Koki),** Mengstr. 35, ✆ 0451-1221287, kinokoki.de.

Schiffsrundfahrten **Stadt-, Kanal- und Hafenrundfahrten** mit einer *Barkasse,* Fahrtzeit 1 Std. (tägl. 10–18 Uhr, Nebensaison 11–16 Uhr), **Cityschifffahrt,** An der Untertrave 114 (Nähe Holstentor), ✆ 0451-3002376, cityschifffahrt.de; **Quandt-Linie,** Holstentorterrassen, ✆ 0451-77799, quandt-linie.de; **Stühff,** An der Obertrave 15 a (hier gibt es auch ein kleines Café am Anleger), ✆ 0451-7078222, luebecker-barkassenfahrt.de. Die Preise sind bei allen Anbietern ähnlich: Erw. 16–17 €, Kinder 10–11 €.

Splashtour, ungewöhnliche Kanalrundfahrt mit dem Reisebus, der zum Schiff wird. Fahrtzeit 1 Std. (tägl. 10.30–16.30 Uhr). Abfahrt: An der Untertrave 93 (Cityschifffahrt Nähe Holstentor). Erw. 30 €, Kinder 20 €. ✆ 0451-300 2376, splashtour-luebeck.de.

Boat Now, mit dem Elektroboot (bis zu 6 Pers.) führerscheinfrei durch die Lübecker Altstadt schippern. 1 Std. 49 €, 2 Std. 79 €. An der Obertrave/Ecke Marlesgrube, ✆ 0152-53754042, Reservierung nur online unter boatnow-luebeck.de.

Wakenitzfahrten zum Ratzeburger See und zurück (10, 12 und 14 Uhr) ab Lübeck-Moltkebrücke), Hin- und Rückfahrt 3,5 Std. mit den Schiffen der Wakenitz-Schifffahrt **Quandt,** ✆ 0451-793885. Erw. 22 €, Kinder bis 15 J. 14 €, Familien 60 €. Keine Fahrradbeförderung. Mo Ruhetag.

Ausflugsfahrt nach Travemünde, in der Saison tägl. 10.30, 13 u. 17 Uhr mit *der MS Hanse* oder *MS Hermes* (Fahrzeit 90 Min.), Abfahrtsort Hansekai (nahe dem Hansemuseum an der Untertrave); ✆ 0163-5475773 (hanse-travemuende.de). Hin/zurück Erw. 29,50 €, Kinder bis 14 J. 19,50 €, Familien 89,50 €, Hunde 8 €.

Stadtführungen **Lübecker Stadtführer e. V.,** informative und kurzweilige Führungen, während der Saison Mo–Sa 10.30, 11 und 14 Uhr (Sonntag und in der Nebensaison nur 11 Uhr), Dauer: 2 Std. Erw. 13 €, Onlinebuchung (luebeck-tourismus.de) oder Voranmeldung, Treffpunkt in der Touristinfo am Holstentorplatz 1, ✆ 0451-8899700 oder beim Verkehrsverein ✆ 0451-76460.

Theater Musiktheater, Schauspiel und Konzerte im wunderschönen 100 Jahre alten **Jugendstiltheater** in der Beckergrube 16. In der Spielzeit fast tägl. Aufführungen. Theaterkasse ✆ 0451-399600, theaterluebeck.de. Im Theater hat auch die 1919 gegründete **Niederdeutsche Bühne Lübeck** ihren Spielort. Hier werden Stücke ausschließlich in plattdeutscher Sprache gespielt. Der Spielplan umfasst jährlich 4 Inszenierungen mit 24 Aufführungen im Theater sowie weitere 36 in der Umgebung von Lübeck. Vorverkauf unter ✆ 0451-399600, niederdeutsche-buehne-luebeck.de.

Übernachten

→ Karte S. 47

MeinTipp **Anno 1216 7**, Luxus in historischem Ambiente, vereint mit modernem Design. Kleines und sehr geschmackvoll renoviertes Hotel garni mit 11 Zimmern und Suiten in einem der ältesten Kaufmannshäuser Lübecks an der Untertrave. Hier hat man seine Ruhe. Bio-Frühstücksbüfett (mit Granderwasser). Schwierige Parkplatzverhältnisse. Alfstr. 38, ✆ 0451-70739868, hotelanno1216.de. **€€€**

MeinTipp **Klassik Altstadt Hotel 3**, im Herzen der historischen Altstadt, 28 sehr gepflegte Zimmer, die sich als Themenzimmer jeweils einer Lübecker Künstlerpersönlichkeit widmen; gediegen-elegant mit dunklen Möbeln eingerichtet. Kein Fahrstuhl, gutes Frühstücksbüfett, netter Service, Menü im Restaurant (Voranmeldung/ab 8 Pers.), Parkplätze. Fischergrube 52, ✆ 0451-702980, klassik-altstadt-hotel.de. **€€**

Fisher's Loft 2, Hotel garni mit 10 hochwertig gestylten Zimmern in einem über 250 Jahre alten Speicher inmitten der Altstadt. Hervorragendes Frühstück, das an den Tisch gebracht wird. Keine eigenen Parkplätze (parken am besten an der Musik- und Kongresshalle). Fischergrube 83, ✆ 0451-40082558, fishersloft-hotel.de. **€€€**

MeinTipp ****s Hotel zur alten Stadtmauer 17**, nettes, gepflegtes, kleines Familienhotel in einer ruhigen Ecke der Altstadt, Türen und Wände in freundlich-bunten Farben (vorwiegend in Gelb und Orange). 23 Kleine, aber ausreichend ausgestattete Zimmer, dafür gibt's ein herrlich abwechslungsreiches Frühstücksbüfett, das keine Wünsche offen lässt, und das im erstaunlich großen Frühstückswintergarten mit netter Terrasse und Gartenblick. An der Mauer 57, ✆ 0451-73702, hotelstadtmauer.de. **€€**

Hotel am Mühlenteich 18, Hotel garni am Altstadtrand, unauffälliges Äußeres, 10 einfache, aber saubere, kleine Zimmer in freundlichem Ambiente (3 davon haben ihr Bad nicht im Zimmer, sondern zwei Schritte über den Flur). Frühstück optional; auch Parkplätze buchbar (10 €). Mühlenbrücke 6, ✆ 0451-77171, muehlenteich.com. **€€**

CVJM-Hotel am Dom (garni) 16, zentrale Lage in einem ruhigen Winkel der Altstadt, 7 Einzelzimmer und 11 einfach eingerichtete Doppelzimmer sowie ein Familienzimmer und zwei Ferienwohnungen. Dankwartsgrube 43, ✆ 0451-3999410, hotel-am-dom.eu. **€€**

Premier Inn 13, vergleichsweise preiswerte Alternative in einem backsteinernen Wohnblock am Stadtgraben. Modern-funktionale, klimatisierte Zimmer mit allem Komfort. Frühstücksbüfett. 10 Min. zu Fuß vom Hauptbahnhof entfernt. Parkplatz teure 15 €/Tag. Moislinger Allee 9, ✆ 0451-40609999, premierinn.com. **€**

Rucksack-Hotel im Werkhof 6, 1991 als erstes Rucksackhotel Deutschlands gegründet und immer noch die wohl preiswerteste, allerdings jugendherbergsähnliche Bleibe (4, 6 und 8 Betten) in der Altstadt, aber auch 7 Doppelzimmer. Angegliedert ein Zentrum für umweltverträgliche Lebensformen (Werkhof Lübeck) mit Ökoläden und dem immer gut besuchten **Café Affenbrot 6**, einem vegetarischen Bistro in alternativer Wintergartenatmosphäre (tägl. 9–21 Uhr, Mo Ruhetag). Kanalstr. 70 (Ecke Glockengießerstraße), ✆ 0451-706892, rucksackhotel-luebeck.com. **€**

Essen & Trinken

→ Karte S. 47

Schabbelhaus 5, traditionelles, nobles, stilvolles Restaurant in zwei baulich zusammenhängenden Bürgerhäusern der Backsteinrenaissance, ausgestattet mit Einrichtungsstücken aus alten lübischen Kaufmannshäusern. Hier wird seit Jahren feine, abwechslungsreiche deutsche Küche serviert (z. B. Wolfsbarschfilet). Di–Sa 18–22 Uhr (So/Mo geschlossen). Mengstr. 48, ✆ 0451-72011. **€€€**

Übernachten

2 Fisher's Loft
3 Klassik Altstadt Hotel
6 Rucksack-Hotel im Werkhof
7 Anno 1216
13 Premier Inn
16 CVJM Hotel am Dom
17 Hotel zur alten Stadtmauer
18 Hotel am Mühlenteich

Essen & Trinken

1 Schiffergesellschaft
4 Prätor-Haus Da Luigi
5 Schabbelhaus
6 Café Affenbrot
8 Brauberger
9 Ratskeller zu Lübeck
10 Suppentopf
11 Café-Konditorei Niederegger
12 Schlumachers
14 Restaurant Vai
19 Alte Mühle

Cafés

6 Café Affenbrot
11 Café-Konditorei Niederegger
15 Konvent

Schiffergesellschaft 1, in dem zweifellos sehenswerten historischen Treffpunkt lübischer Seeleute herrscht so etwas wie Reisegruppen-Pflichtprogramm-Atmosphäre, dennoch ist das Essen schmackhaft (z. B. Pannfisch). Spezialität ist natürlich die (nicht unbedingt preiswerte) Holsteiner Küche. Terrasse im Innenhof. Tägl. 12–22 Uhr (Mo Ruhetag). Breite Str. 2, ✆ 0451-76776 (→ S. 36). **€€€**

Ratskeller zu Lübeck 9, so wie man sich ein Ratskellergewölbe vorstellt. Als Besonderheit steht hier heute noch ein reich beschnitztes Weinfass, das um 1800 entstanden ist und mit zwölf verschiedenen Weinsorten gefüllt werden kann. Wer mag, setzt sich in eins der kleinen, nach einheimischen Schriftstellern benannten Kabäuschen und genießt dort die kräftige deutsche Küche, z. B. Lübecker Bratfisch-Trio, auch Tagesgerichte und Tische auf dem Marktplatz. Durchgehend warme Küche tägl. 12–22 Uhr (So Ruhetag). Markt 13, ✆ 0451-72044. **€€**

Restaurant Vai 14, etwas für Freunde guter Küche, z. B. Kalbsschnitzel, Dorade, Skreifilet und sogar Hummer. Qualitativ hochwertiges Essen in modern-hölzern gestyltem Ambiente. Es gibt auch einen kleinen Innenhof. Gute Mittagskarte (mit Menüs), große Weinkarte, netter Service. Mo–Sa 12–21.30 Uhr (So Ruhetag). Hüxstr. 42, ✆ 0451-4008083. **€€€€**

meinTipp **Schlumachers 12**, nette Atmosphäre in einem Haus von 1596. Ein kulinarisches Kleinod mit überwiegend hochwertiger, französisch beeinflusster Küche mit nordischem Touch (z. B. Rinderrücken, Steinbutt), zudem 3–6-gängige Überraschungsmenüs. Nicht billig, aber durchaus den Preis wert. Tägl. 17–22 Uhr (Di Ruhetag). Schlumacherstr. 4, ✆ 0451-7075566. **€€€**

meinTipp **Prätor-Haus Da Luigi 4**, gutes italienisches Restaurant in gediegener Kaufmannshausatmosphäre in der Diele eines spätgotischen Patrizierhauses von 1330. Guter Service, passendes Preis-Leistungs-Verhältnis. Begrüßt wird man (meist) mit einem Glas Prosecco, das aufs Haus geht. Es gibt nicht nur Pizza und Pasta, sondern auch Dorade, Rumpsteak, Lammkotelett oder Rinderfilet. Di–So 17.30–22 Uhr (Mo Ruhetag). Fischergrube 18, ✆ 0451-88308414. **€€**

Alte Mühle 19, im Keller der alten Roggenmühle in Domnähe hat sich ein urig-gemütliches Lokal eingerichtet. Spezialität sind gute Flammkuchen in großer Auswahl, aber auch Salate, Rumpsteak oder Pannfisch. Stolz ist man auf die Auswahl an guten Weinen und Bieren, die man auch auf der gekiesten Terrasse hinter der Mühle genießen kann. Tägl. ab 16 Uhr (im Winterhalbjahr So Ruhetag). Mühlendamm 24 (am Parkplatz), ✆ 0451-7072592. **€€**

Brauberger 8, gemütliche Brauereigaststätte auf 2 Etagen mit Biergarten im Hinterhaus. Hier wird leckeres naturtrübes Bier gebraut (Kellerbier). Es gibt auch rustikale Brauhausgerichte wie Spießbraten (ab 4 Pers.), Schnitzel oder Pannfisch. Biergarten hinter dem Haus. Tägl. ab 17 Uhr. Alfstr. 36, ✆ 0451-71444. **€€**

Suppentopf 10, Freunde frischer und interessanter (auch vegetarischer) Suppenzusammenstellungen sind hier richtig. Weil die (häufig mit Bio-Zutaten zubereiteten) Suppen so lecker sind, steht man um die Mittagszeit vor dem kleinen Laden immer mal wieder bis auf die Straße hinaus Schlange. Achtung: Leider derzeit nur Di/Mi 12–15 Uhr geöffnet (im Juli/Aug. geschlossen). Fleischhauerstr. 36, ✆ 0451-4008136. **€**

Café-Konditorei Niederegger 11, gegenüber der Rathaustreppe gelegenes, fast immer volles Haus, das eine Institution in Lübeck ist. Man sitzt am besten in der 1. Etage, alles ist groß und prächtig in vornehmem Dunkelrot gehalten, dazu eine Spiegeleinrichtung und goldene Leuchter. Fast schon obligatorisch ist die Marzipan-Nusstorte, daneben gibt es eine Fülle weiterer frisch gebackener Köstlichkeiten. Im Erdgeschoss befindet sich ein Marzipangeschäft, im 2. Obergeschoss ein **Marzipanmuseum**, das sich mit der Geschichte der Marzipanfertigung beschäftigt (Eintritt frei, tägl. 9–19 Uhr). Auch im **Arkardencafé** gegenüber sitzen Sie schön (bis 22 Uhr). Breite Str. 89, ✆ 0451-5301126.

Konvent 15, Café & Kaffeerösterei. Hier können Sie in schönem Ambiente verschiedene Kaffeesorten probieren und natürlich dazu ein Stück Kuchen essen. Zudem prima Frühstücksstullen auf frischem Sauerteigbrot mit Bio-Rührei. Und ein gutes Nachmittagsbier gibt es auch. Tägl. 9.30–19 Uhr, Fr/Sa auch bis 20 Uhr (Mo Ruhetag). St.-Annen-Str. 1, ✆ 0451-30808300.

> Mehr Infos zur Stadt in unserem City Guide *Lübeck* von Matthias Kröner. Michael Müller Verlag 5. Auflage 2022 | ISBN 978-3-95654-965-6 | 14,90 €.

Gothmund: Kleinod an der Trave

Umgebung von Lübeck

Wollen Sie ein verträumtes Fischerdorf besuchen, einen Aussichtsturm besteigen oder lieber eine romanische Feldsteinkirche bestaunen? Dann sind Sie in Lübecks Umgebung richtig – auch hier gibt es Interessantes zu entdecken.

Gothmund

An den Ufern der Trave hat sich nordöstlich von Lübeck im Stadtteil St. Gertrud ein Kleinod erhalten, so versteckt, dass selbst Napoleons Truppen Gothmund übersahen. Einem alten Recht zufolge darf das Dorf nur aus 21 Häusern bestehen, und exakt so viele sind es auch. Baulich längst an die benachbarte Siedlung Israelsdorf angrenzend und umgeben von Industriegebieten, taucht man hier in die kleine Welt der Gothmunder Fischer ein; auch heute noch haben sie das ausschließliche Fischrecht auf der Trave. Man parkt oberhalb der 80-Einwohner-Ansiedlung und geht zu Fuß weiter. Eine Straße gibt's nämlich nicht, nur ein schmaler Fußweg zieht sich an den malerischen, oft reetgedeckten Fischerhäusern entlang. An den Gartenflächen zur Trave hin sind die Fischerboote an kleinen Anlegern vertäut, die zusammen ein kleines Hafenensemble bilden.

▪ Mit dem Auto von Lübeck-City die B 75 (Karlshof, Israelsdorf, Gothmund) oder über die Autobahn A 226 Richtung Travemünde, dann bei Herrenwyk rechts durch den mautpflichtigen Herrentunnel (2,20 €/Fahrt). Für Radler und Fußgänger gibt es übrigens einen kostenlosen, im 15-Min.-Takt verkehrenden Bus-Shuttle (von der Haltestelle „Am Stau" nach „Siems").

Bad Schwartau

Die mit 20.000 Einwohnern größte Stadt des Kreises Ostholstein ist – auch wenn deren Einwohner das nicht gern

750 Jahre äußerlich fast unverändert geblieben: Feldsteinkirche von Ratekau

hören – praktisch ein Vorort Lübecks. Die Zufahrt in die Stadt markiert unübersehbar ein 50 m hoher Werbepylon, der von Marmeladenliebhabern geschätzten **Schwartauer Werke,** die schon seit 1924 stolz die sieben Türme Lübecks in ihrem Firmenemblem tragen (Werksverkauf tägl. 9-15 Uhr gegenüber Auguststr. 8). 850 Mitarbeiter produzieren hier Fruchtaufstriche in drei Werken.

Die Stadt geht schon auf das 13. Jh. zurück, als hier an der Schwartau eine Wassermühle und ein Aussätzigenhospital entstanden. Im Schatten Lübecks gelegen, blieb Schwartau aber klein und eher unbedeutend. Doch 1899 stieß man in 316 m Tiefe auf eine stark sprudelnde **Jod- und Natriumquelle,** von der noch heute ein Teil der Stadt lebt. Zudem gibt es eine breite, ruhige, von Zweckbauten geprägte Fußgängerzone samt Einkaufspassage. Nur das ehemalige Amtsgericht am Marktplatz sticht da etwas heraus. Das historische Gerichtsgebäude von 1910 wurde von der Stadt übernommen und soll in Zukunft unter anderem das Stadtmuseum beherbergen. Dieses wird neben der Stadtgeschichte auch die Entwicklung der Schwartauer Werke und darüber hinaus das Leben und Werk des regionalen Bildhauers Paul Peterichs dokumentieren.

Für einen kurzen Abstecher empfiehlt sich der 3 km nördlich der Stadt gelegene, 70 m hohe Pariner Berg. Er wird gekrönt von der im Jahr 1902 errichteten **Bismarcksäule** (→ Kasten Bismarcktürme, S. 373). Der Name „Säule“ ist verwirrend, denn es handelt sich hier um einen sehr massiven 13 m hohen Aussichtsturm, den Sie ganzjährig frei zugänglich über eine Wendeltreppe im Inneren erklimmen können. Der Panoramablick von der Aussichtsterrasse lohnt sich. Am Fuße des Turms befindet sich die gutbürgerliche Ausflugsgaststätte *Pariner Berg* (Do–So 12–12 Uhr).

Information **Touristinformation,** Rathaus, Markt 15, ✆ 0451-20002334, bad-schwartau.de. Kurabgabe 1,65 €/Tag.

Schwimmen **Holstein-Therme,** zwei 300 m² große Jodsolebecken, Innenbecken 32 °C, Außenbecken 29 °C, dazu ein großer Wellnessbereich mit Whirlpools, fünf Saunen und Dampfbad. Parken nur im Parkhaus. Tägl. 10–22 Uhr. Eintritt für 2 Std. 12,20 €, Tageskarte 20,40 € (inkl. Sauna 29,40 €). Am Kurpark 3, ✆ 0451-2004148, holstein-therme.de.

Ratekau

Zentrale Sehenswürdigkeit der gut 10 km nördlich von Lübeck gelegenen Gemeinde mit immerhin rund 16.000 Einwohnern (verteilt auf 13 Dörfer) ist die romanische **Feldsteinkirche von Ratekau,** die als besterhaltenes Beispiel ihrer Art in Ostholstein gilt. Die Kirche wurde schon 1156 errichtet und blieb mit ihrem mächtigen, bergfriedähnlichen Rundturm 850 Jahre äußerlich fast unverändert erhalten. Im Inneren hat das Gotteshaus im Laufe der Zeit mehrere Veränderungen erfahren; Kirchenschätze sind kaum vorhanden. Lediglich im Triumphbogen hängt ein um 1600 entstandenes Kruzifix, das lange unbeachtet auf dem Dachboden lag. Der Haupteingang durch den Turm wurde erst vor 200 Jahren eingebaut. Im Foyer findet sich eine Vitrine mit Ausstellungsstücken und Fotos zur Geschichte der Kirche (8–18 Uhr, aber nur bis zum Eingangsgitter, das die Sicht in den Kirchenraum freigibt).

Am Ortsende Richtung Techau wurden eine schöne Räucherkate (von 1780) und einige Nebengebäude wiederaufgebaut, auch ein hofartiges **Dorfmuseum** mit Bauern- und Kräutergarten richtete man ein (So 10–12 Uhr, Eintritt frei).

▪ Tourismusbüro, Am Bahnhof 5, 23689 Pansdorf, ✆ 04504-715055, ratekau.de.

Skyline eines Ostseebades: Travemünde

Travemünde

Die Kombination gibt es nur in Travemünde: Man sitzt am breiten Sandstrand und hat beim Sonnenbaden die in direkter Nähe ein- und auslaufenden großen Skandinavienfähren im Visier.

Travemünde gehört zur Hansestadt Lübeck und hat somit durchaus etwas Städtisches, konnte sich aber wegen seiner Bäderarchitektur den Charme eines eleganten Ostseebades bewahren. Stets im Blick hat man die beiden Wahrzeichen des Ortes: das im Mündungsbereich des Flusses gelegene 35-stöckige Maritim-Hotel und den auf der anderen Seite der Trave ankernden großen deutschen Viermast-Windjammer „Passat".

Der überaus breite, dicht mit Strandkörben übersäte feinsandige **Strand** erstreckt sich auf 4,5 km Länge vom Priwall – unterbrochen durch die Travemündung – bis zum Brodtener Steilufer. Nicht nur Strand und Steilküste sind in Travemünde etwas größer als anderswo, auch die Strandpromenade ist sehr großzügig angelegt. Auf dieser schlendert man bis zur Flussmündung und am Leuchtturm vorbei weiter die Travepromenade entlang.

So gelangt man allmählich bis zur von Cafés, Hotels und schicken Geschäften flankierten **Vorderreihe,** wie die hinter der im Herzen Travemündes gelegene Uferstraße mit ihren schönen Hausfassaden heißt. Dort befindet sich auch das gläserne Terminal des Ostpreußenkais, an dem kleinere Kreuzfahrtschiffe anlegen. Die Einkaufsmeile weitet sich in Höhe der alten Vogtei zu einem Platz an der Trave, an dem die Priwallfähre ablegt und sich ein kleiner Fischereihafen befindet. Im gegenüberliegenden Viertel um die St.-Lorenz-Kirche herum (Jahrmarktstraße) sind noch einige alte Häuschen erhalten, darunter teilweise sogar Fachwerkhäuser aus dem späten 16. Jahrhundert. Hier konnte Travemünde noch etwas vom dörflichen Charakter des einstigen Fischerorts bewahren.

Die Autofähre hinüber zum **Priwall** verkehrt Tag und Nacht (4,60 €/Auto, 1,10 €/Fahrrad, 1,70 €/Pers.). Diese bereits seit 1226 rechtlich zu Travemünde, aber geografisch zum mecklenburgischen Festland gehörende Halbinsel ist ausschließlich mit der Fähre zu erreichen, es sei denn, man fährt einen riesigen Umweg über Lübeck und Dassow. Und natürlich kann man die Route über den Priwall heute für einen kleinen Ausflug ins Mecklenburgische nutzen.

Auf dem Priwall geht es noch etwas beschaulicher zu, der Passathafen und ein sehr breiter Strand bilden für ihn die Kulisse. Auf dem Areal am Jachthafen wurde mit der „Beach Bay" ein touristisches Großprojekt umgesetzt: Entstanden sind eine moderne Ferienanlage mit 680 Wohnungen und etwa 2000 Betten, zudem eine schmucke Flaniermeile mit Gastronomie-Angeboten wie auch Einkaufs- und Freizeitmöglichkeiten. Wer nur den schönen Strand oder die „Passat" besuchen will, nimmt am besten die (nur im Sommerhalbjahr verkehrende) Personenfähre von der Nordermole aus (1,70 €, Ticket am Automaten).

Geschichte

Im Jahre 1187 ließ Graf Adolf III. hier an der Travemündung einen festen Turm als Bollwerk gegen Slawen und Wikinger errichten. Damit war der Grundstein für die Entwicklung des Ortes gelegt. Schon 1204 wurde ein Hafen gebaut, und seit 1316 ist ein Leuchtturmwärterdienst belegt. Aber bereits kurze Zeit später geriet der Ort unter den Einfluss des mächtigen Nachbarn Lübeck. Weil die Lübecker Kaufleute die Sperrung der Travemündung durch die Holsteiner Grafen befürchteten, kauften sie zunächst für die damals gewaltige Summe von 6000 Lübschen Mark den Wachturm. Nur neun Jahre später (1329) übernahmen sie dann den gesamten Ort, diesmal vergleichsweise preisgünstig für 1060 Lübsche Mark. Von nun an war die Zufahrt zum Lübecker Hafen gesichert, und Travemünde konnte sich zu **„Lübecks schönster Tochter"** entfalten. Bis zur Regulierung der Trave im Jahre 1845 konnten größere Schiffe wegen einiger Sandbänke im Mündungsbereich nicht nach Lübeck hineinfahren, sodass der kleine Ort auch vom Lotsendienst und vom Be- und Entladen der Schiffe lebte. Der Eigenhandel Travemündes wurde jedoch argwöhnisch unterdrückt; das Recht auf das Betreiben eigener Reedereien blieb den Lübeckern vorbehalten.

Schon Ende des 18. Jh. suchten die reichen Lübecker Kaufleute einen Platz für standesgemäße Sommerresidenzen. Was lag näher, als diese im eigenen „Vorgarten" zu errichten. 1802 war es dann so weit: Nach Heiligendamm (Bad Doberan) und Norderney durfte sich Travemünde als dritter deutscher Ort offiziell Seebad nennen. Bald entstand einer der elegantesten deutschen Badeorte mit Kurhaus, Seebadeanstalt, Strandpromenade und Spielbank, in der bereits ab 1833 die Kugel rollte. In etwas zwielichtiger Atmosphäre verspielten hier v. a. betuchte russische Aristokraten ihre Rubel, bis 1872 das von Bismarck erlassene Verbot jeglicher Spielbanktätigkeiten dem Ort zunächst einiges von seiner Attraktivität nahm (erst 1949 wurde der Spielbankbetrieb wieder aufgenommen). Aber als Kaiser Wilhelm II. 1889 hier an einer Segelwettfahrt teilnahm, wurde Travemünde schlagartig in ganz Deutschland bekannt, und ein wahrer Bauboom setzte ein. Mit der damaligen Wettfahrt wurde übrigens die *Travemünder Woche* begründet, heute eine Segelveranstaltung von Weltruf.

Stolz ist man in Travemünde darauf, dass man immer wieder prominente Bewunderer zu Gast hatte: Josef Freiherr von Eichendorff, Richard Wagner und Clara Wieck schwärmten von der Sommerfrische, während die Dichter Dostojewski und Turgenjew eher im Casino anzutreffen waren (die Spielbank wurde erst 2012 geschlossen). Thomas Mann würdigte den breiten Sandstrand in seinem Roman „Die Buddenbrooks", und von Franz Kafka wird berichtet, dass er im Jahre 1914 zum Entsetzen anderer Badegäste mit entblößten Füßen am Strand entlangspazierte.

Sehenswertes

Viermastbark Passat: Schräg gegenüber dem Strand, auf dem Priwall, liegt seit 1960 der letzte große deutsche Windjammer vor Anker. Die 54 m hohen Masten des 1911 bei *Blohm und Voss* in Hamburg gebauten Viermasters sind bereits seit einem halbem Jahrhundert imposantes Wahrzeichen von Travemünde.

Bei einem Rundgang an Bord können Sie in den Kapitänssalon, in Kajüten, die Kombüse, den Funkraum und das Kapitänshäuschen schauen und im Bug eine Ausstellung über die Funktion und Geschichte des stolzen Schiffes besuchen. Dort führt eine steile Treppe tief in den Schiffsbauch, in dem der Ladevorgang mit Salpeter-Säcken nachgestellt ist und halbstündlich ein interessanter Film läuft. Vom Vorschiff und v. a. vom Heck aus eröffnet sich ein herrlicher Panoramablick über Travemünde.

Die zuletzt als Segelschulschiff verwendete „Passat" hat eine Länge von 115 m und eine Breite von 14,4 m. Die einstige Fläche betrug 4100 m². Das mit einer 25-35-Mann-Besatzung betriebene Schiff diente früher als Frachtensegler der legendären Flying-P-Linie der Hamburger *Reederei Laeisz* und fuhr v. a. nach Südamerika (Chile), um Getreide und Salpeter (als Düngemittel) zu laden. Die Reederei besaß 86 Segler, darunter 66 auf Namen mit dem Anfangsbuchstaben P getaufte Schiffe, und zwar vorwiegend aus Stahl gebaute Großsegler. Die Erklärung für diesen Spleen ist einfach: 1857 wurde eine große Bark des Reeders Ferdinand Laeisz (1801–1887) auf den Kosenamen seiner jungen Frau getauft, die wegen ihrer lockigen Haarpracht „Pudel" genannt wurde. Von nun an blieb man einfach bei diesem Buchstaben. (Die Reederei besteht im Übrigen noch heute recht erfolgreich – v. a. im Containergeschäft –, und noch heute fangen die Schiffsnamen ihrer großen Flotte mit P an.)

Von der einstigen **Großseglerflotte** der Reederei sind nur vier Schiffe übriggeblieben; und nur eines davon, nämlich die ehemalige „Padua", kreuzt bis heute (als russisches Schulschiff „Kruzenshtern") mit vollen Segeln über die Weltmeere. Die anderen drei Schiffe

Blick von der „Passat" auf Travemünde

liegen für immer vor Anker und dienen als Museumsschiffe. Neben der „Passat" sind das die „Pommern" auf den Aalandinseln/Finnland sowie die „Peking", die Jahrzehnte lang in New York lag und seit 2020 in Hamburg zu bestaunen ist.

Geschichte, allerdings eine traurige, schrieb auch das fast baugleiche Schwesterschiff der „Passat", die „Pamir". Sie ging 1957 in einem furchtbaren Sturm vor den Azoren unter, 80 Mann ertranken, nur sechs konnten gerettet werden. Fast hätte die „Passat" das gleiche Schicksal ereilt, als sie zwei Monate später ebenfalls in einen schweren Sturm geriet. Ihre Getreideladung verrutschte, doch konnte sie sich mit Schlagseite in den Hafen von Lissabon retten.

▪ Tägl. 10–17 Uhr, in der Vor- und Nachsaison nur 11–16.30 Uhr, Nov. bis Mitte April geschlossen. Eintritt 7 €, Kinder 3,50 €. ✆ 0170-7316320, rettetdiepassat.de.

Museum Alter Leuchtturm: Der 1539 erbaute und später erhöhte runde Backsteinturm (31 m) ist der **älteste noch erhaltene Leuchtturm Deutschlands.** 433 Jahre lang versahen der Turm und seine Wärter treu ihren Dienst und sicherten die Travemündung zunächst mit einem durch Hohlspiegel verstärkten offenen Feuer, dann durch Hanföl, später durch Petroleumlampen und seit 1903 durch elektrisches Licht. 1972 hatte der alte Turm seinen Dienst getan, nachdem er durch den Bau des benachbarten Maritim-Hotelhochhaus verdeckt wurde, auf dessen Dach sich nun Europas höchstgelegenes Leuchtfeuer befindet (117 m). Beim Erklimmen der 142 Stufen hinauf zur umlaufenden Aussichtsgalerie können Sie auf acht Etagen die Exponate in Augenschein nehmen, die Teil des im Turm untergebrachten Museums zur Geschichte der maritimen Leuchtfeuertechnik sind.

▪ Juli/Aug. tägl. 11–16 Uhr, in der Nebensaison nur Di, Do und Sa/So 13–16 Uhr (Nov.–März geschlossen). Erw. 2 €, Kinder bis 14 J. 1 €. Am Leuchtenfeld 1, ✆ 0451-8891790, leuchtturm-travemuende.de.

Seebadmuseum Travemünde: Im Gesellschaftshaus gegenüber der St.-Lorenz-Kirche zeigt das vom Heimatverein getragene Museum sehr anschaulich die Entwicklung des Seebads Travemünde und die Nutzung des Priwalls von 1802 bis heute. Man erfährt anhand vieler historischer Exponate, Hörstationen, Fotos und interessanter Filmdokumente nicht nur einiges über die Geschichte des Kurortes selbst, sondern auch so manches über Entwicklung der Badekultur an der gesamten Ostseeküste. So gibt es beispielsweise eine Ausstellung über historische Bademode und auch über die Geschichte der Fischerei und Schifffahrt zu sehen. Zu bewundern ist auch ein Modell des ersten Strandkorbstuhls, den die rheumakranke Elfriede Maltzahn aus Kühlungsborn im Jahr 1882 in Auftrag gegeben hatte – damit gilt sie als Begründerin des Strandkorbs.

▪ März–Dez. tägl. 11–17 Uhr (Mo geschlossen). Eintritt 6 € (mit Ostseecard 5 €), Jugendliche ab 14 J. 3,50 €, Kinder frei. Torstr. 1, ✆ 04502-999 8094, heimatverein-travemuende.de.

Kirche St. Lorenz: Bekannt ist der im 16. Jh. auf den Resten einer romanischen Kirche neu aufgebaute Backsteinsaalbau v. a. wegen seines Holzaltars (1723). Anders als in Lübeck war in Travemünde das Geld knapp, und so täuscht der Altar durch seinen Anstrich Marmor nur vor; die gut gearbeiteten Altarfiguren sind hingegen tatsächlich aus dem edlen Material. Bemerkenswert sind auch die bemalte Holzbalkendecke aus dem 17. Jh. sowie die ebenfalls marmorfarben gehaltene und reich verzierte Holzkanzel aus dem Jahr 1735. Schließlich verfügt die von innen erstaunlich helle Kirche noch über drei barocke Messingkronleuchter; einer davon stammt von 1660 und ist von Jupiter auf einem Adler gekrönt.

▪ Di–So 9–12 Uhr, im Sommer auch Di–Fr 13–16 Uhr. Von Juli–Sept. gibt es donnerstags um 10.30 Uhr für eine halbe Std. ein kostenloses Marktkonzert (Orgelmusik), anschließend

Lübeck und die Lübecker Bucht → Karte S. 26

Kirchenführung. Jahrmarktstr. 14, kirche-travemuende.de.

Alte Vogtei (Lübsche Vogtei): Hinter der schön beschnitzten Rokokotür der ehemaligen Vogtei (gegenüber der Priwall-Autofähre, Vorderreihe 7) achtete von 1551 bis Ende des 19. Jh. der Stadthauptmann streng darauf, dass in Travemünde das lübische Recht nicht verletzt wurde. Noch bis 2002 wurden in dem Backsteingiebelhaus ähnliche Aufgaben erledigt; hier nämlich residierte die Polizei. Eine Arrestzellentür blieb als Erinnerung an diese Zeit erhalten. Heute wird das über 450 Jahre alte Gebäude für Kunstausstellungen und als gemütliches Café/Fischrestaurant und Teekontor genutzt (→ S. 58). Bemerkenswert ist die für ganz Norddeutschland einmalig prächtige **Renaissance-Kassettendecke** von 1623, die erst bei der Renovierung im Jahr 2006 wiederentdeckt wurde.

Ostseestation Travemünde: Die im Rahmen des „Beach-Bay"-Projekts auf dem Priwall neu gestaltete Einrichtung ist eine Kombination aus Aquarium, Ostsee-Ausstellung und Umweltzentrum. Hier können Besucher eintauchen in die Welt der heimischen Meerestiere. So sind z. B. Quallen, Plattfische oder Seehasen in etwa 25 kleinen Schau- und Fühlbecken hautnah zu begutachten: Man darf sie fühlen, füttern und natürlich jede Menge Fragen stellen. Empfehlenswert (nicht nur für Kinder) sind die unterhaltsamen, knapp 75-minütigen Führungen.

▪ April–Okt. Di–So 10–18 Uhr, Nov.–März Do–So 10–17 Uhr (Mo Ruhetag). Eintritt mit Führung 10 €, Kinder 7 €. Führungen nach Anmeldung um 10, 11 und 16.30 Uhr. Eintritt ohne Führung nur von 13–16 Uhr. Erw. 8 €, Kinder 5 €. Priwallpromenade 29, ✆ 04502-308705, ostseestation-travemuende.de.

Naturwerkstatt Priwall: Seit jeher ist die Halbinsel Priwall ein wichtiges Rückzugsgebiet der heimischen Vogelwelt. Das Betreuungs- und Informationszentrum am Rande des Naturschutzgebietes „Südlicher Priwall" informiert darüber mit seiner interessanten Ausstellung „Vogelleben zwischen Fluss und Meer".

▪ Mo–Sa 10–16 Uhr, Erw. 4 €, Kinder (ab 6 J.) 2 €. Zudem werden Führungen durch das Naturschutzgebiet und Workshops angeboten. Fliegerweg 5–7, naturwerkstatt-priwall.de.

Skandinavienkai: 1962 begann man an der Untertrave mit dem Bau des Skandinavienkais. Neun Anleger, zwei davon mit Eisenbahngleisen, stellen für den Frachtverkehr und etwa 350.000 Passagiere jährlich die Verbindung nach Schweden und Finnland, aber auch nach Russland und in die baltischen Staaten her. Auch wer einen Tagestrip nach Schweden unternehmen möchte, ist hier richtig. Wer dagegen lediglich den Anblick großer Fähren liebt, kann diesen besser von der Travemündung aus genießen.

Brodtener Steilufer: Die nördlich von Travemünde gelegene, durchschnittlich 15–20 m hohe Steilküste lohnt immer einen Besuch. Sie gilt als geologisches Naturdenkmal, bei dem v. a. während der Frühjahrs- und Herbststürme die Ostsee einen Eindruck ihrer gewaltigen Zerstörungskraft hinterlässt. Der schöne, 4 km lange Wanderweg von Travemünde nach Niendorf, der auch mit dem Rad befahrbar ist, musste in den letzten Jahren immer wieder landeinwärts zurückweichen, weil das Meer der Steilküste jährlich etwa einen halben Meter Fläche abtrotzt. Auf der Hälfte der Strecke liegt die **Hermannshöhe** (mit gleichnamigem Restaurant). Von hier aus hat man einen wahren Logenblick über die Lübecker Bucht und kann auch die zahlreichen Uferschwalben beobachten, die ihre Brutröhren in die Steilküste graben.

▪ Kurz vor dem Ort Brodten führt eine 1,5 km lange Piste zum Aussichtspunkt Hermannshöhe; gebührenpflichtige Parkmöglichkeiten sind vorhanden.

Restaurant und Café Hermannshöhe, sehr geräumiges Ausflugslokal im skandinavi-

schem Stil. Bei schönem Wetter sitzt man schattig unter alten Bäumen. Eine große Wiese gibt den wunderschönen Blick hinunter aufs Meer frei. Selbstbedienung (Pommesgerichte, Pizza oder Flammkuchen). Spielplatz, Kinderspielraum und Souvenirladen vor Ort. Parkplatz gebührenpflichtig. Mo–Fr 11–18 Uhr, Sa/So 9–18 Uhr (dann auch Frühstücksbüfett). ✆ 04502-8885425.

Praktische Infos → Karte S. 57

Einwohner 12.500

Information **Touristinformation,** Am Leuchtenfeld 10a, 23570 Lübeck-Travemünde, ✆ 0451-8899700, travemuende-tourismus.de. Kurabgabe in der Hauptsaison (Ostseecard) 3 €/Pers. und Tag, in der Nebensaison 1,60 €, Kinder sind frei.

Fahrräder **Fahrradverleih am Strandbahnhof,** Bertlingstr. 21, ✆ 01523-6651566. **Das Fahrrad,** Moorredder 15, ✆ 04502-3550, dasfahrradspuida.de. **tobisRad,** Trelleborgallee 2, ✆ 04502-8805252, tobisrad.de. **Way2Bike,** Priwallmenade 4, ✆ 04502-780 1470, way2bike.de.

FKK-Strand Am Priwall-Strand und am Beginn des Brodtener Steilufers.

Schiffstouren **Travefahrten nach Lübeck,** in der Saison tägl. 11, 15, 17 Uhr mit der *MS Hanse* oder *MS Hermes* (Fahrzeit 90 Min.) ab Kaiserbrücke (Vorderreiche 64a). Hin/zurück Erw. 29,50 €, Kinder bis 14 J. 19,50 €, Familien 89,50 €, Hunde 8 €. Einfache Fahrt und Fahrradmitnahme möglich. Oder 1-stündige **See- und Hafenrundfahrt** mit der *MSHansa* tägl. 11, 12.30, 14, 15.30 und 17 Uhr ab Überseebrücke 2 (Travepromenade), Erw. 16 €, Kinder 4–12 J. 12 €, Familien 49,50 €, Hunde 6 €. ✆ 0163-5475773, hanse-travemuende.de.

Ausflüge nach Trelleborg/Schweden mit den Fähren von *TT-Line,* ✆ 04502-80181, ttline.com.

Veranstaltungen Höhepunkt im Terminkalender ist die jährlich in der letzten Juliwoche stattfindende **Travemünder Woche.** Die nach der Kieler Woche zweitgrößte Segelregatta der Welt zieht v. a. mit dem umfangreichen Rahmenprogramm jährlich etwa 800.000 Besucher an.

Wochenmarkt Mo und Do 8–13 Uhr an der Priwallfähre (Vorderreihe).

Übernachten Travemünde ist städtisch, gilt als nobel und ist teuer. Wer etwas preiswertere Unterkünfte sucht, kann in die umliegenden Dörfer ausweichen.

****** Maritim Strandhotel 9**, längst gibt es in Travemünde auch 5-Sterne-Herbergen, doch wegen seiner 35 Stockwerke ist das Maritim wohl das bekannteste Hotel der Küste, allerdings sind die oberen Etagen vermietet. Die anderen 240 Zimmer sind mitunter schon in die Jahre gekommen, bieten dennoch einen herrlichen Blick auf die Trave, den Hafen und den Strand. Auch die Lobby stammt aus den 1980er-Jahren. Schwimmbad und Sauna sind selbstverständlich. **„Ostseerestaurant" 9** mit gutbürgerlicher Küche im Haus. Trelleborgallee 2, ✆ 04502-890, maritim.de. **€€€€** (Hotel), **€€€** (Restaurant)

meinTipp ****** Villa Wellenrausch 2**, exklusives Boutique-Hotel garni in frisch renovierter Jugendstilvilla in Strandnähe. Modern in Türkis, Sandfarben und Weiß eingerichtet. Umfangreiches Frühstücksbüfett, vorwiegend mit Produkten heimischer Lieferanten. Kaiserallee 5, ✆ 04502-86110, villa-wellenrausch.de. **€€**

Pension Strandhaus 1, strandnahe und gut geführte Pension in alter Strandvilla, gemütliche Zimmer mit Holzdielen (teils mit zu klein geratenem Bad), nette Wirtin und leckeres Frühstück. Rabatt bei längerem Aufenthalt. Kaiserallee 33, ✆ 04502-71818, pensionstrandhaus.de. **€€**

Naturfreundehaus Priwall 11, schön gelegen am Pötenitzer Wiek, dennoch strandnah und damit fast schon in Mecklenburg. Großer Speisesaal, vergleichsweise modern, aber einfach eingerichtete 1-4-Bett-Zimmer mit Seeblick, überwiegend mit Du/WC. In den Sommerferien angeschlossener Campingplatz. Halbpension üblich. Mecklenburger Landstr. 128, ✆ 04502-2838, naturfreundehaus-priwall.de. **€**

Essen & Trinken **Marina 10**, Restaurant-Café direkt an der Travepromenade mit Logenblick auf die gegenüberliegende „Passat". Große Holzterrasse. Vor allem Fischspezialitäten und leichte Küche, aber auch herzhafte Steaks. Im Clubhaus des Lübecker Jachtclubs (Überseebrücke). Tägl. ab 11 Uhr. Trelleborgallee 2a, ✆ 04502-8896560. **€€**

meinTipp **Fisch & Meer (Alte Vogtei) 4**, Fischrestaurant und Café in historischer Umgebung, das v. a. durch sein Ambiente in den verwinkelten Räumen (z. B. im Kaminzimmer mit Kachelofen) besticht. Serviert werden natürlich fangfrischer Frisch (auch aus dem Hafen), aber auch die gängigen Fleischgerichte und z. B. prima Flammkuchen oder Pizza und Pasta. Es gibt ein paar Plätze vor draußen vor dem Eingangsbereich, einen schöne große Biergarten-Terrasse und sogar einen kleinen Innenhof. Tägl. 11–22 Uhr, in der Nebensaison bis 21 Uhr. Vorderreihe 7, ✆ 04502-770868 (→ S. 56). **€€**

Gosch Sylt 7, direkt an der Kaiserbrücke. Wie von Gosch gewohnt, gibt es hier in gepflegter SB-Restaurant-Atmosphäre vom Fischbrötchen bis zur Auster Meeresfauna in allen Variationen. Großer und heller Wintergarten mit schönem Traveblick. Tägl. ab 11 Uhr. Vorderreihe 64 a, ✆ 04502-7779099. **€€**

meinTipp **Lütt Hus 8**, in bester Lage in der Vorderreihe. Einfaches, kleines Restaurant nicht nur mit schöner Aussicht (Terrasse) und nettem Service, sondern vor allem prima Fisch (gutes Preis-Leistungsverhältnis) und natürlich leckere Fischbrötchen. Tägl. 12–21 Uhr. Vorderreiche 25b, ✆ 04502-7879975. **€**

Leopold's 3, wirklich gute, frisch zubereitete deutsche Küche in großer Auswahl in Travemündes zweiter Reihe. Fischgerichte, Schnitzel, auch Tapas-Variationen. Freundlicher Service. Keine Außenplätze. Mi–Fr 12–15 und ab 17 Uhr. Mo ab 17 Uhr, Sa/So durchgehend 12 Uhr bis open End (Di Ruhetag). Kurgartenstr. 61, ✆ 04502-8808484. **€€**

Café Marleen 6, nicht nur Café, auch Restaurant im markanten Gründerzeiteckhaus mit stilvollem engem Wintergarten, von den Einheimischen „Blohm'sches Eck" genannt. Innen gemütliches Kaffeehausambiente, außen Strandkorbterrasse. Frühstücksvariationen, Mittagstisch und natürlich leckere Torten. Tägl. 9–18 Uhr. Vorderreihe 65, ✆ 04502-888399. **€€**

Café Niederegger 5, die an der Promenade gelegene Dependance des berühmten Lübecker Marzipan-Stammhauses hat auch eine schöne Sitzterrasse an der Promenade. Und natürlich gibt es (neben gutem Frühstück) auch das volle Tortenprogramm wie die Niederegger Nusstorte und einen Marzipanverkauf. Tägl. 9–20 Uhr. Vorderreihe 65, ✆ 04502-2031.

Fin & Grete, gehobener Imbiss. Im Angebot sind knusprige Fischhappen, Ciabatta-Fischbrötchen, Garnelen vom Grill, aber z. B. auch Currywurst. Einfache Außenplätze an der Trave. Auf dem Baggersand 7c, ✆ 040-219019121. **€**

Bunt: Niendorfer Hafen

Niendorf

Obwohl der einstige Bauern- und Fischerort mit dem benachbarten Timmendorf eine Großgemeinde bildet, hat er sich seinen ruhigen Charakter einigermaßen bewahrt. Im Gegensatz zu vielen Nachbarorten findet sich rund um den Hafen noch so etwas wie Fischerromantik.

Frühmorgens, wenn die letzten beiden verbliebenen Kutterfischer ihren Fang anlanden, ist am **Niendorfer Hafen** schon Betrieb. In bunten Holzbuden direkt am Steg werden Scholle, Dorsch, Aal und Hering verkauft, und über allem liegt der typische Geruch von frischem Fisch. Vor allem an bedeckten Tagen zieht es viele Besucher in den kleinen Hafen, wo außer Fischkneipen auch eine kleine Töpferwerkstatt zum Verweilen einlädt. Fast kann man dabei vergessen, dass Niendorf ein Ort mit großer Badetradition ist.

Östlich des Hafens gibt es noch einen kleinen, allerdings etwas steinigen Freistrand – ganz ohne Strandkörbe und ohne Kurabgabe. Der sich anschließende „ordnungsgemäße" **Niendorfer Strand** ist etwa 2 km lang und geht flach ins Wasser über. Er ist feinsandig, wenn auch hier und da mit Steinen durchsetzt, dafür aber deutlich ruhiger und weniger mit Strandkörben belegt, als dies im benachbarten Timmendorfer Strand der Fall ist. Eine leicht erhöhte Promenade – eher ein zum Bummeln einladender breiter Spazierweg – zieht sich an der kleinen Seebrücke vorbei bis zum Meerwasserschwimmbad am östlichen Strandende. Auf der gegenüberliegenden Seite des Hafens (am westlichen Ortsausgang) kann man wunderschöne Villen unter schattigen Kiefernhainen bewundern, die schon das elegante Timmendorfer Strand ankündigen.

Geschichte

Bereits 1385 befand sich das Bauern- und Fischerdorf namens *Nyendorpe* im Besitz Lübecks. Die Bauern bearbeiteten ihre Felder, fischen durften sie aber nur im Hemmelsdorfer See, denn die Rechte für den Fischfang in der Lübecker Bucht lagen bei den Fischern von Travemünde, Gothmund und Schlutup, was zu zahlreichen Streitigkeiten führte. Als das Dorf 1803 dem Herzogtum Oldenburg zugeschlagen wurde, konnten die juristischen Auseinandersetzungen weitgehend beendet werden, und das Niendorfer Fischereirecht von 1817 sicherte dem Ort eine Existenzgrundlage. Auf einen eigenen Hafen mussten die Niendorfer aber noch gut 100 Jahre warten. Dabei hatte schon Napoleon die ausgezeichnete Lage an der Mündung des Flüsschens Aalbeek erkannt. Den Hemmelsdorfer See, den die gut 1,5 km lange Aalbeek mit dem Meer verbindet, wollte er gar zum strategisch günstig gelegenen Kriegshafen ausbauen; die folgenden (für den Kaiser bekanntermaßen äußerst ungünstigen) Ereignisse der Weltgeschichte sorgten allerdings dafür, dass es beim Vorhaben blieb. Erst 1922 wurde dann der Fischereihafen eröffnet, an den heute auch ein kleiner Jachthafen angeschlossen ist.

Schon 1855 eröffnete das erste Logierhaus für Badegäste, das allerdings mit weiteren zwölf Gehöften von der Novembersturmflut von 1872 vollständig weggerissen wurde. Aber der Wiederaufbau ließ nicht lange auf sich warten. Bereits 1901 wurde die Strandstraße nachts von Gaslampen erhellt, ein ungeheurer Luxus für die damalige Zeit. Gerne besuchten die Schriftsteller Emanuel Geibel (1815–1884), Wilhelm Raabe (1831–1910) und v. a. Hermann Löns (1866–1914) den Ort. Zu Beginn des 20. Jh. setzte sich der rasante Aufstieg zum Badeort fort. Schon seit 1945 gehört Niendorf zur Großgemeinde Timmendorfer Strand.

Sehenswertes

Vogelpark Niendorf: Gut ausgeschildert in Richtung Hemmelsdorfer See tummeln sich inmitten eines kleinen Sumpfgebietes auf 70.000 m² rund 1000 Vögel 250 verschiedener Vogelarten, darunter Störche, Kraniche, Reiher, Flamingos, Hornvögel und Tukane, Papageien und selbst Kasuare (große Laufvögel aus Neuguinea). Reetgedeckte Tierhäuser, in denen auch eine der weltweit größten Eulensammlungen zu bewundern ist (38 Arten wurden hier schon gezüchtet!), sorgen für das passende Ambiente. Zwei große Rundgänge führen über das weitläufige Gelände, auf dem es auch einen schönen Kinderspielplatz mit einer Hüpfburg gibt. Eine Caféterrasse (im Angebot ist leckerer Blaubeerkuchen, aber auch Matjes oder Salat) befriedigt die kulinarischen Bedürfnisse. Fazit: empfehlenswert!

▪ Tägl. 9–19.30 Uhr, im Herbst und Winter ab 10 Uhr bis zum Einbruch der Dämmerung. Ein-

tritt 14 €, Kinder 3–15 J. 7 € (reduzierter Eintritt im Winter). An der Aalbeek, Timmendorfer Strand, ✆ 04503-4740, vogelpark-niendorf.de.

Hemmelsdorfer See: Der südlich der Gemeinde Timmendorfer Strand in hügeliger Landschaft gelegene Hemmelsdorfer See lohnt einen Ausflug. Immerhin bietet das durch eiszeitliche Gletscher gebildete, 5 km lange Gewässer einen Superlativ: Der Grund des südlichen Seebeckens ist mit 39 m unter dem Meeresspiegel der **tiefstgelegene Festlandspunkt Deutschlands.** Ein Fußweg führt in etwa 15 Minuten vom Vogelpark zum Hermann-Löns-Blick, einem 20 m hohen, hölzernen Aussichtsturm am Nordende des Sees. Hier soll der Dichter gerne verweilt haben soll.

Wandern Um den See führt ein langer **Rundweg** (20 km) durch teils herrliche Landschaft. Highlights sind der Aussichtsturm Herrmann-Löns-Blick am Nordufer, das Restaurant Lakehouse 54 mit seinem in den See führenden Rundsteg am Westufer in Hemmelsdorf und die Badeanstalt am Südufer des Sees in Offendorf.

Praktische Infos

Einwohner 3000

Information/Zimmervermittlung **Timmendorfer Strand Niendorf Tourismus,** Strandstr. 121 a (im Haus des Kurgastes), 23669 Niendorf, ✆ 04503-357760, niendorf-ostsee.de. **Gästeinformation** auch: Am Hafen 4, ✆ 04503-357750. Ostseecard 3 €/Tag (in der Nebensaison 1,70 €).

Fahrräder **Fahrradverleih Niendorf,** Strandstr. 37f, ✆ 04503-7710022. **Lemnitz,** Strandstr. 62, ✆ 04503-2665.

Freistrand Ein an sonnigen Tagen voller, aber kurtaxenfreier Frei- und Sportstrand findet sich direkt östlich des Hafens.

Hundestrand Westlich des Hafens.

Parken Kostenfrei nur am Parkplatz P4 zwischen Hafen und Vogelpark.

Schwimmbad Kleines **Meerwasserschwimmbad** am östlichen Strandende, tägl. 10–18 Uhr, Mi/Do bis 20 Uhr. Eintritt 5 €, Kinder 2 €. Strandstr. 133, ✆ 04503-5456, meerwasserhallenbad-niendorf.de.

Essen & Übernachten **SeeHuus Lifestyle Hotel,** 74 modern eingerichtete Zimmer

Ostsee-Flamingos: Vogelpark Niendorf

mit Komfort und Balkon. Kleiner SPA-Bereich mit Pool, Dampfbad und kleiner Sauna. Großes Frühstücksbüfett, schöne Außenterrasse. Parkplatz gegen Gebühr. Die teureren Panoramazimmer bieten eine schöne Aussicht auf den Strand; auch Suiten (viele Sonderarrangements). Strandstr. 69, ✆ 04503-801260, seehuus-hotel.de. **€€€**

****s Hotel Atlantic,** Familienhotel in einer Gründerzeitvilla von 1909 direkt an der Promenade mit Nebenhaus „Susanne". Einfache, zweckmäßige Zimmer (v. a. im Nebenhaus); Nichtraucherhotel; eigene Strandkorbvermietung. Auch **Café/Restaurant** im Haus, davor eine sehr große, windgeschützte Sonnenterrasse mit viel Publikumsverkehr (Halbpension möglich). Strandstr. 119, ✆ 04503-889100, hotel-atlantic-niendorf.de. **€€** (Hotel), **€€** (Restaurant)

meinTipp **Fischkiste,** eines der besten Fischrestaurants der Küste, daher immer gut besucht. Die gegenüber dem Fischereihafen an der Straße gelegene Traditionsgaststätte präsentiert sich in Weiß- und Blautönen und mit einem großen (und etwas lauten) Wintergarten. Vielfältiges Angebot an schmackhaften, kreativen heimischen und internationalen Fischspezialitäten. Tägl. 11.30–23 Uhr (Mo Ruhetag, in der Nebensaison andere Zeiten). Strandstr. 36, ✆ 04503-31543. **€€€**

Klüver's Hafenräucherei, der urige Imbiss mit frischem Fisch liegt direkt im Hafen (Westseite). Im hinteren Teil ist der Imbiss zum SB-Restaurant ausgebaut. Man sitzt in der mit allerlei maritimem Zubehör ausgestatteten ehemaligen Lagerhalle oder draußen an nahe dem Kai aufgestellten Tischen. Einfacher Bratfisch, Fischbrötchen, Küstenbier aus eigener Produktion usw. sind am Verkaufsstand erhältlich. Strandstr. 37g, ✆ 04503-6880. **€**

Hauswalds Fischbar, hier an den Buden der Hafenostseite gibt es die vielleicht leckersten frisch zubereiteten Fischbrötchen oder auch Backfisch mit Kartoffelsalat – der Fisch wird zu einem Großteil von Fischer Lars Hauswald selbst gefangen. Daher auch Frischfischverkauf. Einfache Sitzgelegenheiten draußen. Tägl. 11–17 Uhr (Mi/Do geschlossen). Am Hafen, ✆ 0171-6524724. **€**

Café Strandvilla, wie der Name andeutet: schöne und künstlerisch eingerichtete Gründerzeit-Villa aus dem Jahr 1890, mit Promenadenterrasse vor dem Haus und einer Hafenterrasse hinterm Haus (Nachmittagssonne). Es gibt selbst gebackene Kuchen, Torten und Kleinigkeiten, z. B. Flammkuchen. Oft ist es schwer, einen freien Tisch zu bekommen. Tägl. 12–18 Uhr. Grüner Weg 5, ✆ 04503-31404.

Lakehouse 54, 5 km südwestlich von Niendorf, wunderschön in einer reetgedeckten, neu erbauten Fischerkate direkt in Hemmelsdorf am See gelegen. Gemütliches Bistro-Ambiente, herrliche Außenplätze. Ausflugsrestaurant mit Selbstbedienung. Im Angebot sind zünftige Fisch-Bratkartoffelgerichte, aber auch Räucherfisch und natürlich Fischbrötchen. Beim Restaurant führt ein wunderbar angelegter 300 m langer Holzsteg zunächst über das Wasser und dann am Seeufer entlang. Dieser dient zugleich auch als Fisch-Lehrpfad. Wenige Parkplätze am Gelände, weitere kostenlose Plätze aber 150 m entfernt Richtung Timmendorfer Strand. Tägl. 12–21 Uhr, Fr/Sa bis 24 Uhr (Mo/Di geschlossen). Seestraße 15, Niendorf-Hemmelsdorf. **€**

Schön gestaltet: Seebrücke Niendorf

Sonne, Sand, Meer: Timmendorfer Strand

Lübeck und die Lübecker Bucht → Karte S. 26

Timmendorfer Strand

Timmendorf hat den Ruf des etwas nobleren Ostseebads – und pflegt ihn entsprechend. Edle Boutiquen und Schmuckgeschäfte locken zum Einkaufsbummel der feinen Art, auf der Kurpromenade heißt es sehen und gesehen werden. Die Kinder aber zieht es ins „Sea Life", das große Meeresaquarium.

Lange schon sind Timmendorfer Strand und das benachbarte Niendorf zur Großgemeinde Timmendorfer Strand zusammengewachsen. Doch während es in Niendorf noch recht beschaulich zugeht, ist man hier stolz auf den Ruf, das schickste und bekannteste Bad an der Küste zu sein. Was lag für die Gemeinde da näher, als den Namen „Timmendorfer Strand" mit dem allgegenwärtigen Logo des Seepferdchens auch als Markennamen eintragen und schützen zu lassen?

Der knapp 4 km lange **Strand** von der Ostsee-Therme bis nach Niendorf ist weitgehend mit Strandkörben belegt. Ein dichter Heckenbewuchs schützt Strand und Ufer, sodass es nur bei den Strandkorbvermietern ein Durchkommen gibt. Timmendorfer Strand verfügt über gleich zwei Seebrücken, der Maritim-Seebrücke (benannt nach dem gleichnamigen Hotel) und der Seeschlösschenbrücke (mit einem japanischen Teehaus auf dem Brückenkopf). Beide sind etwa 1,5 km voneinander entfernt und werden verbunden durch einen schattigen, promenadenartigen Weg, der vorbei an der altehrwürdigen Trinkkurhalle und dem SEA-LIFE-Aquarium durch einen Strandwald führt. Neben einigen anderen Kunstwerken befindet sich am Strandweg auch ein Denkmal für den „Panikrocker" Udo Lindenberg (neben der Seebrücke vor dem Maritim-Hotel).

Erst einige Meter landeinwärts erstreckt sich die eigentliche, sandfarben gepflasterte **Kurpromenade** von Timmendorfer Strand, die mit einer auffälligen Markierung den 54. Breitengrad anzeigt. Neben vielen Restaurants und Straßencafés gibt es hier eine ganze Reihe extravaganter Boutiquen und erlesener Schmuckgeschäfte, in deren Auslagen wie selbstverständlich die Produkte von Gucci, Armani, Jil Sander, Versace, Cartier & Co. zur Schau gestellt werden. Hier trifft man sich zum Bummel und zum Shopping oder genießt den Augenblick bei Cappuccino oder Cocktail.

Hinter der Kurpromenade zieht sich die Strandallee durch den ganzen Ort. Sie ist die Adresse der eleganten Hotels und Pensionen. Wer ein ruhigeres Plätzchen sucht, wird es nur bei einem Spaziergang durch den Kurpark finden. Richtung Scharbeutz verabschiedet sich die Gemeinde, wie sie bei Niendorf begonnen hat: Großzügige Villen, viele aus der Zeit der vorletzten Jahrhundertwende, säumen den Weg.

Geschichte

Fischfang wurde am Timmendorfer Strand nie ernsthaft betrieben, auch der Strand wurde wenig beachtet. Erst nachdem ein Pastor namens Gleiß aus dem ca. 15 km entfernten Curau sich 1865 in Strandnähe eine ansehnliche Fachwerkkate als Sommerhaus baute, um auch Badefreuden zu genießen (heutige Wohldstraße), setzte langsam, aber unaufhaltsam die Entwicklung zu einem der größten und bekanntesten deutschen Seebäder ein. 1889 wurde das erste Hotel gebaut, heute sind es etwa 25; dazu kommen viele Pensionen und etwa 200 Appartementhäuser.

Sehenswertes

SEA LIFE Timmendorfer Strand: In der Nähe der Seebrücke, dort, wo einst ein Hallenbad stand, erhebt sich seit 1996 das in Form einer Welle gestaltete Gebäude des beeindruckenden Aquariums. Von außen wirkt das Bauwerk mit dem blauen Dach eher klein, denn die 38 Aquarien auf einer Fläche von insgesamt 1500 m² sind größtenteils unterirdisch angelegt. Bei einem Rundgang (etwa eine Stunde) kann man die ganze Bandbreite der Unterwasserwelt erleben – von einem Mangrovenbecken über ein Berührungs- und ein Rochenbecken bis hin zu einem Becken mit Wassertieren von Europas Küsten ist alles geboten. Höhepunkt ist ein etwa 8 m langer, von 200.000 Litern Wasser umgebener gläserner Tunnel durch die „offene See". Vor allem für Kinder ein Erlebnis sind auch die täglichen Fütterungen. Schautafeln bieten kurze und präzise Informationen, zudem geben die Mitarbeiter nützliche Hinweise; so erfährt man beispielsweise, dass ein Dorsch unglaubliche 7 Mio. Eier legt, wovon im Schnitt lediglich zwei bis fünf Tiere heranwachsen.

Das SEA LIFE ist eine durch und durch kommerzielle, aber gut gestaltete Erlebniswelt, weshalb ein Restaurant und natürlich ein Souvenirshop am Ausgang nicht fehlen dürfen. An bedeckten oder verregneten Tagen in der Hochsaison ist der Ansturm sehr groß, lange Warteschlangen sind dann üblich (es sei denn, Sie buchen das teure VIP-Ticket, das Ihnen einen bevorzugten Einlass gewährt).

▪ Tägl. 10–18 Uhr, Juli/Aug. bis 19 Uhr. Erw. ab 15 J. 18,50 €, Kinder 3–14 J. 15,50 €. Online-Tickets sind bei frühzeitiger Buchung deutlich preisgünstiger. Kurpromenade 6, 23669 Timmendorfer Strand, ✆ 0180-666690 101, visitsealife.com/timmendorfer-strand.

Praktische Infos

Einwohner 6000

Information Timmendorfer Strand Niendorf Tourismus, Timmendorfer Platz 10 und in der Trinkkurhalle, Kurpromenade 3, 23669 Timmendorfer Strand, ✆ 04503-35770, timmendorfer-strand.de. Ostseecard 3,50 €/Tag, Nebensaison 2 €.

Fahrräder **Mietrad,** Poststr. 34, ✆ 04503-4069666. **Steffenhagen** (Minigolfplatz), Kurparkstr. 2, ✆ 04503-6211. **tobisRad,** Filiale Strandallee 73b, ✆ 04503-6052618.

FKK-Strand Nacktbader haben ihr Areal an der Grenze Timmendorfer Strand/Scharbeutz.

Hundestrand Westl. des Niendorfer Hafens (am östl. Ende des Timmendorfer Strandes).

Parken 3 gut ausgeschilderte große Parkplätze (gebührenpflichtig). Von dort sind es wenige Minuten zum Strand. Auf den in Strandnähe gelegenen Kurzparkplätzen wird man noch kräftiger zur Kasse gebeten.

Schwimmbad/Sauna **Ostsee-Therme Scharbeutz,** ✆ 04503-35260, Weiteres → S. 67.

Wochenmarkt Jeden Mi und Sa (vormittags) auf dem Großparkplatz Höppnerweg (P 2).

Übernachten Timmendorfer Strand ist nicht preiswert. Nirgendwo sonst an der Küste gibt es eine so große Anzahl an anspruchsvollen Hotels. Über die Zimmervermittlung kann man aber auch Privatzimmer für etwa 60 € (DZ) bekommen.

****** Hotel Villa Gropius,** die 1888 erbaute Villa, einst das Sommerhaus des berühmten Architekten Walter Gropius und 60 m vom Strand entfernt, gehört zu den schönsten Gebäuden im Ort. Allerdings ist es in die Jahre gekommen und etwas hellhörig. Es gibt auch Zimmer im neueren Gästehaus (mit Sauna und Whirlpool). Hotel garni, aber das Frühstück ist wunderbar. Parken gebührenpflichtig. Strandallee 50, ✆ 04503-702003, villa-gropius.de. **€€€**

****** Park-Hotel,** garni, sehr gepflegtes Haus in zentraler, ruhiger Kurparklage mit großen Zimmern und leckerem Frühstück. Kleine Sauna/Dampfbad. Am Kurpark 4, ✆ 04503-60060. **€€€**

*****s Hotel Ancora,** von außen ein moderner Zweckbau, von innen ein gepflegtes Frühstückshotel mit 20 Zimmern und 5 Appartements. Nichtraucherhotel (abends hört man gelegentlich die Beach-Bar im benachbarten Hotel Atlantis). Schwimmbad/Sauna. Ab 15 Uhr Kaffee und Kuchen. Keine 5 Min. Fußweg zum Strand. Strandallee 58, ✆ 04503-703000, hotel-ancora.de. **€€**

Villa Möwenstein, Hotel garni in zentraler Lage mit dem gemütlichen Charme einer traditionellen, unkomplizierten Ferienpension in einer Strandvilla, jedoch 120 m vom Strand entfernt. Friedrich-August-Str. 6, ✆ 04503-35550, villamoewenstein.de. **€**

Blick auf den Horizont: Denkmal für Udo Lindenberg

> Timmendorfer Strand hat – wegen des teils exklusiven Publikums wohl beabsichtigt – **keinen Campingplatz.**

Essen & Trinken **Wolkenlos,** lichtdurchflutetes Strandrestaurant auf Travemündes Seebrücke. Das Angebot reicht von mittäglichen Strandspeisen wie Flammkuchen und Ofenkartoffel bis zum abendlichen Candle-Light-Dinner mit Sushi oder Dorschfilet. Tägl. 11.30–20.30 Uhr, Fr/Sa auch bis 21.30 Uhr. Strandallee 144, ✆ 04503-779570. **€€€**

Mein Tipp **Anno 1865 im Reethus,** gediegenes Restaurant und Steakhaus (Fleisch vom Lavasteingrill, auch hervorragender Thunfisch) mit wirklich empfehlenswerter Küche und viel Liebe zum Detail; im ältesten Haus Timmendorfs stilvoll rustikal-elegant und dennoch freundlich hell eingerichtet; auch Tische im zur Straße liegenden Garten (und Cafébetrieb). Nicht preiswert, aber den Preis wert, Reservierung unbedingt empfohlen. Tägl. 17–22 Uhr, Di Ruhetag. Wohldstr. 25 (nahe Maritim-Hotel/Richtung Eissportzentrum), ✆ 04503-888790. **€€€**

Modernes Ostseebad: Scharbeutz

Scharbeutz

Ein flacher Strand, feiner Sand und reichlich Ferienwohnungen: das typische Ostseebad. Alles ist bequem zu Fuß erreichbar. Vor allem die Ostsee-Therme, ein Schwimmbad der Extraklasse, hat Scharbeutz auch überregional bekannt gemacht.

Scharbeutz beginnt mit seiner Attraktion: Direkt an der südlichen Gemeindegrenze am Timmendorfer Strand liegt das Erlebnisbad **Ostsee-Therme,** mit dem beide Ostseebäder kräftig werben. Hier grenzt ein Stück der bewaldeten und steilen Küste direkt an die belebte Straße, die am relativ naturbelassenen Strand entlang zum Zentrum von Scharbeutz führt. Im Zentrum selbst dominieren moderne Zweckbauten; dahinter erstreckt sich ein schöner Kurpark, eine Art grüne Oase inmitten des Ortes.

Mittelpunkt ist die 280 m lange Seebrücke, die mit ihrem asymmetrisch geschnittenen Brückenkopf samt großer Plattform zum Verweilen einlädt. Das eigentliche Glanzstück ist aber auch in Scharbeutz der erstaunlich feinsandige, bis Haffkrug reichende 6 km lange und etwa 35 m breite **Strand,** der beiderseits der Seebrücke mit zahlreichen Strandkörben bestückt ist. Überragt wird die Szenerie vom kastenförmigen Sternehotel „Bayside", von dem aus man einen fantastischen Blick aufs Meer hat, das allerdings nachmittags den Strand beschattet. In Konkurrenz zum benachbarten Timmendorfer Strand vollzieht Scharbeutz derzeit einen Wandel vom einfachen Familienbad hin zum Erlebnis-Ferienort, der auch ein besser betuchtes Publikum anlockt. Passend dazu lädt vom Promenadenplatz aus die zum Meer hin offene **Promenade** zum Bummeln ein. Elegant und naturbelassen schlängelt sie sich durch die Dünen, immer wieder unterbrochen durch geschickt gestaltete kleine (Aussichts-) Plätze. Dünenhäuser im schwedischen Stil beherbergen schicke Lounges, Restaurants und Cafés oder stilvolle Shops. Auch einen gelungen gestalteten Dünen-Minigolfplatz mit Kunstrasenbahnen gibt es hier (Strandallee 99).

Geschichte

Der Name Scharbeutz (slawisch *Scorbuze*) bedeutet so viel wie „Hof des (flinken und schnellen) Skorbyk". Schon 1271 ging das ursprünglich gräflich-holsteinische Dorf in den Besitz Lübecks über, es wurde nämlich einfach an das dortige Heilig-Geist-Hospital verkauft. Zu dieser Zeit gab es lediglich ein kleines Bauerndorf auf der Anhöhe (am Wennsee), zu dem sich nach und nach eine Fischersiedlung am Strand gesellte. Nach mehr als 500 Jahren kam Scharbeutz 1803 an den Herzog von Oldenburg (um dann 1937 Teil Schleswig-Holsteins zu werden). Als ein Hamburger Kaufmann in der Strandsiedlung ein Hotel errichtete, das Hotel Augustusbad, wurde der Ort im Jahre 1850 durch eine großherzogliche Erlaubnis zum Seebad. Dennoch waren die Anfänge eher bescheiden, so wurde das erste Badehaus in einer ehemaligen Fischräucherei eingerichtet. Richtig aufwärts ging es mit dem Tourismus erst, als der Ort 1923 einen eigenen Bahnhaltepunkt erhielt. Seitdem haben zahlreiche bekannte Persönlichkeiten Scharbeutz die Ehre gegeben. Der wohl berühmteste Gast war Albert Einstein (1879–1955), der in den Jahren 1927–1929 hier seinen Sommerurlaub verbrachte.

1974 wurde der Ort mit neun anderen Dörfern (darunter Haffkrug und Pönitz) zur Großgemeinde Scharbeutz zusammengeschlossen, die im regionalen Tourismusgeschäft nach Grömitz und Timmendorfer Strand mittlerweile an dritter Stelle rangiert.

Pönitzer Seenplatte: 5 km landeinwärts erstreckt sich die zum Scharbeutzer Gemeindegebiet gehörende und landschaftlich reizvolle Seenplatte mit der schönen Badeanstalt Klingberg am Großen Pönitzer See (Seestr. 95, Café vor Ort).

Pönitz selbst ist weniger reizvoll, doch interessant ist das **Museum für Regionalgeschichte,** das in den Räumen einer ehemaligen Schlachterei residiert. Zu bestaunen sind nicht nur regionale Funde aus der mittleren Steinzeit (5000 v. Chr.) bis heute, sondern auch handwerkliche Arbeitsplätze, ein historischer Kaufmannsladen, eine Ausstellung zur Entwicklung des Badetourismus und vieles mehr. Darüber hinaus werden immer wieder interessante Sonderausstellungen gezeigt.

▪ Di & So 14–18 Uhr. Eintritt frei, Spende erbeten. Lindenstr. 23 (nahe Bahnübergang), ✆ 04503-73273, museum-scharbeutz.de.

Praktische Infos

Einwohner 4800

Information **Tourist-Info Scharbeutz,** Strandallee 134, 23683 Scharbeutz, ✆ 04503-7794-160, luebecker-bucht-ostsee.de/scharbeutz. Ostseecard 2,80 €/Tag, Nebensaison 1,50 €.

Fahrräder **Heese,** Strandallee 130, ✆ 04503-779892. **tobisRad,** Badeweg 13 (am Kurpark), ✆ 04503-702861.

FKK-Strand Nahe der Ostsee-Therme.

Hochseilgarten Großer Waldhochseilgarten mit 3 Parcours im Kammwald zwischen Scharbeutz und Timmendorfer Strand (oberhalb der Therme). Tägl. 11–18 Uhr. Eintritt 25 €, Kinder bis 14 J. 19 €, Jugendliche 21 €. ✆ 0151-613 13110, waldhochseilgarten-scharbeutz.de.

Hundestrand Südstrand (Abschnitt 4).

Parken Ausgeschilderte Großraumparkplätze (gebührenpflichtig). Kurzparkzone im unmittelbaren Strandbereich.

Schwimmbad/Sauna **Ostsee-Therme Scharbeutz,** eines der ersten, größten und schönsten Erlebnisbäder Norddeutschlands. Am südlichen Ortsrand, fast schon in Timmendorfer Strand, präsentiert sich direkt am Meer unter einer riesigen Glaskuppel eine tropische Badelandschaft. Salzwasserbecken, Whirlpools, riesige Wasserrutschen und Außenbecken bieten großartigen Badespaß. Hinzu kommt eine Saunalandschaft der Extraklasse (mit Strandzugang). Außerdem: Fitnesscenter, Kosmetikstudio und Restaurant. Angeschlossen ist zudem das 5-Sterne-Hotel „Gran BelVeder". Preisgünstig ist das Vergnügen natürlich nicht: Tageskarte nur Wasserwelt 26 €, Kinder 20 €, Familien 65 €. Tägl. 10–22 Uhr. ✆ 04503-352611, ostsee-therme.de.

Lübeck und die Lübecker Bucht → Karte S. 26

Essen & Übernachten ****** Bayside,** das moderne und stylishe Hotel in allerbester Lage unmittelbar an der Seebrücke von Scharbeutz wirkt auf den ersten Blick wie ein riesiger Klotz, der zudem nachmittags den davor liegenden Strand beschattet. Innen ist es komfortabel, wenngleich die 132 großzügigen und zweckmäßig eingerichteten Zimmer keine Klimaanlage haben. Wer nachts lüftet, muss bei den landseitigen Zimmern mit etwas Verkehrslärm rechnen; zur Seeseite hört man die Musik der Roof- und Strandbar. Traumhafte Aussicht im **Restaurant Coast** bzw. im **Restaurant Roof** (Sushi, Grill & Cocktailbar) mit Dachterrasse (tägl. ab 12 Uhr). Schöner Wellness- und Spa-Bereich. Vielfältiges Frühstücksbüfett. Parken gebührenpflichtig. Strandallee 130 a, ✆ 04503-60960, bayside-hotel.de. **€€€** (Hotel), **€€** (Restaurants)

Herzberg's, rustikal-gediegenes Ambiente, seit über 30 Jahren eine gehobene, empfehlenswerte Küche (z. B. Variation von Ostseefischen, auch Mittags-Bistrokarte). Strandallee 129 (gegenüber dem Hotel Bayside), ✆ 04503-74159. **€€**

Pfannkuchen-Haus, im Erdgeschoss eines strandnahen Appartementhauses gelegenes, kinderfreundliches Restaurant im Stil der 1980er-Jahre. Es gibt viel mehr als nur Pfannkuchen, z. B. Bratfisch. Tägl. 12–14.30 und ab 17.30 Uhr (Mi Ruhetag). Seestr. 8, ✆ 04503-75014. **€**

Grande Beach Café, mehr als nur ein Café; tolle Lage an der Dünenmeile im mit Moos begrünten, hallenartigen Gebäude im schwedischen Stil. Schöne und immer gut besuchte Terrasse, wo Sie vom guten Frühstück, einem schmackhaften Mittag- oder Abendessen und leckerem Kuchen (auch Pfannkuchen) bis zum abendlichen Drink verweilen und aus einer reichhaltigen Karte wählen können. Wenn Sie das ständige Kommen und Gehen nicht abschreckt, weil Sie „Menschenkino" mögen, sind Sie hier richtig. Tägl. 9–23 Uhr. Strandallee 134, ✆ 04503-8981000. **€€–€€€**

MeinTipp **Brechtmann,** in der 4 km von Scharbeutz entfernten kleinen Ortschaft Schürsdorf gelegen. Der Landgasthof mit gehobener Küche hat sich v. a. mit ofenfrischen, knusprigen und wirklich leckeren Flugenten in verschiedenen Variationen (aber auch mit Fleisch- und Fischgerichten) einen Namen gemacht. Gepflegte Einrichtung, schöne Terrasse. Etwas versteckt gelegen (aber beschildert). Tägl. außer Mo/Di 11–14.30 und 17.30–22 Uhr. Hackendohrredder 9, 23684 Schürsdorf, ✆ 04524-9952. **€€€**

Butz, ebenfalls im 300-Seelen-Dorf Schürsdorf und damit Abseits des Trubels. Kleiner, ein wenig im Hinterland gelegener Landgasthof am Dorfteich. Hier gibt es saisonale regionale frische Küche (Ostseescholle, Cordon Bleu) und ein sattes Frühstück (auch für Nicht-Hausgäste), zudem Kaffeebetrieb. 5 im Landhaustil eingerichtete Zimmer, eine Suite und eine Ferienwohnung im Haus. Tägl. 8–21.30 Uhr. Hackendohrredder 3, 23684 Schürsdorf, ✆ 04524-200 9988. **€€** (Restaurant), **€€** (Hotel)

Haffkrug

Um an der Riviera zu baden, muss man nicht nach Italien fahren – der Strand von Haffkrug trägt denselben Namen und ist auch die Sehenswürdigkeit der kleinen Schwester von Scharbeutz.

Beide Orte gehen in ihren Randbereichen ineinander über, getrennt nur durch das Ortsschild. Dahinter liegen die Haffwiesen, die entstanden sind, als eine vor Jahrtausenden vorhandene Bucht langsam verlandete. Auf der angrenzenden Landzunge ist seit 1398 eine Siedlung urkundlich erwähnt. Der heutige Ortsname rührt daher, dass zu Beginn des 19. Jh. hier ein Wirt seinen „Krug" (Wirtshaus) eröffnete, der am Sonntag von zahlreichen Ausflüglern besucht wurde. Bereits 1811 errichtete dann ein einfallsreicher Geschäftsmann ein kleines Badehaus und machte Haffkrug damit zum ersten Badeort der Lübecker Bucht.

Im Ort erinnert heute nur wenig daran, dass Haffkrug einst ein selbstständiges Fischerdorf war (seit 1974 ist der Ort Teil der Großgemeinde Scharbeutz). An die Fischertradition knüpft auch der Fischlehrpfad neben der Seebrücke an. Auf interessanten Schautafeln entlang der neben einem schützenden Dünenwall verlaufenden Promenade (eher ein geschwungener Gehweg mit Ruheinseln) findet sich alles

Der Präsident geht baden

Auf den heutigen Betrachter wirken sie fast possierlich, die Herren, die das Titelbild der *Berliner Illustrierten Zeitung* vom 24. August 1919 zieren: Sie stehen in Badehose und mit unübersehbarem Bauchansatz fast knietief im Ostseewasser und lächeln in die Kamera. Und selbst in einer Zeit, in der Sittenstrenge noch großgeschrieben wurde, hätte des Ganze nicht allzu viel Aufsehen erregt, wenn, ja wenn es sich bei den beiden Herren in der Mitte am Strand von Haffkrug nicht um den Reichswehrminister Gustav Noske und den Reichspräsidenten Friedrich Ebert gehandelt hätte. Beide waren sie Sozialdemokraten und standen als solche in konservativen Kreisen ohnehin schon nicht in dem Ruf, das Vaterland, das gerade seines Kaisers und der Monarchie verlustig gegangen war, würdig repräsentieren zu können. Und nun auch noch das! Hatte man etwa den Kaiser, der im niederländischen Exil zum Nichtstun verurteilt war, je in solch unziemlicher Kleidung gesehen? Hatte man nicht, und deswegen war auch klar, dass mit den neuen Machthabern und der neuen Ordnung kein Staat zu machen war. Angesichts dieser Geisteshaltung, die in der konservativen Presse in unzähligen Schmähkarikaturen, bissigen Kommentaren und Rücktrittsforderungen zum Ausdruck kam, ist es kaum verwunderlich, dass es gar nicht allzu lange dauerte, bis nach dem ersten deutschen Präsidenten auch die erste deutsche Demokratie baden ging.

Wissenswerte rund um das vielfältige Meeresgetier der Ostsee. Eigentliche Attraktion ist aber auch hier die 230 m lange Zickzack-Seebrücke mit einer dreieckigen Spitze auf zwei Ebenen, auf deren Panoramadeck Sonnenliegen zum Entspannen einladen.

Einwohner 1850

Information →**Scharbeutz,** S. 67. Ostseecard 2,80 €/Tag (Nebensaison 1,50 €), luebecker-bucht-ostsee.de/scharbeutz.

Fahrräder **Henner Hinz,** auch Strandkörbe), Strandallee 38, ✆ 04563-5201.

Hundestrand Strandabschnitt 31.

Parken Großraumparkplatz Waldweg und Wiesenweg (gebührenpflichtig). Kurzparkzone im unmittelbaren Strandbereich.

Essen & Übernachten **Café-Häuschen,** echte Kaffeehausatmosphäre im Stil der 1980er mit Strand-/Promenadenblick. Wer große Stücke äußerst schmackhafter Torten und Kuchen mag, ist in diesem kleinen Café mit Außenterrasse richtig. Tägl. 10–17 Uhr (Mi Ruhetag). Strandallee 17 (mittlerer Strandübergang), ✆ 0170-7762071.

Mein Tipp **Haus am Meer,** wie der Name sagt, in allerbester Lage, keine 20 m vom Strand entfernt. Die 1928 erbaute Backsteinvilla hat schöne, helle, mit nordischen Stoffen und Vollholzmöbeln eingerichtete Zimmer und dennoch den Charme eines kleinen familiären Strandhotels bewahrt (auch Zimmer im Nebenhaus). Prima Frühstück. Für Hausgäste auch ein Büchercafé (frischer Kuchen). Strandallee 84, ✆ 04563-478884, haus-am-meer-scharbeutz.de. **€€**

Sierksdorf

Beim Stichwort Sierksdorf denken viele zuerst an den Hansa-Park, einen der größten Freizeitparks Deutschlands. Aber besonders der am Meer gelegene Badeort selbst ist ebenso einen Besuch wert, ist er doch einer der beschaulichsten und schönsten an der Küste. Der noch nicht allzu belebte Strand zieht sich bis vor die angrenzende Steilküste – von dort genießt man den Blick über die weite See.

Beim Sonnenbaden blickt man aufs Meer, und das ist für einen deutschen Badeort schon eine Besonderheit (durch einen Knick in der Bucht ist der Strand nach Südosten ausgerichtet).

Der **Strand** ist 3,5 km lang und ein wenig schmaler als an anderen Stellen der Lübecker Bucht. Auch der Ort ist etwas schmaler als andernorts, er misst gerade mal 500 m in der Breite, ist dafür aber über die gesamte Strandlänge gestreckt. Im Südteil besteht das Seebad lediglich aus Strand, Straße und einer recht hübschen Häuserzeile sowie ein paar winzigen Fischerbuden. Anders als in den Nachbarorten dominiert hier kein Promenadentourismus mit Souvenirläden, Restaurants oder Imbissständen. Ein Fischerdorf ist Sierksdorf dennoch schon lange nicht mehr. Trotzdem gibt es sie noch vereinzelt, die (Freizeit-) Fischer, die morgens bei Sonnenaufgang aufbrechen, um die Stellnetze zu kontrollieren. Um zu ihren Booten zu gelangen, müssen sie mangels Hafen in Fischerhosen durchs Wasser waten. Nachmittags kehren sie mit Dorsch, Hering oder Scholle zurück, der Fang wird gleich am Strand verkauft.

Im nördlichen Teil des Dorfes, den Berg hinauf, befinden sich Touristinformation und Bahnhof. Alles wirkt noch vergleichsweise ruhig und beschaulich, alte Bäume – sonst eher eine Seltenheit in Ostseebädern – dominieren das Ortsbild. Zahlreiche Villen, stets eingebettet in ansehnliche Gartenanlagen, verleihen diesem Ortsteil so etwas wie erhabene Gediegenheit. Einige bekannte Persönlichkeiten haben sich hier niedergelassen und genießen diesen erhöhten Logenplatz mit Blick auf die Ostsee.

Zum Strand gelangt man über Treppen die Steilküste hinab.

Noch weiter nördlich ändert sich das Ortsbild übrigens drastisch: Hier nämlich befinden sich die mehrstöckigen Bettenburgen des **Ferienparks** Sierksdorf und der Hansa-Park, aber auch das geschmackvolle Hansa-Park-Resort mit Ferienhäuschen im nordischen Stil. Der Strand wird hier etwas breiter, und es gibt hier sogar eine kleine Promenade.

Geschichte

Der in verschiedenen Schreibweisen überlieferte Name *Syrikestorpe* ist slawischen Ursprungs und bedeutet so viel wie „Dorf des Herrschers Sigirik (oder Sirik)". Seit dem Mittelalter gehörte die Siedlung dem benachbarten Gut Oevelgönne. Erst 1802 durften die Bauern die Felder in Erbpacht bebauen – die Leibeigenschaft war damit aufgehoben –, und 1857 wurden sie auch rechtmäßige Eigentümer des von ihnen bewirtschafteten Landes. Im gleichen Jahr standen vor einem Badelogierhaus mit immerhin 28 Betten für Erholungssuchende bereits vier Badekarren. Wie andere Küstenorte auch entwickelte sich Sierksdorf endgültig nach dem Zweiten Weltkrieg vom Bauerndorf zum Ferienort.

Stolz ist man in Sierksdorf auf die gewissermaßen künstlerische Vergangenheit des Ortes: Die Expressionisten Günter Machemehl (1911–1970) und Karl Schmidt-Rottluff (1884–1976) verbrachten nach dem Zweiten Weltkrieg regelmäßig die Sommermonate in Sierksdorf und verewigten die Küstenlandschaft mit ihren besonderen Farben in vielen heute weltberühmten Werken. Die künstlerische Tradition verpflichtet, weshalb in den Räumen der Touristeninformation eine ständige Dokumentation zum Werk Schmidt-Rottluffs zu sehen ist.

Sehenswertes

Hansa-Park: Wenn die Kinder das Urlaubsziel Ostseeküste wählen, dann oft in Erwartung eines Besuchs im Hansa-Park. Tatsächlich entpuppt sich „Deutschlands einziger Erlebnispark am Meer" als ein 46 ha großes Vergnügungsparadies für Klein und Groß. Problemlos über die A 1 oder den Bahnhof Sierksdorf zu erreichen, lässt der in verschiedene Themenbereiche aufgeteilte Park kaum Wünsche offen. Etwa 125 Attraktionen, vom Kiddie-Camp für die Kleinsten bis zur Wasserrutsche, bieten alles, was Kinderaugen glänzen oder den Adrenalinspiegel ansteigen lässt. Hier ein 4-D-Kino, dort eine Westernstadt oder ein Jahrmarkt mit Karussell, dahinter eine gigantische Achterbahn, eine spektakuläre Wasserbahn oder ein Freifall-Turm. Wer es etwas ruhiger mag, der kann sich von der geschlossenen Kabine des „Holstein-Turm" Turms" angenehm langsam auf eine Höhe von 100 m hinaufziehen

Hansa-Park Sierksdorf

Die vergessene Kirchenschuld

Als die Eigentümer der altehrwürdigen Schäferkate am Vogelsang (heute ein Gästehaus) in den 1970er-Jahren bei der Bank einen Kredit für einen geplanten Umbau beantragten, kam zutage, was bis dahin keiner wusste: Im Grundbuch von 1872 war an erster Stelle eine Kirchenschuld eingetragen. Dort stand zu lesen, dass der Kirche im nahe gelegenen Süsel jährlich 78 Pfund Roggen, 58 Pfund Hafer und 90 Pfennig Kirchenopfer abzuliefern seien. In so einer Sache verstehen Banken keinen Spaß. Solange die Kirche den ersten Platz der Grundschuld behielt, gab's keinen Kredit. Zudem rechnete ein fleißiger Kirchenmann nach und verlangte für 25 Jahre die beachtliche Summe von 25.000 DM, was in etwa der Summe entsprach, die der Hausherr für seinen Umbau kalkuliert hatte. Die Kirche zeigte sich später kompromissbereit, die Bank weniger. So wurde die Kirchenschuld der Einfachheit halber auf die dritte Stelle im Grundbuch verlegt, weshalb diese Schuld noch heute auf dem Anwesen lastet.

lassen und den grandiosen Ausblick genießen. Keinesfalls versäumen sollten Sie die varietéartige Laser & Special-Effect-Show oder auch die täglich stattfindende Parade. Der bunte Mix für die ganze Familie ist allerdings kaum an einem einzigen Tag zu bewältigen. Fazit: ein Freizeitpark der Superlative.

■ April–Okt. tägl. 9–18 Uhr. Eintritt 4–11 Jahre 38 €, ab 12 Jahre 48 €. Parkgebühr für Pkws 4 €/Tag. ✆ 04563-4740, hansapark.de.

Wandern: an der Sierksdorfer Steilküste (7,5 km)

Im Nordosten des Hauptstrandes beginnt Sierksdorfs Steilküstenstrand, an dem man am Ufersaum entlang 1,5 km bis zum Strand des Ferienparks mit der dortigen Pfingstbeekpromenade läuft. Ab hier geht es wahlweise entweder weiter über den Hundestrand am Flutsaum entlang oder am Bootsklub vorbei auf dem Weg über die Steilküste. Nach weiteren 2 km ist hinter einem kleinen Waldgebiet der Neustädter Jachthafen zu sehen. Nun geht es entweder oberhalb oder aber unterhalb der Steilküste wieder zurück zum Ausgangspunkt.

Praktische Infos

Einwohner 1600

Information **Tourist Information Sierksdorf,** Vogelsang 1, 23730 Sierksdorf, ✆ 04503-7794-170, sierksdorf.de und luebecker-bucht-ostsee.de/sierksdorf. Ostseecard 2,60 €/Tag (Nebensaison 1,30 €).

Fahrräder **Burmeister,** Am Fahrenkrog 19 (Bereich Ferienpark), ✆ 04563-8681.

Hundestrand Ganz im Nordosten Sierksdorfs unterhalb der Steilküsten-Ferienpark-Anlage.

Schwimmbad **Panoramic Schwimmbad,** in den Ferienhochhäusern am Pfingstberg (nahe Hansa-Park) gelegenes, wenig spektakuläres, aber ordentliches Schwimmbad mit 29 °C Wassertemperatur. Unterschiedliche Öffnungszeiten, i. d. R. 8–13 Uhr, am Wochenende länger. Eintritt 5 €, Kinder 3 €. Pfingstberg 2, ✆ 04563-71217.

Essen & Übernachten **Apparthotel Seehof,** ehemaliger Landsitz mit parkähnlichem Garten und uralten Bäumen an einem 15 m über der Ostsee gelegenen Logenplatz, von dem man einen fantastischen Blick die Steilküste hinunter aufs Meer hat. Eine Treppe führt hinunter an den Strand. Nur 10 im Landhausstil eingerichtete Appartements sowie das frei stehende Ferienhaus „Lütt Hus" (für 2–6 Pers.). Großes Frühstücksbüfett. Sauna vorhanden. Gartenweg 30, ☏ 04563-47770, seehof-sierksdorf.de. **€€€**

MeinTipp **Hof Sierksdorf,** allerbeste Lage direkt an der Strandstraße. Sehr großes Restaurant mit gutbürgerlicher holsteinischer Küche (hausgemachtes Sauerfleisch, Fischteller), nettes Servicepersonal. Große Terrasse mit Holztischen und schönem Blick aufs Meer. Im Haus auch 18 vorwiegend modern ausgestattete, geräumige Appartements. Tägl. 11–22 Uhr. Am Strande 32, ☏ 04563-8884, hofsierksdorf.de. **€€** (Hotel), **€€** (Restaurant)

Umgebung von Sierksdorf

Gut Oevelgönne: Das Gut nahe der Autobahnausfahrt Neustadt-Süd (Richtung Eutin) verrät durch den Namen seine Geschichte. Der Vorgängerhof mit dem Namen *Rogesdorf* lag ursprünglich etwa 1 km westlich auf einer Anhöhe. Um 1550 wurde der Hof aber aus strategischen Gründen „övergünt" verlegt, was auf gut Hochdeutsch „nach gegenüber" heißt.

Eine mit Kopfsteinpflaster befestigte Allee führt zum schönen Fachwerk-Torhaus (18. Jh.). Im Schatten der alten Bäume liegen die ehemaligen Arbeiterkaten, während sich das (nicht näher zu besichtigende) weiße Herrenhaus weit hinter dem alten Torhaus hinter mächtigen Bäumen versteckt. Die ehemals dazwischen liegenden Wirtschaftsgebäude wurden in den 1950er-Jahren abgerissen.

Gemeinde Süsel: Mitten im ostholsteinischen Hügelland zwischen Sierksdorf und dem Naturpark Holsteinische Schweiz liegen die 15 Dörfer der Gemeinde Süsel (5200 Einwohner), die mit ihren Weilern, Höfen und vielen Seen gemeinsam mit Sierksdorf um die Feriengäste werben. Wogende Getreidefelder mit grünen Knicks gehören hier zum Landschaftsbild. Der Ort Süsel selbst wird von der uralten und trutzigen **St. Laurentius-Kirche** dominiert (leider oft verschlossen). Diese gehört zu den sogenannten Vicelinkirchen (→ S. 422), die um 1156 aus Feldstein erbaut wurde und nicht nur Gotteshaus, sondern zugleich Schutzburg vor heidnischen Slawen war. Die Inneneinrichtung ist schlicht und dennoch beeindruckend. Ein mittelalterliches Kruzifix (um 1290) mit überlebensgroßem, ausdrucksvollem Corpus dominiert die Szene. Im Chorraum finden sich Reste mittelalterlicher Malerei.

▪ **Süsel Touristik,** 23701 Süsel, suesel-touristik.de. Infos auch bei Touristinformation Sierksdorf, Vogelsang 1, 23730 Sierksdorf, ☏ 04563-478990.

Wasserskipark Süsel, auf dem Rumpelsee bei Süsel. 3 Seilbahnen. Tägl. 12–19.30 Uhr. Erw. 2 Std. 34 €, Jugendl. 26,50 €, Einführungskurse (inkl. Ausrüstung) kosten 43 bzw. 35 €.

Angeschlossen ist ein gepflegter **Campingplatz** mit 50 geräumigen Stellplätzen. Süseler Moor 2, ☏ 04524-1777, wasserski-suesel.de.

Kleinod: Gut Oevelgönne

Aussichtsturm am Gömnitzer Berg: Im Hinterland von Süsel und Neustadt ragt auf der kahlen Kuppe des für Ostholsteiner Verhältnisse mit 93 m sagenhaft hohen Gömnitzer Berges ein runder Aussichtsturm in den Himmel, der im Volksmund **„Major"** genannt wird. Der backsteinerne 12 m hohe und sehr schlank wirkende Turm ist ein ehemaliges Seezeichen. Er wurde im Jahr 1828 anstelle eines alten Baumes errichtet, der einem Sturm zum Opfer gefallen war und vormals die gleiche Funktion hatte. Eine stählerne Wendeltreppe führt 41 Stufen hinauf, wo man nur durch Luken in die Ferne schauen kann. Doch der Blick von den aufgestellten Bänken vor dem Turm ist ebenso schön.

■ Gut 4 km westlich von Neustadt; 1 km hinter dem Dorf Roge (Richtung Bujendorf) rechts nach Gömnitz abbiegen. Bei einem unscheinbaren Hinweiszeichen führt ein Treppenweg durch ein Wäldchen hinauf. Von hier aus hat man einen etwa 5-minütigen Aufstieg zu dem inmitten einer Viehweide gelegenen Turm vor sich. Vor der Treppe befindet sich ein Fahrradständer, nahebei ein kleiner Parkplatz.

„Major" auf dem Gömnitzer Berg

Altenkrempe

Zum Gemeindegebiet gehören mit Gut Hasselburg und Gut Sierhagen zwei bemerkenswerte Gutsanlagen. Die Perle des kleinen Orts jedoch ist seine Basilika. Die Kirche zählt zu den schönsten und besterhaltenen mittelalterlichen Bauwerken in Ostholstein.

Allein die weithin sichtbare, fast an der A 1 (Abfahrt Neustadt-Nord) stehende **Basilika** lohnt den Abstecher nach Altenkrempe. In einem so kleinen Ort eine so stattliche Kirche zu finden, ist verwunderlich. Es heißt, dass Graf Adolf III. von Schauenburg um 1190 mit der Gründung von Crempe ein Gegengewicht zu Lübeck schaffen wollte. Der am Neustädter Binnenwasser gelegene Ort in der sumpfigen „krummen Au" (Kremper Au) war vormals Schlupfwinkel slawischer Seeräuber.

Mit der Zeit stellte sich heraus, dass die Verbindung zum Meer durch das Binnenwasser zunehmend verlandete und für größere Handelsschiffe nicht geeignet war, weshalb an einer günstigeren Küstenlage *Nyghe Crempe* (*Neucrempe*, das spätere Neustadt) gegründet wurde. Ab 1244 wurde zur besseren Unterscheidung beider Orte dann die zusätzliche Ortsbezeichnung „Alt" üblich.

Im 14. Jh. verfiel das Dorf und kam nach der Reformation zum Gut Hasselburg. So blieb Altenkrempe bis heute ländliche Idylle mit einem großen Kirchspiel. Die heutige Durchgangsstraße ist eine neu angelegte Lindenallee mit z. T. noch reetgedeckten, lang gezogenen Mehrfamilienkaten aus dem 19. Jh.

Sehenswertes

Basilika: Diese meisterhafte Schöpfung der Spätromanik steht inmitten eines ehemaligen slawischen Burgplatzes. Der Backsteinbau ist wohlproportioniert und klar gegliedert, obwohl sich die Arbeiten über viele Jahrzehnte hingezogen haben. Der Chor mit seinen in Schwarz und Rot gehaltenen Backsteinen entstand um 1190, das Langhaus wurde im Laufe des 13. Jh. angelegt. Von großen Umbauten blieb die Kirche in der Folgezeit verschont. Die Wände im Kirchenraum sind überwiegend im natürlichen Steinton belassen, Bänder aus farbig getönten Backsteinen kontrastieren mit weißen Putzflächen. Die sehenswerte Kirche hat kein Querschiff und nur schmale Seitenschiffe. Ungewöhnlichstes Stück der Ausstattung ist der Taufstein im Chor. Einer gotländischen Steintaufe ist eine schüsselartige Bronzetaufe aufgesetzt, beide stammen aus dem 13. Jh. Die Kanzel wurde 1687 erbaut, der Hochaltar im Jahr 1741.

▪ Tägl. 9–17 Uhr.

Gut Hasselburg: Knapp 2 km hinter Altenkrempe führt (links ab) eine schöne Lindenallee zu dieser absolut sehenswerten Gutsanlage. Als stattliche Visitenkarte empfängt das 1763 erbaute **Torhaus** den Besucher. Es gilt als das bedeutendste Torhaus im Lande und führt auf den Hofplatz mit zwei sehr imposanten Gebäuden. Blickfang ist insbesondere die prächtige, reetgedeckte Scheune aus dem Jahr 1761, die eine der größten Kornscheunen Schleswig-Holsteins ist. Gegenüber dem riesigen Innenhof liegt das ehemalige Kuhhaus. 1924 wurde es nach einem Brand neu errichtet.

Das barocke Anwesen und v. a. die **imposante Reetdachscheune** bieten schon lange den stilvollen Rahmen für Konzerte des Schleswig-Holstein Musik Festivals und andere Konzertveranstaltungen. Im Jahr 2010 wurde es von der Hamburger Stahlberg-Stiftung erworben und aufwendig saniert. Das um 1710 erbaute ansehnliche Herrenhaus der ursprünglich von einem Wassergraben umgebenen Hofanlage ist allenfalls bei Konzertveranstaltungen zu besichtigen. Das ist bedauerlich, denn das herrschaftliche Haus hat eine im Barockstil gestaltete zweigeschossige und von einem Deckengemälde

Prächtige Gutsarchitektur: Gut Hasselburg

Lübeck und die Lübecker Bucht → Karte S. 26

gekrönte Treppenhalle, wie sie prächtiger kaum sein kann.

▪ Veranstaltungen und Tickets unter Kultur Gut Hasselburg, Allee 4, ✆ 04561-5281966. Im Tor- wie auch im Kuhhaus befinden sich exklusive Ferienwohnungen und Gästezimmer (hasselburg.de).

Gut Sierhagen: Das schon um 1300 erwähnte Gut, das über wunderschön geschwungene, von uralten Bäumen gesäumte Wege zu erreichen ist, gilt als eines der wenigen spätslawischen Adelssitze. 1809 kam der Gutsbetrieb in den Besitz der Familie von Pleesen – unglaubliche 1650 ha Fläche, davon 250 ha Wald, werden hier bis heute bewirtschaftet. Um die sehr weiträumige Hofanlage ist ein Wassergraben gezogen, der sich südlich des Herrenhauses zum See weitet. Das gelblich verputzte Herrenhaus wurde 1825 gebaut, steht aber auf älteren Fundamenten. Durch zwei Torhäuser (von 1738 bzw. 1857) gelangt man in den übergroßen Innenhof, der in Privatbesitz ist. In den Gutsscheunen finden die unterschiedlichsten Veranstaltungen statt.

Eine Besonderheit ist die **alte Gutsgärtnerei,** die vor 1900 eingerichtet und noch immer als Pachtbetrieb weitergeführt wurde. Zwar verfügten einst auch die anderen Güter der Region fast ausnahmslos über vergleichbare Gärtnereien, doch sind diese im Laufe der Zeit allesamt verschwunden. Deshalb wurde die heute landesweit einzigartige Anlage im Jahr 2000 unter Denkmalschutz gestellt, restauriert, einen Küchen-, Rosen- und Obstgarten angelegt und für Besucher geöffnet (Di–Sa 13 bis 18 Uhr).

Praktische Infos

Einwohner 1200

Information **Gemeinde Altenkrempe,** Am Ruhsal, 23744 Schönwalde, ✆ 04528-91740, altenkrempe.de.

mein Tipp **Essen & Trinken** **Palmenhaus Café,** im Palmenhaus der alten Gutsgärtnerei Sierhagen oder auf der riesigen geklinkerten Terrasse werden tägl. hausgemachte Kuchen und andere Leckereien serviert (daneben in der Alten Gutsgärtnerei auch Pflanzenverkauf). April–Okt. tägl. 14–18 Uhr (Mo Ruhetag). Heidberg 1, ✆ 04561-558412.

Palmenhauscafé: Gutsgärtnerei Sierhagen

Lübeck und die Lübecker Bucht → Karte S. 26

Der Pagodenspeicher: Wahrzeichen am Hafen von Neustadt

Neustadt in Holstein

In der schönen Hafenstadt schlägt das Herz Ostholsteins. Eine hübsche Fußgängerzone lädt zum Einkaufen ein, einige historische Gebäude zeugen von der früheren Bedeutung der Stadt. Liebevoll renovierte Speicher und alte Segelschiffe prägen das Bild des Hafens, zu dem alle Straßen führen.

Die Stadt am Nordufer der Lübecker Bucht ist nicht mondän, aber einladend, und trägt stolz den Namen „Europastadt". Trotz vergangener Brandkatastrophen sind verschiedene geschichtsträchtige Gebäude bis heute erhalten geblieben. Das Zentrum bildet ein großer, rechteckiger **Marktplatz** (der zweitgrößte Schleswig-Holsteins). Er wird flankiert von der sehenswerten Stadtkirche und dem klassizistischen Rathaus mit seinen beiden dorischen Säulen. Von hier aus verläuft die den Fußgängern vorbehaltene Einkaufsstraße bis zum historischen Kremper Tor. Kleine, teilweise verwinkelte Straßen mit altem Kopfsteinpflaster ziehen sich hinunter zum Neustädter Binnenwasser, das einstmals schiffbar war, mittlerweile aber zum Naturschutzgebiet erklärt wurde.

Die ebenfalls als Einkaufsstraße fungierende Brückstraße führt vom Marktplatz zum **Hafen** und weiter über jene Brücke, die das Nadelöhr des Ortes bildet, durch das sich die Autos langsam hindurchzwängen müssen. Der fjordähnliche, natürlich Hafen ist weitläufig und zieht sich in die Neustädter Bucht hinein. Einige historische Segelschiffe liegen idyllisch in Brückennähe. Speicher und imposante Kaufmannshäuser zeugen davon, dass die Stadt schon immer von Schifffahrt und Handel, v. a. dem Getreidehandel, lebte. Die Jahrhunderte überdauert hat auch das Fischeramt. Seit 1474 residiert diese älteste Fischerinnung Deutschlands in ihrem (allerdings nicht mehr historischen) Amtsgebäude am Hafen. Allerdings ist die Krise der Fischerei wie auch der Reedereien und Werften an Neustadt ebenfalls nicht spurlos vorübergegangen. Die gewerbliche Hafentätigkeit ist nahezu zum Erliegen gekommen.

Die Hafenwestseite wird derzeit zu einem attraktiven Wohnquartier samt Promenade umgebaut. An der östlichen Hafenseite bekommt man in den frühen Morgenstunden manchmal noch frischen Fisch direkt vom Kutter. Von hier führt der Jungfernstieg weiter Richtung Jachthafen. Er ist wesentlich beschaulicher als sein berühmtes Hamburger Pendant und diente früher den ankommenden und abfahrenden Segelschiffen als Treidelpfad. Wen das Badefieber packt, der kann knapp 2 km weiter bis zum Strandbad laufen bzw. fahren. Ein- und auslaufende Schiffe sind von hier aus gut zu beobachten.

Nach wie vor haben die Marine und auch die Küstenwache einen Stützpunkt in Neustadt. Alles in allem bietet Neustadt eine wahrhaft filmreife Kulisse, weshalb wohl auch von 1996 bis 2015 die beliebte ZDF-Fernsehserie „Küstenwache" hier gedreht wurde.

Geschichte

Neustadt geht auf eine Gründung der schauenburgischen Grafen aus dem Jahre 1226 zurück. Weil Lübeck freie Reichsstadt wurde und damit für die Holsteiner Landesherren verloren war, suchten diese in ihrem Territorium einen günstig an der Küste gelegenen Hafenort, der Lübeck Konkurrenz machen sollte. Dafür empfahl sich das Gebiet um das Binnenwasser, an dessen Nordende gerade Altenkrempe als Mittelpunkt eines großen Kirchspiels entstand (→ S. 74). Für die Handelsschifffahrt weitaus günstigere Bedingungen bot aber der am Ausfluss des Binnenwassers und dennoch geschützt an der Küste gelegene Landstrich, sodass man hier mit dem Bau einer neuen Siedlung begann, die zunächst *Nyghe Crempe* genannt wurde (erst ab 1600 ist der Name *Neustadt* belegt). Schon 1244 wurde dem um einen Marktplatz angelegten Ort das lübische Stadtrecht verliehen, sodass sich Handel, Schifffahrt und Wirtschaft gut entwickeln konnten. Vor allem der verheerende Brand von 1817, dem zwei Drittel der Stadt zum Opfer fielen, hat vom mittelalterlichen Ortsbild nur noch wenig übrig gelassen. Seit 1972 ist Neustadt mit seinen Ortsteilen Pelzerhaken (→ S. 82) und Rettin (→ S. 83) staatlich anerkanntes Ostseebad.

Sehenswertes

Stadtkirche: Die dreischiffige Basilika am Marktplatz ist ein besonderes Beispiel norddeutscher Backsteinarchitektur. Von außen wirkt sie durch das tief heruntergezogene Dach eher schlicht, im Inneren erstaunt die gewaltige Höhe des Mittelschiffs. Große Fenster scheinen dem Langhaus Licht zu geben und unterstützen die Höhenwirkung des Raumes, sind aber nur in Blenden hineingemalt. Diese Besonderheit wurde erst in den 1950er-Jahren wiederentdeckt und restauriert. Vor dem Chor hängt ein Triumphkreuz aus dem 15 Jh., die schöne Holzkanzel stammt aus dem Jahr 1571. Der auffallend niedrige Chor, in dem sich romanische und gotische Formelemente mischen, wurde schon kurz nach der Stadtgründung errichtet (um 1244); vollendet wurde der Bau im 14. Jh. An den Wänden und Gewölben finden sich Reste von Bemalungen aus mehreren Jahrhunderten. Die Ausmalung des Chores – 1930 freigelegt – stammt vornehmlich aus dem Mittelalter. Das spätgotische Christopherus-Fresko an der nördlichen Seitenschiffwand wurde 1957 erneuert. Juwel der Kirche ist der **barocke Schnitzaltar** (1643), der ursprünglich im Schleswiger Dom stand und bereits 1669 hier aufgestellt wurde. Ungewöhnlich ist auch die Aufhängung des Messing-Kronleuchters (von 1649) in der Mitte, bei der eine große Hand eine kleine Hand hält.

▪ Ostern bis Erntedank tägl. 10–16 Uhr, Mo nur bis 13 Uhr.

Kremper Tor: Wer ab dem Jahr 1244 die frisch gegründete Neustadt besuchen wollte, musste hier durch. Neben der Stadtkirche ist dieses am Ende der Fußgängerzone gelegene Tor das einzig erhaltene Gebäude aus der Stadtgründungszeit und sogar das einzig erhaltene **mittelalterliche Tor** in Schleswig-Holstein außerhalb der Stadt Lübeck. Der schmuckvolle Treppengiebel wurde allerdings erst im Jahre 1907 hinzugefügt.

Museum Zeittor: Schon seit 1908 werden das mittelalterliche Kremper Tor und seine Nachbargebäude von der Stadt als eine Art Heimatmuseum genutzt. Konzipiert als Mitmach-Museum,

Der Untergang der Cap Arcona

Nur wenige Tage vor Kriegsende, am 3. Mai 1945, ereignete sich ein Unglück in der Neustädter Bucht, das bis heute als eine der drei schlimmsten Katastrophen in der Geschichte der Seefahrt gilt.

In der Bucht lagen einige Schiffe vor Anker, auf denen mehrere Tausend Häftlinge aus dem KZ Neuengamme (bei Hamburg) zusammengepfercht waren. Der Schiffsverband war nicht als Flüchtlingsflotte gekennzeichnet. Sehr wahrscheinlich erhielt die Royal Air Force vom Lübecker Roten Kreuz am Abend des 2. Mai die Nachricht, dass sich auf den Schiffen Häftlinge befanden. Doch dieser Hinweis erreichte die Bomberstaffel offenbar nicht mehr; deshalb kam es zu einem folgenschweren Irrtum. Als britische Jagdbomber am nächsten Tag einen Angriff auf Neustadt flogen, warfen sie Brandbomben auf die „Thielbek" und die „Cap Arcona" und versenkten damit die beiden vermeintlichen Truppentransporter. Von den 2800 Menschen auf dem Frachtschiff „Thielbek" überlebten nur 50, auf dem ehemaligen Luxusdampfer „Cap Arcona" konnten sich nur 400 von 4600 Häftlingen retten. Fünf Tage vor Kriegsende mussten somit etwa 7000 Gefangene und viele Besatzungsmitglieder auf tragische Weise sterben.

Warum die KZ-Häftlinge auf die Schiffe gebracht wurden, ist bis heute umstritten. Einerseits könnten die weitgehend manövrierunfähigen Schiffe schlicht als Ausweichquartier gedient haben, andererseits sprechen einige Historiker davon, dass die SS die Absicht hatte, die „Cap Arcona" mit den Gefangenen in der Ostsee zu versenken. Weil die Leichen über die Ostsee weit verstreut wurden, ruhen die Opfer auf verschiedenen Friedhöfen. An das Drama erinnert v. a. das im Wesentlichen aus drei Steinblöcken bestehende Cap-Arcona-Denkmal auf dem Ehrenfriedhof direkt am Strand unterhalb des Klinikums Neustadt (Richtung Pelzerhaken; Infosteg zur Katastrophe vor Ort). In diesem Massengrab ruhen 621 Opfer. Ein weiterer Ehrenfriedhof in Haffkrug (an der Autobahnauffahrt) gedenkt 1128 Opfern. 810 Häftlinge wurde auf dem Waldfriedhof Timmendorfer Strand beerdigt. Weitere Opfer liegen auf den Friedhöfen in Niendorf, Grömitz, Grube und sogar im mecklenburgischen Grevesmühlen. Bemerkenswert ist zudem die Cap-Arcona-Dokumentation im Anbau des Neustädter Museums zeiTTor.

lassen sich hier 12.000 Jahre Menschheitsgeschichte erleben. Ein Rundgang führt von der Steinzeit über die Bronze- und Eisenzeit bis zur Zeit der slawischen Besiedelung, zum Mittelalter und zur Neuzeit. Kinder können an den Stationen z. B. Steine bohren oder Getreide mahlen. Einen Silberschatz aus dem 13. Jh. gibt es ebenso zu sehen wie ein Biedermeierzimmer oder eine historische Zahnarztpraxis. In einem historischen Anbau befindet sich das **Museum Cap Arcona,** das mit einer Dokumentation an die Versenkung der KZ-Häftlingsschiffe am 3. Mai 1945 in der Neustädter Bucht erinnert.

▪ Ostern bis Okt. Di–So 10.30–17 Uhr, Nov. bis Ostern Sa 14–16 Uhr. Eintritt 4 €, Kinder frei. Kostenloser Audioguide erhältlich (auch auf der Homepage abspielbar). Haakengraben 2–6 (vor dem Kremper Tor), ✆ 04561-619305, zeittor-neustadt.de.

Der malerische Hafen von Neustadt

Pagodenspeicher: Mit seinem sechsfach gestuften Ziegelwalmdach erscheint das **Wahrzeichen am Hafen** wie ein Gebäude aus einer anderen Welt. Es erhielt seinen Namen, weil seine Form an eine fernöstliche Pagode erinnert. Erst 1830 erbaut, war es nichts anderes als ein mit Trockenluken versehener Speicher für Getreide. Heute ist hier u. a. eine Pizzeria samt Eisdiele untergebracht.

Brückengeldeinnehmerhaus: Noch heute ist die Brücke am Hafen die einzige Verbindung zwischen Binnenwasser und Neustädter Bucht. Als das Brückentor abgerissen wurde, errichtete man 1846 dieses eher unscheinbare weiße Gebäude jenseits der Speicher, um dort noch bis 1930 den Brückenzoll zu kassieren.

Praktische Infos

→ Karte S. 81

Einwohner 15.000

Information/Zimmervermittlung **Tourismus-Agentur Lübecker Bucht,** Schiffsbrücke 2-4 (bei Klüvers), 23730 Neustadt ✆ 4503-7794-290, luebecker-bucht-ostsee.de/neustadt-in-holstein. Ostseecard 3 €/Tag (Nebensaison 1,80 €).

Kino **Kino-Center,** Vor dem Kremper Tor 5, ✆ 04561-4898, kinoneustadt.de.

Parken Ein Parkleitsystem führt zu vielen Parkplätzen in der Oberstadt und am Hafen.

Strandbad Kostenfreies Strandbad mit Badebrücke nahe dem Umwelthaus (im Süden der Stadt).

Stadtführungen In der Saison werden verschiedene Führungen angeboten, meist Mi 15–16.30 Uhr (Treffpunkt Rathaustreppe am Marktplatz), je nach Thema 3–4 €. Info beim Zeitttor-Museum, ✆ 04561-619-305.

Umwelthaus Der **BUND** (Bund für Umwelt- und Naturschutz Deutschland) besitzt ein „Umwelthaus Neustädter Bucht“, das in bester Lage direkt neben dem Strandbad zu finden ist. In der Saison ist es tagsüber geöffnet. Vor allem für Kinder werden viele umweltbezogene Veranstaltungen angeboten. Am Strande 9, ✆ 04561-50565, bund-sh.de.

Veranstaltungen Höhepunkt im jährlichen Festtagskalender ist das **Europäische Folklore-Festival,** Europas größtes Event dieser

Art, das seit fast 60 Jahren hier stattfindet. Das alle 3 Jahre (2025, 2028 ...) Ende Juli veranstaltete farbenprächtige Spektakel bewahrt die Tradition und wird zugleich immer mehr zum multikulturellen Fest (folklore-festival-neustadt.de). Daneben gibt es natürlich alljährlich **Hafen- und Altstadtfeste** sowie zahlreiche **Konzerte** in der Stadtkirche.

Wochenmarkt Di und Fr vormittags 8–13 Uhr auf dem Marktplatz (vor dem Rathaus).

Einkaufen **Blaudruckerei J. H. Koch,** eine der letzten ihrer Art im Leinenweberei- und Blaudruckereihandwerk. Familie Koch bedruckt hier in siebter Generation (seit 1803, allerdings nicht mehr in einem historischen Gebäude) von Hand Kleiderstoffe, Tischdecken, Tücher und Ähnliches; vor allem – aber nicht nur – im berühmten Indigoblau. Verwendet werden 500 verschiedene, bis zu 250 Jahre alte Druckstempel. Auch das traditionelle Färben von (alten) Brautkleidern wird in den J. H. Koch-Werkstätten noch praktiziert. Mo–Fr 9–13 Uhr. Vor dem Kremper Tor 11, ✆ 04561-6204.

Essen & Übernachten **Arborea Marina Resort 5,** Luxus-Resort etwas außerhalb der Innenstadt zwischen Jachthafen und Meer. 124 nordisch-moderne Zimmer mit teils herrlichem Ausblick. Schöner Spa-Bereich mit Pool; kleiner, hauseigener Strand mit kostenfreien Strandkörben. Hohe Parkgebühr. Restaurants **Deli' Cara 5** (tägl. 12–15 Uhr) und das Abendrestaurant **Kutter Kitchen 5** (tägl. 18–21 Uhr) vor Ort. An der Wiek 7–15, ✆ 04561-71990, arborea-resorts.com. **€€€** (Hotel), **€€** (Restaurants)

Campingplatz Seeblick 8, am höchsten Punkt der Küste zwischen Neustadt und Pelzerhaken. Gepflegter, familienfreundlicher Rasenplatz auf leicht abschüssigem Gelände. Eine Treppe führt hinab zum Strand, hier kann man sämtliche Wassersportarten betreiben (eigene Bootsliegeplätze vorhanden). Pelzerhakener Str. 55–59, ✆ 04561-7428, campingplatz-ostsee.de.

Mein Tipp **Restaurant Marienhof 1,** östlich der Altstadt (ein Stück hinter dem Kremper Tor) in historischem Ambiente. Im ehem. Stall der Hofanlage wurde ein Restaurant eingerichtet, in dem gute Holsteiner Küche mit vorzugsweise regionalen Produkten serviert wird (zu akzeptablen Preisen). Lecker ist z. B. das Sauerfleisch bzw. die Scholle. Tägl. ab 17.30 Uhr, Sa/So auch 11.30–14 Uhr. Rosengarten 50, ✆ 04561-16010. **€€**

Marienhof-Café 2, in einem anderen historischen Gebäude des denkmalgeschützten Marienhofes ist auf zwei Etagen ein Café untergebracht, in dem nach alten Rezepten gebackener Kuchen, Kaffee und erlesene Teesorten serviert werden. Auch im Garten finden sich Gästetische (geöffnet tägl. 12–18 Uhr). Die Hofanlage wird ergänzt durch eine Art Geschenke-Scheune („MH Punkt") mit Wohnaccessoires, Likören und Pralinen. Rosengarten 50, ✆ 04561-71311.

Mein Tipp **La Piccola 4,** empfehlenswerter Italiener. Kleiner, gemütlicher Gastraum, wenige Tische vor, aber auch hinterm Haus. Es gibt hochwertiges Essen, natürlich Pizza und Pasta und frische Fischspezialitäten (Dorade). Immer gut besucht, besser reservieren. Tägl. 12–22 Uhr (Di Ruhetag). Waschgrabenstr. 5 (an der Stadtkirche), ✆ 04561-17087. **€€**

Mein Tipp **Miera Mare Meeresküche 7,** direkt am Hafen, in stilvoll-edlem, rustikalem Fachwerkhaus. Gehobene mediterrane Küche, prima Antipasti, gute Weine und v. a. leckerer Fisch. Kleine Terrasse an der Straße mit Blick auf den Hafen. Mi–Fr ab 16 Uhr, Sa/So ab 12 Uhr (Mo/Di geschlossen). Keine Parkplätze. Schiffbrücke 15, ✆ 04561-5268815. **€€€**

Brocks Café 3, am Marktplatz, gemütlicher Einkehrort im Retro-Stil. Freundlicher Service, prima Kuchen (auch vegan), aber auch leckere „Stullen" und andere Bistro-Gerichte (Suppen, Panini). Tägl. 9–17 Uhr (So Ruhetag). Am Markt 6, ✆ 04561-5599350.

Klüver's Brauhaus 6, die 1936 unterbrochene Brautradition Neustadts wurde 2004 direkt am Hafen wieder aufgenommen. Pils, Dunkles, Doppelbock, Weizen und andere Sorten kommen frisch an die rustikalen Tische drinnen und draußen. Wunderschöner Blick auf den Hafen und das Binnenwasser, auch von dem Balkon im Obergeschoss aus. Heizstrahler sorgen auch an kühleren Tagen für Wärme. Serviert wird eine große Auswahl rustikaler Gerichte, v. a. Back- und Pfannenfisch, Flammkuchen und natürlich frischer Matjes. Tägl. 10.30–22 Uhr. Schiffbrücke 2–4, ✆ 04561-714811. **€**

Pelzerhaken

Neustadts Hausstrand blüht auf: Ein schöner Holzsteg in den Dünen hat dem Südstrand ein neuartiges Gesicht gegeben, und auf dem früheren Militärgelände entstand ein nagelneues Dorf.

Der **Badeort** Pelzerhaken verfügt weder über bedeutende historische Bauten noch über eine moderne Einkaufsstraße. Dennoch strahlt er Gemütlichkeit aus und präsentiert sich ab der alten Seebrücke mit einer schmalen Strandpromenade. Daneben – zwischen Düne und Strand – windet sich in schönen Kurven ein hölzerner Laufsteg. Dieser erleichtert den Durchgang zum feinen, endlos weiten Sandstrand, der sich um die gesamte Landzunge herumzieht. Am anderen Ende des Strandes befindet sich „Surfcity Pelzerhaken". Hier bietet ein riesiges (hüfttiefes) zum Stehrevier: beste Voraussetzungen für übende Surfer und Kitesurfer.

In Strandnähe lag ursprünglich das später verschwundene Dorf Pölitz, von dem sich der Namen „Pelzer" ableitet. Der Namenszusatz „Haken" geht auf eine dem Ufer vorgelagerte hakenförmige Anschwemmung zurück, die in früheren Zeiten ein gefährliches Hindernis war. Zur Warnung wurde 1843 ein runder **Leuchtturm** errichtet, der 1937 zu einem quadratischen Leuchtfeuer von 21 m Höhe umgebaut wurde. Nachdem im Jahr 1906 ein ehemaliger Kapitän sich aus dem Wrackholz eines gestrandeten finnischen Holzseglers das ansehnliche „Strandhaus Eichenhain" als Ruhesitz und zur Vermietung an Badegäste gebaut hatte, kam der Badebetrieb in Schwung und lockte erste Gäste an. Hermann Löns schrieb hier seine Novelle „Der Seehund" (1913). Im gleichen Jahr entdeckte die Marine die strategisch günstige Lage des Ortes, nutzte sie v. a. als Stützpunkt für eine Funkstation für ihre Zwecke und bremste so für sehr lange Zeit einen Ausbau des Badeortes. Erst ab 2006 entstanden auf dem ehemaligen Militärgelände geschmackvolle Ferienhäuser.

Einwohner 2500

Information/Zimmervermittlung Touristinfo Neustadt/Pelzerhaken/Rettin, Dünenweg 7, 23730 Neustadt-Pelzerhaken, ✆ 4503-7794-180, luebecker-bucht-ostsee.de/neustadt-in-holstein. Ostseecard 3 €/Tag (Nebensaison 1,80 €).

Fahrräder Tobisrad, Dünenweg 1F, ✆ 04561-7143727.

Hundestrand Unterhalb des Eschenweges und am Leuchtturm (Strandaufgang 12 und 13).

Windsurfen Sail & Surf Pelzerhaken, Auf der Pelzerwiese 24, ✆ 0451-5248172.

Essen & Trinken Fien tu Huus, klares, helles Restaurant mit vorwiegend regionalen und somit qualitativ hochwertigen Speisen (Dorschfilet, Wildschweinrücken, aber auch vegane Menüs). Große überdachte Terrasse mit Blick auf Seebrückenplatz und Meer. Mo/Di und Fr 17–22 Uhr (in der Hochsaison auch mittags), Sa/So 12–22 Uhr (Mi/Do geschlossen). Strandallee 14, ✆ 0451-5598996. **€€€**

Lübeck und die Lübecker Bucht → Karte S. 26

Rettin

450 Einwohner

Ein flacher Deich, ein kleiner schöner Sandstrand und eine Mini-Seebrücke – so zeigt sich die Küste vor Rettin.

Hier baden auch die Einheimischen gerne, weil der **Strand** von vergleichsweise wenigen Strandkörben belegt ist und sich jeder dort platziert, wo er eben möchte. Dank einiger flacher Sandbänke ist das Baden relativ ungefährlich und der Strand somit auch bei Eltern mit Kindern sehr beliebt. Imbiss, Strandcafé und Fischbrathütte, das war's auch schon fast an Infrastruktur am Rettiner Strand.

Das einige Hundert Meter landeinwärts liegende ehemalige Bauern- und Fischerdorf Rettin gehörte seit 1350 dem Hospital zum Heiligen Geist in Neustadt und wurde 1592 an die Gutsherren von Brodau verkauft, in deren Besitz es noch bis in die 1920er-Jahre blieb; danach wurde der Ort nach Neustadt eingemeindet. Als Ende der 1930er-Jahre der Ausbau des militärischen Geländes in Pelzerhaken dort viele Badegäste vertrieb, begann der Aufstieg zum kleinen Ostseebad.

Das Ufer gehört in Rettin den Campern, die Strand, Wind und Sonne genießen. Auch am folgenden Küstenabschnitt bis nach Grömitz finden sich an allen Stränden fast ausschließlich (große) Campingplätze und Ferienbungalows.

Wandern: auf dem Rettiner Wiesenweg (5,6 km)

Vom Strandparkplatz Rettin läuft man zunächst über den Strandweg in den Ort hinein. Dort biegen Sie links in die erste Straße („Weidengrund"), die zur Hauptstraße führt. Schon nach 100 m geht es wieder links in den Schaarweg. Diesem folgt man immer geradeaus bis nach Pelzerhaken, wo man die Wiesenstraße überquert und dann geradeaus bis zum Seebrückenvorplatz und zum Strand weiterläuft. Direkt am Strand geht es jetzt wieder zurück – zunächst über den Bohlenweg, dann auf der Promenade am Leuchtturm und später am Campingplatz vorbei nach Rettin.

Einwohner 450

Information/Zimmervermittlung **Touristinfo Neustadt/Pelzerhaken/Rettin** → Pelzerhaken S. 82. Ostseecard 3 €/Tag (Nebensaison 1,80 €).

Fahrräder **Ostsee Verleih Rettin,** Strandweg 33, ✆ 0162-8174372.

Hundestrand Zwischen dem Strandabschnitt 23 und 24 an der Surfschule.

Windsurfen **Surf- und Kiteschule Pelzerhaken-Rettin,** Strandweg 66 (Campingplatz „An der Düne"), ✆ 04561-528393.

Mein Tipp **Essen & Trinken** **Strandliebe,** kleines, gemütliches Strandrestaurant und loungeartiges Café (mit hausgemachtem Blechkuchen) in wunderbarer Lage in den Dünen von Rettin. Es gibt Deftiges wie Fish & Chips, große Burger, Flammkuchen und Schnitzel, aber auch Rumpsteak, Pannfisch, Pasta und Salate und abends einen schönen Sundowner. Mi–So 12–21 Uhr. Strandweg 62, ✆ 04561-7147014. **€**

Rettin: Mini-Seebrücke

Schashagen/Bliesdorf

Die weitverstreute Gemeinde besteht aus dem Durchgangsort Bliesdorf und seinen Nachbardörfern. Wegen der steilen Küste ist das Strandleben überschaubar und beschränkt sich auf den von Campingplätzen und einer Ferienhaussiedlung gesäumten Bliesdorfer Naturstrand.

Seit 1938 besteht die Gemeinde in ihren heutigen Grenzen. In den 13 winzigen Dörfern finden sich gemütliche Ferienwohnungen und Privatzimmer für Gäste, die abseits des Strandes viel Ruhe in der hügeligen Küstenlandschaft suchen. Touristischer Höhepunkt aber ist der sich vor dem Campingareal erstreckende und von der Steilküste umschlossene **Naturstrand.**

Altehrwürdiger Gutshof: Brodau

Die geschichtliche Entwicklung Schashagens ist mit dem architektonisch bedeutsamen **Gut Brodau** eng verbunden, das in wunderschöner Umgebung an einer kleinen Straße etwa 2 km hinter Rettin liegt. Bis zur Aufhebung der Leibeigenschaft waren die Schashagener hier hofdienstpflichtig. Das 1526 von Heinrich von Rantzau gegründete Anwesen liegt gut geschützt auf einer natürlichen Insel in einem wassergrabenähnlichen kleinen See und ist noch weitgehend im Originalzustand erhalten. Über einen Damm und durch ein schönes Torhaus gelangt man auf den altehrwürdigen Gutshof. Das Herrenhaus präsentiert sich als eindrucksvoller Fachwerkbau von 1585. Außergewöhnlich ist ein fast 70 m langer Fachwerkspeicher, erbaut um das Jahr 1600. Er gilt als einer der schönsten landwirtschaftlichen Zweckbauten Ostholsteins. Die Stirnseite zeigt in den Gefachen originelle Steinsetzungen, formschön geschnitzte Halbkreisrosetten und verzierte Stützbalken, Knaggen genannt. Noch heute wird das Gut bewirtschaftet und ist aus diesem Grunde leider nicht zu besichtigen.

Einwohner 2100

Information/Zimmervermittlung **Touristinformation Gemeinde Schashagen,** Brodauer Str. 12, 23730 Bliesdorf, ✆ 04562-266805, schashagen.de. Kein Tourismusbeitrag.

Parken Trotz der vier großen **Campingplätze** sind zwei gemeindeeigene Zugänge zum relativ schmalen Strand öffentlich zugänglich. 200 m vom Strand entfernt im Wohngebiet Furthkoppel neben dem Campingland Ostsee gibt es einen großen kostenlosen Parkplatz.

Weicher, weißer Sand: Strand von Grömitz

Lübeck und die Lübecker Bucht → Karte S. 26

Grömitz

Das „Bad an der Sonnenseite", wie es für sich wirbt, bietet all das, was man sich für einen erholsamen Seeurlaub wünscht: 8 km feinsten Sandstrand und eine attraktive, 3,5 km lange Strandpromenade. Ein großer Segelhafen und die große Seebrücke im Zentrum ergänzen das Bild.

Grömitz ist ein Ostseeheilbad mit allen Freizeiteinrichtungen samt schönem Kurpark. Vor allem aber hat sich Grömitz einen Namen als familienfreundlicher Ferienort gemacht und sich längst zum größten Bad der schleswig-holsteinischen Ostseeküste entwickelt. Jährlich rund 1,7 Mio. Übernachtungen sprechen für sich. Dank des weitläufigen Strandes und der gut ausgebauten Infrastruktur kann der Ort den allsommerlichen Ansturm mühelos verkraften.

Ihr Auto können Sie in Grömitz getrost stehen lassen, der Ort ist so komprimiert angelegt, dass alles bequem zu Fuß erreichbar ist. Auch die Geschäfte für den täglichen Bedarf liegen zentral, allerdings nicht an der Strandpromenade, sondern in der Kirchenstraße, die sich im Laufe der Jahre zur Fußgängerzone gemausert hat.

Grund für den Ansturm auf Grömitz ist eindeutig der **Strand,** der noch etwas feinsandiger ist als andernorts. Außerdem verläuft die Küstenlinie hier so, dass, wenn man aufs Wasser blickt, die Sonne von vorne scheint, was eine echte Seltenheit an den sonst nordwärts ausgerichteten deutschen Küsten ist. Und in der Ferne können Sie beim Sonnenbaden die 16 km entfernte mecklenburgische Küste erkennen.

Mittelpunkt der belebten Promenade ist der große Seebrückenvorplatz mit seiner nachts schön beleuchteten **Seebrücke.** Sie ist beinahe 400 m lang und verfügt über zwei sog. Erlebnis- und Erholungsplattformen mit Rutschenturm und Kletternetzen für die Kleinen und mit Sitzgelegenheiten für die Großen. Im Sommer verkehrt von hier aus ein Ausflugsschiff. Zudem können Sie am Brückenkopf mit einer Tauchgondel trockenen Fußes ins Wasser hinabtauchen.

Wenn Sie ein wenig mehr Ruhe suchen, müssen Sie sich nur etwas abseits des Hauptstrandes orientieren. Dort hat man auch in der Hochsaison keine Probleme, ein ruhiges Plätzchen zu finden und einen der rund 2000 Strandkörbe zu mieten. Eine kleinere Badebrücke am nordöstlichen Strand gegenüber dem Dünenpark-Gelände mit der DLRG-Station erleichtert auch Gehbehinderten das Baden. Noch weiter nordöstlich führt der Weg zu dem bei Campern beliebten Lensterstrand.

Etwas ruhiger wird der Strand auch in entgegengesetzter Richtung bei dem mit 780 Liegeplätzen beachtlich großen **Jachthafen** im Südwesten, durch den sich ein schöner Bohlenweg schlängelt. Hinter dem Hafen schließt sich ein urwüchsiges Stück **Steilküste** an. Bei schönem Wetter kann man von hier aus einen weiten Blick über die ganze Lübecker Bucht genießen.

Geschichte

Das bereits 1198 erwähnte alte Grömitz lag als Bauerndorf auf der Höhe des Steilufers und geht zurück auf einen dem Lübecker St.-Johannis-Kloster gehörenden Hof am Bach *Grobnize* (= „kleiner Bach"). Doch viel bedeutender als Grömitz war lange sein heutiger Vorort Cismar (→ S. 92), dank des einflussreichen Benediktinerklosters im Mittelalter das geistige und kulturelle Zentrum Ostholsteins. Als Handelszentrum für die Klostergüter wurde der Hafenort Grömitz eine Art Vermittler zwischen Cismar und dem mächtigen Lübeck. Davon profitierten die Grömitzer ordentlich und erhielten für ihre Handelsaktivitäten 1440 von Lübeck sogar das Stadtrecht verliehen. Nach der Reformation im 16. Jh. verließen die Mönche das protestantisch gewordene Cismar, und Grömitz verlor seine Stadtrechte. Als im 17 Jh. auch noch

Nachts illuminiert: Seebrücke Grömitz

der Hafen versandete, sank der Ort in einen dörflichen Zustand zurück.

Neues Leben brachte hier – wie überall an der Küste – erst der Badebetrieb. Richtig in Schwung kam der Fremdenverkehr in dem kleinen Fischerdorf durch die couragierte Kapitänsfrau Sophie Stahl. Während ihr Mann auf einem Dreimaster zur See fuhr, rüstete sie ihr Haus zum „Gasthaus zu den vier Linden" um und kochte gute holsteinische Hausmannskost. Dies führte schnell dazu, dass wohlhabende Leute hierher reisten. Schon um 1900 besaß die Familie der geschäftstüchtigen Gastronomin drei Hotels im Ort. Nachdem 1912 die erste große Seebrücke erbaut worden war, die eine Schiffsverbindung mit Travemünde ermöglichte, stieg die Zahl der Besucher sprunghaft an (damals kamen über 90 % der nun schon 8000 Gäste mit dem Passagierdampfer). Die Zahl der Gäste konnten die Grömitzer in den nächsten Jahrzehnten allerdings nicht steigern. Zu groß war die Konkurrenz der feinen mecklenburg-vorpommerschen Bäderküste. Doch als nach dem Zweiten Weltkrieg fast drei Viertel aller Ostseebäder für die Westdeutschen nicht mehr erreichbar waren, war der kometenhafte Aufstieg zum heute größten deutschen Ostseeheilbad nicht mehr aufzuhalten.

Sehenswertes

Zoo Arche Noah: Auf 10 ha sind in ca. 30 Gehegen 300 heimische, aber auch viele exotische Tiere zu besichtigen. Es gibt beispielsweise ein Seehundbecken (Fütterung 11 und 16 Uhr), ein Schimpansenhaus und begehbare Freigehege mit Lamas, Ziegen und Schafen. Natürlich kann man auch Löwen und Luchse bewundern. Zudem gibt es eine Kindereisenbahn, auch Ponyreiten ist möglich. Fazit: Die gepflegte Anlage muss sich hinter den Großen der Branche nicht verstecken.

▪ Ganzjährig 9–18 Uhr. Eintritt 13 €, Kinder 2–15 J. 9 €. Mühlenstr. 32 (am Ortsausgang an der B 501 nach Cismar gelegen), ☏ 04562-5660, zoo-arche-noah.de.

Tauchgondel: Ein 3-D-Erlebnis unter Wasser, ohne dabei nass zu werden. Die Tauchgondel geht alle 30–40 Minuten auf etwa 3,5 m auf Tauchstation. Einen Meter über dem Meeresboden lassen sich je nach Jahreszeit und Sichtverhältnissen Fische, Quallen und andere Meerestiere und -pflanzen in ihrer natürlichen Umgebung beobachten. Mitarbeiter erläutern den Lebensraum Ostsee, zudem wird ein 3-D-Unterwasserfilm gezeigt.

▪ Juni–Aug. tägl. 10–20 Uhr, in der Nebensaison 10–19 Uhr, im Winter 11–16 Uhr. Eintritt 9 €, Kinder bis 15 J. 6 €, Familien 23 €. Seebrücke, ☏ 04562-225130, tauchgondel.de.

Kirche St. Nicolai: Die nach dem hl. Nikolaus, dem Schutzpatron der Fischer und Seefahrer, benannte Feldsteinkirche von 1256 liegt am Ende der Fußgängerzone und ist die einzige historische Attraktion des Ortes. Der gedrungene Turm wurde im 15. Jh. angebaut und war ursprünglich höher. Doch als die Turmspitze 1663 nach einem Sturm herabfiel, wurde der Turm kurzerhand verkürzt. Seine Ziegelsteine mussten die armen Grömitzer Bürger beim Lübecker Bischof erbetteln. Im Inneren der Kirche sind einige bei Restaurierungen entdeckte mittelalterliche Wandmalereien zu erkennen. Das Kreuzrippengewölbe im Chor wurde nachträglich mit gotischen Linien geschmückt, das kunstvolle Rankenwerk im gotischen Chorbogen wurde jedoch schon im 15. Jh. aufgebracht. Ansonsten dominiert eine überwiegend barocke Einrichtung mit einem Altar von 1734, der Holzkanzel mit schönen Rokoko-Ornamenten (1766) und mit einem Taufbecken, dessen überdimensionierte, aber herrlich geschnitzte dreistöckige Taufkrone ein unbekannter Künstler schuf (um 1700).

▪ Mo–Fr 8–17 Uhr, Sa/So 10–17 Uhr.

Kurpark: Zwischen Kirche und Strand, etwas versteckt, liegt der Kurpark des

Lübeck und die Lübecker Bucht → Karte S. 26

Ostseeheilbads. Wer abseits des Strandlebens im Schatten alter Bäume etwas Ruhe sucht, ist hier richtig. Zwei Kilometer Spazierwege mit zahlreichen Parkbänken erschließen die rund um einen Ententeich angelegte erholsamgrüne Oase.

Steilküste: Südlich des Jachthafens beginnt ein urwüchsiges Stück Steilküste. Eine kleine Wanderung auf die Steilküste bzw. vor allem am Strand entlang ist verlockend. Hier lassen sich beispielsweise *Uferschwalben* beobachten, die ihre Brutröhren in die steile Wand graben, von der Jahr für Jahr durch die Herbst- und Winterstürme Material abbricht. Die Folge sind spektakulär überhängende Bäume mit „Luftwurzeln". Natürlich stürzen die Bäume früher oder später auch herab und liegen dann zusammen mit abgerutschten Findlingen am Ufer. Vorsicht ist auch auf dem Trampelpfad oberhalb des Steilufers geboten, der zwar spektakuläre Blicke bietet, aber teilweise nicht gesichert und an den entsprechenden Stellen dann auch gesperrt ist.

Lensterstrand: „Lenste" kommt aus dem Slawischen und bedeutet „Brachland", aber öde und ohne Infrastruktur ist der 3 km nördlich vom Hauptstrand gelegene Lensterstrand schon lange nicht mehr. Er ist zwar noch naturbelassen und damit relativ schmal, aber durchaus feinsandig. Jugendliche verbringen hier seit Generationen ihre Sommerfreizeiten in Jugendzeltlagern. Nur ein Deich trennt die Küste vom Strand, der fast ausschließlich aus großen Campingplätzen, Zeltlagern und kleinen Ferienhäusern besteht. Zudem gibt es einen Wohnmobilstellplatz direkt am Stranddeich. Auf der kleinen Promenade steht ein 14 m hoher Aussichtsturm mit Rutsche. Und auch einen Kletterpark gibt es hier direkt am Lensterstrand.

Praktische Infos

→ Karte S. 91

Einwohner 7000

Information/Zimmervermittlung **Tourismus-Service Grömitz,** Neuer Markt 1 und Kurpromenade 56, 23739 Grömitz, ✆ 04562-2560. Außenstelle Lensterstrand, Blankwasser-

Sommergruß: Mohnfeld bei Grömitz

weg 122, ✆ 04562-2251347, groemitz.de Ostseecard 3 €/Tag (Nebensaison 1,70 €). Tagesstrandkarte 3 €.

Fahrräder **Fahrradverleih für die ganze Familie,** Christian-Westphal-Str. 4, ✆ 04562-1671. **Behrens,** Blankwasserweg 25, ✆ 04562-225809. **Bike an more,** Am Strande 1–3, ✆ 04562-2658025.

FKK-Strand An einem schönen Naturstrandbereich am Lensterstrand, 4 km vom Grömitzer Zentrum entfernt.

Hundestrand Ganz am nördlichen Ende der Strandpromenade.

Kino **Filmbühne Grömitz,** Kirchenstr. 27, ✆ 04562-223643, kino-groemitz.de.

Kletterpark **Ostsee Kletterpark Grömitz** (mit Minigolfplatz), direkt am Lensterstrand erhebt er sich auf mächtigen Holzpfählen. Eintritt 26,50 €, Kinder 5–17 J. 22,50 € für 2:30 Std. (Onlinebuchung 1 € günstiger). Blankwasserweg 120, ✆ 04562-2662940, kraxelmaxel.de.

Parken 500 gebührenpflichtige Parkplätze im Zentrum und weitere 3000 gebührenpflichtige Parkplätze am Stadtrand, insbesondere auf dem ausgeschilderten Großparkplatz (Gildestraße).

Schiffsausflug Mit der **MS Nordlicht,** einstündige Rundfahrt im Sommer ab Seebrücke (Di/Mi und Fr). Erw. 15 €, Kinder (4–12 J.) 8 €. Zudem gibt es eine Tour nach Travemünde (Di 12.30 Uhr) und nach Boltenhagen (Mi 12.30 Uhr), Erw. 35 €, Kinder 18 €. Fahrplan unter boettcher-schifffahrt.de, ✆ 0171-7784220.

Schwimmbad/Sauna **Meerwasser-Brandungsbad Grömitzer Welle,** direkt im Zentrum in Nähe der Seebrücke an der Promenade gelegen. Freizeitbad auf über 7000 m² Fläche mit langer Wasserrutsche, Strömungsbecken, Whirlpool, großer Saunalandschaft und v. a. mit einem großen Wellenbad. Die Öffnungszeiten wechseln je nach Jahreszeit, i. d. R. aber 8–11 und 14–20 Uhr. Eintritt 17 €, Kinder (bis 15 J.) 9 €, Familien 49 € (jeweils für 3 Std.), Sauna 8 € Aufschlag. Kurpromenade 58, ✆ 04562-256247.

Veranstaltungen Das Ganzjahresangebot reicht von geführten Fahrradtouren bis zum Bürgervogelschießen. Jedes Jahr Mitte Mai wird beispielsweise ein 10-km-Volkslauf (Schüler 3 km) veranstaltet, der **Grömitzer Sunrun.** Sehr empfehlenswert ist das jährlich am 2. Aug.-Wochenende stattfindende **Klosterfest** in Cismar (→ S. 92). Saisonhöhepunkt ist das spektakuläre Höhenfeuerwerk **Ostsee in Flammen,** das immer an einem Fr Ende Aug. von der Seebrücke aus veranstaltet wird.

Wochenmarkt Jeden Donnerstagvormittag am Neuen Markt/Rathaus.

Übernachten Die Übernachtungsmöglichkeiten in Grömitz sind fast grenzenlos. Der Grömitz-Urlauber schläft v. a. in Ferienwohnungen. Hotels finden sich fast nur noch in der gehobenen Kategorie.

****** Strandhotel Grömitz 13,** Hotel in absoluter Spitzenlage direkt am Strand (in Jachthafennähe). 39 komfortable Zimmer mit Balkon. Abwechslungsreiches Frühstück. **Restaurant Steg 1 13** mit empfehlenswert-kreativer, schmackhafter Küche zu fairen Preisen (etwas „kühl" eingerichtet). Mit Außenterrasse. Uferstr. 1, ✆ 04562-225500, strandhotel-groemitz-ostsee.de. **€€€** (Hotel), **€€** (Restaurant)

****** Hotel Carat 12,** das Golf- und Sporthotel in Strandnähe bestimmt die Skyline von Grömitz. Auf 9 Stockwerken befinden sich 157 komfortable Zimmer mit Balkon und Seeblick. Das weithin sichtbare, trapezförmige Gebäude wurde innen frisch renoviert und in modernem Design eingerichtet. Nebenan wurde ein zum Hotel gehörendes, großes Apartmenthaus („Carat Residenz") errichtet. Dadurch entstand eine neue, lichtdurchflutete Eingangshalle. Großer Wellnessbereich mit allen Annehmlichkeiten wie Hallenbad und Sauna. **Restaurant Ostseeblick 12** (für Halbpension) und eine **Pizzeria 12** (Toscana) im Haus. Tennis und Golf in der Nähe; verschiedene Kurzurlaub-arrangements. Strandallee 4, ✆ 04562-3910, hotel-carat.de. **€€€** (Hotel), **€€** (Restaurant)

MeinTipp ****** Hotel Seemöwe 7,** kleines, gemütliches Ambientehotel garni in einem der letzten Gründerzeithäuser (1910) von Grömitz. (in Ortsmitte, 200 m zum Strand). 11 hochwertig eingerichtete Zimmern und Suiten, mit viel Liebe und sehr geschmackvoll renoviert. Sauna. Prima Frühstücksbüfett. Fischerstr. 3, ✆ 04562-255390, seemoewe.de. **€€**

****** Hofhotel Krähenberg 11,** ruhig und idyllisch am Ortsrand von Grömitz gelegen, nicht in Strandnähe. Geräumiges und familienfreundliches Hotel mit Pool, Sauna und Tennisplatz. Abends Auswahlmenü. 38 Zimmer. Krähenberg 1, ✆ 04562-22722, hof-kraehenberg.de. **€€**

***** Wannerhus 4,** strandnahes, familiär geführtes Hotel garni mit 26 vergleichsweise großen, sauberen Zimmern mit allem Komfort. Gutes Frühstücksbüfett und freundlicher

Service (kostenfreie Parkplätze hinter dem Haus). Blankwasserweg 6–8, ✆ 04562-2660430, lieblingsplatz-hotels.de. **€€**

Gosch Hotel 9, im Oberdorf an einer etwas unruhigen Straße. Traditionshotel (seit 1865) mit funktional eingerichteten Zimmern, die mitunter in die Jahre gekommen sind. Es gibt aber auch Zimmer in den benachbarten Häusern Villa Fritz, Landhaus und Gästehaus Dornröschen sowie drei Appartementhäuser. 10 Gehminuten zum Strand. Rustikales, hauseigenes **Restaurant 9** mit gutbürgerlicher Küche. Am Markt 6, ✆ 04562-22760, gosch-hotel-groemitz.de. **€€** (Hotel), **€€** (Restaurant)

Campingplätze Neun gleichartige Plätze liegen alle dicht gedrängt im Ortsteil Lensterstrand. Die strandnächsten Campingplätze sind *Mare* (✆ 04562-8141), *Hanseatic* (✆ 04562-8571), *Neumann* (✆ 04562-5228) und *Hohe Leuchte* (✆ 04562-225507). Der Campingplatz *Sonnenland* (✆ 04562-8950) in besonders schöner Lage am nördlichen Strand vor dem Deich hat auch einen FKK-Naturstrand.

Essen & Trinken **Friesenstube 3**, bodenständiges Gaststättenambiente und das Essen betreffend die vielleicht solideste Adresse in Grömitz, z. B. gutes Pfeffersteak, prima Schnitzel oder Brathering. Ganzjährig ab 17 Uhr (Mi/Do geschlossen). Blankwasserweg 21, ✆ 04562-5398. **€€**

Panorama 10, der Name der Pizzeria hält, was er verspricht: ein schöner Blick durch die große Fensterverglasung auf Brückenvorplatz und Strand. Im 1. Stock des Grömitz Centers gelegen. Es gibt sehr leckere Pizza, aber z. B. auch guten Fisch und einen prima Service. 17–22 Uhr (Mi Ruhetag). Seestr. 30, ✆ 04562-8556. **€€**

Kochpott 8, deftige, aber schmackhafte Hausmannskost in der kleinen Grömitzer Fußgängerzone (z. B. Dorsch, Matjes, Sauerfleisch, Schnitzel oder selbst gemachte Burger), ordentlich-zweckmäßiges Ambiente und netter Service, große Terrasse. Tägl. 12–14 und 17–21 Uhr (Do und So geschlossen). Kirchenstr. 21, ✆ 04562-223940. **€€**

Gosch Sylt 5, unmittelbar an der Promenade gelegen, im neuen nordischen Look. Man wählt wie bei Gosch üblich z. B. seine Garnelen oder Backfisch, aber auch die Getränke an der Theke (kein Tischservice).). Schöne Außenterrasse mit Strandblick (auch im 1. Stock). Tägl. 11–22 Uhr. Kurpromenade 12, ✆ 04562-2257050. **€€**

Falkenthal 15, Seafood-Restaurant mit Selbstbedienung am westlichen Ende des Jachthafens; schöne Außenplätze. Natürlich gibt es hier eine große Auswahl an frischem (Grill-)Fisch oder leckere Fischbrötchen, aber auch Salate oder Suppen. Das Falkenthal hat zudem eine Filiale an der Kurpromenade 6. Tägl. 10–21.30 Uhr. Jachthafen 16, ✆ 04562-5152. **€**

Tork's Coffee Rösterei 2, im Café werden 14 Kaffee- und 6 Espressosorten geröstet, die einen wunderbaren Duft verströmen. An den wenigen Innen- und recht einfachen Außentischen direkt an der Promenade können Sie die frisch gerösteten Kaffeespezialitäten dann genießen und dazu Kleinigkeiten wie Cookies, Brownies oder leckere Waffeln probieren (man bestellt und bezahlt an der Kasse). Tägl. 10.30–17 Uhr (Mi/Do geschlossen). Kurpromenade 8, ✆ 04562-267784.

Nadjas kleiner Kuchen- & Kaffee-Garten 6, versteckt gelegenes Gartencafé mit Cafébstube in Strandnähe. Täglich gibt's acht verschiedene hausgemachte, sehr leckere, aber nicht preiswerte Torten (Spezialität ist Kalter Hund), nur in der Saison 14–18 Uhr geöffnet (Di/Mi geschlossen). Haus zum Deich, Schlesierweg 12, ✆ 04562/8978.

meinTipp **Obsthof Schneekloth 14**, unser Grömitz-Tipp, nicht nur für das ländlich-familiäre Kaffeekränzchen. Direkt am Ortsrand Richtung Neustadt gelegen, locken auf der Sonnenterrasse oder unter den Bäumen der Plantage (aber auch in der beheizbaren Halle) überaus leckere selbst gebackene Kuchen und Torten oder Eis mit frischen Beeren. Besonders zu empfehlen sind die Obst-Baiser-Kuchen (donnerstags gibt's auch Kartoffelpuffer). Im netten Hofladen werden Eier, Schinken, Konfitüre, Gemüse, frisches Brot und Kunsthandwerk aus der Region angeboten, zudem schmackhafte Brände und Liköre sowie eine Reihe von Obstweinen. Wer möchte, kann sich seine Beeren oder Kirschen in den angrenzenden Obstplantagen selbst pflücken. Streicheltiere und Kinderspielplatz vor Ort. Tägl. 12–17 Uhr, Sa/So ab 10 Uhr (Di Ruhetag). Pappelhof 6a, ✆ 04562-1704.

Zur Düne 1, Restaurant/Café im nordöstlichen Ortsteil Lensterstrand, jenseits des Deiches und damit in schöner Lage direkt am Ostseestrand. Vor der Terrasse finden sich die einzigen (eng gestellten) Strandkörbe von Lenste. Es werden Lebensmittel aus der Region und aus nachhaltiger Fischerei serviert, die Portionen sind reichlich. Parkplätze vor dem Haus. Tägl. 11–21 Uhr (Di Ruhetag). Blankwasserweg 104, ✆ 04562-4226. **€€**

bernachten
Wannerhus
Hotel Seemöwe
Gosch Hotel
Hofhotel Krähenberg
Hotel Carat
Strandhotel Grömitz
afés
Tork's Coffee Rösterei
Nadja's kleiner Kuchen- & Kaffee-Garten
Obsthof Schneekloth
Essen & Trinken
1 Zur Düne
3 Friesenstube
5 Gosch Sylt
8 Kochpott
9 Gosch Hotel
10 Panorama
12 Restaurant Ostseeblick/ Pizzeria Toscana
13 Restaurant Steg 1
15 Falkenthal
Lensterstrand
Lensterstrand
Feldweg
Deichweg
Hunde-strand
Mittelweg
Koppel-wiesenw.
Möwenstr.
Fasanen-eck
Dünenweg
Kurpromenade
Hamburger Str.
Möwenstr.
Blankwasserweg
Am Scheidebach
Golfplatz
Drosselstieg
Lübecker Str.
Kieler Straße
Heisterb.
Freienwalder Str.
Stettiner Straße
Behinderten-badesteg
Am Schoor
Mittelweg
An der Paaschb.
Weidenweg
Zoo
Kleine Weide
Schützenstr.
Königsberger Allee
Pappelallee
Kurpromenade
Ostsee
Steinkamp
Brookgang
Brookgang
Schützenstraße
Groch-Fock-Weg
Stettiner Straße
Grüntal
Am Huten
Krusekoppel
Trift
Kleine Weide
Mühlenstr.
Theodor-Klinkforth-Str.
Gemeinde-verwaltung
Gutenberg-str.
Fischerstraße
Wicheldorfstr.
Pappelallee
Neuer Markt
Am Markt
Kirchenstraße
Fischerkamp
Nienhagener Weg
Neustädt. Str.
Buchenallee
Westphal-Str.
Chr.-
Schulweg
Nicolai-kirche (ev.)
Seestraße
Tauch-gondel
Strand-halle
Seebrücke
Kurver-waltung
Holsten-Neustädter Straße
Kl. Bergstraße
Lindenstr.
Im Winkel
Kurpark
Wicheldorfstr.
Christian-Westphal-Str.
Strandallee
Brenkenhagener Weg
Sport-platz
Gildehalle
Polizei
St. Bonifatius-kirche (kath.)
Am Seestern
Kurpromenade
Gildestraße
Gildestraße
Großraum-parkplatz
Ostholstein-halle
Wicheldorfstr.
Neustädter Str.
Körnicker-feld
Neustädter Str.
Hubertus W.
Rosenstr.
Rosenstr.
Uferstraße
Stiegk.
Stiegkamp
Hasenkamp
Haffkamp
Neustädter Straße
Kurpromenade
Surfschneise
Wachtelweg
Yacht-hafen
Blumen-trave
Birkenw.
Grömitz
120 m
Lübeck, Neustadt, Bliesdorf

Kloster Cismar: der bedeutendste gotische Sakralbau Schleswig-Holsteins außerhalb Lübecks

Cismar

Cismar gilt als Künstlerdorf. Hier, 6 km von Grömitz, finden sich Galerien und Werkstätten für altes Kunsthandwerk, aber auch für moderne Kunst. Geprägt wird Cismar durch seine eindrucksvolle mittelalterliche Klosteranlage – nach Lübecks Burgkloster die größte in Schleswig-Holstein.

Kloster Cismar: Der Mittelpunkt des zur Gemeinde Grömitz gehörenden Ortes liegt direkt an der B 501. Die Grundzüge der mittelalterlichen Anlage sind noch heute zu erkennen. Mönche wird man allerdings vergebens suchen, denn es ist Jahrhunderte her, dass Benediktiner das Kloster bevölkerten.

Seine Entstehung hat übrigens einen pikanten Hintergrund. Wegen des ausschweifenden Lebenswandels der Benediktinermönche im Lübecker Johanniskloster ordnete der zuständige Bremer Erzbischof an, das Kloster in eine beschaulichere Umgebung fernab aller Versuchungen zu verlegen. 1238 wurde daher mit dem Bau in Cismar begonnen. Eine heilkräftige Quelle und die Schenkung wertvoller Reliquien machten Cismar bald zu einem bekannten und sehr wohlhabenden Wallfahrtsort, dem ein Großteil Ostholsteins gehörte. Die später verlandete Klosterseeniederung war im Mittelalter eine Bucht der Ostsee und ermöglichte noch die Wasserzufahrt nach Cismar.

Nach der Reformation war es mit der Blütezeit des Klosters vorbei. Es wurde zu einem Schloss umgebaut, stand danach aber 200 Jahre lang leer und verfiel. Die wertvolle Klosterbibliothek wurde auf 52 Pferdewagen verladen und nach Kopenhagen geschafft, wo sie den Grundstock der heute weltbekannten „Königlich-Dänischen Bibliothek" bildete.

Der imposante rote Backsteinbau der **Klosterkirche** wird umrahmt von einem Wassergraben und einem Spazierweg mit Naturlehrpfad. Nur der Chor wird heute noch als Kirche genutzt. Darin befindet sich eines der Hauptwerke der deutschen Schnitzkunst, ein **Flügelaltar** (um 1315), der zusammen mit dem des Bad Doberaner Münsters als **ältester der Welt** gilt. In seinem fünfgiebligen Gehäuse sind Leben und Leiden Christi dargestellt, auf den Flügeln das Leben des hl. Benedikt. Der Altar diente einst zur Aufbewahrung der imposantesten Exemplare der riesigen Reliquiensammlung (insgesamt über 800 Stücke), die Cismar zu einem beliebten Wallfahrtsort werden ließen (ohne Führung ist der Altar – bei freiem Zugang – durch eine Glaswand zu bewundern). Der westliche Teil des Kirchenschiffs wurde 1767 zu einer Amtmannwohnung umgebaut. Diese ist heute mit ihren 11 Ausstellungsräumen eine Dependance des Ostholstein-Museums (Eutin) und beherbergt wechselnde Kunstausstellungen.

Neben dem Kloster sollte man sich in Cismar noch das wirklich sehenswerte **Haus der Natur** anschauen. Das an der Durchgangsstraße gelegene private Naturmuseum beherbergt über 10.000 unterschiedlichste Exponate, so eine Vielzahl von präparierten einheimischen Tieren, insbesondere Vögeln. Eine interessante Eiersammlung zeigt die gesamte Palette vom größten jemals gelegten Vogelei des vor 1000 Jahren ausgestorbenen Madagaskar-Riesenstraußes (da passen 180 Hühnereier hinein) bis hin zum Ei des Kolibris. Bemerkenswert ist auch die mit über 5000 unterschiedlichen Ausstellungsstücken **größte Schnecken- und Muschelsammlung Deutschlands,** in der u. a. eine vom Hamburger Zoll beschlagnahmte Riesenmuschel von den Philippinen zu sehen ist, die etwa 80 Jahre gelebt hat. Gerade auch für Kinder werden unterhaltsame Führungen angeboten. Dann wird auch schon mal auf dem Tritonshorn geblasen, einem Schneckengehäuse, das im pazifischen Raum als Blasinstrument dient.

▪ Tägl. 10–19 Uhr. Eintritt 4 €, Kinder bis 14 J. 1 €. Bäderstr. 26, ✆ 04366-1288, hausdernatur.de.

Klostersee-Strand: Auf der B 501 weiter nach Norden muss man kurz vor Grönwohldshorst rechts abbiegen, um nach 3 km auf z. T. ungeteertem Weg zu diesem wunderbaren Strand zu kommen, der eine Art Geheimtipp ist. Von einem großen, kostenlosen Parkplatz gelangt man über Deich und Dünen zum Wasser. Der Strand ist vergleichsweise feinsandig und geht seicht (wenn auch ein wenig steinig) in die Ostsee über. Auch Freunde des textilfreien Badens tummeln sich hier, v. a. am hinteren Teil des sogar meistens von einer kleinen Strandabschnitts. Wer ein ruhiges Plätzchen sucht, ist hier goldrichtig (Toilette vorhanden, allerdings kein Kiosk).

Einwohner 400

Information/Zimmervermittlung **Tourismus-Service Grömitz** → S. 88

Kloster Cismar Während der Sommersaison Sonderausstellungen. Di–So 11–17 Uhr, Eintritt 5 €, Schüler 2,50 €. Klosterführungen im Sommerhalbjahr Mi und Sa 17 Uhr (Führung 2 €, Kinder 1 €). ✆ 04366-8846522, kloster-cismar.de.

Klosterfest Es findet jährlich am 2. Augustwochenende statt und wird mit einem großen Kunsthandwerkermarkt rund um die Kirche und mit viel Musik und Tanz gefeiert.

Essen & Trinken **Klostercafé,** das Café im Klosterhof, in den Räumen des ehemaligen Refektoriums, hat eine kleine, schöne Terrasse. Bei ruhiger Musik werden hausgemachte Kuchen und kleine Speisen serviert. Ostern bis Okt. tägl. 11–17 Uhr (Mo Ruhetag). Bäderstr. 42. ✆ 04366-888881.

Demeter-Hof Klostersee, von einer Hofgemeinschaft betriebener Bio-Hof (Milchviehhaltung) nahe der B 501 bei Grönwohldshorst. Gut sortierter und großer Hofladen mit **Café** im alten Maschinenschuppen. Café-Tische stehen im Laden und auf der kleinen Gartenterrasse. Eigene Käseherstellung und Backstube. Tägl. 9–18 Uhr, Sa bis 16 Uhr (So Ruhetag). In Cismar-Grönwohldshorst, Klostersee 1 (Anfahrt über Klosterseeweg), ✆ 04366-884061.

Raffiniert gestaltet: Erlebnis-Seebrücke Kellenhusen

Kellenhusen

Vielleicht das gemütlichste aller Ostseebäder an der Lübecker Bucht, und besonders für Familien mit Kindern so etwas wie ein Geheimtipp. Der von Wäldern umgebene Ort ist kleiner als die Nachbarbäder und liegt abseits der Verkehrswege, eben das sorgt für Behaglichkeit.

Der 4 km lange **Strand** beginnt im Norden des Familienbades mit einem schiffsförmig gestalteten Aussichtsturm, der auch der DLRG als Beobachtungsstation dient. Hier ist der Strand etwas breiter als im Süden. Im Wasser sorgen flache, dem Ufer vorgelagerte Sandbänke für einen moderaten Wellenschlag, also für ideale Badebedingungen. Eine schwungvoll und kinderfreundlich gestaltete Promenade (ohne trennende Mauer) zieht sich den ganzen Strand entlang und lädt zum Bummeln ein. Zwangsläufig gelangt man dabei zur über 300 m langen, raffiniert gestalteten **Erlebnis-Seebrücke,** die abends in bunten Farben leuchtet.

Zwischen dem ruhigen Ort mit seinen auch originell beleuchteten Sträßchen und dem Strandbereich erstreckt sich der für diesen Küstenabschnitt obligatorische Deich. Da dieser etwa 50 m zurückliegt, fällt er etwas weniger auf als anderswo. Wahrzeichen des Ortes, in dem keine nennenswerten historischen Bauten erhalten sind, ist der holzgeschnitzte Fischer auf dem Brückenvorplatz.

Kellenhusener Forst, der sich landeinwärts erstreckende Forst ist das größte zusammenhängende Waldgebiet der gesamten Nord- und Ostseeküste, wird von einem 40 km langen Wegenetz durchzogen, auch ein Wildschweingehege und einen Abenteuerspielplatz gibt es hier. Einige (in Richtung Grönwohldshorst gelegene) alte Eichen sind bzw. waren der Stolz der Gemeinde: Die

Königseiche, in deren Schatten der König von Dänemark einst ein Mahl eingenommen haben soll; die 350 Jahre alte *Fünfmarkeiche*, die dem Künstler Maximilian Dasio als Vorlage für das Prägebild des 5-Mark-Stücks der Weimarer Republik diente; die *Wasserstandseiche*, die anzeigt, bis wohin die Sturmflut von 1872 reichte, und allen voran die gut 600 Jahre alte *Kroneiche*. Doch auch Bäume leben nicht ewig, die prächtige Kroneiche, die Königseiche und auch die Fünfmarkseiche sind inzwischen abgestorben. Erst 1999 ist mit der *Präsidenteneiche* (von Bundespräsident Johannes Rau gepflanzt) allerdings wieder eine, wenn auch noch sehr junge Namenseiche hinzugekommen.

Geschichte

Es klingt etwas makaber, aber für das ehemalige Fischerdorf Kellenhusen begann der Aufschwung mit der verheerenden Sturmflut von 1872. Die am anschließenden Bau des Deiches beteiligten Ingenieure entdeckten die Schönheit des nach Süden ausgerichteten Strandes, und bald brach ein wahrer Touristenboom über das kleine Dorf herein. Die Badegäste fuhren anfangs noch mit dem Zug bis Lensahn, von wo sie entweder auf dem Landweg mit dem Pferdefuhrwerk weiterreisten oder ins Schiff umstiegen, um dann vor Kellenhusen ausgebootet zu werden. Bevorzugt wurde der Seeweg, weshalb 1911 eine Dampferanlegebrücke von imponierenden 420 m Länge gebaut wurde. Im strengen Winter 1929 trug die Brücke durch Packeis schwere Beschädigungen davon, im Winter 1941 wurde sie endgültig zerstört. Erst 1963 baute man eine zweite Landungsbrücke, diesmal nur 113 m lang, und

Lübeck und die Lübecker Bucht → Karte S. 26

Der dicke Mann und die Eiche

In den 1920er-Jahren wartete Kellenhusen gleich mit zwei Superlativen auf: Zum einen lebte hier der dickste Mann Deutschlands. Er hieß Heinrich Feig, war Tischlermeister, konnte seinen Beruf aber wegen seines kräftigen, rund 275 kg schweren Körpers schon lange nicht mehr ausüben. Deshalb ließ er sich zum Broterwerb fotografieren, und zwar vor dem zweiten Superlativ des Ortes, der fast tausendjährigen Kroneiche im Kellenhusener Forst. Die wiederum war ein beliebtes Ausflugsziel, galt sie doch mit einem Umfang von 9,20 m, einem Durchmesser von über 3 m und einer Höhe von 38 m als der mächtigste Baum Schleswig-Holsteins. Um sein Geschäft anzukurbeln, bot Meister Feig außer seiner Posierkunst auch noch Erdbeeren mit Schlagsahne an und verkaufte dabei Postkarten mit folgendem Vers: „Dütschlands starkste Eek, un dicksten Mann, seht sik in Ostseebad Kellenhusen an." Eiche und Mann waren so hochgeschätzt, dass sie nach dem Ersten Weltkrieg sogar das Kellenhusener Notgeld zierten.

Mit Meister Feig ging es übrigens 1923 auf ziemlich tragische Weise zu Ende: In jenem Jahr zeigte er sich auf dem Hamburger Dom, erkrankte dabei und starb an den Folgen. Doch wenigstens die 600-jährige Eiche würde weiterleben, dachte man. Seit 1987 ist sie abgestorben, stand aber noch so lange trutzig im Wald, bis ein Sturm sie 2002 fällte.

2007 die heutige, 305 m lange Erlebnisbrücke, von der aus wieder Ausflugsdampfer verkehren. Seit 1964 ist Kellenhusen als Ostseeheilbad anerkannt.

Wandern: von Kellenhusen nach Dahme (6 km)

Schön ist ein Spaziergang an der Küste – von der Seebrücke Kellenhusen läuft man zunächst über die Promenade und dann immer an der Steilküste entlang. Blickfang auf halber Strecke ist der Leuchtturm Dahmeshöved. Wer nicht auf dem ausblickreichen Fahrweg weiterlaufen möchte, kann ein Stück hinter dem Leuchtturm bei der Jugendherberge über eine Treppe die Steilküste hinunter zum steinigen Ufer gelangen und dort den etwas sportlicheren Weg nach Dahme einschlagen.

Praktische Infos

Einwohner 1000

Information/Zimmervermittlung **Gäste-Service Kellenhusen,** Waldstr. 1, 23746 Kellenhusen, ✆ 04364-49750, kellenhusen.de (hier auch Links zu einer Reihe privater Vermietungsagenturen). Ostseecard 3 €/Tag (in der Nebensaison 2 €) und **Fremdenverkehrs- und Gewerbeverein Kellenhusen,** kellenhusen-ostsee.info.

Fahrräder **Dat Radhuus,** Am Ring 26, ✆ 0177-3603048. **Moisel,** Drosselgang 8, ✆ 0173-1727276. **M. Hoepke,** Waldstr. 14, ✆ 04364-9425.

Hundestrand Ganz im Norden und Süden des Badestrandes.

Schiffsausflug Mit der **MS Nordlicht** einstündige Leuchtturmfahrt im Sommer ab Seebrücke (nur Do 10 Uhr). Erw. 15 €, Kinder (4–12 J.) 8 €. Fahrplan unter boettcher-schifffahrt.de, ✆ 0171-7784220.

Schwimmbad Kombiniertes Meerwasser-Hallen-Freibad (beheizt) im Kurzentrum. Sie schwimmen direkt vom Hallenbad ins Außenbecken. Geöffnet i. d. R. tägl. 9–18 Uhr, Juli/Aug. bis 20 Uhr. Eintritt 3 € (mit Ostseecard). ✆ 04364-497517.

Veranstaltungen Höhepunkte im reichhaltigen Veranstaltungskalender sind das **Seebrückenfest mit Höhenfeuerwerk** Ende Juli und das traditionelle **Vogelschießen** im September.

Essen & Übernachten **Hotel Erholung,** strandnah hinter dem Deich gelegenes, traditionsreiches Haus (seit 1903), das seinem Namen durchaus Ehre macht. 35 saubere, modern-ansprechende Zimmer im Stammhaus und dem damit verbundenen (und wesentlich neueren) Giebel-Strandhaus. Schöner Wellnessbereich mit 2 Saunen und Dampfbad (der auch Nicht-Hausgästen offensteht). Empfehlenswertes **Restaurant** mit regionalen Fisch- und Wildspezialitäten (HP möglich). Am Ring 31/Strandstr. 1, ✆ 04364-470960, hotel-erholung.de. **€€** (Hotel), **€€** (Restaurant)

***** Ostseehotel Vier Linden,** Familienbetrieb seit 1922, 200 m bis zur Promenade. 40 saubere, mitunter nicht mehr ganz taufrisch eingerichtete Zimmer, Kinder sind willkommen. Sauna, gutes Frühstücksbüfett, Voll- und Halbpension möglich. Das gutbürgerliche **Restaurant** bietet eine reiche Auswahl an schmackhaften Fisch- und Fleischgerichten (Tägl. 17.30–20 Uhr, Di/Mi geschlossen). Lindenstr. 4–6, ✆ 04364-4950, hotel-vier-linden.de. **€€** (Hotel), **€€** (Restaurant)

Restaurant Passat, die gute norddeutsche Küche lohnt den schönen Spaziergang bis ganz ans nördliche Ende der Strandpromenade. In maritimer Atmosphäre (oder auf der überdachten Terrasse) vor allem frische Fisch- aber auch Fleischspezialitäten. Tägl. 12.30–14 und 17–20 Uhr (Mi Ruhetag). Keine Reservierungen. Strandpromenade 1, ✆ 04364-8679. **€€**

mein Tipp **Herr Puck,** das Restaurant serviert qualitativ gute Bratfischgerichte, knackige Salate, aber auch riesige Currywürste, Schnitzel oder Rumpsteaks (auch Kinderkarte) zu einem angemessenen Preis. Modernes Ambiente mit großer Glasfront. Draußen auch einige wenige Tische auf der anderen Promenadenseite. Tägl. 16–22 Uhr (Di/Mi geschlossen). Strandpromenade 25, ✆ 04364-4712073. **€**

Campingparadies Kellenhusen, am südl. Ortsrand fast direkt am Naturstrand. 160 Dauer- und 40 Touristenplätze, alles auf dem neuesten Stand. Zudem sind 20 Mobilheime zu mieten. 3 Spielplätze, in der Nähe befindet sich ein Ponyhof. Kirschenallee 16–18, ✆ 04364-8140 oder 479470, campingparadies-kellenhusen.de.

Nur noch Hobby: Fischerboot in Dahme

Lübeck und die Lübecker Bucht → Karte S. 26

Dahme

Der Strand, etwas abseits der Durchgangsstraße gelegen, ist der Mittelpunkt und das Kapital des Familienseebads. Durch die offene Lage zur See ist das Dahmer Ostseewasser auffallend klar und sauber.

Der 6 km lange weiße **Strand** der Gemeinde ist relativ feinsandig. Im Süden geht der flache Dünenstrand in ein sehr reizvolles Steilufer über, auf dem der Leuchtturm Dahmeshöved steht. Die 1,6 km lange Strandpromenade in der Ortsmitte hat wie in Kellenhusen keine Begrenzungsmauer zum Strand (→ Foto, S. 452). Wie andernorts auch stehen hier Imbiss-, Eis-, Fisch- und Dönerbuden neben Restaurants, Cafés, Strandgeschäften und Boutiquen. Blickfang ist die nachts in wechselnden Farben illuminierte und mit schönen Sitzgelegenheiten bestückte **Seebrücke** (205 m lang), von der aus regelmäßig Ausflugsfahrten starten. In nördlicher Richtung hat man von hier aus einen Blick auf Fehmarn, und sogar die Fehmarnsundbrücke ist in der Ferne erkennbar.

Wie fast überall an der Küste schirmt der Deich wie ein Wall den Ort vom Strand ab, allerdings passt sich der Deich recht harmonisch dem Ortsbild an. Dahinter zeugen die Fassaden einiger Häuser noch vom Geltungsdrang der Gründerjahre; vereinzelt haben sie sich eine gewisse Gediegenheit bewahrt. Auch einige wenige (Hobby-) Fischer gibt es noch, die ihre Boote am Strand liegen haben und gelegentlich ihren Fang vor der Fischerhütte an der Promenade verkaufen.

Geschichte

Im 13. Jh. rief der Landesherr Siedler in diese Gegend, um die Vormachtstellung der ansässigen slawischen Wenden zu brechen. Mit ihnen kamen auch die beiden *Ritter de Dame* und ließen sich hier nieder. Der Ortsname geht also auf die Eigennamen der Lehnsherren des Gebietes zurück. Zeugen dieser frühen Siedlungsphase sind die hinter dem Deich an der Kirche gelegenen (allerdings wenig spektakulären) Reste der Turmhügelburg *Wittenwiewerbarg*. Auf solchen Hügeln standen im 13. und 14 Jh. mehrgeschossige Holz- bzw. (seltener) Steintürme, die zum Schutz vor Angriffen von Graben und Wall umgeben waren.

Wie viele Siedlungen in der Gegend wurde das Dorf 1460 dem nahe gelegenen Kloster Cismar zugeschlagen. Aber bereits 1544 fiel der Ort im Zuge der Reformation an Herzog Adolf von Gottorf. 1784 wurde die Leibeigenschaft aufgehoben und der Besitz an die nunmehr freien Fischer und Bauern übergeben. Die große Sturmflut von 1872 traf Dahme schwer. Zehn Menschen starben in den Fluten, etliche Häuser wurden zerstört, das Vieh ertrank. Seitdem trennt ein hoher Deich den Ort vom Strandbereich. Heute erinnert die Markierung an einem Haus am Beginn der Paasch-Eyler-Allee (beim Denkmalplatz) an den damaligen Wasserstand.

Ende des 19. Jh. entwickelte sich Dahme ganz langsam zum Badeort. 1898 entstand ein Warmbad, und 1902 wurde als Vorläufer der heutigen Strandpromenade ein aus Brettern gezimmerter Steg angelegt, volkstümlich „Trampelbahn" genannt. Die noch wenigen Gäste reisten meist per Schiff an und wurden vor der Küste ausgebootet, was bei Wellenschlag mühsam sein konnte. Aber der Landweg war noch erheblich strapaziöser. Aufschwung brachte die 1911 angelegte, weit in die See ragende Landungsbrücke, mit der die Gäste nach nur zweistündiger Dampferfahrt von Travemünde aus wesentlich bequemer anlanden konnten. Seit 1962 ist Dahme auch Ostseeheilbad.

Sehenswertes

Leuchtturm Dahmeshöved: Der 2 km südlich des Ortes gelegene achteckige Leuchtturm wurde 1878/79 auf einer Anhöhe *(Höved)* erbaut. Eine kleine Straße führt von Dahme aus zum Turm, auf den die Bürger so stolz sind, dass er sogar das Gemeindewappen ziert. Wer zu Fuß ist, sollte besser am

Leuchtturmblick: Dahmeshöved

Strand entlanggehen, um nicht ein außergewöhnlich schönes Stück **Steilküste** zu verpassen, auf dem einige Ferienhäuser in besonders exponierter Lage gebaut wurden. Vom Strand aus führt an der Betonbuhne eine öffentliche Treppe die Steilküste hinauf zum Turm. Dank Satellitennavigationssystem sind viele Leuchttürme außer Dienst gestellt. Aber Dahmeshöved ist nach wie vor als Orientierungsfeuer in Betrieb. Der Turm selbst ist 28,5 m hoch, zusammen mit der Höhe der Steilküste strahlt sein vollautomatisch betriebenes Licht jedoch aus einer Höhe von knapp 34 m. Es ist 23 Seemeilen, also gut 42 km weit zu sehen. Wer die 108 Stufen hinaufsteigt, genießt von der Aussichtsplattform einen schönen Blick über die Steilküstenlandschaft.

Bis 1957 war direkt über der Steilküste ein Nebelhorn installiert, das bei schlechter Sicht ohrenbetäubend laut den Morsebuchstaben „D" aussendete (lang, kurz, kurz). Der zweite Turm direkt nebenan, ein 1939 gebauter kleinerer Backsteinturm, diente einst dem Leuchtturmwärter als Ausguck, um die Sichtverhältnisse für die Seeschifffahrt zu prüfen. So konnte der Wärter unverzüglich die „Luftnebelschallanlage" einschalten. Heute ist der kleine Turm als Ferienwohnung zu mieten.

▪ Wegen Sanierung bis auf Weiteres keine Führungen. Danach in Planung: Führung (max. 12 Pers.) April–Okt. So–Do 15, 15.30, 16 und 16.30 Uhr. Eintrittskarten im Turm.

Radfahren/Wandern: Dahme – Grube – Rosenfelder Strand (15 km)

Rundtour zwischen Oldenburger Graben und Seedeich. Von Dahme geht's mit dem Fahrrad zunächst auf dem Radweg neben der Hauptstraße entlang. Nach 2 km biegt man rechts ab in die kleine Straße mit dem Namen Wenddorf, die in die Dorfmitte von Grube führt. Alternativ kann man zu Fuß vom Brookweg aus durch die Felder nach Grube laufen (3,5 km). Hinter der dortigen St. Jürgen Kirche führt der Weg 500 m zum Paasch-Eyker-Platz. Dort rechts ab über den Platz den Pfad entlang bis zur Hauptstraße. Auf dem Fahrradweg neben der Bundesstraße 1 km links zum Gut Rosenhof, dort rechts den Feldweg 1,5 km bis ins malerische Siggeneben laufen. Hier geht es im Zickzack weitere 3,5 km bis zum Rosenfelder Strand und von dort 4 km am Strand entlang zurück nach Dahme.

Praktische Infos

Einwohner 1200

Information/Zimmervermittlung **Kurbetrieb Dahme,** Seestr. 50, ✆ 04364-49200. Zimmervermittlung ✆ 04364-492015 und 492 011, dahme.com (hier auch Links zu einer Reihe privater Vermittlungsagenturen). *Ostseecard* 3 € (Nebensaison 2 €).

Fahrräder **Ostermann,** Seestr. 49, ✆ 107 37229999. **Ostseefahrrad Dahme,** Waldweg 6, ✆ 01525-9017044.

FKK-Strand Großer FKK-Strandabschnitt vor dem Campinggelände Zedano.

Hundestrand Großer Hundestrand nördlich des Hauptstrandes, ein kleinerer, aber auch sehr schöner ganz im Süden.

Sauna **Strandspa,** 3 Saunen inkl. Panoramaruheraum, Meersalzgrotte sowie ein Sport- und Gesundheitszentrum. Sauna Mo–Fr 14–21 Uhr, Sa/So 10–18 Uhr, 16 €, ohne *Ostseecard* 21 €. Salzgrotte 11 €, ohne *Ostseecard* 17 €. Strandpromenade 38, ✆ 04364-470990, strandspa-dahme.de.

Schiffsausflug Mit der **MS Nordlicht** einstündige Leuchtturmfahrt im Sommer ab Seebrücke (nur Do 10.35 Uhr). Erw. 15 €, Kinder (4–12 J.) 8 €. Fahrplan unter boettcher-schifffahrt.de, ✆ 0171-7784220.

Veranstaltungen Höhepunkte der zahlreichen jährlichen Veranstaltungen sind das Musikfestival **Oldietage** im Juni am Nordstrand und natürlich **Kurpark in Flammen** mit imposantem Feuerwerk Ende Juli sowie das **Dahmer Drachenfest** im Oktober.

Essen & Übernachten ***** Seehotel Lönö,** direkt hinterm Deich, zentral und strandnah gelegen. 32 teilweise recht kleine Zimmer,

Lübeck und die Lübecker Bucht → Karte S. 26

viele davon mit Seeblick und Balkon. Halbpension möglich. Strandstr. 9, ✆ 04364-1085, seehotel-lönö.de. **€€**

***** Hotel Thode,** familiär geführtes Hotel garni in der Nähe des südlichen Strandabschnitts. 26 saubere, nicht allzu große Doppelzimmer, in den oberen Etagen mit Blick aufs Meer. Es gibt zudem 9 Familienzimmer sowie 6 Ferienwohnungen. Kleines Schwimmbecken und Sauna im Untergeschoss. Reichhaltiges Frühstück. Memelstr. 3, ✆ 04364-49710, hotel-thode.de. **€€**

Meeresrauschen, liebevoll geführtes Hotel garni am Stranddeich. Kleine, aber sehr saubere Zimmer. Gutes Frühstück mit regionalen Produkten und leckerem Müsli. Kostenfreier Parkplatz. Am Deich 13, ✆ 04364-4707324, meeresrauschen-dahme.de. **€€**

Essen & Trinken **Vörn Diek,** direkt an der Promenade, mit Außenterrasse. Recht schmackhafte Küche (v. a. der Fisch), auch Mittagstisch. Die offene, saubere Schauküche verspricht Transparenz, sorgt innen aber auch für entsprechende Gerüche. Tägl. 11.30–21 Uhr. Strandpromenade 34, ✆ 04364-470527. **€€**

Café-Restaurant Blöser, behagliches Interieur, große überdachte Terrasse. Zudem lädt eine Strandterrasse jenseits der Promenade schon zum Frühstück ein. Reichhaltiges Kuchenbüfett zur Kaffeezeit (aus der eigenen Konditorei), im Restaurant gibt's gutbürgerliche Fisch- und Fleischgerichte. Tägl. 12–21 Uhr (Mi Ruhetag). Strandpromenade 22, ✆ 04364-48020. **€€**

Kum Luk, hier werden Schnitzelträume wahr, Riesenauswahl an 45 Variationen, große Portionen, aber z. B. auch Rotbarschfilet in angemessenem Preis-Leistungsverhältnis. Gastronomie-Zweckbau der 1970er-Jahre in bester Strandlage mit Promenadenblick. Nur im Sommerhalbjahr, Mi–Fr 16–21 Uhr, Sa/So 12–21 Uhr (Mo/Di geschlossen). An der Strandpromenade 41 (Nordstrand), ✆ 04364-775. **€**

****** Euro-Camping Zedano,** der riesige „Zeltplatz Dahme Nord" bietet allen Komfort und Strand, so weit das Auge reicht. Restaurant vor Ort. Auch Mietwohnwagen. Anhalter Platz 100, ✆ 04364-366, zedano.de.

Camping Stieglitz, Familienplatz 2 km nördl. von Dahme hinterm Deich mit allen Annehmlichkeiten: Spielplatz, Trampolin, Bogenschießplatz und Restaurant Deichgarten. Reinhold-Reshöft-Damm, ✆ 04364-1435, camping-stieglitz.de.

Grube

Mehr als nur ein Durchgangsort: In der natursteingepflasterten Straße „Bei der Kirche" stehen neben einem besuchenswerten Gotteshaus einige hübsche Wohngebäude, eines gekrönt von einem verlässlich bewohnten Storchennest. Der zur Gemeinde gehörende Naturstrand Rosenfelde ist kurtaxenfrei.

Die von Backsteinhäusern aus dem 19. Jh. gesäumte, lang gezogene Hauptstraße lässt den 3 km landeinwärts gelegenen Ort größer erscheinen, als er in Wirklichkeit ist. Von ihr zweigt die bereits erwähnte Straße *Bei der Kirche* ab, wo das ebenfalls schon erwähnte, gut zu beobachtende **Storchenpaar** auf dem Schornstein der alten Meierei hinter dem heutigen Haus Avalon nistet. In der Nähe der Kirche stand einst die ehemalige Pastoratsscheune. Sie gilt als ältestes Bauernhaus Schleswig-Holsteins (1569). Wer sie sich heute anschauen will, muss nach Kiel fahren. Dort wurde sie nämlich im Freilichtmuseum Molfsee wiederaufgebaut (→ S. 266).

In Grube gibt es oft etwas zu feiern. Sei es das Straßenfest unterm Storchennest (alle zwei Jahre im Juli) oder eines der Gilde- oder Feuerwehrfeste. Höhepunkt ist sicherlich das Königsschießen der Gilde, das jedes Jahr 14 Tage nach Pfingsten auf dem 500 m hinter der Kirche gelegenen **Paasch-Eyler-Platz** stattfindet. Dieser mit alten Bäumen gesäumte historische Burgplatz liegt auf einer Anhöhe inmitten des ehemaligen Gruber Sees. Das Gelände schenkte vor über 100 Jahren der in Dahme geborene Kapitän Heinrich Paasch, der mit der Pastorentochter Claudine Eyler aus Grube verheiratet war, der *Alten Gruber Bürgergilde von 1275*, der drittältesten Schützengilde Deutschlands. Kapitän Paasch schrieb übrigens einen Bestseller der Marineliteratur: „Vom Kiel zum Flaggenknopf" enthält seemännische Ausdrücke in drei, in späteren Auflagen sogar in fünf Sprachen und wird selbst heute noch aufgelegt.

Geschichte

Kaum vorstellbar, aber bis 1938 erstreckte sich um das Dorf der riesige Gruber See, bis dahin der drittgrößte See Schleswig-Holsteins. Bereits 1925 war die Trockenlegung des immer mehr verlandenden Sees beschlossene Sache, sie wurde aber im Wesentlichen erst in den 1930er-Jahren vom Reichsarbeitsdienst durchgeführt. Die ortsansässigen Berufsfischer verloren seinerzeit ihre Fischgründe im See, viele büßten auch ihren ständigen Winterverdienst beim Reetschneiden ein. Dafür entstanden rund 550 ha fruchtbares Neuland. Heute werden allerdings schon wieder Stimmen laut, die fordern, den See aus Naturschutz- und touristischen Gründen wieder anzulegen.

Rund 7500 Jahre alte prähistorische Funde, die ältesten in Schleswig-Holstein, weisen auf eine sehr frühe Besiedelung der Gegend hin. Die Keimzelle des Ortes selbst bildete eine im Mittelalter an der schmalsten Stelle des Sees errichtete Zollstation. Die Burg zum Schutz der Siedlung wurde bereits 1222 urkundlich erwähnt. Hundert Jahre später wurde der über den Oldenburger Graben auch von kleinen Seeschiffen erreichbare Handelsplatz sogar für etwa 200 Jahre Stadt mit lübischem Recht. Ab 1460 gehörte Grube zum Kloster Cismar und verlor in der Folgezeit immer mehr an Bedeutung, weil die Ostsee nach und nach Strandwälle

Jedes Jahr verlässlich besetzt: Storchennest in Grube

auftürmte und den See und damit Grube seiner schiffbaren Zufahrt beraubte. Ein verheerender Brand zerstörte 1817 weite Teile des Dorfes, das kurz zuvor unter die Herrschaft holsteinischer Adelsgeschlechter gefallen war. Auch der Jahrhundertflut von 1872 fiel ein Großteil der Bausubstanz zum Opfer.

Der Ortsname leitet sich entweder vom slawischen *grove* (= durch Gräben geschützter Platz) oder (wahrscheinlicher) vom ebenfalls slawischen *grob* ab, was so viel wie „Weißbuche" bedeutet. Die Weißbuche am Rande eines Sees findet sich noch heute im Wappen der Gruber Bürgergilde (in Anlehnung an das ehemalige Siegel der Gruber Ratsherren aus dem 15. Jh.). Schon 1889 gab es einen Amtsbezirk Grube, der heute auch Verwaltungsbezirk für die umliegenden Gemeinden Dahme, Kellenhusen und Riepsdorf ist.

Sehenswertes

Kirche St. Jürgen: Die bereits 1232 erstmals erwähnte und im Wesentlichen um 1460 errichtete Kirche ist dem hl. Georg, dem Drachentöter, geweiht („Jürgen" ist die niederdeutsche „Variante" von Georg). Den von prächtigen Linden gesäumten, sehenswerten Backsteinbau betritt man durch einen mächtigen, aber niedrigen quadratischen Turm mit gedrungenem Walmdach. Einst hatte der Turm eine sehr hohe, weithin sichtbare Spitze; diese stürzte aber, baufällig geworden, 1718 ins Kirchenschiff. Im Kircheninneren dominieren die Farben Weinrot und Graublau, die zusammen mit den lichtdurchfluteten Fenstern eine behagliche Atmosphäre verbreiten, zu der auch die relativ niedrige Holzempore, die Balkendecke (von 1930) und die Gutslogen (17. Jh.) beitragen. Im Chor steht ein dreiflügeliger gotischer Altar (um 1475), der mit Ausnahme der Advents- und Fastenzeit ausgeklappt ist und seine farbigen Schnitzfiguren mit einer Kreuzigungsszene preisgibt (geschlossen zeigt er die bemalte Außenseite mit Motiven wie dem Drachenkampf und der Enthauptung des hl. Georg). Ein hölzerner barocker Taufengel über der kunstvollen Steintaufe (1846) und die bauchige Kanzel runden das Bild ab.

Dorfmuseum: In einem 1890 erbauten, für den Ort typischen Wohnhaus an der Hauptstraße befindet sich dieses kleine Museum. Zu sehen gibt es eine volkskundliche sowie eine vor- und frühgeschichtliche Sammlung mit archäologischen Funden aus der Niederung bei Grube. Neben einigen alten Werkzeugen sind u. a. eine Klasseneinrichtung aus der alten Dorfschule und eine vollständig eingerichtete Schlafstube aus dem beginnenden 20. Jh. zu bewundern. Im Fenster des Museums steht ein Bildschirm, der das Treiben im **Storchennest** per Livestream zeigt (auch über YouTube).

▪ Mai–Sept. Mi und Fr 16–18 Uhr. Eintritt 1,50 €, Kinder frei. Hauptstr. 18, ✆ 04364-1494.

Gut Rosenhof: Das im 16. Jh. gegründete Hofgut 1 km nördlich von Grube wird bis heute landwirtschaftlich genutzt und ist nicht zu besichtigen. Immerhin kann man von der B 501 einen Blick auf das mächtige weiße Herrenhaus erhaschen. 2002 wurde hier im

Immer viel Platz: Naturstrand Rosenfelde

Oldenburger Graben der aus dem 5. Jahrtausend vor Chr. stammende, sogenannte **Lochstab von Grube-Rosenhof** entdeckt. Die Funktion dieses mit seiner kunstvollen Verzierung bislang einzigartigen, 58 cm langen Lochstabs ist noch nicht geklärt, wahrscheinlich war es ein Werkzeug, möglicherweise auch ein Kultgegenstand.

Siggeneben: Die 15 reetgedeckten Häuser, z. T. aus dem 18. Jh., waren ehemals Landarbeiterkaten des Gutes Rosenhof. Nach einer Flutkatastrophe im 19. Jh. sahen die Katen so schlimm aus, dass der Gutsbesitzer beschloss, alle Häuser weiß tünchen zu lassen. Das ist bis heute so geblieben, weshalb das 1 km östlich von Rosenhof gelegene Siggeneben sich bis heute als ungewöhnlich idyllisches und **sehenswertes Kleinod** zeigt (Zufahrt von der B 501 hinter dem Gut Rosenhof, aber nur für Anlieger oder Fahrradfahrer).

Natursandstrand Rosenfelde: Grubes weitläufiger, sogar kurtaxenfreier Strand liegt 6 km vom Ortszentrum entfernt in nordöstlicher Richtung. Hinter Deich und Dünen fällt der Strand flach ins Meer ab. Wer ein wenig Ruhe sucht, ist hier richtig (Parkplatz vorhanden). Strandmuscheln als Schutz sind an windigen Tagen empfehlenswert. Der südliche Strandabschnitt ist samt Campingplatz FKK-Bereich; nördlich befindet sich ein Hundestrand.

Praktische Infos

Einwohner 1000

Information/Zimmervermittlung **Tourist-Büro Grube,** Wenddorf 1, ✆ 04364-471563, gemeinde-grube.de und ostsee-schleswig-holstein.de/grube. In Grube-Rosenfelde ist der Strand kurtaxenfrei.

FKK-Strand Am Südstrand Rosenfelde mit FKK-Campingplatz.

Lübeck und die Lübecker Bucht → Karte S. 26

Heringsdorf

Die kleine Ortschaft an der Bundesstraße ist nicht besonders spektakulär. Allerdings gehören zum Gemeindegebiet auch der kleine Strand Süssau und das Gut Siggen, einst einer der bedeutendsten Adelssitze in Ostholstein.

An den Ostseestränden Siggener Busch und Süssau regieren wie so oft in dieser Gegend Campingplätze und kleine Ferienhaussiedlungen. Doch am **Süssauer Strand** gibt es sogar eine kleine Promenade mit Imbiss, Restaurant und ein paar Geschäften. Drum herum ragen Wiesen und Felder bis dicht an den Strand heran, und wer Glück hat, kann in der Luft ein Seeadlerpaar entdecken, das in der Nähe von Siggen gut versteckt brütet.

Das östlich von Heringsdorf etwas versteckt liegende **Gut Siggen,** eines der ältesten des Landes, ist wie viele Güter dieser Gegend nicht zu besichtigen. Es ist jedoch von allen Seiten gut einsehbar und zeigt sich – umsäumt von alten Bäumen und mit den beiden den Innenhof flankierenden großen Backsteinscheunen – als typisch herrschaftliche Gutsanlage. Schon im späten 13. Jh. wurden die Herren von Siggen als Lehnsherren erwähnt. Nach wechselvoller Geschichte wird das Herrenhaus, das seit 1970 Eigentum einer Stiftung ist, heute hauptsächlich für Tagungen und kulturelle Zwecke genutzt. Der weiß verputzte Prachtbau (im Kern von 1590) wurde zuletzt 1850 stilistisch verändert. Er wird an beiden Seiten von ehemaligen Turmvorbauten flankiert, die von kräftigen Treppengiebeln geziert werden. Beiderseits der Hof-

Einer der ältesten Adelssitze Ostholsteins: Gut Siggen

zufahrt haben zwei schöne Fachwerkhäuser (um 1650) die Zeit überdauert.

2 km südlich von Heringsdorf liegt an der Bundesstraße **Gut Görtz** mit seinen geräumigen Scheunen. Dessen Geschichte reicht ebenfalls weit ins 13. Jh. zurück. Das Herrenhaus stammt aus dem Jahre 1868. Auf dem Gut wird noch Getreidewirtschaft betrieben. Wesentliche Einkommensquelle ist aber der Tourismus – das Gut mit seinen historischen Ställen und Scheunen hat sich zu einem Standort mit interessantem Kunsthandwerker- und Bauernmarkt entwickelt, außerdem gibt es ein beliebtes Café.

Noch 7 km weiter südlich liegt an der Straße von Augustenhof Richtung Oldenburg mit **Gut Gaarz** ein weiterer bedeutender Gutshof, der heute vor allem 25 Ferienwohnungen für Familien sowie Reitferien anbietet. Der Gutsname (slawisch *gaard* – Burg) deutet auf eine alte Burganlage hin. Am Rande des Oldenburger Grabens lag das heute zur Gemeinde **Göhl** gehörende Gut ursprünglich auf einer Landzunge des einstigen Gruber Sees. Das Herrenhaus wurde im Jahr 1745 aus Backsteinen errichtet, steht aber auf mittelalterlichen Fundamenten. Was man von der Hofseite nicht gleich erkennt: Das Haus ist mit 38 m zwar sehr lang, aber nur 10 m breit.

Im Gebäude sind mit kostbarem Stuck verzierte, mit Holz vertäfelte oder mit Fresken bemalte Räumlichkeiten erhalten. Geprägt wird das Erscheinungsbild von dem auf der rechten Seite der Hofanlage stehenden Speichergebäude , das noch vor 1600 erbaut wurde und die Umgestaltungen der Jahrhunderte erstaunlich gut überdauert hat. Aus dickem, beschnitztem Eichenholz errichtet, sind die Gefache mit großen Ziegeln ausgemauert.

Einwohner 1100

Information/Zimmervermittlung **Tourismus-Service Heiligenhafen** → 146; ostseespitze.de. Keine Kurtaxe.

Einkaufen/Essen & Trinken **Scheunen-Café Gut Görtz,** Kuchen nach alten Rezepten, Schmalz- oder Wurstbrote usw. kann man in der stilvoll eingerichteten Scheune oder an den auf dem Gutshof verteilten Tischen genießen. Die riesige Hofanlage beherbergt darüber hinaus viele liebevoll dekorierte Stände, an denen landwirtschaftliche Produkte und Kunsthandwerk angeboten werden. Ende April bis Anfang Okt. tägl. außer Mo 11–18 Uhr. Görtz 1, ✆ 04365-212 oder 1005.

Neukirchen

Eher unauffällig liegt der Ort am Rande der B 501, entsprechend geruhsam geht's hier zu. Bemerkenswert ist die von einem hohen Baumkranz umrahmte mittelalterliche Kirche mit Wandmalereien aus dem 13. Jahrhundert. Zum Gemeindegebiet gehören einige kleine Natur-Strandabschnitte, die über Stichwege erreichbar sind.

Verkehr und Touristenströme gehen an Neukirchen vorbei. Das war nicht immer so. Bei der deutschen Besiedelung Wagriens kam dem Ort eine zentrale Bedeutung zu. Das Kirchspiel war eines der entlegensten christlichen Bollwerke inmitten des Siedlungsgebiets slawischer Stämme.

Prunkstück des Ortes ist die um 1240 errichtete backsteinerne **St.-Antonius-Kirche.** Ihren größten Schatz hat sie erst 1953 preisgegeben: Bei Renovierungsarbeiten wurden im Chor Wandmalereien aus der Erbauungszeit freigelegt. Zudem kam ein mittelalterlicher Figurenzyklus aus dem 13. Jh. zum Vorschein, der wohl der bedeutendste in Ostholstein ist. Die große Triumphkreuzgruppe am Eingang wurde um 1500 gefertigt, die Kanzel stammt von 1617. Leider ist die Kirche nur unregelmäßig geöffnet (gelegentlich vormittags).

Auf der Nebenstraße von Neukirchen nach Heiligenhafen, direkt zum **Gut Löhrstorf** hinführend, befindet sich noch eine sog. **Napoleonbrücke.** Diese aus großen Feldsteinen gebauten Bogenbrücken wurden zur Herrschaftszeit des französischen Kaisers Anfang des 19. Jh. errichtet, wurden aber größtenteils bei Straßenerweiterungsarbeiten abgerissen. Der Gutshof selbst war in vergangenen Zeiten einer der größten Ostholsteins, wurde aber aufgrund eines Konkurses bereits 1903 von den Gläubigerbanken aufgelöst. Das von einem breiten Wassergraben umgebene Herrenhaus stammt im Kern aus dem 18. Jh., wurde aber 1920 umgebaut.

Vier Strandabschnitte gehören zu Neukirchen. Südlich liegt **Kraksdorf-Strand,** ein schöner, aber schmaler Naturstrand. Auf dem erhöhten Ufer befinden sich Bistro, DLRG-Rettungsstation und natürlich die obligatorischen Campingplätze und Ferienhaussiedlungen (Parken gebührenpflichtig). Die nördlich davon gelegenen Uferstreifen **Ostermade** (mit kleiner Seebrücke), **Sütel-Strand** und **Seekamp-Strand** bieten ein ähnliches Bild: Sie sind fest in der Hand der vielen Camper. Wohnwagensiedlungen oder kleine Ferienhäuschen bilden auch hier die Kulisse.

Einwohner 1200

Information **Tourismus-Service Heiligenhafen,** → 146, ostseespitze.de. Keine Kurtaxe.

Übernachten **Camping Seekamp,** herrlich an der Südseite der Bucht gelegen, kurz vor der großen Binnenhafeneinbuchtung Großenbrode, die teilweise als Bojenfeld für Kleinboote genutzt wird. Großzügig angelegter Platz auf 150.000 m² Fläche, davor ein schmaler, aber netter Strand (auch für Tagesgäste gebührenpflichtig). ✆ 04365-456, camping-seekamp.de.

Am kleinen Strand von Ostermade

Seebrücke Großenbrode

Großenbrode

Auf drei Seiten vom Meer umrahmt, formt die Halbinsel des Ostseeheilbads eine 15 km lange Küstenlinie. Feinsandiger Strand wechselt ab mit sanft geschwungenen Deichen und einem kantigen, den Ostseewellen trotzenden Steilufer.

Das auf der wagrischen Halbinsel, der äußersten Spitze der Lübecker Bucht, gelegene Ostseeheilbad bildet die Verbindung der Insel Fehmarn mit dem Festland. Großenbrode besteht aus mehreren jeweils etwas voneinander entfernt liegenden Teilen. Über die ruhigen Dörfer Klaustorf und Lütjenbrode gelangt man in den Hauptort, der sich eher als Wohn- denn als Ferienort präsentiert. Der südwestliche Ortsteil Von-Herwarth-Straße besteht aus einer ehemaligen Fischersiedlung und drei Sportboothäfen. Auch der nordöstlich an der Fehmarnsundbrücke gelegene Ortsteil Großenbroderfähre ist im Wesentlichen ein privater Segelhafen, von dem aus – wie der Name schon sagt – bis 1963 die Fähren nach Fehmarn starteten.

Das eigentliche touristische Zentrum ist eindeutig **Großenbrode-Südstrand.** Architektonisch wirkt dieser Vorort auf den ersten Blick von jeder Romantik befreit, besteht er doch hauptsächlich aus Ferienwohnanlagen im Stil der 1970er-Jahre. Nur im Nordosten wird das Wohnblockambiente einmal durch eine Reetdach-Ferienhaussiedlung unterbrochen und im Südwesten befindet sich das umgebaute ehemalige Militärgelände mit ansehnlichen backsteinernen Kasernengebäuden, die schon in den 1930er-Jahren erbaut wurden.

Sie bilden mittlerweile ein schönes und weitläufiges Ensemble in allerbester Strandlage. Der Strand selbst ist ein wahres Glanzstück, das über die Bausünden hinwegsehen lässt. Er ist besonders breit, feinsandig und bietet Badespaß pur. Natürlich gibt es auch eine modernisierte Strandpromenade und eine 350 m lange **Seebrücke.** Die Promenade liegt hinter einem bepflanzten Grünstreifen und geht im Süden über in eine rund 1 km lange begehbare Seemole. Diese schützt den ehemals auch militärisch genutzten Binnenhafen und die heutigen Fischerei- und Jachthäfen (insgesamt rund 1000 Liegeplätze).

Weniger bekannt ist, dass Großenbrode auch über einen **Nordstrand** verfügt. Am nördlichen Ortsausgang führt eine Brücke über die Schnellstraße zur gut 2 km entfernten Mutter/Vater-Kind-Klinik „Baltic" und zu einer Feriensiedlung. Dahinter geht es links den Orthweg hinunter zum Strand (kostenloser Parkplatz mit Dixi-Klo). Am schönen, feinsandigen Naturstrand im Norden der wagrischen Halbinsel ist das Wasser sehr flach und damit ideal für Kinder, aber auch für Kitesurfer, die dieses Areal für sich entdeckt haben. Hier sind zudem Vierbeiner erlaubt, weshalb dieser Strandabschnitt gewissermaßen auch Großenbrodes Hundestrand ist. Überhaupt ist die Erkundung des nördlichen Gemeindegebiets absolut lohnenswert. Ein Spaziergang in Richtung der 3 km entfernten Sundbrücke ist an diesem bei Sonnenuntergang immer romantischer werdenden Strand ein Erlebnis (→ Foto S. 109).

Geschichte

Vor allem eine sehr versteckt und verwildert in der Nähe des nördlichen Fehmarnsunds gelegene, etwa 100 m lange Hünengrabanlage namens „Kronsteinberg" zeugt von einer schon prähistorischen Besiedelung der strategisch günstig gelegenen Landzunge. Der Ortsname „Großenbrode" geht zurück auf das slawische *brody*, was so viel wie „Furt" bedeutet. Mit seinem geräumigen Dorfplatz erinnert das urkundlich erstmals 1249 erwähnte Dorf stark an fehmarnsche Siedlungen, was nicht weiter wundert, bestand doch seit jeher reger Fährverkehr mit der Insel. Mit dem Übersetzen der Eisenbahn 1905 erlebte der Ort seinen ersten großen Aufschwung. Ein weiterer Schub folgte, als nach dem Zweiten Weltkrieg aufgrund der Teilung Deutschlands die Dänemark-Fährverbindung von Warnemünde nach Gedser wegfiel und die Fährschiffe ab 1951 vom Großenbrode-Kai in die dänische Hafenstadt starteten. 1963 jedoch machte die Fehmarnsundbrücke alle Fährverbindungen überflüssig und der Verkehr floss von nun an am Ort vorbei. Lange war das strategisch günstig gelegene Großenbrode immerhin noch Militärstandort. Mit der Auflösung der Marineküstendienstschule im Jahr 1995 war aber auch diese Episode beendet, sodass die 80 ha ehemaliges Militärgelände am Südstrand heute für touristische Zwecke genutzt werden können.

Sehenswertes

Kirche St. Katharinen: Jeder Großenbrode-Urlauber fährt an der neben der Hauptstraße liegenden evangelischen Kirche aus dem 13. Jh. vorbei, doch kaum einer geht hinein. Markant ist der nur ein wenig höher als das Kirchendach aufragende viereckige Holzturm, der Ende des 17. Jh. angefügt wurde. Im Inneren des schlichten Backsteinbaus fallen der hölzerne Altar (1694) und die mit ländlichem Blumenwerk reich beschnitzte Kanzel (1713) auf. Die Kirche ist leider nur unregelmäßig geöffnet.

Ostsee-Erlebniswelt Klaustorf: Auf dem Gelände eines ehemaligen Horchpostens der Bundeswehr mit seinem weithin sichtbaren, 75 m hohen Aufklärungsturm im Ortsteil Klaustorf (schon fast bei Heiligenhafen) befindet sich seit dem Jahr 2012 auf einer Fläche Dependance des Meereszentrums Fehmarn. Mit Liebe zum Detail wurde hier eine Ausstellung gestaltet über die Entstehung der Ostsee und das Leben an und in dem größten Brackwassermeer der Welt, von den Anfängen in der „Urzeit" bis heute. Ein großer Teil ist der Fischerei (mit historischen Gerätschaften) und den zunehmenden ökologischen

Problemen der Ostsee gewidmet. Imponierend ist das Präparat eines Riesen-Seeteufels. Im Bernsteinzimmer erfährt man alles Wissenswerte zum „Gold des Meeres", und das Untergeschoss beherbergt 23 Kaltwasseraquarien mit heimischen Meeresbewohnern. Der Turm auf dem Gelände diente in den Zeiten des Kalten Kriegs als Abhöranlage. Heute darf man ihn besteigen und kann von der Aussichtsplattform in luftiger Höhe den traumhaften Blick auf Heiligenhafen und das benachbarte Fehmarn genießen. Fazit: Eine interessante Ausstellung zum Lebensraum Ostsee.

▪ April–Okt. tägl. 10–17 Uhr. Kinder erhalten einen Fragebogen mit Aufgaben (in 3 Schwierigkeitsstufen). Cafeteria vor Ort. Ticket auch online (per Paypal). Eintritt 10 €, Kinder 4–15 J. 7 €. Kombiticket mit dem Meereszentrum Fehmarn 20 €, Kinder 13 €. Bäderstr. 6a, ✆ 04371-4416 (Meereszentrum), meereszentrum.de.

Praktische Infos

Einwohner 2100

Information/Zimmervermittlung **Tourismus-Service Großenbrode,** Rathaus, Teichstr. 12, ✆ 04367-997113, grossenbrode.de.

Uralt: Kirche Großenbrode

Mai–Sept. Touristinformation am Südstrand, ✆ 04367-978988. *Ostseecard* 3 € (Nebensaison 2 €).

Fahrräder **Heino's Fahr Rad-Service,** Am Vogelberg 8, ✆ 04367-8133. **tobisRad,** Am Hohen Ufer 4, ✆ 04367-9966384.

Übernachten ******Ostsee Hotel,** Garni-Hotel in erstklassiger Lage am Hauptstrand; 28 gepflegte Zimmer mit Balkon und Meerblick. Freundliches Personal. Frühstücksbüfett. Kleine Sauna. Südstrand 8, ✆ 04367-7190, ostsee-hotel-grossenbrode.de. **€€€**

***** Hotel am Wind,** in einem historischen Kasernengebäude in bester Lage direkt am Strand. Die liebevoll eingerichteten Zimmer (54 Betten) mit allem Komfort (auch mit Kühlschrank) eignen sich besonders für Familien mit Kindern. Garni-Hotel mit abwechslungsreichem Frühstücksbüfett. DZ (z. T. mit separatem Kinderzimmer). Schöner Garten (mit Liegewiese) zwischen Hotel und Strand. Am Kai 11, ✆ 04367-999911, hotel-am-wind.de. **€€**

Essen & Trinken **Strandvej,** Bar & Restaurant in skandinavisch-hell eingerichtetem Gebäude mit großer Fensterfront am Strandweg (Strandvej), zwischen Dorf und Südstrand (beim Ferienhauspark/Wohnmobilhafen). Es gibt Pizza, Fleisch/Fisch mit Pommes oder Bratkartoffeln, Salate und Veggie-Burger. Gutes Preis-Leistungsverhältnis (große Portionen) und alles frisch zubereitet (akzeptable Wartezeiten). Tägl. 17–22 Uhr. Strandstr. 32, ✆ 04367-9966388. **€**

meinTipp **Café Meerkieker,** gemütlich-geradliniges Café und Bistro mit großer Strandkorb-Terrasse in Promenaden- und Hafennähe von Großenbrode. Stilvoll mit antiken Möbeln gestalteter Gastraum. Spezialität und wirklich lecker sind z. B. das Rhabarber-Baiser und die Himbeertorte. Auch Snacks und Hot Dogs werden serviert. Tägl. 11–18 Uhr (Mo Ruhetag), im Winter nur Sa/So geöffnet. Am Kai 15, ✆ 04367-717972.

meinTipp **Didis Räucherhütte „fish & fine",** unscheinbar einfache Lokalität, etwas versteckt am östlichen Ende der Promenade gelegen. Aber hier gibt es einen prima (in Oldenburg) selbst geräucherten Fisch, den Sie vor Ort an einfachen Plätzen mit einem Flens genießen können. Vor allem die Fischplatte ist sehr empfehlenswert. Alle Speisen auch zum Mitnehmen. In der Saison 12–19 Uhr (Nebensaison nur Do–So 13–18 Uhr). Am hohen Ufer 49, ✆ 0162-6150822. **€**

Fehmarnsundbrücke: Wahrzeichen der Ostseeküste

Weithin ist der **„Kleiderbügel"** sichtbar. Das wohl meistfotografierte technische Bauwerk Schleswig-Holsteins erfüllte den lange gehegten Wunsch der Verkehrsplaner, eine schnellere Verbindung nach Skandinavien zu schaffen. Bereits 1866 gab es Pläne für einen Damm oder eine Brücke über den Sund und weiter Richtung Dänemark auf der Route, die auch die Zugvögel nach Norden nehmen. Doch Kriege verzögerten immer wieder die Verwirklichung der „Vogelfluglinie", im Kriegsjahr 1940 gab es immerhin schon einen ersten Spatenstich. Am 14. Mai 1963 war es dann endlich so weit, die Fehmarnsundbrücke wurde eröffnet und verkürzte die Fährverbindung von 69 km (Großenbrode–Gedser) auf 18 km (Puttgarden–Rødbyhavn).

Das Bogentragwerk der Brücke galt als technische Sensation. 9200 Tonnen Stahl und 22.150 m^3 Beton wurden verbaut. Allein der Anstrich verschlang 130 Tonnen Farbe. Die Baukosten betrugen damals 42,5 Mio. DM. Vom Festland reicht eine Rampe 330 m, von der Insel 110 m in den Sund hinein. Die Brücke selbst ist fast 1000 m lang, hat eine Breite von 21 m und eine Durchfahrtshöhe für Schiffe von 23 m. Der Blick von oben ist grandios; die Brücke ist für Fußgänger und Radfahrer zugänglich.

Ende 2021 begannen im Norden Fehmarns bei Puttgarden die Arbeiten für ein Jahrhundertbauwerk: Ein gigantischer, 18 km langer Tunnel wird durch den Fehmarnbelt führen. Dieser längste Absenktunnel der Welt soll 2029 fertiggestellt sein und satte 7,4 Milliarden Euro kosten (mit Hinterlandanbindungen 10,4 Milliarden Euro). Finanziert wird er weitgehend von Dänemark; die Kosten sollen bis 2050 durch Mautgebühren refinanziert werden. Dennoch muss Deutschland etwa 3 Mrd. Euro für den Ausbau der Hinterlandverbindungen auf Straße und Schiene aufbringen. Schon jetzt ist abzusehen, dass die im Süden der Insel gelegene Fehmarnsundbrücke dann zum Nadelöhr werden wird, das in Zukunft ebenfalls durch einen Tunnel unter dem Sund erweitert werden muss.

Fehmarn

Fehmarn ist die „Krone im blauen Meer". So symbolisiert es die Inselfahne, und so sehen es nicht nur die Einheimischen, sondern auch die vielen tausend Stammgäste, die Jahr für Jahr wiederkommen. Nicht zu Unrecht nennen viele Fehmaraner ihre Insel stolz den sechsten Kontinent – alles, was jenseits ihrer Brücke liegt, nennen sie „Europa".

Blaue Andreaskreuze ...

... warnen vielerorts auf privaten Grundstücken und Pkws. Sie sind Zeichen des Protestes der „Beltretter", die sich vergeblich gegen den Bau des 18 km langen Ostsee-Tunnels durch den Fehmarnbelt einsetzen. Ab 2029 soll Fehmarn über diesen gigantischen Absenktunnel mit der dänischen Insel Lolland verbunden sein.

Das Wort „Fehmarn" kommt aus dem Slawischen und bedeutet so viel wie „im Meer". Das Eiland misst etwa 16 mal 13 km und hat eine Küstenlänge von 78 km. Nach Rügen und Usedom ist Fehmarn damit **die drittgrößte Insel Deutschlands.**

Auf kleinstem Raum bietet Fehmarn fast eine Wiederholung des gesamten Ostseeküstenprofils: Steile Küsten wechseln mit flachen Ufern ab, denen teilweise Sandbänke vorgelagert sind, die Strände sind mal fein und weichsandig, mal steinig und rau. Die steifste Brise, aber auch den romantischsten Sonnenuntergang erwartet den Besucher im Westen, die schönste Dünenlandschaft im Norden, die urwüchsigsten Steilküsten im Osten und die schönsten Strände im Süden. Ansonsten dominieren Wind und Sonne – Fehmarn gilt als eines der regenärmsten Gebiete Deutschlands. Mindestens 1750 Sonnenstunden im Jahr machen die Insel zur deutschen Costa del Sol (in manchen Jahren sogar 2000). Auf der Vogelfluglinie (→ Kasten S. 120), dem schnellsten Weg zwischen den Überwinterungsplätzen im Süden und den Brutgebieten in Skandinavien, überqueren riesige Vogelschwärme die Insel.

Zentrum der Insel ist der schöne **Ort Burg,** wo etwa die Hälfte der insgesamt 13.000 Bewohner Fehmarns leben. Die übrigen **42 Dörfer und Siedlungen** verteilten sich früher auf die drei Landgemeinden Bannesdorf, Landkirchen und Westfehmarn. Seit 2003 bilden sie zusammen mit Burg eine Verwaltungseinheit: die Stadt Fehmarn, die dadurch nach Lübeck aber noch vor der Landeshauptstadt Kiel die flächenmäßig zweitgrößte Stadt des nördlichsten Bundeslandes geworden ist.

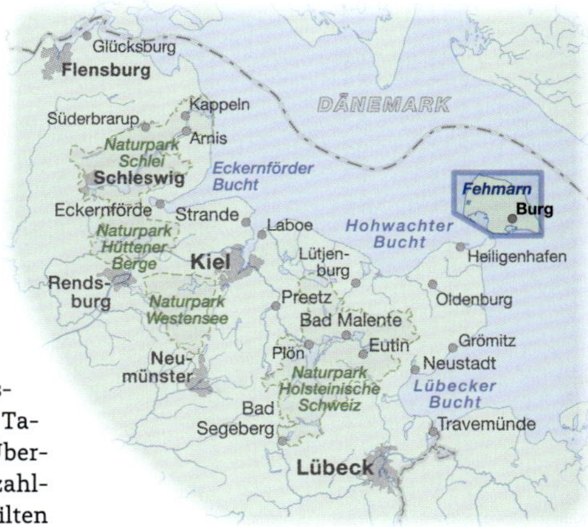

Aufgrund der außerordentlich fruchtbaren Böden galt Fehmarn früher als **die Kornkammer Schleswig-Holsteins.** Wenn auch nach wie vor der ertragreiche Boden landwirtschaftlich genutzt wird, so spielt doch heute der Tourismus mit über 300.000 Übernachtungsgästen pro Jahr und zahlreichen Tagesbesuchern die tragende Rolle. Übernachtet wird in erster Linie in den zahlreichen über die ganze Insel verteilten Ferienwohnungen oder auf einem der 16 großen **Campingplätze** mit insgesamt fast 6000 Stellplätzen.

Das Straßennetz der Insel ist dicht. Die einzelnen Ortschaften sind durch kleine Sträßchen, oft schöne Alleen, miteinander verbunden. Diese sind vielfach nicht auf dem kürzesten Weg durch die Felder gebaut, sondern um sie herum, was seit jeher den hohen Stellenwert der Landwirtschaft verdeutlicht.

Geradezu ideal ist Fehmarn für Fahrradurlauber, denn jeder Punkt der Insel ist problemlos auf dem Drahtesel zu erreichen. Aber Vorsicht, bei starken Westwinden wird die Tour mitunter zur „Tortour".

Fehmarn ist auch ein Eldorado für Wind- und Kitesurfer. Zwölf offizielle Surfbereiche, vom Stehrevier bis zum Brandungssurfstrand, machen die Insel zum deutschen Surfparadies schlechthin. Aufgrund der überdurchschnittlich guten Bedingungen zieht das Sportparadies Fehmarn darüber hinaus viele Segler, Angler, Wracktaucher und auch viele Reiter an.

Was anschauen?

Burg: Fehmarns Inselhauptstadt mit schöner Altstadt und dem belebten Hafen Burgstaaken. → S. 114

Flügger Leuchtturm: Begehbares Leuchtfeuer mit grandiosem Rundumblick. → S. 132

Meereszentrum Fehmarn: Großes Schauaquarium mit tropischen Meerestieren und als Highlight mit einem Hai-Aquarium. → S. 117

Orth: Winziger, maritimer Hafenort, ganz im Südwesten der Insel gelegen. → S. 133

Was unternehmen?

Wasservogelreservat Wallnau: Besuchenswert ist das fast 300 ha große Naturschutzgebiet mit Naturlehrpfad, Experimentierstationen und einer Vogelzug-Ausstellung. → S. 132

Schiffsausflug nach Dänemark: Alle halbe Stunde fahren die großen Fähren nach Rødbyhavn und nehmen auch Fußgänger und Radler mit. → S. 128

Steine suchen: Einen Hühnergott oder vielleicht auch ein Körnchen Bernstein finden – am besten stehen die Chancen dazu an der steinigen Ostküste bei Katharinenhof. → S. 126

Wo baden?

Südstrand (Burgtiefe): Fehmarns feinsandiger Hauptstrand, natürlich mit reichlich Strandkörben gespickt. → S. 115

Grüner Brink: Feinsandiger und ruhiger Strand im Norden mit lagunenartig vorgelagerter Sandbank. → S. 128

Wulfen: Wunderschöner, nicht überlaufener Naturstrand vor der Abbruchkante der Steilküste. → S. 138

Markelsdorfer Huk
Nördlicher Salzensee
NSG Nördliche Seeniederung
Teich-hof
Niobe-Denkmal
NSG Nördliche Seeniederung
Altenteil
Wester-markelsdorf
Fastensee
Wenkendorf
Schlagsdorf
Dänschendorf
Gammendorf
Dorotheenhof
Galgenberg
Vadersdorf
Petersdorf
Altes Teichgut
NSG Wallnau
Kopendorf
Lemkendorf
Bisdorf
Altjellingsdorf
Püttsee
Jimi-Hendrix-Gedenkstein
Gollendorf
Bellevue
Mittelhof
Sulsdorf
Neuhof
Landkirche
Sartjendorf
Lemken-hafen
Gollendorfer Wiek
Neujellingsdorf
Flügge
Orth
Mumme-dorf
NSG Krummsteert - Sulsdorfer Wiek
Westerbergen
Warder
Teschendorf
Rosenhof
Orther Reede
Albertsdorf
B 207
Blieschendorf
Gold
Dodelstein
Strukkamp
Avendorf
Alversteen
Fehmarn-brücke
Fehmarnsund

Fehmarn → Karte S. 112/113

Hafen Burgstaaken: maritimes Flair

Burg

Die Inselhauptstadt ist seit den 1970er-Jahren Ostseeheilbad, bietet einige kulturelle Höhepunkte und eignet sich für einen Einkaufsbummel bestens. Im Hafen Burgstaaken herrscht maritimes, geschäftiges Treiben, und Burgtiefe hat einen der wenigen Südstrände der Ostsee, er ist zugleich Fehmarns Hauptstrand.

Wer das Flair der malerischen Kleinstadt erleben will, wird zunächst – besonders an trüben Tagen in der Hochsaison – erst mal in einer Blechlawine stecken, die sich langsam in Richtung Ortsmitte quält. Wegen des zu bestimmten Zeiten hohen Verkehrsaufkommens besucht man die Stadt also besser am frühen Vormittag oder bei schönem Wetter, wenn sich die Gäste am Strand tummeln. Viele Tagesbesucher vom Festland zieht es vor allem in das weithin bekannte Meereszentrum im Gewerbegebiet am Ortsrand. Aber Burg hat viel mehr zu bieten.

Die Hauptstraße von Burg, die „Breite Straße", zieht sich von Norden nach Süden durch die ganze **Altstadt** und verbreitert sich am Markt, dem schönsten und lebhaftesten Flecken der Stadt, auf dem unübersehbar das Jugendstil-Rathaus aus dem Jahr 1900 steht. Ungewöhnlich ist, dass sich die historischen Häuserreihen auf der einen Seite der Hauptstraße auf dem Niveau der Fahrbahn befinden, während auf der anderen Straßenseite die hübschen, mit Außenterrassen-Restaurants, Boutiquen oder anderen kleinen Geschäften besetzten und eng aneinander stehenden Häuschen so hoch liegen, als ständen sie auf einem Deich. Grobes Kopfsteinpflaster verstärkt die romantische, zum Bummeln einladende Stimmung ebenso wie die vor den Bürger- und Fachwerkhäusern stehenden großen Bäume, meist Linden.

Neben der munteren Innenstadt gibt es drei weitere Ortsteile: Neue Tiefe, Burgstaaken und Burgtiefe – mit ihren Namen verraten sie viel über die Entstehungsgeschichte der Stadt. Ursprünglich hatte Burg einen natürlichen Hafen, dessen Zufahrt etwa bis zum heutigen Marktplatz reichte. Als dieser im Mittelalter zunehmend verlandete, musste er an eine andere Stelle, an die Neue Tiefe, verlegt werden.

Neue Tiefe ist heute nichts anderes als ein kleiner Wohnort in der Nähe des Burger Binnensees auf dem Weg zum Südstrand. Besondere Sehenswürdigkeiten und selbst einen Hafen gibt es hier nicht mehr. Dieser befindet sich stattdessen in **Burgstaaken,** knapp 2 km südlich der Innenstadt.

Ohne seinen in den 1860er-Jahren von den Preußen angelegten neuen Hafen am Burger Binnensee wäre Burg wohl nur halb so attraktiv. Das Wort „Staaken" bedeutet übrigens so viel wie Gefängnis; eine Strafanstalt gibt es auf Fehmarn aber heute nicht mehr. Bereits die schnurgerade und überaus holprige Straße nach Burgstaaken, der Staakensweg, ist bemerkenswert. Er ist auf voller Länge mit Steinen bestückt, die einst mühsam aus dem Meer „herausgefischt" wurden. Im Hafen selbst herrscht nach wie vor Betriebsamkeit, wenngleich in den letzten Jahren die Anzahl der Fischkutter stark zurückgegangen ist. Nur noch ein Kutter (mit der Kennung BUR 14) verkauft hier fast täglich ab 8.30 Uhr seinen frischen Fang direkt vom Boot aus. Am Kai locken Fischimbiss und Fischrestaurant. Aber auch unabhängig davon bietet der Hafen reichlich Abwechslung. Hoch überragt wird Burgstaaken von den Getreidesilos, die mittlerweile ganz den Kletterern gehören. Hier kann sich jeder beim Silo-Climbing versuchen. Blickfang am Hafen ist darüber hinaus ein auf dem Trockenen liegendes U-Boot, das nun als Museum fungiert sowie der ebenfalls zu Museumszwecken am Ufer thronende Seenotrettungskreuzer „Arwed Emminghaus".

Auf einem südlich von Burg vorgelagerten Nehrungshaken – auf der gegenüberliegenden Seite des Burger Binnensees – liegt der Ortsteil **Burgtiefe** mit seinem von einem markanten Rundsteg geprägten großen Sportboothafen auf der Binnenseite im Norden. Flankiert wird er von einer schönen Jachthafenpromenade, die zum 18 m hohen *Aussichtsturm „Utkieker"* führt, der sogar über einen Aufzug verfügt. Kostenlos zu besichtigen ist dort auch das in den Dünen auf dem Trockenen liegende Seenotrettungsboot Eduard Nebelthau (Baujahr 1972).

Fehmarns Hauptstrand befindet sich jedoch im Süden von Burgtiefe und verfügt natürlich ebenfalls über eine Promenade. Es ist der feinsandigste Strand der Insel, der daher häufig gut besucht ist – gottlob gibt es hier genügend Parkplätze (gebührenpflichtig). Und außerdem: Wo sonst an der Ostsee gibt es schon einen reinen Südstrand? Im Volksmund wird das Touristenzentrum Burgs deshalb auch nicht Burgtiefe, sondern wegen seiner bevorzugten Lage schlicht **Südstrand** genannt. Bei schönem Wetter bietet der reichlich mit Strandkörben belegte breite Strand Badefreuden pur, ist dann aber auch richtig voll. Besonders Kindern bereiten das seichte Wasser und der Badesteg ein deutlich hörbares Badevergnügen. Nicht fehlen darf natürlich die obligatorische Promenade hinter der bepflanzten schmalen Schutzdüne.

Architektonisch jedoch ist Burgtiefe ein Kind der 1960er- und 70er-Jahre. Moderne Appartementhäuser in Wellenform und v. a. die drei weithin sichtbaren Hochhäuser des Kur- und Ferienzentrums beherrschen die Szenerie dieses modernen Ortsteils, der einen ziemlichen Gegensatz zum Erschei-

Fehmarn → Karte S. 112/113

nungsbild des von historischen Bauten dominierten Hauptorts bildet. Die (seit 2015 denkmalgeschützten) 15-stöckigen Hochhäuser aus dem Jahr 1969 mögen von außen nicht schön anzusehen sein – einen fantastischen Meeresblick hat man von hier oben jedoch unbestritten. Verbunden sind die Hochhäuser des dänischen Architekten Arne Jacobsen (1902–1971) durch eine 3000 m² große gewächshausartige Laden- bzw. Restaurantpassage.

Sehenswertes

St.-Nikolai-Kirche: Von innen ist die Kirche ganz anders, als es von außen den Anschein hat. Denn die Gewölbe sind viel niedriger, als es das hoch aufragende Spitzdach erwarten lässt, alles wirkt hell und freundlich und es herrscht eine seltsam angenehme Stille. Obwohl in der Romanik entstanden, sind Decken und Wände im gotischen Stil bemalt. Sehenswert ist der gotische Schnitzaltar aus der zweiten Hälfte des 14. Jh. – er ist weitgehend vergoldet und zeigt Szenen aus der Passions- und Ostergeschichte. Hinter der Kanzel (von 1667) steht der sog. „Armenblock", eine mit Eisenbeschlägen gesicherte Opfertruhe, in der früher jeden Sonntag der Klingelbeutel entleert wurde, um den Erlös dann einmal im Jahr unter den Armen zu verteilen. Eine weitere Besonderheit ist das in die Ostwand links neben dem Chor eingelassene Ausgussbecken, *Piscin* genannt. Hier wurde vor der Reformation das nicht mehr benötigte Weih- und Taufwasser ausgeleert. Interessant sind auch die vergleichsweise neuen Kirchenbänke (von 1939), denn deren Wangen sind mit den Fehmarn'schen Wappen und Hausmarken (→ S. 137) versehen.

St. Nikolai verfügt über zwei Taufbecken: Ein pokalförmiges, aus gotländischem Stein (19. Jh.) gefertigtes steht in der Nähe des Piscin, darüber hängt ein Votivschiff. Am gegenüberliegenden Seitenschiffjoch findet man das zweite, ein ursprünglich aus Schweden stammendes gotisches Bronzetaufbecken in Kelchform (von 1391), unter

Steinfischer

Auf Fehmarn gab es nie einen Steinbruch. Steine wurden aber als Baumaterial dringend gebraucht. Also fischte man mit Flachbooten in Küstennähe die losen Steine auf, die ein Mann gerade an Bord hieven konnte. Bald waren die am leichtesten zu erreichenden Steingründe „abgefischt", und man drang mit besserer Technik auch in tiefere Gewässer vor. Am Hafen wurde die Ladung dann nach Gewicht bezahlt und oft gleich vor Ort von Steinklopfern bearbeitet.

Eine Menge Steine wurde gebraucht (vor allem für den Bau des Burgstaakener Hafens in den Jahren 1868–1871) und teilweise sogar exportiert, z. B. für den Bau der Hafenmolen von Kiel, Cuxhafen, Rødbyhavn und Kopenhagen sowie für die Errichtung des Marine-Ehrenmals von Laboe. Kaum zu glauben, aber noch bis weit hinein ins 20. Jahrhundert gab es diese Art des Broterwerbs auf Fehmarn, obwohl längst klar war, dass mit den Steinen ein natürlicher Küstenschutz und wichtige Biotope verloren gingen. Erst 1976 wurde die Steinfischerei endgültig verboten.

Mittelalterliches Kleinod: St.-Jürgen-Kapelle

Fehmarn → Karte S. 112/113

dessen Sockel drei Bronzelöwen liegen. Der wuchtige quadratische Glockenturm der um 1230 entstandenen und später mehrfach erweiterten Kirche wurde 1513 angebaut. Mit einer Höhe von 48 m übertrumpft er jeden Leuchtturm der Insel (auch mit seiner Stabilität, denn seine Mauern sind 2 m dick).

▪ April–Sept. tägl. 10–16 Uhr. Breite Str. 47.

St.-Jürgen-Kapelle: So etwas wie ein Geheimtipp. Dieser kleine, von außen eher unscheinbare gotische Backsteinbau (um 1300) lag ursprünglich außerhalb der Stadtgrenze (heute Nähe Jugendherberge) und war die Kapelle eines Siechenhauses für Pestkranke und Aussätzige. Später diente sie als Pferdestall und Waffenkammer. Das heruntergekommene Kirchlein wurde 1907/08 gründlich renoviert und zeigt sich seither auch wegen seiner einheitlichen, fast vollständig erhaltenen (bzw. wiederhergestellten) ornamentartigen Decken- und Wandmalereien aus dem 15. Jahrhundert als beeindruckendes Kleinod. Erhalten geblieben ist auch ein seltener hölzerner Opferstock aus dem 13. Jh. und zudem die fast lebensgroße Hospiz-Statue des Schutzheiligen St. Jürgen, der einen Drachen tötet.

▪ April–Sept. tägl. 9–18 Uhr. Kapellenweg 13.

Fehmarn-Museum Burg: Direkt neben der Burger Nikolai-Kirche ist das Insel-Museum in drei miteinander verbundenen Fachwerkhäusern untergebracht. Eines dieser Häuser (das Prediger-Witwen-Haus von 1581) ist das älteste Haus der Insel. 23 kleine Ausstellungsräume zeigen ein buntes und spannendes Sammelsurium an Exponaten, das von Steinzeitfunden bis zur bäuerlichen Wohnungseinrichtung reicht. Hinzu kommen Mitbringsel Fehmarnscher Seeleute und etliche Schiffsmodelle, u. a. auch das des untergegangenen Segelschulschiffs „Niobe" (→ S. 128).

▪ April–Okt. Di–Sa 11–16 Uhr, Juli/Aug. 10–18 Uhr. Eintritt 4 € (mit Ostseecard 3 €), Schüler/Stud. 2,50 €, Kinder 4–14 J. frei, Führungen Di 16–17.15 Uhr. Breite Str. 49–51, ✆ 04371-506632, stadtfehmarn.de.

Meereszentrum Fehmarn: Weit über die Grenzen der Insel hinaus ist das große Hai-Aquarium ein touristischer Anziehungspunkt. Das führt dazu, dass sich vor allem an Regentagen vor dieser Attraktion am Ortseingang von Burg lange Schlangen bilden. Die Besuchermassen drängen sich dann in nicht einmal einer Stunde durch das Meereszentrum. Zu sehen gibt es in den 35 Aquarien etwa 1500 prächtige und außergewöhnliche Meerestiere aus allen tropischen Regionen der Welt, darunter zwölf Haiarten. „Hailight" ist denn auch ein mit 3 Millionen Litern Wasser gefülltes Riesenaquarium, dessen 16 Meter lange Panzerglasfront die Besucher von den schaurig-schönen Tieren trennt. Interessante Einblicke in die Unterwasserwelt gewährt auch der gläserne Unterwassertunnel, der mitten durch ein Riffbecken führt. Weitere Attraktion ist ein Rundaquarium, in dem ausgesuchte fluoreszierende Meeresle-

Fehmarn-Museum Burg

bewesen zu bewundern sind. Viel bestaunt werden auch die possierlichen Seepferdchen in ihrem eigenen Becken. Ein Café und ein Souvenirshop dürfen natürlich nicht fehlen.

■ April–Okt. tägl. 10–18 Uhr, Nov.–März. tägl. 11–17 Uhr. Tickets online (per PayPal) oder am Automaten. Eintritt 12 €, Kinder 4–15 J. 8 €. Gertrudenthaler Str. 12 (am westl. Ortseingang von Burg), ✆ 04371-4416, meereszentrum.de.

Schmetterlingspark Fehmarn: In einer fast 1000 m² großen Freiflughalle am Ortseingang von Burg tummeln sich Hunderte farbig-exotische Schmetterlinge, die hier unter einem hellen Glasdach bei tropisch feucht-heißen Temperaturen zwischen vielen Pflanzen umherflattern. Vor allem Bananenfalter vermehren sich hier prächtig, von den anderen Arten werden regelmäßig neue Puppen aus Malaysia und Costa Rica eingeflogen, die dann hier schlüpfen und nur eine Lebensdauer von maximal vier Wochen haben. Die Vielfalt der rund 50 Arten ist beeindruckend, besonders schön sind die blauen Himmelsfalter. Bemerkenswert ist der Atlasspinner mit einer Spannweite von bis zu unglaublichen 30 cm. Er lebt nur 5 bis 10 Tage, nimmt in dieser Zeit keine Nahrung zu sich, paart sich, legt seine Eier und stirbt. Außerdem zu sehen: zwei freilaufende Leguane und einige Zwergwachteln (die verendete Schmetterlinge vertilgen) sowie Schildkröten und Koi-Karpfen.

■ April bis Ende Okt. tägl. 10–18 Uhr. Eintritt 12 €, Kinder 4–17 J. 9 €, Familien 43,50 €. Hunde sind erlaubt. Schöne Cafeteria vor Ort. Mummendorfer Weg 11b, ✆ 04371-8893363, schmetterlingspark-fehmarn.de.

Galileo Wissenswelt: Ebenfalls im Gewerbegebiet am Ortseingang von Burg lockt die unübersehbar in Orange und Gelb gestaltete Halle ihre Besucher zu stattlichen Preisen mit zwei Ausstellungen: Das **Museum Technik** (TechnikWelt) präsentiert sich als eine Mischung aus Physik-Show zum Anfassen und Museum. Beispielsweise werden hier optische Täuschungen, Riesenseifenblasen, Magnetismus, Licht und Schatten u. Ä. mithilfe von Ausstellungsstücken und Experimenten erfahrbar gemacht. Der Ausstellungsbereich **Museum Urzeit** (BioWelt) ist als eine Art Reise vom Urknall über die Dinosaurierzeit bis hin zur Entwicklung des Menschen gestaltet. Gezeigt werden allerlei Fossilien und Versteinerungen wie ein Dino-Ei oder Meteoriten sowie kleine Präsentationen zu unterschiedlichsten Themen wie z. B. zum Vulkanismus oder auch zur Welt des menschlichen Körpers. Höhepunkte der Schau sind die (nicht originalen) Skelette eines Mammuts und des wohl berühmtesten Raubsauriers, des Tyrannosaurus Rex sowie ein Erdbebensimulator in einem begehbaren Vulkan, auf den man sich stellen kann, um Erdbeben verschiedener Stärken nachzuempfinden.

Zur „Galileo-Wissenswelt" gehören zudem das Museum Übersee (s. u.) sowie als Kooperationspartner das Dunkelexperiment am Hafen Burgstaaken (s. u.).

■ Tägl. 10–18 Uhr, im Winter nur Sa/So 10–16 Uhr. Der Eintrittspreis für nur eine der vier Ausstellungen beträgt für Erw. 14,50 €, Kinder 12,50 €. Kombiticket für alle vier Ausstellungen 24 €/Pers. Mummendorfer Weg 11b, ✆ 04371-864446, galileo-fehmarn.de.

Museum Übersee (Expeditionsmuseum): Die in einer Bootshalle in Burgstaaken untergebrachte dritte Ausstellung der Galileo-Wissenswelt ist eine Art Entdeckungsreise nach Afrika und Übersee um das Jahr 1900. Wer genau hinschaut, entdeckt in dem bunten Sammelsurium aus aller Welt viele kuriose Exponate, beispielsweise südamerikanische Schrumpfköpfe, historische Waffen der Naturvölker oder auch eine zweiköpfige Schildkröte. Eine Sonderschau zeigt beeindruckende Streichholzmodelle, so z. B. einen in Originalgröße erbauten Formel-1-Wagen aus 1 Mio. Streichhölzern.

■ Nur April–Okt. tägl. 11–17 Uhr (Juli/Aug. 10–18 Uhr). Der Eintrittspreis nur für die Übersee-Ausstellung beträgt 14,50 € (Kinder 12,50 €). Das Kombiticket für alle vier Ausstellungen der Galileo Wissenswelt (inkl. Dunkelexperiment in der gleichen Halle) kostet 24 €/Pers. Hafenstr. 69, Burgstaaken, ✆ 04371-864446, galileo-fehmarn.de.

Das Dunkelexperiment: Ebenfalls in der ehemaligen Bootshalle des Museums Übersee am Hafen von Burgstaaken untergebrachte Lernausstellung, in der Sie in die Welt eines Blinden eintauchen können. Zu diesem Zweck erhält jeder Besucher eine Augenmaske und einen Taststock. Zunächst gibt es drei abgedunkelte Gänge (Wald, Wohnung mit Küche und Bad, Supermarkt), dann folgt ein heller Museumsbereich mit verschiedenen Aufgaben zum Hören, Fühlen oder Riechen. Zudem gibt es hier einen Rollstuhlparcours. Abschließend ist wieder ein abgedunkelter Bereich zum Thema „Stadt und Straße" zu bewältigen; dabei können Sie auch durch einen echten Bus laufen.

■ Juli/Aug tägl. 10.30–17.30 Uhr, April–Juni und Okt. nur Mi und Sa/So 10–17 Uhr, im Winterhalbjahr geschlossen. Erw. 14,50 €, Kinder 12,50 €. Kombiticket für alle vier Ausstellungen der Galileo Wissenswelt (inkl. Museum Übersee in der gleichen Halle) 24 €/Pers. Hafenstr. 69, Burgstaaken, ✆ 04371-879247, dunkelexperiment.de.

U-Boot-Museum: Seit dem Jahr 2005 beherrscht ein Original-U-Boot die Szenerie am Hafen von Burgstaaken. U 11 wurde 1968 in Kiel gebaut und war bis 2003 im Dienst der Bundesmarine. Jetzt ist der Stahlkoloss effektvoll positioniert und lädt zur Besichtigung seines unglaublich engen Innenlebens ein. Man kann beispielsweise durch das echte Periskop schauen oder in einer Mannschaftskoje Probe liegen – kaum vorstellbar, dass das nur 4 Meter hohe und 4,6 Meter breite, aber 43,50 m lange Boot einst eine Besatzung von 22 Mann beherbergte. Im Eintritt ist auch der Besuch der Ausstellungshalle nebenan enthalten, in der die Geschichte

Fehmarn → Karte S. 112/113

der deutschen U-Boot-Flotte(n) von 1945 bis 2010 dokumentiert ist.

▪ März–Okt. tägl. 10–18 Uhr (März/April zum Teil verkürzte Öffnungszeiten). Erw. 9 €, Jugendl. 15–17 J. 7 €, Kinder 6 €, Familien 25 €. Hafen Burgstaaken 89, ✆ 04371-8891055, ostsee-u-boot.de.

Seenotrettungsmuseum: Grundstock des 2014 eröffneten Museums ist der ausgemusterte Seenotrettungskreuzer „Arwed Emminghaus", der zusammen mit dem U-Boot Blickfang am Burgstaakener Hafen ist und komplett besichtigt werden kann. Im Gebäude gegen-

Die Vogelfluglinie

Landvögel meiden das Überfliegen großer Wasserflächen, Seevögel hingegen haben eine ausgeprägte Scheu vor dem Passieren größerer Landflächen. Für beide ist also die schmale Landbrücke, die Fehmarn und die dänischen Ostseeinseln bilden, gewissermaßen ein vergleichsweise „kleines Übel", sodass sich hier die Wege beider Zugvogelarten kreuzen und es zu einer ungeheuren Ansammlung an Vogelschwärmen kommt. In den Naturschutzgebieten auf und um Fehmarn können die Vögel rasten, Nahrung aufnehmen und Kraft für den Weiterflug schöpfen. Manche Arten nutzen die idealen Bedingungen, um gleich hier zu brüten.

Symbol der Tunnelgegner: blaues Andreaskreuz

Als Vogelfluglinie bezeichnet man auch die Europastraße 47, welche die Insel buchstäblich in zwei Hälften teilt. Der Durchgangsverkehr rollt über die spektakuläre Fehmarnsundbrücke im Süden (→ Kasten S. 109) und endet im großen Fährhafen von Puttgarden, von dem rund um die Uhr die Fähren Richtung Dänemark ablegen. Ab 2028 wird dies jedoch möglicherweise Geschichte sein und Fehmarn endgültig ins Zentrum Europas rücken. Dann sollen die Autos und Züge durch einen spektakulären 18 km langen Tunnel unter dem Fehmarnbelt zur dänischen Insel Lolland rollen. Doch das Projekt ist stark umstritten; allerorts sieht man blaue Andreaskreuze an den Grundstücken, die den stillen Protest der Tunnelgegner symbolisieren.

über veranschaulicht eine nur 80 m² kleine Ausstellung die Geschichte des deutschen Seenotrettungswesens. Hier wird in einem winzigen Kino auch interessantes Filmmaterial zur „Arwed Emminghaus" gezeigt.

▪ Ostern bis Ende der Herbstferien (und in den Weihnachtsferien) tägl. 10–18 Uhr. Erw. 7 € (nur Schiff 5,50 €), Kinder 4–17 J. 5 € (nur Schiff 4,50), Familien mit 3 Pers. 18 € (jede weitere Pers. 2 €). Hafen Burgstaaken 89, ✆ 04371-8797777, seenotrettungsmuseum-fehmarn.de.

Praktische Infos

→ Karte S. 123

Einwohner 6000

Information Der **Tourismus-Service** mit zentraler Zimmervermittlung für die ganze Insel befindet sich direkt am Südstrand in Burgtiefe, Zur Strandpromenade 4, ✆ 04371-506 300. Eine Zweigniederlassung gibt es am Ortseingang im Stadtteil Burg, Bahnhofstr. 30, 23769 Burg auf Fehmarn, ✆ 04371-506358, fehmarn.de. Zudem existieren auf Fehmarn noch eine Reihe privater Vermittlungsbüros.

Ostseecard: Auf der ganzen Insel gilt ein einheitlicher Tourismusbeitrag (nur für Erw.) von 2,30 €/Tag, Nebensaison 1,20 €. Tagesgäste zahlen am Strand 2,50 € (Automat).

meinTipp **Kino** **Burg-Film-Theater,** eines der schönsten Kinos im Norden, liegt etwas versteckt mitten in Burgs Stadtzentrum und ist ein kuscheliges Speisekino im Stil der 70er-Jahre, d. h., vor dem Kinosessel gibt es ein kleines Tischchen mit Lampe, an dem Snacks und Getränke verzehrt werden können. Und hinten im großen Kinosaal gibt es sogar eine Bar. Breite Straße 13a, ✆ 04371-6728, burgfilm theater.de.

Parken Gebührenpflichtige Großparkplätze (Parkplatz West, Ost und Nord) im Innenstadtbereich. Von hier sind es nur 5 Min. Fußweg zur Stadtmitte. Gebührenpflichtige Parkplätze auch am Hafen Burgstaaken.

Schwimmbad **Fehmare,** Badewelt direkt am Südstrand mit 6 Becken, darunter ein großes Meerwasser-Wellenbecken, Außenrutsche und großzügiger Wellnessbereich mit Dachterrasse und verschiedene Saunen, Gastronomiebereich „Burger Station". Tägl. 10–19 Uhr (Sauna: Mo–Sa im Regelfall 13–22 Uhr). Badewelt (3 Std.) 15 € (inkl. Sauna 21 €), Kinder 4–16 J. 7 €, Familien 39 €. Burgtiefe, Zur Südstrandpromenade 6, ✆ 04371-889960, fehmare.de.

Soccergolf Eine Art Minigolf auf 18 Bahnen mit einem Fußball. Im Sommerhalbjahr tägl. 10–17 Uhr (Nebensaison Di–Do Ruhetag). Bei Dauerregen geschlossen. Hunde nicht erlaubt. Erw. 11,50 €, Kinder 5–15 J. 9 €. Mummendorfer Weg 11c (bei der Galileo-Wissenswelt), ✆ 0151-57836277, soccergolf-fehmarn.de.

Wassertaxi In der Saison ab Mitte Juni wochentags täglich 12 Fährfahrten mit Reusenboot *Annika* über den Burger Binnensee zwischen Burgstaaken und Burgtiefe (Südstrand und Jachthafen). Erw. 5 € (hin und zurück 9 €), Kinder bis 16. J die Hälfte. Abfahrt Burgstaaken 11–16 Uhr zu jeder vollen Stunde. ✆ 0171-9916822.

Wochenmarkt Jeden Mi 7–14 Uhr auf dem Marktplatz von Burg.

Übernachten & Essen in der Innenstadt

***** Uno-Hotel Wissers 2,** Burgs fast 200 Jahre altes Traditionshaus im Herzen der Stadt bietet 40 geräumige Zimmer mit allem Komfort (jedoch kein Fahrstuhl im Haus). Im hinteren Gebäudetrakt, in dem 2004 der historische Festsaal ausbrannte, befindet sich ein Gästehaus (diese Zimmer haben weniger Charme; dort auch mit Appartements). Angeschlossen sind ein **Restaurant-Café** und ein gepflegtes Bistro (Do Ruhetag). Großzügige Terrasse vor dem Haus mit Blick auf den belebten Marktplatz. Am Markt 21, ✆ 04371-3111, wissers-hotel.de. **€€** (Hotel), **€€** (Restaurant)

meinTipp ***** Hotel-Restaurant Burg-Klause 7,** familiengeführtes Traditionshotel mit modernem Anbau. Zentral und relativ verkehrsreich gelegen. Manche der 37 Zimmer sind mit Balkon (Sonnenzimmer) oder Terrasse (Gartenzimmer) ausgestattet. Stilvoll-gemütlich mit reichlich Komfort; Wellnessbereich mit 3 Saunen. Reichhaltiges Frühstück. Weil der Seniorchef aus dem Allgäu stammt, präsentiert sich das **Restaurant** mit schöner Kastendecke und groben Holztischen in alpenländischem Stil. Natürlich gibt es hier auch süddeutsche Spezialitäten (z. B. Käsespätzle), vorwiegend jedoch gute regionale Küche mit fangfrischem Fisch. Blieschendorfer Weg 1–5, ✆ 04371-500 20, burg-klause.de. **€€** (Hotel), **€€** (Restaurant)

Doppeleiche 6, der Name verwirrt, denn es stehen zwei Linden vor dem Eingang. Die namensgebende Doppeleiche gibt es dennoch; sie steht auf der eingefassten Grünfläche der angrenzenden belebten Straße. Das traditionelle Haus ist heute ein gepflegtes italienisches

Fehmarn → Karte S. 112/113

Restaurant mit großer Speisekarte, in dem es neben Pizza und Pasta v. a. auch guten Fisch, aber auch Wild gibt. Steaks und Lamm sind auch im Angebot. Es gibt zudem eine Kinderkarte. Der große Speiseraum ist gediegen eingerichtet. Mit der alten Freitreppe im Flur wirkt das Haus fast nobel. Windgeschützte Terrasse vorm Haus, dort nachmittags auch Kaffeespezialitäten. Zudem gibt es hier einen kleinen Hotelbetrieb (4 Zimmer und ein Appartement). Tägl. 12–21.30 Uhr. Breite Str. 32, ✆ 04371-9920, doppeleiche.com. **€€€**

MeinTipp **Netti's Restaurant 8**, rustikale, vielleicht ein wenig zu eng bestuhlte Einrichtung mit viel Holz. Sehr schmackhafte gutbürgerliche Küche (z. B. Nettis Fischteller, prima Steaks mit Bratkartoffeln oder Schnitzel, Garnelenpfanne und als Spezialität auch hervorragende Ente, die man aber besser vorbestellen sollte). Stimmiges Preis-Leistungs-Verhältnis. Terrasse hinter dem rot gestrichenen Haus. Immer gut besucht, daher besser reservieren. Tägl. 17–22 Uhr (Di Ruhetag). Süderstr. 34, ✆ 04371-879242. **€€**

Café Traube 3, das etwas versteckt hinter dem Rathaus in einem stillen Winkel der Altstadt liegende alte Inselhaus ist ein nettes Café, in dem Sie in schönem Ambiente hausgebackenen (Blech-)Kuchen, aber auch ein leckeres Frühstück sowie kleine Gerichte wie Suppen, Quiche und Currywurst genießen können. Passend zum schönen rosenbewachsenen Äußeren sind die Gasträume mit Liebe zum Detail eingerichtet. Zudem gibt es eine sonnige Terrasse mit Weinrebendach. Do–So 11–17 Uhr. Ohrtstr. 9, ✆ 04371-6049445.

U 11: Blickfang am Hafen von Burgstaaken

Café Jedermann 5, über den Stichweg am Kino hinunter gelangt man von der Breiten Straße direkt zu dem gemütlichen Café mit unkompliziertem Interieur und großem Biergarten. Serviert werden leckere Kuchen, Milchreis, Eis und viele Teespezialitäten. Es gibt aber auch bis 12.30 Uhr Frühstück sowie Suppen, Bratwurst, Käse- und Wurstbrote oder Crêpes. Kinderfreundlich (Spielplatz). Tägl. 10–20 Uhr (in der Nebensaison kürzer). Ohrtstr. 25, ✆ 04371-1411.

MeinTipp **Café Liebevoll & Kulturlabor 1**, verstecktes Kleinod in einer ehemaligen Bäckerei. Wie der Name schon sagt: mit viel Liebe und stilvoll mit antiken Gebrauchsmöbeln eingerichtet. Hinter dem Haus verbirgt sich ein sehr schöner, sonniger (und kindgerechter) Garten; eine ruhige Oase in der im Sommer oft übervollen Touristenmetropole. Es gibt nicht nur abwechslungsreiche Früh- und Spätstücke, leckere Kaffeespezialitäten, Torten, Kuchen und z. B. auch Wraps mit feurigem Rührei – das Liebevoll bietet noch mehr und versteht sich auch als „Kulturlabor". Regelmäßig gibt es in der rückwärtigen, mit Bühne und alten Kinosesseln versehenen Backstube Kabarett, Konzerte oder Lesungen (Info unter kulturlabor.biz). Tägl. 9–18 Uhr, Sa bis 24 Uhr. Bahnhofstr. 17, ✆ 04371-8895898.

Café im Hof 4, gemütliches Café des Fehmaraner Tee- und Kaffeekontor, im Herzen der Altstadt in einer Hofpassage (Ostertwiete), mit großer Terrasse. Große Kuchenstücke. Im angeschlossenen Laden können Sie die in großen blauen Blechdosen angebotenen Teespezialitäten natürlich auch erwerben; das Kontor betreibt aber auch einen florierenden Onlineshop (teekontor.com). April–Okt. tägl. 10–17 Uhr (So Ruhetag). Osterstr. 45, ✆ 04371-6694.

MeinTipp **Radden's Eis 9**, Kulteisladen, in dem seit 1947 ein immer frisches und leckercremiges Softeis und auch Milchshakes hergestellt werden. Ausschließlich Straßenverkauf durch ein kleines Verkaufsfenster, vor dem sich in der Saison stets lange Schlangen bilden. Fürs Warten wird man mit ungewöhnlichen Softeismischungen (z. B. Cappuccino, Maracuja, auch Erdbeerbecher) belohnt. April–Okt. tägl. 13–19.30 Uhr. Süderstr. 40, ✆ 04371-1255.

Puttgarden
Meeres-
zentrum
Fehmarn
Farmworld
Fehmarn
Gertruden-
thaler Str.
Industriestr.
Bahnhof
Am Steinkamp
Klaus-Groth-Str.
Niendorfer Weg
Bürgermeister-
Lafrenz-Straße
Schmetterlingspark
und Galileo
Wissenswelt
Landkirchener Weg
Mummendorfer Weg
Kirchner
Dokumentation
im Stadtpark
Birkenweg
Bahnhofstr.
Niend. Str.
Gahlendorfer Weg
Am Mellenthinpl.
Sport-
platz
Am Markt
Osterstr.
Rathaus
Mühlenstraße
Wiesenweg
Ohrtstr.
Breite Str.
Fehmarn-Museum
St. Nikolai
Sahrensdorfer Str.
Priester-
str.
Süderstr.
Badstaven
Katharinenhof
Bliesschendorfer Weg
Alter Postweg
Kapellenweg
Mathildenstraße
St.-Jürgen-
Kapelle
Jugend-
herberge
Wulfener Weg
Breslauer Straße
Sommerweg
Staakensweg
Klemmweg
Grüner Weg
Syltweg
Königsberger Str.
Strandallee
Lotsenweg
Menzelweg
Burgstaaken
Museum
Übersee
Das Dunkel-
experiment
Am Deich
Birkenw.
Bürgermeister
Fox - Straße
Neue Tiefe
Seenotrettungs-
museum
U-Boot-
Museum
Fischereihafen
Am
Binnensee
Burger Binnensee
bernachten
Uno-Hotel Wissers
Doppeleiche
Hotel Burg-Klause
Hafenhotel
Schützenhof
IFA Fehmarn
Strandhotel Bene
afés
Café Liebevoll und
Kulturlabor
Café Traube
Café im Hof
Café Jedermann
Radden's Eis
Café Kontor
Café El Sol
Chillaz
Essen & Trinken
2 Wissers
6 Doppeleiche
7 Restaurant
Burg-Klause
8 Netti's Restaurant
10 Waidwerk
12 Zum goldenen Anker
13 Fehmarn'sches
Fischlädchen
15 Sailor's Inn
16 Restaurant Windrose
17 Restaurant Bene
Yachthafen
Burgtiefe
Vogelschutz-
gebiet
Kohlhofinsel
Burgruine
Glambek
Strandallee
Am Jachthafen
Stranddistelweg
Strandhaferw.
Dünenweg
Schwimm-
bad
Südstrandpromenade
Südstrand
220 m
Burg

Essen & Trinken in Burgstaaken

Café Kontor 11, sehr gemütliches und oft gut besuchtes Café in den ehemaligen Kontorräumen der Fehmarn-Mühle von Burgstaaken, liebevoll mit zahlreichen Wohnaccessoires geschmückt, die auch käuflich zu erwerben sind. Tische im gepflegten Garten mit Blick auf den rückwärtigen Hafen. Leckere Torten. Tägl. 12–18 Uhr (Di Ruhetag). Burgstaaken 59, ✆0172-4507279.

meinTipp **Zum goldenen Anker 12**, traditionelle und gute Fischgaststätte im Stil einer Hafenkneipe, die hier schon seit über 100 Jahren Gäste bewirtet. Direkt am Hafensilo von Burgstaaken. Rustikal-maritimes Ambiente mit Netzen und Rettungsringen in den alten, hohen Speiseräumen, in denen es z. B. gutes hausgemachtes Labskaus oder Dorschfilet gibt. Schöne Terrasse mit Hafenblick vor dem Haus. Besonders in der Abendsonne lässt es sich hier aushalten. Tägl. durchgehend warme Küche 11.30–21.30 Uhr. Burgstaaken 63, ✆04371-3163. **€€**

Fehmarn'sches Fischlädchen (Fischereigenossenschaft Fehmarn) **13**, großer SB-Hafenimbiss mit Verkauf direkt am Burgstaakener Hafen. Es gibt v. a. deftige Fischgerichte mit Bratkartoffeln und leckere Fischbrötchen. In der Saison oft lange Schlangen. Tische sowohl drinnen als auch auf der windgeschützten Terrasse. Mo–Sa 9–19 Uhr, So 11–18 Uhr (Nebensaison kürzer). Burgstaaken 81, ✆04371-86010. **€**

Café El Sol 14, innen modern eingerichtet, draußen große Terrasse mit Blick auf den Hafen. Es gibt prima Torten, Kuchen (große Stücke) und Waffeln, aber auch Snacks (Ciabatta, Flammkuchen, Suppe) sowie Bier vom Fass. Der Name geht zurück auf die Inhaberin – sie ist Spanierin. Burgstaaken 85, ✆04371-8898307.

Übernachten und Essen in Burgtiefe (Südstrand)

meinTipp ****** Strandhotel Bene 17**, aufwendig renoviertes und zum modernen Designhotel umgestaltetes Haus aus den 70ern. Geblieben ist die schöne Lage am Südstrand; fast alle der 44 modernen Zimmer haben einen Balkon mit Meerblick. Die Ausstattung reicht vom Komfort- über Familien- und behindertenfreundliche Terrassenzimmer bis zum Wellnesszimmer (teils mit eigener Sauna). Prima Frühstücksbüfett, netter Service. Gutes **Restaurant** (z. B. Fischpfanne oder Kalbsschnitzel). Lounge und Strandterrasse. Burgtiefe, Am Südstrand 17, ✆04371-8653, bene-fehmarn.de. **€€€** (Hotel), **€€€** (Restaurant)

*****IFA-Fehmarn 16**, das Hotel und Ferienzentrum nutzt den mittleren und zur Hälfte den westlichen der drei markanten Türme am Südstrand und vermietet die meisten Einheiten als Ferienwohnungen, für die aber auch Hotelservice in Anspruch genommen werden kann. Über die denkmalgeschützte Hochhausarchitektur von 1969 lässt sich streiten, auch die Einrichtung ist teilweise ein wenig in die Jahre gekommen, die Aussicht von oben ist jedoch hervorragend. Das Frühstück oder die HP wird im hoteleigenen **Restaurant Windrose 16** eingenommen. Burgtiefe, Südstrandpromenade 1, ✆04371-890, ifa-fehmarn-hotel.com. **€€€** (Hotel), **€€** (Restaurant)

*****s Hafen Hotel Schützenhof 10**, in Burgstaaken, mit seinen 29 Zimmern ist das Hotel schon eines der größten der Insel. Es liegt ruhig in einem Wäldchen vor dem Hafen und verfügt über saubere, teilweise nicht allzu große Zimmer. Zuvorkommendes Personal; hundefreundlich, kein Fahrstuhl; kostenlose Parkplätze. Im **Restaurant Waidwerk 10** wird ab 17 Uhr schmackhafte Bistroküche serviert. Es gibt zwei riesige Gasträume und eine gemütliche holzvertäfelte Bierstube mit Kachelofen. Vielseitiges Frühstücksbüfett. Menzelweg 2, ✆04371-50080, hafen-hotel.de. **€€** (Hotel), **€** (Restaurant).

Sailor's Inn 15, gemütliches Ambiente mit schönem Blick auf den Jachthafen. Guter Service, nicht allzu große Karte mit frischen Fisch- und Fleischgerichten samt Bratkartoffeln oder Pommes, auch Sauerfleisch nach altem Rezept oder vegane Burger. Keine preiswerte, dafür aber frische, gute Küche. Tägl. 17–22 Uhr (Mo Ruhetag). Yachthafen 8–10, ✆04371-6059957. **€€€**

meinTipp **Chillaz 18**, eine schönere Lage gibt's auf Fehmarn kaum: Am letzten Ende des Südstrandes direkt am Meer, mit wunderbarem Blick auf den Wulfener Hals und auf die zum Greifen nahe vorbeigleitenden Boote. Nur zu Fuß oder mit dem Rad zu erreichen. Das lichtdurchflutete Café mit Cocktailbar war einmal ein Rettungsbootschuppen. Nette Holzterrasse vor dem Haus, auf der sich bei Chillout- und Loungemusik der Sonnenuntergang genießen lässt. Selbstbedienung (Getränke, Kuchen, Tapas-Platte). Tägl. ab 10 Uhr (Nebensaison ab 12 Uhr) bis Sonnenuntergang geöffnet. Strandpromenade 1, ✆0153-1103890.

Fehmarns Osten

Von Staberhuk an der Südostspitze bis zum Fährbahnhof Puttgarden reicht der Ostteil der Insel, der einst die Landgemeinde Bannesdorf bildete. Hier dominiert die Steilküste, an der noch wenige Reste des Waldes erhalten sind, der früher einmal ganz Fehmarn bedeckte.

Die ruhigen Dörfer und Sehenswürdigkeiten im Ostteil der Insel liegen weit verteilt. Wenn es überhaupt noch urwüchsige und unberührte Küstenabschnitte auf Fehmarn gibt, dann hier. Die Strände, falls vorhanden, sind zwar mit großen Steinen durchsetzt, wegen ihres herben Charakters aber besonders reizvoll.

Leuchtturm Staberhuk

6 km Fußweg sind es von Burgtiefe am Strand entlang bis nach Staberhuk. Alternativ empfiehlt sich die Straße über das landeinwärts gelegene Staberdorf (immer geradeaus zur Marineortungsstelle). Von dort geht es nur zu Fuß weiter, am Küstenstreifen entlang bis zum 2 km entfernten Leuchtturm. Der 23 m hohe Turm von 1903 ist allerdings nicht näher zu besichtigen und tut noch heute seinen Dienst, weil die Gewässer um Staberhuk wegen dicht unter der Wasseroberfläche liegender Felsbrocken für die Schifffahrt sehr tückisch sind.

Wandern Man startet den 4 km langen Spaziergang zum Leuchtturm Los am südöstlichen Ende der Insel an der Marineortungsstelle mit ihrem gewaltigen Antennenturm, 2,5 km hinter Staberdorf. Dort führt ein Trampelpfad entlang der sturmgeplagten Steilküste zum Leuchtturm Staberhuk. Zurück geht es über den schnurgeraden Leuchtturm-Zufahrtsweg, bis nach ca. 5 Min. rechts ein Weg mitten durch das Wäldchen führt. Nachdem Sie das sog. Staberholz durchquert haben, sind Sie wieder an dem zum Parkplatz führenden Klippenweg.

Minigolf **Adventure Golf,** Minigolfplatz der Extraklasse auf dem Weg nach Staberhuk, am Ortsausgang von Meeschendorf (Richtung Staberhuk). Der Platz bietet 18 übergroße und abwechslungsreiche Bahnen. Das 12.000 m² große parkähnliche Gelände verfügt über ein geräumiges Café mit Panoramaterrasse und einen Piraten-Kinderspielplatz. Eintritt 9 €, Kinder bis 17 J. 7 €, Familien (2+2) 29 €. Tägl. 9–21 Uhr, in der Vor-/Nachsaison nur 10–18.30 Uhr (Mo Ruhetag). ✆ 04371-8888574, adventure-golf-fehmarn.de.

Katharinenhof

Der bekannteste, vielleicht schönste Fleck der Ostküste ist die Gegend um Katharinenhof. Eine alte Lindenallee

Leuchtturm Staberhuk

Freie Fehmaraner

In ihrer bewegten Geschichte blieben die Fehmaraner immer freie Bauern und waren nur dem Landesherrn unterstellt. Im Gegensatz zu ihren Nachbarn auf dem Festland waren sie also nie Leibeigene irgendeines Adelsgeschlechts, in dessen Hand sich damals weite Teile Ostholsteins befanden. Darauf waren die Bauern stolz, und stets sorgten sie dafür, dass dies auch so blieb. Denn hatte der Adel einmal Land auf der Insel, kauften die selbstbewussten und allmählich auch wohlhabenden Bauern dem adeligen Herrn seine Besitztümer einfach zu einem guten Preis ab. Als die Adeligen Ostholsteins versuchten, auch auf Fehmarn Gutsherrschaft und Leibeigenschaft einzuführen, wurden die Fehmaraner von ihrem Landesherrn, dem Fürstbischof Herzog Johann Friedrich von Lübeck-Eutin, unterstützt: Er verbot dem Adel im Jahre 1617 jeglichen Landbesitz auf Fehmarn.

führt von Vitzdorf zu dem Ort, der 1920 durch die Aufteilung des ehemals gleichnamigen Gutshofs in mehrere kleine Ansiedlungen entstand. Katharinenhof ist deshalb kein Dorf im eigentlichen Sinne, sondern eher eine Ansammlung von weitverstreuten Häusern und Höfen.

Die Lindenallee, die nach Katharinenhof hineinführt, endet nach einer 90-Grad-Kurve an einem Campingplatz. Kurz davor führt rechts hinunter ein Stichweg zum Waldrand (Parkmöglichkeit). Die im Schnitt 5 m hohe **Steilküste** dahinter wird durch starken Regen oder Sturm ständig ein wenig mehr abgetragen. Große Baumwurzeln ragen wie knochige Finger aus der Küste heraus, bis die Bäume schließlich abrutschen und dann mit zahlreichen, ebenfalls freigelegten großen Findlingen am Strand herumliegen. Der ansonsten weitgehend aus Kies bestehende Strand hat seinen besonderen Reiz, auch am Nachmittag, wenn der Schatten der Bäume für besondere Lichtverhältnisse sorgt. Wer Ursprünglichkeit mehr schätzt als Komfort, ist hier richtig, ebenso wie zahlreiche Steinesucher, die v. a. nach stürmischen Tagen darauf hoffen, hier ein Körnchen Bernstein (→ S. 418) oder einen Hühnergott (ein Feuerstein mit Loch) zu finden.

Essen & Trinken **Waldpavillon,** kaum ein Restaurant auf Fehmarn bietet einen so traumhaften Ausblick. Es ist fast direkt auf die Steilküste gebaut und von Bäumen umgeben. Das Interieur ist aufgeräumt, auch wenn es wie auch die Terrasse mit Seeblick etwas nüchtern wirkt. Zur Kaffeezeit gibt's besonders große Stücke Kuchen. Auch die Speisekarte ist reichhaltig (v. a. Fischgerichte mit frischen Zutaten). Ein Campingplatz liegt in unmittelbarer Nähe, ist aber durch die gesonderte Zufahrt vom Haus aus nicht zu sehen und stört nicht weiter. Parkplätze vorhanden. Nur April–Sept. tägl. ab 12 Uhr. Katharinenhof 28, ✆ 04371-879913. **€€**

Allee-Café, direkt am Ortseingang am Beginn der Lindenallee lohnt ein Stopp im nett gemachten Café/Bistro. In einer zu Gastronomie und Ferienwohnungen liebevoll umgebauten Scheune wurde ein erstaunlich hoher Gastraum bunt gefliest und mit dunklen Tischen eingerichtet. Natürlich gibt's auch Plätze im Grünen im Cafégarten vorm Haus. Im Angebot sind Kuchen vom Blech und Torten (auch gluten- und laktosefrei). Spezialität sind die riesigen Windbeutel. Auch Herzhaftes aus der Landküche wie Suppen, Omelett, Pfannkuchen, Pizza und Salate. Im kleinen Hofladen können Sie außerdem Käse, Marmelade, Wein und Geschenkartikel kaufen. Im Regelfall Mitte März–Okt. tägl. 11–18 Uhr geöffnet, zudem in den schleswig-holsteinischen Weihnachtsferien tägl. 12–18 Uhr. Katharinenhof 3, ✆ 04371-503838.

Bannesdorf

Der Ort mit seinen 720 Einwohnern liegt etwas abseits der nach Puttgarden führenden Straße. Hier geht es außerordentlich ruhig zu, und man erahnt kaum, dass Bannesdorf, wie alte Funde belegen, schon auf eine lange Siedlungsgeschichte zurückblicken kann. Bedeutung kommt Bannesdorf v. a. deshalb zu, weil es sich um eines von nur drei Kirchdörfern der Insel handelt. Die **St.-Johannis-Kirche** wurde Mitte des 14. Jh. errichtet und ist im Grundriss dem Ratzeburger Dom nachempfunden. Wie so oft in Ostholstein wurde der vierkantige Turm erst viel später angebaut, nämlich 1701. Er ist recht schlicht gehalten und erstaunlicherweise nicht aus Stein, sondern aus Holz gebaut. Wer innehält, wird ein Geräusch vernehmen: das gleichmäßige Pendeln der Turmuhr. Im Inneren der schlichten Kirche besticht v. a. der mit einem Backsteinboden ausgelegte quadratische Chor, in dem noch Reste spätgotischer Wandmalerei erhalten geblieben sind. Zu den Schätzen der Kirche gehört zudem ein uralter pokalförmiger Taufstein von 1240 und der neben dem Eingang stehende ehemalige Altar von 1777. Auffallend sind auch die drei reich verzierten und untereinander durch Gänge verbundenen Logen (um 1730). Es sind sog. Hochstühle angesehener Bauernfamilien. Bei genauem Hinschauen erkennt man, dass in der mittleren Loge eine schmale Goldledertapete angebracht ist.

Essen & Übernachten **Gasthof Meetz,** der Hotel-Gasthof präsentiert sich als modern renovierter Dorfgasthof mit schönem Festsaal und netter Gartenterrasse. Freundliches Personal. Es gibt nicht nur Fleischgerichte aus eigener Aufzucht und Schlachtung (mit leckeren Bratkartoffeln), sondern auch leckeren Fisch und gerne auch Wildspezialitäten. Küche 11.30–13.30 Uhr, abends 17.30–21 Uhr (Sonntagabend und Mo geschlossen). Der direkt an der Kirche gelegene Gasthof vermietet auch ruhige Zimmer (mit Bad) und Ferienwohnungen. Kirchenstieg 12, ✆ 04371-8899880, gasthof-meetz.de. **€€** (Hotel), **€€** (Restaurant)

Hofcafé Klausdorf & Hofladen, 2 km südöstlich von Bannesdorf. Geräumige Gartenterrasse und zahlreiche Innenplätze. Hier können Sie frühstücken oder leckeren selbstgebackenen Kuchen und naturbelassenes Bauernhof-Eis genießen. Im Hofladen gibt es Brötchen, Wurst, Käse, Eier, Obst, Gemüse sowie Wein, Saft, Konfitüre u. Ä.; zudem Fleisch vom Sattelschwein und Berkshire-Schwein aus eigener Zucht. Auf Kinder wartet ein kleiner Streichelzoo und ein kleines Trampolin. Ende März bis Ende Okt. tägl. 7–18 Uhr. Dorfstr. 30, ✆ 04371-879784.

Campingplatz Klausdorfer Strand, gepflegter Platz in schöner Lage an der Steilküste im Inselosten (4 km von Bannesdorf). Nur wenige Büsche schützen die etwa 500 Stellplätze vor dem Wind, dafür aber hat man freien Blick bis hinüber nach Dänemark. Über eine Treppe geht es direkt zum Naturstrand. SB-Frischmarkt und Restaurant, auch Mietwohnwagen und Sauna. Geöffnet April–Okt. Strandweg 100, ✆ 04371-2549, camping-klausdorferstrand.de.

Puttgarden

Solange der Fehmarnbelttunnel noch nicht fertiggestellt ist, endet in Puttgarden der schnelle Weg nach Norden, die Europastraße 47, welche die Insel wie ein Band zerschneidet. Hier geht es nur noch vom Fährbahnhof aus weiter, der den Namen des kleinen und sehr ruhigen Dorfes europaweit bekannt gemacht hat. Der **Fährbetrieb** mit den beeindruckenden großen Pötten ist sehr gut von der den Hafen begrenzenden, begehbaren **Mole** aus zu beobachten, die etwa 800 m weit ins Meer ragt. Bei starkem Wind und Seegang brechen die Wellen schon mal über die Kaimauer und duschen mit ihrer Gischt so manchen Urlauber. Mittlerweile hat sich der Hafen auf die vielen Besucher eingestellt. Von einer Stegbrücke aus kann man beobachten, wie die Pkws, Lastwagen und Züge direkt in den riesigen Schiffsbauch der modernen Doppelendfähren rollen, die alle 30 Minuten zwischen Puttgarden und dem däni-

Fehmarn → Karte S. 112/113

schen Rødbyhavn hin- und herpendeln. Im Hafenbecken liegt zudem ein schwimmendes Ungetüm, der sogenannte *BorderShop* mit einem durchaus beeindruckenden Angebot an Weinen, Spirituosen und Süßigkeiten. Hier kaufen v. a. Dänen und Schweden Alkohol und Zigaretten in extremen Mengen ein. Kostenlos parken darf man hier jedoch nur mit gültigem Fährticket (ansonsten Parken bis zu 4 Std. für 4 €).

Der Ort Puttgarden selbst liegt etwas abseits des Hafens, ist beschaulich und eher unauffällig.

Schiffsausflug nach Dänemark Alle 30 Minuten startet eine Fähre. Die Fahrt über den 18 km breiten Fehmarnbelt dauert 45 Min. – Zeit genug, um frische Seeluft zu schnuppern (oder im Bordshop einzukaufen). Auto- und Fahrradfahrer reihen sich wie an einer Autobahn-Mautstation ein und kaufen ihr Ticket am Schalter direkt vom Fahrzeug aus. Für Fußgänger gibt es einen Automaten am Ende der hölzernen Fußgängerbrücke. Das Tagesticket für einen Pkw (bis 9 Pers.) kostet in der Hauptsaison 108 € (wegen des sog. Cashback-Gutscheins aber nur 83 €), in der Nebensaison 85 € (gilt jeweils ab 6 Uhr bis Mitternacht). Tagesticket für Fußgänger: Erw. 20 €, Kinder 5–13 J. 10 € (in der Nebensaison ab 10 bzw. 5 €), Fahrradzuschlag 6 € (Nebensaison ab 1,50 €).

Parken: Tagesparkplatz am Hafen links, bis zu 4 Std. 4 €, bis zu 12 Std. 8 €. Infos unter Scandlines, ✆ 0381-77887766, scandlines.de.

Niobe-Denkmal

Nördlich von **Gammendorf,** eingerahmt von den Naturschutzgebieten *Grüner Brink* und *Nördliche Seeniederung Fehmarn,* wird der Besucher zunächst von einem Campingplatz mit dem Restaurant Niobe und einem großen, aber oft vollen Parkplatz empfangen. Das schlichte Denkmal, nach dem sich die Gaststätte benannt hat, liegt ein paar Hundert Meter entfernt am schönen breiten, aber ein wenig steinigen Naturstrand. Es erinnert an den Untergang des **Segelschulschiffs Niobe,** das bei der Fahrt durch den Fehmarnbelt im Juli 1932 plötzlich von einer gewaltigen Gewitterböe erfasst wurde und kenterte. Der stolze Segler sank innerhalb von 4 Minuten, 69 Besatzungsmitglieder ertranken, nur 40 konnten gerettet werden. Das Denkmal besteht lediglich aus einem Stück Mast und einem schlichten Stein mit der Aufschrift: „Den Geliebten vom Schulschiff Niobe 26. VII 1932". Der Stein als Sinnbild passt, wurde doch in der griechischen Mythologie die vom Schmerz überwältigte Göttin Niobe in einen Stein verwandelt, der von ihren Tränen für immer nass war. Im Jahr 1966 hat man das Denkmal neu positioniert und den Sockel mit einer erklärenden Bronzetafel versehen. Der Text endet mit dem etwas pathetischen Zitat: „Es ist nicht nötig, dass ich lebe, wohl aber, dass ich meine Pflicht tue."

▪ Vom Parkplatz des Naturschutzgebiets führt ein gepflasterter Fahrweg zum feinsandigen **Badestrand Grüner Brink** 800 m weiter östlich. Hier hat sich eine flache Lagune gebildet. Es gibt einen kostenfreien Parkplatz und den netten **Imbiss Beltbude** mit Strandkorbvermietung.

Auslaufmodell: Puttgardens Fährverbindung nach Dänemark

Am idyllischen Hafen von Orth

Fehmarns Westen

Der Westteil Fehmarns zeigt sich beschaulich, ist aber oft sehr windig. Sandstrand ist hier Mangelware. Schmale, steinige, aber bei Surfern und Anglern beliebte Küstenstreifen herrschen vor. Im Südwesten der Insel liegen im Schutz der Orther Reede die sehenswerten, einst bedeutenden Hafenorte Lemkenhafen und Orth.

Hier im Westen ist noch viel von der einst für die gesamte Insel so typischen Siedlungsstruktur erhalten geblieben: durch Alleen verbundene Dörfer mit großen, repräsentativen Höfen, die um den Dorfteich oder die Gemeindewiese (Anger) gruppiert sind. Hauptort im Inselwesten ist Petersdorf mit seiner stattlichen Backsteinkirche. An der Westküste befindet sich das weithin bekannte Vogelschutzgebiet Wallnau, in dem naturnah und eindrucksvoll die Vogelwelt zu bestaunen ist. Der von Deichen begleitete nördliche und nordwestliche Küstenbereich mit den durch Nehrungshaken entstandenen Binnenseen ist seit 2014 als Naturschutzgebiet **Nördliche Seeniederung Fehmarn** ausgewiesen – auf Wegen darf man es erkunden.

Westermarkelsdorf

Die Ansiedlung mit Dorfanger, ganz im windigen Nordwesten der Insel, ist von Dutzenden Windkrafträdern umgeben. Etwas nördlich stehen der alte und der neue **Leuchtturm.** Das 18 m hohe backsteinerne Leuchtfeuer aus dem Jahr 1881 sicherte rund 140 Jahre lang die westliche Zufahrt zum Fehmarnbelt. Er bildet einen schönen Kontrast zum daneben liegenden beige bemalten Leuchtturmwärterhäuschen. Ein kleiner Parkplatz ist ein idealer Ausgangspunkt für eine Wanderung zum nördlichen Binnensee mit seinen Salzwiesen. Die in der roten Haube des Turms seit 1924 verwendete Gürtellinse verrichtet allerdings noch heute ihren Dienst. Sie wurde im Jahr 2021 einfach in den direkt nebenan platzierten neuen rund 24 m hohen Stahlturm überführt. Notwendig wurde dieser neue Leuchtturm, um den Schiffsverkehr während des Baus des Fehmarnbelttunnels zu überwachen.

Westlich des Dorfes führt ein kurviges Sträßchen über den Deich zum Strand, der schön, aber steinig ist. Seinen Wagen kann man auf einem kleinen kostenpflichtigen Parkplatz abstellen (nur 1,80 m Durchfahrtshöhe). Dieser meist windige Strandabschnitt ist nicht nur bei Strandspaziergängern, sondern auch bei Surfern und v. a. bei Brandungsanglern beliebt.

Wandern Die Strand- und Deichwanderung (6,5 km) rund um das **Markelsdorfer Huk** beginnt am Strandparkplatz Westermarkelsdorf und erschließt einen Teil des Naturschutzgebietes Nördliche Seeniederung Fehmarn. Zunächst läuft man gut 2 km immer am wunderschönen Strand entlang bis zur einsamen Nordwestspitze Fehmarns. Dort gibt es eine Aussichtsplattform zwischen dem Salzensee und dem Meer. Von dort führt ein Weg zum Ahoi-Campingplatz. Dieser wird durchquert. Hinter dem Campingplatz geht es über den Deich zurück zum Ausgangspunkt.

Fixpunkt im Nordwesten: Leuchtturm Westermarkelsdorf

Essen & Trinken **Altes Zollhaus,** sozusagen am letzten Zipfel der Insel, hinter dem Dorfteich. Einfaches, aber ordentliches Restaurant mit windgeschützter Terrasse (Kuchentheke). Schmackhaft ist der Fisch aus der Pfanne. Im Angebot sind aber auch herzhafte Steaks vom Angus-Rind. Terrasse hinter dem Haus. Durchgehend warme Küche 13–21 Uhr (Do Ruhetag). Westermarkelsdorf 11, ✆ 04372-991635. **€€**

Petersdorf

Der Hauptort Westfehmarns (mit nur ca. 600 Einwohnern) wird von der weithin sichtbaren **St.-Johannis-Kirche** beherrscht. Die stattliche Backsteinhallenkirche stammt ursprünglich aus dem 13. Jh., wurde danach aber mehrmals umgebaut. Ihr 64 m hoher Turm mit seiner gewaltigen achtseitigen Spitze ist etwa 20 Seemeilen weit zu sehen und diente der Schifffahrt früher als Tageslandmarke. Im Kircheninneren besticht v. a. der bedeutende vergoldete Schnitzaltar mit Figuren Marias und der zwölf Apostel sowie Heiligenbüsten (1390). Darüber hinaus befindet sich im Altarraum ein im 15. Jh. erbautes hölzernes Sakramentshaus. Es ist einem gotischen Turm nachempfunden und beherbergt die Figur eines segnenden Bischofs. Ebenfalls sehenswert ist die am Eingang zum Chor hängende hölzerne Kreuzigungsgruppe aus dem 15. Jh. (die Kirche ist tägl. 8–18 Uhr geöffnet).

Um die Kirche herum breitet sich der Friedhof aus, der wiederum fast kreisrund von mächtigen alten Linden umgeben ist. Die kopfsteingepflasterten Sträßchen, alte Backsteinhäuser und der kreisrunde **Dorfteich** (*Dorfsoll* genannt) etwas östlich vervollständigen die Idylle. Alljährlich im Mai wird dieses Ensemble Mittelpunkt des Rapsblütenfestes, das Tausende Besucher nach Petersdorf lockt. Große Teile der Insel erblühen um diese Zeit in kräftigem Gelb, und überall liegt der typische Blütenduft in der Luft. Den Höhepunkt des Festes bildet die Wahl der Rapskönigin. Der gekürten einheimischen Schönheit wird dann die Ehre zuteil, ein Jahr lang auf Tourismusmessen oder bei anderen Gelegenheiten als Repräsentantin der Insel aufzutreten.

Fehmarn → Karte S. 112/113

Wo Jimi Hendrix sein letztes Konzert gab

Von der Organisation her ging dieses Konzert als riesiger Flop in die Annalen der Musikgeschichte ein. Auch finanziell war es ein Desaster. Ein Jahr nach Woodstock wollte man mit dem **Love & Peace Festival** auf Fehmarn ein ähnlich legendäres Konzert in Europa auf die Beine stellen. Auf der Wiese **am Flügger Strand** spielten vom 4. bis 6. September 1970 u. a. *Frumpy*, *Ginger Baker*, *The Faces* (mit *Rod Stewart* und *Ronnie Wood*) und eben *Jimi Hendrix*. Doch der Dauerregen überforderte die Veranstalter, und der scharfe Ostseewind zerfetzte die Musik. Zudem sorgten 180 Rocker der Hamburger *Hells Angels* für gewaltigen Ärger.

Trotzdem war das Chaos im strömenden Regen ohne genügend Verpflegung, Getränke und Toiletten für die 25.000 angereisten Hippies ein unvergessliches Erlebnis. Denn hier trat Jimi Hendrix ein letztes Mal öffentlich auf und begeisterte die Menge, einige Tage bevor er in London an einer Alkohol- und Tablettenvergiftung starb.

Jimi-Hendrix-Gedenkstein

Ein Jimi-Hendrix-Gedenkstein steht seit 1997 am Flügger Strand. Auf dem 2,5 m hohen und 6,5 t schweren Findling ist im Maßstab 1:1 eine E-Gitarre eingemeißelt. Ansonsten gibt's hier wenig zu sehen.

▪ Zu Fuß erreicht man den Gedenkstein über den Deich, den man entweder vom Parkplatz Püttsee-Strand aus knapp 1 km in südlicher Richtung oder vom Flügger Strand aus 600 m in nördlicher Richtung bis zum Ende des Campingplatzes entlang läuft (dort wenige Parkmöglichkeiten). Fahrradfahrer kommen ohnehin am Gedenkstein vorbei, weil der Deichweg zugleich der (Ostseeküsten-)Radweg ist.

Essen & Übernachten Pension Lange, saubere, ruhige Pension mit nur 4 Zimmern am Dorfteich von Petersdorf. Gutes Frühstück. Mittelstr. 10, ✆ 04372-601, pension-lange-fehmarn.de. €

Dorfkrug, Im östlichen Ortsteil in der Nähe des Dorfteichs. Innen relativ klein und im Kneipenlook eingerichtet, schöne Holzterrasse vor dem Haus, rustikale Pommes- und Bratkartoffelgerichte aller Art, v. a. der Fisch (Kutterscholle) ist gut. Während der Saison tägl. 12–14.30 und 17–21.30 Uhr geöffnet. Mittelstr. 9, ✆ 04372-806181. €

Wasservogelreservat Wallnau

Die Anfahrt in das fast 300 ha große Naturschutzgebiet erfolgt über den idyllischen Ort *Bojendorf* mit seinen teils reetgedeckten Höfen. Für einen Besuch im Wasservogelreservat sollte man Zeit mitbringen, um die Dauerausstellung im Informationszentrum zum **Phänomen Vogelzug** anzusehen und v. a. um an der vom Naturschutzbund (NABU) angebotenen Führung teilnehmen zu können. Bei dieser kann man sich, ausgestattet mit einem Fernglas (Leihgebühr 1 €), auf einem Naturlehr- und Schnupperpfad mit zahlreichen Experimentierstationen und Themensäulen einen umfassenden Eindruck von der Tier- und Pflanzenwelt Wallnaus verschaffen. Allein 60 Brutvogelarten ziehen hier ihre Jungen auf, bis zu 200 weitere Zugvogelarten nutzen Wallnau als willkommenen Rastplatz. Von verschiedenen Hütten *(Hides)* aus lassen sich durch Beobachtungsschlitze die Vögel aus der Distanz betrachten. Zudem gewährt ein 12 m hoher Aussichtsturm einen guten Überblick über das Reservat, dessen Feuchtwiesen von Galloway-Rindern und Koniks (eine robuste Ponyrasse) kurz gehalten werden, womit man Nistplätze für Bodenbrüter schaffen will.

Gegründet wurde das Naturschutzgebiet im Jahr 1975 auf dem Gelände eines ehemaligen Teichguts. Durch Sturmfluten wurde das ohnehin wasserreiche Gebiet immer wieder überspült und ist damit – zum Segen für die Vögel – für eine intensive landwirtschaftliche Nutzung unbrauchbar.

Öffnungszeiten Infozentrum, März–Okt. tägl. 10–17 Uhr. Eintritt (inkl. Führung) mit Ostseecard 8,50 € (ansonsten 10 €), Kinder ab 6 J. 3,50 € (bzw. 4 €). Führung um 11, 13 und 15 Uhr. Gutes Bistro vor Ort. ✆ 04372-1002, nabu-wallnau.de.

Essen & Übernachten Strand-Camping Wallnau, sehr großer Platz der gehobenen Kategorie mit weit über 800 Plätzen und umfangreichem Animationsprogramm (Ponyreiten, Disco etc.). Kostenlose Warmwasserduschen. Mietwohnwagen vorhanden, Fahrradvermietung, SB-Markt, Surfrevier, Strandsauna. Mitte März bis Okt. ✆ 04372-456, strandcamping.de.

Flügge/Flügger Leuchtturm

Im Südwesten der Insel liegt der nur aus ein paar Häusern bestehende Weiler Flügge, zu dem zwei große Campingplätze gehören. Die eigentliche Sehenswürdigkeit Flügges ist jedoch der sandfarben verklinkerte, historische **Leuchtturm.** Das 1916 erbaute Leuchtfeuer wurde 1981 automatisiert und sichert die Einfahrt in den Fehmarnsund (→ Foto S. 10) Es ist mit 38 m der höchste Turm Fehmarns und der einzige, der auch zu besichtigen ist. Der **Rundumblick** von der (nach 162 Treppenstufen erreichten) Galerie ist bei schönem Wetter absolut lohnenswert. Am Leuchtturm gibt es einen schönen kleinen und wenig frequentierten Strand.

Öffnungszeiten April–Okt. Di–So 10–17 Uhr, Mo geschlossen. Eintritt (ab 15 J.) 3 €, Kinder 1 €. Von einem Parkplatz führt ein Rad-/Fußweg zum 1,5 km entfernten Turm. Autos sind nicht zugelassen. Ein Anlieger hat sich die Situation zunutze gemacht und verlangt 3 € Parkgebühr für seinen Parkplatz (passend am Automaten einwerfen). (Tipp: Der schöne Spazierweg von Orth mit seinen Parkplätzen am Hafen ist mit einer Länge von 2 km nur unwesentlich weiter). Bei schönem Wetter kann es auf dem Turm eng werden. Zur Überbrückung eventueller Wartezeiten stehen einige Sitzgelegenheiten zur Verfügung sowie ein **Kiosk,** an dem auch Kaffee und Kuchen erhältlich sind (leuchtturm-fluegge.de).

Mein Tipp **Übernachten Camping Flügger Strand,** langgezogener Campingplatz mit 500 Plätzen am ebenso langen Strand, was die Wege vom Wohnwagen zum Meer erheblich verkürzt. Nur wenige Bäume und Büsche schützen auf diesem recht urigen und ursprünglichen Platz vor dem Wind. Auch einige Mietwohnwagen direkt am Strand bzw. Ferienhäuschen sind vorhanden, ebenso ein SB-Markt und ein **Restaurant.** Zudem Animation für Kinder. Geöffnet Ostern bis Anfang Okt. Flügge 2, ✆ 04372-714, fluegger-strand.de.

Orth

Ohne Zweifel einer der schönsten Flecken auf der Insel. Die kleine Ansiedlung (mit nur gut 60 Einwohnern) wird vom lang gestreckten **Sportboothafen** dominiert, der für die wenigen Häuser eigentlich überdimensioniert ist, aber gerade dadurch das besondere maritime Ambiente unterstreicht. Erst 1881 wurde der Hafen angelegt, v. a. um von hier aus Getreide zu exportieren. Ein großer Speicher zeugt heute noch davon. Vor dem Zweiten Weltkrieg war Orth (der Name bedeutet auf Slawisch so viel wie „Halbinsel") zeitweise sogar ein kleines Seebad. Auch ein Badependelverkehr zum gegenüberliegenden **Krummsteert,** einem teilweise nur wenige Meter breiten Nehrungshaken am Südwestzipfel der Insel, wurde damals eingerichtet. Heute bildet der einstige Badeplatz gemeinsam mit dem benachbarten **Sulsdorfer Wiek** ein Naturschutzgebiet, in dem die Vögel ungestört brüten können.

In Orth selbst liegt hinter der Außenmole ein schmales Rasenstück, von dem aus gesurft, aber auch gebadet werden kann. Mangels Strand führen Holztreppen ins flache Wasser. Hier steht auch das weiß bemalte **Denkmal,** das am 9. November 1881 im Rahmen der Hafeneröffnung „zum Andenken an die ruhmreiche Regierung seiner Majestät des Kaisers und Königs Wilhelm I." aufgestellt wurde (→ Foto S. 425).

Essen & Trinken Quintings, Burgerbar am Hafen. Große Auswahl an Burgern aller Art (mit Produkten aus der Region: 100 % Rindfleisch, Hähnchen, vegan, auch im Brötchen) sowie Pommes und Salatbeilagen. Stylisher kleiner Speiseraum und große Terrasse vor dem Haus. Küchenzeiten (Hauptsaison) Di–Fr 12–14.30 und 17–20.30 Uhr, Sa/So durchgehend 12–20.30 Uhr (Mo Ruhetag). Am Hafen 2, ✆ 04372-8065110. **€**

Mein Tipp **Café Die Villa,** ideal zum Relaxen am idyllischen Orther Hafen. Man stelle einfach ein paar Tische unter alte Nussbäume einer betagten Villa am Hafen – schon ist ein nettes, gemütliches Selbstbedienungscafé entstanden (auch vegane Kuchen, Pizza und Flammkuchen), vor dem man bei chilliger Musik auch hervorragend den Sonnenuntergang genießen kann. Tische gibt es allerdings nur draußen. Bestellt und abgeholt wird am Fenster (Selbstbedienung). In der Saison tägl. 12–18 Uhr (im Hochsommer bei Bedarf auch länger). Am Hafen 4, ✆ 04372-806288.

Lemkenhafen

Im Zentrum der großen südwestlichen Bucht der Insel – Orther Reede genannt – liegt Lemkenhafen. Vor dem namengebenden Hafen erstreckt sich ein kleiner Platz, doch der Hafen selbst ist, anders als in Orth, für die Öffentlichkeit nur sehr eingeschränkt zugänglich, da er heute als **Jachthafen** genutzt wird und eingezäunt ist.

Nur wenig im kleinen Ferienort erinnert heute noch daran, dass Lemkenhafen einst – wenn auch nur für kurze Zeit – Stadtrechte besaß. Im 15. Jh. wurde dieser ehemals florierende Hafenort von der Hanse vom fehmarnschen Landrecht ausgenommen und zur Stadt mit lübischem Recht erklärt, und zwar mit allem, was dazugehört: Rat, Bürgermeister und Stadtwappen. Letzteres zeigt ein Lamm auf dem holsteinischen Nesselblatt. Das ist keineswegs abwegig, denn das *Lemken* im Ortsnamen ist nichts weiter als die niederdeutsche Form von *Lämmchen.*

Die eigentliche Sehenswürdigkeit Lemkenhafens ist heute das **Mühlenmuseum.** Die das Dorf überragende, 225 Jahre alte Mühle ist die einzige

Fehmarn → Karte S. 112/113

heute noch funktionstüchtige Segelwindmühle Schleswig-Holsteins. Je nach Windstärke wurden die nur aus einem Holzgitter bestehenden Mühlenflügel ganz oder teilweise mit Segeltuch bespannt, um Gerste oder Weizen zu Grütze und Graupen zu verarbeiten. Gemahlen wurde fast ohne Unterbrechung bei Tag und bei Nacht, im Sommer und im Winter, noch bis 1954! Dann hätte das große Mühlensterben beinahe auch dem *Jachen Flünk* (= eilender Flügel), wie der Galerieholländer genannt wird, den Garaus gemacht. Doch der Heimatforscher Peter Wiepert bewahrte sie vor dem Abriss und richtete hier schon 1961 das erste Mühlen- und Landwirtschaftsmuseum Deutschlands ein, in dem seitdem u. a. landwirtschaftliche Geräte und natürlich die Mühlentechnik präsentiert werden. Der „Eilende Flügel" ist die letzte vollständig erhaltene Mühle von einstmals 17 auf der Insel.

Museum Juni–Okt. tägl. 10–17 Uhr (Mi Ruhetag). Eintritt 5,50 € (mit Ostseecard 5 €), Schüler/Studenten (ab 15 J.) 2,50 €, Kinder frei. ✆ 04372-1894, museum-fehmarn.de.

MeinTipp **Essen & Trinken** **Aalkate,** bietet absolut frischen Räucherfisch an wie Aal, Butterfisch, Makrele und Lachs, aber auch Grillfisch und Pastagerichte. Sogar eine weitere Anreise lohnt zu der einige Schritte vom Hafen entfernten urigen Gaststätte an der Durchgangsstraße, die fast Kultstatus hat. Nur Selbstbedienung, gegessen wird drinnen oder draußen in verglasten Pavillons, von denen der hintere Bootshaus-Glasanbau auch über eine Bar verfügt und einen wunderbaren Blick auf die Orther Reede bietet. Tägl. 10–21 Uhr, in der Nebensaison bis 20 Uhr. Geschlossen im Jan. Königstr. 22, ✆ 04372-532. **€€**

Voll funktionsfähige Segelwindmühle: Lemkenhafen

Geschichtsträchtiges Gotteshaus: Petri-Kirche in Landkirchen

Fehmarns Mitte

Die Fernstraße Richtung Puttgarden teilt die Insel in der Mitte. Das Gebiet um diese Verkehrsader, sozusagen der Mittelstreifen Fehmarns, bildete einst die eigenständige Landgemeinde Landkirchen. Sie reichte von der Fehmarnsundbrücke im Süden bis zum Fehmarnbelt im Norden.

Vor allem die kleinen Strände im Süden der Insel haben wegen der alles überstrahlenden Sundbrücke ihren besonderen Reiz. Das am Burger Binnensee angrenzende Camper- und Surferparadies Wulfener Hals ist auch überregional bekannt. Geografischer und historisch bedeutsamer Mittelpunkt der Insel ist aber seit jeher das Dorf Landkirchen, das mit der St.-Petri-Kirche eine wirklich bedeutende Sehenswürdigkeit besitzt.

Landkirchen

Fast genau im Zentrum der Insel gelegen, ist Landkirchen für Fehmarn schon ein recht großer Ort mit einigen wenigen alten Giebelhäusern und ein paar Geschäften und Restaurants. Ansonsten geht es hier eher beschaulich zu, denn das nahe Burg ist einfach zu übermächtig.

Das war nicht immer so. Im Jahre 1320 hatte der dänische König Christoph II. für die ganze Insel mit Ausnahme der mit lübischem Recht versehenen Stadt Burg das fehmarnsche Landrecht eingeführt. Das zentrale Landkirchen war daraufhin für einige Jahrhunderte Verwaltungsmittelpunkt und Versammlungsort der Insel. Noch heute zeugt der sog. **Landesblock** von der einstigen politischen Bedeutung des Ortes. In dieser mächtigen, bereits im 13. Jh. aus dem Stamm einer Eiche gefertigten Truhe wurden noch bis zur

Ablösung des fehmarnschen Landrechts durch die preußische Gesetzgebung im Jahr 1867 die wichtigsten Urkunden und Siegel verwahrt. Der Landesblock wurde von drei großen Schlössern gesichert, deren Schlüssel sich im Besitz jeweils einer Vertrauensperson aus den drei Kirchspielen der Insel befanden. Auf diese Weise konnte die Truhe nur von diesen drei Amtmännern gemeinsam geöffnet werden. Die Dokumente befinden sich nun im

Kieler Staatsarchiv, aber der Landesblock selbst steht auch heute noch an seinem ursprünglichen Platz in der St.-Petri-Kirche, die damit auch eine durchaus weltliche Bedeutung hatte.

Die dreischiffige **St.-Petri-Kirche** ist ein kleiner frühgotischer Backsteinbau aus dem 13. Jh., der unübersehbar im Ortsmittelpunkt steht. Als Besonderheit fällt sofort der hölzerne Glockenturm von 1638 auf, der nicht wie üblich direkt an die Kirche erbaut, sondern einige Meter entfernt frei stehend errichtet wurde. Die prächtige Inneneinrichtung stammt weitgehend aus dem Spätbarock. Im Seitenschiff befinden sich zwei **Votivschiffe,** zum einen der Dreimaster „Einigkeit" von 1841 und zum anderen ein Lübecker Dreimast-Kriegsschiff aus dem Jahr 1617, das älteste deutsche Modellschiff überhaupt. Bemerkenswert ist auch der gotische **Marienleuchter** von 1390. Er zeigt inmitten eines Strahlenkranzes eine doppelseitige Madonna mit dem Jesuskind. Sechs farbenprächtige **Logen** einflussreicher Bauern erinnern daran, dass auf Fehmarn der Adel keine Chance hatte, ebenso wie die auf einem Gerüst am Eingang hängenden 60 Betschemel, die mit den Hausmarken ihrer Eigentümer, also einheimischer Familien, beschnitzt sind. Ungewöhnlich für eine Kirche ist auch der sehr alte Bibliotheksschrein von 1660 (an der Stirnwand des rechten Seitenschiffs). Dessen wertvolle Bücher werden durch dicke Schrankgitter gesichert.

Eine historische Besonderheit: der Landesblock von Landkirchen

Essen & Trinken Dat ole Aalhus, alteingesessenes Restaurant mitten im Ort in einer alten Fachwerkkate; hier kommt seit vielen Jahren neben Fleischgerichten auch frischer Aal und andere Fischgerichte auf den Teller. Geschützte Sonnenterrasse hinter dem Haus (Kinderspielecke). Geöffnet ab 17 Uhr, feiertags auch 12–14 Uhr, in der Nebensaison Mo Ruhetag. Hauptstr. 39 a, ✆ 04371-9199. **€€**

MeinTipp **Flora Café,** 2 km westlich von Landkirchen in Altjellingsdorf, an der Straße nach Petersdorf. Sehr gemütliches und gepflegtes Bauerncafé in einer alten Scheune aus dem Jahr 1932. Liebevoll dekoriert bis ins letzte Detail (z. B. die Speisekarte auf Kaffeefiltern). Plätze innen oder im Grünen. Sehr leckerer selbst gebackener Kuchen bzw. Torten nach Großmutters Rezept (auch gluten- und laktosefrei). Obendrein gibt es selbst gemachte Quiche und frisch gezapftes Bier. In der Scheunendiele kann man auch geschmackvolle Accessoires erwerben. Ostern bis Okt. tägl. 13–18 Uhr (Mo Ruhetag). Altjellingsdorf Nr. 1, ✆ 04371-879214.

Albertsdorf

Südwestlich von Landkirchen liegt der kleine Ort Albertsdorf, der bis 1872 durch einen kleinen Kanal mit dem Meer verbunden war. An der Hauptstraße am südlichen Ortsrand stößt man auf eine heute seltene, aber in früheren Zeiten übliche Fehmaraner Besonderheit: einen alten **Dodelstein.** Dies war ein Grenzstein, den man mit den Hausmarken des Besitzers versehen an die Hof- und Feldgrenzen setzte. **Hausmarken** wiederum waren aus wenigen Strichen stilisierte Erkennungszeichen der freien Bauern, gewissermaßen ein Gegenstück zu den Wappen der Adeligen. Sie waren bis ins 17. Jh. gebräuchlich.

Eine weitere steinerne Eigentümlichkeit kann entdecken, wer der Straße Richtung Gold folgt, kurz davor aber links in einen schmalen asphaltierten Weg einbiegt. Dieser endet für Autofahrer an einer Schranke (davor ein kleiner Parkplatz). 500 m weiter – fast schon am Wasser – liegt ein von Buschwerk umgebenes altes (längst ausgeraubtes) Hünengrab, der sog. **Alwerstein.** Die Küste ist an dieser Stelle sehr flach, weshalb die kleine Erhebung des 5500 Jahre alten Grabes aus der Jungsteinzeit vor Errichtung des Leuchtturms Strukkamphuk den Fischern als Ansteuerungspunkt für die Einfahrt in den Fehmarnsund diente. Deshalb durfte das Megalithgrab auch nicht entfernt werden. Der Deckstein war früher zur besseren Sichtbarkeit mit einem großen weißen Kreuz bemalt.

Essen & Trinken Hof-Café Albertsdorf, das Bauernhofcafé in Albertsdorf mit seinen Tischen auf dem Hof und einigen Innenplätzen lädt zum Verweilen ein. Hier können Sie die von der Konditormeisterin gebackenen (Blech-)Kuchen, Torten oder fehmarn'sche Kröpel genießen und zudem Brot aus der eigenen Backstube und auch etwas Kunsthandwerk erwerben. Ostern bis Okt. Mi–Fr 11–18 Uhr, Sa/So ab 7 Uhr (Mo/Di geschlossen). Albertsdorf 13, ✆ 04371-502524.

Gold

Man sagt, dass Gold seinen ungewöhnlichen Namen bekam, weil sich hier die untergehende Sonne so schön golden im Meer spiegelt. Aber auch tagsüber ist der Blick von der Liegewiese am Strand über die Orther Reede auf die gegenüberliegenden Dörfer Lemkenhafen und Orth malerisch. In Gold gibt es einen kleinen Naturstrand, der besonders bei Surfern und Kitesurfern (auch Anfängern) beliebt ist, da dieser Teil der Küste ein Stehrevier ist (maximal 1,5 m Wassertiefe). Es gibt hier lediglich fünf Häuser, aber immerhin eine Kneipe, eine Surfschule und einen großen Tagesparkplatz (mit Ostseecard frei, ansonsten ist eine Tagesstrandkarte am Automaten erhältlich).

Essen & Übernachten Achtern Diek, kleines familienfreundliches Hotel garni mit wenigen, aber schönen Zimmern (mit Miniküche). Ansonsten bietet das Haus ein behagliches **Café/Bistro** mit großem Wintergarten und kleiner Terrasse direkt am Surfstrand von Gold. DZ ab 7 Nächten. Haus Nr. 4, ✆ 04371-4149, hausachterndiek.de. **€€** (Hotel), **€** (Bistro)

Fehmarn → Karte S. 112/113

Wulfener Hals/Wulfen

Der **Wulfener Hals** ist eine schmale Land- oder besser Sandzunge, die zusammen mit der gegenüberliegenden Burgtiefe den Burger Binnensee begrenzt. Um den „Hals" herum befindet sich eine Flachwasserzone, weshalb sich dieses Gebiet zum Baden, aber v. a. auch zum Surfen eignet. Gerade der Burger Binnensee gilt als Eldorado für gefahrloses Surfen. Alles hier ist auf **Camper** und Surfer eingerichtet, sodass sich dieser Strandabschnitt für reine Badetouristen nicht eignet.

Südlich der Ortschaft **Wulfen** führt ein Weg hinauf auf den an der Steilküste gelegenen Wulfener Berg. Die exponierte Lage wusste man offenbar schon in vorgeschichtlicher Zeit zu schätzen – auf dem Hügel fand man Reste eines großen steinzeitlichen Gräberfeldes. Im Jahr 2010 wurde an dieser Stelle ein **steinzeitliches Langbettgrab** mit rund 100 Findlingen originalgetreu nachgebaut (am Rande des Golfplatzes, der sich bis hierher den Hügel hinaufzieht; Parkplatz oberhalb). Von der sehenswerten Grabanlage aus hat man einen traumhaften Blick auf den belebten Binnensee bis hinüber nach Burg (→ Foto S. 432). Aber auch von der **Steilküste** aus hat man eine herrliche Aussicht (auf das gegenüberliegende Festland). Nach ein paar Metern Fußweg führt eine Treppe das Kliff hinunter zum unbewachten, feinsandigen Naturstrand vor der Abbruchkante. Hier lassen sich auch einige Uferschwalben beobachten, die hier ihre Brutröhren in die steile Wand graben.

Essen & Übernachten **Camping- und Ferienpark Wulfener Hals,** ganzjährig geöffneter Top-Platz mit 860 Stellplätzen, der fast den gesamten Wulfener Hals für sich beansprucht. Hier hat sich Deutschlands größtes Surfzentrum etabliert. Auch Mietwohnwagen und einen Wohnmobilpark gibt es. Besonders umfangreiches Freizeitangebot mit Kinderanimation und Abend-Entertainment (April–Okt.). Fahrradvermietung, Pool, Sauna, Gaststätten (z. B. das schöne **Restaurant Seeblick** direkt am Wasser) und Einkaufsmöglichkeiten. Als Strand dient ein Teil des sandigen Nehrungshakens, der in den Burger Binnensee hineinragt. Auch FKK-Strandabschnitt. ✆ 04371-86280, wulfenerhals.de. **€€** (Restaurant)

Wunderschöner Naturstrand im Süden Fehmarns: Wulfen

Hohwachter Bucht und Probstei

Die Orte an der Nordküste zwischen Heiligenhafen und Kiel waren früher ein Geheimtipp. Und obwohl auch hier der Tourismus längst Einzug gehalten hat, finden sich hier immer noch einsame Strandabschnitte und ursprüngliche Ortschaften. Einige naturgeschützte Gebiete sorgen dafür, dass dies auch so bleibt und man hier entspannt wandern und Rad fahren kann.

Brasilien und Kalifornien ...

... liegen am Schönberger Strand? Die besondere Namensgebung der beiden Ortsteile geht auf zwei Fischer zurück. Dem einen ging im 18. Jahrhundert eine angeschwemmte Schiffsplanke mit der Aufschrift „California" ins Netz, die er an seine Hütte nagelte. Ein Kollege wollte da nicht nachstehen und gab seinem Refugium kurzerhand den ebenso wohlklingenden Namen Brasilien ...

Die **Hohwachter Bucht** erstreckt sich vom bekannten Hafenort Heiligenhafen über Hohwacht bis nach Behrendsdorf. Der Tourismus hat diese Grenze weiter nach Südwesten verschoben und bezieht auch das das reizvolle Hinterland über Panker bis zum **Selenter See** (→ S. 193) mit ein. Dieses Hinterland schmückt sich mit einer Vielzahl schönster Herrenhäuser und wird deshalb Grafenwinkel genannt. Es ist ein landschaftlich besonders schöner Abschnitt Ostholsteins mit Alleen, Knicks, geschwungenen Feldern und sehenswerten Kleinstädten wie Oldenburg und **Lütjenburg.**

Den abwechslungsreichen Küstenstreifen prägen steinig-schroffe Meeresufer mit Steilküstenabschnitten, die aber immer wieder wie in Heiligenhafen oder Hohwacht von herrlichen Badestränden abgelöst werden.

Westlich der Hohwachter Bucht schließt sich die flache Küste der **Probstei** an, die sich zu beiden Seiten des Schönberger Strands hinter einem endlosen für die Gegend so charakteristischen Deich versteckt. Dieser wurde erst nach der großen Sturmflut von 1872 erbaut und trennte die bis dahin existierenden Salzwiesen vom Meer ab. Seither bildete sich hier ein feinsandiger, kilometerlanger Strand. Erst nahe der Kieler Bucht werden die Uferstreifen wieder steiler.

Die Probstei umfasst genau genommen nur die 20 Dörfer rund um die Küste zwischen Stakendorf, **Laboe** und Probsteierhagen, die seit 1226 zum Besitz des Klosters Preetz gehörten. Wir zählen auch das Städtchen **Preetz** und die sanfthügelige, fruchtbare Landschaft rund um den Dobersdorfer und den Passader See bis vor die Tore der Landeshauptstadt Kiel hinzu. Die Gegend eignet sich bestens für schöne Fahrradtouren.

Die Probstei wartet übrigens mit einer bemerkenswerten Historie auf, waren es doch Frauen, die hier 600 Jahre lang das Regiment führten – und sie führten es gut: Es waren die Benediktinerinnen vom **Kloster Preetz** (→ S. 200), die ihrerseits wieder unter der Verwaltung eines Propstes standen, daher der Name der Region. Ganz ohne Aristokratie kam man aber auch hier nicht aus, denn Klosterpropst war immer ein Adeliger eines der umliegenden prächtigen Güter der schleswig-holsteinischen Ritterschaft.

Was anschauen?

Wall-Museum Oldenburg: Eine Art Freilichtmuseum erzählt die Geschichte der Slawen in Ostholstein. **→ S. 151**

Lütjenburg: Das idyllische Städtchen zeigt ein geschlossenes, backsteinernes Ortsbild. **→ S. 165**

Museumshof Lensahn: Ein Erlebnishof für Liebhaber alten Handwerks, historischer Landmaschinen und für Freunde der Natur. **→ S. 154**

Panker: Eine der schönsten Gutsanlagen Schleswig-Holsteins lockt die Gäste mit Galerien, Kunstläden und einem sehr bekannten Restaurant. **→ S. 173**

Marine-Ehrenmal Laboe: Die Gedenkstätte beeindruckt mit einem riesigen Turm und einer Aussichtsplattform in atemberaubender Höhe. **→ S. 185**

Kloster Preetz: Das adelige Damenstift ist eines der bedeutendsten Kulturdenkmäler Schleswig-Holsteins. **→ S. 200**

Was unternehmen?

Graswarder: Auf der Halbinsel bei Heiligenhafen bilden historische, reetgedeckte Ferienhäuser eine Strandkulisse der besonderen Art. Das an der Binnenseite liegende Naturschutzgebiet ist ein wahres Vogelparadies. **→ S. 146**

Hessenstein: Den neugotischen Aussichtsturm kann man prima von Panker aus per Pedes (oder mit einem fahrbaren Untersatz) erreichen. **→ S. 175**

Museumseisenbahn: Auf der Strecke Schönberg/Schönberger Strand fährt man mit historischen Eisenbahnen. Am Bahnhof sind über 50 alte Schienenfahrzeuge zu bestaunen. **→ S. 179**

Wo baden?

Heiligenhafen: Der herrlich lange Strand lockt mit einer gewagten Seebrückenkonstruktion und schöner Dünenlandschaft. **→ S. 142**

Hohwacht: Der angenehm-beschauliche Badeort bietet hellen Sandstrand und einen schönen Steilküstenabschnitt. **→ S. 163**

Schönberger Strand: Der endlos lange, von einem Deich gesäumte Badestrand wird von Molen in viele Badebuchten geteilt. **→ S. 178**

Laboe: Schöner, breiter, aber nur etwa 1 km langer Kurstrand zwischen Jachthafen und Marine-Ehrenmal. **→ S. 184**

Heikendorf: An der kleinen, mit Strandkörben belegten Badebucht an der engsten Stelle der Kieler Förde hat man einen Logenblick auf die vorbeiziehenden Schiffe. **→ S. 188**

Heiligenhafen

Das Ostseeheilbad prägen Gegensätze: hier die historische Altstadt, dort der moderne Ostsee-Ferienpark; hier das traditionelle Treiben am Fischereihafen, dort die Jachten-Armada der Freizeitsegler; hier der das Ortsbild prägende Binnensee, dort der feinsandige Ostseestrand am Steinwarder.

Wer nach Heiligenhafen fährt, gelangt fast zwangsläufig zum **Hafen** und den angrenzenden großen Parkplätzen am Binnensee. Täglich lässt sich beobachten, wie die Fischer ihre Kutter entladen, und wer früh auf den Beinen ist, kann gleich an Ort und Stelle fangfrischen Fisch (Dorsch, Butt oder Scholle) einkaufen. Zu entdecken gibt es hier immer etwas, nicht nur in der lebendigen Hafenpassage mit den kleinen Geschäften, sondern auch direkt am Hafenbecken – immerhin beherbergt Heiligenhafen Deutschlands größte Hochseeangelflotte.

In Hafennähe steht das älteste Haus Heiligenhafens, der Salzspeicher aus dem Jahre 1587, heute ein Restaurant. Gleich dahinter erhebt sich der Kirchberg mit der ortsbildprägenden Stadtkirche und dem angrenzenden Heimatmuseum. Wenige Meter entfernt liegt der schon in der Mitte des 13. Jh. angelegte rechteckige **Marktplatz** mit dem markanten Rathaus. Seit 1997 steht vor dem Rathaus ein Glockenspiel, das fünf Mal täglich um 9, 12, 15, 18 und 21 Uhr ertönt und aus einem Fundus von 35 Stücken jeweils eine andere Melodie spielt. Um den Marktplatz herum grup-

pieren sich einige aus der Blütezeit des Seehandels stammende Adels- und Bürgerhäuser; weitere finden sich in den hinunter zum Binnensee und Hafen führenden kleinen Straßen. Das ganze Ensemble dient als nette Kulisse für einen Einkaufsbummel durch die in fast allen Gebäuden rund um den Marktplatz ansässigen Ladengeschäfte.

Heiligenhafen ist ein schönes Anschauungsbeispiel für die gewaltigen Kräfte der Natur, denn dem Ort vorgelagert ist ein Nehrungshaken (→ S. 417), das heißt im Grunde genommen sind es zwei Nehrungen, Steinwarder und Graswarder genannt. Mit ihrem kilometerlangen Sandstrand haben sie sich durch die natürlichen Kräfte der küstenparallelen Strömung über Jahrhunderte immer mehr nach Osten verschoben. Vom sehenswerten Kliff im Westen der Stadt wurde im Laufe der Zeit viel Material abgetragen und weiter östlich wieder angelandet. 1954 wuchsen beide Warder durch eine Sturmflut zusammen, und die Heiligenhafener Fischer wurden so ihrer bequemen Hafenzufahrt beraubt. Jetzt müssen sie einen weiten Bogen um den **Graswarder** fahren, der ein kleines, aber sehr bedeutendes Vogelschutzgebiet ist (→ S. 146). Wie auf einer Perlenkette aufgereiht stehen dort in exponierter Lage ein paar reetgedeckte, zwischen 1901 und 1910 erbaute und sehr begehrte Strandvillen – ein besonders malerischer Winkel der Küste (→ Foto S. 144).

Auf dem davorliegenden **Steinwarder** spielt sich das vielfältige Strandleben des Ostseeheilbads ab. Mittelpunkt ist hier eine riesige, 435 m lange, in gewagtem Zickzack verlaufende **Seebrücke** mit Badedeck und windgeschützter Lounge. In jüngster Zeit ist inmitten einer künstlichen Dünenlandschaft am Brückenvorplatz ein neues touristisches Zentrum mit Hotelneubauten, Ferienappartements und reetgedeckten Ferienhäusern entstanden. Zudem wurde am Ufer des Steinwarders

Traumkulisse: Graswarder/Heiligenhafen

eine Binnensee-Promenade (mit abendlich leuchtenden Lichtsäulen) samt Spielplätzen und künstlicher Strandlandschaft angelegt, wo sich v. a. Kinder wohlfühlen. Die Zufahrt zum Steinwarder erfolgt über einen Damm, der den dadurch geschaffenen Binnensee abschließt und gleichzeitig den Zugang zum großen Jachthafen mit mehr als 1000 Liegeplätzen bildet. Heiligenhafen ist zentraler Ausgangspunkt für Törns in die Dänische Südsee, liegt hier doch die größte Chartersegelflotte der Ostsee vor Anker. Etwas außerhalb der Ortsmitte (am Ostrand von Steinwarder und Binnensee) liegt in Strandnähe der im Bettenburgenstil der 1970er-Jahre gebaute **Ostsee Ferienpark** mit seinen zahlreichen Ferienwohnungen und Freizeiteinrichtungen. Markant ist hier das wellenartig gebaute Aktiv-Hus – Sauna- und Wellnesslandschaft, Kinderspielwelt, Multifunktionshalle und Einkaufspassage in einem.

Geschichte

Hilligenhaven wurde Mitte des 13. Jh. gegründet und bekam rasch das lübische Stadtrecht verliehen. Verbunden waren damit bestimmte Sonderrechte im Handel wie beispielsweise ab 1325 das Recht auf die zollfreie Ausfuhr von Waren, v. a. aber das Privileg der Heiligenhafener, von nun an als freie Bürger zu gelten. In der Folgezeit konnten sie sich stets gegen die in weiten Teilen Ostholsteins herrschenden Großgrundbesitzer behaupten.

Grundlage für die schnelle Entwicklung der Stadt war die günstige Lage des Hafens in einer Bucht des schützenden Binnensees. Heiligenhafen wurde Hauptausfuhrhafen des Oldenburger Landes. Der Hafen wurde aber nicht nur für Getreidehandel und Fischerei genutzt, sondern aufgrund eben dieser strategisch günstigen Lage auch

für Kriegszwecke. Überfälle feindlicher Heere mit Plünderungen und Brandschatzungen, insbesondere im Dreißigjährigen Krieg, waren die Folge.

Im Zweiten Weltkrieg wurde Heiligenhafen, seit 1938 Garnisonsstadt, noch einmal in Kriegswirren verwickelt. Nach Kriegsende wurde die ganze wagrische Halbinsel von den Engländern zum Gefangenengebiet erklärt. Um die Flucht der in Kasernen und Scheunen internierten deutschen Soldaten zu verhindern, wurden kurzerhand die Boote der Heiligenhafener Fischer auf Reede gefahren und dort versenkt.

Schon durch den Bau der Eisenbahn (1898) verlor der Hafen seine ursprüngliche Bedeutung, gleichzeitig aber sorgte der zunehmende Tourismus für neue Einkommensquellen. Das Strandleben konzentrierte sich damals auch auf das heutige Vogelreservat Graswarder, auf dessen Ostspitze sogar eine Wandelhalle stand. Zur Belebung des Tourismus wurde 1895 die Deutsche Badegesellschaft Heiligenhafen gegründet, die den gesamten Küstenstreifen von Stein- und Graswarder für 100 Jahre von der Stadt pachtete. Die Gesellschaft hörte jedoch zu Beginn des Ersten Weltkriegs praktisch auf zu existieren, und erst nach 1945 erfolgte ein weiterer, diesmal rasanter Aufschwung zum Seebad. Seit 1974 ist Heiligenhafen als Ostseeheilbad anerkannt.

Ebenso wie andere Küstenorte kann sich Heiligenhafen mit berühmten Namen schmücken, allen voran mit Theodor Storm, dessen Tochter Lisbeth hier wohnte. In ihrem Haus schrieb er 1881 die Novelle „Hans und Heinz Kirch".

Sehenswertes

Stadtkirche zu Heiligenhafen: Der trutzige Kirchturm mit seinem Treppengiebel thront weithin sichtbar als Wahrzeichen über der Stadt. Er wurde 1637 an Stelle eines kleineren Vorgängerturmes gebaut. Die Kirche selber ist zwar schon viel älter, nämlich aus dem 13. Jh., doch nur der Chor stammt noch aus dieser Zeit.

Durch eine mit alten Grabsteinen gepflasterte Gedenkhalle betritt man den Kirchenraum, der vergleichsweise hell ausgeleuchtet ist. Im Seitenschiff befindet sich eine Empore, deren vorderer Teil seit alters her „Schifferstuhl" heißt, weil nur „Stohlbröders" (Schiffer, Kapitäne, Steuerleute) dort sitzen durften, nach Zahlung eines „Stuhlgeldes", versteht sich. Bemerkenswert ist auch das mit schönen Schnitzereien versehene, 500 Jahre alte **Chorgestühl.** Bedeutend sind die ebenso alten und ebenfalls im Chor platzierten Figuren von Adam und Eva, die von einem unbekannten Künstler stammen. Die Besonderheit ist, dass der Kopf der Schlange bis hin zur Stirnlocke dem der Eva gleicht.

Überlebensgroß wacht der hl. Christopherus am Übergang vom Altarraum

Hohwachter Bucht und Probstei → Karte S. 142/143

zum Hauptschiff, wo als weitere Glanzstücke der Inneneinrichtung drei Schiffsmodelle vom hohen Gewölbe in den Kirchenraum hinabhängen, allen voran die Fregatte „Samson". Sie ist eines der ältesten **Votivschiffe** Deutschlands und wurde 1636 von einem Heiligenhafener Bürger gestiftet. Die beiden anderen Schiffsmodelle in der Raummitte sind hingegen relativ neu und stammen aus dem Jahr 1989.

▪ Mo, Mi und Fr 10–12 Uhr, Mo–Do 14–16 Uhr. Di, Do und Sa um 11 Uhr Führung (Mai–Sept.). Kirchenstraße.

Heimatmuseum: In einem 1904 als Spar- und Leihkasse erbauten Jugendstilgebäude hinter der Kirche informiert seit 1992 das Heimatmuseum Heiligenhafen über Seefahrt und Fischerei sowie über Vor-, Früh- und Stadtgeschichte. Bemerkenswert sind einige Schiffsmodelle, Navigationsinstrumente und ein Porträt des Dichters Theodor Storm (1817–1888), an dessen Beziehungen zu Heiligenhafen einige Fotos und Dokumente erinnern.

▪ Nur April–Okt. Di–Fr und Sonn- und Feiertage 15–17 Uhr. Eintritt frei. Thulboden 11 a, ✆ 04362-3876.

Das Rathaus am Marktplatz

Naturschutzgebiet Graswarder: Der Spaziergang zu dieser bizarr geformten und von Lagunen durchzogenen Landzunge lohnt unbedingt. Wer mehr als nur am Ufer entlangwandern und die hübschen Strandvillen anschauen möchte, sollte am Ende des begehbaren Bereichs den futuristisch gestalteten 14 m hohen Beobachtungsturm besteigen. Von dort hat man einen tollen Blick auf das außergewöhnlich schön gelegene Naturschutzgebiet. Die grasbedeckten Geröllflächen und langsam verlandenden salzhaltigen Moorböden auf der Binnenseite sind ein wahres Vogelparadies. Von August bis Oktober wird der Graswarder dann zur Zwischenstation für Tausende von Zugvögeln.

Wenn Sie die ein- oder andere der 40 hier anzutreffenden Brutvogelarten näher beobachten wollen, können ab dem NABU-Haus an einer der Führungen teilnehmen.

▪ Vom **Informationszentrum Graswarder,** dem Blockhaus des Naturschutzbund Deutschland (NABU), werden von Ostern bis Okt. tägl. um 10.30 Uhr und Juni–Aug. auch um 15 Uhr 1:30- bis 2-stündige Führungen angeboten (Erw. 5 €, Kinder 3 €). Auto auf dem Steinwarder stehen lassen, von dort zu Fuß 15 Min. den Graswarderweg bis zum Blockhaus gehen. Der Beobachtungsturm am Ende des Weges ist im Sommerhalbjahr tägl. 10–18 Uhr frei zugänglich. ✆ 04362-6947, graswarder.de.

Praktische Infos → Karte S. 148/149

Einwohner 9300

Information/Zimmervermittlung Tourismus-Service Heiligenhafen, Bergstr. 43, 23774 Heiligenhafen, ✆ 04362-90720; Außenstelle Ferienpark, ✆ 04362-502900, heiligenhafen-touristik.de. Auf der Homepage gibt es auch Links zu einer Reihe privater Vermietungsbüros). Ostseecard 3 €/Tag (Nebensaison 1,80 €).

Heimat der Fischkutter: Heiligenhafen

Hohwachter Bucht und Probstei → Karte S. 142/143

Fahrräder **Pit's Fahrradverleih,** Ferienpark (hinter dem Aktiv-Hus), ✆ 0151-23076999. **Fahrradvermietung Heiligenhafen,** Am Jachthafen 2–4 (neben Eisdiele im Hafenhotel Meereszeiten) , ✆ 0173-6016525.

FKK-Strand Auf dem westlichen Graswarder, kurz vor dem Naturschutzgebiet.

Hundestrand Auf dem Steinwarder östlich der DLRG-Hauptwache.

Kinderspielwelt Indoor-Abenteuerwelt **Schatzinsel** im Aktiv-Hus im Ferienpark (Eichholzweg 100). Kinder ab 2 J. 6 € (Ticket am Automaten), Erw. frei. Ganzjährig 10–18 Uhr geöffnet. ✆ 04362-5029011, aktiv-hus.de.

Parken Viele große, gebührenpflichtige Parkplätze rund um den Damm. Die Parkplätze am westlich gelegenen Ferienpark sind für 2 Std. kostenfrei.

Sauna **Aktiv-Hus Spa,** im Ferienpark. Saunalandschaft mit 3 Saunen und Dampfbad sowie Wellness- & Beauty-Bereich. Sauna 22,50 €, Jugendl. 12,50 €. Mi–So 14–20 Uhr. ✆ 04362-5029050, aktiv-hus-spa.de.

Veranstaltungen Höhepunkt im alljährlichen Festreigen sind die **Hafenfesttage** Mitte Juli. Freie Zimmer werden in dieser Zeit knapp. 10 Tage lang lockt ein attraktives Programm mit Märkten, Ausstellungen und Musikveranstaltungen und natürlich ein richtiger Festumzug Tausende von Besuchern in den Ort.

Wochenmarkt Jeden Mi und Sa auf dem Marktplatz.

Essen & Übernachten ****** Hafenhotel Meereszeiten** **2**, Hotel direkt am Hafen mit großzügig dimensionierten, modernen Zimmern, von denen man in den oberen Etagen einen Blick über Jachthafen und Ostsee oder über den Fischereihafen hat. Reichliches Frühstück (bis 11 Uhr, So bis 12 Uhr), netter Service. Schöner, aber kleiner Wellnessbereich mit 2 Saunen und Fitnessraum im 4. Obergeschoss mit Panoramablick. Modern-stilvolle Bar im Haus. Nebenan das zum Haus gehörende **Restaurant Rettungsschuppen** **2** mit empfehlenswerter, qualitativ hochwertiger regionaler Küche. Der denkmalgeschützte Schuppen wurde um einen modernen Glasanbau mit Dachterrasse erweitert und ebenfalls modern ausgestattet. Am Jachthafen 2–4, ✆ 04361-500500, hafenhotel-meereszeiten.de. **€€€** (Hotel), **€€** (Restaurant)

Hotel Stadt Hamburg **5**, gepflegtes historisches Hotel garni, einst die Poststation, direkt in Hafennähe an der Hauptstraße. 14 saubere Nichtraucherzimmer mit teils großzügigen Bädern. Keine Hunde gestattet. Leckeres Frühstück, auch für Nicht-Hotelgäste. Hafenstr. 17, ✆ 04362-5038822, hotelstadthamburg.net. **€€**

Seestern **4**, mit seiner unübersehbaren, originellen Bootsterrasse in zentraler Hafenlage kein Touristennepp, sondern ein empfehlenswerter Familienbetrieb in 4. Generation. Gutes

Restaurant mit freundlichem Service, in dem gutbürgerliche frische (Fisch-)Küche mit ordentlichen Portionen serviert wird (z. B. prima Krabbensuppe). Auch **Hotelbetrieb** mit 9 renovierten Zimmern. Tägl. 11–21.30 Uhr. Am Strande 3, ✆ 04362-2286. **€€** (Hotel), **€** (Restaurant)

meinTipp **Anno 1800 3**, das urige Gasthaus, das auch Seglertreff ist, besteht seit 1986 und serviert nach wie vor eine wirklich gute Küche: Fischsuppe, gebratenen Fisch, schmackhafte Steaks, aber auch knackige Salate. Tägl. ab 17 Uhr. Lauritz-Maßmann-Str. 30, ✆ 04362-7913. **€€**

meinTipp **Lütt Hus 8**, Speiserestaurant in der Fußgängerzone mit gutbürgerlicher, regionaler Küche (z. B. Dorschfilet oder Sauerfleisch) und – wie der Name andeutet – mit wenigen Tischen im kleinen Gastraum (daher unbedingt reservieren). Gekocht wird hinter dem Tresen. Tägl. 17–21 Uhr (Mo Ruhetag), Brückstr. 8, ✆ 04362-2381. **€€**

The Baltic Mermaid 7, Irish Pub mit gemütlicher Wirtshausatmosphäre in einem historischen Giebelhaus mitten auf dem Marktplatz. Bei gutem Wetter kann man auch unter freiem Himmel sitzen. Zudem zünftiges Speisenangebot (z. B. Guinness Beef Stew oder Galloway Currywurst). Auch Sportsbar und Live-Musik-Events. Di–Sa 12–24 Uhr, So/Mo 14–20 Uhr. Markt 11, ✆ 04362-6411. **€€**

Basta 9, etwas für Nudelliebhaber: kleines Restaurant mit nettem Service. Schlicht-modernes Ambiente. Große Auswahl an Pastagerichten. Tägl. 16–21 Uhr (Mi Ruhetag). Thulboden 10, ✆ 04362-506887. **€**

Treffpunkt Fischhalle 6, mit rund 500 m² sehr groß und modern gestaltetes Fischbistro im gehobenen SB-Restaurantstil. Die langgezogene Fischhalle am Hafenpier mit dem imposanten Fischtresen (Frischfischverkauf) wird betrieben von der Heiligenhafener Fischereigenossenschaft und dient auch der Direktvermarktung eines Teils des regionalen Fischfangs. Leckere Fischbrötchen. Tägl. 9–20 Uhr. Am Hafen, ✆ 04362-5064723. **€**

Fisch-Hütte Haasch 10, rustikale SB-Fischgastronomie, am Rande von Heiligenhafen im Gewerbegebiet (!) zu finden. Ein verglaster Verkaufsraum und eine nette Außenanlage auf einem kopfsteingepflasterten Hof bieten Platz zum Verzehr der Fischspezialitäten (weil alles frisch zubereitet wird, kann es etwas länger dauern). Die Produkte stammen aus der eigenen Fischräucherei, die Lieferanten ausschließlich aus der Ostsee-Region. Tägl. 10–19 Uhr. Industriestr. 13, ✆ 04362-2232. **€**

Sunset 1, Strandbar in wunderbarer Lage im äußersten Westen des Strandes (Ferienzentrum Richtung Steilküste). Pavillonartiger Bau mit Glasfront und netter Außenterrasse, von der aus Sie schöne Sonnenuntergänge erleben können. Natürlich gibt es prima Cocktails, aber auch Bistroküche (z. B. 1-a-Pommes, Burger, Pizza und Pasta), mit Selbstbedienung. April–Okt. tägl. bei gutem Wetter 12–24 Uhr (Hauptsaison). Seepark 23, ✆ 0173-2794451. **€**

****** Campingplatz Blank-Eck 11**, der Platz liegt etwas versteckt gut 6 km westl. in hügeliger Landschaft direkt an der Grenze zum Truppenübungsplatz Putlos. 280 Dauercamper und 86 Stellplätze für wechselnde Gäste, durch reichlich Grün geschützt. Davor breitet sich ein schöner, sandiger Naturstrand aus, im Wasser müssen Badende aber mit Steinen rechnen. SB-Markt,

Gaststätte, Sauna. Die Parkmöglichkeiten für Tagesbesucher sind beschränkt, gegen Gebühr kann man sein Auto aber auf dem Campingplatz abstellen. Neuteschendorf 8, 23758 Neuteschendorf, ✆ 04361-80562, campingblank-eck.de.

Umgebung von Heiligenhafen

Rundscheune in Bollbrügge: Etwa auf halber Strecke zwischen Heiligenhafen und Oldenburg lohnt bei **Gremersdorf** ein Abstecher links ab (Richtung Neuratjensdorf) ins kleine Bollbrügge. Dort findet man abseits der touristischen Pfade auf Hof Bollbrügge ein Kulturdenkmal der seltenen Art: eine urtümliche Rundscheune aus dem Jahre 1831 mit einer mächtigen, knapp einen Meter dicken Außenmauer aus gestampftem Lehm und einem hohen kegelförmigen Reetdach. Es ist die letzte Scheune ihrer Art in Schleswig-Holstein. Hof Bollbrügge selbst ist ein Ferienhof für (Jugend-)Gruppen.

Gut Seegalendorf: Das Gut mit seinem alten Torhaus aus dem Jahre 1730, der großen, reetgedeckten Fachwerkscheune aus dem 17. Jh. und dem spätklassizistischen Herrenhaus von 1839 liegt keine 2 km südlich von Hof Bollbrügge und gehört ebenfalls zur Gemeinde Gremersdorf. Hühner und Enten laufen hier noch frei herum und lassen zusammen mit der von uralten Bäumen und einem Teich gesäumten kopfsteingepflasterten und im Laufe der Jahre schon recht ausgefahrenen Zufahrt so etwas wie ländliche Idylle aufkommen. Im Speicher des Gutes werden Wohndekoration, Gartendeko und Ähnliches angeboten (v. a. samstags 11–18 Uhr).

Oldenburg in Holstein

Die Stadt mit stolzer, tausendjähriger Geschichte hat mit dem Wall-Museum eines der bedeutendsten archäologischen Bodendenkmäler des Landes. Wegen ihrer verkehrsgünstigen Lage hat die Stadt ein großes Einzugsgebiet – viele kommen, um in der Fußgängerzone zu bummeln oder einzukaufen.

Jeder Reisende auf dem Weg nach Heiligenhafen oder Fehmarn kommt an Oldenburg vorbei, denn die neue Autobahn führt mit vielen Abfahrten dicht um die Kleinstadt herum. Weil die Bundeswehr (und schon 1935 die Wehrmacht) mit ihrem Truppenübungsplatz im ehemaligen Gutsbezirk Putlos (slawisch – „Ort am Sumpf") den Küstensteifen nordwestlich von Oldenburg blockiert, führt sogar der Ostseeküsten-Radweg mitten durch das ein wenig im Inland liegende Städtchen.

Kopfsteinpflaster gehört ebenso zum Bild von Oldenburg wie historische Gebäude, alte Gassen und Plätze. Mittelpunkt der Altstadt ist der im 12 Jh. angelegte **Marktplatz,** übrigens der drittgrößte Schleswig-Holsteins. Beherrscht wird er vom 1864 erbauten Rathaus, zu dessen linker und rechter Seite sich mit der Schuhstraße und der Kuhtorstraße die Fußgängerzone erstreckt. Diese endet am Schauenburger Platz mit seinem großen Einkaufszentrum.

Nur wenige Schritte vom Marktplatz entfernt steht am Rande des Stadtparks und des Oldenburger Walls die St.-Johannis-Kirche.

Geschichte

Nicht einmal Lübeck kann auf eine längere Geschichte zurückblicken als Oldenburg, das jahrhundertelang Zentrum der in Ostholstein lebenden Wagrier war. Schon um das Jahr 700 ist hier eine Slawenburg nachweisbar, die bald zur großen Wehranlage ausgebaut wurde. Der Ort hieß damals noch slawisch **Starigard,** was „alte Burg" bedeutet, daher der heutige Name Oldenburg. Er lag strategisch günstig an einem schmalen Übergang des damals noch Wasser führenden Oldenburger Grabens, der die wagrische Halbinsel durchschneidet, und war sogar mit den flachgehenden Schiffen der damaligen Zeit zu erreichen.

Die Ansiedlung wurde bald zu einer der bedeutendsten Handels- und Seestädte im Ostseeraum. Die einst bis zu 18 m hohen Erdwälle, heute **Oldenburger Wall** genannt, schützten die große Slawenburg und machten den Hauptsitz der slawischen Fürsten Wagriens zur schier uneinnehmbaren Festung, die erst nach der vollständigen christlichen Eroberung der Region fiel. Nachdem bereits 968 Kaiser Otto I. Oldenburg zum Bischofssitz bestimmt hatte, die angestrebte Christianisierung aber erfolglos geblieben war, konnte Bischof Vicelin 1149 schließlich das Bistum neu gründen.

Schon 1163 wurde der Bischofssitz dann aber ins aufstrebende Lübeck verlegt. 1235 bekam Oldenburg von Graf Adolf IV. zwar das lübische Stadtrecht verliehen, die folgenden Jahrzehnte verliefen dennoch alles andere als glücklich: Verheerende Kriege, Brandkatastrophen, Pockenepidemien und der Schwarze Tod, der die Stadt zwölfmal grausig heimsuchte, warfen Oldenburg immer wieder weit in seiner Entwicklung zurück. Doch stets bauten die überlebenden Bürger ihre Stadt wieder auf.

Typisch Ostholstein: Johannisstraße in Oldenburg

Der große Sohn Oldenburgs heißt Johann Liss. Seine Eltern waren als Wappenmaler in Diensten des Gottorfer Hofes, wo der um 1597 geborene Sohn das Malerhandwerk erlernte. Dann zog er in die Niederlande und später nach Venedig, wo er unter dem Namen *Jan Lys* Karriere machte. Seine wenigen Werke hängen heute in vielen berühmten Museen Europas. Dass es nicht mehr Gemälde wurden, lag an der Pest, die den jungen Johann Liss schon 1629 dahinraffte.

Sehenswertes

Oldenburger Wall-Museum: Man wähnt sich zuerst in einem Freilichtmuseum, denn diese Ausstellung zur Geschichte der Slawen in Ostholstein wird in historischen Gebäuden präsentiert, die zusammen eine zwischen Wiesen und Seen gelegene holsteinische Hofanlage bilden. Drei alte reetgedeckte Fachwerkscheunen aus der Umgebung Oldenburgs und ein Backhaus wurden hier wiederaufgebaut. Sollten Sie zu Fuß von der Kirche aus zum Museum gehen, haben Sie die Geschichte schon „mit Füßen getreten", denn der Weg führt durch das neben Haithabu archäologisch bedeutendste Denkmal Schleswig-Holsteins: eine slawische **Ringwallanlage** mit einem Durchmesser von 260 Metern.

Um wirklich zu verstehen, was man hier sieht, sollte man allerdings erst das Museum und dann die Burgwallanlage besichtigen. Das Museum ist ein Leckerbissen für archäologisch interessierte Besucher. Präsentiert werden neben den Fundstücken zahlreicher Ausgrabungen u. a. die Rekonstruktionen von Wohn- und Arbeitsstätten sowie ein Diorama, das veranschaulicht, wie die Wehranlage um das Jahr 800 ausgesehen haben könnte. Eine große Attraktion ist der weltweit einzige Nachbau zweier **slawischer Handelsschiffe.** Sie liegen am Steg der liebevoll rekonstruierten slawischen Hafenanlage des großen Freilichtgeländes. Kein Stück Eisen wurde bei diesen

Hohwachter Bucht und Probstei → Karte S. 142/143

Segelbooten verarbeitet, jeweils etwa 3200 handgeschnitzte Holzdübel verbinden Planken und Spanten.

Zudem gibt es eine kleine frühmittelalterliche **Fischersiedlung** mit zwei Holzhäusern und einem nachgebauten Fischerboot zu bestaunen.

Neben dem Haupthaus wurde ein **Rosengarten** mit über 60 verschiedenen historischen Rosenarten der Umgebung angelegt, der in der Blütezeit von Anfang Juni bis Ende Juli besonders schön ist.

▪ April–Okt. Di–So 10–17 Uhr, Juli/Aug. bis 18 Uhr. Eintritt 8 €, Kinder 6–17 J. 3,50 €, Familien 18,50 €. Restaurant/Café Zweizack vor Ort. Zahlreiche (auch mittelalterliche) Veranstaltungen wie z. B. die Slawentage im Juli oder das Wallfest im Aug. und andere Mitmach-Programme finden auf dem Museumsgelände statt. Prof.-Struve-Weg 1, ✆ 04361-623142, oldenburger-wallmuseum.de.

Gilde-Museum: Die Ausstellung im 1. Stock des Haupthauses des Wallmuseums widmet sich der Geschichte der **ältesten Gilde Deutschlands,** der *St. Johannis Toten- und Schützengilde von 1192*, die einst aus der Bruderschaft *Sankt Catharina* hervorgegangen ist. Zu sehen sind u. a. Gildefahnen, Königskette, der silberne Gildevogel, die Vorderlader mit Schießleiter und – als Kernstück der Sammlung – der goldene Apfel, ein kostbares Trinkgefäß aus dem 17. Jh.

▪ Adresse und Öffnungszeiten → Wall-Museum.

Kirche St. Johannis: Sie war der erste große Ziegelbau Norddeutschlands und wurde 1156 ursprünglich als Bischofskirche erbaut. Ihr äußeres Erscheinungsbild wurde allerdings bedingt durch den Stadtbrand von 1773 entscheidend verändert, lediglich das aufwendige Westportal stammt noch aus den ersten Jahren des 13. Jh. Im Innern zeigt sich noch etwas von der schlichten Schönheit der Baukunst aus den frühen Jahren der Christianisierung Wagriens. Die hölzerne Inneneinrichtung stammt im Wesentlichen aus der zweiten Hälfte des 18. Jh., so der prunkvolle Altaraufbau, die Kanzel und auch die kleine Gutsloge.

▪ 25. März bis 25. Okt. tägl. 10–17 Uhr.

Den Slawen auf der Spur: Wall-Museum Oldenburg

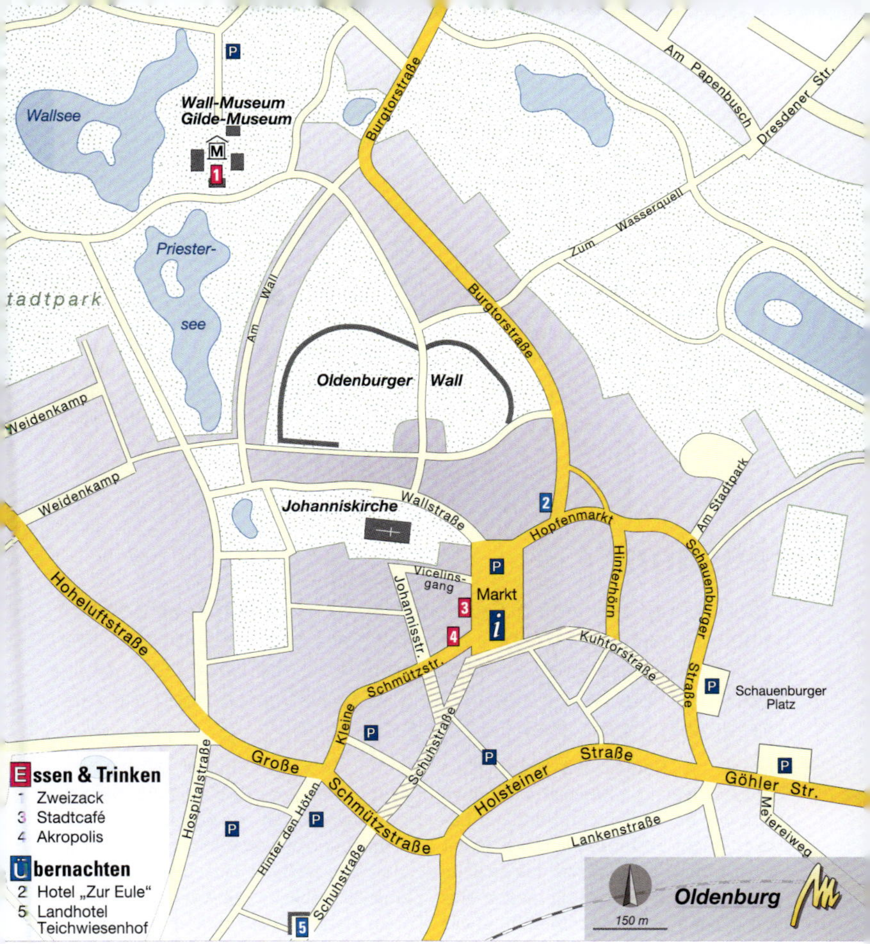

Praktische Infos

→ Karte S. 153

Einwohner 10.000

Information/Zimmervermittlung **Touristinformation,** Göhler Str. 56 (im Bildungs- und Kulturzentrum) oder am Schauenburger Platz 2, ✆ 04361-5083913, oldenburg-holstein.de. Keine Kurtaxe.

Kino **Lichtblick Filmtheater,** Schuhstr. 97, ✆ 04361-507748, lichtblick-filmtheater.de.

Veranstaltungen Jedes Jahr um Johanni (24. Juni) findet das **Vogelschießen** beim **Gildefest der St. Johannis Toten- und Schützengilde von 1192** auf dem Schützenplatz statt. Dorthin zieht ein imposanter Festumzug mit bis zu 600 Gildemitgliedern, die würdevoll mit Anzug, Zylinder und Stock durch die flaggengeschmückten Straßen schreiten (→ S. 430). Viel Musik und Tanz beleben drei Tage lang die ganze Stadt. Das Donnern der alten Büchsen beim Schießen auf den „Sächsischen Vogel" muss man einmal miterlebt haben. Gäste sind herzlich willkommen.

Im Aug. wird auf dem Gelände des Museumshofs das **Wall-Fest** mit zahlreichen historischen Darbietungen veranstaltet.

Essen & Übernachten **Hotel Zur Eule 2,** rustikal-gemütliches Hotel nahe dem Markt mit 300-jähriger Tradition und 22 Zimmern, gern übernachten hier Skandinavier, aber auch deutsche Fahrradtouristen. Große Zimmer und gutes Frühstück. Hopfenmarkt 1, ✆ 04361-49970, hotelzureule.de. **€€**

Landhotel Teichwiesenhof 5, gepflegtes Reetdachhaus in ruhiger Lage 3 km außerhalb der Stadt. 10 modern-gemütliche Zimmer mit Zugang zum weitläufigen Garten. Hochwertiges Frühstück. An den Teichwiesen, ✆ 0174-197 3992, landhotelteichwiesenhof.com. €€

Mein Tipp **Zweizack 1**, Café/Restaurant im Haupthaus des Wall-Museums, natürlich eintrittsfrei zu besuchen. Nette Gaststube, schöne, ruhige Café-Terrasse im Grünen. Kleine, abwechslungsreiche Karte z. B. mit Fischgerichten und vegetarischen Flammkuchen, leckerer Mittagstisch. Di/Mi 11–18 Uhr, Do–Sa 11–21 Uhr (So/Mo geschlossen). Prof.-Struve-Weg 1, ✆ 04361-6202151. €€

Akropolis 4, seit 1981 ansässig; typisch griechisches Ambiente, große und schmackhafte Portionen, Tische vor dem Haus. Ganzjährig tägl. 12–14 und 17–21 Uhr (Mo Ruhetag). Markt 4, ✆ 04361-3330. €€

Stadtcafé 3, einfaches, nettes Café und Bistro am Markplatz. Großes Frühstücksangebot (auch vegan), Salate, Omelettes, Flammkuchen, täglich wechselnde Tagessuppen und ein Mittagsgericht und natürlich Torten und Kuchen. Dazu gibt es Fairtrade-Kaffee (und Schokoladen). Auch wechselnde Kunstausstellungen. Dem Inklusionsgedanken folgend, setzt sich das Team aus Menschen mit und ohne Beeinträchtigung zusammen. Plätze vor und hinter dem Café. Tägl. 9–17 Uhr. Markt 8, ✆ 04361-623164. €

Lensahn

In der zentral gelegenen Gemeinde spürt man von touristischem Trubel nur wenig. Den gibt es allenfalls auf dem Museumshof, der mit der 750 Jahre alten St.-Katharinen-Kirche die Hauptsehenswürdigkeit des Orts ist. Ansonsten ist die Stärke von Lensahn die reizvolle Umgebung mit ihren Herrenhäusern.

Obwohl im Herzen der wagrischen Halbinsel liegend, ist Lensahn nur etwa 10 km von der Hohwachter und der Lübecker Bucht entfernt. Dennoch bildet der Ort schon so etwas wie das östliche Tor zur Holsteinischen Schweiz. Nur die Durchgangsstraßen sorgen für etwas Betrieb. Auf dem natursteingepflasterten Kirchplatz ist jeden Freitagvormittag Wochenmarkt, große Supermärkte finden sich am Ortsrand Richtung Autobahn.

Einmal im Jahr – Ende Juli – wird Lensahn zum internationalen Treffpunkt von Extremsportlern. Dann steht der **Triple-Ultra-Triathlon** auf dem Programm und damit 11,4 km Schwimmen, 540 km Radfahren und 126,6 km Laufen – ein Kraftakt, für den die besten Athleten sagenhafte 34 Stunden brauchen.

Geschichte

Der Ortsname ist slawischen Ursprungs und bedeutet etwa „Leute aus der Niederung bzw. der Einöde". Slawen siedelten hier vom 8. bis 12. Jh. Danach war der Ort in wechselndem Besitz deutscher Adeliger und gehörte ab 1650 mit dem jetzigen Gut Lensahner Hof zum Privatbesitz des Adelshauses Holstein-Gottorf, dem späteren großherzoglichen Haus Oldenburg. Man kann es kaum glauben, aber die Hoheitsgewalt übte der Grundherr noch bis weit ins 20. Jh. hinein aus, und zwar bis 1928. Dann erst wurde Lensahn freie Gemeinde mit Recht auf Selbstverwaltung.

Sehenswertes

Museumshof Lensahn: Freunde alter Handwerkskunst und alter Traktoren kommen hier auf die Kosten, auch Gartenfreunde werden begeistert sein.

Viele **Landmaschinen** sind in dem 1996 gegründeten Museum zu sehen. Daneben gibt es über 4000 historische Exponate aus Landwirtschaft, Handwerk und Haushalt aus der Zeit von

Mehr als nur alte Traktoren: Museumshof Lensahn

1850 bis 1960. Sie dürfen angefasst und teilweise auch ausprobiert werden.

Zudem werden vom Museumsverein mit viel Liebe auf dem 7 ha großen Gelände auch ein schöner **Kräuter- und Bauerngarten** sowie die Museumsfelder bewirtschaftet, auf denen mithilfe der historischen Gerätschaften alte Getreidesorten angepflanzt werden, aber auch Flachs, Hanf, Gelbsenf, Sonnenblumen und sogar Tabak. Im Jahr 2001 wurde darüber hinaus ein 2,4 km langer Naturlehrpfad angelegt, der einmalig in seiner Art ist: Nahezu alle **Wald- und Obstbaumarten** Nordeuropas wurden angepflanzt (326 verschiedenen Baumarten, 232 alte Obstbaumsorten). Und ein Bauernhofcafé (Gaststube), reichlich Kinderspielplätze und ein Ziegengehege gibt es auch. Fazit: Eine Art kleines, aber feines Freilichtmuseum.

▪ April–Okt. tägl. 10–18 Uhr. Eintritt 6 €, Jugendliche 3,50 €, Kinder 4–12 J. 2,50 €. **Gaststube/Café** vor Ort. Im Jahresverlauf am Sonntag zahlreiche Feste auf dem Museumshof, z. B. das Frühlingsfest (April), das Traktoren-Oldtimer-Treffen mit Treckerrallye (Mai/Juni), die Pferdetage (Aug.), das Dresch- und Kartoffelfest (Sept.) oder das Apfelfest (Okt.). Prienfeldhof (Ortsausgang Richtung Grömitz), ✆ 04363-91122, museumshof-lensahn.de.

Kirche St. Katharinen: Die schöne, langgestreckte, wohl schon um das Jahr 1300 entstandene Backsteinkirche beherrscht das Ortsbild. Wie so oft bei holsteinischen Kirchen wurde der Turm erst später, nämlich 1464, angefügt. Der Schnitzaltar im Innern der Kirche stammt aus dem Jahr 1420, wurde aber 1907 neu eingefasst. Die bauchige Holzkanzel wurde um 1730 geschaffen, das lebensgroße Kruzifix um 1500. Beachtenswert ist auch die pokalförmige gotländische Kalksteintaufe, die um das Jahr 1240 entstanden ist. Im Jahr 2000 bekam die Kirche eine neue Orgel mit 1184 Pfeifen und 20 Registern.

▪ Nur Sa 14–16 Uhr.

Praktische Infos

Einwohner 5000

Information/Zimmervermittlung Touristinformation, Eutiner Str. 2 (Rathaus), ✆ 04363-50840, lensahn.de. Keine Kurtaxe.

Schwimmbad Schönes, auf 23 °C beheiztes **Waldschwimmbad** mit 5 m hohem Sprungturm im Westen Lensahns, idyllisch am Mühlenteich gelegen. Geöffnet 10–20 Uhr. Eintritt 4,20 €, Kinder 2,90 €, Familien 9,40 €. Dr.-Julius-Stinde-Straße, ✆ 04363-851.

Hohwachter Bucht und Probstei → Karte S. 142/143

Triple-Ultra-Triathlon Lensahn: dreifache Ironman-Distanz

Umgebung von Lensahn

Gut Güldenstein: Das Gut selbst ist für die Öffentlichkeit unzugänglicher Privatbesitz, der Herzog von Oldenburg (Niedersachsen) wohnt hier. Zudem gibt es stilvoll-noble Ferienwohnungen.

Vor dem backsteinernen Anwesen steht das einst prächtige Torhaus von 1743, das ein wenig den Blick auf die von einem ovalen Wassergraben umgebene Hofanlage freigibt. Das schlossartige, in den Jahren 1726–28 erbaute Herrenhaus ist wahrhaft repräsentativ, gilt es doch als das architektonische Hauptwerk des Spätbarock in Ostholstein. Auf der Südseite des stattlichen Dreiflügelbaus wurde der Graben zu einem kleinen See erweitert, sodass sich das Gebäude an drei Seiten unmittelbar aus dem Wasserspiegel erhebt. Am Torhaus und den Teichen des Mühlenbachs vorbei führt ein Weg zum Schlosspark. Dort steht am Wegesrand eine 400 Jahre alte Stieleiche mit einem Stammumfang von neun Metern.

▪ Anfahrt normalerweise über die L 258 Richtung *Hansühn*. Kurz vor Harmsdorf (Speckkate) geht es links ab, Ortsschild Güldenstein. Besonders malerisch ist auch die Zufahrt über die L 57 Richtung Schönberg. 2 km hinter Lensahnerhof noch vor *Wahrendorf* zweigt ein nur spät erkennbarer Weg scharf rechts ab (Straßenschild *Güldensteiner Weg,* Bushaltestelle) und führt dann über 3 km zum Gutsbesitz (die letzten 500 m sind nicht geteert). Uralte Bäume, meist Eichen, säumen das Sträßlein.

Braasch's Schinkenräucherei Harmsdorf: Kaum eine Einrichtung in Ostholstein macht so viel Werbung wie diese Schinkenräucherei. Tatsächlich ist die 340 Jahre alte holsteinische **Räucherkate,** 3 km hinter Lensahn (Richtung Hansühn) an der Hauptstraße, einen Besuch wert, vor allem im Frühjahr. Dann nämlich hängt die rußgeschwärzte Decke voll mit gepökelten, knusprig-braunen Katenschinken, die den intensiven Duft von geräuchertem Schweinefleisch verbreiten. Drei Monate im Winter hängen die Schinken im Buchenholzrauch, der durch das alte Reetdach abzieht. Verkauft werden sie einige Meter weiter in einem separaten Geschäft.

▪ Mo–Fr 9–18 Uhr, Sa 9–13 Uhr. Hauptstr. 25, 23738 Harmsdorf, ✆ 04363-1612, schinken-braasch.de.

Weissenhäuser Strand

5 km von Oldenburg entfernt liegt das Ostseebad Weissenhäuser Strand, ein großer Ferienpark mit Sandstrand und einem breiten Angebot an Freizeitaktivitäten. Die glasüberdachte „Galeria an der Düne" und besonders das „Subtropische Badeparadies" erlauben wetterunabhängige Urlaubsfreuden. Beachtenswert ist das Hinterland, denn dort liegen einige der schönsten Gutshöfe Ostholsteins.

Wohlfühlen wird sich hier nur, wer sich darüber im Klaren ist, dass es sich um eine künstlich geschaffene **Ferienanlage** handelt, die überwiegend aus drei- bis vierstöckigen, nüchternen Wohnblöcken besteht. Mit fast 1200 Ferienwohnungen und Hotelzimmern handelt es sich sogar um die größte Ferienanlage Deutschlands: rund 160.000 Gäste jährlich bringen es auf die stolze Zahl von 800.000 Übernachtungen. Die Anlage wurde 1973 erbaut, ist aber keineswegs altersschwach, weil sie gepflegt, ständig modernisiert und erweitert wird. Alle Annehmlichkeiten liegen in unmittelbarer Nähe: Schwimmbad, Sauna, Solarium, Tennisplatz, Minigolfanlage, Supermarkt, Restaurants, Geschäfte und vieles mehr. Ein Höhepunkt ist sicher das **Subtropische Badeparadies** mit der 214 m langen Reifenrutsche. Zudem gibt es ein überdachtes **Dschungelland,** eine Art Indoor-Abenteuerspielplatz mit zahlreichen Kletter- und Spielmöglichkeiten, einer Goldwaschanlage und einigen Terrarien (Eintritt ab 4 J. 15 €, am Wochenende 16 €). Für Wassersportler wurde darüber hinaus auf einem künstlichen See eine 600 m lange **Wakeboard- und Wasserskianlage** errichtet (Waterpark).

Bevor man den 30–40 m breiten Strand erreicht, müssen die hohen Dünen des schmalen Naturschutzgebietes

Hohwachter Bucht und Probstei → Karte S. 142/143

Bohlenweg durch die Dünen: Weissenhäuser Strand

Weissenhäuser Brök überwunden werden. Der rund 3 km lange Strand mit seiner 120 m langen Seebrücke ist nicht ganz so feinsandig wie an der Lübecker Bucht und noch enger mit Strandkörben belegt. Ab und zu wird die Ruhe von den Aktivitäten auf dem direkt benachbarten Truppenübungsplatz Putlos gestört, der den Strand nach Nordosten hin begrenzt.

Information/Zimmervermittlung **Ferienpark Weissenhäuser Strand,** Kurtaxe 2,10 €, Kinder (4–17 J.) 1,10 € (Nebensaison 1 € bzw. 0,50 €). Seestr. 1, ✆ 04361-5540, weissenhaeuserstrand.de.

Für weitere Informationen wende man sich an den Fremdenverkehrsverein Gemeinde Wangels, An der Landstr. 5, 23758 Kükelühn, ✆ 04382-510 oder ✆ 04362-90720 (ostseespitze.de oder ostseeurlaub-in-wangels.info).

> Ferienpark-Urlauber erhalten in den Schwimmbädern Ermäßigung.

Parken Am Weißenhäuser Strand ist freies Parken nicht möglich. Besucher der Attraktionen bzw. des Schwimmbads erhalten dort für 2 € ein Auslassticket.

Schwimmbäder **Subtropisches Badeparadies,** unter dem Motto „Draußen Ostsee – drinnen Südsee" garantieren 31 °C Luft- und 29 °C Wassertemperatur auf 7500 m² ganzjährig Badespaß in einer Erlebniswelt mit der Wasserspiellandschaft „Water World" und einigen Wasserrutschen. Whirlpools und eine Saunalandschaft (2 € Preisaufschlag) dürfen natürlich nicht fehlen. Tägl. 9.30–20.30 Uhr. Für 3 Std. 26 €, Kinder 4–14 J. 17 €, Einzeltageskarte 30 €, Familientageskarte 70 €. ✆ 04361-552761.

Dünenbad im Strandhotel, auch eine immerhin 3000 m² große Badelandschaft mit allem Komfort, aber mit mehr Ruhe und daher für die mittlere und ältere Generation. Zwei Schwimmbecken, Whirlpools und Saunalandschaft. Tägl. 7–22 Uhr. 2 Std. 17 €, Tageskarte 21 €. ✆ 04361-552759.

Umgebung von Weissenhäuser Strand/Wangels

Schloss Weissenhaus: Der Name macht dem Gut alle Ehre, denn das weiß leuchtende, mächtige Herrenhaus bildet einen einnehmenden Kontrast zu der sich Richtung Ostsee ausbreitenden Parkanlage mit mächtigen alten Bäumen. Im Gegensatz zu den meisten Gütern Ostholsteins hat sich Weissenhaus für den Tourismus geöffnet. Im Jahr 2005 erwarb ein Hamburger Multimillionär das komplette, 75 ha große Areal und gestaltete es bis zum Jahr 2014 sehr aufwendig zu einem noblen Fünf-Sterne-Superior-Resort um. Entstanden ist so eine gediegene **Luxus-Ferienlandschaft,** die im krassen Gegensatz zum quirligen Ferienzentrum des benachbarten Weissenhäuser Strand steht. Das Schloss, die historischen Nebengebäude wie Kavaliershaus, Torhaus oder Meierei sowie einige (neu gebaute) Strandhäuser beherbergen edel eingerichtete Zimmer, Suiten und Appartements.

Weissenhaus ist erst um 1600 durch Erbteilung aus dem großen Gut Farve (s. u.) hervorgegangen. Der derzeitige Bau ist aber bereits das dritte Herrenhaus auf dem Gelände. Errichtet wurde es nach einem Großbrand im Jahre 1895 im neobarocken Stil. Nur der Keller mit seinen alten Tonnengewölben ist von seinem unmittelbaren Vorgängerbau geblieben.

Der **Strand** unterhalb des waldreichen Anwesens wurde ebenfalls in das Resort einbezogen. Die ursprüngliche einfache „Strandbude" musste dem schicken Restaurant „Bootshaus" weichen. Die wenigen Strandkörbe gehören den Gästen des Schlosses. Vorbei sind auch die Zeiten, in denen man im Schatten der alten Bäume in unmittelbarer Strandnähe für einen schnellen Strandbesuch kostenlos parken konnte. Mittlerweile wurden selbstverständlich kostenpflichtige Parkplätze angelegt. Lediglich im Westen dieses von den Einheimischen auch Eitz genannten Strandabschnitts erinnern noch ein paar auf den Strand gezogenen Boote der Freizeitfischer an

Holländermühle von Gut Farve

die ehemals weniger kommerzielle Nutzung dieses Strandabschnitts.

■ *****s **Schloss Weissenhaus** (Grand Village Weissenhaus Resort & Spa am Meer), Luxus-Resort mit Zimmern und Suiten in sehr stimmigem, rustikalem Landhausstil. Mit Schloss und Nebengebäuden. Spa-Bereich in einem ehem. Kavaliershaus (Schlosstherme). Dem Anspruch angemessen überdurchschnittlich freundliches Personal, hervorragendes Frühstück, eine wunderbare Bar im Kellergewölbe und natürlich das mit zwei Sternen dekorierte **Gourmetrestaurant „Courtier"** im Schloss (nur Mi–Sa ab 18.30 Uhr). Parkallee 1–11, ✆ 04382-92620, weissenhaus.de. **€€€€** (Hotel), **€€€€** (Restaurant)

Bootshaus, Restaurant & Beach-Club, gehobenes Ambiente mit dem Einfluss mediterraner Genussküche. Innen loungeartig mit viel Holz gestaltet, draußen 120 Terrassenplätze mit herrlicher Aussicht direkt am Strand (tägl. Mittagsservice 13–16.30 Uhr, abends ab 18 Uhr). Strandstr. 4, ✆ 04382-92620. **€€€€**

Gut Farve: Schon von Weitem grüßt die 5 km hinter Oldenburg an der B 202 einsam gelegene **Farver Windmühle** (eine als Ferienwohnung genutzte Holländermühle aus dem Jahre 1828), während sich das dazugehörige Hofgut im Tal versteckt. Der Name des sehr bedeutenden, bis in das Mittelalter zurückgehenden Adelssitzes ist slawischen Ursprungs und bedeutet so viel wie „Wiese" oder „Weide". Farve wird immer noch landwirtschaftlich genutzt und bewirtschaftet eine Fläche von 900 Hektar. Daher ist es nicht zu besichtigen. Der Weg zum Haus führt über eine kopfsteingepflasterte Brücke, der man die jahrhundertelange Benutzung deutlich ansieht. Völlig untypisch für die holsteinische Bauweise ist Farve ein um einen Innenhof gebauter vierflügeliger Prachtbau mit zwei sich diagonal gegenüberstehenden Türmen. Er stammt im Kern schon aus der Zeit um das Jahr 1500, erhielt aber erst 1837 seine sehr imposante, vom englischen Burgenstil beeinflusste neugotische Fassade.

Gut Ehlerstorf: Nur 3 km hinter Oldenburg – ebenfalls an der Bundesstraße 202 Richtung Lütjenburg – liegt dieses von reetgedeckten Stallungen umgebene, malerisch anmutende Hofgut, eines der schönsten Beispiele der regionalen Gutsarchitektur. Das Anwesen

Hohwachter Bucht und Probstei → Karte S. 142/143

wird nach wie vor landwirtschaftlich genutzt und ist daher nicht zu besichtigen. Von außen ist ein Gebäudeensemble zu erkennen, aus dem das äußerst stattliche reetgedeckte Kuhhaus hervorragt (frühes 19. Jh.). Das Torhaus mit seinem hohen reetgedeckten Walmdach (ebenfalls im frühen 19. Jh. erbaut) wurde wegen der Verlegung der Zufahrt aber niemals als solches genutzt. Eine Allee führt zum Herrenhaus, das im Kern aus dem 16. Jh. stammt, aber im 18. Jh. umgebaut wurde und im Vergleich zu anderen Herrenhäusern eher schlicht wirkt.

Gut Testorf: An der Straße von Lensahn nach Lütjenburg (L 258) liegt kurz vor Hansühn wieder ein bedeutender privater Gutshof. Das Herrenhaus aus dem Jahre 1774 ist ein zweigeschossiger, mit Efeu bewachsener Backsteinbreitbau mit einem gewaltigen Mansarddach, der 1902 erheblich verändert und um einen eckigen Turm erweitert wurde. Das Kavaliershaus links und der Kutschpferdstall rechts stammen ebenfalls aus den 1770er-Jahren. Zu beiden Seiten erheben sich mächtige landwirtschaftliche Nutzbauten: zum einen die reetgedeckte Scheune, im Kern ein Fachwerkbau aus der Zeit um 1600, und gegenüber das 1888 erneuerte und nun mit Solarzellen bestückte Kuhhaus. Sehr eindrucksvoll ist auch das an einem kleinen See gelegene Torhaus (von 1769) mit doppeltem Walmdach, Giebeldreieck und Uhr, zu dem ein Damm führt.

Woran heute nichts erinnert: Testorf gilt als der eigentliche **Geburtsort des Schleswig-Holstein Musik Festivals,** denn auf dem Gut wuchs als Flüchtlingskind Justus Frantz, der Begründer des Festivals, auf. Hier kam ihm die Idee, klassische Musik in den Herrenhäusern und Scheunen der Region erklingen zu lassen. 1985 wurde das Projekt in die Tat umgesetzt (→ S. 15).

Sehlendorfer Strand, Blekendorf

Sehlendorfer Strand gehört zu den acht Dörfern der Gemeinde Blekendorf und liegt ein wenig im touristischen Schatten von Hohwacht. Auf dem Blekendorfer Gemeindegebiet findet sich neben einer sehenswerten Steinzeit-Grabanlage (ein archäologischer Leckerbissen) auch der bekannte Esel- & Landspielhof, der das Ziel vieler Familien mit Kindern ist.

Der feinsandige Sehlendorfer Strand erstreckt sich vom Eitz (Weissenhäuser Strand) bis nach Hohwacht. Der eigentliche **Badestrand,** in dessen Nähe auch einige große Campingplätze liegen, ist vom Ort Sehlendorf aus beschildert und gut zugänglich. Hier befinden sich neben einem Parkplatz einige kleine Pavillons mit Korbvermietung, Strandbasar, Bäckerei und Restaurant. Schön ist ein Spaziergang vom Badestrand aus nach Osten. Bis zu 4 km am Wasser entlang läuft man über einen breiten weißen Strand, vorbei an einem unberührten Teil Steilküste. Herrlich ist auch der Weg direkt auf der Steilküste hoch über der weiten, blauen Ostsee.

Neben dem Badestrand liegt das weitgehend unberührte kleine **Naturschutzgebiet Sehlendorfer Binnensee.** Hier haben seltene und scheue Vögel wie der Seeadler oder der Singschwan ihr Revier. Ein Wanderweg führt durch das Naturschutzgebiet nach Hohwacht. Kurz vor dem Campingplatz Tivoli zweigt an einer kleinen Holzbrücke ein Weg zu einer Aussichtsplattform direkt am See ab, von der aus das Treiben der Vögel gut zu beobachten ist.

Sehenswertes

Esel- und Landspielhof Nessendorf: Etwas versteckt im Hinterland liegt Nessendorf. Hinter der überdimensionierten Hofeinfahrt erwartet die meist mit (kleinen) Kindern anreisenden Familien ein umgebauter Bauernhof, in dem die meisten der über 100 Esel in zwei größeren Scheunen oder Freigehegen zu bestaunen sind. Und es gibt eine Hüpfburg, eine Goldschürfanlage, eine Spielscheune, ein kleines Effektkino, einen großen Holz-Mähdrescher zum Klettern und Rutschen und zudem noch einen Abenteuerspielplatz. Auch eine SB-Gaststätte und ein Souvenirshop ist vor Ort. Fazit: Etwas für Kinder und für Esel-Liebhaber.

▪ Wer von Oldenburg oder Lütjenburg über die B 202 kommt, muss bei Kaköhl abbiegen. Wer aber auf der Landstraße von Lensahn nach Lütjenburg fährt, kommt unweigerlich durch Nessendorf hindurch. Mitte März bis Ende Okt. tägl. 10–18 Uhr. Eintritt ab 3 Jahren 10 €. Hunde willkommen. Wiesengrund 5, ✆ 04382-748, eselundlandspielhof.de.

Steinzeit-Grabanlage Ruserberg: Diese sehenswerte Langbetten-Grabanlage wurde um 2600 v. Chr. erbaut. Sie liegt in einsamer Landschaft 3 km vor Lütjenburg beim Ort Futterkamp (nördlich der B 202); orientieren kann man sich an den braunen Denkmal-Hinweisschildern. Drei „Riesenbetten" mit Ausmaßen von 30–60 m Länge sind hier erhalten geblieben. Das größte war einst von über 100 gewaltigen Findlingen (Dolmen genannt) eingefasst. Die Anlage vermittelt einen Eindruck davon, mit wie viel Aufwand und Ehrfurcht die Menschen in der Jungsteinzeit und Bronzezeit ihre Toten bestattet haben. Im kleinsten Langbett liegen zwei Grabkammern frei, deren Decksteine fehlen.

Die in der Nähe liegende mittelalterliche Burganlage **Schlichtenberg**

Steinzeit-Grabanlage Ruserberg

Hohwachter Bucht und Probstei → Karte S. 142/143

besteht lediglich aus zwei unspektakulären Burghügeln.

Feldsteinkirche Blekendorf: Die 800 Jahre alte Kirche St. Claren mit ihrem weithin sichtbaren Turm ist ein imposantes Gebäude und beeindruckt durch ihre ordentlich aufgeschichteten, fast quadratischen Feldsteine. Gestiftet wurde sie von Graf Adolf IV. nach der siegreichen Schlacht von Bornhöved gegen die Dänen (1227). Der 55 m hohe, wuchtige Kirchturm wurde erst 200 Jahre später errichtet und wirkt etwas überdimensioniert. Die bei den späteren Umbauten verwendeten Backsteine prägen die heutige Turmansicht. Im Inneren fällt der Blick zunächst auf den bis unter die Decke reichenden hölzernen Barockaltar (um 1690) und die noch ältere Kanzel (um 1600).

▪ Ostern bis Erntedank tagsüber geöffnet. Das Kirchenschiff ist durch ein einsehbares Gitter abgetrennt.

Wegweiser Sehlendorfer Strand

Praktische Infos

Einwohner 1750

Information **Touristinformation Blekendorf,** Strandstr. 24, 24327 Blekendorf-Sehlendorf, ✆ 04382-92234, sehlendorfer-strand.de. Kurabgabe/Strandkarte (inkl. Parkplatzgebühr) 3 € (Nebensaison 1,50 €).

Essen & Übernachten **Zum alten Packhus,** kurz vor Sehlendorfer Strand. Die Gaststube im einstigen Packhaus von 1850 ist maritim-rustikal gestaltet, draußen gibt's eine schattige Terrasse unter uralten Linden. Hier hat man einen schönen Blick quer über den Sehlendorfer Binnensee auf Hohwacht. Neben herzhaften Gerichten werden auch Holsteiner Spezialitäten gekocht, gut und deftig ist das „Sehlendorfer Allerlei" (Sauerfleisch, Bratheringe, Matjesfilets mit Schmandsoße und Bratkartoffeln). Strandstr. 20, ✆ 04382-345. **€€**

Bei Roland Fisch & Meer, Strandimbiss mit großer und qualitativ guter Auswahl. Natürlich sind sehr leckere Fischbrötchen und Fisch-Tellergerichte im Angebot. Es gibt aber auch Burger und Schnitzel. Nur einfache Außenplätze. In der Saison tägl. 12–18 Uhr, in der Nebensaison nur am Wochenende. Strandstr. 26. **€**

Filippos Erlebnisgarten, große Parkplätze an der Bundesstraße 202 beim Ortsteil Futterkamp deuten darauf, dass es hier etwas Besonderes geben könnte. Seinem Namen gerecht wird der Obsthof-Garten vor allem für Familien mit kleinen Kindern. Es gibt Rollrutschen, Hüpfkissen und Trampoline, eine Wasserspielanlage, Gokarts und anderes Spielgerät, einen Streichelzoo und jede Menge mehr. Derweil können es sich die Erwachsenen im nett gemachten **Bauernhof-Gartencafé** (samt Hofladen) gemütlich machen. Tageskarte 7,80 €. Tägl. 9–19.30 Uhr. Blekendorfer Weg 1a, ✆ 04382-418801.

Campingplatz Schöning, 280 großzügig angelegte Plätze in Hanglage mit Blick auf die Ostsee, davon aber nur 40 für Touristen. Gepflegte Sanitäranlagen, Kiosk, Strandnähe, Hunde erlaubt. Geöffnet April–Okt. Wewerin 1, ✆ 04382-920504, ostseecamping-schoening.de.

Beschaulich: Strandleben in Hohwacht

Hohwachter Bucht und Probstei → Karte S. 142/143

Hohwacht

Das einstige Fischerdorf, das der ganzen Bucht den Namen gab, liegt inmitten urwüchsiger Natur zwischen einem grünen Band dichter Waldbäume und der blauen Ostsee. Ruhe und Beschaulichkeit sind hier prägend.

Schon die Anfahrt ist ein Erlebnis. Von der Bundesstraße B 202 zweigt bei Lütjenburg eine großartige Allee mit uralten Bäumen nach Hohwacht ab. Direkt an der Straße liegt ein 9 m hoher, ungeöffneter Grabhügel aus der Bronzezeit. Fast 6 km geht es nun durch schönste geschwungene holsteinische Landschaft (vorbei am Gut Neudorf) bis hin zur Küste. Auch im Ort selbst dominiert die Farbe Grün. Der Wald ragt bis an Hohwacht heran, ja in den Ort hinein, und kein Gebäude lugt über die Baumwipfel hervor. Es erweist sich heute als ein Segen, dass die Gemeindeväter und -mütter sich rechtzeitig darauf besonnen haben, trotz des boomenden Tourismus keine Bettenburgen zuzulassen. Naturschutzgebiete rings um den Ort am Großen Binnensee und am Sehlendorfer See sorgen dafür, dass Hohwacht das grüne Bad der Ostseeküste bleibt.

Aber auch in Hohwacht ließ sich das Rad der Geschichte nicht zurückdrehen. Von der Idylle eines Fischerdorfs und den einstigen reetgedeckten Fischerhütten ist kaum etwas übrig geblieben. Immerhin gibt es noch ein paar Freizeitfischer, die wie in alten Zeiten ihren Fang direkt am Strand räuchern und ihn gelegentlich in ihren grünen Holzhütten am Badestrand zum Kauf anbieten.

Am Ende der nach **Alt-Hohwacht** hinabführenden Straße „Am Buchholz" liegt ein gebührenpflichtiger Parkplatz. Von hier aus sind es noch etwa 300 m zu einem feinsandigen Strand; der Weg wird von einigen netten kleinen Hotels und Ferienwohnungen gesäumt. Dies ist die vielleicht schönste Ecke des Ortes. Der kleine Badesteg am Bootsliegeplatz unterscheidet sich noch sehr von den repräsentativen Seebrücken der großen Badeorte, und auch die

Zahl der Strandkörbe ist an dem schmalen, buchtähnlichen Strand noch überschaubar.

Westlich davon erhebt sich eine hohe **Steilküste,** die den Oststrand gewissermaßen vom Weststrand teilt. Sie ist mit Ferienwohnungen im Stil der 1970er-Jahre bebaut. Hier verläuft auch ein Höhenweg mit schöner Aussichtsplattform, von dem aus Treppen hinunter zum schönen Strand führen. Ein Spaziergang am Strand entlang ist jedoch genauso schön. Am Rande dieses kurzen Steilküstenabschnitts stehen im Schatten der Bäume noch einige malerisch anmutende **Badehütten,** die es so nirgendwo an der deutschen Küste mehr gibt. Vor diesem durch Heckenrosen geschützten westlichen Strandabschnitt, „Hohwachts" genannt, verläuft auch ein kleiner promenadenähnlicher Weg für den abendlichen Spaziergang – dort am großen Badestrand liegen die meisten Hotels des Ortes. Blickfang ist hier die *Hohwachter Flunder,* eine trapezförmig gestaltete **Seeplattform,** die hier die Funktion einer Seebrücke einnimmt und zum Flanieren genutzt wird. Der Strand ist durch Holzbuhnen gesichert und nur leicht mit Steinen durchsetzt – echte Badefreuden sind also garantiert. Und im Hintergrund lädt die Beachlounge „Flunderbar" bis zum Sonnenuntergang zum Verweilen ein.

Geschichte

Jahrhundertelang blieb der Ort ein kleines, unbedeutendes Fischerdorf mit weniger als zehn Häuschen. Doch schon seit dem 17. Jh. gab es Pläne, eben jene Ansiedlung zu einem größeren Hafenort auszubauen. Die Ergebnisse waren allerdings bescheiden, denn es kam lediglich dazu, dass gelegentlich ein paar Frachtschiffe für das nahe Lütjenburg vor Hohwacht auf Reede lagen und einige kleine Speicher deren Güter aufnahmen oder das Korn lagerten, das von hier aus verschifft wurde. Als dann 1871 nicht einmal der geplante Gleisanschluss zustande kam, war das zunächst ein weiterer Rückschlag für den Ort. Doch alles hat bekanntlich zwei Seiten: Im Gegensatz zu den aufstrebenden Ostseebädern blieb Hohwacht beschaulich, und genau diese Ruhe war es, die um 1900 die ersten Badegäste anlockte. Die besondere, herbe Stimmung mit ihren herrlichen Farben begeisterte bald nicht nur Sommerfrischler, sondern zog auch Maler wie den Expressionisten Karl Schmidt-Rottluff (in den Jahren 1914 und 1918) in den Ort. Heute ist Hohwacht eines der bekanntesten Seebäder der Ostsee und dennoch angenehm ruhig geblieben.

Wandern: rund um den Großen Binnensee (14 km)

Von Hohwacht aus führt der mit W3 gekennzeichnete Weg gegenüber dem Ostseehotel zunächst durch den Wald nach Haßberg. Den Ort durchqueren Sie auf dem Fuß-/Radweg neben der Straße am See entlang, bis Sie nach insgesamt 2,5 km an einem allein stehenden Reetdachhaus rechts ab ein immer schmaler werdender Weg über eine kleine Brücke führt. Diesem Weg folgen Sie 1,5 km durch den Wald Richtung Stöfs/Binnensee. Zunächst geht es hoch bis zu einer alten slawischen Ringwallanlage (Alte Burg genannt). Auf der anderen Seite des Hügels folgen Sie rechts dem Weg bis zum Gut Waterneverstorf. Der schöne Weg führt Sie 4 km am See entlang, später durch die Gutsanlagen bis zur Straße Richtung Behrensdorf. Nun geht es rechts und nach einem Kilometer abermals rechts noch einmal 3 km über den neben der Straße verlaufenden Fuß-/Radweg zum Hafen nach Lippe. Von dort sind es noch 2 km direkt am Strand entlang oder auf dem Verbindungsweg zurück nach Hohwacht.

Praktische Infos

Einwohner 900

Information/Zimmervermittlung **Hohwachter Bucht Touristik,** Berliner Platz 1,

✆ 04381-90550. Touristisch hat sich Hohwacht mit den benachbarten Gemeinden zusammengeschlossen und betreibt die gemeinsame Homepage hohwachterbucht.de. Ostseecard 2,50 € (in der Nebensaison 1,30 €).

Fahrräder **Tretfix,** Am Brackstock 1, ✆ 04381-415379.

Hundestrand Am Strandeingang 1 (Parkplatz Seestraße) und 9 (nahe Steilküste).

Parken Großer gebührenpflichtiger Parkplatz am Weststrand, ein weiterer in Alt-Hohwacht.

Essen & Übernachten Das Angebot an gehobenen Hotels mit Café bzw. Restaurant ist groß, doch einen Campingplatz gibt es nicht.

******s Hohe Wacht,** gediegenes, vielleicht ein wenig in die Jahre gekommenes Hotel in ruhiger Lage, gut 100 m vom Strand entfernt. 23 mit großen Fenstern ausgestattete, helle, recht geräumige Zimmer, auch eine große Appartementanlage gehört zum Haus, ebenso ein Schwimmbad, eine Sauna und das **Parkrestaurant** (mit Wintergarten), in dem es akzeptable Speisen (in nicht allzu großer Auswahl) gibt. Ostseering 5/Am Kurpark, ✆ 04381-90080, hohe-wacht.de. **€€€** (Hotel), **€€** (Restaurant)

****** Haus am Meer,** das 25-Zimmer-Haus in bester Lage am nordwestl. Badestrand ist nur durch Promenade und Heckenrosen vom Strand getrennt. Zudem 39 Appartements in vier Neubauten am Strandparkplatz. Schwimmbad mit Gegenstromanlage, Sauna und weiteren Annehmlichkeiten. Im **Restaurant** wird in gediegenem Ambiente v. a. täglich frisch gelieferter Fisch serviert, im **Strandcafé** gibt es hausgemachte Kuchen und Torten. Dünenweg 1, ✆ 04381-40470, hotel-hausammeer.de. **€€€** (Hotel), **€€** (Restaurant)

Hotel Genueser Schiff, ganz einsam westl. des Hauptorts zwischen Strand und Salzwiesen und schon vor über 50 Jahren in einer reetgedeckten Hofanlage als „Ausschlaf-Hotel" eingerichtet und nach einer Textzeile in Nietzsches Gedicht „Nach neuen Meeren" benannt. 14 relativ kleine Zimmer im ländlich-eleganten Stil und 8 Appartements. Der Strand ist hier nur noch ein schmales, steiniges Band, weshalb man aus der Not eine Tugend gemacht und direkt auf der zum Strand übergehenden Wiese vor dem Haus ein **Strandkorb-Café** eröffnet hat. Da der Promenadenweg hier fast endet, ist das Café tagsüber stark von Spaziergängern frequentiert. Auch ein kleines, urgemütliches **Bistro** und ein **Restaurant** sind vorhanden (Di Ruhetag). Seestr. 18, ✆ 04381-7533, genueser-schiff.de. **€€€** (Hotel), **€€** (Restaurant)

Ostseehotel Hohwacht, kleines familiengeführtes Hotel mit relativ einfachen, aber sauberen Zimmern. Gutes Frühstück mit frischen Bäckerbrötchen. Irish Pub und Restaurant Central im Haus (s. u.). Fußläufig 5 Min. vom Strand entfernt. Seestr. 9, ✆ 04381-2085490, ostseehotel-hohwacht.de. **€€**

Restaurant Central, rustikales Ribhouse (dem Ostseehotel Hohwacht angeschlossen, s. o.). Spezialisiert ist man hier fast ausschließlich auf leckere Spareribs in großen Portionen, aber es gibt z. B. auch Carpaccio oder Salat mit Thunfisch. Tägl. 17–21 Uhr (So/Mo geschlossen, im Winter auch Di). Seestr. 5, ✆ 04381-2085044. **€€**

Lütjenburg

Das idyllische Städtchen im Rücken der Hohwachter Bucht zeigt eines der schönsten Ortsbilder Ostholsteins. Alle Wege, meist kopfsteingepflastert, führen ins im Zentrum zum Marktplatz mit seinen guten Einkaufsmöglichkeiten in den historischen Bürgerhäusern. Die Umgebung glänzt mit einigen der bedeutendsten Gutsanlagen des Landes in perfekter holsteinisch-hügeliger Landschaft.

Fast alles im Luftkurort Lütjenburg wird dominiert vom Rot der Backsteine – sogar die Gehwege und Straßen sind teilweise damit bedeckt. Die Stadt ist beliebt für einen Einkaufsbummel, ist sie doch Mittelpunkt der Region und verfügt deswegen über das entsprechende Angebot. Dennoch herrscht hier die sprichwörtliche Ruhe einer holsteinischen Kleinstadt.

Hohwachter Bucht und Probstei → Karte S. 142/143

Als Ausgangspunkt für einen gemütlich-kleinen Rundgang bietet sich der **Marktplatz** an, auf dem bzw. in dessen Nähe man auch gut parken kann. Eine Rarität ist zweifellos das Ensemble von vier Bürgerhäusern, welches die Ostseite des Marktplatzes bildet (hinter der Bushaltestelle). Die vier historischen Backsteinbauten stammen aus vier Jahrhunderten (Markt 1 von 1680, Markt 2 von 1820, Markt 3 von 1900 und Markt 4 von 1780). Auf der gegenüberliegenden Seite (am Beginn der Straße Markttwiete) fällt das 1576 erbaute **Färberhaus** ins Auge. An dem zweigeschossigen Fachwerk-Giebelhaus mit den Backsteinfüllungen beeindrucken die reichen Verzierungen. Das Haus bietet den richtigen Rahmen für festliche Anlässe und dient heute als Standesamt. Vom davorstehenden Bürgerbrunnen schaut *Hein Lüth* dem lebhaften Treiben auf dem Marktplatz zu und hebt bedeutungsvoll seine Glocke (Hein Lüth war der Polizei- und Schuldiener, v. a. aber Stadtausrufer).

Ein Stückchen weiter am Ende der Markttwiete sieht man linker Hand das efeubewachsene **Rathaus.** Der eingeschossige Backsteinbau mit Mansarddach wurde 1790 erbaut. Sollte das Stadtbüro geöffnet sein, lohnt sich ein Blick hinter die rundbogige Rokokotür – im Foyer sind Ausstellungsstücke der *Lütjenburger Schützen- und Totengilde von 1719* zu sehen.

Wenn Sie am Rathaus vorbei halbrechts gehen und ein kurzes Stück weiter links (an der runden Holzbank) die Straße hinauf, steht schon an der nächsten Ecke ein weiteres bedeutendes Gebäude, das Bäckerhaus von 1790. Von dort führt links herum die Oberstraße zurück zum Markt.

Wenn Sie noch ein Stück weiter laufen möchten, können Sie vom Marktplatz aus die Teichtorstraße (links) auch hinauf zum Bismarckturm gehen (s. u.). Ein schöner Blick hinunter auf die Stadt ist dann der Lohn für die Anstrengung (der Turm ist allerdings auch gut mit dem Auto erreichbar).

Geschichte

Steinzeitgräber und alte Burganlagen zeugen davon, dass die Landschaft um Lütjenburg schon früh besiedelt war. 1156 ließ Graf Adolf II. im Zusammenwirken mit Bischof Gerold im Zuge der Kolonisation Wagriens in *Lutilinburg* (= „kleine Burg") eine ebenso kleine Kirche bauen. Um diese herum entstand der Ort, der 1275 Stadt mit lübischem Recht wurde. Der lebhafte Handel, v. a. mit dem mächtigen Lübeck, währte jedoch nur kurz. Mitte des 14. Jh. machte die Pest dem geschäftigen Treiben in Lütjenburg ein Ende, die wenigen überlebenden Kaufleute kehrten der Stadt den Rücken. Lütjenburg geriet immer mehr ins Abseits, was v. a. auch daran lag, dass um die Stadt herum einige mächtige adelige Güter entstanden. Diese vermarkteten ihre Produkte, v. a. Getreide, direkt an große Kornhändler und brauchten die Lütjenburger Kaufleute dafür nicht. Es kam im 15. Jh. sogar so weit, dass die ganze Stadt in Konkurs ging und an die Ritter Rantzau vom Gut Neuhaus (am Selenter See) verpfändet wurde; die Bürger wurden damit untertänig gemacht, sie verloren also auch noch ihre Freiheit. Diese Verpfändung machte der dänische König Christian IV. zwar 1642 wieder rückgängig, aber das kleine Städtchen blieb, was es war, nämlich hauptsächlich ein Handwerkerort für die umliegenden Güter.

Jahrhundertelang war Lütjenburg auch die Stadt des Korns. Doch von einstmals elf Brennereien des traditionsreichen **Lütjenburger Korns** hat lediglich die Boll Spirituosen GmbH überlebt, die allerdings nur abfüllt und nicht mehr selbst brennt, aber eine Probierstube betreibt (am Markt 16).

Sehenswertes

Kirche St. Michaelis: Ein wenig unterhalb des Marktes liegt die überwiegend

Blick vom Bismarckturm über die Stadt Lütjenburg

im 13. Jh. erbaute und nach dem Erzengel Michael benannte Kirche, die als eine der besterhaltenen des Landes gilt und das älteste Bauwerk der Stadt ist.

Durch den Seiteneingang gelangt man ins Kircheninnere. Der Blick fällt zunächst auf den kostbaren Flügelaltar von 1467. Das Mittelbild des hölzernen Altars zeigt mit ausdrucksvollen Figuren die Kreuzigung Christi. Das Kirchenschiff wird beherrscht von einem mächtigen spätgotischen Triumphkreuz, das von den Figuren der Gottesmutter Maria und des Jüngers Johannes flankiert wird. Der schlichte Granittaufstein stammt noch aus der romanischen Gründungszeit der Kirche. Er war lange Zeit ausgelagert, denn das Taufen durch vollständiges Untertauchen kam schon im 16. Jh. langsam aus der Mode. So wurde der Taufstein – um mehr Platz für Begräbnisse zu haben – im Jahre 1745 durch einen schwebenden Taufengel ersetzt. Dieser konnte mit einem Seilzug bewegt werden und trug gewissermaßen aus geöffnetem Himmel das Taufwasser in einer kleinen Schüssel herbei.

Als Kunstwerk von besonderem Wert gilt das **Renaissance-Grabmal** der Reventlows. Es wurde neben der Kanzel (von 1608) als kleine Kapelle an die Nordseite der Kirche angebaut. Graf Otto von Reventlow, der um Lütjenburg fünf große Güter besaß, ließ dieses wohl bedeutendste Steingrabmal Ostholsteins noch zu seinen Lebzeiten ebenfalls im Jahr 1608 von dem belgischen Bildhauer Robert Coppens in einer Lübecker Werkstatt anfertigen. Vor einem Sandsteinrelief des Jüngsten Gerichts und dem gekreuzigten Christus knien Otto von Reventlow und seine Gemahlin sowie ihre vier Kinder – alle Figuren sind aus kostbarem Alabaster. Von der adeligen Herrschaft zeugen auch die nur von außen zugänglichen drei Gutslogen aus dem 17. und 18. Jh., die heute noch im Besitz der Familien der umliegenden Güter sind.

■ Di–So 8.30–17 Uhr, im Winter geschlossen.

Bismarckturm: Auf dem 60 m hohen Vogelberg, der die Stadt überragt, wurde 1898 dieser 18,5 m hohe Aussichtsturm gebaut. Als Wahrzeichen Lütjenburgs bietet er einen schönen Blick über die Stadt und ihr hügeliges Umland bis hin über den Großen Binnensee zur Hohwachter Bucht (der Blick vom nahen Hessenstein ist aber noch

Hohwachter Bucht und Probstei → Karte S. 142/143

etwas schöner, → S. 175). In einem Anbau des Hotels Ostseeblick ist das Restaurant Bismarckturm untergebracht. Nur von dort aus kann man den Turm erklimmen. Vor dem Turm steht eine Friedenseiche von 1871 (→ Kasten „Bismarcktürme", S. 373).

▪ Tägl. zu den Öffnungszeiten des Restaurants geöffnet. Eintritt 1 €, Kinder 0,50 € (an der Theke bezahlen).

Turmhügelburg: Kurz hinter Lütjenburg (Richtung Panker und Schönberg) befindet sich linker Hand im Nienthal eine gekonnte Nachbildung eines typischen mittelalterlichen Wehrgehöftes früherer Landadeliger mit Turm („Motte"), palisadengeschütztem Ringwall, Wassergraben und einigen rekonstruierten Gebäuden aus der Zeit um 1250 (z. B. Wohnhaus, Schmiede, Backhaus, Kapelle). Die Burg hat sich zum **Mittelalterzentrum** Schleswig-Holsteins gemausert und versteht sich als lebendiges Museum. Im Jahresverlauf werden für die Öffentlichkeit einige sehenswerte Veranstaltungen angeboten, v. a. mittelalterliche Märkte. Mittelaltergruppen buchen darüber hinaus die Burg gerne für private Treffen; Besucher sind dennoch willkommen.

▪ Besichtigung des Geländes ist tagsüber möglich. Besichtigung im Innenbereich Mai–Sept. tägl. 11–17 Uhr (Mo Ruhetag). Eintritt frei, über ein „Burgopfer" von ca. 4 € freut sich der Förderverein. Burgführungen ohne Voranmeldung (für 4 €) Mai–Sept. (Sa 11 Uhr und Mi 15 Uhr, → Webseite). 24321 Lütjenburg-Nienthal 10, ✆ 04381-9139974, turmhuegelburg.de.

Mittelalter zum Anfassen: Turmhügelburg in Nienthal

Schleswig-Holsteinisches Eiszeitmuseum: Fährt man die kleine Straße von der Turmhügelburg aus weiter, dann kommt man zu einem ehemaligen Bauernhof, in dem sich heute ein Eiszeitmuseum befindet, das sich v. a. (für Kinder) als Mitmachmuseum versteht. Angefasst werden darf (fast) alles, vom Mammutzahn bis hin zu versteinerten Muschelschalen. Ausgestellt werden nicht nur Fossilien, Mineralien und Gesteine; anhand von Schautafeln wird zudem die Entstehung Schleswig-Holsteins durch die gewaltigen Gletschermassen veranschaulicht. Man erfährt außerdem, dass vor 440 Millionen Jahren sogar die heutige Sahara vergletschert war und die letzte Eiszeit vor 12.000 Jahren zu Ende ging.

▪ Mai–Sept. tägl. 10–18 Uhr, Okt.–April Di–So 11–17 Uhr. Eintritt 4 €, Kinder 2 €. Café vor Ort. Nienthal 7, ✆ 04381-415210, eiszeitmuseum.de.

Praktische Infos

Einwohner 5700

Information/Zimmervermittlung **Touristinformation,** Markt 4, ✆ 04381-419941.

Hohwachter Bucht Touristik, ✆ 04381-90550, hohwachterbucht.de.

Fahrräder **Zweirad Scheibel,** Auf dem Hasenkrug 2 a, ✆ 04381-4690 (mit Lieferservice).

Wochenmarkt Mi & Sa auf dem Marktplatz.

Essen & Übernachten **Hotel Ostseeblick,** das erste Haus am Platz ist in Ortsrandlage um den historischen Bismarckturm gebaut. In dem architektonisch eher sachlichen Gebäude sind recht große Zimmer (30 m²) untergebracht, alle renoviert und mit Balkon. Es gibt ein Hallenbad, eine Sauna und sogar eine Kegelbahn. Prima Frühstück. Haustiere willkommen. Das **Restaurant Der Speisesaal** bietet Di–Sa ab 18 Uhr 4-Gänge-Menüs auf Basis einer pflanzenbasierten Wohlfühlküche (inkl. Wein- und Getränkebegleitung). Am Bismarckturm 3, ✆ 04381-90650, hotel-ostseeblick.de. **€€** (Hotel), **€€€** (Restaurant)

Hotel Lüttje Burg, direkt am Markt in einem mit drei neueren Giebeln versehenen Backsteinhaus von 1864. Die meisten der 37 Zimmer sind renoviert (kein Aufzug). Sauna vorhanden. Tolles Frühstücksbüfett. Das täglich geöffnete **Restaurant** serviert regionale und überraschend gute Küche (Steaks, Matjes, Tagesgerichte). Markt 20, ✆ 04381-4050, hotel-luettjeburg.de. **€€** (Hotel), **€€** (Restaurant)

Zeitlos, in einem früheren Ladengeschäft, mit großen Fenstern hell und schnörkellos eingerichtete Restauration. Serviert werden abwechslungsreiche, frische Speisen in guter Qualität (Linguine-Pasta, Lachsburger, Flammkuchen, Ostseedorsch, Filetsteak). Mittags gibt's eine kleine Bistroküche (z. B. Schwedenhappen oder Chili con Carne). Di–Sa 17–21 Uhr (So/Mo geschlossen). Oberstr. 5a, ✆ 04381-418065. **€€**

Pur, geradlinig-geschmackvoll eingerichtetes **Restaurant** mit kreativer saisonaler Speisekarte, vornehmlich mit traditionell hergestellten Lebensmitteln von kleinen (Bio-)Erzeugern aus der Region. Großes Angebot an vegetarischen und veganen Speisen (z. B. Citrus-Couscous, indisches Masala, aber auch Barschfilet, Schweinebraten oder Coq au Vin). Leider sind aus Platzmangel die Tische etwas eng gestellt. Es gibt auch einen kleinen Gastgarten und ein dazugehöriges **Delikatessengeschäft** (Essenszeiten Mi–Sa 17–22 Uhr, So–Di geschlossen). Neuwerkstr. 9 (nahe Alter Posthof), ✆ 04381-404147. **€€**

meinTipp **Gasthaus zur Twiete,** einfache, kleine Gaststätte mit Mittag- und Abendessen im historischen Wohnhaus. Das Preis-Leistungs-Verhältnis stimmt, herzhafte und v. a. schmackhafte deutsche Hausmannskost („Essen wie bei Muttern"). Mi–Sa 11.30–20 Uhr (So–Di geschlossen). Kurze Twiete 4 (nahe dem Markt und „Hein Lüth"), ✆ 04381-404841. **€**

Probierstube der D. H. Boll Spirituosen, rauchige Bierkneipe und Probierstube der 1824 gegründeten Traditionsbrennerei, die allerdings nur noch abfüllt und nicht mehr selbst brennt. Hier lassen sich die guten Lütjenburger Kornbrände, aber auch andere Spezialitäten wie Aquavit oder Kräuterlikör probieren – und natürlich auch erwerben. Tägl. außer Mo ab 10 Uhr. Am Markt 16/Ecke Oberstraße, ✆ 04381-1714.

Probierstube der Kornbrennerei

Umgebung von Lütjenburg

Das Gebiet um Lütjenburg umfasst 14 nach wie vor selbstständige Gemeinden mit zahlreichen Dörfern, die 1968 verwaltungstechnisch zum *Amt Lütjenburg* zusammengefasst wurden. Diese Gemeinden wurden fast alle in den 1920er-Jahren aus den entsprechenden Gutsbezirken gebildet, weshalb deren zentrale Sehenswürdigkeit i. d. R. eben jenes Hofgut ist.

Gut Helmstorf: Das rund 1000 ha große stattliche Anwesen liegt jenseits der B 202 am südlichen Ortsrand von Lütjenburg und versteckt sich etwas hinter einem reichen Baumbewuchs. Grobes Kopfsteinpflaster führt zum schlossähnlichen, sich seit 1649 in Besitz der Familie von Buchwaldt befindlichen Herrenhaus. Dieses steht an einem kleinen Hang, der gewaltige Ostflügel hat drei Stockwerke, die übrigen Seiten

Hohwachter Bucht und Probstei → Karte S. 142/143

haben nur zwei Geschosse. Der Bau geht auf das frühe 18 Jh. zurück. Es folgten große Um- und Erweiterungsbaumaßnahmen, die letzte 1912. Wirtschaftsgebäude umsäumen den Hofplatz. Das älteste ist die Scheune am Südrand, sie wurde um das Jahr 1630 errichtet. Zudem gibt es das alte Kuhhaus von 1725, das heute als Festscheune genutzt wird. Die schöne Kulisse war bereits mehrfach Drehort für Fernsehfilme.

Das Gut mit 1424 ha Fläche ist bis heute ein land- und forstwirtschaftlicher Betrieb. Und natürlich beschäftigt man sich hier auch, ganz standesgemäß, erfolgreich mit Pferdesport und Pferdezucht. Im Osten des Gutsgeländes breiten sich 19 Fischteiche aus. Hier – im tiefen Tal der Kossau – bekommt man leckere Forellen aus eigener Zucht.

Großartige holsteinische Gutsarchitektur: Kletkamp

Wandern Beginnend bei den Fischteichen verläuft am Gut vorbei und dann südlich durch die Felder Richtung Wettrader Schmiede ein langer **Naturlehrpfad,** der mit Schautafeln über das Gut, den Wald sowie die Land- und Fischwirtschaft Helmstorfs informiert. Nach 3 km geht es auf dem gleichen Weg wieder zurück.

Gut Kletkamp: Etwa auf halber Strecke zwischen Schönwalde und Lütjenburg, abseits aller größeren Straßen liegt in herrlichster holsteinischer Landschaft Gut Kletkamp. Eine prächtige Kastanienallee führt von der Landesstraße (L 178) durch eine Teichlandschaft zum Anwesen, an dem der Besucher durch ein großes, reich ornamentiertes Backsteintorhaus (von 1773) mit Dachtürmchen begrüßt wird. Die weitläufige, 1838 in großem Umfang umgebaute Hofanlage (u. a. wurden zwei große Fachwerkscheunen abgetragen) wird beherrscht vom bis auf die Rückseite weiß verputzten und ursprünglich als Wasserschloss erbauten Herrenhaus mit seinem steilen Walmdach. Im Kern ist es ein Fachwerkbau aus dem späten 16. Jh., wovon heute aber nichts mehr zu erkennen ist. Die Fassade wird überragt von einem eindrucksvollen Vorbau von 1676. Gut Kletkamp wurde in den über 400 Jahren seines Bestehens nie an ein anderes Adelsgeschlecht verkauft und befindet sich im Besitz der Grafen von Brockdorff. Man lebt von der 900 ha großen Land- und Forstwirtschaft und hat außerdem große Fischteiche für die Karpfenzucht angelegt.

Langbett von Flehm: Kurz hinter dem Abzweig nach Kletkamp geht rechts der L 178 (Schild) eine feldwegartige Straße ab, die nach 800 m an einem Grabhügel aus der Jungsteinzeit vorbeiführt. Die Grabanlage ist in ihrer ursprünglichen Findlingsanordnung noch vergleichsweise gut erhalten. Funde von Keramik, Schmuck und Pfeilspitzen deuten darauf hin, dass das Langbett etwa um 3000 v. Chr. errichtet und wahrscheinlich bis zur Bronzezeit benutzt wurde.

Der kleine Hafen von Lippe

Hohwachter Bucht und Probstei → Karte S. 142/143

Behrensdorf

Die kleine Gemeinde mit ihren fünf Ortsteilen liegt versteckt nördlich von Lütjenburg, eingebettet in ein ursprüngliches und besonders schönes Stück ostholsteinischer Landschaft. Mit dem Gut Waterneverstorf, dem Hafen Lippe und dem Leuchtturm Neuland hat sie drei interessante Ausflugsziele zu bieten.

Wer auf Strandpromenade und feine Restaurants verzichten kann, wird sich hier wohlfühlen. Die großen Touristenströme ziehen an Behrensdorf vorbei, das begrenzt und umgeben wird von der Ostsee sowie dem Großen und Kleinen Binnensee. Bis in die 1950er-Jahre war Behrensdorf eine reine Bauerngemeinde, nur langsam bewirkte der Fremdenverkehr einen Strukturwandel. Auch wenn nach wie vor die Beschaulichkeit vorherrscht, gibt es auf dem Gemeindegebiet heute immerhin über 600 Gästebetten und drei Campingplätze mit insgesamt 840 Stellplätzen.

Der weiträumige, kurtaxenfreie **Naturstrand** in Leuchtturmnähe ist etwas steinig. Steinmolen teilen hier das Wasser und schaffen so kleine Badebuchten. Um den nur durch einen Wall von der Ostsee getrennten Kleinen Binnensee liegt ein Naturschutzgebiet, in dessen Salzwiesen seltene Vogelarten brüten.

Folgt man von Hohwacht aus der kleinen Küstenstraße, kommt man zuerst nach **Lippe,** das wegen seines kleinen Jachthafens v. a. den Seglern ein Begriff ist. Das wunderschöne, nur aus dem Hafen und einigen reetgedeckten Katen sowie einem Campingplatz bestehende Örtchen liegt direkt am Zugang zum fischreichen Großen Binnensee, der sich bis fast nach Lütjenburg erstreckt. An der Westseite des Hafens (direkt neben dem Restaurant

Klabautermann) erstreckt sich ein kleiner, unbewachter Badestrand mit ebenso kleinem Parkplatz. Der schöne Naturstrand zieht sich noch ein ganzes Stück die Küste entlang und wird im westlichen Teil zum FKK-Bereich.

Eine landschaftlich besonders reizvolle Gegend ist auch die Umgebung des Dörfchens **Stöfs,** das etwas erhöht liegt und herrliche Ausblicke über die knickbegrenzten Felder und den Binnensee bis hin zur Ostsee erlaubt . Nimmt man die übliche Route über Lütjenburg nach Behrensdorf, so kommt man hier zwangsläufig vorbei.

Sehenswertes

Leuchtturm Neuland: Mit 40 m Höhe ist er weithin sichtbar, bildet das Wahrzeichen des Feriengebiets und findet sich daher auch im Ortswappen wieder. Der backsteinerne Leuchtturm wurde 1916 gebaut und noch bis 1982 von einem Leuchtturmwärter gewartet. Heute dient er nur noch als Warnsignalturm bei den Schießübungen im angrenzenden Bundeswehrschießplatz Todendorf. Der denkmalgeschützte Turm mit seinen 176 Stufen wird von der Bundeswehr nur zweimal im Jahr zur Besichtigung freigegeben. Wer nicht so lange warten will, muss nach Flügge auf Fehmarn fahren, dort steht nämlich ein baugleiches Leuchtfeuer. In der Nähe des Turms liegen die Campingplätze der Gemeinde, auch der Badestrand ist nur einige Meter entfernt.

Gut Waterneverstorf: Das herrliche Anwesen der Grafen von Waldersee liegt gut erreichbar unterhalb der Straße von Lütjenburg nach Behrensdorf. Es ist parkartig eingebettet zwischen Baumgruppen und dem Großen Binnensee, der früher einmal „Waterneverstorfer See" hieß, womit schon anklingt, welch große Bedeutung dem Gut einstmals zukam. Das Herrenhaus steht auf den Fundamenten einer ehemaligen mittelalterlichen Wasserburg aus dem späten 15. Jh., wurde aber zuletzt 1852 stark verändert und zeigt sich heute als prächtiger, weiß getünchter Backsteinbau. Die Landwirtschaft spielt auch hier noch eine bedeutende Rolle, was schon daran deutlich wird, dass auf dem Anwesen ein riesiges Getreidesilo steht. Leider sind die historischen

Das prächtige Herrenhaus von Waterneverstorf

Hofgebäude größtenteils verschwunden; sie fielen im Jahre 1965 einem Brand zum Opfer. Um das Gut herum liegen zahlreiche reetgedeckte Katen, einige davon wurden zu schicken Ferienhäusern umgebaut.

Mausoleum der Familie von Waldersee: Kein Hinweisschild deutet darauf hin, dass sich beim Ort **Stöfs** das Grabmal des Feldmarschalls von Waldersee befindet. Alfred von Waldersee (1832–1904) wurde im Jahre 1900 auf Betreiben von Kaiser Wilhelm II. zum Generalfeldmarschall und Oberbefehlshaber der vereinigten europäischen und japanischen Truppen bei der Niederwerfung des Boxeraufstandes in China ernannt. Das Grabmal liegt sehr ruhig und verlassen inmitten eines kleinen Privatfriedhofs der Grafen von Waldersee. Von hier aus hat man einen traumhaften Blick über die Gutsherrschaft und den Binnensee bis hin zur Ostsee.

▪ Unmittelbar beim Ortseingang von Stöfs (von Behrensdorf kommend) scharf rechts den Pflastersteinweg hochfahren. Nach wenigen Metern weitet sich der Weg platzähnlich (gute Parkmöglichkeit), hinter einem renovierten Reetdachhaus (Ferienwohnungen) im Wäldchen rechts liegt der Friedhof.

Praktische Infos

Einwohner 600

Information **Touristinfo Gemeinde Behrensdorf,** Ringstr. 2 a, ✆ 04381-4986, behrensdorf-ostsee.de, und **Hohwachter Bucht Touristik,** ✆ 04381-90550, hohwachterbucht.de. Kein Kurbeitrag.

FKK-Strand Zwischen dem Kleinen Binnensee und Lippe (mit WC).

meinTipp **Essen** **Klabautermann,** das Gasthaus hat einen tollen Platz am Hafen von Lippe. Holzbänke und Tische vor der kleinen, reetgedeckten Kate stehen auf einer Wiese fast direkt am Strand. Innen geht's im Holzpanelen-Look rustikal einfach zu. Man isst gut, v. a. Deftiges, besonders frischen, gebratenen Fisch. Abends besser reservieren. Nur Barzahlung. Tägl. 12–20 Uhr (Mi/Do geschlossen). Lippe 3, ✆ 04381-8250. **€€**

Übernachten **Campingpark Waldesruh,** modern ausgestatteter und immer gut besuchter Campingpark mit 330 Plätzen in der Nähe des Leuchtturms. Rustikal eingerichtetes **Restaurant** (Mo Ruhetag) und SB-Markt auf dem Gelände. Auch Ferienhäuschen. Neuland 5, ✆ 04381-8555, camp-waldesruh.de.

Panker

Der Ort lebt von und mit seinem Gut, in dem früher Könige und Fürsten Europas zu Gast waren und das sich heute als eine der schönsten Gutsanlagen Schleswig-Holsteins präsentiert. Doch nicht nur das in herrschaftlichem Weiß strahlende Schloss, auch der Aussichtturm Hessenstein mit seinem fantastischen Rundblick lohnt den Besuch.

Die Landgemeinde Panker reicht vom an der Ostsee gelegenen Todendorf bis zum Örtchen Darry nahe Lütjenburg. Doch die Hälfte des Gemeindegebiets – fast unvorstellbare 1150 ha – gehört auch heute noch zum Hofgut und wird auch von diesem bewirtschaftet. Badetourismus bleibt der Gemeinde verwehrt, denn **Todendorf** ist ein Stützpunkt der Bundesmarine. An der Ostsee ist lediglich ein kleines Stück Steilküste am Hubertsberg zugänglich, das sich aber gut für einen Spaziergang eignet.

Der Name „Panker" ist abgeleitet vom slawischen Wort *pan*, was so viel wie „Herr" bedeutet und darauf hindeutet, dass sich in der geschützten Niederung schon in wagrischer Zeit der Herrensitz eines Häuptlings befand.

Hohwachter Bucht und Probstei → Karte S. 142/143

Ole Liese – das Testament des Fürsten

Friedrich Wilhelm von Hessenstein (geb. 1735) war ein bemerkenswerter und hochangesehener Mann, der sogar zum Reichsfürsten gekürt wurde. Geboren als unehelicher Sohn des aus dem Hause Hessen stammenden schwedischen Königs Friedrich I., wurde er mit der Herrschaft Hessenstein ausgestattet (zu der die Güter Panker, Klamp, Schmoel und Hohenfelde gehörten) und war nach dem Tod seines Bruders Alleinerbe von Panker und den Nachbargütern. Er starb hochbetagt und kinderlos im Jahr 1808 und übertrug seinen Besitz als unteilbares und unveräußerliches Vermögen („Fideikommiss") der Hauptlinie der Landgrafen von Hessen-Kassel.

Seinem Rechtsnachfolger legte er im Testament die Verpflichtung auf, dass „alle Leibeigenen freigemacht werden müssen", eine Forderung, die für die damalige Zeit geradezu revolutionär war. In einem Nachtrag zum Testament verfügte er darüber hinaus, dass die Versorgung seiner Hunde, Katzen und Reitpferde – besonders die seiner alten Stute Liese – sicherzustellen sei.

Dieser testamentarische Zusatz führte letztlich zur Gründung eines der berühmtesten Restaurants der Küste, des „Ole Liese". Unter der Bedingung, sich Lieses Pflege anzunehmen, bekam ein verdienter Reitknecht des Fürsten die Schankwirtschaft mit Konzession und nannte sie folglich „Ole Liese". Die Balken über der Eingangstür des stolzen Backsteinbaus bekamen die einladende Inschrift: *„In de ole Liese, hier geit dat na de ole Wiese, de Werth de süpt dat Beste, segt: prost mien lewen Gäste!"*

„Prost meine lieben Gäste": Eingang der „Ole Liese"

Sehenswert: Gut Panker

Sehenswertes

Gut Panker: Einige uralte Eichen säumen die Zufahrtsstraße dieser außergewöhnlichen Anlage. Der Gutshof ist so etwas wie ein kleiner Ort mit einem Gemeindehaus für die 80 Einwohner und einer separat stehenden Kapelle (von 1890). Er präsentiert sich heute als eine Art **Künstlerkolonie** mit Galerien und Kunstläden (für Antiquitäten, Wohnaccessoires, Glaskunst, Floristik und Wein). Hier gibt es zudem das bekannte Restaurant „Ole Liese" und natürlich Stallungen, ein Torhaus und das weiße Herrenhaus, welches nicht umsonst Schloss genannt wird.

Gut Panker ist Eigentum der *Kurhessischen Hausstiftung* und das **Herrenhaus** Wohnsitz des Prinzen von Hessen, daher kann man es auch nicht besichtigen. Im 17. Jh. wurde es errichtet, und im 18. Jh. erhielt es seine heutige äußere Gestalt. Nach dem Zweiten Weltkrieg musste es schließlich innen noch einmal komplett erneuert werden, weil es zwischenzeitlich als Flüchtlingslager gedient hatte, wobei die gesamte Einrichtung einschließlich der Wandvertäfelungen und des Parketts als Brennmaterial benutzt oder anderweitig zerstört worden war. Die Gutsresidenz ist von einem französischen Garten umgeben, der jedoch, wie auch der Schlosspark mit See, auch nur von außen zu betrachten ist.

Im ehemaligen **Torhaus** aus dem späten 18. Jh., einem ebenfalls schlossähnlichen weißen Putzbau mit 17 Achsen und einem Mansardwalmdach, ist eine Kunstgalerie untergebracht. Bis 1957 standen zwischen Schloss und Torhaus zwei riesige reetgedeckte Gebäude (Kuhhaus und Scheune), die beide durch Brandstiftung vernichtet wurden. Heute erstrecken sich hier die Weiden für die **Trakehnerzucht.** Begonnen wurde Pankers berühmte Pferdezucht im Jahr 1947 mit den wenigen Pferden der edlen Rasse, die im Krieg die Flucht aus dem ostpreußischen Gestüt Trakehnen überlebt hatten.

Hessenstein: Schnurgerade führt eine Allee zu dieser Erhebung 2 km westlich

Hohwachter Bucht und Probstei → Karte S. 142/143

von Panker. Diese ist mit 128 m Höhe für holsteinische Verhältnisse schon ein richtig hoher Berg, weshalb die Aussicht umso schöner und der 17 m hohe Turm ein lohnenswertes Ausflugsziel ist. Bei gutem Wetter hat man einen tollen Blick bis Kiel, über die Ostsee bis Fehmarn und hinüber zum Bungsberg. Allerdings müssen zuvor 111 Stufen bezwungen werden, und zwar über eine gusseiserne Wendeltreppe. Auf halber Höhe befindet sich ein Drehkreuz, bei dem man 1 € einwerfen muss (Drehtür bitte kräftig bewegen, sonst geht sie nicht weit genug auf). Wer kein passendes Kleingeld dabeihat, hat die vielen Stufen vergebens erklommen. Der **Backsteinturm** mit Zinnenkranz und acht filigran endenden Stützpfeilern wurde 1841 im Auftrag des Landgrafen Friedrich Wilhelm von Hessen im Stil der Neugotik als Aussichtsturm erbaut. Zwei einander gegenüberliegende Portalanbauten bilden so etwas wie eine kleine Eingangshalle.

Lohnendes Ausflugsziel: Hessenstein

Wandern Von Gut Panker aus ist der Hessenstein auch zu Fuß zu erreichen. Der beschilderte Weg führt vom Gut am Ruheforst vorbei und etwa 2 km hinauf bis zum Turm. Auf gleichem Weg geht es wieder zurück.

Praktische Infos

Einwohner 1400

Information **Hohwachter Bucht Touristik,** ✆ 04381-90550, hohwachterbucht.de sowie aufgutpanker.de. Keine Kurtaxe.

Essen & Übernachten **Forsthaus Hessenstein,** hier, in wunderschöner Lage vor dem Aussichtturm kann man im alten Forsthaus ausgezeichnet speisen. Ein Teil des Hauses ist eher eine Art Pub, in einem anderen Teil isst man stilvoll bei Kerzenschein und auf hohem Niveau. Auf den Teller kommt vorwiegend ländliche, regionale Küche (z. B. Hessensteiner Sauerfleisch, Entrecôte von der Färse). Kleine Karte, gute Weine. Unter der Woche 17.30–22 Uhr, So schon ab 12 Uhr (Mo/Di geschlossen). Reservierung erbeten. Hessenstein – von der L 165 kommend 3 km nordwestlich von Darry bzw. 2 km südlich von Gadendorf, ✆ 04381-9416. **€€**

Mein Tipp **Ole Liese,** eine Empfehlung für hochwertiges Essen. Das weithin bekannte Restaurant **Ole Liese Wirtschaft** hält, was es verspricht: gediegen-gemütliches Ambiente und bestes Essen (z. B. Kalbsbratwurst, Lachsforelle). Allerdings sitzt man, vielleicht entgegen den Erwartungen, recht einfach auf Holzbänken und -stühlen, was den Genuss aber nicht schmälert. Wer es aber (noch) nobler mag: Norddeutsche, mit einem Michelin-Stern ausgezeichnete Gourmetküche gibt es (nur Mi–Sa) im **Restaurant 1797,** im ehemaligen Jagdzimmer des Hauses. (hier Reservierung erforderlich). Zudem können Sie im Haupt- und Gästehaus 20 im Landhausstil eingerichtete Zimmer mieten, die Tradition, Noblesse und Romantik des historischen Anwesens vereinen und jeweils nach einer Rebsorte benannt sind. Di–Fr 15–22 Uhr, Sa/So schon. ab 12 Uhr (Mo Ruhetag, in der Nebensaison auch Di). Gut Panker, ✆ 04381-90690, ole-liese.de. **€€€** (Hotel), **€€€** (Restaurant)

Einsames Boot am Naturstrand von Hohenfelde

Hohwachter Bucht und Probstei → Karte S. 142/143

Hohenfelde

Der beschauliche Ort, 2 km vom Meer entfernt, ist umgeben von Feldern, Wiesen und Wäldern. Zum Gemeindegebiet gehört ein vier Kilometer langer Naturstrand, den einige Campingplätze säumen.

Der im Tal der Mühlenau, am Übergang zur Probstei gelegene Ort mit den alten Bauernhäusern und den großen Gärten verfügt zumindest teilweise noch über das, was man ländliche Idylle nennt. An dem von einer bizarren, aber niedrigen Steilküste gesäumten **Naturstrand** verzichtet man auf Kurtaxe und Parkgebühr; allerdings ist der Strand z. T. auch sehr steinig. Die Gemeinde bietet eben unverfälschte Natur rundherum. Noch immer hat die Landwirtschaft einen hohen Stellenwert, doch gewinnt der Tourismus auch hier stetig an Bedeutung. Für die notwendige Infrastruktur sorgen ein Multifunktionsgebäude mit Restaurant am Hauptstrand, sechs gut ausgestattete Campingplätze und mehrere Wochenend- und Ferienhausareale in Strandnähe. Am Ufer hört man gelegentlich das Dröhnen der Granaten vom nahen Truppenübungsplatz Todendorf. Anziehungspunkt für Familien mit Kindern ist die in Ufernähe Richtung Hubertsberg gelegene Straußenfarm Ostseeblick.

Einwohner 1000

Information **Touristinfo Hohenfelde,** Strandstr. 23 (in der Strandkrabbe), 24257 Hohenfelde, ✆ 04385-5930324, hohenfelde.de. Keine Kurtaxe. **Tourismusverband Probstei,** ✆ 04348-919184, probstei.de.

Straußenfarm Ostseeblick, zu bewundern sind etwa 150 der riesigen Vögel und ihre Küken von März bis Okt. tägl. 10–18 Uhr, Nov./Dez. Mi–So 10–16 Uhr. Eintritt ab 10 J. 3 €, Kinder (6–9 J.) 2 €, Führung zusätzlich 0,50 €.

Im **Hofladen** der Farm gibt's Kaffee und Kuchen, frisches Straußenfleisch und diverse Produkte rund um den Strauß. Ostseering 11, ✆ 04385-907, straussenfarm-ostseeblick.de.

Essen & Trinken **Restaurant Strandlächeln,** im Funktionsgebäude mit seiner runden Kuppel im Obergeschoss unmittelbar am Naturstrand gelegen. Genießen kann man kulinarische Köstlichkeiten in einem fairen Preis-Leistungs-Verhältnis (z. B. Rumpsteak, Schollenfilet, aber auch Hirschrücken oder Salatteller, zudem auch Strandspeisen). Beachclubartiger Außenbereich. Tägl. ab 12 Uhr geöffnet (im Winterhalbjahr wochentags erst ab 17 Uhr). Strandstr. 23, ✆ 04388-2169970. **€€**

Schönberg

Ein schönes Fleckchen Küste: Das etwas landeinwärts gelegene Schönberg ist seit jeher der Mittelpunkt der Probstei. Davor erstreckt sich der kilometerlange, durch einen Deich gesicherte feinsandige Schönberger Strand sowie die beiden Strandabschnitte mit den wohlklingenden Namen Brasilien und Kalifornien.

Die Küste bietet auf etwa 12 km ein einheitliches Bild: ein mächtiger **Deich,** der eben zum Strand hin abfällt, dahinter der nur 10–12 m breite und von den Molen in Badebuchten geteilte weiße Badestrand. Dieser ist meist mit Strandkörben belegt und geht – für Kinder ideal – sehr flach ins Wasser über. Auf der Deichkrone verläuft ein Weg, der gewissermaßen die längste Strandpromenade an der Küste ist. Alles wirkt sehr beschaulich und gepflegt. Begleitet wird der Deich von einem verkehrsberuhigten schmalen Fahrweg, an dem einige Geschäfte, Pensionen und v. a. Ferienwohnungen liegen. Dieser östliche Strandabschnitt bildet den Ortsteil **Schönberger Strand.** Ihn ziert eine 260 m lange Seebrücke, an der Motorschiffe zu Ausflugsfahrten einladen.

Weiter westlich liegen **Brasilien** und **Kalifornien.** Die Erklärung für die ungewöhnlichen Namen ist einfach: Als im Jahr 1735 in einem heftigen Sturm vor der Küste die Segelbark „California" strandete, baute sich ein Fischer aus den angeschwemmten Wrackteilen eine Hütte. Zu guter Letzt nagelte er daran die Planke mit der Aufschrift „California", und als mit der Zeit weitere Fischerhütten hinzukamen, war der Ort Kalifornien geboren. Ganz in der Nähe entstand bald ein weiterer Ort, dessen Erbauer zur Erinnerung an die in die schöne Neue Welt ausgewanderten Schönberger ebenfalls einen nach Ferne und Wärme klingenden Namen wählten: Brasilien. Von der Fischerortromantik ist allerdings nichts mehr übrig geblieben. Neuzeitliche Ferienwohnungen und Pensionen und natürlich der alles bestimmende Deich prägen das Bild.

Vom Schönberger Strand führt eine weithin bekannte Museumseisenbahn bis in den eigentlichen Zentralort **Schönberg,** wo eine kleine, ruhige Fußgängerzone zum Bummeln einlädt. Nur vergleichsweise wenig ist allerdings vom alten Dorf erhalten geblieben, historischen Charme hat Schönberg v. a. noch rund um die Kirche bewahrt. Interessante Schautafeln informieren über die markantesten Gebäude und deren Geschichte.

Zum Gemeindegebiet gehört auch das etwa 400 m zurückversetzt liegende **Holm** mit seinem weithin sichtbaren Hochhaus, in dem sich eine bekannte Rehaklinik befindet. Trotz seiner Anerkennung als Mineralheilbad fristet Holm aber eher ein Schattendasein.

Geschichte

Wie die umliegenden Ortschaften wurde das Gebiet von Schönberg vom damaligen Landesherren Graf Adolf IV. 1226 dem Kloster Preetz geschenkt. Das Dorf selbst wurde um 1250 gegründet. Sein Name, ursprünglich mittelnieder-

Morbider Charme: Museumsbahnhof Schönberger Strand

deutsch *Sconeberch* (aus *scone* = schön und *berch* = Berg), erklärt sich daraus, dass der Ort auf so ziemlich dem einzigen Hügel in der Gegend liegt und man im flachen Holstein schon kleine Erhebungen gerne überschwänglich als Berg bezeichnet. Nach der Loslösung Schleswig-Holsteins von Dänemark 1864 wurde Schönberg Amtsgerichtsbezirk und ist bis heute Amtssitz der Region. Genau wie in anderen Orten der Region richtete die große Sturmflut von 1872 auch in Schönberg erhebliche Schäden an. Der große Deich schützt seit dieser Zeit Dörfer und Salzwiesen, die teilweise unter dem Meeresspiegel liegen und nur deshalb als Weideland nutzbar sind, weil sie nach wie vor durch drei große Schöpfwerke entwässert werden.

Sehenswertes

Museumsbahnhof und Museumseisenbahn: Wirklich etwas ganz Besonderes, denn vom Bahnhof Schönberger Strand kann man in einem der etwa 50 historischen Schienenfahrzeuge, die hier versammelt sind, eine Reise durch die Zeit antreten. Das Ganze hat einen etwas morbiden Charme, denn man spürt, dass der zuständige *Verein Verkehrsamateure und Museumsbahn* die große Menge an vor sich hinrostenden Waggons kaum noch erschöpfend restaurieren und betriebsfähig halten kann. Dennoch gibt es einige wunderbar gepflegte Schienenfahrzeuge, die noch im Einsatz sind. Man nimmt Platz auf roten Plüschsesseln im Luxuswagen eines alten dampfbetriebenen Zuges oder auf einfachen Holzlattenbänken – je nachdem, welcher Zug gerade im Einsatz ist und in welcher Klasse man sich befindet – und fährt (am Wochenende) die knapp 5 km lange Strecke von Schönberger Strand nach Schönberg. Als zusätzliches Schmankerl verkehrt vor dem Bahnhof eine Straßenbahn von anno dazumal (Sa/So 11–17 Uhr). Zudem gibt es Sonderfahrten von und nach Kiel Hbf. Fazit: Eisenbahnromantik pur.

▪ Zutritt jederzeit. Zugbetrieb nur Mitte Mai bis Ende Okt. an Wochenenden (Sa/So) und zu unregelmäßigen Sonderterminen.

Hohwachter Bucht und Probstei → Karte S. 142/143

Rückfahrkarte in allen Wagenklassen Schönberger Strand – Schönberg oder nach Probsteierhagen: Erw. 10 €, Kinder die Hälfte, Familien 25 € (Fahrradmitnahme möglich). Die Straßenbahn am Bahnhof Schönberger Strand (Fahrzeit 15 Min.) fährt in der Saison nicht nur Sa/So, sondern auch Mi/Do. Fahrpreis 3 €, Kinder 1 €. Parken 2 €/Tag.

Am Schierbek 1, Schönberger Strand, ✆ 043 44-2323 und -41410. Fahrpläne unter vvm-museumsbahn.de.

Probstei-Museum: Dieses mitten in Schönberg gelegene Heimatmuseum wurde Ende der 1980er-Jahre auf dem Gelände eines ehemaligen reetgedeckten Bauernhofs eingerichtet. Für das Haupthaus, Durchfahrtsscheune und den Bohlenspeicher mit Backhaus war dies Rettung in letzter Minute, sollte doch ursprünglich alles dem Abrissbagger zum Opfer fallen. Zu sehen gibt es eine landwirtschaftliche Geräte- und Maschinensammlung, eine Ausstellung zu den bäuerlichen Wohn- und Lebensverhältnissen des 19. Jh. sowie eine Dokumentation über den besonderen Status der Probstei als einstigen Klosterverwaltungsbezirk. Wer wissen möchte, was beispielsweise ein *Möschenpott* oder ein *Emer* ist, sollte dem Museum einen Besuch abstatten.

▪ Mai–Okt. tägl. außer Mo 14–17 Uhr, Do auch 10–12 Uhr, in der Vor- und Nachsaison nur So 14–17 Uhr. Eintritt 3 €, Kinder 1 €. Das ganze Jahr über bietet das Museum zahlreiche Veranstaltungen wie z. B. Museumsfeste und historische Radwanderungen an. Ostseestr. 8, ✆ 043 44-3174, probstei-museum.de.

Die Saalkirche in Schönberg

Kindheitsmuseum: Ein Schild mit Kreisel und Schaukelpferd kündigt es an, das ungewöhnliche kleine Museum im alten Amtsgericht in der heutigen Fußgängerzone. Man darf allerdings kein Spielzeugmuseum erwarten, obwohl natürlich jede Menge altes Spielzeug zu sehen ist, weil dies ja zu jeder Kindheit gehört. Thema ist vielmehr die Kindheit in verschiedenen Regionen und sozialen Schichten von ca. 1890 bis heute. Dazu gehört auch eine Schulausstellung mit einem Dorfschulraum von anno dazumal. Das ehrenamtlich betriebene Museum ist kindgerecht aufgebaut; die Kinder dürfen in den Ausstellungsräumen oder gleich vor der Tür auch alte Spiele wie Seilspringen oder Kreisel ausprobieren.

▪ Mai nur So 14–17 Uhr, Juni–Okt. Di–So 14–17 Uhr, Do auch 10–12 Uhr. Eintritt 3 €, Kinder bis 14 J. 1,50 €. Knüllgasse 16, ✆ 04344-6865, kindheitsmuseum.de.

Evangelische Kirche: Nachdem der mittelalterliche Vorgängerbau 1779 abgebrannt war, wurde das Gotteshaus als spätbarocke Saalkirche wiederaufgebaut. Gut 1000 Personen finden in dem hellen und hohen Innenraum mit seiner hufeisenförmigen Empore Platz. Die Inneneinrichtung ist schlicht und einheitlich in Grau-Weiß gehalten. Auf einer kleinen Tafel am Altaraufsatz sieht man die Kopie des berühmten „Abendmahls" von Leonardo da Vinci. Ungewöhnlich, aber erklärlich ist der Umstand, dass die Wetterfahne auf dem Kirchturm die Gestalt eines Barsches hat, denn drei Barsche sind die Wappentiere der Herren von Barsbek aus dem gleichnamigen Nachbarort, die den Bau der Kirche vermutlich finanziell unterstützt haben.

▪ Di–Fr 9–17 Uhr.

Praktische Infos

Einwohner 6500

Information/Zimmervermittlung **Tourist-Service Schönberger Strand,** Käptn's Gang 1, 24217 Schönberger Strand, ✆ 04344-41410. **Tourist-Service Kalifornien,** An der Kuhbrücksau 2, 24217 Kalifornien, ✆ 04344-1838, probstei.de, schoenberg.de. Ostseecard 3 € (in der Nebensaison 1,50 €).

Fahrräder **G. Gnutzmann,** Seesternweg 2, Kalifornien, ✆ 04344-2221. **DIE Fahrrad Vermietung,** Georg-Thorn-Str. 4, Schönberg, ✆ 04344-2810.

Hundestrand Je ein halbes Buhnenfeld östlich von Buhne 26 (Kalifornien), 32 (Brasilien) und 41 (Schönberger Strand).

Kerzenscheune In **Krummbek,** 2 km südöstlich von Schönberg, kann jeder tägl. zwischen 10 und 18 Uhr eigene Kerzen ziehen und in der Kerzenwerkstatt erwerben. Parkstr. 4, ✆ 04344-414748, krummbeker-kerzenscheune.de.

Parken Der Parkraum in Strandnähe ist sehr knapp und gebührenpflichtig.

Veranstaltungen **Probsteier Korntage,** eindrucksvolle Strohfiguren zieren jedes Jahr Ende Juli bis Ende August in 19 Gemeinden rund um Schönberg die Straßen und Wege. In diesen 4 Wochen gibt es dazu in der Probstei ein abwechslungsreiches Veranstaltungsprogramm rund ums Thema Korn und Getreide.

Essen & Übernachten ***** Hotel am Rathaus,** kleines, nettes Hotel mit 11 frisch renovierten und geschmackvoll eingerichteten Zimmern. Großer Ballsaal mit historischer Balkendecke. Gutes Frühstück, nettes **Restaurant** (Mo/Di geschlossen). Knüll 2, Ortsmitte Schönberg, ✆ 04344-1305, hotelschoenberg.de. **€€**

Hotel Strandräuber, das Hotel liegt direkt hinterm Deich am Strand von Kalifornien. Eher zweckmäßige Zimmer mit Strand- oder Landblick. Kinderfreundliches Haus (auch Familienzimmer und Appartements). Reichhaltiges Büfett im schön dekorierten Frühstücksraum. Kleine **Strandbar** (Flammkuchen, Pizza) vor dem Haus. Deichweg 4, Kalifornien, ✆ 04344-41690, hotel-strandraeuber.de. **€€**

Oma's Kaffeestuuv, historisch-gemütliches Café in einer kleinen Fachwerkkate am Schönberger Strand direkt am Deich. Hausgemachter Kuchen, Waffeln und Pfannkuchen, aber auch andere kleine Speisen sind im Angebot. Schöne Gartenterrasse hinterm Haus. Zudem ein windgeschützter Freisitz auf dem Deich vor dem Haus. Tägl. 12–18 Uhr. Promenade 15, ✆ 04344-415104.

Umgebung von Schönberg

Zwar werben die umliegenden Orte gemeinsam mit Schönberg und Laboe unter dem Markenzeichen „Probstei", verwaltungstechnisch sind sie aber größtenteils selbstständig.

Stakendorf/Stakendorfer Strand: Stakendorf, 2 km landeinwärts, präsentiert sich als beschauliches 450-Einwohner-Dorf mit liebevoll restaurierten Häusern und hübschem Dorfteich.

Ein unscheinbarer Gedenkstein mitten im Ort erinnert an den Dorfschullehrer Peter Plett und eine interessante Geschichte: Plett, der medizinisch versierte Lehrer, lebte hier von 1801 bis 1823. 1791 und damit fünf Jahre vor dem durch die gleiche Methode weltberühmt gewordenen englischen Arzt Edward Jenner entwickelte Plett ein Verfahren zur **Pockenschutzimpfung**. Es beruhte auf der Beobachtung, dass Menschen, die sich beim Melken mit Kuhpocken infiziert hatten (was vergleichsweise harmlose gesundheitliche Irritationen auslöste), gegen Menschenpocken immun waren. Um diesen Effekt künstlich hervorzurufen, nahm er infizierten Kühen befallenes Gewebematerial ab, ritzte zwischen Daumen und Zeigefinger seiner Patienten eine kleine Wunde ein und bestrich sie mit dem infektiösen Material. Auf diese Weise impfte er damals im nahen Gut

Hohwachter Bucht und Probstei → Karte S. 142/143

Fischerboote am Stakendorfer Strand

Wittenberg (am Selenter See) die drei Kinder des Pächters der Gutsmeierei, die drei Jahre später als einzige eine lokale Pockenepidemie überlebten. Dennoch nahm die Universität Kiel Pletts Krankenberichte nicht ernst und verwehrte seiner Heilmethode die Anerkennung. Nichtsdestotrotz praktizierte er in seiner Stakendorfer Zeit seine Impftherapie auch in der Dorfbevölkerung.

Bekannt ist Stakendorf jedoch vor allem wegen des zum Gemeindegebiet gehörenden **Stakendorfer Strands,** an dem romantisch noch ein paar Fischerboote auf dem Sand liegen. Davor reihen sich ein paar Fischimbissbuden, die wegen der zahlreichen Touristen deutlich mehr als nur die eigenen Fänge vermarkten.

Der Stakendorfer Strand bildet das östliche Ende eines insgesamt 12 km langen Küstenstreifens, dessen touristischen Mittelpunkt der Schönberger Strand ist.

Wisch/Heidkate: Von Kalifornien weiter Richtung Westen gelangt man – zunächst an großen Campingplätzen vorbei – zum kurtaxefreien Strand der Ostsee-Siedlung **Heidkate,** die zur 700-Einwohner-Gemeinde Wisch gehört. Der gut 3 km lange Naturstrand ist schon dünenbewehrt, doch auch hier schützt der 4,5 m hohe Ostseedeich die tief gelegenen Häuser und Äcker. Das landeinwärts gelegene **Wisch** zeigt sich heute als ruhiges Wohndorf.).

▪ **Camping Heidkoppel,** der von einem Waldstück geschützte Platz liegt direkt hinterm Deich in Heidkate. Dahinter erstreckt sich der durch Buhnen gesicherte feinsandige und kurtaxenfreie Strand. Das 700 Stellplätze große Gelände bietet allen Campingkomfort. Geöffnet nur April–Sept. Mittelweg 114, ✆ 04344-9098, camping-heidkoppel.de.

Krokauer Windmühle: 2 km westlich von Schönberg steht unübersehbar an der Bundesstraße B 502 ein schön restaurierter Erdholländer aus dem Jahr 1829. Ein Mühlenverein kümmert sich um seine Erhaltung und betreibt hier ein interessantes technisches Museum.

▪ Pfingsten bis Okt. So 14–17 Uhr. Erw. 3 €, Schüler 1 €. Bahnhofstr. 25 c, ✆ 04344-1039 und 04344-819468, probsteier-muehlenverein.de.

Wendtorf und Stein

Die beiden ganz nah beieinanderliegenden selbstständigen Küstenorte könnten unterschiedlicher kaum sein. Wendtorf ist geprägt vom modernen Jachthafen, während sich Stein als ein idyllischer und kinderfreundlicher kleiner Badeort mit sehr flachem Wasser um einen Badesteg herum präsentiert.

Wendtorfs Küstenabschnitt ist geprägt vom Naturschutzgebiet Bottsand, das dem Ort und Hafen wie ein schützender Nehrungshaken vorgelagert ist. Dort findet sich ein ruhiger Strand, der z. T. FKK-Bereich ist (Parken am Campingplatz Bonanza, gebührenpflichtig). Auf der anderen Seite des Naturschutzgebietes hat sich der große Jachthafen mit 850 Liegeplätzen und seinem weithin sichtbaren Hochhaus-Ferienzentrum (von 1972) breitgemacht. Gleich am Eingang der Marina liegen ein paar schöne traditionelle Boote des Vereins „Museumshafen Probstei". Das historische Wendtorf jedoch befindet sich etwa 1 km weiter im Hinterland und verfügt mit dem Kinderabenteuerland über einen Spielplatz der Extraklasse (Eintritt frei).

Das fernab von allem Verkehrslärm liegende ehemalige Bauern- und Fischerdorf **Stein** ist besonders für Familien mit Kindern ein Paradies. Um eine begehbare Bademole herum erstreckt sich ein lagunenartiger Flachwasserbereich mit Sandbänken, der kleine Strand ist feinsandig und mit Strandkörben belegt. Die hinter dem Strand liegende Deichwiese weicht nach Westen hin einem Stück natürlicher Steilküste, auf der die obligatorischen Campingplätze ihre Gäste begrüßen. Beiden Orten gemeinsam ist der Blick auf die Außenförde und deren regen Schiffsverkehr.

Kinderfreundlich: der flache Strand von Stein

Hohwachter Bucht und Probstei → Karte S. 142/143

Zwischen Stein und Laboe macht die kleine Verbindungsstraße einen Schlenker zum Wasser (bei Neustein). Hier befindet sich ein schöner, kleiner Naturbadestrand, der von zwei netten Cafés/Restaurants flankiert wird.

Einwohner 1800 (Wendtorf 1000, Stein 800)

Information/Zimmervermittlung **Tourist-Service Stein Wendtorf,** Dorfring 20 a, 24235 Stein, ✆ 04343-9299, gemeinde-stein.de und probstei.de.

Fahrräder **Fahrradverleih Marina Wendtorf,** Törn 7, ✆ 0152-02583451. **Fahrradverleih Wendtorf/Stein**, Strandstr. 18, ✆ 04343-3838280.

Essen & Übernachten **Kaffeeklatsch,** kleines Café im Ortskern von Stein, das mit ungewöhnlichen (und gehaltvollen) Tortenvariationen lockt. Rustikale Holztische, kuschelig eng und oft gut besucht. Draußen Selbstbedienung. Neben leckeren Torten auch warme Kleinigkeiten. Tägl. 10–18 Uhr (Di Ruhetag), im Winterhalbjahr nur am Wochenende geöffnet. Dorfring 24, ✆ 04343-494910.

****** Ostsee-Camp Kliff,** großes Campingareal oberhalb der Steilküste zwischen Stein und Laboe (nebenan die Campingplätze „Neustein" und „Fördeblick"). Man genießt einen schönen Blick auf die Kieler Bucht und hat unten am kleinen Strand gute Bademöglichkeiten. Geöffnet April–Sept. Ellernbrook 6 (Stein), ✆ 04343-6222, ostsee-camp.de.

meinTipp **Lutterbeker,** Szenekneipe im gleichnamigen Ort, 3 km südl. von Stein – eine Institution in der Gegend. In dunklem Holz und hellem Wintergartenambiente gehalten, ist der Lutterbeker Speisegaststätte, Galerie, Kino, Kulturtreff, Veranstaltungslokal, Theater, Kabarett, Appartementvermietung und Laden in einem. Im **Restaurant** gibt's für jeden Geldbeutel und jeden Hunger etwas: Suppen, Salate, Fladen, Vollkornpizza, Fleisch- und Fischgerichte. Di–So 17–1 Uhr (Mo Ruhetag außer Juli/Aug.). ✆ 04343-9442, lutterbeker.de. **€**

Marina Wendtorf

Radfahren: durch die Probstei

Ab Stein oder Laboe sind vier thematische Rundtouren von jeweils rund 60 km durch die Probstei mit Ziffern ausgeschildert: die Maritim-Route (blau), die Kultur-Route (orange), die Natur-Route (grün) und die Strohfiguren-Route (beige). Ein entsprechender Flyer mit dem Verlauf der Touren ist bei den Touristinfos erhältlich. Infos zudem unter probstei.de.

Laboe

Von weitem grüßt das mächtige Marine-Ehrenmal, das Wahrzeichen der Stadt. Beim Näherkommen eröffnet sich der Blick auf die Förde und den feinsandigen Badestrand. Der Fischerei- und Jachthafen vervollständigt das Bild des malerischen Ostseebads.

Der Blick auf die Seeleuchtfeuer und die vielen Schiffe macht deutlich, dass sich Laboe an ganz exponierter Lage am Übergang der schmalen Kieler Förde zur offenen See befindet. Am Scheitelpunkt zwischen Förde und See steht seit etwa 75 Jahren das **Marine-Ehrenmal** mit seiner Aussichtsplattform in atemberaubender Höhe. Auf dem Strand davor liegt das **U-Boot 995** aus dem Zweiten Weltkrieg, das als Mahnmal und technisches Museum fungiert. Eine von Bäumen gesäumte Promenade führt von hier aus am

Strand entlang zum Meerwasser-Hallenbad. Der **Strand** selbst wird zum Hallenbad hin immer breiter und ist dort mit reichlich Strandkörben belegt. Das flache Wasser und die dem Strand vorgelagerten Sandbänke sorgen für ein vergleichsweise ungefährliches Badevergnügen auch für Kinder. Nicht weit vom Strand entfernt, auf Höhe des Hauptbadestrandes, gibt es zudem ein wenig besuchtes, schattiges Kleinod zu entdecken: Der **Kurpark** von Laboe zwischen Wiesenweg und Katzbek.

Zentrale Anlaufstelle im Ort ist und bleibt jedoch der **Hafen,** noch heute offizieller Hafen der Probstei. Hier legen die Fördedampfer aus Kiel an, und hier kann man gelegentlich auch noch fangfrischen Fisch vom Kutter kaufen oder einfach nur von der Terrasse einer Bratfischkneipe dem regen Treiben zusehen. Ein schöner Anblick sind auch die im Hafenbecken vertäuten ehemaligen Arbeitssegler des Museumshafenvereins Probstei. Erhöht hinter dem Hafen liegt die Windmühle von Laboe, bis zur Errichtung des Marine-Ehrenmals das Wahrzeichen des Ortes. Sie stammt aus dem Jahr 1923, die Vorgängerbauten brannten mehrmals ab.

Geschichte

1240 wurde Laboe als deutsches Dorf gegründet, allerdings vermutlich auf dem Boden eines vorher slawischen Fischerdorfs namens *Lubodne*. Übersetzt bedeutet das „Schwanenort", was auch erklärt, warum der Schwan noch heute das Ortswappen ziert. Der lange Zeit noch dichte Wald, die Viehhaltung und der fruchtbare Ackerboden bildeten bis weit ins 18. Jh. hinein die wirtschaftliche Existenzgrundlage der Ortsbewohner, vom Fischfang lebten dagegen zunächst nur wenige. Erst zu Beginn des 19. Jh. errichtete man eine Landungsbrücke, die von der inzwischen wachsenden Zahl der Fischer intensiv genutzt wurde. Mit der Unterstützung des Klosters Preetz konnte 1854 schließlich ein Hafen gebaut werden, über den schon bald fast der gesamte Güterverkehr der Probstei abgewickelt wurde. Nach dem Ersten Weltkrieg und mit dem Anschluss der Probstei an das Schienennetz kam der Warenhandel allerdings fast vollständig zum Erliegen. Die Schiffer suchten nach anderen Einkunftsmöglichkeiten und mähten Seegras, um es getrocknet als Matratzenfüllung nach Hamburg zu verkaufen. Gleichzeitig verzeichnete der Fremdenverkehr einen Aufschwung, v. a. für die Kieler Bürger wurde Laboe zum bevorzugten Badeort. Zu den olympischen Segelwettbewerben 1936 und 1972 wurde – wie zuletzt auch in den 1990er-Jahren – der Jachthafen weiter ausgebaut.

Sehenswertes

Marine-Ehrenmal: Alles wirkt ein wenig martialisch. Das Ehrenmal wurde

Marine-Ehrenmal Laboe

zwischen 1927 und 1936 ursprünglich zum Gedenken an die Gefallenen der Kaiserlichen Marine im Ersten Weltkrieg gebaut. Inzwischen ist der weithin sichtbare, 72 m aufragende Turm eine weltweit anerkannte Gedenkstätte für die auf See Gebliebenen aller Nationen. Der Turm läuft zur Erde hin in einem sanften Schwung aus und soll mit seiner Form an eine Flamme erinnern. Zwei Fahrstühle (oder 341 Treppenstufen) führen hinauf zu einer Aussichtsplattform, deren Brüstung sich 85 m über dem Meeresspiegel befindet. Die Aussicht von dort oben ist bei gutem Wetter grandios.

Innen ist das Ehrenmal in verschiedene Hallen unterteilt. In der Eingangshalle wird daran erinnert, dass die Gedenkstätte auch Mahnmal für eine friedliche Seefahrt auf allen Meeren sein will. In der Ehrenhalle erblickt man die Schattenrisse aller in beiden Weltkriegen gesunkenen Schiffe der deutschen Marine. Eine Gangtreppe führt hinunter zur kreisrunden Gedenkhalle im Zentrum unter dem Ehrenhof, in der noch heute immer wieder Kranzniederlegungen in- und ausländischer Delegationen stattfinden. Auf der anderen Seite des Ehrenhofes liegt die Historische Halle, in der die Geschichte der Seeschifffahrt und der Seekriege anhand vieler originalgetreuer Schiffsmodelle dargestellt wird. Hinzu kommen u. a. noch ein Gedenkraum an die Skagerrakschlacht und ein Flaggenraum. Auch die Außenanlage ist gigantisch: Sie umfasst 5,7 ha und ist damit annähernd acht Fußballfelder groß.

■ Tägl. 9–18 Uhr, im Winter bis 16 Uhr. Eintritt 8 €, Kinder ab 6 J. und Studenten 6 €, Familien 24 €, Kombikarte mit U 995 (s. u.) 13 €, Kinder 9 €, Familien 36 €. Museumsshop im Eingangsbereich. ✆ 04343-49484930, deutscher-marinebund.de.

U 995: Das auf dem Strand gegenüber dem Marine-Ehrenmal liegende U-Boot wurde 1943 gebaut und mit einer Besatzung von etwa 50 Mann in Norwegen stationiert. Nach Kriegsende verrichtete es als Kriegsbeute bei der norwegischen Marine noch bis 1962 seinen Dienst. Dann wurde es an Deutschland zurück-

Museums-U-Boot am Strand von Laboe

Hafen der Probstei: Laboe

gegeben, allerdings mit der Auflage, es zu Dokumentationszwecken zu verwenden. Seit 1972 ist das Boot in Laboe aufgestellt und kann auch von innen besichtigt werden. Es dient einerseits als eine Art technisches Museum, das Aufschluss über das Innenleben eines U-Bootes gibt, anderseits aber auch als Mahnmal, das eindrucksvoll demonstriert, welchen immensen physischen und v. a. psychischen Belastungen die Besatzung in der beklemmenden Enge ausgesetzt war.

■ Tägl. 9–18 Uhr, im Winterhalbjahr bis 16 Uhr. Eintritt 7 €, Kinder ab 6 J. und Studenten 5 €, Familien 20 €, Kombikarte mit Ehrenmal (s. o.) 13 €, Kinder 9 €, Familien 36 €. deutscher-marinebund.de.

Meeresbiologische Station: Fast unscheinbar liegt die private Station in einem barackenähnlichen Flachbau ganz am nördlichen Strand von Laboe. Sie bietet mit ihren 30 kleinen Aquarien einen hautnahen Einblick in die Unterwasserwelt der Ostsee. Krebse können in die Hand genommen und Hummer gefüttert werden. Man erfährt, was ein Seestern frisst und warum die Scholle beide Augen auf einer Körperseite trägt.

■ April–Okt. 11–17 Uhr (Mo geschlossen), Nov.–März nur Do–So 11–18 Uhr. Eintritt inkl. einstündiger (kindgerechter) Führung ab 12 J. 8 €, Kinder unter 12 J. 6 €. Organisiert werden auch einstündige Ausfahrten mit dem ehemaligen Forschungsschiff MS Sagitta. Strand 1, ✆ 04343-429321, meeresbiologie-laboe.de.

Praktische Infos

Einwohner 5000

Information/Zimmervermittlung **Tourist Information Laboe,** Börn 2 (am Hafen), ✆ 04343-427550, laboe.de. Ostseecard 2,50 € (Nebensaison 1,50 €).

Fahrräder **Fahrradverleih-Laboe,** Wiesenweg 4 und Strandstr. 28 (vor dem ehem. Schwimmbad), ✆ 04343-7002.

Hörster, Strandstr. 14, ✆ 04343-494735.

Fördedampfer Die Personen-Fördefährlinie F1 fährt mehrmals tägl. nach Kiel und zurück, ✆ 0431-5941266. Fahrplan unter sfk-kiel.de.

Hundestrand Nördlicher Strandabschnitt (Freistrand in Höhe des U-Boots).

Parken Mehrere gebührenpflichtige Plätze im Ort und am Ehrenmal.

Hohwachter Bucht und Probstei → Karte S. 142/143

Schwimmbad/Sauna Die Meerwasserschwimmhalle am Hauptstrand ist geschlossen. Ein Neubau bzw. eine Sanierung ist geplant.

Theater **Lachmöwen Theater,** zumeist lustige Inszenierungen auf Plattdeutsch, Juli–Okt. Drei Vorstellungen pro Woche. Vorverkauf 19 €, Abendkasse 21 €. Katzbek 4, ✆ 04343-4946440, lachmoewen.de.

Wochenmarkt Do 8–13 Uhr vor dem Rathaus.

Essen & Übernachten **Hotel Seeterrassen,** eines der letzten traditionellen Hotels im Ort, das selbstverständlich direkt am Strand liegt (nur durch die Straße getrennt). Die Hälfte der 40 Zimmer mit wirklich schönem Fördeblick. Sauna und Dampfbad vor Ort. Im Haus auch ein schlicht-modernes **Restaurant** mit gutbürgerlicher Küche (z. B. Rumpsteak oder schmackhafte Fischplatte). Strandstr. 84, ✆ 04343-6070, seeterrassen-laboe.de. **€€** (Hotel), **€€** (Restaurant)

Ocean Eleven, unkompliziertes Strandrestaurant, Café und Bar in Hafennähe. Schöne Terrasse mit Strandblick. Nette Bedienung. Große, schmackhafte Portionen, z. B. Burger, Fischpfanne, Fish & Chips, aber auch Ossubucco oder Bowls, also Schüsselgerichte. Tägl. 12–22 Uhr, So schon ab 9.30 Uhr, dann Brunch. Hafenplatz 11, ✆ 04343-4946464. **€€**

MeinTipp **Fischküche Laboe,** SB-Restaurant der anderen Art unmittelbar am Hafen. Restaurantatmosphäre statt zugiger Fischimbiss; es gibt ofenfrische Fischbrötchen, aber auch warme, herzhafte Gerichte mit fangfrischem Ostseefisch. Tische und Bänke (mit Wärmestrahlern) vor dem Haus mit schönem Blick auf die an den Liegeplätzen vertäuten Boote. Im Sommer oft gut besucht, aber immer lecker. Tägl. 11.30–21 Uhr. Hafenplatz 1, ✆ 04343-429799. **€€**

MeinTipp **MoccaFee,** kleines, schnörkellos-gemütliches Café/Konditorei mit einfachen Außenplätzen im Ortszentrum in Strandnähe. Geschmackserlebnisse zu fairen Preisen. Reiche Auswahl an Kaffee, immer wieder neu kreierte Torten und leckere Pralinen (z. B. Rumkugeln). Tägl. leckeres Frühstück. Tägl. 9.30–17 Uhr (Mo Ruhetag außer Juli/Aug.). Reventloustr. 11, ✆ 04343-619999.

Koffiehuis, Café in toller Lage mit Blick auf Dünen und Ostsee; etwas außerhalb von Laboe (an der Straße vom Marine-Ehrenmal Richtung Stein). Windgeschützte Terrasse. Leckere hausgemachte Torten; Zutaten vornehmlich aus Bioanbau. Tägl. 14–18 Uhr (Mo Ruhetag). An der Au 2, ✆ 04343-7768.

Heikendorf (Möltenort)

Touristisches Zentrum der Großgemeinde Heikendorf ist der an der engsten Stelle der Förde gelegene Ortsteil Möltenort mit seinem U-Boot-Ehrenmal, dem Hafen und dem schönen kleinen Strand. „Sehleute“ haben hier einen Logenplatz, um die vorbeiziehenden kleinen und großen Schiffe, darunter viele Fähren und Kreuzfahrtschiffe, zu beobachten.

Der breite **Heikendorfer Hauptstrand** nördlich des Ehrenmals bildet eine kleine, feinsandige Bucht. Von den Strandkörben aus kann man fast hautnah die großen Pötte sehen, die aus dem Kieler Hafen oder gegenüber aus dem Nord-Ostsee-Kanal kommen, der ja immerhin die meistbefahrene künstliche Wasserstraße der Welt ist. Immer im Blick hat man auch den gegenüberliegenden Friedrichsorter Leuchtturm, der die an dieser Stelle schmale Förde bewacht.

Weiter südwärts bis zum Hafen breitet sich zudem ein schmaler Freistrand aus; wie der Name andeutet, ebenso kurtaxenfrei wie der Hauptstrand, aber ohne Strandkörbe. Noch eine Bucht weiter südlich des Hafens gibt es eine weitere Badegelegenheit, nämlich eine klassische **Seebadeanstalt.** Diese besteht im Wesentlichen aus einem U-förmigen Badesteg und Umkleidekabinen, die von einem Verein vor dem Abriss gerettet wurden. Die Badeanstalt wird gern von Einheimi-

An der engsten Stelle der Förde: Strand von Heikendorf

schen besucht, die neben der kleinen Seebrücke von Altheikenberg die Gelegenheit zum Baden nutzen. Wer keinen Sand an den Füßen mag, ist hier genau richtig.

Ansonsten besticht in dem traditionsreichen und schönen Urlaubsort an der Förde vor allem der große **Hafen von Möltenort.** Auch hier wird fangfrischer Fisch noch immer direkt vom Kutter verkauft, auch hier legt regelmäßig der Fördedampfer an, bzw. die Fördefährlinie F 1, auch hier herrscht im Jachthafen mit seinen Segel- und Motorschiffen reges Treiben. Beliebtes Fotomotiv ist das weltweit drittälteste Feuerschiff Læsø Rende. 1887 in Kopenhagen gebaut, fand das hölzerne Schiff 100 Jahre später nach Außerdienststellung im Jahr 1986 in Möltenort seinen letzten Liegeplatz und dient mittlerweile als schwimmendes Vereinsheim des Heikendorfer Jachtclubs.

Seit einigen Jahren sorgt sich ein Förderverein um die Bewahrung der maritimen Tradition, sammelt Fördergelder und Exponate und plant die Eröffnung eines **Fischereimuseums** direkt am Hafen – einen kleinen Info-Pavillon gibt es bereits (Strandstr. 3, Sa–So 11–17 Uhr). Der Ort hat alles in allem eine maritim-freundliche und familiäre Atmosphäre; der Ehrgeiz, ein mondänes Seebad sein zu wollen, fehlt völlig.

Wer sich noch weiter am Ostufer der Förde entlang Richtung Kiel bewegt, kommt zunächst am erhöht liegenden, waldbestandenen Villengebiet **Kitzeberg** vorbei. Für wohlhabende Kieler gilt dieser Ortsteil Heikendorfs seit jeher als begehrte Wohnlage, auch wegen seines kleinen schönen Strandes (mit Strandrestaurant „Kiek ut", Di Ruhetag) und dem Golfplatz.

Weiter südlich folgt bereits unmittelbar vor Kiel die kleine Gemeinde **Mönkeberg** mit ihrem engen Zugang zur Förde: Fähranleger, Jachthafen, das nur im Sommer geöffnete Strandbistro („Zantopps Fährhaus") und ein unbewachter Freistrand – das war's.

Hohwachter Bucht und Probstei → Karte S. 142/143

Geschichte

1233 wurde die Ansiedlung erstmals urkundlich erwähnt, ab dem 16. Jh. unterstand sie dem Adelsgut Schrevenborn. Heikendorf gehörte damit nicht zu den dem Kloster Preetz unterstellten freien Dörfern der Probstei. Ab 1870 entdecken die Kieler, begünstigt durch die gute Verkehrsanbindung mit den Fördedampfern, Altheikendorf und Möltenort als Sommerfrische. Die Nähe zu Kiel brachte jedoch auch Unheil, denn im Zweiten Weltkrieg wurde Heikendorf durch Luftangriffe fast vollständig zerstört. In der Nachkriegszeit fanden viele heimatvertriebene Fischer hier ein neues Zuhause. Damals lagen über 90 Fischkutter im Möltenorter Hafen.

Sehenswertes

U-Boot-Ehrenmal: Das bereits 1930 zum Gedenken an die gefallenen U-Boot-Fahrer des Ersten Weltkriegs eingeweihte (und wegen Baumängeln 1938 in seiner heutigen Form errichtete) Wahrzeichen der Gemeinde – ein weithin sichtbarer, auf einem gut 15 m hohen roten Sandsteinpfeiler platzierter, 4,60 m hoher heroischer Bronze-Adler (exakter Neuguss von 2001) – befindet sich an der Möltenorter Schanze, der **engsten Stelle der Förde.** Das Ehrenmal wird umspannt von einem beeindruckenden halbkreisförmigen, in die Erde eingelassenen Rundgang, an dessen Wänden auf 117 Bronzetafeln alle 35.000 Namen der deutschen U-Boot-Gefallenen beider Weltkriege verzeichnet sind. Aber es wird auch der Soldaten gedacht, die in Friedenszeiten ihr Leben auf U-Booten ließen.

▪ Tägl. 9–18 Uhr, im Winterhalbjahr bis 16 Uhr. Eintritt frei.

Erinnerung an eine Rettung: „Der Fischer" in Möltenort

Künstlermuseum Heikendorf/Kieler Förde: Im Ortszentrum von Altheikendorf werden in einem historischen Atelierhaus Werke namhafter Maler der Heikendorfer Künstlerkolonie zur Zeit des Expressionismus ausgestellt. Zudem gibt es jährlich mehrere Wechselausstellungen in der 100 m² großen Museumshalle. Das Ausstellungsgelände mit seinem schönen Museumsgarten geht zurück auf den Nachlass des Künstlers Heinrich Blunck (1891–1963).

▪ Di–Sa 14–17 Uhr, So 11–17 Uhr. Eintritt 5 €, Schüler 4 €. Teichtor 9 (an der Hauptstraße nach Mönkeberg), ✆ 0431-248093, kuenstlermuseum heikendorf.eu.

Praktische Infos

Einwohner 8200

Information/Zimmervermittlung **Touristinformation,** Strandweg 2, 24226 Heikendorf, ✆ 0431- 679100, amt-schrevenborn.de, kiel-sailing-city.de. Kurabgabe 2,50 € (Nebensaison 1,20 €).

Fahrräder **Barg,** Möltenorter Weg 53, ✆ 0431- 242463.

Fördedampfer Mehrmals tägl. verkehrt die Personen-Fördefährlinie F 1 zwischen Kiel und den Fördebädern, ✆ 0431-5941263.

Schwimmen **Seebadeanstalt Heikendorf,** herrliche alte, von einem Förderverein betriebene Badeanstalt. Tägl. 13–18 Uhr, in den Sommerferien ab 10 Uhr. Eintritt 2 €, Kinder/Jugendl. frei €. Strandweg, ✆ 0431-241605, seebadeanstalt.de.

Essen & Übernachten **Strandhotel Seeblick,** herrliche Lage mit Fördeblick direkt am Möltenorter Strand. 12 Zimmer in gediegen-gepflegtem Ambiente (Boutique-Hotel) mit Eichenholz-Fußböden (keine Haustiere erlaubt). Sauna. **Strandrestaurant Luzifer** mit Seeblickterrasse und frischer Küche (Fisch, Burger, Steak, Pasta). Tägl. 17.30–21 Uhr, Sa/So schon ab 12 Uhr. Uferweg 2, ✆ 0431-5332180, strandhotel-seeblick.de. **€€€** (Hotel), **€€** (Restaurant)

Das kleine Strandhaus, tolle Lage zwischen Hauptstrand und Ehrenmal von Möltenort. Sitzen kann man nicht nur im wintergartenähnlichen Gastraum, es sind v. a. auch reichlich Sitzplätze draußen vorhanden – mit garantiertem Fördeblick natürlich. Nicht nur Café-, sondern auch Restaurantbetrieb mit abwechslungsreicher Karte. Tägl. 17–22 Uhr, Sa/So ab 12 Uhr (Di Ruhetag). Uferweg 1 a, ✆ 0431-24987. **€€**

Galerie-Café Roehrskroog, das kleine Café liegt in einer schönen alten, reetgedeckten und mit Rosen bewachsenen Kate direkt am Möltenorter Jachthafen (gegenüber der Hafenmeisterei). Auch rund ums Haus stehen im Grünen ein paar Tische. Es gibt keine herkömmliche Karte, man bestellt das aktuelle Angebot einfach am Büfett und bekommt dann leckeren Kaffee und Kuchen geliefert. Die ausgestellten maritimen Bilder können erworben werden. Tägl. 14–18 Uhr (Mo Ruhetag). Möltenorter Weg 1, ✆ 0431-241747.

Probsteierhagen/Passader und Dobersdorfer See

Mehr als nur ein Durchgangsort. Alte Bauernhäuser scharen sich um die auf einen Hügel gebaute Kirche. Auch der nahe Passader See und der Dobersdorfer See lohnen den Abstecher.

Eine v. a. in der Urlaubszeit viel befahrene Landstraße durchschneidet den Ort. Die etwas erhöht liegende **St.-Katharinen-Kirche** stammt ursprünglich aus dem 13. Jh., wurde aber mehrmals umgebaut. Der Chorraum wurde 1717 prächtig stuckiert. In jenem Jahr wurde auf der Nordseite auch die (für Besucher geschlossene) Gruft Otto Graf Blomes angebaut, der in Selent die prächtige Blomenburg errichten ließ. Der Schnitzaltar mit dem kunstvollen schmiedeeisernen Altargitter und die stattliche Holzkanzel stammen aus etwa der gleichen Zeit. Die bemerkenswerte Bronzetaufe wurde bereits 1467 gefertigt (Kirche tägl. 8–18 Uhr).

Über Jahrhunderte war das Handwerkerdorf Probsteierhagen eng mit dem **Gut Hagen** verbunden und wurde um 1930 mit dem ehemaligen Gut und seinen Ländereien zu einer Gemeinde vereint. Mangels Verwendungszweck wurden damals die historische Fachwerkscheune und das große Kuhhaus abgerissen. Das heute in Ortsmitte gelegene und „Schloss" genannte dreiflügelige Herrenhaus des Gutes aus dem Jahre 1649 gelangte in den Besitz der Gemeinde und wird u. a. als Kulturzentrum genutzt (→ Foto S. 423).

Umgebung von Probsteierhagen

Passade: Die verwaltungstechnisch selbstständige 300-Einwohner-Gemeinde liegt idyllisch am gleichnamigen See, keine 2 km östlich von Probsteierhagen. Die urkundlich erstmals 1373 erwähnte Siedlung geht zurück auf die wesentlich ältere Slawensiedlung *Potzade*, was übersetzt „Dorf am See" heißt. Dieser ist bekannt für sein reiches Fischvorkommen (Direktverkauf Ostern bis Okt. Fr/Sa 9–11 Uhr gegenüber dem Landhotel). Zudem gibt es hier eine schöne kleine Badestelle.

Fahren und Stoltenberg: Nur über kleine Sträßchen ist der im Osten des Passader Sees in herrlicher Landschaft gelegene Ort **Fahren** zu erreichen. Nach wie vor prägen idyllische Häuser und Höfe das Ortsbild. In der benachbarten, ebenfalls noch landwirtschaftlich geprägten Gemeinde **Stoltenberg** befindet sich der zweite Badestrand des Passader Sees (an einer nur für Radler zugänglichen Sackgasse namens Brook).

Dobersdorfer See: Nur 2 km südlich von Stoltenberg (oder 6 km südlich von Probsteierhagen) erstreckt sich der herrlich von Wäldern und Wiesen umrahmte Dobersdorfer See. Benannt ist die Gemeinde nach dem am Westufer des Sees gelegenen **Gut Dobersdorf,** zu dem eine Kastanienallee führt. Torhaus und einige Nebengebäude existieren leider nicht mehr. Die große Scheune (1728) zeigt aber noch ihre schöne Giebelfront, hat jedoch kein Reetdach mehr. Das elfachsige backsteinerne Rokoko-Herrenhaus (1770) ist jedoch in aller Pracht erhalten geblieben. Das waldreiche Gut ist heute ein Weihnachtsbaumbetrieb.

Der See kann auf einem markierten abwechslungsreichen Weg umrundet werden. Besonders schön ist die Aussicht südlich von Schlesen.

Holsteinisches Hinterland: Bauernhof im Dorf Fahren

Praktische Infos

Einwohner 2000

Information **Tourismusverband Probstei,** im Markttreff, Alte Dorfstr. 53, 24253 Probsteierhagen, ✆ 04348-919184, probstei.de und passade.de.

Badestellen **Doberdorfer See,** am Nordufer in **Tökendorf** und am Ostufer in der Gemeinde **Schlesen**.

Essen & Übernachten **Irrgarten Probsteierhagen,** rustikales Ausflugslokal am östlichen Ortrand Richtung Passade (schön auch für Kinder). Restaurant „wie früher“, auch mit Saal, Kegelbahn und gutbürgerlicher Küche, aber auch leckerem Kuchen (Caféterrasse). Hinter dem Haus und dem Minigolfplatz liegt am Feldrand der namensgebende, schon 1914 als Heckenlabyrinth mit kleinem Aussichtsturm angelegte schöne Irrgarten (Eintritt 2,50 €). April–Okt. Do–Di 11–20.30 Uhr (Mi Ruhetag). Alte Dorfstr. 100, ✆ 04348-230. **€**

mein Tipp **Altes Probsteier Café,** schönes Kaffeehaus aus der Gründerzeit gegenüber der Kirche. Im backsteinernen, mit Rosen berankten Haus gibt's einen alten Gewölbekeller mit allerlei Hausgemachtem (Marmelade, Essig, aber auch Weine). Bei schönem Wetter kann man auf der kleinen Gartenterrasse sitzen und dort die frischen Butterwaffeln mit heißen Kirschen und Vanilleeis und natürlich leckere Torten nach alten Probsteier Rezepten genießen. Ganzjährig 13.30–18 Uhr (Mo Ruhetag). Alte Dorfstr. 50, ✆ 04348-7999.

Fischerwiege, Landhotel in einem alten Reetdachhaus in schöner Seelage im ruhigen Passade. Gepflegte Zimmer, gutes und persönlich serviertes Frühstück (auch für Nicht-Hausgäste). Abends (nur Do–So) gibt es hier **Bistroküche** (Salate, Suppen, auch Rumpsteak). An de Laak 11, Passade, ✆ 04344-4138616, fischerwiege-passade.de. **€€** (Hotel), **€€** (Bistro)

Passader Backhaus, eigentlich ein großer **Hofladen,** in dem es leckeres Brot mit Mehl aus eigenem Getreideanbei in Bioland-Qualität gibt; und natürlich auch andere, vor Ort hergestellte Backwaren wie Brötchen und Kuchen (auch hefe- oder weizenfrei). Man kann aber z. B. unter der Eiche vor dem Haus an einfachen Tischen auch nur einen Kaffee trinken. Mo–Fr 6–18 Uhr, Sa 6–13 Uhr. Dörpstraat 11, ✆ 04344-4652.

Kirche St. Servatius in Selent

Selent/Selenter See

Selent mit seiner steinalten Kirche und der eigenwilligen Blomenburg bildet den Mittelpunkt der Gemeinden um den gleichnamigen See, den zweitgrößten Schleswig-Holsteins. Seine Ufer sind wildromantisch von Wäldern und Wiesen gesäumt, aber auch durch Badestellen erschlossen. Große Gutshöfe liegen in Seenähe. Unvergleichlich ist das größte Herrenhaus des Landes, Schloss Salzau.

Der Selenter See wurde durch seinen Fischreichtum bekannt. Er besticht durch sehr sauberes Wasser, da er weitgehend unterirdisch gespeist wird. **Selent** verfügt über eine größere schöne Badestelle mit Liegewiese, Kiosk und Parkplatz, man folgt einfach der Beschilderung mit der Aufschrift „Strand" (1,5 km von Ortsmitte).

Im Ort rund um die vielbefahrene Bundesstraße herrscht die Betriebsamkeit eines kleinen Einkaufs- und Verwaltungszentrums. Ruhe hingegen findet man in der sehenswerten **St.-Servatius-Kirche** (im Sommer tägl. außer Montag 7–18 Uhr). Als eines der ältesten Gotteshäuser Holsteins wird sie bereits 1197 urkundlich erwähnt. Natürlich wurde sie in ihrer Geschichte mehrmals umgebaut, weist aber noch in Teilen eine alte Feldsteinmauerung auf. Der gedrungene, wuchtige Turm wurde im 15. Jh. angefügt. Das bildschöne Innere mit den rankenbemalten Gewölben betritt man durch einen vertäfelten Eingang, in dem man dem Pendeln der Turmuhr lauschen kann. Vor allem der geschnitzte spätgotische Flügelaltar (um 1470) und das vom holländischen Maler Pieter Aertsen (1566)

Hohwachter Bucht und Probstei → Karte S. 142/143

Schloss Salzau: größtes Herrenhaus Schleswig-Holsteins

geschaffene Gemälde „Anbetung der Hirten" gelten als bedeutende Werke.

Selents eigentliche Besonderheit aber ist die strahlend weiße **Blomenburg**, die in exponierter Lage am südlichen Ortsrand zwischen 1842 und 1855 erbaut wurde. Sie wirkt wie ein Märchenschloss und ist eines der seltsamsten Bauwerke im ganzen Land. Ihre Entstehung verdankt sie einem persönlichen Konkurrenzkampf zwischen ihrem vermögenden Bauherren Otto Graf Blome und seinem Freund, dem Landgrafen Friedrich Wilhelm von Hessen. Dieser hatte bei Panker den Aussichtsturm Hessenstein errichten lassen (→ S. 175), den Graf Blome unbedingt übertrumpfen wollte. Das Ergebnis war eine eigenwillige Burg aus kubischen Formen mit runden und vieleckigen Türmen, angelehnt an den britischen Tudor-Stil. Alles, was zu einer echten Burg gehört, war damals noch vorhanden: eine Zugbrücke über einen tiefen Graben, Bergfried, Kavaliershaus, Stallungen und Gesindewohnungen. Ein Gebäudeteil wurde dem Zeitgeschmack entsprechend gleich als Ruine erbaut, und natürlich durfte ein gepflegter Park nicht fehlen. Finanznöte zwangen die Erben des Grafen schon in den 1920er-Jahren zum Verkauf der Anlage an das Land Schleswig-Holstein. 1996 erwarb ein Investor das Gelände, renovierte die Burg und errichtete unterhalb der Burg mit staatlicher Unterstützung von 10 Mio. Euro ein Technologiezentrum. Im Jahr 2011 musste die Trägergesellschaft jedoch Insolvenz anmelden. Derzeit befindet sich auf dem Anwesen eine psychiatrische Privatklinik.

Orte und Sehenswertes rund um den Selenter See

Grabensee: Vom Weiler Grabensee an der Südwestseite des Selenter Sees aus hat man einen besonders schönen Blick über das gesamte Gewässer. Hier befindet sich auch ein gepflegtes, kostenfreies Strandbad – gegenüber ist eine Töpferei.

Fargau-Pratjau: Die beschaulichen Weiler und Dörfer von Fargau und Pratjau haben sich 1974 zu einer Gemeinde zusammengeschlossen und begrenzen das nordwestliche Ufer des Selenter Sees. Im Dorf Fargau, direkt am See gelegen, ist das alte Schulgebäude aus dem 18. Jh. noch erhalten.

Schloss Salzau: Zur Gemeinde Fargau-Pratjau gehört auch diese außergewöhnliche Gutshofanlage. In ganz Schleswig-Holstein gibt es wohl kein prächtigeres **Herrenhaus,** nicht zu Unrecht wird es Schloss genannt. Otto Graf Blome, der vorher schon die Blomenburg hatte errichten lassen (→ S. 194), entschloss sich 1882 im hohen Alter von 86 Jahren, dieses riesige Gebäude mit seinen über 90 Räumen in Auftrag zu geben (hinzu kamen ein Torhaus, Scheunen und das Kavaliershaus, in dem heute übrigens die Erben der Familie Blome wohnen). Das alte Schloss war im Jahr davor abgebrannt. Der Mittelbau tritt etwas zurück und wird vom überdimensionalen Familienwappen gekrönt, die Seitenflügel werden von zwei identischen Türmen flankiert. Hinter dem Herrenhaus erstreckt sich ein frei zugänglicher, schon im 18. Jh. angelegter englischer Garten mit prächtigem Baumbestand und einem künstlichen See, in dem sich die Südfassade spiegelt. Lange war das imposante Schloss Landeskulturzentrum und Mittelpunkt des *Schleswig-Holstein Musik Festivals*. Doch seit 2010 stand das riesige Anwesen auf der Sparliste der Landesregierung und wurde 2017 (für nur 1,3 Mio. Euro) an einen Privatinvestor verkauft.

Pülsen: Am Nordufer des Sees liegt der kleine Ort Pülsen (schon zur Gemeinde Köhn gehörend), an dessen sehr seichter Badebucht mit Badesteg auch Kinder gefahrlos planschen können (Kinderspielplatz und WC vorhanden). Der übrige Nord- und Ostteil des Selenter Sees ist nicht zugängliches Naturschutzgebiet.

St.-Johannes-Kirche in Giekau: Im Osten des Selenter Sees liegt die Gemarkung Giekau mit dem gleichnamigen Dorf und seiner sehenswerten Kirche. Innen ist das Gotteshaus schöner, prächtiger und vor allem älter, als dies von außen den Anschein hat, denn der 1812 erbaute Turm nimmt viel von der ursprünglichen Wirkung. Wer das schon um 1240 erbaute Gotteshaus betritt, ist deswegen geradezu überrascht vom harmonischen Innenraum mit den schräg gestellten Kirchenbänken und den gekalkten Feldsteinwänden. Sehr bemerkenswert ist der **gotische Schnitzaltar** (um 1500), der mit über 70 farbigen Einzelfiguren (!) im Mittelschrein die Passionsgeschichte erzählt.

Seichte Badebucht: Pülsen

Bemerkenswerte Kirche: St. Johannes in Giekau

Die Seitenflügel zeigen Figuren der 12 Apostel sowie vier weitere Heilige der Kirchengeschichte. Gleich alt (um 1500) ist auch das gotische Triumphkreuz an der Nordwand; die Taufe hingegen stammt von 1781.

▪ Kirche April–Okt. tägl. 8.30–18 Uhr.

Gut Neuhaus: Das Gut am Ostufer des Sees war einst ein Superlativ. Unvorstellbare 5335 ha gehörten bis 1923 zum Gutsbesitz, der heute immer noch 1335 ha Land und 450 ha Wasserfläche des Selenter Sees umfasst (dieser Teil des Sees ist heute weitgehend Naturschutzgebiet). Neuhaus war eher eine Herrschaft als ein gewöhnlicher Gutshof. Im 16. Jh. war sogar die Stadt Lütjenburg an Neuhaus verpfändet. Die gewaltige Größe führte auch zu beeindruckenden Bauten: Fast ein Dutzend riesige reetgedeckte Scheunen und Ställe standen ursprünglich vor dem Herrenhaus.

Doch am 10. Februar 1943 kam es zur Katastrophe. Eine 17-jährige Hausgehilfin legte in den Abendstunden mit Absicht auf der Tenne des großen Kuhstalls Feuer. Da wegen der Verdunkelungsvorschriften im Krieg die Fenster der Ställe lichtsicher abgeschirmt waren, wurde das Feuer erst bemerkt, als es zu spät war. Über 100 Kühe verbrannten im Stall, zudem griff das Feuer auch auf die umliegenden reetgedeckten Scheunen und Ställe über. Sieben mächtige Hofgebäude wurden durch die Flammen zerstört. Das heute immer noch landwirtschaftlich geprägte Gut hat dadurch einiges von seiner ursprünglichen Schönheit verloren.

Das dreiflügelige Herrenhaus wurde im 16. Jh. in wunderschöner Lage am Seeufer errichtet. Es wird von einem imposanten Turm flankiert, der noch von einem Vorgängerbau stammt (um 1500). Seine äußere Form bekam es nach Umbauten um 1740. In den gut 500 Jahren seines Bestehens wurde Neuhaus nie verkauft und ist nach wie vor nur aus der Ferne zu besichtigen: Privatbesitz.

▪ **Badestelle:** 2 km südlich des Guts liegt direkt an der B 202 in Seekrug an der gleichnamigen Bucht des Selenter Sees eine nette Badestelle. Bei sommerlichen Temperaturen ist sie nicht nur für die Einheimischen ein beliebtes Ausflugsziel.

Gut Lammershagen: Keine 2 km südlich von Selent liegt der ehemals bedeutende Gutshof, zu dessen Besitz jahrhundertelang nicht nur Selent, sondern auch einige umliegende Ortschaften und weite Teile des Gewässers gehörten. Das Gut ist nach wie vor in Privatbesitz, ein Blick durchs prächtige Torhaus (von 1743) ist aber gestattet. Das für diese Zeit vergleichsweise bescheidene Herrenhaus wurde im Jahre 1748 errichtet. Fast gleichzeitig entstanden auch die beiden großen reetgedeckten Fachwerk-Hofgebäude sowie Kuhhaus und Scheune. Die hinter dem Anwesen liegenden, z. T. sehr großen Teiche (Richtung Mucheln) werden für die Fischzucht, besonders die Karpfenzucht, genutzt.

Bellin: Ebenfalls zur kleinen Gemeinde Lammershagen gehört auch dieser malerische Fischerort am Südufer des Sees. Leider zieht sich die Bundesstraße durch den Ort, dennoch hat sich Bellin mit seinen vielen fast ausschließlich reetgedeckten Fachwerkkaten in Seenähe die Ursprünglichkeit eines Fischerdorfs weitgehend erhalten. Der Ort verfügt außerdem über einen kleinen Strandabschnitt.

Praktische Infos

Einwohner 1300

Information/Zimmervermittlung **Touristinformation Hohwachter Bucht** → S. 164. ✆ 04381-90550, hohwachterbucht.de.

Essen & Trinken **Selenter Hof,** gegenüber der Kirche an der Hauptstraße. Teils antik, teils modern eingerichtet. Schmackhafte, gutbürgerliche Küche mit frischen Zutaten. Mi–So 17–21 Uhr, Sa/So auch 11–14 Uhr (Mo/Di geschlossen). Kieler Str. 24, ✆ 04384-1800. **€**

Einkaufen **Fischerei Rathje,** Verkaufsladen für Frischfisch direkt am Südufer des Selenter Sees im 3 km östlich von Selent gelegenen Durchgangsort Bellin (von der Bundesstraße aus gut erkennbar). Empfehlenswert sind hier v. a. die frischen Maränen und Saiblinge. Tägl. 9–17 Uhr, So 11–17 Uhr. Am See 27, ✆ 04384-751.

Idylle in Bellin am Selenter See

Hohwachter Bucht und Probstei → Karte S. 142/143

Preetz

Die alte Schusterstadt inmitten einer Seenlandschaft wirbt für sich sich als Tor zur Holsteinischen Schweiz. Preetz ist heute eine Einkaufsstadt – die größte im Kreis Plön –, zum anderen eine Klosterstadt mit bemerkenswerter Geschichte und teilweise alter Bausubstanz. Das Preetzer Kloster ist das bedeutendste in Schleswig-Holstein.

Rund um den großen **Marktplatz** mit seinem bronzenen Schuhmacherdenkmal ist noch ein wenig von der alten kleinstädtischen Architektur erhalten geblieben. Hier gibt es einige Geschäfte und Cafés. Eines der schönsten Häuser der Stadt ist ein zweigeschossiges Fachwerkgiebelhaus aus dem 17. Jh. mit Rokoko-Oberlichttür. In diesem sog. *Heß'schen Haus* in der Langen Brückstraße 22 (nahe dem Markt) befinden sich heute die Preetzer Caféstuben.

Südlich des Markts führt die von einigen historischen Gebäuden gesäumte Kirchenstraße zur Stadtkirche. Nordwärts kann der Besucher dem mit 162 im Pflaster verlegten Schusterfliesen markierten **Schustergang** folgen, der am Heimatmuseum und anderen Sehenswürdigkeiten vorbei zum Klosterbezirk führt.

Dabei entdeckt er (beim Parkplatz an der Mühlenstraße, nahe der Touristinfo) den wohl **größten Holzschuh der Welt** (3,06 m lang, Schuhgröße 459). Dieser erinnert mit zwei weiteren in der Stadt verteilten Bronzestatuen eines Schusterjungen seit 2008 daran, dass Preetz einstmals eine bedeutende Schusterstadt war; v. a. Holzschuhe wurden hier produziert. Von einst 160 Schustereien hatte lange Zeit nur ein einziger

Schuhgröße 459: größter Holzschuh der Welt

Betrieb die Zeit überdauert, bis auch dieser im Jahr 2023 aus Altersgründen geschlossen wurde.

Im Süden der Stadt, am **Lanker See,** findet sich ein schönes Strandbad (mit Kneipe), und am **Postsee** im Westen der Stadt gehen die Wiesen ebenfalls sanft ins Wasser über.

Geschichte

Der Name Preetz rührt von der Lage der Stadt an der Schwentine her, denn das slawische *po rece* heißt einfach „am Fluss". Hier am historischen Schwentineübergang befand sich seit alters her eine slawische Siedlung, die Handelsplatz für Waren der Sachsen, Holsten und Slawen war. 1211 wurde in Preetz das Benediktinerinnenkloster gegründet, dem bald große Landesteile übereignet wurden.

Dies waren der damals *Poretz* genannte Ort selbst und 20 Dörfer an der Küste, die sog. Probstei. Später waren sogar mehr als 40 Dörfer dem Kloster unterstellt und mussten (moderate) Abgaben leisten, teilweise noch bis Ende des 19. Jh. Aber unter der Führung der Kirche ließ es sich in Preetz und der gesamten Probstei recht gut leben, denn anders als in den umliegenden Güterdistrikten galt hier das Erbpachtrecht, bei dem übrigens der jüngste und nicht der älteste Sohn Haupterbe des Hofes war. Leibeigenschaft gab es in der Probstei demnach nie – die Bewohner des Gebietes waren nur zu moderaten Abgaben an die Klosterfrauen verpflichtet, aber persönlich absolut frei, weshalb sie es im Laufe der Zeit auch zu beachtlichem Wohlstand brachten. Nach und nach entwickelten sich eigene Bauerndynastien, deren Mitglieder selbstverständlich (fast) ausschließlich untereinander heirateten und so ihren Wohlstand mehrten. Stattliche Bauernhäuser, spezielle Trachten und sogar eine eigene plattdeutsche Dialektvariante sind heute noch Merkmale dieser Eigenständigkeit. Für Jahr-

Klosterkirche Preetz

hunderte waren damit Priorin, Konvent und der Propst höchste Verwaltungsinstanz der gesamten Region; bis 1867 übten sie auch die Rechtspflege aus. Nachdem Schleswig-Holstein preußische Provinz geworden war, wurde die rechtliche Trennung vom Kloster vollzogen. 1870 bekam Preetz endlich auch sein Stadtrecht, also etwa 600 Jahre später als die meisten anderen holsteinischen Städte.

Preetz war zu dieser Zeit längst ein ländliches Zentrum des Handwerks, vor allem des Schusterhandwerks. Um 1850 arbeiteten hier 160 Schuhmachermeister, 360 Gesellen und 160 Lehrlinge. Im Volksmund hieß es damals: „In Preetz, da steit een Kloster, all Nees lang wohnt een Schoster."

Wenig bekannt ist, dass 1948 der Preetzer Schuster Albert Bünn die auswechselbaren Schraubstollen für Fußballschuhe erfand – eine Kopie der Patenturkunde findet sich im Heimatmuseum von Preetz. Obwohl Adidas und

Puma, inzwischen Weltkonzerne, die bahnbrechende Erfindung für sich reklamieren, gebührt diese Ehre in Wirklichkeit einem Preetzer Schuhmachermeister.

Sehenswertes

Kloster Preetz: In der parkartigen Klosteranlage – wohl der ansehnlichsten im Lande – gruppieren sich die alten Häuser der Stiftsdamen (Konventualinnenhäuser) rund um die hohe Klosterkirche. Das Ensemble strahlt eine andächtige Stille aus. Kloster Preetz, einst als katholisches Nonnenkloster erbaut, überstand die Reformation, und zwar durch die Umwandlung in ein evangelisches adeliges Damenstift: Nach und nach entflohen seine Bewohnerinnen den engen (später weitgehend abgerissenen) Klosterzellen und ließen im ruhigen Klosterhof eine Anzahl kleiner Wohnhäuser bauen. Diese sind heute vermietet, denn das Stift wird von den Stiftsdamen nicht mehr als solches genutzt und hat wohl auch eine ungewisse Zukunft: Es mangelt an Nachwuchs. Man muss nämlich der adeligen Ritterschaft Schleswig-Holsteins angehören, um hier aufgenommen zu werden, und aus diesem Kreis kommen kaum Anfragen unverheirateter Töchter.

Das Kloster wird nach wie vor von einem adeligen Klosterpropst und einer adeligen Priorin verwaltet (die auch vor Ort wohnt); allerdings kümmert sich eine Immobilienverwaltung um das Tagesgeschäft, das sich heute im Wesentlichen in der Erhaltung der Gebäude und der Vermietung der wunderschönen Häuser erschöpft. Zum Kloster gehören auch 400 ha (verpachtete) landwirtschaftliche Flächen sowie ein Forstbetrieb mit 1200 ha Wald.

Ganz ruhig wird es, wenn man die zwischen 1325 und 1340 errichtete backsteinerne **Klosterkirche** betritt, auf deren weit heruntergezogenem Dach nur ein zierliches Türmchen thront. Das Innere der spätgotischen Stutzbasilika ist im Großen und Ganzen noch original erhalten. Auffallend ist der große Nonnenchor in der Mitte, der mit hohen, geweißten Backsteinmauern von den übrigen Teilen der Kirche getrennt ist. Er wirkt fast wie eine Kirche in der Kirche. Das darin befindliche geschnitzte und mit 70 Sitzen in Hufeisenform aufgestellte **Nonnengestühl** ist eine wahre Rarität. Es stammt ursprünglich aus der Zeit um 1335. Die 137 biblischen Darstellungen auf den Rückseiten des Gestühls kamen erst später hinzu: ein Teil entstand schon um 1490, der andere im 17. Jh. Die Logen wurden sogar erst im 18. Jh. angefügt. Der spätbarocke Altar (1743) mit seinen überlebensgroßen Heiligenfiguren und der Stuhl der Vorsängerinnen (1704) sind ebenfalls hervorragende Schnitzarbeiten. Weitere Besonderheiten sind die prächtige Orgel (1573) und das den Chor abschließende Eisengitter mit seinem Mittelportal, das im Jahre 1738 geschmiedet wurde.

Auch der riesige **Klosterhof,** den man durch das Torhaus von 1707 betritt, lohnt wegen der backsteinernen Stiftsbauten (meist aus dem 18. und 19. Jh.) unbedingt einen kleinen Spaziergang. An das stattliche ehemalige Pastorat (Haus Nr. 3) schließen sich die einstigen Beamtenhäuser an (Nr. 4–5), kurz darauf folgt das prachtbauartige klassizistische Propstenhaus (Nr. 8), und ebenfalls nur ein kurze Stück entfernt steht man vor dem verputzten Priorinnenhaus mit seinem stuckverzierten Giebel (Nr. 26). Das Konventhaus (Nr. 19) ist noch Teil des ehemaligen Nordflügels der spätmittelalterlichen Klausurgebäude, wurde aber neugotisch umgestaltet. Von den Häusern der Stiftsdamen ist das Thienenhaus (Nr. 11) das älteste (schön verzierter Fachwerkbau von 1592, Anbau aus dem 18. Jh.). Der ehemalige Wirtschaftshof mit prächtigen Gutsscheunen im Süden der Klosteranlage fiel 1959 einer Brandstiftung

Sehenswerte Klosteranlage: Preetz

zum Opfer. Heute steht hier ein Seniorenwohnheim.

▪ Die **Basilika** ist nur im Rahmen einer Führung durchs Kloster zugänglich (knapp 60 Min., 5 €, Kinder unter 14. J frei): Mitte Mai bis Mitte Okt. Di und Sa um 15 Uhr. Klosterhof 5, Infos unter ✆ 04342-86829, klosterpreetz.de.

Heimatmuseum: Preetz war nicht nur Schusterstadt, sondern im 17. und 18. Jh. auch Standort eines florierenden Töpfer- bzw. Gold- und Silberschmiedehandwerks. Diese traditionellen Betätigungsfelder der Stadtbewohner sowie die Preetzer Vor- und Frühgeschichte bilden die Schwerpunkte der geräumigen Ausstellung. Im Dachgeschoss ist zudem eine beeindruckende Papiertheaterausstellung zu sehen.

▪ Sa/So 15–17 Uhr. Eintritt frei (Spende erbeten). Mühlenstr. 14, ✆ 04342-1888, museum-preetz.de.

Stadtkirche: Erhöht am Ufer des Kirchsees liegt die spätbarocke Saalkirche (um 1729), die noch den alten Feldsteinchor ihres Vorgängerbaus besitzt (um 1200, heute Kapelle). Im fast durchgängig in zartem Weiß gehaltenen Kircheninneren fällt besonders die prächtige barocke Westempore auf, die, auf Säulen gestützt, fünf Logen und eine Orgel trägt. Weitere Logen aus dem frühen 18. Jh. befinden sich an der Nordwand. Die Messingkronleuchter stammen aus dem 17. Jh., das älteste Ausstattungsstück ist eine schlichte Granittaufe aus dem 13. Jh.

▪ Tagsüber geöffnet, Führungen in der Saison jeden Sa um 11.30 und 12 Uhr. Kirchplatz 8.

Wandern/Radfahren: rund um den Lanker See (16 km)

Von Preetz aus führt der Weg in südliche Richtung zum Strandbad Lanker See, dort nach rechts über die Bahnschienen und dann wieder links in den Birkenweg (Achtung: hohe Treppenbrücke, E-Biker umfahren diese Stelle besser über die Kührender Straße und fahren dann links ab in den Birkenweg). Am Ende der Bebauung gelangen Sie auf den Waldweg und laufen dann an dessen Ende geradeaus für 6 km in die Flur hinein. Im Wald geht es weiter immer geradeaus und am Kührener

Hohwachter Bucht und Probstei → Karte S. 142/143

Teich vorbei zum Gut Wahlstorf am südlichen Ende des Sees. Am Hofgut laufen Sie geradeaus den bald auf eine Anhöhe führenden Spurbahnweg und später am Campingplatz Lanker See vorbei, bis nach weiteren 5 km die Landstraße nach Preetz erreicht ist. Nun geht es 2 km an der Straße entlang bis zum Ortseingang Schellhorn. Dort wenden Sie sich links in die Straße Am Wiesengrund und laufen bis zur Schwentine und an dieser entlang zurück in die Altstadt von Preetz.

Praktische Infos

→ Karte S. 203

Einwohner 15.300

Information/Zimmervermittlung **Touristinformation Preetz,** Mühlenstr. 9, ✆ 04342-7280420, preetz.de und schusterstadt-preetz.de. Keine Kurtaxe.

Fahrräder **Kanucenter Preetz-Plön,** Mietstation Preetz, Kahlbrook 25 a (Campingplatz), ✆ 04342-309549.

Kino **Capitol Cine Center,** Kirchenstr. 1, ✆ 04342-2241, capitol-cine-center.de.

Naturschutzgebiet Am Strandbad Lanker See gibt's eine NABU-Infohütte zum Naturschutzgebiet **Lanker See/Kührener Teich** (nur am Wochenende geöffnet).

Parken Alle Parkplätze in Preetz sind kostenfrei (Parkscheibe).

Elegantes Herrenhaus: Schloss Bredeneek

Schwimmbad/Sauna **Schwimmhalle Preetz** (am Postsee), Bistro vor Ort. Variable Öffnungszeiten, unter der Woche meist bis 21 Uhr, Sa/So nur bis 15 Uhr. Eintritt 6 € (Saunalandschaft 18 €), Kinder 2,50 €. Johannes-Gutenberg-Str. 10, ✆ 04342-84659, schwimmhalle.preetz.de.

Strandbad Lanker See, unbewachtes, kostenloses, aber dennoch gepflegtes Freibad mit **Café/Kiosk** (tägl. 10–18 Uhr) und schöner Terrasse). Castöhlenweg (nahe Schiller-Gymnasium), ✆ 04342-3048135.

Veranstaltungen Am letzten Sa im Mai wird das traditionelle **Preetzer Schusterfest** gefeiert – mit künstlerischen Vorführungen und viel Musik.

Am 3. Sa im Aug. hat sich seit einigen Jahren der **Kunsthandwerkermarkt** etabliert, bei dem v. a. Hobbykünstler ihre Erzeugnisse präsentieren und verkaufen.

Weitere Besonderheit ist das seit 1988 stattfindende **Papiertheatertreffen** im Sept., Europas größte internationale Zusammenkunft von Papiertheaterspielern.

Wochenmarkt Mi und Sa 8–13 Uhr auf dem Marktplatz.

Essen & Übernachten **Preetzer Cafébstuben 2,** historisches Fachwerkhaus mit Cafébetrieb im Zentrum der Stadt (mit großem Biergarten an der Schwentine). Das Café im Erdgeschoss ist als eine (im positiven Sinne des Wortes) etwas in die Jahre gekommene Stube eingerichtet und mit zahlreichen alten Musikinstrumenten dekoriert. Es gibt selbst gemachte Kuchen, ein gutes Frühstück und Bistrogerichte. Tägl. 9–18 Uhr (Mo Ruhetag). Lange Brückstr. 22, ✆ 04342-9821.

*****s Hotel Neeth 1,** Flair-Hotel 2 km nordöstlich von Preetz im ruhigen Dammdorf; gepflegte und komfortable Gästezimmer in rustikalem Landhaus-Ambiente. Sauna. **Restaurant** mit empfehlenswerter schleswig-holsteinischer Küche und gut sortiertem Weinkeller. Tägl. 18–21.30 Uhr, Fr–So auch 12–14 Uhr. Preetzer Str. 1, Lehmkuhlen/Dammdorf, ✆ 04342-82374, neeth.de. **€€** (Hotel), **€€** (Restaurant)

Campingplatz Lanker See 3, ruhige Anlage an einer Bucht des Sees mit 300 Plätzen und allem, was dazugehört: SB-Markt, Kinderspielplatz, kleine Gaststätte usw. Geöffnet April–Okt. Gläserkoppel 3 (B 76 Richtung Plön, nach 4 km bei der Abfahrt Preetz-Schellhorn rechts ab), ✆ 04342-81513, camp-lankersee.de.

300 m
Preetz
Essen & Trinken
1 Restaurant Neeth
2 Preetzer Caféstuben
Übernachten
1 Hotel Neeth
3 Campingplatz Lanker See
Wanderung rund um den Lanker See
Klosterhof
Stiftskirche
Heimat-museum
Stadt-kirche
Bismarck-platz
Postsee
Kirchsee
Scharsee
Lanker See
Probstenwerder
Kleiner Werder
Strandbad
Kührener Bahnhof (stillgelegt)
Kieler Str.
Pohnsdorfer Str.
Klosterstr.
Wakendorfer Str.
Rastorfer Str.
Sudetenstr.
Ostlandstr.
Max-Planck-Str.
Otto-Hahn-Str.
A.-Einstein-Str.
Th.-Storm-Str.
Wilhelm-Raabe-Str.
Hufenweg
An der Mühlenau
Am Alten Amtsgericht
Bahnhofstr.
Kirchenstr.
Hinter dem Kirchhof
Schellhorner Str.
Rethwischer Weg
Moorweg
Holstenweg
M.-Schreber-Str.
Schwebstöcken
Lindenstr.
Ragniter R.
Postfelder Weg
Haselbusch
Löptiner Str.
Kührener Str.
Am Jahnpl.
Ragniter Ring
Castöhlenweg
Birkenweg
Kührener Straße
Lohmühlenweg
Zappenweg
Am Lanker See
Waldweg
Stresemannstr.
Am Heidberg
Wehrberga.
Am Ehrenhain
Am Wiesengrund
Kohkoppelredder
Scharstorfer Weg
Dorfstr.
Plöner Landstraße

Umgebung von Preetz

Schloss Bredeneek: Diese bemerkenswerte architektonische Sehenswürdigkeit ist natürlich kein Schloss im herkömmlichen Sinne, sondern nichts anderes als ein besonders **pompöses Herrenhaus.** Erbaut im Jahr 1830, ließ es der in den preußischen Adelsstand erhobene Bankier und Großkaufmann Conrad Hinrich von Donner inmitten einer ausgedehnten Parklandschaft (etwas versteckte Zufahrt gegenüber der Mauer) zu seiner heutigen Form umgestalten. Der prächtige sandfarbene Bau im neoklassizistischen Stil besteht aus Haupt- und zwei identischen Seitenflügeln. In der Mitte sticht ein klassizistischer Tempelgiebel mit vier hohen korinthischen Säulen hervor. Die Ausstattung des Gebäudes ist sehr solide, nicht nur die Jugendstilhalle und den prächtig ausgemalten Kaulbachsaal betreffend. Alle Fenster sind mit Mahagoniholz ausgeschlagen, alle Türen aus massivem Teak- oder Pechkiefernholz *(pitch pine)*. Sämtliche Fußböden, auch im Keller, sind mit Parkett belegt, alle Wirtschaftsräume sind vollständig gekachelt (z. T. mit Delfter Kacheln). Nach dem Zweiten Weltkrieg kamen Überlegungen auf, den in die Jahre gekommenen Prachtbau abzureißen. Wegen der Verarbeitung massivster Materialien wäre dies aber unmöglich gewesen: Man hätte alles wegsprengen müssen, also ließ man renovieren.

▪ Das denkmalgeschützte Kulturgut liegt gut 2 km nördlich von Preetz (Richtung Rastorf). Es ist über die Stiftung *Bürgerschloss Bredeneek* der Öffentlichkeit nur für Veranstaltungen und nach Rücksprache auch im Rahmen von Führungen zugänglich (✆ 04342-84920, buergerschloss-bredeneek.de).

Gut Rastorf: Es ist die vielleicht schönste einheitlich **barocke Hofanlage** in Schleswig-Holstein. Man betritt das nach wie vor landwirtschaftlich ge-

So stellt man sich ein holsteinisches Gut vor: Wahlstorf

nutzte Anwesen durch ein außergewöhnlich breites Torhaus (fast 130 m). Der Blick fällt zunächst auf das vornehm verputzte Herrenhaus, das im Kern uralt ist, aber 1803 klassizistisch umgebaut wurde. Das Besondere ist aber, dass die übrigen Hofgebäude ein vollkommen harmonisches Ensemble bilden, denn sie sind alle nahezu gleichzeitig um 1725 nach einem Brand neu entstanden. Die Satteldächer von Scheune und Kuhhaus werden durch mächtige backsteinern-ornamentierte Giebel begrenzt. Die riesigen Scheunen jedoch sind in einem bedauernswerten Zustand. Seit nahezu 650 Jahren ist das Gut im Besitz des alten holsteinischen Rittergeschlechts der Grafen zu Rantzau und als solches Privatbesitz. Ein Blick durchs Torhaus ist aber gestattet.

▪ Gut Rastorf liegt nur 2 km nördlich von Bredeneek, beim Rastorfer Kreuz nahe der B 202.

Gut Wahlstorf: Am Südufer des Lanker Sees liegt abseits des gleichnamigen Dorfes das bereits 1224 erstmals erwähnte Anwesen. Schon die wasserschlossartige Lage auf einer von zwei Armen der Schwentine umschlossenen Insel ist bemerkenswert. Ohne Torhaus führt eine lange Zufahrt zum wuchtig-backsteinernen Herrenhaus, das von vier alten Scheunen flankiert wird. Vor allem die beiden rechts liegenden großen **reetgedeckten Scheunen** sind interessant. Die erste ist eine der besterhaltenen und ältesten des Landes, sie stammt aus dem Jahr 1584 (Anbau von 1694). Das Herrenhaus selbst, in dem ein Baron von Plesen wohnt, wurde zu großen Teilen schon im 15. Jh. errichtet, nur die beiden Vorbauten links und rechts des Treppenturmes kamen später hinzu (1613 und 1924). Mit seinem Doppelhaus-Charakter (nur von der Seite zu erkennen) ist es dennoch wohl das einzige noch erhaltene Beispiel dafür, wie im späten Mittelalter die großen Herrenhäuser ausgesehen haben, bevor sie durch stattlichere Bauten ersetzt oder zu diesen umgebaut wurden.

▪ **Alte Schule,** nettes Gasthaus in unmittelbarer Nähe zum Gutshof, serviert werden typische Landgasthof-Bratkartoffelgerichte, warme Baguettes und Salate. Sonntagnachmittags gibt's im Bier- und Kaffeegarten hausgebackenen Kuchen. Tägl. 17–22 Uhr, So schon ab 12 Uhr (Mo Ruhetag, im Winter auch Di). Lindenallee 6, Wahlstorf-Hof, ✆ 04342-787 5507. **€**

Kapelle Sophienhof: Direkt an der B 76 (Preetz/Plön) steht etwas verdeckt von einer steinalten Buche die bemerkenswerte Kapelle im byzantinischen Rundbogenstil (von 1873). Der Besitzer des benachbarten Guts Sophienhof ließ die aus sandfarbenen Backsteinen gebaute Kapelle von einem befreundeten Architekten planen, der einige Jahre in Riga gelebt und sich dort mit der russisch-orthodoxen Sakralbauweise vertraut gemacht hatte.

Hohwachter Bucht und Probstei → Karte S. 142/143

Holsteinische Schweiz

Nicht alles, was Schweiz heißt, hat hohe Berge: Der Bungsberg, der gerade 168 Meter in den Himmel ragt, ist hier der höchste Gipfel weit und breit. Das eigentlich Typische an der Holsteinischen Schweiz jedoch ist ihre sanft-hügelige, waldreiche Landschaft, die von grünen Weiden und Feldern und von etlichen Seen durchzogen ist.

Die nördlichste Naturhöhle Deutschlands ...

... versteckt sich unter dem Kalkberg von Bad Segeberg. Das 2,5 km lange Höhlensystem ist das Winterquartier von Tausenden Fledermäusen. Hier lebt aber auch der Segeberger Höhlenkäfer, der weltweit einzige seiner Art. Das Tierchen ernährt sich von den Ausscheidungen und Kadavern der Fledermäuse.

Man glaubt es kaum: 120 deutsche Landstriche tragen wegen ihrer reizvollen Natur den Beinamen „Schweiz". Die Idee, auch die hiesige Landschaft mit diesem feinen Titel zu schmücken, hatte in den 1860er-Jahren zunächst der Wirt der Gremsmühle bei Malente, der in einer Zeitungsanzeige für seine „in der Schweiz Holsteins" gelegene Herberge warb. Einen Schritt weiter ging 1885 Johannes Janus, der seine neue, hoch über dem Kellersee erbaute Nobelherberge *Hotel Holsteinische Schweiz* nannte. Danach dauerte es nicht mehr lange, bis man die ganze Region so nannte.

Die Holsteinische Schweiz liegt, grob gesagt, zwischen Lübeck und Kiel. Genauer gesagt, erstreckt sich das Gebiet zwischen Schönwalde mit dem Bungsberg im Osten, Lütjenburg und Preetz im Norden, Bornhöved im Westen sowie Bad Segeberg und Ahrensbök im Süden. Dies ist auch die Region, die den 1986 gegründeten **Naturpark Holsteinische Schweiz** bildet, in dem auf knapp 600 km² in 23 Gemeinden gut 60.000 Menschen leben.

Inmitten dieser Seenlandschaft liegen mit **Eutin** und **Plön** zwei beschauliche Kreisstädte mit großer Tradition. Und auch die **Wankendorfer Seen** im Westen und die Kreisstadt **Bad Segeberg** im Süden beziehen wir in unsere Beschreibung mit ein.

Wiesen, Wald und Wasser bestimmen diese „Schweiz". Im Ganzen gibt es hier fast 200 Seen, 70 davon haben eine Wasserfläche von über einem Hektar, der größte ist der **Plöner See** (mit fast 30 km² der größte See in Schleswig-Holstein). Im Rahmen der traditionellen und beliebten *Großen Plöner See-Rundfahrt* und der *5-Seen-Fahrt* kann man die großen Seen zwischen Malen-

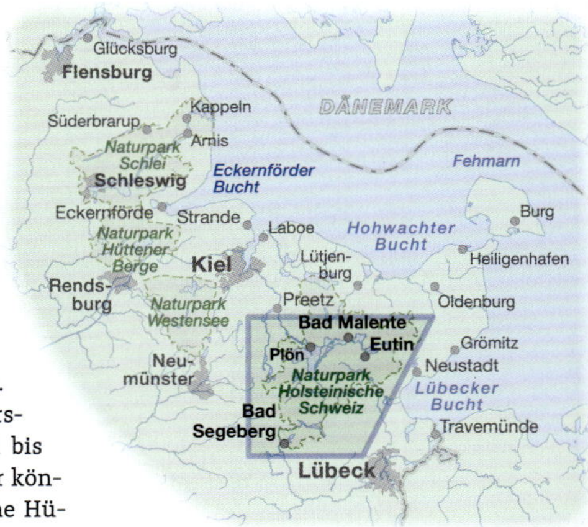

te und Plön mit dem Ausflugsschiff erkunden.

Reizvoll neben den schönen Wanderwegen sind auch die alleeartigen schnurgeraden oder von Knicks begleiteten Nebenstraßen abseits der touristischen Pfade, die die Holsteinische Schweiz durchziehen. Einige dieser kleinen und verkehrsarmen öffentlichen Straßen sind bis heute nicht geteert. Fahrradfahrer können auf ihnen die ostholsteinische Hügel- und Seenlandschaft in ihren satten Farben entdecken.

Was anschauen?

Eutin: Die als das „Weimar des Nordens“ gepriesene frühere Residenzstadt bietet viel Sehenswertes auf engstem Raum. → **S. 212**

Bad Malente: Der Kur- und Erholungsort im Herzen der Holsteinischen Schweiz ist eingerahmt vom Dieksee mit seiner schönen Promenade und vom Kellersee. → **S. 220**

Plön: Inmitten von Seen thront über der malerischen Altstadt weithin sichtbar auf einem Berg Schleswig-Holsteins einziges Schloss. → **S. 226**

Bosau: Hauptsehenswürdigkeit des herrlich am Südostufer des Großen Plöner Sees gelegenen Dorfs ist seine uralte Feldsteinkirche. → **S. 233**

Gut Rixdorf: Die fast noch im Originalzustand erhaltene Gutsanlage bildet das größte Reetdach-Ensemble Deutschlands. Alleine das Torhaus ist 99 Meter lang. → **S. 233**

Was unternehmen?

Bungsberg: Schleswig-Holsteins höchster Berg ist beliebtes Ziel von Wanderern, Radlern und Autofahrern gleichermaßen. Die Aussicht vom Fernmeldeturm beeindruckt. → **S. 211**

Bräutigamseiche: Im Dodauer Forst bei Eutin steht diese über 500 Jahre alte Eiche mit eigener Postadresse. Mit einem Astloch als Briefkasten dient sie gewissermaßen als Kontaktbörse für Heiratswillige. → **S. 216**

Ausflugsschiffe: Klassiker aller Ausflüge in der Holsteinischen Schweiz sind die Rundfahrten auf dem Großen Plöner See → S. 230, dem Dieksee („5-Seen-Fahrt“) → S. 223, auf dem Kellersee → S. 218 und dem Eutiner See → S. 218.

Karl-May-Spiele: Das Freilichttheater mit der beeindruckenden Naturkulisse am Bad Segeberger Kalkberg bringt gekonnt Wildwestromantik auf die Bühnenbretter. → **S. 240**

Eutiner Festspiele: Opern und Musicals in hoher Qualität genießt man auf der Freilichtbühne des Schlossgartens. → **S. 217**

Wo baden?

Freibadeanstalt Eutin: Die historische Badeanstalt von 1913 ist ein Schmuckstück mit schöner großer Liegewiese. → **S. 218**

Strandbad am Dieksee: Schöne Badestelle mit Sandstrand, Badesteg, Duschen und Kiosk. Wegen einer Flachwasserzone auch für Kinder geeignet. → **S. 223**

Prinzeninsel Plön: Diese Badestelle mit flach abfallendem Sandstrand ist nur zu Fuß, per Rad oder mit dem Ausflugsschiff erreichbar. → **S. 229**

Schönwalde am Bungsberg

Man muss ihn gesehen haben, den höchsten Berg Schleswig-Holsteins: Der Blick von der Plattform des Fernsehturms ist grandios.

Der Name des Ortes **Schönwalde** sagt schon fast alles: Das ansonsten eher unspektakuläre Dorf liegt herrlich inmitten waldreicher, hügeliger Landschaft – alle etwas größeren Straßen der Umgebung führen hierher.

Die wesentlichen Sehenswürdigkeiten wie Dorfmuseum und Kirche findet man rund um den Teich im Dorfzentrum. Hinter der Kirche findet sich, recht versteckt, das wunderbar gepflegte historische **Pfarrhofensemble** mit liturgischem Garten samt reetgedeckter Pfarrscheune und Gemeindehaus. Zudem gibt es einen rund 4,5 Hektar großen Naturerlebnisraum, durch den ein frei zugänglicher 600 m langer Rundweg führt.

Ein wenig abseits des Dorfkerns und wohl daher auch nur wenig bekannt ist die **Wegegeldhebestelle** ganz am Beginn der Eutiner Straße (links hinter dem Lachsbach). Das unscheinbare Backsteinhaus von 1870 (Haus Nr. 16) gilt als historische Besonderheit, ist es doch eines der ersten nur mit Dachpappe gedeckten Häuser im Lande und wurde errichtet, um für die vom Herzog von Oldenburg neu gebaute Chausseestrecke von Eutin nach Schönwalde Maut zu kassieren. Das Amt des Wegegeldeinnehmers wurde seinerzeit samt Haus verpachtet.

Schön, auch für Radfahrer, ist aber v. a. die von idyllischen Wegen und Straßen durchzogene Landschaft rund um Schönwalde, insbesondere um den Nachbarort **Kasseedorf.** Herrlich ist z. B. die kleine Straße von Kasseedorf Richtung Eutin, die am Stendorfer See und dem gleichnamigen prächtigen Gutshof mit seiner von Feldsteinmauern und alten Bäumen begrenzten Zufahrt vorbeiführt. Zum idyllischen Bild passen auch die von mächtigen Eichen gesäumten Gutskaten an der gewundenen, von Knicks begleiteten Straße, die weiter durchs weitläufige Sagau mit seinen schönen, teils reetgedeckten Wohnkaten führt.

Geschichte

Das schon vor über 760 Jahren urkundlich erwähnte Schönwalde gehörte wie das übrige Land um den Bungsberg lange zum Kloster Cismar. Um 1460 wurde das Gebiet durch Landtausch der Mönche einem adeligen Gut (Sierhagen) zugeschlagen. Die neuen Eigentümer errichteten 4 km nördlich von Schönwalde einen heute nicht mehr vorhandenen wasserburgartigen Gutshof namens Mönchneversdorf, der 1640 zusammen mit den umliegenden Ansiedlungen an Bischof Hans von Lübeck überging. Heute ist Mönchneversdorf Ortsteil der Gemeinde Schönwalde, die in Deutschland fünf Namensvettern hat und deswegen 1954 den Namenszusatz „am Bungsberg" erhielt.

Sehenswertes

Kirche zu Schönwalde: Was man von außen nicht erahnt: Die Feldsteinkirche

Versteckts Kleinod: Pfarrhofensemble in Schönwalde

Holsteinische Schweiz → Karte S. 208

ist sehr alt, stammt sie doch aus dem Jahr 1240. Sie hat jedoch im Laufe der Zeit einige Umbauten erfahren, am markantesten war sicherlich die Ersetzung des baufälligen hölzernen Turms durch den backsteinernen Glockenturm im Jahr 1857. Das älteste Inventar der Kirche ist heute die sehr kunstvoll aus Eichenholz geschnitzte Kanzel aus dem Jahr 1647. Auffällig ist ein von der Decke hängender überdimensionaler Taufengel (1759), der eine in einem Lorbeerkranz eingelassene Taufschale in der Hand hält.

■ Unregelmäßig geöffnet. Die kleine Gedenkkapelle auf dem Friedhof hat jedoch immer geöffnet. Im Naturerlebnisraum rund um die Kirche gibt es einen „Spirituellen Kreuzweg".

Fernmeldeturm Bungsberg

Dorfmuseum Schönwalde: Das Museum ist aus einer heimatkundlichen Sammlung des ehemaligen Dorfschulrektors hervorgegangen und im 1823 errichteten Schulgebäude untergebracht. Deshalb gibt es natürlich auch einen Dorfschulraum zu sehen sowie das, was man gemeinhin in einem Heimatmuseum erwartet, nämlich Gerätschaften aus dem dörflichen Leben sowie historische Fotos. Die Exponate aus Haus, Hof, Handwerk, Jagd und Forst stammen mehrheitlich aus dem 19. und 20. Jh.

■ Mitte Mai bis Ende Sept. Di und Fr 16–18 Uhr, Juli/Aug. auch So 16–18 Uhr. Eintritt 3 €, Kinder 1 €. Am Ruhsal, ✆ 04528-910775, dorfmuseum-schoenwalde.de.

Bungsberg: Eine ungeteerte Einbahnstraße führt direkt hinauf zum Funkturm, der weithin sichtbar auf dem höchsten Berg Schleswig-Holsteins steht. Der eigentliche „Gipfel" auf sagenhaften 168 m Höhe wird durch einen großen Stein inmitten einer Wiese markiert. Bei Schnee wird diese gerne als Rodelpiste genutzt. Sogar einen kleinen Seilzug-Skilift gab es hier einmal, der hat aber längst schon seinen Betrieb eingestellt.

Die größte Attraktion des Bungsbergs ist nach wie vor der riesige **Fernmeldeturm,** der mit seiner Höhe von 179 m sogar höher ist als der Bungsberg selbst. Wer die 217 Stufen des Fernmeldeturms überwindet, den erwartet von der Aussichtsplattform in 42 m Höhe ein einzigartiger Ausblick auf ganz Ostholstein (April-Okt. tägl. 9–19 Uhr, Eintritt frei, Lesertipp für Menschen mit Höhenangst: Alle Stufen im Turm und auch der Boden der Aussichtsplattform sind komplett aus Beton und nicht aus Gitterrosten wie die Zugangstreppe).

Wenige Meter entfernt steht aber auch noch der alte **Elisabethturm.** Der Großherzog von Oldenburg ließ ihn 1863 als Aussichtsturm errichten und benannte ihn nach seiner Gemahlin.

Allerdings wuchsen die umstehenden Buchen so rasch, dass der Turm schon 1875 um vier Meter auf 22 m aufgestockt werden musste. Nach jahrelangem Dornröschenschlaf wurde der Elisabethturm 2017 saniert, zudem das alte Ausflugslokal abgerissen und durch einen Neubau ersetzt. Überdies sind einige Kotas (Schutzhütten mit Feuerstelle) und Waldspielplätze und vor allem ein modernes Bildungsspaß-Gebäude als außerschulischer Lernort (v. a. für Kindergärten und Grundschulen) entstanden, in dem auch wechselnde Kunstausstellungen zu sehen sind (erlebnis-bungsberg.de).

Hier oben am Südwesthang des als eiszeitliche Endmoräne entstandenen Bungsberges entspringt übrigens aus mehreren Quellen in den Wiesen und Feldern der größte Fluss des Landes, die **Schwentine,** die die Slawen *Sventana* (= „Heiliger Fluss") nannten.

Wandern: auf den Bungsberg (8 km)

Die waldreiche Wanderung führt von Schönwalde zum Fernmeldeturm und wieder zurück. Im Westen von Schönwalde biegen Sie von der Eutiner Straße (Hauptstraße) in die Bergfelder Straße. Bis hinauf auf den Bungsberg befinden Sie sich nun auf einem Teilstück des Europäischen Fernwanderwegs 1 (mit weißem „X" markiert). Dieser führt weiter halbrechts an den Feuchtwiesen des Naturerlebnisraums Bekmissen vorbei, bis nach insgesamt knapp 2 km die Kreisstraße halbrechts in einen Waldweg hinein überquert wird. Nun geht's bergauf. Nach 1 km wird wieder eine kleine Straße überquert, nach einem weiteren Kilometer sind Sie am Ziel. Auf dem gleichen Weg geht es wieder zurück nach Schönwalde.

Praktische Infos

Einwohner 2600

Information **Amt Ostholstein Mitte,** Am Ruhsal 2, 23744 Schönwalde a. B., und **Urlaubsservice Malente,** ✆ 04523-9590120, malente-tourismus.de. Keine Kurtaxe.

Baden Geheimtipp am 8 km südlich von Schönwalde gelegenen Griebeler See. Romantisches Naturbaden an einer kleinen, in eine Steganlage eingebetteten Badestelle am Ostufer. Der von Wald umsäumte See kann auf einem 3,5 km langen Spazierweg umrundet werden (Am Sina 2, 23717 Kasseedorf).

Essen & Trinken **168 ü. NN,** Ausflugslokal auf dem Bungsberg und damit höchstgelegene Gaststätte Schleswig-Holsteins. Holsteiner und mediterrane Küche (Sauerfleisch, Zander, Pizza und Tagliatelle etc.). Viele Außenplätze (mit Blick auf den schönen Spielplatz). Mi 17–19.30 Uhr und Do–So 12–19.30 Uhr (Mo/Di geschlossen). Zum Bungsberg 1, ✆ 04528-9138880. **€**

Infos zum Bungsberg unter erlebnis-bungsberg.de

Holsteinische Schweiz → Karte S. 208

Kirchnüchel

Das landwirtschaftlich geprägte Dorf inmitten der schönen holsteinischen Moränenlandschaft, knapp 4 km vom Bungsberg, besteht aus einigen wenigen Wohnhäusern, dem Pfarrhaus und der alles beherrschenden Marienkirche.

Die Kirche wurde um 1230 erbaut und ist mit nur 116 m über NN das höchstgelegene Gotteshaus Schleswig-Holsteins (tagsüber geöffnet). Im Mittelalter war sie eine berühmte, der Muttergottes geweihte Wallfahrtskirche. Besondere Bedeutung hatten eine heilkräftige Quelle und die noch heute zu besichtigende, nur 7 cm große **Madonnenfigur aus Elfenbein,** der ebenfalls Wunderkräfte zugeschrieben wurden (sie ist hinter Panzerglas in den linken

Chorpfeiler eingelassen). Noch bis weit nach der Reformation kamen die Wallfahrer in Scharen.

Mit ihren sorgfältig behauenen Feldsteinen wirkt die weiß getünchte St. Marienkirche von außen ein wenig trutzig. Beim Eintreten überraschen die modernen Fenster mit ihren kräftigen Farben, die in Anlehnung an den Stil Marc Chagalls 1971 gestaltet wurden. Vom Chor aus betritt man das durch einen Vorhang abgetrennte barocke **Mausoleum** der Grafen von Brockdorff (Gut Kletkamp → S. 170), die seit 1635 das Patronatsrecht in Kirchnüchel innehaben. Unwillkürlich steht man vor der offenen Gruft mit den Steinsärgen und blickt auf ein kunstvolles Relief an der altarhaften Rückwand, das den Grafen Cai Lorenz von Brockdorff darstellt. Das Grabmal gilt als eines der bedeutendsten im Lande, passt aber so gar nicht zum Rest der Kirche. Heute werden die Grafen wie auch die Kirchnücheler Bürger auf dem Friedhof hinter der Kirche begraben, von dem man einen besonders schönen Blick auf das Bungsberggebiet hat.

Vöhrenteich bei Kirchnüchel

Stolz ist man darauf, dass ein so kleiner Ort eine große Persönlichkeit hervorgebracht hat. Als Sohn des Pastors wurde hier 1742 Christian Cay Lorenz Hirschfeld geboren, der als angesehener Professor in Kiel zum Wegbereiter der englischen Garten- und Parkkultur wurde.

Die selbstständige Gemeinde Kirchnüchel hat nur 190 Einwohner und ragt wie ein Keil in den Naturpark Holsteinische Schweiz, gehört aber verwaltungstechnisch noch zum Amt Lütjenburg-Land. Auch in dieser Gegend gibt es – wie so oft in Ostholstein – wunderschöne Alleen. Eine besonders lange führt vom 2 km westlich liegenden Ort Nüchel in 8 km im großen Bogen bis nach Sieversdorf.

Eutin

Die Kreisstadt des Kreises Ostholstein, seit 1993 heilklimatischer Kurort, schmückt sich mit schmeichelhaften Namen. „Weimar des Nordens" wird sie gepriesen oder auch „Rosenstadt im Herzen der Holsteinischen Schweiz".

Der Vergleich mit Weimar erinnert daran, dass die Stadt wie ihre berühmtere thüringische „Verwandte" einst viele Künstler- und Intellektuelle angezogen hat. Und was es mit dem Attribut „Rosenstadt" auf sich hat, wird deutlich, wenn man sich zu einem Streifzug durch die Eutiner Straßen aufmacht. Die nämlich werden nach jahrhundertealter Eutiner Tradition von unzähligen Rosenstöcken geschmückt. Vor allem im Frühling und Sommer strahlt die duftende Blumenpracht in kräftigen Farben. Es gibt sogar eine Rose, die den Namen der Stadt trägt, die *Eutin Floribunda*.

Zentrum ist – wie kann es anders sein – der **Marktplatz,** dessen Häuser eine breite Stilvielfalt aufweisen. Hier steht auch das alte Rathaus (1791), seinerzeit der erste klassizistische Putzbau der Stadt. Mit seinen Geschäften und Cafés präsentiert sich der Marktplatz natürlich autofrei und lädt wie auch die angrenzende Fußgängerzone als Flaniermeile zum Bummeln ein. Besonders bunt und geschäftig geht's hier mittwochs und samstags zu, dann nämlich ist Markttag. Mitten in diesem Trubel auf dem Marktplatz und nicht – wie heute bei vergleichbaren karitativen Einrichtungen üblich – in einsamer Stadtrandlage ließ man 1786 in vollendet schlichter spätbarocker Baukunst das herzogliche Witwenpalais errichten.

Ganz im Stile einer kleinen Residenzstadt liegen in Eutin alle Sehenswürdigkeiten dicht beieinander. Über die Stolbergstraße, mit ihren Fachwerkhäusern und Rosenstöcken wohl die schönste der Stadt, gelangt man zum Schloss, das als Museum zugänglich ist. Dahinter grenzt die Altstadt an den Großen Eutiner See. Die Stadtbucht wird hier von einer sehr schönen **Seepromenade** umgeben. An zentraler Stelle grüßt die Bronzeskulptur „Die Schauende" (von 1994); ähnlich der Kopenhagener kleinen Meerjungfrau wurde sie einige Meter abseits der Promenade auf einem Stein im See platziert. Ein Spazierweg führt um das Schloss herum am Ufer des Sees entlang zum **Schlossgarten,** der als eines der bedeutendsten Gartenkunstwerke Schleswig-Holsteins unter Denkmalschutz steht. Eindrucksvoll ist eine 335 m lange, alte Lindenallee, die in den Schlossgarten führt. Dort befindet sich auch die Seebühne, eine Freilichtbühne für die **Eutiner Festspiele** mit ihren Opern und Musicals, für die Eutin weit über die Stadtgrenzen hinaus bekannt ist.

Geschichte

Vor rund tausend Jahren herrschte ein slawischer Häuptling auf einer Inselburg am Großen Eutiner See. Im 12. Jh.

Schiefer Turm: die Michaeliskirche am Marktplatz

Holsteinische Schweiz → Karte S. 208

ließen sich holländische Siedler hier nieder und übernahmen den slawischen Namen der Festung: *Utin*. 1257 verlieh der Bischof von Lübeck dem mittlerweile zum Marktflecken gewachsenen Ort das Stadtrecht und schaffte damit die Voraussetzungen für eine bürgerliche Selbstverwaltung. Noch heute zeigt das Stadtwappen das rosenberankte Bischofskreuz, dessen Enden zu Lilien auslaufen (die Rose stand im Mittelalter für Gerechtigkeit, die Lilie für Reinheit). Schon um 1300 zerstritt sich der Bischof mit dem Rat der aufstrebenden Hansestadt Lübeck und musste nach Eutin ins Exil ziehen, wo er sogleich einen ständigen Bischofssitz einrichtete. Die Wasserburg wurde zu seinem Wohnsitz ausgebaut, jedoch gingen die Besitzungen nach der Reformation an die Landesherren über, und die stammten ab 1586 aus dem Hause Holstein-Gottorf. Seit dem Jahre 1607 wurde der (nun evangelische) Bischofsstuhl von Lübeck mit einem nachgeborenen Prinzen aus eben jenem Hause besetzt. Somit war Eutin nun als Residenz der „Fürstbischöfe von Lübeck-Eutin" ein kleines, aber durchaus einflussreiches Fürstbistum.

Vor allem der kunstbegeisterte Bischof Friedrich August, der ab 1773 auch Herzog von Oldenburg wurde, holte viele Kulturschaffende an seinen Hof und begründete damit den Ruf Eutins als „Weimar des Nordens". So wirkte etwa der bekannte Homer-Übersetzer und Dichter Johann Heinrich Voß (1751–1826) über 20 Jahre lang in der fürstbischöflichen Residenzstadt als Rektor der Lateinschule. Sein historisches Wohnhaus blieb lange erhalten (Voßplatz 6), ist jedoch im Jahr 2006 einer Brandstiftung zum Opfer gefallen. Auch Johann Heinrich Wilhelm Tischbein (1751–1829) wurde – als Hofmaler und Galeriedirektor – nach Eutin geholt und blieb, anders als Voß, bis zu seinem Tod in der Stadt. Als Goethe-Freund malte Tischbein u. a. das berühmte Gemälde „Goethe in der Campagna".

Doch Eutins größter Sohn heißt Carl Maria von Weber (1786–1826), dessen Geburtshaus in der Lübecker Straße 48 steht, heute ein Café. Als Sohn des Hof-

Beeindruckender Vierflügelbau: Schloss Eutin

kapellmeisters wurde von Weber in eine Musiker- und Schauspielerfamilie geboren, die wegen wechselnder Auftrittsorte oft umziehen musste. Von Weber wurde 1817 Direktor der Deutschen Oper in Dresden und avancierte zu einem der großen Komponisten des 19. Jahrhunderts. Sein bekanntestes Werk ist die romantische Oper „Der Freischütz". Zu seinem 125. Todestag 1951 wurden stolz die oben erwähnten Sommerfestspiele ins Leben gerufen und jahrzehntelang nach ihm benannt – obwohl Weber nur die ersten sechs Monate seines Lebens in Eutin verbrachte. Heute heißen sie „Eutiner Festspiele".

Eutin lockte zu jener Zeit noch zahlreiche andere Persönlichkeiten für kürzere oder längere Aufenthalte in die Stadt (z. B. die Hofbaumeister Dallin und Greggenhofer, aber auch Herder, Klopstock, Wilhelm von Humboldt, Graf Stolberg und andere). Zweimal, mittlerweile als angesehener Pianist und Komponist, besuchte auch Carl Maria von Weber seine Geburtsstadt und soll von der Schönheit der hiesigen Landschaft begeistert gewesen sein.

Um 1800 wurde die Residenz des Hauses Holstein-Gottorf nach Oldenburg (in Niedersachsen) verlegt. Eutin blieb aber Regierungssitz eines fürstbischöflichen Territoriums, das sich *Fürstentum Lübeck* nannte. Als die Stadt 1866 ans Eisenbahnnetz angeschlossen wurde, setzte ein wirtschaftlicher Aufschwung ein, im Rahmen dessen auch die Einwohnerzahlen stiegen. Noch beträchtlicher fiel das Wachstum nach dem Zweiten Weltkrieg aus, als sich die Stadtbevölkerung durch den Zuzug von Heimatvertriebenen schlagartig verdoppelte.

Sehenswertes

Schloss Eutin: Markant springt der Eingangsturm aus dem Vierflügelbau hervor; durch ihn hindurch betritt man einen trapezförmigen, mediterran anmutenden Innenhof. Der stattliche dreigeschossige Backsteinbau ist von einem Wassergraben umgeben und besteht in seiner jetzigen Form etwa seit 200 Jahren. Doch bereits im 12. Jh. stand hier eine Burg, die später als Residenz der Fürstbischöfe und Herzöge immer wieder um- und ausgebaut wurde.

Man wandelt durch (unbeheizte) Salons und den Rittersaal und bekommt auch die einzigartig ausgestattete zweigeschossige Schlosskapelle zu sehen, in der Carl Maria von Weber getauft wurde. Die Räume im ehemaligen Wohnschloss sind teilweise original mit kostbaren Möbeln, Gemälden und Kunsthandwerk ausgestattet. Zudem gibt es Mitmachstationen für Kinder und Erwachsene. Eine Besonderheit sind die großen Schiffsmodelle, Geschenke der mit dem Hause Holstein-Gottorf verwandtschaftlich verbundenen russischen Zaren.

▪ Schlossbesichtigung Juli/Aug. tägl. 10–18 Uhr, März–Juni und Sept.–Jan. Di–So und Feiertage 11–17 Uhr. Eintritt 10 €, Kinder ab 6 J. 2 €, Familien 20 €. Öffentliche 1-stündige Führung Di–So 11, 13 und 15 Uhr (4 € zzgl. Eintritt, keine Anmeldung nötig), zudem verschiedene Themenführungen. ✆ 04521-70950, schloss-eutin.de.

Ostholstein-Museum: Das im ehemaligen Marstall des Schlosses untergebrachte Museum zeigt als Schwerpunkt eine ständige Ausstellung mit dem Titel „Eutin um 1800". Diese Epoche war Eutins Blütezeit. Daneben ist eine breite Palette anderer Sammlungen zu sehen, besonders Landschaftsmalerei aus dem 17. und 18. Jh. Zudem kann man Arbeiten der Eutiner Gold- und Silberschmiede, der Zinngießer und Tischlermeister bewundern. Und Sie können sich von wechselnden Sonderaustellungen zu Malerei, Fotographie oder angewandter Kunst inspirieren lassen.

▪ Tägl. 11–17 Uhr (Mo Ruhetag), Feb. geschlossen. Eintritt inkl. der jeweiligen Sonderausstellung 6 €, Kinder ab 14 J. 3 €, Familien 12 €. Schlossplatz 1, ✆ 04521-788520, museum.kreis-oh.de.

Holsteinische Schweiz → Karte S. 208

Die Bräutigamseiche

Ein Erlebnis und damit einen Besuch wert ist die über 500 Jahre alte Eiche im Dodauer Forst. Dieser bemerkenswerte Baum ist gewissermaßen die älteste Kontaktbörse Deutschlands und hat sogar eine eigene Postadresse: *Bräutigamseiche, Dodauer Forst, 23701 Eutin.* Tatsächlich kommt bereits seit 1927 fast täglich Post, die der Briefträger als *Postillon d'Amour* in gut drei Metern Höhe in ein kleines Astloch steckt, das über eine Leiter erreichbar ist. Darin finden sich Briefe aus aller Welt, die von jedermann geöffnet und natürlich auch beantwortet werden dürfen, denn das Postgeheimnis ist hier aufgehoben.

Der Sage nach wurde die knorrige Eiche, die mittlerweile einen Stammumfang von fünf Metern hat, vor Jahrhunderten von einem keltischen Fürstensohn aus Dankbarkeit gepflanzt, weil dieser hier im Forst von Feinden gefesselt zurückgelassen, dann aber von einem Christenmädchen entdeckt und befreit wurde.

Der Name *Bräutigamseiche* geht allerdings auf das Jahr 1891 zurück, als sich die Tochter des Oberförsters mit einem Fabrikantensohn unter dem Baum trauen ließ. Beide hatten ihre Liebesbriefe ein Jahr lang heimlich im Astloch der Eiche deponiert. Heute finden sich nicht nur Liebesbriefe darin, oft wollen die Schreiber nur wissen, ob es diesen sagenumwobenen Baum wirklich gibt. Dennoch hat der Baum nachweislich schon über ein Dutzend Ehen zusammengeführt – er wird seinem Namen damit mehr als gerecht.

▪ An der B 76 nach Plön etwa 3 km hinter Eutin bei einem Obsthof (mit Obstbrennerei) rechts ab in den Dodauer Forst: kleines Schild mit Aufschrift „Bräutigamseiche". Nach einigen Metern kommt rechts ein Waldparkplatz, halb links im Wald steht die Eiche. (Die schön gewundene Straße führt übrigens weiter bis fast zum Riesenfindling von Malente).

Baum mit eigener Postadresse: Bräutigamseiche

St.-Michaelis-Kirche: Als Zeichen der Missionierung wurde vor über 750 Jahren die unübersehbar im Zentrum stehende Kirche dem kämpferischen Erzengel Michael geweiht. Der mächtige, die Stadt überragende Turm ist übrigens etwas schief, was man vom Marktplatz aus gut erkennt. Die dreischiffige **Basilika** präsentiert sich im Inneren mit ihren hellen, kahlen Wänden und dem neuen Kirchengestühl und Altar als vergleichsweise einfach eingerichtetes Gotteshaus, das dennoch einige alte Kunstschätze beherbergt. Am Triumphkreuz etwa trägt Christus in seiner Brust einen Bergkristall, unter dem der Legende nach ein Splitter vom Kreuz Jesu verwahrt wird. Bischof Burkhard brachte ihn 1279 von einer Italienreise mit. Sehr kostbar ist der 1322 geschnitzte Marienleuchter, der in der Südkapelle hängt. Ebenfalls sehenswert sind der kunstvolle Bronzetaufkessel aus dem Jahr 1511 und ein 2,20 m hoher, siebenarmiger Bronzeleuchter aus dem Jahr 1444 neben dem Altar, der wohl extra für die Michaeliskirche geschaffen wurde. Sein Fuß steht – als Zeichen der Macht und Stärke – auf drei Löwen.

▪ Mo–Sa 10–18 Uhr, im Winterhalbjahr 10–16 Uhr.

Wasserturm: Mit seinem spitzen Kegeldach und einem schönen Zinnenkranz steht er weithin sichtbar auf dem höchsten Punkt der Stadt in der Wilhelmstraße. Nachts ist der Wasserturm hell erleuchtet und dann als ein Wahrzeichen der Stadt von Weitem zu erkennen. 156 Stufen führen als Wendeltreppe hinauf, die letzten 53 davon mitten durch den 250.000 Liter fassenden Wassertank. Der 1909 erbaute und 38 m hohe Turm diente noch bis 2006 der Wasserversorgung. Oben angelangt, hat man einen lohnenswerten Blick über die Stadt und ihr von Seen durchzogenes, hügeliges Umland.

▪ Mitte Mai bis Mitte Okt. Fr–So 11–16 Uhr. Eintritt 2,50 €. Ferngläser können ausgeliehen werden. ✆ 04521-705300 (Kundenzentrum Stadtwerke). Von der Innenstadt aus führt ein schöner Fußweg oder die Straße „Langer Königsberg" hinauf zum Turm.

Ukleisee/Jagdschlösschen: Der Ukleisee 7 km nördlich von Eutin ist ein kleines, dunkles und faszinierendes Gewässer. Ein schöner Wanderweg führt in etwa einer Stunde um den mit dichten Buchenwäldern und hohen Ufern umgebenen See herum. Die einzige Bebauung ist ein Forsthaus und das ehemalige herzogliche Jagdschlösschen. 1776 ließ es Herzog Friedrich August von seinem Baumeister Georg Greggenhofer errichten. Heute wird es vornehmlich für Konzerte und andere Kulturveranstaltungen genutzt und ist seit 2007 im Besitz der „Sparkassen-Stiftung Jagdschlösschen am Ukleisee".

Der Sage nach entstand der See durch ein furchtbares Unwetter, das der Geist einer Bauerntochter entfachte, weil ihr Liebster, Ritter Albrecht, sie betrogen hatte.

▪ Mitte Mai bis Mitte Sept. Di/Mi 10–16 Uhr. Eintritt frei. Anfahrt über Fissau und weiter nach Sielbeck. Vom Parkplatz (und Waldspielplatz) läuft man ein kurzes Stück hinunter zum Jagdschlösschen. Infos unter ✆ 04521-707000.

Wandern: rund um den Großen Eutiner See (9 km)

Klassischer und schöner Rundweg um den See, dessen Ufer nur wenig bebaut sind. Startpunkt ist das Schloss Eutin. Sie können die Wanderung abkürzen und eine Hälfte mit dem Ausflugsschiff fahren, denn am östlichen Seeufer liegt die Anlegestelle Redderkrug.

Praktische Infos → Karte S. 219

Einwohner 18.000

Information **Touristinfo Eutin,** Stadtführungen, auch Karten für die Festspiele. Markt 19, ✆ 04521-70970, holsteinische schweiz.de. Keine Kurtaxe.

Eutiner Festspiele Aufführung zur Festspielzeit im Juli/Aug. meist Mi–So 20 Uhr. Karten für die Festspiele gibt es unter ✆ 04521-80010 und online. Preise je nach Rang 18–60 €

(zzgl. Vorverkaufsgebühr). Am Schlossgarten 7. Infos unter eutiner-festspiele.de.

Fahrräder **Fahr-Rad-Laden Eutin,** Lübecker Str. 42, ✆ 04521-7957379.

Kino **Cine Royal Eutin,** schönes Verzehrkino. Königstr. 1 (Passage), ✆ 04521-72600. **Binchen,** Kommunales Kino Eutin, Albert-Mahlstedt-Str. 2, ✆ 04521-1260.

Parken Parkleitsystem zu den meist gebührenpflichtigen Parkplätzen (Mo–Fr 9–15 Uhr), Sa/So sind die Innenstadtparkplätze kostenlos.

Schiffsrundfahrten **Eutiner Seerundfahrt,** Ostern bis Mitte Okt. 12.30, 14 und 15.30 Uhr (Mitte Juni–Sept. auch 11 Uhr), Dauer 1 Std.; Abfahrt an der Stadtbucht (dann 3 Anlegestellen). Erw. 9 €, Kinder bis 15 J. 4,50 €. ✆ 04521-3344, eutiner-seerundfahrt.de.

Kellerseefahrt, Mai bis Anfang Okt. tägl. 10.45, 12.45, 14.45 und 16.45 Uhr ab Fissau (Mo/Di Ruhetag). Dauer 2 Std. (Fahrtunterbrechung an 3 Anlegestellen möglich). Erw. 14 €, Kinder 4–15 J. 7 €. ✆ 04523-2201, 5-seen-fahrt.de.

Schwimmen/Baden Historische **Freibadeanstalt** von 1913 an der Fissauer Bucht des Großen Eutiner Sees. Sprungturm, Rutsche, große Liegewiese und Kiosk. (Nähe Bebensundbrücke; Parken am Tennisplatz, Zufahrt über Fissau; einfacher mit Fahrrad oder zu Fuß vom Seepark aus erreichbar. Tägl. 10–18 Uhr; Eintritt frei. Überhaupt ist das Baden in allen 5 sauberen Seen rund um Eutin an den Badestellen erlaubt.

Zudem gibt es das **Kirsten-Bruhn-Hallenbad** am Seepark, ein großes Schwimmbad mit 3-m-Sprungturm. Meist ab 10 Uhr, Mo Ruhetag. Eintritt 5 €, Kinder 3 €. Riemannstr. 46, ✆ 04521-705590.

Stadtführungen Neben den Schlossführungen gibt es im Sommerhalbjahr diverse 1½-stündige Themenführungen (6 €): **Nachtwächter-Rundgang,** Fr 21 Uhr; **Schlossgarten-Führung,** Mi 14.30 Uhr; **Altstadtrundgang,** So 11.30 Uhr; **Anekdoten-Rundgang** („Döntjes" zur Festspielzeit), Sa 14.30 Uhr. Treffpunkt/Karten bei der Touristinfo, Anmeldung unter ✆ 04521-709722.

Wochenmarkt Mi und Sa.

Essen & Übernachten *****s Alte Straßenmeisterei 10,** Gästehaus hinter schallschluckenden Mauern mit 14 hochwertigen, geschmackvollen Romantikzimmern. Das Hotel residiert in der ehemaligen Straßenmeisterei und steht damit leider am Ortsrand von Eutin an einer belebten Ausfallstraße. Doch das schön gestaltete Gelände mit romantischer Teichlandschaft lässt die Gewerbegebietlage schnell vergessen. Hotel ✆ 04521-778810. Im gleichnamigen gemütlichen **Restaurant** mit

Eutins rosenberankte Stolbergstraße

schöner Außenterrasse gibt's in mediterraner Atmosphäre schmackhafte holsteinische Küche, die vorwiegend (Bio-)Produkte aus der Region verarbeitet. Tägl. ab 17 Uhr (Mo Ruhetag). Lübecker Landstr. 55, Restaurant: ✆ 04521-795969. **€€** (Hotel), **€€** (Restaurant)

SeeLoge **3**, direkt am Eutiner See und doch in Altstadtnähe gelegen. Das neu gebaute Hotel mit seinen 44 Zimmern (viele mit Balkon und Seeblick) hat eine klare nordische Architektur und ist eine moderne Mischung aus Beton und sehr viel Holz. Es ist barrierefrei und ein Inklusionsprojekt mit gutem Preis-Leistungs-Verhältnis. Frühstück mit großer Käseauswahl. Herrliche Dachsauna mit Seeblick-Ruhebereich (auch für Nicht-Hotelgäste). Helles **Restaurant-Café** mit ordentlicher Küche (Dorschfilet, Roastbeef). Schöne Sonnenterrasse. Café tägl. 13–17 Uhr, Restaurant 17.30–20.30 Uhr (So/Mo abends geschlossen). Bleekergang 4, ✆ 04521-8267500, seeloge.de. **€€** (Hotel), **€€** (Restaurant)

Bacchuskeller **5**, Speiserestaurant in einem rustikalen Kellergewölbe direkt am Stadtgraben (großer Parkplatz). Auch Sommerterrasse am Haus. Leckeres Essen, das vom Ofengemüse mit Bergkäse über Bandnudeln mit Garnelen bis zum Schweinefilet im Speckmantel reicht. Zudem Mittagskarte. Kompetenter und schneller Service. Tägl. 12–14 und 18–22 Uhr (So und Di geschlossen). Königstraßenpassage 2, ✆ 04521-6860. **€€**

MeinTipp **Markt 17** **8**, der Name ist Programm. Frühstücks- und Kaffeehausatmosphäre, gemütliche Tische auf dem großen Marktplatz, aber auch gemütlich-enges Restaurant mit preiswertem, gutem Mittagstisch. Am Abend holsteinische (z. B. Parmesanschnitzel, gebratener Dorsch) und italienische Gerichte

(Pizza, gefüllte Riesen-Tortelloni). Tägl. 9–22 Uhr. Markt 17, ✆ 04521-830837. **€**

Brauhaus Eutin 6, am Markt, nicht alt, aber rustikal eingerichtet, zwei Gärkessel stehen im Gastraum – man kann beim Brauen des St.-Michaelis-Bräus zusehen (v. a. Tafel- und Rotbier). Bei schönem Wetter empfehlen sich die Tische auf dem Marktplatz. Die Speisekarte bietet rustikale Brauhausküche. Tägl. 11–22 Uhr, warme Küche bis 20.45 Uhr. Markt 11, ✆ 04521-766777. **€**

Cox, ein Tipp für das preiswerte, schmackhafte und gesund zubereitete Mittagsessen. Wochentags gibt es hier täglich drei bis vier frische Gerichte (wovon immer eines vegetarisch und eines vegan ist). Auch ein paar Plätze vor dem Haus. Mo–Fr 11.30–14.30 Uhr. Voßplatz 2, ✆ 04521-7645001 ▪ **Lesertipp €**

MeinTipp **Tohuus 7,** (plattdeutsch für „zu Hause“) kleines, gemütliches, mit Gebrauchtmöbeln dekoriertes Café-Bistro im schönen Fachwerkhaus am Marktplatz, in dem es neben guten Tagessuppen v. a. leckere Fischbrötchen und selbst gemachte Limo gibt, zudem verschiedene Blechkuchen und Kaffeespezialitäten. Auch ein paar Plätze vor dem Haus. Tägl. 11–18 Uhr. Markt 13, ✆ 04521-7978548.

Carl Maria von Weber Café 9, klassisches Kaffeehaus „vom alten Schlag“ mit Mobiliar und Tapeten im Stile des frühen 20. Jahrhunderts. Hier, im historischen Geburtshaus von Eutins berühmtestem Sohn, dem Musiker C. M. von Weber, können Sie morgens ein abwechslungsreiches Frühstücksbüfett genießen und nachmittags hausgemachte Kuchen und (Sahne-)Torten. Es gibt auch Außenplätze im kleinen Hinterhof. Derzeit nur Sa/So 9–13 und 14–17 Uhr. Lübecker Str. 48, ✆ 04521-7978639.

Bootshaus 2, am kleinen Segelhafen im Norden der Stadtbucht Richtung Freibadeanstalt und damit wunderbar am See gelegen. Leckere Tagesgerichte zur Mittagszeit (z. B. Bauerntopf, Hering mit Bratkartoffeln, Gemüseauflauf, Fischbrötchen) und zum Kaffee z. B. Butterkuchen oder Schokobirnentorte. Tägl. 9–18 Uhr (Mo Ruhetag). Seepark 1, ✆ 0176-20266896. **€**

KARAMBA-Eis 4, kultige Eisdiele im Vintage-Look. 20 hausgemachte und viele ausgefallene Sorten wie Mohn-Kirsch, Schokolade-Salzbrezel, auch Salzkaramell oder Lakritz. Zudem prima Kaffee/Espresso. Da lohnt das manchmal längere Anstehen. Tägl. 11–18 Uhr, Fr–So auch bis 19 Uhr. Am Rosengarten 11 ▪ **Lesertipp**

******* Naturpark-Camping Prinzenholz 1,** mit zahlreichen Auszeichnungen bedacht. Sehr ruhige Lage an der südlichen Einbuchtung des Kellersees in Fissau mit 150 terrassenförmigen Stellplätzen. Hunde- und kinderfreundlich. Prinzenholzweg 20 (4 km nördl. von Eutin), ✆ 04521-5281, naturpark-camping-prinzenholz.de

Bad Malente-Gremsmühlen

Das aus zwei Ortschaften zusammengewachsene Kneipp-Heilbad auf einer Landbrücke zwischen Diek- und Kellersee gilt als das Herz der Holsteinischen Schweiz.

Malente wurde bundesweit bekannt durch die „Sportschule“, in der die deutsche Fußballnationalmannschaft inmitten der Holsteinischen Schweiz im Jahr 1974 ihr WM-Quartier bezog (und bekanntlich Weltmeister wurde). Das Sport- und Bildungszentrum gibt es zwar immer noch, heute strahlt der Ort aufgrund seiner zahlreichen Kurkliniken allerdings nur noch wenig jugendlich-sportliche Betriebsamkeit aus, sondern eher die Gediegenheit eines etablierten Luftkurortes.

Ausgesprochen ruhig geht es zu im Osten Malentes am **Kellersee** mit seiner kleinen Promenade (mit begehbarer Sonnenuhr) und dem Bootsanleger Janusallee. Dort gibt es einen vor allem für Kinder schönen Naturlehrpfad („WunderWeltWasser“, am Wohnmobilstellplatz) Nicht weit entfernt steht als Mittelpunkt Malentes die Maria-Magdalena-Kirche. Von dort aus führt die Bahnhofstraße weiter, die sich als der vergleichsweise betriebsame Kern Malentes hinunter zum Dieksee zieht und

Früher eine Räucherkate, heute ein Heimatmuseum: Tews-Kate

als Hindenburgallee endet. Hier finden sich die meisten Geschäfte, Boutiquen, Cafés, aber auch Rathaus, Kurverwaltung und der sehenswerte Kurpark.

Die angrenzende **Diekseepromenade** ganz im Südwesten des Orts ist die Flaniermeile der Kurgäste; an ihrem Nordende befindet sich die Anlegestelle für die 5-Seen-Fahrt. Ganz in der Nähe liegt an der Schwentine auch der Flecken, an dem alles begann: die (nicht näher zu besichtigende) Gremsmühle, die dem südlich gelegenen Ortsteil ihren Namen gab.

Geschichte

Das Kirchdorf Malente ist schon im Mittelalter bezeugt, blieb aber bis ins 19. Jh. hinein ein eher unauffälliger Ort. Der Name ist vermutlich vom Slawenfürsten *Malenta* abgeleitet und bedeutet so viel wie „Dorf des Kleinen". Gremsmühle wurde schon 1280 als bischöflicher Besitz erwähnt. Wie die Ortsbezeichnung andeutet, stand hier seit alters her eine Wassermühle mit ein paar Höfen, die günstig an der Durchgangsstraße zwischen Diek- und Kellersee lag. Die Schwentine, die beide Seen verbindet, hieß an dieser Stelle noch im 19. Jh. Gremsau, daher der Name.

Schon um 1800 entwickelte sich die Gremsmühle mit ihrer Schankwirtschaft zum beliebten Ausflugsziel. Mit der Eisenbahn, die 1866 bis nach Eutin gebaut wurde, erfolgte der endgültige Aufschwung zum ersten Ferienort der Holsteinischen Schweiz. Zunächst kamen Tagesausflügler aus Kiel oder Lübeck in die idyllische Landschaft, bald wurde die Gremsmühle zum Hotel ausgebaut. Kurz darauf entstand über dem Kellersee das mondäne Hotel *Holsteinische Schweiz* (heute Landesfinanzschule). Als für Gremsmühlen ein neuer Bahnhaltepunkt gebaut wurde, wollte auch das benachbarte Malente auf dem Stationsschild erscheinen. Kurzerhand nannte man den Bahnhof Malente-Gremsmühlen. Schon 1905 schlossen sich beide Orte dann auch offiziell zusammen. Nun war es mit der ländlichen Idylle im kleinen Malente vorbei. Denn für die bessere Gesellschaft im fernen Berlin wurde es geradezu zur Mode, in dieser Gegend Urlaub zu ma-

Holsteinische Schweiz → Karte S. 208

chen. Bereits 1925 wurde die Kommune als Kurort anerkannt, seit 1996 darf sie endlich auch den Zusatz „Bad" im Namen führen.

Sehenswertes

Maria-Magdalenen-Kirche: Das ein wenig unscheinbar wirkende frühgotische Gotteshaus wurde ursprünglich (im 13. Jh.) ganz aus Feldsteinen erbaut. Um 1900 wurde der alte Holzturm abgebrochen und durch einen wenig schönen Backsteinturm ersetzt, der den Gesamteindruck stark beeinträchtigt. Innen ist die Kirche konsequent neugotisch und stilvoll mit viel Holz gestaltet. Dazu passt auch die hölzerne Kanzel, die von 1629 stammt. Auffallend sind die langen, schmalen Fenster.

▪ April–Okt. Di und Do 10–12 Uhr, Sa 17.30–18.30 Uhr. Bahnhofstraße/Ecke Janusallee.

Tews-Kate: 1634 gebaut und damit die älteste **Räucherkate** des Landes, einfach erkennbar ist die Funktion als Rauchhaus am Fehlen eines Schornsteins. Seit Ende der 1960er-Jahre wurde hier nicht mehr geräuchert, weshalb man das reetgedeckte Kleinbauernhaus abreißen wollte. Zum Glück besann man sich anders und versetzte die Kate 1969 vom Ortszentrum hierher und gestaltete sie zu einem kleinen Heimatmuseum um.

▪ Ostern bis Okt. Di–So 14–17 Uhr. Eintritt frei (Spende erbeten). Sebastian-Kneipp-Straße (etwa 300 m vom Bahnhof entfernt).

Wildgehege/Arboretum: Gegenüber der Tews-Kate führt ein Weg hinauf in den schönen Tierpark (Eintritt frei). Auf etwa 12 ha sind v. a. die heimischen Waldtiere zu beobachten: Rotwild, Damwild und natürlich Wildschweine. Das an den Wildpark angeschlossene Arboretum präsentiert 120 verschiedene Baumarten aus aller Welt. Ganzjährig frei zugänglich.

Praktische Infos

→ Karte S. 223

Einwohner 7500

Information **Tourist-Info Malente,** Bahnhofstr. 3, ✆ 04523-9842730, holsteinische schweiz.de, malente-tourismus.de. Gästekarte 2,80 € (im Winter 1,40 €), Kinder frei.

Das Boots-Haus an der Diekseepromenade

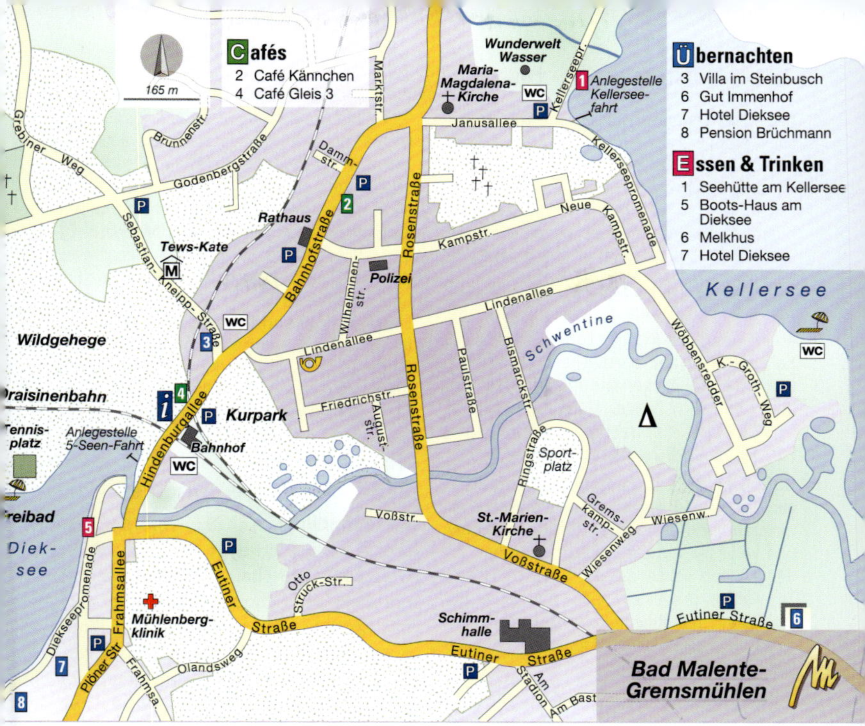

Fahrräder **Manni's Fahrradladen,** Bahnhofstr. 13, ✆ 04523-202969. **Wöllert,** Marktstr. 1, ✆ 04523-1642, sowie **Tourist-Info Malente,** Bahnhofstr. 3.

Draisinenfahrt Mit der **Fahrraddraisine** (bis zu vier Personen) von Malente durch die Holsteinische Schweiz auf der stillgelegten Bahnstrecke bis (maximal) nach Lütjenburg. 3-stündige Tour 45 €, Familien mit Kindern unter 16 J. 35 €. Die Ausgabe erfolgt über die → Tourist-Info Malente. Infos und Buchung unter holsteinischeschweiz.de/malente-draisine.

Schiffsrundfahrten (Ostern bis Okt.) **5-Seen-Fahrt,** 12 km-Fahrt über den Diek-, Langen-, Behler-, Höft- und Edebergsee (2 Std.), Abfahrt April bis Okt. tägl. zur vollen Stunde (10–17 Uhr). **Kellerseefahrt** (2 Std.). 10, 12, 14 und 16 Uhr ab Janusallee. Preise jeweils: Erw. 14 €, Kinder unter 15 J. 7 €, Familien 31 €. Infos unter ✆ 04523-2201, 5-seen-fahrt.de.

Schwimmen/Baden **Strandbad am Dieksee,** Nordostufer des Sees in Malente. Sandstrand, Flachwasserzone, Badesteg mit Sprungturm und ein großes Funktionsgebäude mit Umkleiden, Duschen, Kiosk und Terrasse vor Ort. Tägl. 10–18 Uhr, Eintritt frei. Am besten mit dem Rad erreichbar; Parkplätze am gut 600 m entfernten Bahnhof. ✆ 04523-1633.

Essen & Übernachten Wie an einer Perlenschnur liegen an der Diekseepromenade verschiedene Hotels, die fast alle ein nicht mehr ganz junges Publikum anlocken.

****** Hotel Dieksee 7,** das traditionsreiche Haus, das größte Hotel vor Ort, gehört zur schwedischen Ligula-Hotelgruppe. 70 komfortable Zimmer und Suiten, großes, in die Jahre gekommenes Schwimmbad mit Whirlpool, Sauna und Dampfbad. Reichhaltiges Frühstück, ruhige, gediegene Atmosphäre. Gutes **Restaurant** mit deutsch-französischer Küche. Diekseepromenade 13–15, ✆ 04523-9950, ligula.de. **€€** (Hotel), **€€** (Restaurant)

Villa im Steinbusch 3, das kleine Hotel mit 11 relativ einfachen Zimmern in einer alten Jugendstilvilla liegt zentral, aber dennoch ruhig am Wildpark. Hier hat man ein Herz für Fahrradfahrer oder Paddler. Reichhaltiges Frühstück. Sebastian-Kneipp-Str. 1, ✆ 04523-2637, villa-im-steinbusch.de. **€**

meinTipp **Pension Brüchmann 8,** gastfreundliche Pension mit Haupt- und Gartenhaus (dort Ferienwohnungen) im Gründerzeitstil in schöner Lage am Dieksee. Helle Zimmer und ein großer Garten. Erstklassiges Frühstück mit selbst gebackenem Brot, zur Stärkung gibt's zudem tägl. ab 14 Uhr ein leckeres Kuchenbüfett. Nur März–Okt. Diekseepromenade 19, ✆ 04523-2141, pension-bruechmann.de. €

Boots-Haus am Dieksee 5, man sitzt wunderbar auf dem großen Bootssteg oder in rustikalem Ambiente in der Fischerhütte. Es gibt Kaffee/Kuchen und durchgehend leckere holsteinische Pfannengerichte mit Bratkartoffeln, aber z. B. auch Salate. Guter Service. Tägl. 11.30–22 Uhr. Diekseepromenade 4 (keine Parkplätze), ✆ 04523-3104. €€

Café Gleis 3 4, unkompliziertes, pavillonartiges Café schräg gegenüber dem Bahnhof mit leckeren, vergleichsweise günstigen Kuchen und variantenreichem Frühstücksangebot. Zudem können Sie hier aus über 25 Sorten losem Tee wählen. Und es gibt frisch zubereitete Bistrospeisen mit hohem Rohkostanteil (Salate, Toast). Tägl. 9–18 Uhr (Mo Ruhetag). Bahnhofstr. 5a, ✆ 04523-9842772.

Café Kännchen 2, nettes Ambiente (im Winterhalbjahr mit Kamin) in den Räumen eines ehemaligen Ladengeschäfts im Zentrum von Malente. Auch ein paar Außenplätze. Morgens leckere (Bio)Frühstücksangebote und nachmittags empfehlenswerte Torten. Tägl. 9–17 Uhr (Mo/Di geschlossen). Bahnhofstr. 36, ✆ 04523-9524247.

MeinTipp **Seehütte am Kellersee 1**, das **Fischbrötchen-Café** ganz im Osten Malentes am Anleger der Kellerseefahrt ist bekannt für leckere, frisch zubereitete Fischbrötchen, aber auch für selbstgebackenen Dinkelkuchen, den Sie auf der Seeterrasse bei schönstem Seeblick genießen können. Nur in der Saison Mi–So 11–18 Uhr geöffnet. Kellerseestr. 52, ✆ 04523-988178.

Gut Immenhof 6, nur ca. 1 km südöstlich von Malente befindet sich in wahrhaft filmreifer Kulisse direkt am Kellersee das Gut Rothensande. Das Gut mit seinem weißen Herrenhaus war ab den 1950er-Jahren Schauplatz deutscher Heimat- und Ponyfilme, nämlich für die Immenhof-Filme (eine entsprechende Dokumentation informiert in einem kleinen Museum). Das herrliche Anwesen mit seinen 12 Gebäuden wurde zu einer hochwertigen Hotelanlage mit 50 stilvollen Zimmern und Suiten umgebaut. Dank seiner großzügigen Reitanlage ist es immer noch ein Paradies für große und wegen des Ponyreitens natürlich auch für kleine Pferdefreunde. Schöner Wellnessbereich. Zudem gibt es zwei Restaurants, die auch Nicht-Hausgästen offen stehen: Im ehemaligen Kuhstall befindet sich das edle **Melkhus 6** mit seiner offenen Feuerstelle – hier gibt es (tägl. von 7.30–22 Uhr) regionale Köstlichkeiten und nachmittags leckeren Kuchen. Das **Restaurant Rodesand** mit stilvollem Ambiente im Herrenhaus besticht durch anspruchsvolle, frische (Fisch-)Küche (So/Mo geschlossen). Rothensande 1, ✆ 04523-88280, gut-immenhof.de. €€€ (Hotel), €€€ (Restaurants)

Umgebung von Bad Malente-Gremsmühlen

Riesenfindling: An der Verbindungsstraße nach Plön liegt gut 2 km hinter Gremsmühlen (bei Kreuzfeld) rechts ein Kies- und Schotterwerk und an dessen Eingang etwas versteckt ein Findlingsgarten. Dort befinden sich verschiedene Findlinge, darunter der knapp zwei Milliarden Jahre alte Wandhoff-Riesenfindling, der satte 126 t wiegt. Eiszeitliche Gletscher haben ihn, ursprünglich aus dem heutigen Schweden kommend, gut 600 km bis in die Holsteinische Schweiz getragen. Gefunden wurde er 1983 in der benachbarten Kiesgrube. Nach dem Düvelsteen (→ Kasten S. 283) ist es der zweitgrößte Findling Schleswig-Holsteins.

Holzbergturm Neversfelde: Keine 2 km nordwestlich von Malente steht auf dem 90 m hohen Holzberg bei Neversfelde ein **Aussichtsturm** der besonderen Art. Dort, wo bis 1919 schon einmal ein hölzerner sog. Bismarckturm stand, wurde im Jahr 2005 aus hartem Lärchenholz ein riesiger Aussichtsturm erbaut, der jedoch wegen Schimmelbefall schnell baufällig wurde und 2017 wieder abgerissen werden musste. 2020 folgte dann die Eröffnung eines dritten, nun aus Stahl errichteten Turms. Ein schöner Panoramablick über die Baumwipfel in die hügelige und seenreiche Holsteinische Schweiz ist der Lohn für den Aufstieg der 147 Stufen auf 30 m Höhe.

Zwei Milliarden Jahre alt: der Riesenfindling bei Malente-Gremsmühlen

▪ Von der Ortsmitte Malente am Heimatmuseum Tews-Kate vorbei 2 km Richtung Timmdorf/Neversfelde (beschildert). Vom schönen Waldparkplatz führen zwei Wege in 5 Min. nach oben. Zudem gibt's von Malente aus einen Wanderweg zum Turm. Ganzjährig kostenlos begehbar (Spendenbox).

Timmdorf: 4 km westlich von Bad Malente liegt eines der schönsten Dörfer der Holsteinischen Schweiz etwas versteckt auf einer Halbinsel, eingebettet zwischen Behler See und Dieksee (Bootsanleger der 5-Seen-Fahrt). Einige Zufahrtsstraßen sind noch nicht geteert. Am Ufer des Behler See gibt's einen kleinen, auch für Kinder geeigneten Badestrand (Birkenweg, dann rechts die Sandkoppel bis zum Ende durchfahren).

Landgasthof Kasch, der reetgedeckte, traditionelle Gasthof verarbeitet nicht nur das Fleisch aus der eigenen Galloway-Zucht (z. B. Roulade), sondern bietet auch tägl. frischen Süßwasserfisch aus den umliegenden Seen an (z. B. Lachsforelle, zudem Entenbrust oder Damwildbraten). Die besonders ruhige Lage, eine riesige Wiese (mit Kinderspielplatz) und eine Terrasse machen den Hof zu einem beliebten Ausflugsziel für Radwanderer. Auch der Fähranleger der 5-Seen-Fahrt ist ganz in der Nähe. Es gibt auch leckere Kuchen/Torten. Zudem werden 12 nette Zimmer vermietet. Mi–Fr 14–21 Uhr, Sa/So 12–21 Uhr (Mo/Di geschlossen). Dorfstr. 60, Timmdorf, ✆ 04523-3383, landgasthof-kasch.de. **€€** (Hotel), **€€-€€€** (Restaurant)

Fährhaus Niederkleveez, nur 2 km südlich von Timmdorf (bzw. 4,5 km westlich von Malente) befindet sich eine weitere Ausflugsschiff-Anlegestelle samt Restaurant-Hotel in schöner Lage und mit großer Sonnenterrasse. Auch gibt es Strandkörbe zum Verweilen auf der Wiese vor dem Haus. Das Angebot reicht von Vegetarischem und Salaten über Fischgerichte bis zur Ratsherrn-Pfanne. Auch etwa 20 helle, zweckmäßige Zimmer. Leckeres Frühstück. Restaurant tägl. ab 17 Uhr, Sa/So schon ab 11.30 Uhr, dann nachmittags auch Kaffee und Kuchen (Mi Ruhetag). Am Dieksee 6, 24306 Niederkleveez, ✆ 04523-995929, faehrhaus-dieksee.de. **€€** (Hotel), **€€** (Restaurant)

St.-Johannis-Kirche in Neukirchen: In Neukirchen, 4 km nördlich von Malente, ragt der markante, 40 m hohe Rundturm der St.-Johannis-Kirche in die Höhe. Die vermutlich schon um das Jahr 1160 erbaute und äußerlich fast

Holsteinische Schweiz → Karte S. 208

unverändert gebliebene **Feldsteinkirche** zählt zu den schönsten und besterhaltenen Gotteshäusern der Region – von außen präsentiert sie sich jedoch beeindruckender als von innen. In der Turmhalle, die als Kapelle genutzt wird, steht das wohl noch ursprüngliche Granittaufbecken aus dem 12. Jh. Im Kirchenschiff mit seiner hohen Holzbalkendecke haben natürlich mittlerweile, dem jeweiligen Zeitgeschmack entsprechend, Umbauten stattgefunden. Das gotische Triumphkreuz mit dem hageren Corpus stammt aus dem 14. Jh., die Kanzel mit plattdeutscher Inschrift wurde 1626 von zwei Neukirchener Handwerkern geschaffen. An der Südwand wurde Anfang des 16. Jh. eine lebensgroße Heiligenfigur aufgemalt, die – wenn auch schwach – noch zu erkennen ist.

▪ Die Kirche ist Mo–Fr 8–16 Uhr geöffnet.

Plön

Die kleine Kreisstadt in malerischer Lage inmitten einer Seenlandschaft verführt geradezu zum Wandern, Radfahren oder Wassersport. Und über allem thront das weithin sichtbare weiße Schloss, das einstmals königlich-dänische Sommerresidenz war.

Neben dem imposanten Schloss hoch über dem größten See Schleswig-Holsteins beeindruckt die malerische Altstadt mit ihren zu den Seen führenden engen Gassen, den sog. *Twieten*. Es lohnt sich, durch die Einkaufsmeile und über den **Markt**, vorbei an historischen Häusern, bis hinauf zum Schlossberg zu schlendern. Die Fußgängerzone beginnt in der Lübecker Straße, hier befindet sich auch der schmale Durchfluss der Schwentine vom Großen in den Kleinen Plöner See. Die Geschäftsstraße führt weiter über den Markt und durch die Lange Straße bis zur kleinen Johanniskirche. Hinauf zum Schloss geht's schon von der Stadtkirche aus, man passiert dabei zunächst das klassizistische Rathaus und den Gänselieselbrunnen. Der Blick vom gepflegten **Schlossvorplatz** hinaus auf den Großen Plöner See ist besonders schön. Hinter den ehemaligen Nebengebäuden des Schlosses wie dem Marstall und dem Prinzenpalais (wieder den Hügel hinab) breitet sich der von 200 Jahre alten Lindenalleen flankierte Schlossgarten aus, der zu einer weiteren Berühmtheit Plöns führt, der 2 km entfernten Prinzeninsel.

Doch nicht nur hier bestimmt das Wasser den Lebensrhythmus der fast vollständig von Seen umgebenen Stadt. An den Wochenenden fahren die Einheimischen mit Jolle, Surfbrett und Paddelboot hinaus auf den See, oder sie suchen Abkühlung an einem der kostenlosen Badestrände. Beliebt ist nicht nur die Badestelle auf **der Prinzeninsel** (nur zu Fuß, mit dem Rad oder per Ausflugsschiff erreichbar), sondern auch das Strandbad **Fegetasche** auf der schmalen Landverbindung zwischen dem Großen Plöner See und dem Höftsee/Behler See. (Nomen est omen: In der nicht umgehbaren Zollstelle Fegetasche wurden den Durchreisenden einst „die Taschen leergefegt".)

Geschichte

Auf der heute *Olsborg* genannten kleinen Insel im nördlichen Plöner See lag seit alters her die slawische Holzburg *Plune*. Der Name bedeutet übersetzt so viel wie „eisfreie Wasserfläche". Als die Grafen von Schauenburg die Landesherrschaft übernahmen, wurde am Seeufer eine Siedlung angelegt, die ab 1173 nicht mehr von der Inselbefestigung, sondern von einer auf der Anhöhe stehenden Burg geschützt wurde. Es entwickelte sich ein Marktflecken, der schon 1236 lübisches Stadtrecht erhielt. Doch erst im 17. Jh. kam die große Zeit des kleinen Plön. Es wurde Residenzstadt des Hauses Schleswig-Holstein-Sonderburg-Plön und damit zum Zentrum eines neuen Zwergstaates. Ein prunkvolles Schloss und zahlreiche andere Bauten wurden errichtet. Der weltgewandte Herzog Hans Adolf (1634–1704) erweiterte die Stadt im Jahre 1685 um eine Vorstadt und nahm dort verfolgte Calvinisten auf, wohl auch um neue Steuerzahler für den in Finanznöten steckenden kleinen Staat zu finden. Doch schon 1761 starb die Linie mangels männlicher Erben aus, und die kleine Residenz fiel an das dänische Königshaus zurück. Mit dem Bau der Eisenbahn im Jahr 1866 war auch Plön endgültig mit der großen weiten Welt verbunden.

Sehenswertes

Stadtkirche St. Nikolai: Das zentral am Markt gelegene Gotteshaus wirkt hell und freundlich, was wohl auch von den weißen Kirchenbänken herrührt, die in den Seitenschiffen tribünenartig erhöht angeordnet sind. Auch die Runddecke, 1985 in dezenten Farben wie ein Sternenhimmel mit kleinen Drei- und Vierecken bemalt, und die pastellfarbenen schlichten Fenster tragen zur Atmosphäre bei. Nur im Chor werden die Fenster etwas bunter. Die Kirche wurde ursprünglich unter Herzog Hans Adolf um 1690 errichtet, später durch Blitzschlag zerstört und 1866 auf altem Grundriss im ursprünglichen Stil wiederaufgebaut.

■ Meistens tägl. 9–17 Uhr. Häufig Orgelkonzerte.

Schloss: Das einzige auf einem Berg liegende Schloss Schleswig-Holsteins thront als Wahrzeichen Plöns erhaben über Stadt und See. Mitten im Dreißigjährigen Krieg (1636) ließ es Herzog Joachim Ernst auf Wunsch seiner wohlhabenden, aus dem Hause Gottorf stammenden Frau Dorothea Augusta an Stelle eines viel kleineren Vorgängerbaus im Stil der italienischen Spätrenaissance errichten. Was folgte, war eine äußerst wechselvolle Geschichte: Als das kleine Plön 1761 per Erbfolge an das dänische Königshaus fiel, wurde das Schloss zum Wohnsitz des Plöner Statthalters degradiert. Aufgrund seiner schönen Lage, aber auch aus politi-

Schloss Plön: heute Akademie der Augenoptik

schen Gründen machte es der dänische König Christian VIII. 1840 zu seiner Sommerresidenz und verpasste dem Bau nach dänischer Sitte seinen weißen, weithin leuchtenden Anstrich. Als Schleswig-Holstein 1867 preußische Provinz wurde, wurde das Schloss alsbald preußische Kadettenanstalt, in der auch alle sechs Söhne Kaiser Wilhelms II. ausgebildet wurden. Schon im zarten Alter von zehn Jahren mussten sie hier einrücken, wohnten aber im benachbarten Prinzenpalais. Seitdem blieb das Schloss den Pädagogen und ihren Schutzbefohlenen verbunden, die prachtvolle Ausstattung im Inneren verschwand weitgehend. Nach einem Zwischenspiel als nationalsozialistische Erziehungsanstalt wurde das Gebäude schließlich staatliches Internat.

Johanniskirche Plön

Im Jahr 2001 verkaufte das Land Plöns Wahrzeichen für 3,5 Mio. Euro an den Brillenfabrikanten Fielmann. Heute erstrahlt das Schloss wieder in neuem Glanz und wird für die Optikerausbildung genutzt, nachdem seine aufwendige Sanierung 35 Mio. Euro verschlungen hat (davon 12 Mio. Euro staatliche Zuschüsse). Die herzoglichen Prunkräume, der **Rittersaal** und die rekonstruierte **Kapelle** sind nun für die Öffentlichkeit wieder zugänglich.

Unterhalb des Schlosses liegen weitläufig verteilt die großen, um 1746 erbauten Nebengebäude wie der backsteinerne **Marstall** und das rot gestrichene **Uhrenhaus.** Um 1900 kamen dann eine Kommandeursvilla, das Inspektorenhaus und eine lichtdurchflutete Jugendstil-Schwimmhalle hinzu. Letztere wurde v. a. für den kaiserlichen Nachwuchs erbaut. Heute finden hier Kunst- und Musikveranstaltungen statt (Kulturforum). Ein kleines Stück entfernt im Park liegt das von außen eher unscheinbar wirkende, aber im Inneren prachtvoll im Stil des Rokoko ausgestaltete **Prinzenhaus** (ehemals herzogliches Gartenhaus von 1744).

▪ **Führungen im Schloss** nur nach Voranmeldung. Führungen Mi/Do und Sa/So jeweils nachmittags, zumeist 16, 17 und 19 Uhr. Erw. 5 €, unter 18 J. 3 €, Dauer: 45 Min. Anmeldung unter fielmann-akademie.com (✆ 04522-8010).

Auch das benachbarte **Prinzenhaus** ist nur im Rahmen einer Führung zu besichtigen: Sommerhalbjahr Mi und So um 15 Uhr (Erw. 6 €, Kinder 4 €, Familien 15 €). Anmeldung unter ✆ 04522-50950 (Touristinfo). Zusätzlich zu besichtigen ist die Ausstellung „Zur Geschichte des Prinzenhauses“ im 1. Stock. Schlossgebiet 10, prinzenhausploen.de.

Museum des Kreises Plön: Das Museum am Ende der Fußgängerzone, unterhalb des Schlosses, widmet sich u. a. der Vor- und Frühgeschichte, präsentiert frühneuzeitliche Bodenfunde und zeigt schöne Glas- und Porzellansammlungen. Zudem sind große Teile der Plöner Hofapotheke von 1840 zu bewundern – die Apotheke war bis 1926 in

Der Schwarze Trompeter

Herzog Hans Adolf war Soldat mit Leib und Seele und kämpfte auf vielen Kriegsschauplätzen Europas als verwegener Reiterführer. Gleiches galt für seinen Nachbarn, Graf Bertram von Rantzau aus Ascheberg, der von seinen Feldzügen einen Afrikaner als Feldtrompeter mit nach Hause brachte. Dieser trat bald als Hof- und Feldtrompeter in die Dienste Herzogs Hans Adolf und wurde auf den für einen Schwarzafrikaner höchst ungewöhnlichen Namen „Christian Gottlieb" getauft. Es wird berichtet, dass der „Mohr von Plön" tapfer, klug und höchst angesehen war. Einer der Gründe dafür war, dass er den Sohn des Bürgermeisters vor dem Ertrinken gerettet haben soll, als dieser ins Eis des Sees einbrach. Später heiratete er sogar die Tochter des Bürgermeisters, ein weiteres Indiz für seine tadellose Reputation.

Doch bereits ein Jahr nach der Eheschließung starb der Mohr, die Ehe blieb kinderlos. Der Fürst ließ ihn 1690 als Ersten in der damals neu erbauten Kirche bestatten. Sein großer Grabstein steht heute an der Ostwand der Johanniskirche und mahnt den Lesenden mit der Inschrift: *Bedenk das End, der du dies liest, weil du gleich ihm auch sterblich bist.*

diesem Gebäude zuhause. Bemerkenswert ist auch eine vor 7000 Jahren durch Menschenhand (mithilfe von Brandlöchern) gefällte Eiche, die in einem Moorloch die Zeiten überdauert hat.

▪ Tägl. 14–17 Uhr (im Sommerhalbjahr schon ab 12 Uhr), Mo Ruhetag. Eintritt 4 €, erm. 2 €, Kinder bis 14 J. frei. Johannisstr. 1, ✆ 04522-744391, kreismuseum-ploen.de.

Johanniskirche: Die kleine Fachwerkkirche neben dem Museum ist v. a. für Taufen und Hochzeiten sehr beliebt. Herzog Hans Adolf ließ sie 1685 hauptsächlich für die neu angesiedelten Calvinisten in der Vorstadt erbauen. Das Bankgestühl mit den verschließbaren Türen stammt noch aus der Gründerzeit. Drei Besonderheiten hat das Kirchlein aufzuweisen: Erstens hängen in der Kirche sechs schöne Blaker aus Messing (Wandleuchter von 1910 mit Rußschutz für die Kerzen). Kaiserin Auguste Viktoria ließ sie für jeden ihrer sechs Prinzen nach deren Plöner Schulausbildung mit individueller Gravur anbringen. An ihre Tochter und an die Kaiserin selbst erinnern dort zudem zwei kleinere Blaker. Zweitens hat die Turmuhr lediglich einen Stundenzeiger, und drittens verweist eine Grabplatte an der Außenwand des Chores auf einen berühmten Plöner, den „Schwarzen Trompeter".

▪ Mai–Sept. 14.30–17.30 Uhr, Mo geschlossen.

Prinzeninsel: Die stellenweise nur 30 m breite, aber fast 2 km lange Insel ist eher eine schmale, gewundene Landzunge. Vom „Festland" ist sie nur über einen 4 Meter breiten Wassergraben getrennt, über den eine Brücke hinüberführt. Die Insel ist autofrei und nur zu Fuß, mit dem Rad oder per Ausflugsschiff erreichbar (Autofahrer, auch Besucher der Badestelle Prinzeninsel parken am besten am Ortsausgang Richtung Ascheberg, direkt hinter dem Bahnübergang links).

Den Weg an die Südspitze der Insel zum reetgedeckten **Niedersächsischen**

Holsteinische Schweiz → Karte S. 208

Bauernhaus von 1693, heute eine Ausflugsgaststätte (Kinderspielplatz), säumen Wald und Naturlehrpfade. Benannt ist die Prinzeninsel nach den sechs Söhnen Kaiser Wilhelms II., die hier nach preußischer Sitte auch eine solide landwirtschaftliche Ausbildung erhielten. 1910 erwarb der Kaiser die Insel, die bis heute Eigentum des Hauses Hohenzollern ist. Am südwestlichen Ufer ist eine beliebte, schöne, flach in den See übergehende **Badestelle** (mit Kiosk, WC/Duschen, Spielplatz).

Parnaß-Aussichtsturm: 1888 beschloss der örtliche Verschönerungsverein, auf dem *Parnaß*-Hügel im Norden der Stadt einen Aussichtsturm zu bauen. Die Plattform der offenen Stahlkonstruktion befindet sich 85 m über NN, was an dieser Stelle 20 m über dem Erdboden entspricht. Natürlich lässt sich von hier oben die von Seen umgebene Stadt gut überblicken. Der backsteinerne Turmsockel dient gleichzeitig als Kriegerdenkmal, seine Südseite wurde als Gedenkstätte für die Gefallenen der Kriege des 19. Jh. gestaltet. „Up ewig ungedeelt (ungeteilt)" hieß es 1848–51, und „Das ganze Deutschland soll es sein", war die Parole 1870/71, für die auch Soldaten aus dem Kreis Plön ihr Leben ließen.

■ Ostern bis Okt. tägl. 9.30–19 Uhr. Eintritt frei. Auf der B 76 bis zur Kreuzung Rodomstorstraße, dort hinauf zum Parnaß (Tempo-30-Zone), Parkplatz neben dem Seniorenwohnheim am Turm.

Radfahren: rund um den Plöner See (40 km)

Vielleicht der Klassiker aller Radtouren in der Holsteinischen Schweiz. Die abwechslungsreiche, teils hügelige Tour führt ab Plön meist auf abgelegenen Wegen durch die herrliche Landschaft, zuweilen aber auch auf einer Straße oder sogar an einer Bundesstraße entlang. Sie können die Tour auch abkürzen und ab Bosau Ihr Rad auf das Ausflugsschiff laden. Der Weg ist beschildert. Zunächst geht es nach Plön-Fegetasche. Hinter der Kaserne geht es rechts ab, dann wird es ruhiger und idyllisch. Zwischen dem Vierer See und dem Plöner See gelangen Sie nach Bosau. Am Ortsende führt eine schmale Straße 5 km nach Bredenbek und dann wieder auf kleineren Wegen rechts zum Gut Nehmten. Dort geht's weiter über Godau nach Dersau bis zum Gut Ascheberg. Nun muss man ein Stück (6 km) neben der B430 entlangfahren, bevor es hinter der dritten Bahnschranke rechts zur Plöner Prinzeninsel geht, die einen abschließenden Besuch lohnt.

Praktische Infos

→ Karte S. 231

Einwohner 9000

Information **Touristinfo Großer Plöner See,** Bahnhofstr. 5, 24306 Plön, ✆ 04522-50950, holsteinischeschweiz.de. Kurabgabe nur 2 € (Nebensaison 1 €), Kinder frei.

Fahrräder **Wittich,** Lange Str. 39, ✆ 04522-2748. Auch in der **Touristinfo** (s. o.) kann man Räder leihen, allerdings nur E-Bikes.

Kino **Astra-Filmtheater,** klassisches Verzehrkino im Stil der 70er-Jahre. Lange Str. 17, ✆ 04522-2406, astrakino.de.

Schiffsrundfahrt **Große Plöner See-Rundfahrt** Ende April bis Anfang Okt. um 11, 12.30, 14 und 15.30 Uhr ab Plön-Fegetasche (ab Seebrücke 20 Min. später). Erw. (schon ab 15 J.) 14 €, Kinder ab 4 J. 7 €, Familien 31 €. Dauer: 1:30 Std. **Bosau-Fahrt** um 10.30, 12, 13.30, 15 und 16.30 Uhr ab Fegetasche (ab Plön Seebrücke 10 Min., ab Prinzeninsel 25 Min. später). Dauer: 1:30 Std. Hin- und Rückfahrt Erw. (ab 15 J.) 14 €, Kinder 7 €, Familien 31 €. Fahrradmitnahme einfache Fahrt (z. B. nur von Plön nach Bosau) für 2,50 € möglich. Ticketverkauf nur an Bord. Keine Kartenzahlung. Plöner Motorschifffahrt, ✆ 04522-6766, grosseploenersee-rundfahrt.de.

Seekieker-Bus Ende Mai bis Mitte Sept. umrundet Sa/So und an Feiertagen der Bus 4-mal im Uhrzeigersinn den Großen Plöner See (ab Plön ZOB 10, 11.30, 14 und 15.30 Uhr, Fahrradmitnahme möglich). Ideal also für eine Kombination mit Seenfahrt, einer Radtour oder Wanderung. Infos und Fahrplan unter seekieker.de.

Schwimmen/Baden **Badestellen** gibt es am *Großen Plöner See* (Strandbad Fegetasche,

Badestelle Prinzeninsel und am Koppelsberg, B 430); am *Kleinen Plöner See* (Preetzer Landstraße, B 76); am *Trammer See* (Am Schiffsthal, hinter der Schule) und am *Schöhsee* (Steinbergweg).

Zudem gibts das **Hallenbad** *Plönbad* (mit Mineralwasser), Eintritt 5 €, Kinder 3 €. Ölmühlenallee, ✆ 04522-8565, ploenbad.de.

Wochenmarkt Di & Fr 8–13 Uhr an der Stadtkirche am Marktplatz.

Essen & Übernachten **Parkhotel Seeufer** **2**, familiärer Charme und netter Service in hübscher Jugendstilvilla (kein Aufzug, auch keine Haustiere). 12 Zimmer bzw. Suiten. Direkter Zugang zum Kleinen Plöner See (eigener Steg), großer Garten. Garnihotel mit prima Frühstück. Prinzenstr. 9, ✆ 04522-2015, hotel-seeufer.de. **€€**

mein Tipp **Prinzenhuus** **6**, stilvoll eingerichtet, in der Fußgängerzone am Marktplatz, mit

Außenterrasse. Hochwertige Produkte, aus denen Leckeres gekocht wird, die vielleicht beste Küche der Stadt (z. B. Zanderfilet, Steak, aufwendige Burger). Tägl. ab 17.30 Uhr (Mo Ruhetag). Markt 14, ✆ 04522-7469858. **€€**

Brasserie am Schloss 3, gemütliches Ambiente, freundlicher Service und eine frische, gute Küche (Antipasti, Salate, Vegetarisches, Fischgerichte wie Zander oder Riesengarnelen, Fleisch wie Perlhuhnbrust oder Lammrücken, gute Pizza). Schöne Plätze auch im kleinen Innenhof bzw. vor dem Haus. Tägl. ab 17 Uhr, So ab 12 Uhr (Di/Mi geschlossen). Schlossberg 1–2, ✆ 04522-1837. **€€**

Alte Schwimmhalle 8, im Souterrain der im Jugendstil für die Hohenzollernprinzen errichteten Schwimmhalle (1906) des Schlosses, davor eine schöne Gartenterrasse, stilvolles Ambiente. Musikinstrumente an der Wand unterstreichen, dass hier regelmäßig Musikabende stattfinden (Kulturforum). Wechselnde Karte je nach Saison (z. B. Fischroulade, Vegetarisches, Sauerfleisch und auch hervorragende Suppen); hier stimmt das Preis-Leistungs-Verhältnis, weil die schmackhaften Speisen stets frisch zubereitet werden (weshalb man sich Zeit nehmen muss). Relativ günstiger, trotzdem qualitativ hochwertiger Mittagstisch. Mo und Mi–Fr 12–14 und ab 17 Uhr. Sa ab 17 Uhr und So ab 12 Uhr (Di Ruhetag). Schlossgebiet 1, ✆ 04522-593640. **€€**

Seeprinz 5, modern gestaltetes, pavillonartiges Gebäude, quasi in den See hineingebaut. Mit großer, beheizbarer Seeterrasse (mit Windschutzverglasung), auf der Sie prächtig die Abendsonne genießen können. Das breite Speisenangebot umfasst die ganze Palette vom Frühstück über Mittagessen und diverse Kaffeespezialitäten bis zum Abendessen und Barbetrieb. Tägl. 12–21 Uhr, Sa/So ab 10 Uhr (Mo/Di geschlossen). Strandweg 1 (unterhalb der Stadt, direkt hinter der Bahnunterführung), ✆ 04522-7897155. **€€**

Eisenpfanne 4, in dem immer gut besuchten Lokal inmitten der Fußgängerzone sitzt man in rustikalen Tischnischen (auch außen). Deftig, aber schmackhaftes Essen (z. B. Sauerfleisch, Brathering, Aufläufe oder Pizza aus dem Holzbackofen), gutes Preis-Leistungs-Verhältnis. Tägl. 12–21.30 Uhr. Lange Str. 47, ✆ 04522-2290. **€**

Tarte 1, Café & Bistro, liegt etwas versteckt: Direkt an der Schwentine geht es die Wendeltreppe hinunter zum kleinen, gemütlich-hellen Frühstückscafé (auch ein paar Außenplätze). Unter dem Motto „Genuss am Fluss" gibt es hier nicht nur französische Tarte, sondern auch Mittagstisch (oft vegan) und Bistrogerichte, z. B. leckere Quiche. Di–Sa 9–14 Uhr (So/Mo geschlossen). Lübecker Str. 10, ✆ 04522-7464452. **€**

Prinzeninsel 9, historisches, reetgedecktes Ausflugsrestaurant (niedersächsisches Bauern-

Weithin sichtbar: Grebiner Mühle

haus) mit Café, Biergarten samt großem Pavillon und Kinderspielplatz, am Ende der 2 km langen Prinzeninsel. Nur zu Fuß, per Rad oder mit Ausflugsschiff zu erreichen (Schiffsanlegestelle). Im geschmackvoll renovierten Restaurant werden Holsteiner Gerichte aus vorwiegend regionalen Zutaten serviert. Tagsüber vorwiegend Café-Publikum. Di–So 12–17 Uhr (Mo Ruhetag). Große Insel 1, ✆ 04522-508700. **€**

Pförtnerhaus 7, ein Kleinod in schöner Lage (mit Aussicht) im stattlichen ehem. Pförtnerhaus (von 1895) auf dem Schlossvorplatz. Derzeit nur wochentags abends als Cocktailbar geöffnet. Geradlinige, schnörkellose Einrichtung, schöne Terrasse. Mo–Do 17–24 Uhr (Fr–So geschlossen). Schlossgebiet 1, ✆ 04522-7446460.

Umgebung von Plön

Grebiner Mühle: Der zersiedelte, ruhige Ort im Nordosten Plöns liegt in wunderschöner, hügeliger Seenlandschaft und ist als Altersruhesitz beliebt. Auffallend ist die weithin sichtbare Windmühle *Wagria*, ein reetgedeckter, achtkantiger Kellerholländer von 1851. Der Mahlbetrieb wurde allerdings schon im Ersten Weltkrieg eingestellt. Hinter der Mühle befinden sich eine Boulebahn und ein neu angelegter Weinberg (!).

Essen & Trinken **To'n Windbüdel,** uriges, einfaches Café in der Alten Mühle Grebin, auch Außenplätze, der gute Stopp bei einer Fahrradtour. Es gibt hausgemachte Kuchen und Torten, auch Quiche und natürlich leckere Windbeutel. Sogar den Wein des 2009 angelegten Weinbergs nebenan können Sie genießen. Nur in der Saison Mi–So 11–18 Uhr. Behler Weg 1, Grebin, ✆ 0174-6794745.

Gut Rixdorf: Das sehenswerte Gut der Grafen von Westphalen liegt 5 km nördlich von Plön (bei Lebrade) und ist von einer Mauer und Hofgebäuden umgeben, aber auch von außen gut zu erkennen. Mit 4600 ha Landfläche war es ursprünglich eines der größten Güter Holsteins, doch auch die heutigen Ausmaße (1500 ha) sind noch beachtlich. Die riesigen Reetdächer der ab 1730 erbauten backsteinernen Wirtschaftsgebäude machen den besonderen Charme der Anlage aus. Der ganze Gutshof mit den ihn flankierenden Katen ist über die Jahrhunderte nahezu original erhalten geblieben und machen das Gut zum **größten Reetdach-Ensemble Deutschlands.** Nur das Herrenhaus ist neueren Datums. 300 Jahre blieb die Gutsanlage weitgehend unversehrt, bis 2013 ein durch Blitzschlag ausgelöstes Feuer den historischen Pferdestall und eine Remise zerstörte; beides wurde wieder aufgebaut. Die (private) Zufahrt befindet sich in dem unglaubliche 99 m langen **Torhaus** an der kopfsteingepflasterten Landstraße.

Bosau

Wegen seiner alten Vicelinkirche ist der Ort am südöstlichen Ufer des Großen Plöner Sees ein beliebtes Ausflugsziel per Schiff, Fahrrad oder Auto. Die landschaftlich ausnehmend schöne Lage und die Ruhe laden zu Radtouren und Wanderungen ein.

Die weiß getünchte St. Petri Kirche grüßt von einer Landzunge, die den kleinen Bischofssee vom Großen Plöner See abtrennt. Sie ist von einem fast kreisförmigen Rund von Bäumen umgeben. Doch nicht nur wegen seiner uralten **Feldsteinkirche** ist der Luftkurort Bosau sehenswert. Gegenüber der Kirche lohnt zunächst das reetgedeckte Pastorat einen Blick. Von dort führt die Dorfstraße den Kirchenhügel hinunter zu der schon in Ortsmitte gelegenen **Dunkerschen Kate** mit herrlichem Bauerngarten und Backhaus. Dieses Holsteiner Bauernhaus im Fachwerkstil wurde im 17. Jh. errichtet und wird heute für Kunsthandwerkermärkte und Kunstausstellungen genutzt. Vor der Kate ist ein Granitfindling aufgestellt; ein so genannter **Schalenstein,** dessen kreisrunde Einkerbungen die vorzeitlichen Siedler aus bislang ungeklärten Gründen vor 2000 bis 3000 Jahren vorgenommen haben.

Im Norden schmiegt sich der Bischofssee an den beschaulichen Ort. Dort befinden sich die Schiffsanlegestelle und zwei Hotels und Restaurants. Sollten Sie noch ein wenig Bewegungsdrang verspüren, bietet sich von dort aus ein halbstündiger Spaziergang auf dem 1,5 km langen Naturlehrpfad an; dieser findet sich am nördlichen Ortsausgang auf einer in den Bischofssee hineinragenden Landzunge namens **Kleines Warder.**

Wenn Sie im See schwimmen möchten, sind Sie besser im Südwesten des Dorfs und damit direkt am Großen Plöner aufgehoben, denn vor dem dortigen Campingplatz ist eine schöne große **Badestelle** (Strandbad Bosau).

Die einst slawische Siedlung *Bozowe* ist eines der ältesten Dörfer der Region. Ihre Geschichte ist eng mit der St. Petri Kirche verbunden, die als die älteste Ostholsteins gilt (1152). Gebaut wurde das Gotteshaus unter dem Slawenmissionar Bischof Vicelin und wird daher auch „Kleinster Dom der Welt" genannt.

Zur gleichen Zeit wie Vicelin und dessen Nachfolger Gerold lebte in Bosau der Pfarrer Helmold von Bosau (1120–1177), der hier seine große „Slawenchronik" verfasste. Sie gilt als bedeutendste niederdeutsche Schriftquelle des 12 Jahrhunderts. Ein Großteil dessen, was wir heute über die Kolonisationskämpfe mit den Slawen wissen, wissen wir aus diesem berühmten Buch.

Sehenswertes

St.-Petri-Kirche: Diese kleine frühere Bischofskirche heißt nach ihrem Erbauer auch Vicelinkirche. Zwar hat sie im Lauf der Zeit viele Umbauten erfahren (quadratischer Turm von 1664), doch im Kern gilt das 1152 errichtete Gotteshaus als das älteste in Ostholstein. Wegen des Mörtels und dem Verputz mit Segeberger Gips erstrahlt es seit alters her in marmornem Weiß.

Bauernhaus mit Bauerngarten: Dunkersche Kate

Der Blick im Inneren fällt auf das große, sehr ausdrucksstarke Triumphkreuz (um 1470): Aus dem Haupt des Gekreuzigten wachsen drei Lilien als Zeichen seiner Reinheit und Unschuld, und als Symbole des neuen Lebens sprießen grüne Blätter aus den Balken des Todeskreuzes. Zudem umschweben Christus vier Engel, die sein Blut mit Kelchen auffangen. Die vier Enden des Kreuzes tragen die Symbole der vier Evangelisten.

Der Chor mit seinem erst im 19. Jh. eingebauten Gewölbe wird durch moderne Fenster in ein unnatürliches Gelb gehüllt. Der gotische Flügelaltar gilt als einer der ältesten und bedeutendsten Altäre im Land; er wurde um 1350 aus Eichenholz geschnitzt. Das uralte Granittaufbecken in Kelchform stammt vielleicht noch aus der Zeit vor dem Kirchenbau. Die Kanzel wurde 1636 gefertigt. Auffallend ist auch die Empore an der Nordwand (um 1656). Sie ist mit 20 volkstümlich bemalten Bildern aus dem Leben und Sterben Jesu geschmückt, über denen die Namen der Stifter mit den entsprechenden Geldbeträgen (*„zwölff Marck"*) notiert sind. 1952 wurden im unteren Chor Reste einer Rankenmalerei freigelegt, die ebenso wie ein nicht mehr vollständig erhaltenes Bild an der Wand die Zeit überdauert haben.

▪ Die Kirche ist tagsüber geöffnet.

Einwohner 730

Information **Touristinfo Bosau,** Bischof-Vicelin-Damm 11, 23715 Bosau, ✆ 04527-97044, holsteinischeschweiz.de. Kurabgabe 2 € (Nebensaison 1 €) Kinder frei.

Fahrräder **Gustav Harm,** Achter de Mur 24, ✆ 04527-97007.

Schiffsrundfahrt **Bosau-Fahrt** zur Prinzeninsel und nach Plön → S. 230

Schwimmen **Strandbad Bosau,** toller Badestrand mit großem **Strandbistro** „McBraasch" in der südlichen Ortsmitte. DLRG-beaufsichtigt. Eintritt frei, ✆ 0457-1836.

Essen & Übernachten **Gasthaus zum Frohsinn/Gästehaus Seefrieden,** traditioneller Landgasthof in ruhiger Lage am Kirchplatz mit schmackhafter norddeutscher Küche (Matjes, Barschfilet, hausgemachtes Sauerfleisch) sowie einer Backschule (Kurse und Backvorführungen). Im benachbarten Gästehaus „Seefrieden" gibt es ordentliche Zimmer, auch für Biker und Radler. Mo–Fr 17–21 Uhr, Sa/So 12–21 Uhr (Di Ruhetag). Bischof-Vicelin-Damm 16, ✆ 04527-269, zum-frohsinn.de. **€** (Hotel), **€€** (Restaurant)

Bootsanleger in Bosau

****** Campingplatz Bosau,** kleiner Platz in schönster Lage am Großen Plöner See, direkt am Badestrand von Bosau (auch Mietwohnwagen und Strandbistro). Strandweg 16, ✆ 04522-9490, camping-bosau.de.

****** Campingpark Augstfelde,** hier gibt's allen erdenklichen Komfort: einen 1 km langen eigenen Seeuferabschnitt mit Sandstrand, überaus vielfältigen Sportmöglichkeiten, Fahrradvermietung, Golfplatz in unmittelbarer Nähe. 300 Dauercamper und 200 Touristenplätze, Gästebetreuung, großzügige Sanitäranlagen, sogar eine Hundedusche ist vorhanden. **Restaurant Rustikate** (deutsche Küche) vor Ort. Platz nur April–Okt. geöffnet. 24306 Augstfelde, ✆ 04522-8128, augstfelde.de. **€€** (Restaurant)

Holsteinische Schweiz → Karte S. 208

Dersau

Der Luftkurort im Westen des Großen Plöner Sees liegt abseits des Massentourismus. Schön für Naturliebhaber ist das vom Campingplatz umrandete Strandbad, vor allem aber die hügelig-waldreiche Umgebung im Südwesten des Großen Sees bis hinüber zum Gut Nehmten und zum Stocksee.

Viel los ist nicht in Dersau. Vom Dorfplatz mit seinem kleinen Lindenkranz geht es hinab zum touristischen Zentrum des Orts: zum See mit kleinem Segelhafen, Badestelle, Schiffsanleger und dem Campingplatz.

Das 5 km entfernte **Gut Nehmten,** ebenfalls am Plöner See gelegen und bereits im 13. Jh. beurkundet, ist heute v. a. durch sein Gestüt weithin bekannt. Schon der Weg über eine uralte Allee und die Fachwerkkaten im kleinen Weiler **Sande** (am Stocksee) künden von einer bedeutenden Gutsanlage in schönster Umgebung. Das prächtige, weiße, um 1820 erbaute Herrenhaus ist eher ein klassizistisches Schloss, vor dem zur Linken und zur Rechten durch zwei alte Lindenreihen abgeschirmte, große Scheunen mit Reetdach stehen. Eine Besichtigung ist nicht möglich, doch auch von außen lässt sich die ganze Anlage überblicken. Nehmten ist übrigens eine eigenständige 280-Einwohnergemeinde, zu der auch 3 km östlich von Dersau das idyllisch-kleine Seedorf **Sepel** gehört.

Strandbad Dersau

Einwohner 950

Information Touristinfo Großer Plöner See, Bahnhofstr. 5 (Plön), ✆ 04522-50950, holsteinischeschweiz.de. dersau.de. Kein Kurbeitrag.

Einkaufen Käsehof Biss, hausgemachte Käsespezialitäten zu vernünftigen Preisen im kleinen Hofladen des alten Bauernhofs. Es gibt auch Honig, Säfte, Weine, Marmeladen, Senf und einiges mehr. Die Käseproduktion können Interessierte durch eine Scheibe beobachten. Mo–Sa 9–18 Uhr, So 14–19 Uhr. Hofkamp, direkt an der B 430 westl. von Dersau, ✆ 04526-1597.

Schwimmen Schöner **Badestrand** mit Liegewiese direkt im Ort.

Essen & Trinken Café im Grünen, Sie sitzen einfach in einem Bereich des Gewächshauses einer Gärtnerei. Guter Kuchen und leckeres Eis zu angemessenen Preisen. Zudem gibt's Prospektmaterial der Dersauer Touristinfo. Mai–Sept. Mi–So 13.30–17.30 Uhr. Redderberg 8, ✆ 0170-3803094.

Gut Stockseehof, riesiges (Obsthof-)Gut mit Plantagen zum Selbstpflücken von Himbeeren und Kirschen und einem großen Park im Stil eines englischen Landschaftsgartens. Im Park großer Cafébetrieb (auch Frühstück), während der Saison tägl. 9–18 Uhr. Sehenswert sind die liebevoll angelegten Schaugärten. Stockseehof 1,3 km südlich von Dersau. ✆ 04526-309716.

Ascheberg am Großen Plöner See

Ascheberg

Ascheberg am Nordwestufer des Großen Plöner Sees bietet einen netten Badestrand, eine Anlegestelle und einen kleinen Segelhafen.

Auf den ersten Blick ist Ascheberg so etwas wie ein Durchgangsort, da Bundesstraße und Bahn den Ort vom See abtrennen. Die Gemeinde lebt von der Nähe zu Plön und wird seit 2014 auch von dort verwaltet. Das touristische Leben spielt sich in erster Linie am schönen Badestrand mit seiner Liegewiese und auf dem Campingplatz daneben ab.

Gut Ascheberg, 2 km südlich des Ortes auf einer Landzunge gelegen, mit seinen großen, alten Scheunen, eine davon reetgedeckt (1725), wird immer noch landwirtschaftlich genutzt. Im zentralen ehemaligen Verwalterhaus wohnt heute die gräfliche Familie. Eine Lindenallee führt zum ehemaligen Herrenhaus, das heute „Schloss Ascheberg" genannt wird. Es ist für Besucher zugänglich, denn das mit beigefarbenen Backsteinen und weiß abgesetzten Fenstern und Friesen im Jahr 1870 errichtete Gebäude ist heute eine christliche Jugendfreizeitstätte. Allerdings fehlt der andernorts übliche Prunk hier ein wenig.

2 km nördlich von Ascheberg liegt als schönes Ausflugsziel die **Windmühle von Langenrade.** Sie trägt den Namen „Sventana", wurde 1860 erbaut und ist noch voll funktionsfähig. Hier wird gelegentlich wieder Korn gemahlen (Pfingstmontag geöffnet; Führungen auf Anfrage: ✆ 04526-1873).

Geschichte: Ein Adelssitz der holsteinischen Ritter von *Askeberghe* wird bereits 1190 erwähnt; im 15. Jh. kam Ascheberg (Eschenberg) dann in den Besitz derer von Rantzau. Als historische Besonderheit kann der Ort die Tatsache verbuchen, dass Graf Hans von Rantzau hier im Jahr 1739 als erster Feudalherr Norddeutschlands die Leibeigenschaft endgültig aufhob. Schon 1688 hatte Christoph Rantzau für die Leibeigenen seiner Güter Schmoel, Hohenfelde und

Holsteinische Schweiz → Karte S. 208

Oevelgönne 1688 Freibriefe ausgestellt, diese aber 1695 wieder zurückgenommen. Allerdings verfolgte Hans von Rantzau damit nicht nur humanitäre Interessen. Er wollte durch die Parzellierung seines Hoflandes in selbstständige Bauernstellen (in Erbpacht) auch die Erträge des Gutes steigern.

Einwohner 3000

Touristinfo Großer Plöner See, Bahnhofstr. 5 (Plön), ✆ 04522-50950, holsteinische schweiz.de.

Essen & Trinken **Fischerei & Räucherei Lasner,** auf dem schönen Seegelände in Alleinlage südlich von Ascheberg findet sich unter freiem Himmel alles rund um den Fisch (Selbstbedienung): Tellergerichte aus der Fischbratküche (Brataal, Silbermaränen, Heringsteller, Fischburger, sogar Fischbratwurst), aber auch frische Fischbrötchen und Frisch- und Räucherfischverkauf. Juni–Okt. Do–Mo 9–16 Uhr, in der Nebensaison kürzer. Zwischen Ascheberg und Dersau direkt an der B 430 (Hinweisschild). ✆ 04526-339818. **€**

Wankendorfer Seengebiet

Zwölf Ortschaften inmitten einer herrlichen Landschaft mit sieben kleinen Seen am Rande der Holsteinischen Schweiz werben für sich touristisch unter dem Namen „Wankendorfer Seengebiet".

Die touristische Infrastruktur im landwirtschaftlich geprägten Wankendorfer Seengebiet rund um Wankendorf, Bornhöved und die Dörfer Belau, Schmalensee und Stocksee ist noch vergleichsweise bescheiden. Im Übernachtungsangebot sind vor allem Ferienwohnungen.

Besonders idyllisch ist es am nördlichen Ufer des Belauer Sees bei der **Perdoeler Mühle** (Wassermühle von 1720). Am ungeteerten, schmalen Fahrweg zwischen Mühle und Gut Perdoel steht eine Stileiche mit dem wahrscheinlich **dicksten Stamm Deutschlands.** Die sogenannte Kattholzeiche hat einen Stammumfang von stolzen 13 Metern. Stürme und Blitzeinschläge haben dem noch immer imposanten Baum im Laufe seiner rund 450 Lebensjahre allerdings stark zugesetzt.

An jedem der kleinen und teils malerischen Gewässer des Wankendorfer Seengebiets gibt es öffentliche **Badestellen.** Diese sind meist mit Liegewiesen und WCs ausgestattet; am Bornhöveder See bietet im Sommer ein Kiosk Erfrischungen an.

Bornhöved ist auch der historisch bedeutsamste Ort der Region. Es wurde durch zwei Schlachten bekannt: 798 schlugen auf dem nahen Schwentinefeld die mit den Slawen verbündeten Franken die nordelbischen Sachsen, und im Jahre 1227 rang Graf Adolf IV. mit seinen Verbündeten den Dänenkönig Waldemar II. nieder und befreite Holstein (vorübergehend) von der Dänenherrschaft. Seitdem freilich ist in Bornhöved nichts Spektakuläres mehr passiert, und es ist auch nicht zu erwarten, dass sich in absehbarer Zeit daran etwas ändern wird. Einen Besuch wert ist neben der kleinen weiß verputzten romanischen Vicelin-Feldsteinkirche von 1149 (leider nur unregelmäßig geöffnet) der **Erlebniswald Trappenkamp,** 4 km weiter südlich. Im Angebot sind hier mehrere Lehrpfade, Wildgehege, ein Schmetterlingsgarten, ein Waldladen, eine Holzspielhalle und ein riesiger Abenteuerspielplatz.

Einwohner 9000 (davon 3000 in Wankendorf und 3400 in Bornhöved).

Information **Holsteinse(h)en e. V.,** Postfach 1180, 24601 Wankendorf, ✆ 04326-2233, holsteinseen.de; urlaub-wankendorfer-seen gebiet.de.

Einkaufen **Früchtemeer,** kleine, feine Konfitürenmanufaktur mit schön dekoriertem

Torhaus Gut Perdoel

Laden; nur Fr 9–12 und 14–17 Uhr und online unter fruechtemeer.de. Bornhöveder Landstr. 42, Wankendorf, ✆ 04323-980562.

Erlebniswald Trappenkamp Tägl. ganzjährig 10–17 Uhr bzw. im Winter bis zum Eintritt der Dunkelheit geöffnet (Mitte Dez. bis Anfang Jan. geschlossen). Eintritt ab 16. J. 8 €, Kinder 5 €, Familien 21 €. Daldorf (Tannenhof), Zufahrt über die A 21, Abfahrt Daldorf, ✆ 04328-170480, erlebniswald-trappenkamp.de.

Essen & Übernachten **Hotel & Restaurant Schlüter,** in diesem Traditionsgasthof in gepflegt-modernem Ambiente in Wankendorf bekommt man gute holsteiner Küche (hausgemachtes Sauerfleisch, Bratheringe, Hirschkeulbraten oder Ente). Das Hotel hat zudem saubere Zimmer, die nach und nach alle renoviert werden. Tägl. 17.30–21 Uhr (Mi Ruhetag). Dorfstr. 14, 24601 Wankendorf, ✆ 04326-289090, schlueter-wankendorf.de. **€€**

Perdoeler Mühle, modern gestaltetes Café und Restaurant des Georg Glamp Camping in herrlicher Umgebung. Morgens Frühstücksangebote, zudem Mittagstisch, nachmittags Kaffee und Kuchen und abends eine kleine, schmackhafte Karte (Rinderragout, Picata vom Huhn). Mi–So 8–21 Uhr. Perdoeler Mühle 3, Belau, ✆ 04326-1067. **€€**

Gut Stockseehof, Hofcafé ganz im Osten des Seengebiets südlich von Dersau → S. 236.

Bad Segeberg

Geprägt wird die Stadt durch den 91 Meter hohen Kalkberg, der einen herrlichen Blick über die Altstadt und das sehenswerte Umland erlaubt und Kulisse für die berühmten Karl-May-Spiele ist.

Die Kreisstadt gehört streng genommen nicht mehr zur Holsteinischen Schweiz, wirbt aber in einem gemeinsamen Tourismusverbund mit diesem Namen. Eine Fußgängerzone rund um den Markt lädt zum Bummeln ein. Ganz in der Nähe steht die sehenswerte **Marienkirche.** Das neue klassizistische Rathaus aus dem Jahr 1826 steht 300 m weiter östlich in der schmalen Lübecker Straße. Hier heiratete Theodor Storm 1846 die Tochter des hiesigen Bürgermeisters. Nebenan befindet sich das **Heimatmuseum,** von dem aus sich in einer sanften Kurve die Lübecker Straße mit ihren zumeist eingeschossigen Giebelhäusern um den bemerkenswerten, auf 91 m Höhe abgetragenen **Kalkberg** zieht.

Auf diesem einst 110 m hohen Berg wurde 1134 die Siegesburg errichtet, daher der Name Segeberg. Die Burg

Holsteinische Schweiz → Karte S. 208

wurde gegen Ende des Dreißigjährigen Krieges von den Schweden zerstört und nie wieder aufgebaut. Wegen des tollen Blicks (auf die Freilichtbühne und das Noctalis) lohnt der kurze Spaziergang auf den durch Treppenwege erschlossenen Berg (fünf Minuten vom Festspielplatz aus). Als Überbleibsel der einst mächtigen Siegesburg ist (neben dem höchsten Aussichtspunkt) der beeindruckende, ursprünglich 84 m tiefe Brunnenschacht erhalten geblieben. Er ist Norddeutschlands einziger in Fels gehauener Brunnen. Eigentlich müsste der Berg nicht Kalk-, sondern Gipsberg heißen, denn er besteht größtenteils aus Anhydrit, das sich beim Kontakt mit Wasser in Gips verwandelt. Anhydrit wurde hier fast 1000 Jahre (bis 1931) lang abgebaut und fand als Segeberger Kalk v. a. in Hamburg Verwendung. Für den Transport wurden die Bauern der Umgebung 325 Jahre lang (bis 1790) zwangsverpflichtet. Unter dem Berg verbirgt sich ein einzigartiges Höhlensystem, das ein europaweit bedeutendes **Fledermausquartier** ist.

Nach der Entdeckung einer 28-prozentigen Solequelle im Kalkberg wurde dem schon seit 1244 mit Stadtrechten ausgestatteten Ort 1924 das Prädikat „Bad" verliehen. Die Kurkliniken befinden sich heute am nördlichen Stadtrand in Seenähe.

Sehenswertes

Karl-May-Spiele: Seit 1952 finden im Juli und August in einem der schönsten Freilichttheater Europas am Kalkberg die Karl-May-Spiele statt, die bis heute von etwa 11 Mio. Menschen besucht worden sind. Man spürt den Hauch des Wilden Westens, wenn Cowboys und Indianer durch die Zuschauerreihen galoppieren und sich die Guten mit den Bösen actionreiche Gefechte liefern. Das 7500 Plätze fassende **Freilichttheater** ist umrahmt vom **Indian Village,** einer Wildweststadt mit Blockhäusern, einer Goldwaschanlage und Tipis sowie dem Nebraska-Haus, das eine (eher für Erwachsene interessante) Indianistik-Ausstellung beherbergt sowie Bilder und Werke von jungen Künstlern aus dem Staat Nebraska zeigt.

▪ Gespielt wird Ende Juni bis Anfang Sept. jeweils Do–Sa um 15 und 20 Uhr, So nur um 15 Uhr. Tickets 22,50–35 €, Kinder 5–15 J. 19–29 €. Onlinereservierung der Tickets, Bearbeitungsgebühr 4 €. Es gibt reichlich Plätze auf

Immer ein Erlebnis: Karl-May-Spiele in Bad Segeberg

einfachen Bänken. Aufführungsdauer ca. 2 Std. Ein Leitsystem führt zu den kostenlosen Parkplätzen. ✆ 01805-952111) karl-may-spiele.de.

Kalkberghöhlen/Noctalis: Unter dem Kalkberg entstand durch natürliche Auswaschungen ein einzigartiges, 2,5 km langes Höhlensystem, das spielende Kinder erst 1913 entdeckten. Über 25.000 Fledermäuse verschiedener Arten kommen jedes Jahr hierher und machen die Höhlen v. a. im Winterhalbjahr zum größten natürlichen Fledermausquartier Mitteleuropas. In den Höhlen lebt zudem der etwa 0,5 cm große **Segeberger Höhlenkäfer** *(Choleva holsatica)*, den es sonst nirgendwo auf der Welt gibt (!) und der sich von toten Fledermäusen und Fledermauskot ernährt.

Der Besuch der Erlebnisausstellung Noctalis in einem Besucherzentrum am Höhleneingang bedeutet auf vier Ebenen ein Eintauchen in die **Welt der Fledermäuse** (mit der Taschenlampe in der Hand). Man beginnt im Keller mit dem Thema „Vampir" und einem informativen Film über das Leben der Fledermäuse. Zudem erhält man viele Infos über die frostfreien Winterquartiere der kleinen Säuger und anderer heimischer Tiere. Höhepunkt der Ausstellung ist das Noctarium im Obergeschoss. Hier sind die winzigen Tiere hinter Glas zu beobachten. Wenn man sich ruhig hinsetzt und die Augen sich an die Dunkelheit gewöhnt haben, kann man einige der ca. 100 kleinen Säuger in unterschiedlichen Aktivitätsphasen entdecken.

■ Die Ausstellung **Noctalis – Welt der Fledermäuse** ist ganzjährig tägl. 10–17 Uhr geöffnet, an Tagen mit Spätvorstellung der Karl-May-Spiele sogar bis 19.30 Uhr (Mo Ruhetag). Eintritt 10 €, Kinder 4–14 J. 8 €. Zugang zur **Kalkberghöhle** aus Gründen des Fledermausschutzes nur im Sommerhalbjahr mit Führung (Dauer 35 Min.). Eintritt 10 €, Kinder 8 €, Kombiticket für Noctalis und Höhle 17 €, Kinder 12 €. Oberbergstr. 27 (Parken am Freilichttheater Karl-May-Platz, 5 Min. Fußweg), ✆ 04551-80820, noctalis.de.

Die Welt der Fledermäuse: Noctalis in Bad Segeberg

Marienkirche: Außen im neuromanischen Stil umgestaltet, konnte innen viel vom Originalzustand bewahrt werden. So gilt das ab 1156 über 60 Jahre hinweg errichtete Gotteshaus als eines der bedeutendsten romanischen Bauwerke Norddeutschlands und weltweit als erste Kirche, in der das Gewölbe mit Backsteinen errichtet wurde. Die wertvollen Erkenntnisse, die bei diesem frühen Kirchenbau gewonnen wurden, verbreiteten sich im gesamten Ostseeraum. Im Inneren lohnt nicht nur der schöne, mit Gold überzogene Schnitzaltar (um 1515) einen Blick, auch die mitten im Kreuzgewölbe stehende Bronzetaufe (von 1447), die unter dem spätgotischen Kruzifix (um 1500) ihren Platz gefunden hat, ist bemerkenswert.

■ Tägl. 9–16 Uhr.

Alt-Segeberger Bürgerhaus – Heimatmuseum: Im ältesten Haus der Stadt, einem Fachwerkgiebelhaus von 1560/

1606, ist bereits 1964 ein Heimatmuseum eröffnet worden, das die 500-jährige Entwicklung der hiesigen bürgerlichen Wohnkultur mit entsprechend eingerichteter Wohnstube, Küche und Stall präsentiert. Zudem gibt es wechselnde Sonderausstellungen.

▪ April–Okt. Mi–So 12–17 Uhr. Eintritt frei. Lübecker Str. 15, ✆ 04551-964204, museum-badsegeberg.de.

Kunsthalle Otto Flath: Gezeigt werden die Werkstatt und die Arbeiten des Bildhauers (1906–1987), der über 50 Jahre in Bad Segeberg gelebt und dabei 3000 Holzskulpturen, 10.000 Aquarelle und etwa 40 Altäre geschaffen hat. Die angrenzende Villa Flath präsentiert wechselnde Kunstausstellungen.

▪ April–Okt. nur Sa/So 14–17 Uhr. Eintritt 4 €, Kinder 1 €. Bismarckallee 5 (neben der Ärztekammer am Kurpark), ✆ 04551-879900, otto-flath-stiftung.badsegeberg.de.

Praktische Infos

Einwohner 17.000

Information **Touristinfo,** Oldesloer Str. 20, ✆ 04551-96490, bad-segeberg.de. Keine Kurtaxe.

Kino **Cine-Planet,** fünf Kinos in einem Komplex. Oldesloer Str. 34, ✆ 04551-7100, cp5.de.

Schwimmen/Baden **Hallenbad,** Eintritt 5 €, Kinder 2,50 €. Theodor-Storm-Str. 12, ✆ 04551-968909.

Frei-/Strandbad Großer Segeberger See, Winklersgang 8 (nahe der Jugendherberge), geöffnet Juni–Aug. 12–20 Uhr. Eintritt 2 €. ✆ 04551-4991.

Strandbad Ihlsee, geöffnet April–Okt. 9–19.30 Uhr. Eintritt 2 €. Am Ihlsee 2a, ✆ 04551-9998580.

Essen & Übernachten **Wasserturm,** eines der speziellsten Hotels im Norden. Nur wenige nobel und bis ins kleinste Detail stimmig ausgestattete Zimmer und Appartements in den verschiedenen Ebenen des ausgebauten historischen Wasserturms (von 1910) nahe der Freilichtbühne. Auch Appartements im Turm- und dem Trafo-Haus. Das Frühstück wird im Appartement eingenommen und in einer Box geliefert. Am Kalkberg 8a, ✆ 04551-9995540, wasserturm-segeberg.de. **€€€**

Central Gasthof, Traditionsgasthof mitten in der kleinen Fußgängerzone. Es gibt v. a. Fleischgerichte, aber auch leckere Scholle und gutbürgerliche Mittagsgerichte. Draußen Tische auf dem Straßenpflaster, drinnen ist es freundlich-gediegen. Di–Sa 10–22 Uhr, So 10–15 Uhr (Mo Ruhetag). Auch nette Zimmer, teils mit Etagen-WC. Kirchstr. 32, ✆ 04551-95700, centralgasthof.de. **€** (Hotel), **€€** (Restaurant)

Mora Mora, direkt gegenüber dem Freilichttheater, eine Mischung aus Restaurant und Kneipe. Innen gemütlich-eng mit schrägen, mintgrünen Wänden, dunklem Holz und mit einem schönen Sonnenuntergangsblick über die Stadt. Draußen Terrasse mit einfachen Bierbänken. Es gibt eine leichte Küche mit frischen Zutaten (z. B. Salate oder Hirtenkäse, auch Tapas, Pasta und Lammsteaks). Gute Auswahl an Ausschankweinen. Insgesamt angemessenes Preis-Leistungs-Verhältnis. Tägl. ab 17 Uhr, zur Festspielzeit ab 12 Uhr (Mo Ruhetag). Am Kalkberg 30, ✆ 04551-944417. **€€**

Umgebung von Bad Segeberg

Rund um **Wardersee,** 10 km nordöstlich von Bad Segeberg, finden sich außer der alten Kirche zu Warder die einst bedeutenden Gutshöfe Rohlstorf, Pronstorf und Wensin sowie nördlich davon das Gut Seedorf.

Gut Wensin: Das spätmittelalterlich aussehende, am Nordufer des Wardersees (an der B432) stehende Herrenhaus wurde 1642 nach alter Bauweise aus zwei traufenseitig aneinandergefügten Backsteinhäusern errichtet. Als repräsentativer Eingang des zweigeteilten Hauses mit Doppeldach und Treppengiebel wurde im 18. Jh. ein sandsteinernes Rokokoportal eingefügt. Zum Gut gehören das Kavaliershaus von 1721 und ein schöner backsteinerner Getreidespeicher von 1902 (der für Veranstaltungen genutzt wird). Mehrfach schon diente das Ensemble als Kulisse für deutsche Fernsehproduktionen.

Schloss Rohlstorf: Am südwestlichen Rand des schmalen Wardersees liegt das heute als Internat genutzte, backsteinerne, im Neobarock erbaute und durch Wandpfeiler (Pilaster) gegliederte Herrenhaus von 1912. Weil das Gut

Der ehemalige Getreidespeicher von Gut Wensin

Rohlstorf einst im Besitz des dänischen Königshauses war, wird das prächtige Herrenhaus auch „Schloss" genannt. Interessant ist auch ein früheres Wirtschaftsgebäude mit schönem Stufengiebel. Zur Gutsland- und Forstwirtschaft gehören heute noch etwa 1100 Hektar Wald- und Ackerfläche. Auch die **Kirche zu Warder** 4 km westlich (tagsüber geöffnet) gehört als Patronatskirche heute noch zum Gut Rohlstorf. Die Vicelin-Feldsteinkirche (→ S. 422) mit ihrem ehemals runden, später wuchtig-rechteckig mit Backsteinen ummantelten Turm geht in ihren Ursprüngen auf die Zeit um 1200 zurück (→ Foto S. 244). Im Inneren besticht der schöne Altarschrein mit einer Kreuzigungsgruppe (15. Jh.).

Pronstorf: Der aus dem Gutshof hervorgegangene weitläufige und sehenswerte Ort am ruhigen Südende des Wardersees besteht einheitlich aus schönen Backsteinhäusern, die hauptsächlich aus dem 19. Jh. stammen und früher sämtlich als Funktionsgebäude oder Arbeiterhäuschen zu dem im 13. Jh. gegründeten Gut gehörten. Das repräsentative Herrenhaus wurde 1728 errichtet und gilt wegen seiner Proportionen und der Mischung der verwendeten Materialien (Ziegel und Sandstein) als besonders gelungen. Nach wie vor wird das Anwesen der Grafen zu Rantzau vorwiegend landwirtschaftlich genutzt. Kuh- und Kutschhaus werden aber für Veranstaltungen vermietet. Das Torhaus aus dem Jahr 1914 wurde als Gästehaus umgebaut. An den vier Adventswochenenden findet auf dem Gutsgelände ein stilvoller Weihnachtsmarkt statt (Fr–So 11–18 Uhr, Eintritt 8 €).

Auf einer Anhöhe steht eine uralte **Feldsteinkirche** mit mächtigem Rundturm von fast 10 m Durchmesser (tagsüber geöffnet). Die sogenannte Vicelinkirche (→ S. 422) wird 1198 erstmals urkundlich erwähnt und wurde aus unbehauenen Feldsteinen erbaut. Der Turm wurde später teilweise mit Backsteinen ausgebessert und mit Eisenankern versehen. Im 14. Jh. erfolgte eine Chorerweiterung im gotischen Stil. Innen fallen besonders die mit 28 biblischen Szenen derb bemalte Balkendecke sowie die spätbarocke Chorausstattung mit Kanzel und schwebendem Taufengel ins Auge.

820 Jahre alt: Kirche zu Warder

Hotel Gut Pronstorf, 21 exquisit-geschmackvolle Zimmer im zum Gästehaus des adeligen Gutes umgebauten Torhaus. Wellnessbereich mit 2 Saunen. Hervorragendes Frühstück. Gutshof 1, Pronstorf, ✆ 04553-9959500, gut pronstorf.de. **€€**

*****s Strengliner Mühle,** in Strenglin (3 km nördl. von Pronstorf). Traditionelles Landhotel-Restaurant mit hellem, freundlichem Ambiente und rustikal-komfortablen Zimmern (im Haupt- und Gästehaus). Großer Wellness-Bereich mit Saunen. Gutes Frühstücksbüfett. Im empfehlenswerten Wintergarten-**Restaurant** kommen vorwiegend Spezialitäten aus der Region auf den Tisch (Fisch, Wild, Lamm). Tägl. 17–22 Uhr, So auch 11.30–14 Uhr. Mühlenstr. 2, Strenglin, ✆ 04556-997099, strengliner muehle.de. **€€** (Hotel), **€€** (Restaurant)

Gut und Torhaus Seedorf: Von beinahe allen Seiten führen lange Alleen zur 18 km nordöstlich von Bad Segeberg gelegenen Gutsanlage, besonders schön vom nordwestlich gelegenen Hornsdorf aus. Sie enden vor dem **stattlichsten** aller erhaltenen holsteinischen **Torhäuser** (von 1583). Früher befanden sich in den unteren Räumen Gefängniszellen und Folterkammern. Schon seit 1929 ist das Torhaus im Besitz der Gemeinde und beherbergt ein kleines Heimatmuseum. Bis ins 18. Jh. war das Gut eine wehrhafte Anlage, umgeben von hohen Wällen und einem Wassergraben mit Zugbrücke. Heute ist Seedorf keine geschlossene Gutsanlage mehr, eine kleine Straße führt ums Torhaus herum mitten über den ehemaligen Gutshof, dessen Gebäude unterschiedliche Eigentümer haben. Das in Privatbesitz befindliche **Herrenhaus** stammt von 1697, wurde aber im Jahr 1820 klassizistisch umgebaut (innen ist es nach wie vor kunstvoll stuckiert); der alte Gewölbekeller ist noch erhalten.

▪ Das **Torhaus-Museum** (mit Schautafeln zur Geschichte Seedorfs, mit einem Modell der Gutsanlage und diversem landwirtschaftlichen Gerät und Gerätschaften der Feuerwehr ausgestattet) ist nur Mai–Sept. jeden 1. So im Monat 14–17 Uhr geöffnet. Eintritt 3 € (mit Führung 4 €). Kinder 1,50 €. Am Burggraben 6, 23823 Seedorf, ✆ 04555-270, gemeinde-seedorf.de.

Berlin: Beschaulicher Ortsteil der Gemeinde Seedorf in der Nähe vom Gut Seedorf, der seine Namensgleichheit mit der Bundeshauptstadt gern durch Straßennamen („Unter den Linden", „Potsdamer Platz", „Kurfürstendamm" …) und berlintypische Straßenschilder unterstreicht. Und weil das Dorf urkundlich schon 1215 erwähnt wurde, ist das kleine Berlin sogar ein wenig älter als die große Stadt an der Spree.

2 km südwestlich von Berlin liegt eher unscheinbar das schon zur Gemeinde Travenhorst gehörende, ökologisch bewirtschaftete **Gut Kamp.** Hier ist Pferdeland, denn hier wurde durch das unermüdliche Engagement der Familie Isenberg das Schleswiger Kaltblutpferd vor dem Aussterben bewahrt. Diese schwergewichtigen Kaltblutpferde – im Volksmund auch „Brauereigäule" genannt – werden heute wieder als Rückepferde in der alternativen Forstwirtschaft geschätzt.

Ahrensbök

Die Gemeinde Ahrensbök – nach Kiel, Lübeck, Fehmarn die viertgrößte Gemeinde Schleswig-Holsteins – bildet den kaum beachteten Süden der Holsteinischen Schweiz. Eine Tour über die Sträßchen durch das hügelige Land rund um die Großgemeinde mit ihren 19 Dörfern lohnt, beispielsweise ins 5 km nordöstlich gelegene **Gießelrade.** Hier entspringt die **Trave,** eine Boje vor einer unscheinbaren Grünanlage erinnert daran. Gießelrade ist nur 12 km Luftlinie von der Ostsee entfernt, aber die Trave macht einen weiten Bogen über Bad Segeberg und Lübeck und erreicht erst nach 124 km in Travemünde das Meer.

Ahrensbök selbst, der namensgebende, wenig spektakuläre Ort mit 4300 Einwohnern, zeigt sich als kleinstädtischer Einkaufsort. Das war nicht immer so. Im späten Mittelalter war Ahrensbök wegen eines wundertätigen Marienbilds ein berühmter Wallfahrtsort. Einem Pilger, so erzählt die Legende, erschien auf dem Weg von Lübeck nach Plön im Wipfel einer großen Buche die heilige Jungfrau Maria. In der Buche wiederum befand sich ein Adlernest, was Aufschluss über die Entstehung des Ortsnamens gibt. Zunächst entstand hier eine kleine Kapelle, später ein Kloster.

Die **Marienkirche** erinnert an die Wallfahrtsvergangenheit. Die auch von innen backsteinerne Kirche mit ihrem neugotischen Holzgestühl ist leider nur zu Gottesdienstzeiten geöffnet. Durch die rückwärtigen Fenster lässt sich der Kirchenraum aber recht gut überblicken. Der rechteckige Westturm wurde 1760 angebaut. Auf dem Kirchhof finden sich zwei spätklassizistische Grüfte (um 1855).

Gut Seedorf: das stattlichste aller holsteinischen Torhäuser

Essen & Trinken **Bauernhof-Eis Steffens,** hier wird das mittlerweile regional bekannte Eis aus der Milch und Sahne hofeigener Kühe hergestellt (und in vielen Hofcafés der Region verkauft). Auch hier auf dem Hof, in der bäuerlich-modernen Eisstube mit großer Terrasse und im Garten verteilten Tischen können Besucher das Eis verkosten. **Hofcafé** März bis Anfang Okt. nur Sa/So 12.30–18 Uhr. Zudem gibt's im Hofladen Wurst, Käse, Marmelade usw., aber auch Geschenkartikel zu erwerben. Der **Hofladen** hat Mo–Sa 9–18 Uhr und So 12.30–18 Uhr geöffnet (Mi Ruhetag, im Winter auch So Ruhetag). Langendamm 3 (südl. von Ahrensbök Richtung Lübeck), ✆ 04525-5019997.

Kiel und die Eckernförder Bucht

Wie zwei Keile schieben sich die Kieler Förde und die Eckernförder Bucht bis in deren namensgebende Städte hinein und sorgen dort für maritimes Flair. Sie umschließen eine Halbinsel, den „Dänischen Wohld". Am nördlichen Ufer der Eckernförder Bucht schließt sich eine weitere Halbinsel an, genannt Schwansen.

Im Freilichtmuseum Molfsee ...

... kann man dem Alltag entfliehen. Südlich von Kiel, auf einem Hügelgelände mit Wiesen, Feldern, Teichen, warten Baudenkmäler aus Urgroßmutters Zeit auf ihre Entdeckung. Handwerker, die in ihren historischen Werkstätten die alten Künste pflegen, sogar ein echter Jahrmarkt und alte Nutztierrassen machen die Natur- und Kulturgeschichte des ländlichen Schleswig-Holsteins erlebbar.

Dass die 250.000-Einwohner-Stadt Kiel einmal eine malerische Hafenstadt war, kann man sich heute nur noch mit viel Fantasie vorstellen. Die Bomben des Zweiten Weltkriegs machten dem Idyll ein Ende. Dennoch ist Kiel ein bemerkenswertes kulturelles Zentrum und eine attraktive Stadt zum Shoppen geblieben.

Durch die breiten Straßen und die vor allem in der Nähe der Förde großzügige, mit schönen Grünanlagen durchsetzte Bebauung wirkt die Landeshauptstadt relativ entspannt und auch weitläufig. Dazu trägt bei, dass nicht nur die Einkaufsmeile der Stadt, sondern auch die breite Kiellinie – die 3,5 Kilometer lange Uferpromenade – den Fußgängern und Radlern vorbehalten ist. Darüber hinaus ist Kiels bunte Museumslandschaft unbedingt einen Besuch wert.

Weltbekannt wurde Kiel durch den **Nord-Ostsee-Kanal** (→ S. 262), der im Stadtnorden zwischen den Ortsteilen Wik und Holtenau in die Ostsee mündet. International hat der 99 km lange Kanal keinen so sperrigen Namen und heißt schlicht *Kiel Canal*. Er ist die meistbefahrene künstliche Wasserstraße der Welt. Auf der Aussichtsplattform der Holtenauer Schleuse können Sie also (fast) immer die ganz dicken Pötte beim Schleusen beobachten (→ S. 263).

Kiels Vororte sind nicht gerade ausgewiesene Schönheiten, sondern größtenteils von hastig hochgezogenen Zweckbauten geprägte Wohnviertel oder Industrie- und Gewerbegebiete. Schöne Ecken gibt es natürlich trotzdem, man muss sie aber suchen und findet sie vornehmlich an der Förde, insbesondere am Uferstreifen zwischen Friedrichsort und Schilksee. Ganz anders sieht es auf der Halbinsel **Dänischer Wohld** aus. Beginnend mit dem Ostseebad Strande finden sich hier einige versteckt gelegene, herrlich naturbelassene Badebuchten. Der Dänische Wohld endet in **Eckernförde,** das wegen seines lebendigen Hafenambientes und seines sich unmittelbar an die malerische Altstadt anschmiegenden Badestrandes für viele Gäste und Einheimische das schönste Ostseebad Schleswig-Holsteins ist.

Besuchenswert ist zudem die sich anschließende Halbinsel **Schwansen,** die ebenfalls mit einigen feinsandigen Stränden aufwarten kann und in ihrem Hinterland über viele für die Region so typische Gutsanlagen mit teils prachtvollen Herrenhäusern verfügt.

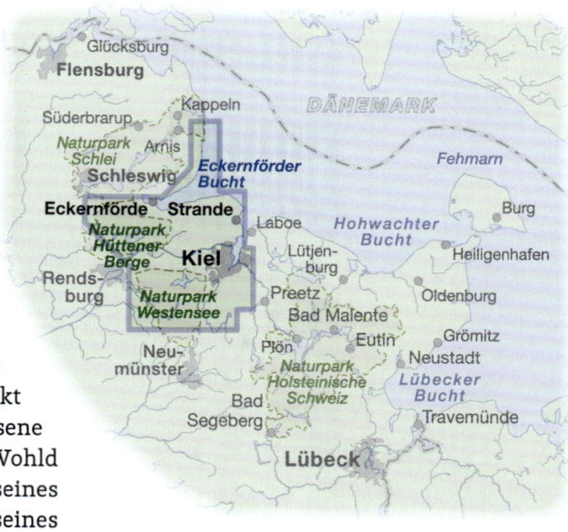

Was anschauen?

Kunsthalle zu Kiel: Dieses hochrangige Museum ist ein „Muss" für Kunstliebhaber. Zu sehen sind Meisterwerke des Expressionismus, aber auch Kunst des 19. Jahrhunderts. Ein weiterer Fokus der Sammlungen ist zeitgenössische Kunst. **→ S. 257**

Aquarium GEOMAR: Die 15 Schaubecken des Aquariums geben nicht nur einen Einblick in die heimische Unterwasserwelt, sie zeigen auch die Farbenpracht tropischer Korallenriffe. Und für Seehunde gibt es ein Außengehege. **→ S. 258**

Zoologisches Museum: Das Haus präsentiert eine riesige Sammlung an Präparaten von Tieren der Meere und der Lüfte, darunter Walskelette, Tiefseeorganismen und zahlreiche Vogelarten. **→ S. 259**

Was unternehmen?

Fördefährlinie: Mit dem öffentlichen Personennahverkehr können Sie unkompliziert und preisgünstig die Orte beiderseits die Kieler Förde per Schiff besuchen oder einfach eine kleine Seerundfahrt machen. **→ S. 269**

Bülker Leuchtturm: Der schwarz-weiß geringelte Turm und das dahinter liegende Stohler Kliff an der westlichen Einfahrt zur Förde sind ein schönes Ausflugsziel mit Weitblick. **→ S. 276**

Hüttener Berge: Für Radtouren und Wanderungen und vor allem für einen Panorama-Blick vom frei zugänglichen Aussichtsturm auf dem Aschberg empfiehlt sich ein Ausflug in diesen Naturpark. **→ S. 286**

Wo baden?

Strande: Das Dorf im Norden der Kieler Förde präsentiert sich als winziges Ostseebad samt Promenade, kleinem Hafen und einem schönen, von Strandkörben bestückten Badestrand. **→ S. 275**

Eckernförde: Das Ostseebad verfügt über flache Ufer und einen 4 km langen feinsandigen Strand, der unbeschwerte Badefreuden garantiert. **→ S. 288**

Aschauer Lagune: Ein herrlich einsamer, naturbelassener und feinsandiger Strandabschnitt, den man am besten von Lindhöft aus besucht. **→ S. 282**

Die Stadt an der Förde: Kiel

Kiel

In Kiel liegt das Fernweh vor Anker. Mammutfähren und Kreuzfahrtschiffe beherrschen das Stadtbild. Die Förde drückt der Landeshauptstadt ihren Stempel auf, die nicht nur von der Schifffahrt geprägt ist, sondern auch erstklassige Museen und beste Einkaufsmöglichkeiten bietet.

In Kiel gehören die großen **Ostseefähren,** die täglich nach Skandinavien auslaufen, zum festen Bild. Zudem laufen viele **Kreuzfahrtschiffe** die Stadt an. Mitten in der Stadt befindet sich daher Deutschlands größter Passagierhafen. Nicht nur der Ostseekai, auch der Schwedenkai und gegenüberliegend der Norwegenkai befinden sich hier im innersten Bereich der Förde, der „Hörn" genannt wird.

Stadtbummel

Die Fördestadt Kiel ist eine Großstadt. Doch trotz oder gerade wegen der Narben des Krieges sind nahezu alle Sehenswürdigkeiten in der sehr geräumig wirkenden Innenstadt verstreut und daher zu Fuß erreichbar.

Nur unmittelbar in dem durch Fußgängerzonen geprägten Stadtzentrum mit seiner alles überragenden Nikolaikirche wird es baulich etwas enger. Denn hier ist rund um den Alten Markt ein wenig historische Bausubstanz übrig geblieben.

Der **Alte Markt** selbst ist allerdings nach seiner umfangreichen Neugestaltung in den 1970er-Jahren ebenfalls ein moderner Platz geworden. Durch Glaspavillons mit heruntergezogenen Kupferdächern, in denen kleine Läden und Cafés untergebracht sind, hat er an Breite verloren; die Platzmitte ist abgesenkt und über Treppen und Rampen

zugänglich. Nur die angrenzende Dänische Straße kann noch mit einigen historischen Häusern aufwarten. Am Ende dieser Straße (gegenüber dem Schloss) grüßt die **Kilia,** die bronzene Stadtgöttin mit Lorbeerkranz und Ruder als Symbol kluger Staatsführung.

Keine 100 m hinter dem Alten Markt in nordwestlicher Richtung liegen etwas versteckt an der Falckstraße die wenigen Reste des ebenfalls dem Krieg zum Opfer gefallenen ehemaligen Franziskanerklosters (mit dem Grabstein Graf Adolfs IV., des Begründers der Stadt, gest. 1261). Heute befindet sich hier – im Turm der ehemaligen Klosterkirche – eine Seltenheit, nämlich eines der größten Musikinstrumente der Welt: ein 1999 von den Bürgern der Stadt gespendetes Glocken-

Kieler Umschlag

Jedes Jahr am Donnerstag vor dem letzten Wochenende im Februar wird im Kieler Stadtmuseum der legendäre Bürgermeister Asmus Bremer „geweckt". Anschließend wird die Stadtfahne (früher ein Eisenblech) am Turm der Nikolaikirche gehisst, und der Kieler Umschlag, heute ein mehrtägiges Volksfest, ist damit eröffnet.

Schon seit dem Mittelalter wurde dieser größte Geldmarkt des Nordens hier abgehalten. Zunächst 1431 als Freimarkt, auf dem einmal im Jahr die adeligen Grundbesitzer und Kaufleute ihre Immobilien- und Geldgeschäfte abwickelten bzw. Schulden zurückgezahlt wurden. Gaukler, Komödianten, Seiltänzer oder andere Schausteller sorgten schon damals für Belustigung und lockten weitere Besucher in die Stadt. Erst die immer häufiger werdenden Bankengründungen im späten 18. Jh. beendeten das Kerngeschäft des Kieler Umschlags, das volksfestartige Rahmenprogramm gibt es jedoch bis heute.

spiel, auch **Carillon** genannt. Täglich um kurz nach 12, 15 und 18 Uhr ertönen hier die 50 bespielbaren Bronzeglocken.

Vom Markt aus lohnt sich ein Spaziergang in östlicher Richtung, vorbei an dem nach Kriegszerstörungen im Stil der 1960er-Jahre neu errichteten Schloss hinunter zum Schifffahrtsmuseum und den Museumsschiffen an der Förde. Nördlich davon, noch hinter dem Ostseekai, schließt sich die **Kiellinie** an, wie Nordeuropas längste Uferpromenade offiziell heißt. Früher und für viele Einheimische nach wie vor ist sie einfach das „Hindenburgufer". Dieses führt zunächst vorbei an der Kunsthalle und ganz in der Nähe am Zoologischen Museum und an der Medizin- und Pharmaziehistorischen Sammlung sowie am Aquarium GEOMAR, die alle einen Besuch wert sind.

Wer lieber auf Shoppingtour geht, sollte vom Alten Markt aus in entgegengesetzter Richtung durch die Einkaufsmeile (Holstenstraße) schlendern. Die Holstenstraße, eine der ersten Fußgängerzonen Deutschlands (von 1953), mündet per Rolltreppe in den **Sophienhof**, der die größte Ladenpassage Norddeutschlands ist. An die Fußgängerzone grenzt nach Westen hin der von Wasserspielen gekrönte Europaplatz mit Kiels berühmter Sparkassen-Arena (früher Ostseehalle), die aus einer ehemaligen Flugzeughalle entstanden ist. Bekannt ist die Halle durch die dort stattfindenden Musik- und Sportveranstaltungen.

Ganz in der Nähe liegen die **Oper** (von 1907) und das mächtige **Rathaus** (von 1911), beides Jugendstilbacksteingebäude, die nach den Kriegszerstörungen wiederaufgebaut wurden. Der frei stehende, 106 m hohe *Uhrenturm*, der den repräsentativen Rathausplatz beherrscht, erinnert ein wenig an den Campanile der Markuskirche von Venedig und die Turmglocken erklingen weltmännisch im Westminsterschlag. Von der Aussichtsplattform auf 67 m Höhe hat man einen sensationellen Blick über die ganze Stadt bis weit hinaus auf die Ostsee (Turmbesichtigung per Fahrstuhl → S. 271).

Nördlich der Altstadt grenzt der von Grünanlagen umgebene, zweigeteilte Innenstadtsee **Kleiner Kiel** an, der zu Spaziergängen einlädt. Im östlichen

Historische Segelschiffe an der Kiellinie

Kiel und die Eckernförder Bucht → Karte S. 249

Parkteil, dem *Ratsdienergarten*, erinnert seit 1982 die beeindruckend große, moderne Skulptur *Wik* (oder *Feuer aus den Kesseln*) an den Kieler Matrosenaufstand von 1918. Ein kleines Stück weiter erinnert seit 2016 die Allee der Nobelpreisträger mit Porträtbüsten an die sieben Kieler Nobelpreisträger; u. a. an den Altertumswissenschaftler Theodor Mommsen (1817–1903) und den Physiker Max Planck (1858–1947). An letzteren erinnert auch ein Gedenkstein vor dem Hochhaus der Landesbank am Kleinen Kiel (Küsterstr. 27), dort stand einst das Geburtshaus Plancks.

Direkt am Ende der Kieler Förde, dem **Hörn,** befinden sich die Kaianlagen des Passagierhafens. Kreuzfahrtschiffe und Mammutfähren liegen hier zum Greifen nahe. Über diesen untersten Fördezipfel spannt sich (in der Nähe des Hauptbahnhofs) die schmale Hörnbrücke. Das ist eine gut 100 m lange *Dreifeld-Klappbrücke* (Fußgängerbrücke), deren Mechanismus in Aktion ein faszinierender Anblick ist. Im Hintergrund ragen die mächtigen Krananlagen der früheren HDW-Werft (jetzt ThyssenKrupp Marine System) in den Himmel. Die Werft ist nach wie vor einer der größten Arbeitgeber der Stadt.

Stadtgeschichte

Der mittelalterliche Name *tom kyle* beschreibt die Lage Kiels an der Förde, die sich wie ein **Keil** in das Land schneidet und für die Errichtung eines sturmsicheren Hafens geradezu prädestiniert war. Der heutige Innenstadtsee, *Kleiner Kiel* genannt, der sich halbkreisförmig vom Rathausplatz bis zum Schlossplatz zieht, hatte ursprünglich einen Zugang zur Förde und begrenzte mit dieser eine natürliche Halbinsel, auf der ab 1233 die Stadt erbaut wurde.

Stadtgründer war wie bei vielen anderen Orten an der Küste auch der Schauenburger Graf Adolf IV. Im Alter beschloss er, sein Leben als Mönch zu beschließen und trat in das von ihm erbaute Kieler Franziskanerkloster ein.

1242 erhielt der Ort Stadtrechte. Von 1284 bis 1518 war Kiel Mitglied der

Hanse, konnte jedoch im Wettbewerb mit Lübeck und Hamburg nicht mithalten und verarmte mit der Zeit, sodass es 1469 sogar an Lübeck verpfändet wurde. Der langsame Aufschwung begann, als Herzog Christian Albrecht 1665 in Kiel (und nicht etwa in Lübeck) in den Räumen des ehemaligen Franziskanerklosters die erste Universität im Norden gründete und somit hier das geistige Zentrum des Landes entstand. Höfische Pracht kam jedoch erst in die Stadt, als Herzog Friedrich von Holstein-Gottorf Kiel 1727 zu seiner Residenzstadt wählte. Friedrich war mit der Tochter Zar Peters des Großen verheiratet, und sein 1728 in Kiel geborener Sohn bestieg später als Zar Peter III. den russischen Thron.

Mit der ziemlich gemächlichen Entwicklung der Stadt war es ab Mitte des 19. Jh. schlagartig vorbei. Kiel wurde zur Industriestadt, es entstanden Fabriken und v. a. Werften, und es wurden bedeutende Erfindungen rund um die Schifffahrt gemacht. So gelang Wilhelm Bauer (1822–1875) im Jahr 1850 der Bau des ersten deutschen U-Boots, und zu Beginn des 20. Jh. entwickelte Alexander Behm (1880–1952) das Echolot und Hermann Anschütz-Kaempfe (1872–1931) den Kreiselkompass. Später entstand in Kiel der erste Heckfänger für den Hochseefischfang und der erste europäische Atomfrachter, die „Otto Hahn". Dass Prinz Heinrich von Preußen, Bruder des Kaisers, in Kiel 1908 das Patent für den Scheibenwischer anmeldete, hat zwar auch etwas mit Wasser zu tun, darf aber als Anekdote verbucht werden, wenngleich dies den Kieler Erfindungen im wahrsten Sinne des Wortes die Krone aufsetzt.

Bronzene Stadtgöttin: Kilia

Das nach den Freiheitskämpfen mit Dänemark preußisch gewordene Kiel wurde 1871 als Mittelpunkt der kaiserlichen Flotte **Reichskriegshafen.** Für den bedeutenden Flottenstützpunkt wurden gleich vor Ort die Schlachtschiffe gebaut. Weitere Arbeitsplätze entstanden für die übrige aufblühende Werftindustrie, und aus ganz Schleswig-Holstein strömten die Menschen in die Stadt. Als 1895 der *Kaiser-Wilhelm-Kanal* (heute Nord-Ostsee-Kanal) von Seiner Majestät höchstselbst feierlich eröffnet wurde, war die Kaiser- und Kiel-Euphorie perfekt, und der Aufschwung der Stadt schien unaufhaltsam. Doch das Ende nahte schon 1918. Nach den verlorenen Schlachten des Ersten Weltkriegs brach auf einem der Kriegsschiffe im Kieler Hafen eine Meuterei aus. Der Matrosenaufstand vom November 1918 löste einen Flächenbrand aus, der zur Abdankung von Wilhelm II. und zum baldigen Ende des Krieges führte.

Im Zweiten Weltkrieg war Kiel ebenfalls Marinestützpunkt. Doch Militäranlagen sind Angriffsziele, und so wurde die Stadt in über 90 Bombenangriffen weitgehend zerstört. Im Rahmen des Wiederaufbaus nach dem Krieg entstand ein neues Kiel, in dem nach wie vor dem Hafen mit mehr als 2,3 Mio. Passagieren im Fähr- und Kreuzfahrtverkehr und 7 Mio. Tonnen Güterumschlag eine zentrale Rolle zukommt. 1946 wurde Kiel die Landeshauptstadt des neu geschaffenen nördlichsten Bundeslandes. Damit erhielt Kiel eine führende politische Stellung, die es in seiner Geschichte bis dahin nie eingenommen hatte.

Sehenswertes

Nikolaikirche

Diese dreischiffige gotische Backsteinhallenkirche aus dem 13. Jh. bildet seit jeher den Mittelpunkt der Altstadt. Sie wurde durch die Bombenangriffe fast vollständig zerstört, aber teilweise im alten Stil wiederaufgebaut. Nur direkt am Eingang der Kirche, und zwar im Durchgang zwischen der Turmhalle und der Seitenkapelle, sind einige Freskenreste aus dem frühen 15. Jh. erhalten geblieben. Von innen wirkt St. Nikolai eher sachlich und schlicht, beherbergt aber einige bemerkenswerte Kunstschätze.

Der Blick fällt zunächst auf den wertvollen **spätgotischen Schnitzaltar** eines unbekannten Meisters von 1460. Aufgeklappt zeigt er prächtig geschnitzte Szenen aus dem Leben Jesu. Im Chor hängt ein monumentales, 6 m hohes Triumphkreuz von 1490. Die vier Enden der Kreuzbalken zieren die Evangelisten-Symbole Engel, Löwe, Adler und Stier. Den Sieg des Lebens über den Tod symbolisieren die aus dem Kreuz sprießenden Blumen. Die reich beschnitzte Kanzel am linken Seitenschiff stammt aus dem Jahr 1705. Sie wird getragen von einer lebensgroßen Holzfigur des Moses, der die Gesetzestafeln in den Händen hält. Ein weiteres Meisterwerk ist die von Johann Apengeter schon im Jahr 1344 erschaffene **Bronzetaufe** in der rechten Seitenkapelle. Sie gilt als eines der vollkommensten Werke des monumentalen Bronzegusses und wird von vier sitzenden Löwen getragen (die als Wächter des Sakraments der Heiligen Taufe zu verstehen sind). Über dem Mittelgang hängen zwei Messingkronleuchter aus dem 17. Jh. Bei näherer Betrachtung sind in der Mitte die Figuren der zwölf Apostel und eine bekrönte Pelikangruppe zu erkennen. Der Pelikan, der sich für das Leben seiner Kinder opfert, indem er sie mit seinem eigenen Blut ernährt, ist Sinnbild für den Opfertod Jesu. Vor der Kirche befindet sich eine große Bronzeplastik von Ernst Barlach (1870–1938). Sie heißt „Geistkämpfer" und zeigt einen schwerttragenden Engel, der als Symbol für den Sieg des Guten über das Böse ruhig und gefasst auf dem Rücken einer Bestie steht.

▪ Mo–Sa 10–18 Uhr.

Ernst Barlach: Geistkämpfer

Tirpitzhafen: Heimathafen der Gorch Fock

Kieler Schloss

Darüber, ob das Schloss wirklich sehenswert ist, kann man streiten. An der Stelle einer 1260 erstmals erwähnten Burg und auf dem Fundament des im Zweiten Weltkrieg zerstörten Renaissance-Schlosses von 1568 steht der Neubau aus den 1960er-Jahren. Lediglich der **Rantzaubau,** ein vergleichsweise schmuckloser Westflügel der Schlosserweiterung von 1697, hat dem Bombardement getrotzt. 2003 verkaufte das Land Schleswig-Holstein das Schloss, das seither hauptsächlich als Veranstaltungssaal für Konzerte genutzt wird. Im Schlossgarten, heute ein kleiner Stadtpark, stehen drei **Denkmäler.** Zwei davon stammen aus der Kaiserzeit. Eines zeigt Kaiser Wilhelm I. zu Pferde, ein anderes aus Naturstein erinnert an den Sieg über Frankreich im Krieg von 1870/71. Das dritte, etwas modernere Denkmal liegt ein wenig versteckt auf einer Anhöhe (nahe Kunsthalle) und ist den Gefallenen des Ersten Weltkriegs gewidmet.

Gorch Fock

Der weltbekannte Windjammer ist Nationalsymbol und Sympathieträger zugleich. Seit seinem Stapellauf 1958 ist er Segelschulschiff der Bundesmarine. Die Dreimastbark von knapp 90 m Länge und mit rund 2000 m² Segelfläche zierte sogar einst den alten 10-DM-Schein der Bundesrepublik, um so etwas wie Weltoffenheit zu symbolisieren. Das stolze Schiff hat seinen Heimathafen in Kiel und verdankt seinen Namen dem Hamburger Schriftsteller Johann Kinau (1880–1916), dessen Künstlername *Gorch Fock* war und der im Ersten Weltkrieg in einer Seeschlacht am Skagerrak starb. Etwa 300 Tage im Jahr ist die „Gorch Fock“ mit 83 Mann Stammbesatzung und bis zu 138 Offiziers- und Unteroffiziersanwärtern als Botschafterin der Bundesrepublik auf den Weltmeeren unterwegs. In der übrigen Zeit liegt sie an der Außenmole des Kieler Tirpitzhafens und ist vom Hindenburgdamm aus gut zu sehen.

Die Kieler Woche

Das **größte Segelsportereignis der Welt** wird seit 1882 ausgetragen. Alljährlich Ende Juni kämpfen für neun Tage über 5000 Aktive aus 50 Nationen um Seglerehren in 40 Disziplinen mit 400 Regatten. Der Segelmarathon ist mit jährlich etwa 3 Mio. Besuchern zugleich das **größte Volksfest in Nordeuropa.** Kiel befindet sich dann gewissermaßen im Ausnahmezustand. Die Uferpromenade Kiellinie verwandelt sich mit zahlreichen Straßenveranstaltungen in eine „Spiellinie", auf der ein Querschnitt des kulturellen Schaffens im Ostseeraum dargeboten wird. Im Stadtzentrum werden auf dem *Internationalen Markt* Kunstgewerbeprodukte und kulinarische Spezialitäten aus aller Herren Länder angeboten. Alles ist übervoll, fast im ganzen Innenstadtbereich steht eine Bude neben der anderen. Seinen Höhepunkt findet die Kieler Woche in der großen **Windjammerparade** am letzen Junisamstag und natürlich mit dem großen Feuerwerk, das sonntags kurz vor Mitternacht gezündet wird. Die beste Sicht auf das Segelspektakel hat man vom Hindenburgufer aus.

- Infos unter kieler-woche.de.

Kiel und die Eckernförder Bucht → Karte S. 249

2012 begann für das berühmte Schulschiff eine wahre Odyssee. Trotz einer Generalüberholung kurz zuvor wurden noch einmal Reparaturen für 10 Mio. Euro notwendig. Doch schon 2015 waren die Schäden wieder so gewaltig, dass die Marine eine Grundinstandsetzung für weitere knapp 10 Mio. Euro beschloss – die Kosten stiegen jedoch explosionsartig auf 135 Mio. Euro. Untreue- und Korruptionsvorwürfe kamen auf, in deren Folge die beauftragte Werft Insolvenz anmelden musste. Vor allem aber wurde das Vorzeigeschiff zu einem Imageproblem für die Marine. Erst 2021 konnte die Gorch Fock wieder in ihren Heimathafen zurückkehren.

Museen und Ausstellungen

Kiel kann eine erstaunliche Vielfalt an sehenswerten Ausstellungen präsentieren. Dies hat die Stadt v. a. dem Museumsverbund „museen am meer" zu verdanken, der, getragen von der Christian-Albrechts-Universität, dem Geomar-Helmholtz-Zentrum für Ozeanforschung und der Stadt Kiel, die neun größten Museen der Stadt betreut (Info unter kiel.de). Diese Museen liegen alle in Fördenähe und sind daher problemlos von der Innenstadt aus fußläufig zu erreichen (und kosten oft keinen oder nur einen moderaten Eintritt).

Schifffahrtsmuseum Fischhalle (mit Museumsbrücke)

Es gibt wohl keinen besseren Ort, um die maritime Geschichte einer Stadt darzustellen, denn das Museum befindet sich unmittelbar am Kieler Hafen in der markanten alten Fischmarkthalle mit ihrem Spitzbogendach von 1910. Wo früher fangfrischer Fisch verkauft wurde, informieren heute Schiffsmodelle, historische Fotos und nautische Instrumente über die **Geschichte der Seefahrt.** Unterteilt ist die Ausstellung in vier Themenbereiche, die Kiel als Hafenstadt, Marine- und Werftstandort und als Stadt des Segelsports darstellen.

Zu sehen gibt's auch Modelle der „Gorch Fock" und des „Brandtauchers", des ersten deutschen U-Boots (1850), welches allerdings beim Probetauchen in der Förde sank. Ein Modell des (sehr geheimen) U-Boots der Klasse 212 A zeugt davon, dass der U-Boot-Bau in der Stadt Tradition hat (diese von außenluftunabhängigen Brennstoffzellen angetriebene U-Boot-Klasse wird auf der gegenüberliegenden Seite des Museums in der TKMS-Werft gebaut).

An der benachbarten **Museumsbrücke** sind **drei Oldtimerschiffe** vertäut und zu besichtigen: Der schon 1905 gebaute Dampfeisbrecher und Tonnenleger „Bussard" ist mit 40 m Länge das größte Schiff der kleinen Museumsflotte. Wer die steile Leiter unter Deck hinabsteigt, hat den Eindruck, als habe die Mannschaft soeben erst das Schiff verlassen. Das daneben vertäute Feuerlöschboot „Kiel" lief im Kriegsjahr 1941 vom Stapel und war immerhin bis 1985 im Einsatz. Nicht zu übersehen ist auch der Seenotrettungskreuzer „Hindenburg", der ebenfalls im Zweiten Weltkrieg, nämlich 1944, gebaut wurde und bis zu seiner Außerdienststellung Ende der 1970er-Jahre mehr als 800 Menschen das Leben rettete. Zudem liegt am Kai ein interessanter Nachbau (von 1991) einer vor 60 Jahren in der Wesermündung gefundenen Kieler Hansekogge von 1380.

■ Di–So 10–18 Uhr. Eintritt frei. Im Winterhalbjahr geschlossen. Museumscafé „Der Alte Mann" (→ S. 273) vor Ort. Wall 65. ✆ 0431-901-3428. Die Hansekogge wird von einem eigenen Förderverein betreut (hansekogge.de).

Stadtmuseum Warleberger Hof

100 m entfernt vom Alten Markt in Richtung Schloss ist in den historischen Räumen des ältesten noch erhaltenen Adelshauses das Stadtmuseum untergebracht. Das Haus wurde 1616 erbaut, aber mehrfach verändert. Es besitzt noch sein ursprüngliches Kellergewölbe, in dem der mittelalterliche Herd und ein Zisternenbrunnen komplett erhalten geblieben sind. Im Keller ist eine ständige Ausstellung zur Kieler Stadtarchäologie zu sehen. In den beiden übrigen Geschossen werden in teilweise stuckverzierten Salonräumen Wech-

Kiels alte Fischmarkthalle: heute das Schifffahrtsmuseum

Werke von Weltrang: Kunsthalle zu Kiel

Kiel und die Eckernförder Bucht → Karte S. 249

selausstellungen zur Stadt- und Kulturgeschichte des 19. und 20. Jh. gezeigt.

▪ Di–So 10–18 Uhr. Eintritt frei. Dänische Str. 19, ✆ 0431-901-3425.

Stadtgalerie Kiel

Die im neuen Rathaus (die ehemalige Oberpostdirektion) untergebrachte, 1988 gegründete Stadtgalerie versteht sich mit ihren wechselnden Ausstellungen als Forum für Gegenwartskunst. Lediglich die Bilder Heinrich Ehmsens (1886–1964), eines in Kiel geborenen Malers der zweiten expressionistischen Generation, werden ständig präsentiert, denn eine nach ihm benannte Stiftung ist der Stadtgalerie angeschlossen. Eine Besonderheit ist die in der Stadtgalerie untergebrachte **Stadtbilderei.** Unter dem Motto „Warum Kunst immer nur im Museum erleben?" können hier etwa 1200 zeitgenössische Werke von Kunstinteressierten gegen eine geringe Gebühr für einige Wochen oder Monate ausgeliehen werden.

▪ Di/Mi und Fr 10–17 Uhr, Do bis 19 Uhr, Sa/So 11–17 Uhr. Eintritt frei. Andreas-Gayk-Str. 31, ✆ 0431-901-3400 und ✆ 901-3412 (Stadtbilderei).

Kunsthalle zu Kiel

Die Kunsthalle ist mit 2000 m² Ausstellungsfläche das größte Museum der Landeshauptstadt. Das am Schlossgarten stehende Gebäude aus dem Jahr 1909 mit seinem Treppenhaus aus den 1950er-Jahren und dem lichtdurchfluteten Erweiterungsbau von 1986 sowie einem gläsernen Eingangsbereich (von 2012) bildete lange einen angemessenen Rahmen für eine außergewöhnliche Sammlung von 1200 Gemälden und 300 Skulpturen. Die Galerie verfügt zudem über rund 40.000 Zeichnungen, Aquarelle und druckgrafische Blätter von der Dürerzeit bis heute. Schwerpunkt dabei ist die Kunst des 19. und 20. Jahrhunderts. Aus diesem reichen Fundus wurden jährlich wechselnde Präsentationen gezeigt. Nun aber muss das Gebäude für 50 Mio. Euro grundlegend saniert werden und bleibt daher bis 2028 geschlossen – dann erst werden auch die Höhepunkte der bereits 1854 begründeten Sammlung wieder zu sehen sein. Dies sind vor allem die expressionistischen Werke verschiedener **Brücke-Künstler** (Kirchner, Heckel, Schmidt-Rottluff, Pechstein) und natürlich die Arbeiten Emil Noldes (1867–1956). Von dessen Arbeiten befinden sich acht Originale im Besitz des Museums.

■ Bis 2028 geschlossen, Düsternbrooker Weg 1, kunsthalle-kiel.de.

Antikensammlung

Im gleichen Gebäude, in dem auch die Kunsthalle untergebracht ist, befindet sich auch die Antikensammlung, die Einblicke in die Kunst- und Kulturgeschichte der Antike vom 2. Jahrtausend v. Chr. bis in die römische Kaiserzeit gewährt. Auch sie bleibt bis 2028 geschlossen. Nach der Wiedereröffnung kann man diese eindrucksvolle Sammlung der bedeutendsten antiken Skulpturen wieder bestaunen, bei denen es sich größtenteils um Gipsabdrücke aus der Zeit um 1840 handelt. Deren besonderer dokumentarischer Wert besteht darin, dass sie den Zustand der Kulturdenkmäler vor ihrer Beschädigung durch die starken Umwelteinflüsse zeigen.

Original hingegen und weiterer Schwerpunkt der Sammlung sind die zahlreichen antiken Tongefäße aus dem 6. bis 4. Jh. v. Chr., die mit ihren lebendigen Darstellungen von den griechischen Göttern und Helden berichten.

Die schon 1843 eröffnete Ausstellung verdankt ihre Entstehung dem Kieler Professor für Altertumskunde Peter Wilhelm Forchhammer (1801–1894), der weniger eine akademische Lehrsammlung als vielmehr eine öffentliche Schausammlung und Stätte der Kunst schaffen wollte. Der Professor hält im Übrigen einen kaum schlagbaren Rekord, hat er doch stolze 65 Jahre an der Christian-Albrechts-Universität gelehrt.

■ Bis 2028 geschlossen. Düsternbrooker Weg 1, antikensammlung-kiel.de.

Aquarium GEOMAR

Nicht so kommerziell ausgerichtet wie das „Sea Life" in Timmendorfer Strand oder das „Meereszentrum" auf Fehmarn und mit 15 schönen Schaubecken etwas kleiner (und vom Eintrittspreis her deutlich günstiger). Das an der Uferpromenade gelegene Aquarium des Ozeanforschungszentrums GEOMAR versteht sich vor allem als Schaufenster für die Lebensräume von Nord- und Ostsee, aber auch für exotische Meeresbewohner.

Empfangen wird der Besucher, ohne schon Eintritt zahlen zu müssen, von zwei **Seehundbecken,** in denen die Robben durch Glasscheiben auch bei ihren Tauchgängen beobachtet werden können. Bei der Fütterung täglich um 10 und 14.30 Uhr kann ebenfalls jeder zuschauen (außer freitags, da müssen die Seehunde fasten). Im Gebäude selbst sind in zwei großen, offenen Schaubecken und weiteren Aquarien die häufigsten Fischarten und wirbellosen Tiere der heimischen Meere zu sehen. Auf umfangreiche Erklärungen mittels Schautafeln wird aber weniger Wert gelegt. Einen farbigen Kontrast zu den Fischen der kalten Meere bieten Aquarien des Mittelmeeres und kleine Tropenbecken mit ihrer bunten Vielfalt. Ein Höhepunkt des Aquariums ist das Rundbecken, in dem ein **Heringsschwarm** unentwegt über im Sand eingegrabene Schollen und Seezungen seine Kreise zieht. Auf diese Weise legt der Schwarm im Jahr etwa 10.000 km zurück, also mehr als 1 km/h.

An der Pier gegenüber dem Aquarium liegt die Flotte der vier blau-weiß-orangen Forschungsschiffe des GEOMAR, sofern die Schiffe nicht gerade auf den Meeren dieser Welt im Einsatz sind.

■ Ganzjährig 9–18 Uhr. Eintritt 3 €, Kinder ab 6 J. 2 €, Familien 9 €. Nur Barzahlung. Kiellinie/Düsternbrooker Weg 20 (hier gibt es leider kaum Parkmöglichkeiten), ✆ 0431-6001637, aquarium-geomar.de.

Zoologisches Museum

Das Museum am Schlossgarten ist residiert einem vom Berliner Architekten Martin Gropius (1824–1880) geplanten Gebäude, dessen Mittelpunkt eine lichtdurchflutete Halle mit galerieartigen Rundgängen bildet. Schon zur Gründungszeit konnte das auch für Kinder interessante Museum nur einen kleinen Teil der in drei Jahrhunderten zusammengetragenen **Tierpräparate** präsentieren (heute 600.000 Objekte). Die Ausstellung liefert einen Querschnitt durch die Vielfalt der Tierarten und deren Evolution. Die bunte Auswahl an Exponaten reicht vom Bandwurm über ausgestopfte Raubkatzen bis hin zu Deutschlands artenreichster Präsentation von Wal-Präparaten und -skeletten – 13 Originalskelette sind zu sehen, darunter das eines jungen vor Sylt gestrandeten Blauwals und das unter der Hallendecke aufgehängte Skelett eines 14 m langen Pottwalbullen, der einst bei Büsum an Land gespült wurde. Eine zoologische Kostbarkeit ist ein Exemplar des um 1850 ausgestorbenen *Riesenalkes*, den man auch „Pinguin der Nordhalbkugel" nannte. Das Museum zeigt überdies Hunderte von weiteren Vogelpräparaten und eine interessante Schmetterlingssammlung. Sehenswert sind auch die beiden in Zusammenarbeit mit dem GEOMAR entwickelten Dauerausstellungen zu den Themen „Tiefsee" (mit einem präparierten Riesenkalmar von 3 m Länge) und „Ozean der Zukunft" (mit der Darstellung aktueller Erkenntnisse der Meeresforschung).

▪ Di–Fr 9–17 Uhr, Sa 10–17 Uhr, So 12–16 Uhr. Eintritt 4 €, Kinder 6–16 J. 2 €, Familien 10 €. Hegewischstr. 3, ✆ 0431-880-5180, zoologisches-museum.uni-kiel.de.

Medizin- und Pharmaziehistorische Sammlung

Die bemerkenswerte Sammlung ist in einem zweiten Gropius-Bau gleich neben dem Zoologischen Museum untergebracht. Man taucht ein in ein Gewirr aus vielen verwinkelten Räumlichkeiten, durch das man teilweise vom

Martin-Gropius-Bau: Medizin- und Pharmaziehistorische Sammlung

Personal (meist studentische Hilfskräfte) fachkundig begleitet wird. Die Ausstellungsstücke, die einen zeitlichen Bogen von der römischen Kaiserzeit bis zum 20. Jh. schlagen, sind allesamt noch funktionstüchtig und illustrieren auf prägnante Weise den raschen Wandel in Medizin und Pharmazie. Ausgestellt ist beispielsweise die berühmte **Eiserne Lunge,** die 1929 vom amerikanischen Ingenieur Philip Drinker entwickelt wurde und die Beatmung vollständig gelähmter Patienten ermöglichte. Sie besteht aus einer Metallkammer, die den Körper des Kranken bis zum Hals einschließt. Rhythmisch abwechselnder Über- und Unterdruck presst die Lunge zusammen bzw. dehnt sie auseinander.

Zu den eher makaberen Attraktionen zählt eine geburtshilfliche Lehrsammlung krankhafter Beckendeformationen aus dem 19. Jh. und v. a. ein Sektionsraum mit 500 gerichtsmedizinischen und **pathologischen Feuchtpräparaten,** darunter so Delikates wie Hauttätowierungen. Darüber hinaus ist zu bewundern: ein Kräuterbuch von 1684, die Ausstattung von Apotheken-Arbeitsräumen aus vorindustrieller Zeit, die Ausstattung von Arztpraxen im Zeitraum von 1890 bis 1960, eine Bestrahlungsapparatur zur Röntgentiefentherapie von Tumoren (1931) und ein komplett installiertes Elektronenmikroskop (1951).

▪ Di–Fr 10–16 Uhr, So 12–16 Uhr (Mo und Sa geschlossen). Eintritt 3 €, erm. 1 €, Kinder unter 12 J. frei. Brunswiker Str. 2, ✆ 0431-880-5721, med-hist.uni-kiel.de.

Botanischer Garten

Ein Tipp für Pflanzenliebhaber: Der etwas außerhalb des Stadtzentrums auf dem Universitätsgelände (Biologiezentrum) gelegene botanische Garten der Universität (über den Westring erreichbar) ist so gästefreundlich und ereignisreich gestaltet wie kaum ein anderer. Kein Wunder, wurde er doch erst 1985 neu angelegt. Es ist seit 1669 bereits der fünfte Standort einer derartigen Anlage in Kiel.

Backsteinpracht: Opernhaus und Rathausturm

Auf 8 Hektar beherbergt er rund 14.000 Pflanzenarten aus aller Welt. Vorbei an einem nordamerikanischen Wäldchen führt der Rundweg durch Moor, Heide und durch Dünenlandschaft hin zur Vegetationszone des Mittelmeerraumes. Ein 10 m hoher Hügel aus Kalksteinfelsen bildet einen Steingarten mit Pflanzen aus allen Gebirgsregionen dieser Welt, von hier aus gelangt man hinein in ein chinesisches Gehölz. Besonders attraktiv ist die größte öffentlich zugängliche **Gewächshausanlage** Schleswig-Holsteins, in der es mal tropisch warm und feucht, mal wüstenhaft heiß ist. Im Afrikahaus stehen beispielsweise verknöcherte, über 500 Jahre alte Flaschenbäume, die nur eine kurze Zeit im Jahr Blätter tragen und deswegen meistens kahl sind. Zahlreiche Schautafeln und gelegentliche Sonderausstellungen informieren über Bemerkenswertes, beispielsweise darüber, dass die Vanille die einzige Orchideenart ist, die von den Menschen kulinarisch genutzt wird.

■ Ganzjährig ab 9 Uhr geöffnet, Schließzeiten: April–Sept. 18 Uhr, März und Okt. 17 Uhr, Nov.–Feb. 15 Uhr. Eintritt frei. Im Sommerhalbjahr an jedem 1. So im Monat um 11 Uhr kostenlose Führungen. Zufahrt über die Olshausenstraße zum Parkplatz Bremerskamp oder (für Gehbehinderte) besser auf dem Parkplatz am Physikzentrum (Leibnitzstraße); dort werktags bis 16 Uhr die Zufahrt beim Pförtner erbitten (am Wochenende ist die Schranke ohnehin geöffnet). Am Botanischen Garten 1 (Zufahrt über Leibnizstraße), ✆ 0431-880-4275, botanischer-garten.uni-kiel.de.

Alter Botanischer Garten

Auch der 1884 eröffnete alte Botanische Garten ist erhalten geblieben und zeigt sich heute als ein 2,5 Hektar großer **Innenstadt-Park** mit herrlichem altem Baumbestand samt historischem Aussichtspavillon wie auch Topf- und Gartenhaus (hinter dem Aquarium GEOMAR).

■ Ganzjährig geöffnet. Eingänge Düsternbrooker Weg oder Schwanenweg. Eintritt frei.

Industriemuseum Howaldtsche Metallgießerei

Ganz in der Nähe der Fachhochschule am Ostufer der Förde ist die an der Schwentinemündung erbaute **Gießerei** das älteste noch erhaltene Gebäude der gründerzeitlichen Werftindustrieentwicklung. In der 1884 erbauten und knapp 100 Jahre später stillgelegten Werkstatt wurden v. a. jene Gegenstände der Schiffsausrüstung hergestellt, die aus Kupfer, Bronze oder Messing bestanden, also beispielsweise Bullaugen, Armaturen, Schalttafeln, Hebel und Beschläge. Seit 2007 ist in der denkmalgeschützten quadratischen Produktionshalle ein Museum eingerichtet. Anhand von Dokumenten und Schautafeln werden Industrie- und Sozialgeschichte der Werft und des Industrievororts Dietrichsdorf aufgezeigt. Zum Teil wurden die alten Arbeitsplätze wieder hergerichtet, außerdem wird mit einer modernen Kleingussanlage der Gussvorgang wieder anschaulich gemacht.

■ Museumsbetrieb nur März–Okt. Sa 14–18 Uhr. Separate Gruppenführungen möglich. Eintritt frei. Grenzstr. 1 (Kiel-Dietrichsdorf), ✆ 0431-9013466, kiel.de.

Computermuseum

Alte Computer sind nicht zwangsläufig Schrott. Der Schätzwert der europaweit einmaligen Sammlung mit ihren 1500 Exponaten beträgt sagenhafte 25 Mio. Euro. Gegenüber dem Campus der FH Kiel wird seit 2011 in einem ehemaligen Bunker auf 800 m² die Entwicklung des Computerzeitalters vom raumfüllenden Großrechner aus den 1960er-Jahren bis zum PC der 2000er-Jahre dokumentiert. Als besondere Kostbarkeit besitzt das Museum programmgesteuerte **Rechenmaschinen** des deutschen EDV-Pioniers Konrad Zuse (1910–1995), der den ersten funktionsfähigen Computer der Welt gebaut hat.

■ Nur Sa/So 14–18 Uhr. Kostenlose Führungen am ersten Sa im Monat um 15.15 Uhr. Eintritt

Kiel und die Eckernförder Bucht → Karte S. 249

6 €, erm. 4,50 €. Kiel-Dietrichsdorf (gegenüber dem Mediendom), Eichenbergskamp 8, ✆ 0431-210-1741, computermuseum.fh-kiel.de.

Mediendom

In einer Art **digitalem Theater** mit 360-Grad-Projektionskuppel wird auf dem Gelände der Fachhochschule den Geheimnissen des Weltalls unterhaltsam und zugleich wissenschaftlich fundiert nachgegangen. Ein künstlicher Sternenhimmel im Mediendom sorgt für die entsprechende Atmosphäre. Die Kuppel mit einem Durchmesser von 9 m verfügt über 64 Sitzplätze; hier werden zahlreiche Vorführungen wie „Der Sprung ins All – Abenteuer Raumfahrt" oder „Planeten – Expedition ins Sonnensystem" präsentiert. Es gibt aber auch ein reichhaltiges Kultur- und Unterhaltungsprogramm (z. B. „Queen Heaven") sowie ein Kinderprogramm (z. B. „Sonne, Mond und Sterne", „Abenteuer Planeten" oder „Lars, der kleine Eisbär"). Ohne das Engagement vieler ehrenamtlicher Helferinnen und Helfer wären die kurzweiligen Veranstaltungen nicht möglich.

■ Vorführungstermine Mi–So 15, 16.30, 18, 19.30 und 21 Uhr, So auch 13.30 Uhr. Eintritt je nach Veranstaltung 7–11 €. Campus der Fachhochschule in Kiel-Dietrichsdorf (am Förde-Ostufer Richtung Heikendorf, gut beschildert), Sokratesplatz 6, ✆ 0431-210-1741. Tickets 30 Min. vor Veranstaltungsbeginn im Mediendom; im Servicebüro der Kultlurinsel Dietrichsdorf (Schwentinestr. 26, aber nur Di und Do/Fr 9–11 Uhr und Di 15–17 Uhr) – oder online unter mediendom.de.

NOK – die meistbefahrene Wasserstraße der Welt

1895 erfüllte sich ein lange gehegter Traum: Kaiser Wilhelm II. eröffnete feierlich den damals noch nach seinem Großvater Wilhelm I. benannten Wasserweg zwischen der deutschen Nord- und Ostsee. Er führt von den Holtenauer Schleusen in Kiel bis nach Brunsbüttel, wo die Schiffe nach dem Ausschleusen in die Elbe ihren Weg in die Nordsee finden.

Die Zahlen beeindrucken: 30.000 Frachtschiffe jährlich, die bis zu 235 m lang, 32,5 m breit und 40 m hoch sein dürfen, passieren den **Nord-Ostsee-Kanal (NOK)** von Kiel bis zur Elbmündung oder umgekehrt. Hinzu kommen etwa 17.000 Boote der Sportschifffahrt. Auch wenn das Schiffsaufkommen in den letzten Jahren deutlich abgenommen hat, so ist der 99 km lange, 162 m breite (Sohlbreite 90 m) und 11 m tiefe **Kiel-Canal,** wie er international heißt, doch immer noch die weltweit meistbefahrene künstliche Wasserstraße. Er spart den Umweg um Jütland und den großen Belt, das sind immerhin rund 460 km. Für die aus Hamburg kommenden Schiffe ist der Vorteil noch größer. Diese sparen beispielsweise auf dem Seeweg von Hamburg nach Rostock rund 800 km (432 Seemeilen) und damit Treibstoff. Der Zeitgewinn ist weniger groß, denn auf dem Kanal gilt ein Tempolimit von 15 km/h (8,1 kn), weshalb die Durchfahrt je nach Verkehrsdichte und Schiffsgröße 6:30–8:30 Stunden dauert. Um angesichts der immer größer und schneller werdenden Schiffe die Attraktivität der Wasserstraße dennoch zu erhalten, subventioniert der Staat kräftig. Die Gebühren decken die Kosten nicht einmal zur Hälfte, doch immerhin beschäftigt der Kanal etwa 450 Menschen, und etwa 3000 weitere Arbeitsplätze sind von ihm indirekt abhängig.

Außerhalb des Zentrums

Holtenauer Schleuse: Zwischen dem schönen Vorort Kiel-Holtenau im Norden und dem Vorort Kiel-Wik im Süden befinden sich die Ostseeschleusen des Nord-Ostsee-Kanals. Die kleine Schleuse misst 125 m (bei einer Nutzbreite von 22 m), die große Schleuse sogar 310 m (bei einer Nutzbreite von 42 m). Schiffe bis 235 m Länge dürfen diese Schleuse passieren, sie zählt damit zu einer der größten Schleusen der Welt. Die Schleusungszeit beträgt ca. 30–45 Minuten.

Aus Sicherheitsgründen ist das Schleusen der kleinen und großen „Pötte" nur von der Südseite aus näher zu betrachten, und zwar von einer nüchternen, großen **Aussichtsplattform** aus, die sich über dem Schleusentor befindet. Infotafeln und Modelle erklären hier das Geschehen. 200 m entfernt befindet sich im Schleusenpark oberhalb der Uferstraße mit dem **Wiker Balkon** ein zweiter Aussichtspunkt, der sich weniger zum Schiffegucken, denn als schöner Rastplatz eignet.

Allerdings hat auch die Nordseite ihren Reiz, nicht nur wegen des Leuchtturms Kiel-Holtenau. Bevor man im Norden zum Pförtnerhäuschen auf der Schleuseninsel gelangt, überquert man den alten Eiderkanal, auf dem viele zusammengebundene Holzstämme im Wasser liegen, die ein wenig an die

In den vier Schleusenkammern werden die Schiffe in 20–25 Minuten je nach Wasserstand häufig nur um weniger als 1 Meter gehoben oder gesenkt, weil der Wasserstand des Kanals in etwa dem mittleren Wasserstand der Kieler Förde entspricht. Damit auf dem Kanal keine Unfälle passieren, muss jedes größere Schiff einen Lotsen mit an Bord nehmen.

An der Südseite des Kanals lässt sich das Aus- und Einschleusen der Schiffe hautnah miterleben (→ S. 264).

Auch die Geschichte des Kanals ist bemerkenswert. Schon zwischen 1777 und 1784 wurde der Traum vom Wasserweg zwischen beiden Meeren das erste Mal verwirklicht, als zwischen Kiel und Rendsburg der 43 km lange **Eiderkanal** entstand und die Schiffe von hier aus auf einer etwas nördlicheren Route über die Eider zur Nordsee gelangten. Als nach langen Auseinandersetzungen und Kriegen mit Dänemark 1864 die Herzogtümer Schleswig und Holstein an Preußen fielen, nahmen die Pläne für einen neuen, auch aus militärstrategischen Gründen wichtigen Kanal konkretere Formen an. Ab 1887 bewegten 8000 Arbeiter acht Jahre lang 80 Millionen Kubikmeter Erde, um das Bauwerk zu schaffen.

Was nur wenig bekannt ist: Den Ruhm der ersten Verbindung zwischen Nord- und Ostsee genießt weder der Eiderkanal noch der NOK, sondern der schon im Mittelalter gegrabene **Stecknitzkanal.** Er wurde bereits 1381–98 auf Anregung Lübecks gebaut und verlief viel weiter südlich zwischen der Trave bei Lübeck und der Elbe bei Lauenburg (östlich von Hamburg). Seit 1900 ersetzt der 62 km lange Elbe-Trave-Kanal diese mittelalterliche Verbindung.

Flöße von Holzfällern erinnern. Die Stämme kommen aus Süddeutschland und finden als Dalben (Pfähle) im gesamten Kanal Verwendung. Viele Holzarten und auch Eisen hat man ausprobiert und festgestellt, dass Kiefernholz am besten geeignet ist. Nun liegen die Kiefern zwecks Sauerstoffentzugs bis zu einem halben Jahr neben der Schleuse im Wasser; dann geben sie am besten nach, um das Anlegen der Schiffe ohne Schäden zu ermöglichen.

Wenn Sie von der Süd- auf die Nordsseite der Schleuse wechseln wollen, müssen Sie keinen riesigen Umweg über die Autobrücke in Kauf nehmen. Sie können auch bequem zu Fuß oder mit dem Rad auf die andere Seite gelangen, denn ein paar Hundert Meter vor der Schleuse fährt eine **Personen- und Fahrradfähre** über den Kanal. Die Fähre ist – wie alle Fähren über den Nord-Ostsee-Kanal – kostenlos und verkehrt alle 15 Minuten.

▪ **Aussichtsplattform Südseite (Kiel-Wik, Maklerstraße 1):** Der Aussichtspunkt ist tägl. von Sonnenauf- bis Sonnenuntergang geöffnet (der braunen Beschilderung „Besichtigungsplattform Wik“ folgen). Kiosk mit Toilette, Schutzdach, Aufzug und Parkplätze vorhanden. Eintritt (am Automaten) 1 €, Kinder 0,50 €.

Tipp/Info: Unter traumschiffe-im-kanal.de sehen Sie, welche (Traum-)Schiffe sich gerade im Kanal befinden. Infos zur Schleusenanlage und zu aktuellen Veranstaltungen auch unter wsa-kiel.wsv.de und maritimes-viertel.de.

Maschinenmuseum Kiel-Wik: An der Südseite der Schleuse des Nord-Ostsee-Kanals präsentieren Technikliebhaber im Lokschuppen und einem weiteren Industriegebäude des ehemaligen Kieler Gaswerks mehr als ein Jahrhundert Maschinenbaugeschichte. Zu sehen gibt es ein breites Sammelsurium an funktionstüchtigen Motoren und Maschinen wie beispielsweise den Nachbau des ersten Dieselmotors der Welt, einen Wankelmotor oder einen großen U-Boot-Motor.

Höhepunkt ist eine aufwendig restaurierte **Lokomobile,** eine zischende große Dampfmaschine auf Rädern (Baujahr 1954), die seinerzeit bei der Rodung afrikanischer Urwälder zum Antrieb mobiler Sägegatter genutzt wurde. Inzwischen treibt sie (bei Vorführungen) ein historisches Sägegatter an.

Große Pötte hautnah: Holtenauer Schiffe

▪ Mo–Fr 10–16 Uhr, gelegentlich sonntags Sonderveranstaltungen. Eintritt frei, Spende erbeten. Am Kiel-Kanal 44, ☏ 0431-26093320, maschinenmuseum-kiel-wik.de.

50er-Jahre Museum: Ebenfalls an der Südseite der Schleuse können Sie sich in einer Lagerhalle direkt an einem für die Kiesverladung genutzten Schiffskai auf eine Zeitreise in die 1950er-Jahre begeben. Die etwas chaotische, flohmarktartige Ansammlung verschiedener Gegenstände aus dieser Zeit ist jedoch gewöhnungsbedürftig.

▪ Tägl. 10–18 Uhr (im Winterhalbjahr bis 16 Uhr), Erw. 6 €, Schüler (14–17 J.) 4 €, Kinder frei. Eintritt zahlbar am Imbisswagen. Mecklenburger Str. 58, ☏ 0431-3890850, 50er-jahre-museum-kiel.de.

Essen & Trinken **Imbiss Bella Vista,** zum 50er-Jahre-Museum gehörender Imbisswagen in Logenplatz-Lage mit überdachten Plätzen und einer großen Strandkorb-Terrasse zum Schiffe Gucken. Es gibt z. B. belegte (Fisch-) Brötchen, Fischteller, Ofenkartoffel und Rührei und natürlich auch Currywurst oder Schnitzel. Empfehlenswert sind nicht unbedingt alle Speisen, aber die Aussicht an der Kanalmündung ist absolut empfehlenswert. Tägl. 10–20 Uhr. Mecklenburger Str. 58, ☏ 0431-38908515.

Leuchtturm Kiel-Holtenau: In der Nähe der nördlichen Schleuse markiert dieser 1895 gebaute Turm auch heute noch die Einfahrt zum Nord-Ostsee-Kanal. Der backsteinerne, runde Turm mit dem achteckigen Unterbau ist zugleich Denkmal des Kanalbaus und ein typisches Bauwerk des preußischen Geistes: Über dem schmiedeeisernen Eingangsportal, das eine Eiche darstellt, reichen sich im bronzenen Relief zwei Meeresgöttinnen, die Nord- und Ostsee darstellen, die Hand. In der kleinen Halle erinnern Bildnisse und heroische Gedenktafeln an die drei Hohenzollernkaiser, unter denen der Kanal von 1885 bis 1887 entstand.

Essen & Trinken **Hafenwirtschaft,** im historischen riesigen Kanalpackhaus von Holtenau gibt es in gepflegt-rustikalem Ambiente sehr schmackhafte frische Küche (leckerer Fisch, auch z. B. Rinderrücken oder Holsteiner Sauerteigpizza). Im Sommer haben Sie von der Terrasse aus einen schönen Blick auf Förde und Kanaleinfahrt. Mi–So 17–22 Uhr (Mo/Di geschlossen). Kanalstr. 65, ☏ 0431-90896715. **€€**

meinTipp **Das Schiffercafé,** einfaches, aber kultiges Hafencafé, das eher einer Hafenkneipe gleicht und in den Räumen des ehemaligen Schiffsausrüsters „Thiessen" untergebracht ist. Einzigartige Lage an der Kanaleinfahrt zum Nord-Ostsee-Kanal in der Nähe des Holtenauer Leuchtturms. Man sitzt allerdings an sehr spartanischen Tischen oder auf Biergarnituren vor dem Haus (daher ein Schönwettertipp). Selbstbedienung. Neben Blechkuchen und Waffeln gibt es auch Fischbrötchen, warme Speisen wie Labskaus oder Pannfisch und bis 12.30 Uhr auch Frühstück. Mo–Do 10–18 Uhr, Fr–So bis 19.30 Uhr. Tiessenkai 9, ☏ 0431-9089676. **€**

Gut Knoop: Das Herrenhaus des nur 3 km westlich von Kiel-Holtenau (schon in der Gemeinde Altenholz) gelegenen Gutes gilt als eines der schönsten klassizistischen Bauwerke Schleswig-Holsteins. Schon seit dem 14. Jh. gab es hier am Knoop (niederdeutsch für „Buckel") eine bedeutende Wasserburg. Und noch bis zum 17. Jh. gehörte fast der gesamte südliche Dänische Wohld noch zum Gutsbesitz. Das heutige prächtige Gebäude mit seinen 13 Achsen und dem auffälligen, von vier ionischen Säulen getragenen Vorbau wurde 1792–1796 direkt am ehemaligen Eiderkanal (jetzt Nord-Ostsee-Kanal) erbaut. Der eigentümliche Gartentempel (von 1912) mit Blick auf den Kanal dient als Trauzimmer. In den Stallungen gastieren Pensionspferde.

Essen & Trinken **Kanalfeuer,** unterhalb von Gut Knoop direkt am Kanal gelegenes, pavillonartiges Restaurant und Café mit herrlicher Aussicht auf den Nord-Ostsee-Kanal. Beheizte Terrasse. Hervorragende frisch zubereitete Küche mit regionalen Zutaten (z. B. Rumpsteak von der holsteiner Färse, Sauerfleisch), daher immer auch eine saisonfrische Tageskarte. Do–So 17–23 Uhr. Knooper Dorfstraße, 24161 Altenholz, ☏ 0431-3699408. **€€**

Friedrichsort: Der am Westufer der Förde liegende Kieler Stadtteil ist ein historischer Ort mit eigenem Zentrum und sogar einer kleinen Fußgänger-

Kiel und die Eckernförder Bucht → Karte S. 249

zone. Im 17. Jh. stand hier eine **Festung** des dänischen Königs Christian IV. zum Schutz vor den Schweden. Heute erinnern daran noch einige Gräben und Wallanlagen sowie die (nur zu besonderen Anlässen zugänglichen) Kasematten. Ab 1871 war die zwischenzeitlich stark verfallene Festung Stützpunkt der Marine. Erhalten geblieben ist die kleine hölzerne *Bethlehem-Kirche*, die 1875 als Garnisonskirche erbaut wurde (an der Schanze, jenseits des Bahnübergangs links, Möhrkestr. 9). Die Offiziershäuser in den kopfsteingepflasterten Straßen des ehemaligen Garnisonsgeländes rund um die Kirche bilden heute ein schönes Wohnviertel inmitten industriell geprägter Umgebung. Trotz einiger schöner Ecken ist Friedrichsort aber eher ein Industrievorort geworden.

Der angrenzende feinsandige **Falckensteiner Strand** erstreckt sich über gut 2 km vor den Festungsanlagen. Mit dem Pkw erreicht man diesen nur von Norden her über einen Fahrweg, der von der Fördestraße (B 503) abzweigt (Straße Koppelberg bis zum kostenfreien Parkplatz, dann 300 m zu Fuß). Den Strand können Sie aber auch im Sommer mit dem „Fördedampfer" besuchen, weil er über eine eigene Anlegestelle verfügt. Ganz flach geht das Wasser in die Förde über und bietet Kindern gefahrlosen Badespaß. Alles ist naturbelassen, man hat einen schönen Panoramablick über die Förde und die nah vorbeifahrenden Schiffe; Strandkörbe sucht man vergebens, dafür ist der Strand kurtaxenfrei.

Markant ist der im Wasser stehende, grün-weiße **Leuchtturm,** der an Stelle eines halb so hohen Vorgängerturms seit 1971 mit heute 31,7 m Höhe die engste Stelle der Förde markiert.

Hochseilgarten High Spirits, im Wald direkt am Falckensteiner Strand gelegen. 5 Parcours in bis zu 25 m Höhe. 3-Std.-Ticket Erw. 21 €, Kinder 17 €. April–Okt. tägl. 10–18 Uhr. Falckensteiner Strand 15, hochseilgarten-kiel.de.

Essen & Trinken **Markmanns,** Ausflugslokal auf dem „Falkenhorst" genannten hohen Ufer; toller Blick auf den weiten Falckensteiner Strand, die Außenförde und das gegenüberliegende Laboe. Nettes Restaurantambiente, liebevoll zubereitete Vorspeisen und Desserts, vor allem eine gute Fleischküche (BBQ-Grill). Schöne Terrasse. Tägl. 17–23 Uhr (Di Ruhetag), So auch 12–15 Uhr (dann Brunch). Falkenhorst 20, ✆ 0431-38046543. **€€**

Elefant am Strand, kleiner, unkompliziert-gemütlicher Cafépavillon mit einfachen Außenplätzen am Spazier- bzw. Zugangsweg des Falckensteiner Strands. Im Angebot sind Kuchen, leckere Waffeln (auch mit Ziegenkäse), am Wochenende auch Frühstück. Do/Fr 12–18 Uhr, Sa/So 10–18 Uhr. Falckensteiner Strand 81, ✆ 0431-53038143.

Schilksee: Schon 1936 fanden hier die olympischen Segelwettbewerbe statt. Aber erst zur Olympiade 1972 wurde ein Teil des ehemaligen Dorfes an der Außenförde zu einem mustergültigen **Segelhafen** umgewandelt, ganz im Stil der Zeit, das heißt mit kantigen Hochhäusern und anderen funktionalen Beton-Wohnkomplexen. Wassersportler schätzen die Förde seit jeher als eines der weltweit besten Segelreviere. Deshalb hat Kiels Stadtteil Schilksee nichts von seiner seglerischen Bedeutung verloren, zumal es jedes Jahr im Juni das Mekka der größten Segelregatta der Welt ist, der Kieler Woche.

Schilksee hat (im Süden) auch einen gepflegten, von Steindämmen geschützten und kurtaxenfreien *Sandstrand* mit Strandkörben, der von schmucken Häuschen mit schönem Fördeblick gesäumt ist.

Freilichtmuseum Molfsee: Von Deutschlands Freilichtmuseen ist dieses wohl eines der schönsten. Vor den Toren der Landeshauptstadt wurde hier ein Stück alter Heimat bewahrt. Über 60 großteils reetgedeckte Bauernhäuser, Katen, Scheunen, Werkstätten und Mühlen aus den verschiedenen Regionen Schleswig-Holsteins wurden in jahrzehntelanger Arbeit – nach Regionen getrennt – wiederaufgebaut. Noch heute

Sehenswertes Freilichtmuseum: Molfsee

Kiel und die Eckernförder Bucht → Karte S. 249

raucht es hier aus alten Schornsteinen, und aus den Werkstätten erklingt das Klappern alter Gerätschaften. Regelmäßig wird in der Weberei, Korbflechterei, Töpferei, Meierei, den Schmieden und dem Backhaus nach alter Tradition gearbeitet, und natürlich sind die hergestellten Produkte auch zu erwerben. Alte Nutztierrassen wie Kaltblutpferde, Kühe, Schafe (Moorschnucken), die Sattelschweine, Gänse und Hühner bevölkern die Wiesen und Wege. Dies alles ist eingepasst in eine 40 ha große Hügellandschaft mit Seen und Feldern.

Besonders bei Kindern beliebt ist ein dörflicher **Jahrmarkt** mit Karussells, Schiffschaukel und Spielplatz. Höhepunkte für die Erwachsenen könnten sein: das älteste Bauernhaus Schleswig-Holsteins von 1569 (aus Grube/Ostholstein), die reich ausgestatteten Häuser aus den Elbmarschen oder eine vollständig eingerichtete ländliche Apotheke (um 1840) mit angrenzendem Kräutergarten. In vielen Bauernhäusern sind Einzelsammlungen untergebracht: landwirtschaftliche Geräte, Spielzeug, Darstellungen zur Geschichte des Mühlenwesens oder auch eine komplette Ausrüstung und Dokumentation zum Walfang.

Man betritt das riesige Gelände durch das sogenannte Jahr100Haus. Das sind zwei mit rostbeschichtetem Stahl verkleidete, an historische Reetdachscheunen erinnernde Eingangs- und Ausstellungsgebäude, die durch einen verglasten Innenhof miteinander verbunden sind. Im Souterrain ist eine interessante Dauerausstellung zur Alltagskultur Schleswig-Holsteins vom Beginn des 20. Jahrhunderts bis heute zu sehen. Hinzu kommen wechselnde Sonderausstellungen.

▪ April–Okt. tägl. 10–18 Uhr (montags arbeiten in den Werkstätten keine Handwerker), Nov.–März 10–16 Uhr (Mo Ruhetag). Erw. 12 €, Schüler 4 €, Familien 25 €. Kaffeebar und Museumsladen im Eingangsfoyer, **Meierei-Café** und **Imbisskiosk** auf dem Gelände. Im Eintrittspreis ist die kostenfreie Nutzung der Treckerbahn und der Karussells des historischen Jahrmarkts enthalten. Für Kinder gibt es ein Suchspiel (Museumsrallye). Hunde (an der Leine) sind willkommen. Hamburger Landstr. 97, Molfsee ✆ 0431-6596622, freilichtmuseum-sh.de.

Typisches Herrenhaus: Gut Deutsch-Nienhof

Essen & Trinken **Restaurant Drathenhof,** der prächtige Hof von 1794 vor dem Freilichtmuseum ist selbst ein Museumsstück und wurde 1968 an dieser Stelle wiederaufgebaut. In den alten Räumen werden schmackhafte holsteinische Fleischspezialitäten und Fischgerichte von Nord- und Ostsee sowie Salate und Vegetarisches serviert. Tägl. 11.30–13.30 und 17.30–20.30 Uhr, So nur 11.30–14.30 Uhr (Mo Ruhetag). ✆ 0431-650889. **€€**

Arche Warder: 20 km südwestlich von Kiel gibt es einen besonderen Tier- und Landschaftspark. Ein Trägerverein betreibt diesen als eine artgerechte Alternative zu klassischen Zoos. Ziel ist es, bedrohte Haus- und Nutztierrassen und deren Genpool zu erhalten. Etwa 1200 Tiere aus fast 90 verschiedenen Rassen sowie einige Wildtierarten sind hier auf 40 Hektar Fläche in Europas größtem Park dieser Art zu sehen, darunter die beiden extrem gefährdeten Rassen Angler Sattelschwein und Angler Rind.

■ Ganzjährig Mo–Fr 10–17 Uhr, Sa/So 10–18 Uhr. Erw. 12 €, Kinder (4–17 J.) 9 €. Futter für 3 € an der Kasse. Langwedeler Weg 11, 24646 Warder, ✆ 04329-91340, arche-warder.de.

Naturpark Westensee: Westlich vor den Toren Kiels beginnt mit dem 250 km² großen „Naturpark Westensee – obere Eider" ein Naherholungsgebiet rund um den gleichnamigen, mit 7 km² Fläche fünftgrößten See Schleswig-Holsteins. Die sanft-hügelige Landschaft wird immer wieder unterbrochen von kleinen Dörfern und teils prächtigen landwirtschaftlich genutzten Gutsanlagen. Die herrschaftlichsten von ihnen werden als die „Schlösser vom Westensee" bezeichnet und sind jeweils von einem schönen Landschaftspark umgeben. Beachtenswert ist das **Gut Deutsch-Nienhof** – nicht nur wegen seines weißen, ebenfalls aus dem 18. Jh. stammenden Herrenhauses, sondern weil es zugleich das nördlichste Bio-Weingut Deutschlands ist (und hier zudem Sa/So 10–18 Uhr ein Hofcafé geöffnet hat). Beeindruckend ist das **Gut Emkendorf** mit seinem 1730 erbauten Herrenhaus und seinen noch erhaltenen historischen Nebengebäuden. Es gilt als eine der schönsten Gutsanlagen des Landes. Zum Gut führt eine 250 Jahre alte Linden- und Kastanienallee.

Die großen und kleinen Seen der Region laden zum Baden ein. Die größte Badestelle liegt am und in **Westensee** (Gasthaus vor Ort). Dort befindet sich auch die St. Catharinen-Kirche, deren Fundamente aus dem 13. Jh. stammen. Sechs Grabkapellen sind an die Kirche angebaut und auch in ihrem Inneren befinden sich einige kunstvolle Grabplatten und Epitaphe für die adeligen Gutsbesitzer der Umgebung (Ostern bis Erntedank tägl. 8–18 Uhr geöffnet). Die höchste Erhebung im Naturpark ist der 3 km südlich vom Ort Westensee gelegene **Kieler Berg** (94 m ü. NN), der allerdings bewaldet ist. Einen schönen Rundblick hat man stattdessen von der Kuppe des nur einen Kilometer südlich von Westensee liegenden **Tütebergs** (88,3 m ü. NN), zu dem ein Wanderweg führt.

Praktische Infos

Einwohner 250.000

Information **Welcome Center Kieler Förde,** Stresemannplatz 1–3, 24103 Kiel, ✆ 0431-679100, kiel-sailing-city.de.

Fördefähre

Es gibt einen öffentlichen Personennahverkehr auf der Kieler Förde. Mit diesen Schiffen der **Fördefährlinie** können Sie bequem die Kieler Förde erkunden. Die **Linie F1** verkehrt in etwa im Stundentakt von Kiel-Bahnhof über Kiel-Seegarten nach Reventlou, dann nach Mönkeberg, Möltenort und Friedrichsort bis Laboe. In den Sommermonaten wird zudem die Außenförde mit dem Falckensteiner Strand, Schilksee und Strande angefahren. Darüber hinaus pendelt die **Linie F2** als Schwentinelinie mit einer Elektrofähre vom Anleger Reventlou über die Innenförde bis nach Wellingdorf. Fahrradmitnahme möglich. Tagesticket je nach Preisstufe Erw. 7,20–10,70 €, Fahrkarten am Schalter Bahnhofsbrücke, am Anleger Möltenort oder Laboe. Zudem Ticketautomaten (bargeldlos) auf allen Schiffen, Infos bei der *Schlepp- und Fährgesellschaft Kiel (SFK),* ✆ 0431-5941260, Fahrpläne unter sfk-kiel.de.

Baden **Seebad Düsternbrook,** auf Stegen in der Ostsee errichtete klassische Seebadeanstalt mit 60-Meter-Bahn und Sprungbrett; auch Nichtschwimmerbereich und Sonnenliegen. Tägl. 9.30–18 Uhr. Erw. 3,50 €, Kinder (bis

Kiel und die Eckernförder Bucht → Karte S. 249

Prächtige Gutsanlage: Emkendorf

Kiel
100 m
Wik/Holtenau
Botanischer Garten
Jungmannstr.
Gerhardstr.
Annen-str.
Holtenauer str.
Knooper Weg
Lehmberg
Jahnstr.
Feldstraße
Universitätskliniken
Breiter Weg
Langer Segen
Kolpingstr.
Preußerstr.
Teichstr.
Mittelstr.
Arnold-Heller-Str.
Alte Schwimmhalle
Lessing-platz
Dreiecks-platz
Brunswiker straße
Hospitalstr.
Zoologisches Museum
Jägersberg
Baustr.
Blocksberg
Medizin- und Pharmazie-historische Sammlung
Wilhelminenstraße
Muhlius-str.
Bergstraße
Dahlmann-str.
Schloßgarten
Legienstraße
Lorentzendamm
Ratsdiener-garten
Gartenstraße
Muhliusstraße
Kleiner Kiel
Prinzen-garten
Warleberger Hof (Stadtmuseum)
Jensendamm
Falckstr.
Burgstr.
Lorentzendamm
Martensdamm
Fleethörn
Carillon
Haßstr.
Dänische Str.
Schloss
Hiroshima-park
Küterstr.
Schloßstr.
Alter Markt
Oper
Waisenhofstraße
Damm-str.
Rathaus-platz
Kehdenstr.
Nikolai-kirche
Eggerstedtstr.
Flämische Str.
Museums-schiffe
Holsten-str.
Holstenstr.
Schuhmann-str.
Wall
Schifffahrts-museum
Rathausstraße
Rathaus
Berliner Platz
Wall
Boots-hafen
Kleiner Kuhberg
Exerzier-platz
Treppenstr.
Hafen-str.
brücke
Sparkassen Arena
Europa-platz
Andreas-Gayk-Str.
Ziegelteich
Holsten-platz
Schwedenkai
Prüne
Sandkuhle
Schulperbaum
Kaistraße
Walkerdamm
Holsten-
Stadtgalerie
Neues Rathaus
Norwegenkai
Herzog-Friedrich-Str.
Die Hörn
Kirchhofallee
Hopfenstraße
Sophienhof
Stresemann-platz
Sophien-blatt
Auguste-Viktoria-Str.
Kaistraße
Zur Fähre
Königsweg
Lerchenstraße
ZOB
Werftstraße
Haupt-bahnhof
Hörnbrücke

15 J.) 2 €. Schöne Seebar vor Ort. Kiellinie 130, ✆ 0431-34185.

Fahrräder **Sprottenflotte,** Bikesharing für die gesamte Kiel-Region. Die giftgrünen Räder sind über die Donkey Republic App an rund 150 Stationen in der Region ausleihbar (donkey.bike.de).

Hafenrundfahrt/Schiffsausflüge **Hafenrundfahrt** mit dem Fördeschiff ab Anleger Bahnhofsbrücke. Mai–Okt. tägl. 11, 13 und 15 Uhr. Dauer 2 Std. Erw. 18 €, Kinder 6–14 J. 9 €, Familien 40 €. Tickets am Anleger oder im Welcome Center.

Raddampferfahrt mit der „Freya" (Baujahr 1905) durch den Nord-Ostsee-Kanal, fast tägl. 10 Uhr. (z. B. Kiel-Rendsburg: Erw. inkl. Brunch 58 €, Kiel-Brunsbüttel Erw. inkl. Brunch und Kuchen 83 €. Kombiticket mit Hin- oder Rückfahrt mit DB-Regio zubuchbar). ✆ 04651-9870888, adler-schiffe.de.

Schiffsbesichtigung Während der Liegezeit der großen **AIDA-Kreuzfahrtschiffe** im Kieler Hafen können Sie diese gegen eine Gebühr von 49–69 € für 3–4 Std. besichtigen (inkl. Mittagessen). Infos und Termine beim Welcome Center und unter seetours.de/Ratgeber.

Stadtführungen Mai–Sept. jeden Mi 14 Uhr (Rundgang 90 Min.). Treffpunkt vor dem Welcome Center (s. o.). Erw. 12,50 €, Kinder 6–12 J. 6 €. Zudem können Sie beim Welcome Center (auch online) weitere Thementouren buchen: z. B. Krimi-Tour, Kiel in dänischer Zeit oder auch kulinarisch-kulturelle Stadtführungen.

Stadtrundfahrten Mit **Doppeldeckerbus** 70-minütige Audio-Rundfahrt zu allen touristischen Highlights inkl. Nord-Ostsee-Kanal (Holtenauer Schleusen). April–Okt. ab Haltestelle Hauptbahnhof 10.30, 12., 13.30, 15 und 16.30 Uhr (Sie können die Tour überall unterbrechen und an 8 Haltestellen ein- oder aussteigen). Erw. 20 €, Kinder 4–15 J. 10 €. Familien 48 €. Tickets im Bus oder beim Welcome Center.

Rathausturmfahrt Mit dem Aufzug auf die Plattform des Rathausturms fahren und den Panorama-Blick genießen. 30-minütige Turmbesichtigung Mai–Sept. Mi und Sa 11–17.45 Uhr. Eintritt 6 €, Kinder (4 bis 12 J.) 4 €. Tickets im Welcome Center und online unter kiel-sailing-city.de. Rathaus, Fleethörn 9, Haupteingang.

Spielbank **Casino Kiel,** modern gestaltetes, kleines Kasino ganz in der Nähe des Schwedenkais (am Bootshafen mit Blick auf das Wasser). Eintritt 5 € (als erstes Spielkapital). Klassisches Spiel tägl. 18–2.30 Uhr (Automatenspiel ab 12 Uhr). Holstenbrücke 30, ✆ 0431-987000.

Kiel und die Eckernförder Bucht → Karte S. 249

Kinos **Cinemaxx,** Kaistr. 54, ✆ 0431-6618188. **Metro-Kino Schloßhof,** Holtenauer Str. 162, ✆ 0431-2207890. **Studio Filmtheater,** Wilhelminenstr. 10 (am Dreiecksplatz), ✆ 0431-9828101. **Die Pumpe** (Kommunales Kino- und Kulturzentrum), Haßstr. 22, ✆ 0431-2007650. **Traum-Kino** (Programmkino), Grasweg 19, ✆ 0431-5444514. **Mediendom** der Fachhochschule (→ S. 262).

Theater Großes **Theater der Landeshauptstadt Kiel,** Aufführungen an verschiedenen Spielorten wie dem Opernhaus, Schauspielhaus, Neuen Schloss und Werftpark. In der Spielzeit fast tägl. Aufführungen. Theaterkasse ✆ 0431-901901, Onlinetickets unter unter theater-kiel.de. Im Theater am Wilhelmsplatz spielt zudem sehr intensiv die **Niederdeutsche Bühne Kiel** jährlich mehrere verschiedene Inszenierungen mit etwa 150 Aufführungen in plattdeutscher Sprache. ✆ 0431-17704, niederdeutschebuehne-kiel.de.

Theater Die Komödianten, professionelles Zimmertheater mit 99 Plätzen, Wilhelminenstr. 43, ✆ 0431-553401, kielertheater.de.

Übernachten → Karte S. 270/271

Während der Kieler Woche Ende Juni müssen Sie in allen Unterkünften zum angegebenen Hauptsaisonpreis noch einen satten Aufpreis hinzurechnen.

******s Romantik Hotel Kieler Kaufmann 1,** eine der ersten Adressen in Kiel. Das im englischen Landhausstil renovierte Haus in einer ehem. Bankiersvilla mit weitläufigem Garten versprüht aristokratischen Charme. Legerer Luxus, wohin man blickt, 43 geräumige Zimmer. Kleiner Spa-Bereich. Das mit einem Michelin-Stern prämierte **Restaurant Ahlmanns 1** (nur Mi–Sa ab 18.30 Uhr) und das kulinarisch etwas bodenständigere Steak- & Grillrestaurant **Der Kaufmannsladen 1** bieten exquisite Kochkunst. Schöne Terrassenplätze mit Fördeblick. Niemannsweg 102 (im nördl. Teil der Stadt auf einem Hügel nahe dem Hindenburgufer), ✆ 0431-88110, kielerkaufmann.de. **€€€** (Hotel), **€€€€** (Restaurants)

******s Hotel Birke 14,** Business- und Wellnesshotel im Westen der Stadt. Das Potenzial des gut geführten Hotels erkennt man von außen nicht auf den ersten Blick. Von innen präsentiert sich das Ringhotel überall im 4-Sterne-Komfort. Aufmerksames Personal, großzügiger SPA-Bereich, sogar mit Kamin am Schwimmbad. Komfortable Zimmer, abwechslungsreiches Frühstück im eleganten Speisesaal. Empfehlenswertes **Restaurant Fischers Fritz 14** mit offener Küche. Verarbeitet werden hier v. a. Produkte aus der Region, im Angebot sind daher viele norddeutsche Spezialitäten. Martenshofweg 2–8 (5 km von der Innenstadt entfernt, Autobahnkreuz Kiel-West), ✆ 0431-5331300, hotel-birke.de. **€€** (Hotel), **€€€** (Restaurant)

Tom Kyle 4, freundliches kleines Comfort-Hotel in guter Innenstadtlage. Netter kleiner Frühstücksraum. Langer Segen 5a, ✆ 0431-579750, hotel-tomkyle.de. **€€**

**** Liegeplatz 13 16,** vergleichsweise günstiges Touristenhotel mit 22 zweckmäßig, aber teilweise verwohnten Zimmern im Zentrum der Stadt. Königsweg 13, ✆ 0431-62678, premiere classe.com.de. **€**

Essen & Trinken → Karte S. 270/271

Einen sehr informativen Gastronomie-Führer für Kiel können Sie im Internet unter kielometer.de ansehen.

Kieler Brauerei 10, seit 1988 gibt's in urigem Kellergewölbe-Ambiente am Alten Markt selbst gebraute Bierspezialitäten. An den Holztischen und -bänken werden dazu selbst gebackenes Brot und deftige Brauhausspeisen aller Art gereicht, beispielsweise Räucherfisch oder Grillschinken. An der Kneipe scheiden sich die Geister: Für die einen ist es ein gemütlich-kerniges Wirtshaus und für die anderen die Touristenfalle Kiels schlechthin. Tägl. 10.30–23 Uhr. Alter Markt 9, ✆ 0431-906290. **€**

Lüneburg-Haus 8, sehr gediegenes Ambiente in den stilvoll-schlicht eingerichteten historischen Räumen eines ehemaligen Ladengeschäfts für Eisenwaren und Schusswaffen von 1881. Feinschmeckerküche mit kleiner Karte, natürlich nur frische Speisen, v. a. Fleischgerichte wie Filetsteak oder Entenkeule. Auch Mittagstisch (und im Obergeschoss sogar 5 mit nordischen Weichholzmöbeln hell eingerichtete Appartements). Mo–Sa 12–15 und 17.30–22 Uhr (So Ruhetag). Dänische Str. 22 (in der Fußgängerzone), ✆ 0431-9826000. **€€**

mein Tipp **Der Bauch von Kiel 6,** in das Eckhaus-Restaurant geht man der mediterranen Küche wegen (Pasta, Fisch- und Fleischgerichte). Interieur im gepflegten Bistrostil: kleine Tische, dunkles Holz, Parkettboden. Doch das Essen und die ausgesuchten Weine sind außerordentlich schmackhaft und das Preis-Leistungs-Verhältnis akzeptabel. Auch Mittagstisch (tägl. 2 Gerichte). Mo–Fr 11.30–23 Uhr und Sa 17–23 Uhr (So Ruhetag). Legienstr. 16, ✆ 0431-51215. **€€**

El Paso 15, immer gut besuchtes amerikanisch-mexikanisches Restaurant auf 2 Ebenen, einige Tische vor dem Haus. Abends auch eine relativ laute Cocktailbar. Variantenreiche Speisekarte, natürlich gibts Chili con Carne, Chicken, Tortillas usw., aber auch Spareribs und American Pizza. Mittagstisch tägl. 11–22 Uhr, Fr/Sa auch bis 24 Uhr. Kleiner Kuhberg 2 (Ecke Kurze Straße), ✆ 0431-970879. €

meinTipp **Forstbaumschule 2**, das Ambiente macht dem Namen alle Ehre. In einem ehemaligen Forstaufseherhäuschen gibt es seit weit über 100 Jahren ein (v. a. bei Einheimischen) beliebtes und sehr geräumiges, rustikales Ausflugslokal mit großem, teilweise überdachtem Biergarten (Gartenausschank); innen urig. Hier ist immer Betrieb und es gibt so ziemlich alles vom Frühstückbüfett bis hin zu Fleisch- und Fischgerichten oder Pizza. Tägl. 10–23 Uhr, spätabends als Bierkneipe. Am nördlichen Stadtrand an der Grenze zum Stadtteil Wik (im waldartigen Park neben der kath. Heinrichskirche, nahe Tirpitzhafen). Düvelsbeker Weg 46, ✆ 0431-333496. €

Der Alte Mann 12, das Museumscafé und Restaurant des Schifffahrtsmuseums ist mit seinen vielen Außenplätzen so etwas wie ein typisches Touristenrestaurant – aber ein gutes. Serviert werden einfache, aber leckerere Speisen wie Matjes, Muscheln, Bratwurst oder Grünkernfrikadellen. Auch Mittagstisch und Frühstück. Tägl. 10–18 Uhr (Mo Ruhetag). Jeden Freitagabend Fish'n'Chips, dann auch bis 22 Uhr. Wall 65, ✆ 0431-90884208. €

Sandhafen 3, schwimmende Bar auf einem Schwimm-Ponton am Jachthafen der Blücherbrücke. Hier können Sie vom Stadtbummel entspannen, etwas essen, abends Cocktails schlürfen und bei tollem Fördeblick mit den Füßen im Sand bei chilliger Musik die Seele baumeln lassen. Zum Essen gibt's Kleinigkeiten wie gegrillte Sandwiches, Waffeln und Kuchen. Selbstbedienung. Tägl. 12–23 Uhr. Blücherbrücke. €

Café Fiedler 7, ganz so, wie man sich ein gediegenes Café aus der guten, alten Zeit vorstellt. Hier, im traditionellen, seit 1920 existierenden Kieler Konditorenbetrieb, können Sie aus über 20 prachtvollen Tortenkreationen und diversen Eis-, Kaffee- und Teespezialitäten wählen! Auch Frühstück (bis 14 Uhr), kleine Gerichte und Suppen. Tägl. 10–18 Uhr (So Ruhetag). Am Alten Markt (Ecke Dänische Str.), ✆ 0431-26094455.

Impuls Kaffeemanufaktur 9, im puristischen Industriestyle eingerichtetes Café mit bequemen Sitzgelegenheiten (aber auch Holztische vor dem Haus). Selbst gemachter Kuchen (auch vegan) und Snacks (leckere Käsebrötchen mit Feigensenf), absolut schmackhafter, starker, selbst gerösteter Kaffee, auch Frühstück. Kompetenter Service. Tägl. 8–18 Uhr, Sa/So erst ab 10 Uhr. Küterstr. 7, ✆ 0431-64084101.

Turm mit Glockenspiel: ehemalige Franziskanerkirche

meinTipp **Heyck 11**, „Kaffeerösterei und Tee-Spezialgeschäft Paul Heyck" ist seit 1840 eine Kieler Institution. Hier gibt es erstklassige Kaffee-/Teespezialitäten, die ihren aromatischen Duft allüberall verbreiten, aber auch feine Schokoladen. In erster Linie ist dies ein herrlicher Einkaufsladen aus alter Zeit. Sie können aber auch auf einer Bank oder an Stehtischen vor dem Geschäft eine richtig gute Tasse vor Ort genießen. Mo–Fa 9–18 Uhr. Auch online-Versand. Faulstr. 2a, ✆ 0431-94174, heyck.de.

Café Resonanz 5, eng bestuhlter, ungewöhnlicher Gastraum mit nostalgischem Charme, beispielsweise hängen Teekannen als Lampen von der mit alten Holztüren verkleideten Decke. Vor allem ein großes, internationales Früh- und Spätstückangebot (bis 17 Uhr!). Tägl. 8–18.30 Uhr. Mittelstr. 23, ✆ 0431-53031014.

Bakeliet Kaffee 13, der Name deutet es an: in dem Coffeeshop mit seinem urbanen Ambiente dreht sich vieles um den zu Anfang des 20. Jh. gerne verwendeten Kunststoff Bakelit. Vor allem aber der gute selbstgeröstete Kaffee und die prima Frühstücksauswahl sind zu empfehlen. Tägl. 7.30–18.30 Uhr. Möllingstr. 11, ✆ 0431-90882099.

Kiel und die Eckernförder Bucht → Karte S. 249

Dänischer Wohld

Wenn es noch so etwas wie einen Geheimtipp an der Ostseeküste gibt, dann kann die Halbinsel zwischen Eckernförder Bucht und Kieler Förde als solcher gelten.

Der Name, der „Dänischer Wald" bedeutet, weist daraufhin, dass die im ehemaligen Grenzgebiet zwischen Holstein und Dänemark gelegene Halbinsel bis zum Mittelalter fast vollständig bewaldet war. Nach Süden hin wird sie vom Nord-Ostsee-Kanal begrenzt. Geografisch gehören daher die den Speckgürtel der Landeshauptstadt bildenden Kieler Stadtteile Holtenau, Friedrichsort und Schilksee schon dazu. Dort und in der Wohngemeinde Altenholz tummeln sich zusammen rund 60 % der insgesamt 47.000 auf der Halbinsel lebenden Menschen. Doch spätestens im kleinen, noch an der Außenförde gelegenen Ostseebad Strande wird es beschaulicher. Und ein Stückchen weiter westlich, am Südufer der Eckernförder Bucht, wo sich flache Strände mit bis zu 30 m hohen, oft bewaldeten Steilküsten abwechseln, wird es sogar vergleichsweise einsam, nicht zuletzt weil es hier, im Gemeindegebiet von Schwedeneck, nur relativ wenige strandnahe Parkplätze gibt.

Dolmen von Lehmsiek

Die Halbinsel ist Teil des für Schleswig-Holstein so typischen, in der Eiszeit geformten Hügellandes, welches uraltes Kulturland ist. Zahlreiche Hünengräber, in denen die Überbleibsel der Eiszeit, riesige Findlinge, verbaut wurden, zeugen von einer frühen Besiedelung. Vor allem rund um das 5 km südlich von Schwedeneck gelegene Bio-Gut Birkenmoor (Hofladen und Feldcafé) sind einige dieser stein- und bronzezeitlichen **Großsteingräber** erhalten geblieben. Von Feldern umgeben, sind sie nicht näher zugänglich und wirken mehrheitlich auch etwas verwahrlost *(Dolmen bei Birkenmoor* und *Dolmen bei Kuhholzberg)*. Eines von ihnen, 500 m nordwestlich des Gutes am Ahrenshorster Weg gelegen, wurde immerhin mit einer Hinweistafel versehen und zum (Fahrrad-)Rastplatz umgestaltet. Ein schöner anzusehendes Exemplar findet man etwa 20 km entfernt ganz im Westen des Dänischen Wohlds, wo direkt an der nach Süden führenden Landstraße (L 42) 200 m nördlich des gleichnamigen Dorfes der *Dolmen von Lehmsiek* inmitten eines Feldes liegt. Prägender für die Region sind aber die vielen **Gutsanlagen** mit ihren prachtvollen **Herrenhäusern.** Wie in anderen Teilen des Landes sind auch die Grenzen der elf politischen Gemeinden im Dänischen Wohld im Wesentlichen durch die Auflösung der Gutsbezirke (im Jahr 1927) entstanden. Die oft schlossähnlichen Herrenhäuser der zumeist immer noch aktiven landwirtschaftlichen Großbetriebe sind nach wie vor in Privatbesitz; vielfach befinden sich darin auch Ferienwohnungen. Für die Allgemeinheit sind die beeindruckenden Gutsanlagen zumindest von außen zu bewundern und lohnen einen kurzen (Fahrrad-)Ausflug.

Strande

Der ehemalige Fischerort mit seinem großen Freizeithafen und schönem Sandstrand entpuppt sich als ein gemütlicher Badeort, in dem Sie auf Ihr Auto bequem verzichten können.

Strande ist gewissermaßen das Tor zur Kieler Förde. Nur 15 km nördlich der Landeshauptstadt gelegen, ist es auch so etwas wie die Badewanne Kiels. Die Anbindung über den ÖPNV ist daher ungewöhnlich gut. Über das Wasser ist Strande als nördlichster Haltepunkt der Fördefährlinie schnell erreicht und auch die aus Kiel kommenden Linienbusse fahren regelmäßig bis hierher.

Ein Bummel am **Hafen,** in dem neben den Sportschiffen am sogenannten Fischersteg auch noch ein paar Fischerboote herumdümpeln, lässt Urlaubsgefühle aufkommen. Fast täglich wird hier vormittags noch Fisch direkt vom Kutter verkauft. Südlich des Jachthafens trennt ein gut 200 m langer Naturstrand Strande von dem in Kiels Ortsteil Schilksee gelegenen Olympiahafen.

Nördlich des Hafens lockt der kleine, von einer Promenade gesäumte Kurstrand mit reichlich Strandkörben zum Sonnenbaden oder zum Verweilen in einem der Cafés oder Restaurants mit Fördeblick. Die Promenade geht über in einen rund 3 km langen Panoramaweg, auf dem man schön bis zum Bülker Leuchtturm spazieren kann.

Das Tor zur Kieler Förde: Ostseebad Strande

Kiel und die Eckernförder Bucht → Karte S. 249

Geschichte

Als Ritter Iwan von Reventlow im Jahr 1353 seine adelige Burg „Büllecke" (später Alt-Bülk) samt vier am Strand gelegenen Katen verkaufte, tauchte der Name Strand erstmals urkundlich auf. Erst in preußischer Zeit, vor allem mit der Fertigstellung des Leuchtturms, entdeckte man jedoch die Schönheit dieses Strandes, sodass hier 1869 eine einfache Dampferanlegebrücke erbaut wurde, die aber schon bald wieder abgerissen werden musste. Der Startschuss für Strandes Entwicklung zum beliebten Ausflugsziel war jedoch gefallen. 1890 wurde ein stabiler Anleger für Ausflügler und für den Wirtschaftsverkehr errichtet. Um 1900 standen hier nur zwölf Häuser. Dann aber wurden einige Hotels, Gaststätten und Privatunterkünfte gebaut und Strande entwickelte sich nicht nur zum Ausflugsziel für betuchte Städter, sondern auch zu einem kleinen Urlaubsquartier für Feriengäste. 1934 wurde der Ort aus der Großgemeinde Schilksee herausgelöst und bekam 1939 einen neuen Hafen, der im Rahmen der Vorbereitungen für die Segelwettbewerbe der Olympischen Spiele 1972 vergrößert wurde. Seit 1984 darf sich die Gemeinde mit der Bezeichnung Ostseebad schmücken.

Ausflugsziel: Leuchtturm Bülk

Sehenswertes

Leuchtturm Bülk: Der grün-weiß gestreifte Leuchtturm von 1865 ist der älteste Leuchtturm an der Kieler Förde. Auf der äußersten Landspitze gelegen, markiert er mit 25,60 m Höhe die westliche Zufahrt zur Förde und ist ein beliebtes Ausflugsziel. Als Orientierungsfeuer ist „Hein Bülk", wie ihn die Einheimischen liebevoll nennen, nach wie vor in Betrieb. 98 Stufen führen zur Plattform auf 22 m Höhe, von wo man einen tollen, aber auch zugigen Weitblick über Bucht und Förde hat.

Schon 1807 befand sich auf dem Bülker Huk ein Lotsen- und Leuchthaus und später ein kleinerer Leuchtturm. Mit dem Bau des jetzigen Leuchtturms wurde noch unter dänischer Herrschaft 1862 begonnen. Doch wegen des Deutsch-Dänischen Krieges verzögerten sich die Bauarbeiten und konnten erst 1865 von den Preußen beendet werden. Der Turm hat in seiner Geschichte übrigens schon mehrfach seine Farbgebung geändert. Ursprünglich hatte er ein rotes Band; 1970 wurde er mit Asbestzementplatten verkleidet und bekam ein schwarzes Band; seit 2021 trägt er nun eine neue, grüne Farbgestaltung. Südlich des Turms hat man erst 2022 das 1969 demontierte Laternenhaus wieder aufgestellt (das lange in der Marina Wendtorf stand).

Das Bülker Huk ist wegen seiner Winde auch bei Kitern und Surfern sehr beliebt, das Baden ist allerdings nicht empfehlenswert, da ausgerechnet hier das Kieler Klärwerk seine Abwässer einleitet. Nach Nordwesten schließt sich die Steilküste des **Stohler Kliffs** an, die sich für ausgedehnte Spaziergänge bestens eignet.

■ Wegen Rechtsunsicherheiten in Sachen Brand- und Unfallschutz war der Turm bei Redaktionsschluss vorübergehend für die touristische Nutzung gesperrt. Übliche Öffnungszeiten: ganzjährig 10–19 Uhr (Mo geschlossen). Eintritt 2 €, Kinder 1 €. Kleiner Parkplatz (gebührenpflichtig). Vor Ort gibt es den **Leuchtturm-Pavillon,** einen Imbiss- bzw. Restaurantpavillon mit reichlich Außenplätzen. Hier können Sie frühstücken oder schön Kaffee trinken (tägl. außer Mo 10–19 Uhr). Leuchtfeuer Bülk 0, Strande, ✆ 04349-9264, leuchtturm-buelk.de.

Praktische Infos

Einwohner 1500

Information **Tourist-Information Strande,** Strandstr. 12, ✆ 04349-290, strande.de. Strandgebühr 1 €/Pers./Tag. Die Ostseecard anderer Ostseebäder wird anerkannt.

Fahrräder **Strandhotel,** das Hotel verfügt über zehn Bambus-Leihräder für jedermann. ✆ 04349-91790.

Hundestrand Ganz im Norden hinter dem letzten Strandkorb Richtung Leuchtturm Bülk.

Parken Wenige Parkplätze im Ort, aber südlich des Hafens ein gebührenpflichtiger Großparkplatz.

Essen & Übernachten **Strandhotel,** die erste Adresse in Strande, nahe an Strand und Yachthafen. Stilvolles Haus mit 29 Zimmern, teils mit schönem Blick auf die Außenförde. Exklusivsauna gegen Aufpreis. Gutes Frühstück. **Restaurant** mit schmackhafter Küche (z. B. Ostseedorsch, heimisches Galloway-Fleisch). Kamin und Wintergarten. Strandstr. 21, ✆ 04349-91790, strandhotel.de. **€€** (Hotel), **€€€** (Restaurant)

Büngers, Hotel mit großen Zimmern (mit Südbalkon); auch Suiten; zudem Gartensauna. Ostsee nur 100 m entfernt, kostenloser persönlicher Strandkorb inklusive. Dorfstr. 7, ✆ 04349-80777, buengers-refugium.de. **€€**

Haus am Meer, Hotel garni mit zehn zweckmäßigen, nicht mehr allzu neu eingerichteten Zimmern in allerbester Fördelage am nördl. Ortsrand von Strande. Nette Gastgeber, reichhaltiges Frühstücksbüfett, das im Pavillon mit Aussichtsterrasse eingenommen wird. Bülker Weg 47, ✆ 04349-330, hotelgarni-haus-ammeer.de. **€–€€**

Atelier-Café, einfaches Café mit netter Außenterrasse. Leckere, aufwändig gestaltete Torten und nebenan Ausstellungen von Kunstschaffenden aus der Region, das ist das Konzept. Mi–Fr 14–18 Uhr, Sa/So 13–18 Uhr (Mo/Di Ruhetag). Dorfstr. 6, ✆ 04349-1298.

Kiel und die Eckernförder Bucht → Karte S. 249

Schwedeneck

Das Gemeindegebiet von Schwedeneck umfasst den nordöstlichen Teil des Dänischen Wohld. Die flachen Naturstände, die immer wieder von schönen Steilküsten unterbrochen werden, sind insbesondere bei Naturliebhabern und Campingfreunden beliebt.

Zu Schwedeneck gehört ein 16 km langer Küstenstreifen. Mit dem **Stohler Kliff,** unweit des Bülker Leuchtturms, beginnt dieser gleich spektakulär. Die stellenweise bis zu 30 m hohe Steilküste eignet sich bestens für ausgedehnte Spaziergänge über die aussichtsreiche Kliffhöhe oder am Wasser entlang, zumal bei Stohl eine Treppe hinunter zum steinigen Strand führt. Insbesondere nach den Winterstürmen kann man hier hautnah erleben und sehen, wie gewaltig die Ostsee an der Steilküste nagt und immer wieder zahlreiche Gletschersteine oder Baumwurzeln freispült. Uferschwalben graben ihre Bruthöhlen in die frisch abgebrochenen Steilwände, weshalb der Ufersaum Vogelschutzgebiet ist (kostenpflichtiger Parkplatz in Stohl).

Auch der (kurtaxenpflichtige) Strand von **Dänisch-Nienhof** ist über eine Ufertreppe zu erreichen. Autos müssen (gebührenpflichtig) in 300 m Entfernung am Rande des unscheinbaren Dorfes geparkt werden. Von hier aus geht es schnurstracks durch den Wald zum nicht allzu breiten und mit einigen Steinen durchsetzten Strand, an dem es ein paar Strandkörbe und ein herrlich gelegenes Strandlokal gibt. Am östlichen Steinstrand befindet sich zudem ein kleiner Campingplatz der örtlichen Zeltgemeinschaft in spektakulärer Lage. Unterhalb der bewaldeten Steilküste, abseits des touristischen Getümmels, aber fast unmittelbar am Wasser stehen hier wie an einer Perlenschnur aufgereiht insgesamt nur 30 Wohnwagen von Dauercampern. Platz zum Rangieren gibt es nicht. Hübsch der Reihe nach nehmen die Wohnwagen hier im Frühjahr ihre Position ein und müssen im Herbst in umgekehrter Reihenfolge wieder abgebaut werden.

Wenn es so etwas wie ein touristisches Zentrum von Schwedeneck gibt, dann ist es der von einem großen Campingplatz gesäumte Kurstrand von **Surendorf.** Mit Strandkörben, gebührenpflichtigen Parkplätzen, Mini-Promenade, ein wenig Gastronomie und vor allem mit seinem relativ feinen Sand eignet er sich auch gut für Tagesurlauber. Die vermeintliche Seebrücke im Westen entpuppt sich bei genauerer Betrachtung als nicht zugänglicher militärischer Sicherheitsbereich der Marine (WTD 71).

Am Strand von Surendorf

Sehr beliebt bei Wind- und Kitesurfern sind die Naturstrände von Schwedeneck, weil eine vorgelagerte Sandbank mit stehtiefem Wasser den Wassersportlern ideale Bedingungen bietet.

Geschichte

Ein Dorf namens Schwedeneck gibt es gar nicht. 1927 wurden im Rahmen der Gebietsreform die ehemaligen, an die Küste grenzenden Gutsbezirke Dänisch-Nienhof, Hohenhain, Grönwohld und das etwas landeinwärts liegende Birkenmoor mit ihren etwa einem Dutzend Dörfern zur politischen Landgemeinde Schwedeneck vereint. Die Herkunft des Namens ist umstritten. Denkbar ist, dass dieser auf die Zeit des Großen Nordischen Krieges (1700–1721) zurückgeht. Als damals verschiedene Konfliktparteien um die Vorherrschaft im Ostseeraum kämpften, griff eine Allianz von Dänemark-Norwegen, Sachsen-Polen und dem russischen Zarenreich das Schwedische Reich mit seinen Territorien in der westlichen und südlichen Ostsee an. Das heutige Gemeindegebiet diente den Schweden während des Krieges sehr wahrscheinlich als Brückenkopf. Zudem wurde vor der Küste im Jahr 1715 die schwedische Fregatte Hedvig Sophia bei einem Feuergefecht mit den Dänen zerstört. Auch wenn es dafür keine Belege gibt, sollen der Legende nach die toten schwedischen Soldaten daraufhin an Land gebracht und im Wald nahe der Steilküste begraben worden sein.

Steinreich: Strand von Dänisch-Nienhof

Kiel und die Eckernförder Bucht → Karte S. 249

Wandern: Steilküste Schwedeneck (7,5 km)

Vom Parkplatz in Dänisch-Nienhof führt ein Rundweg durch den Wald und am Strand die Steilküste entlang. Am Stohler Kliff geht es über die steile Treppe hinauf nach Stohl und durch die Felder zurück nach Dänisch-Nienhof (Markierung: Wanderroute 05). Alternativ können Sie auch eine ähnliche, aber längere Route wählen, indem Sie schon von Surendorf aus loslaufen; dann sind es 13 km Wanderweg (ebenfalls Markierung 05).

Praktische Infos

Einwohner 2900

Information **Tourist-Information Schwedeneck,** Zum Kurstrand 5, 24229 Schwedeneck, ✆ 04308-331, schwedeneck.de. Kurabgabe ab 18 J. 1,50 €/Tag.

Strände/Hundestrand Kurtaxenpflichtig sind die Strände in **Dänisch-Niendorf** und **Suhrendorf.** Einen Hundestrandbereich gibt es an den abgabefreien Stränden an der Steilküste vor **Stohl** und am schmalen steinigen Strand von **Hohenhain** (zwischen Dänisch Nienhof und Surendorf vor der Ferienhaussiedlung Strandkoppel), zudem westlich von Surendorf bzw. östlich des Grönwohld Camping hinter der Ferienhaussiedlung **Jellenbek** (Krusendorf; Parkplatz in 300 m Entfernung).

Essen & Übernachten **Strandhaus Schwedeneck,** herrliche Lage direkt am Strand von Dänisch-Nienhof. Im Angebot ist eine mediterrane Strandbistro-Küche mit Tapas in vielen Variationen, aber auch Rumpsteak, Hähnchenbrustfilet, Dorade oder Fischteller. Nachmittags Kaffeebetrieb, vor allem auf der schönen Holzterrasse. Abends für drinnen Tischreservierung empfohlen (Kaminofen). 300 m Fußweg vom Parkplatz zum Restaurant. Di–Do 10–22 Uhr (Mo, im Winterhalbjahr auch Di/Mi Ruhetag). Strandstraße 24, ✆ 04308-212. **€€**

Café Cupedia, diese gemütlich gestaltete Location an der Ausfallstraße von Surendorf (gegenüber einem Supermarkt) ist Frühstückslounge, Bistro, Tortenmanufaktur und abendliches Restaurant zugleich. Neben Frühstück (bis 12 Uhr) und Kuchen sind daher mittags und abends Flammkuchen, Ofenkartoffeln, Burger, regionale Spezialitäten und auch Abendbrotplatten (Wurst oder Käse) im Angebot. Tägl. 8–21 Uhr (Mo, im Winterhalbjahr auch Di/Mi Ruhetag). Eckernförder Str. 91, ✆ 04308-8599988. **€€**

Grönwohld Camping, gepflegte, familienfreundliche Anlage am Naturstrand mit vergleichsweise großen Stellplätzen. Auch relativ viele Dauercamper. Glampingzelte und Ferienhäuser sind ebenfalls im Angebot. Kinderspielplatz mit Hüpfburg. Kleiner Supermarkt und „Windbar" auf dem Platz. ✆ 04308-189972, groenwohld-camping.de.

Noer und Altenhof

Zwischen Schwedeneck und Eckernförde können auch die beiden kleinen Gemeinden Noer und Altenhof am Südufer der Eckernförder Bucht ein kleines Stück Ostseeküste für sich verbuchen. Abseits des Massentourismus finden sich hier einige sehenswerte Rückzugsorte.

Die Gegend rund um das namensgebende Dorf **Noer** wird vor allem landwirtschaftlich genutzt. Einkaufs- oder Einkehrmöglichkeiten gibt es außerhalb der Campingplätze keine, dafür aber eine herrliche, zum Teil unberührte geschützte Natur. Am Küstenstreifen ganz im Nordosten des Gemeindegebiets liegt das **Naturschutzgebiet Bewaldete Düne bei Noer.** Auf engstem Raum lassen sich hier sämtliche Stadien der Dünenentwicklung von der Spülsaumzone bis zum Wald beobachten. Betreten werden darf das Naturschutzgebiet allerdings nicht; nur vom Ufer aus sind Teilstücke davon einsehbar.

Noers Name ist Programm, bedeutet die niederdeutsche Bezeichnung „Nor" oder „Nür" doch so etwas wie Abhang bzw. Steilküste. Das Kliff ist jedoch nur die eine Seite des zu Noer gehörenden Küstenbandes, die andere ist ein schöner feinsandiger **Naturstrand** vor dem Jugendzeltplatz (bzw. der Zeltgemeinschaft Noer). Dieser reicht im Westen bis an die Steilküste heran und ist mangels Parkmöglichkeiten am besten per Rad zu erreichen, weshalb sich hier selbst im Hochsommer noch ein herrlich ruhiges Plätzchen findet. Und auch hinter der kleinen Steilküste, noch weiter westlich, befindet sich mit dem Strand Lindhöft (vor dem gleichnamigen privaten Platz der Campingfreunde) ein schöner Küstenabschnitt (gebührenpflichtige Parkmöglichkeiten), der sich bis zu einem wahren Naturparadies fortsetzt: der **Aschauer Lagune.** Schon zum Gemeindegebiet von Altenhof gehörend, ist dieser liebliche Küstenstreifen einer der einsamsten Strände der Region und zugleich ein Vogelparadies. Flankiert wird die durch einen natürlichen Nehrungshaken (→ S. 417) entstandene Lagune von einem kleinen, nicht öffentlichen Cam-

Weitgehend unberührt: Naturstrand vor Noer

pingplatz, der speziell Menschen mit Behinderung vorbehalten ist (Verein Brücke Rendsburg-Eckernförde). Und eine sehr kleine Außenstelle der Marine (WTD 71) gibt es hier an der auch Kronsort genannten Landspitze auch noch. Mit dem Auto ist die Lagune allerdings nicht gut zu erreichen, vom Strandparkplatz Aschau aus hat man noch einen Fußmarsch von 1,5 km vor sich. Am besten besucht man sie daher per Rad oder bei einer Strandwanderung von **Lindhöft** aus (Parkplatz beim Vereinsgelände der Campingfreunde).

Das sich noch weiter westlich, schon kurz vor Eckernförde anschließende Gemeindegebiet von **Altenhof** erinnert mit seinen Wäldern daran, dass der Dänische Wohld seinem ehemaligen Waldreichtum den Namen zu verdanken hat. Die in der Region ansonsten stark dezimierten und bis an die Steilküste heranreichenden Wälder sind heute geschützt und gehören zum Landschaftsschutzgebiet Küstenlandschaft Dänischer Wohld.

Sehenswertes

Wie fast der gesamte Dänische Wohld wurden und werden auch die Gemeinde Noer (900 Einwohner) und die Gemeinde Altenhof (320 Einwohner) durch die Geschichte ihrer noch heute beeindruckenden Gutshöfe geprägt:

Gut Noer: Das in eine 15 ha große parkähnliche Anlage eingebettete Gut ist über die sogenannte Bäderstraße (B 503) bequem erreichbar. Wegen seines imposanten, weiß getünchten Herrenhauses und weil es im 19. Jh. einmal im Besitz der dänischen Prinzessin Louise Auguste war, wird es auch Schloss Noer genannt. Der breite, zweistöckige Bau mit seinen 13 Fensterachsen wurde um 1710 vom holsteinisch-dänischen Adelsgeschlecht der von Brockdorff errichtet und wechselte in seiner Geschichte mehrfach die (adeligen) Eigentümer. Zu Beginn des 20. Jh. wurden die Seitentürme angefügt, zu

Mausoleum Noer

dieser Zeit wurden auch der landwirtschaftliche Betrieb eingestellt und die Ländereien verpachtet. Das Schloss und das sogenannte Inspektorenhaus sowie der ehemalige Reitstall dienen seit 1960 als Jugendgästehaus und Begegnungsstätte (mit 143 Betten). Dementsprechend ist von der einst prächtigen Innenausstattung nur wenig erhalten geblieben.

Ein verstecktes Kleinod ist das **Mausoleum Noer** im nördlichen Teil des zum Schloss gehörenden Landschaftsparks. Die achteckige, 10 m hohe Kapelle von 1882 ist die Grablege für Graf Friedrich Carl August von Noer (+ 1881) und seine Gemahlin Camilla (+ 1912), deren Särge im kunstvoll ausgemalten Innenraum stehen.

▪ Info: Jugendgästehaus Noer, Zum Hegenwohld 1, ✆ 04346-7868, freizeit-am-meer.de. Interessierte besichtigen den Landschaftspark bzw. das Mausoleum am besten über den von der Straße „Zum Hegenwohld" (Ecke „Haffkamp") zum Grabmal führenden Spazierweg.

Gut Altenhof: Der von Wäldern umgebene mächtige 27-achsige Dreiflügelbau des 1410 erstmals als Oldenhave (alter Hof) erwähnten Hofguts bietet einen beeindruckenden Anblick. Ursprünglich im 18. Jh. errichtet, wurde der Prachtbau mehrfach verändert und erweitert, zuletzt im Jahr 1910. Das ursprünglich 5300 ha große Gut befindet sich seit über 300 Jahren im Besitz der vom holsteinischen Rittergeschlecht von Reventlow abstammenden Familie von Bethmann-Hollweg.

Das Innere des auch Schloss genannten Herrenhauses beherbergt eine bedeutende historische Bibliothek und eine bemerkenswerte Sammlung von Portraits früherer Familienmitglieder, die leider nur zu besonderen Gelegenheiten besichtigt werden können. Dies gilt auch für den Speisesaal mit barocken Stuckarbeiten und flämischen Gobelins aus dem 17. Jh. Die ähnlich prunkvoll ausgestattete Orangerie im südlichen Seitenflügel kann für Hochzeiten und andere Feste angemietet werden. Auch das seitlich stehende ehemalige Kuhhaus (heute als Veranstaltungshaus genutzt) und eine gegenüberliegende, noch reetgedeckte Kornscheune hat mit einigen weiteren Wirtschaftsgebäuden die Zeit überdauert.

Heute gibt es auf dem Gutsgelände ein vielfältiges Kultur- und Freizeitangebot. Bereits in den 1970er-Jahren wurde innerhalb der historischen Parkanlage mit altem Baumbestand ein 18-Loch-Golfplatz angelegt, ein Seitenflügel des alten Gutshauses wird seitdem als Clubhaus (mit exklusivem Restaurant) genutzt. Auch der nördlich des adeligen Guts gelegene Hochseilgarten lockt zahlreiche Gäste an.

■ Info: Gutsverwaltung Altenhof, 24340 Altenhof, gutaltenhof.de.

Praktische Infos

Einwohner 1200 (900 Noer; 320 Altenhof).

Information **Gemeinde Noer,** Bäderstr. 31, 24214 Noer, gemeinde-noer.de; **Gemeinde Altenhof,** Aschauer Landstr. 5, 24340 Altenhof, amt-schlei-ostsee.de.

Hochseilgarten **Natur-Hochseilgarten Altenhof,** bemerkenswert schön angelegt im Buchenwald unweit von Eckernförde. Vielfältiges Kletterangebot mit 15 Parcours unterschiedlicher Schwierigkeitsgrade. Problemlose Onlinebuchung. Café/Kiosk vor Ort. Erw. 22 €, Kinder 18 €. April–Okt. Mi–Fr ab 13 Uhr; Sa/So und in den Sommerferien tägl. ab 10 Uhr. Am Bahnhof 16, 24340 Altenhof, hochseilgarten-eckernförde.de.

Strände/Hundestrand **Strand Noer** am Ende des Weges „Zum Hegewohld" (keine Parkplätze) und **Strand Lindhöft** (Am Strandweg; gebührenpflichtige Parkplätze). Dort auch Hundestrand. **Aschauer Lagune** (Parkplatz 1,5 km entfernt).

Essen & Übernachten **The Ace,** gutbürgerliche Küche für jedermann im Seitenflügel des Gutshauses von Altenhof, das auch als Restaurant des Golf Clubs dient. Angereichert ist die Speisekarte mit internationalen Gerichten wie Hummus, Teigrollen oder auch einem kräftigen Schaschlik. Nachmittags Kaffee und Kuchen. Helles, aufgeräumtes Ambiente. Kernzeit tägl. 12–19 Uhr (Mo Ruhetag). ✆ 04351-43954. **€€**

MeinTipp **Treib-Gut,** Seeblick-Restaurant in einer schönen Reetdachkate an der Bundesstraße ganz am südlichen Rand des Südstrands von Eckernförde (und damit schon zur Gemeinde Altenhof gehörend). Innen hell und gemütlich („nur" 45 Plätze). Rustikaler Außenbereich mit Blick über die Eckernförder Bucht. Ambitionierte und schmackhafte Küche wie Kabeljaufilet, Schweinefilet und selbst ein Rumpsteak „aus eigener Reifung" ist im Angebot. Zudem auch der vegetarische Treibgut-Burger oder ein veganes Curry mit Wildreis. Do/Fr ab 17 Uhr; Sa/So 12–14 und ab 17 Uhr (Mo–Mi geschlossen). Kiekut 1, ✆ 04351-8895613. **€€€**

Il Rosso, vegetarisches Restaurant in einer schönen Kate, direkt am Waldeingang von Altenhof. Liebevoll zusammengestellte Karte mit geschmackvollen fleischlosen italienischen (auf Wunsch auch veganen) Spezialitäten wie Gemüse-Antipasti, Risotto mit Spargel, Lasagne oder Pizza. Dabei wird Wert auf regionale, biologische Produkte gelegt. Innen gemütlich hell, zudem eine wunderbare Außenterrasse im Grünen. Am Wochenende auch Frühstücksangebote und Kaffeebetrieb. Mi–Do 17–21 Uhr, Fr/Sa 10.30–21 Uhr, So 10–19 Uhr (Mo/Di Ruhetag). Am Bahnhof 14, ✆ 04351-4699902. **€**

Gettorf

Ziemlich genau auf halber Strecke zwischen Kiel und Eckernförde bildet der vor allem durch seinen Tierpark bekannt gewordene Ort mit kleinstädtischem Charakter den geografischen Mittelpunkt des Dänischen Wohld.

Mit Strand und Meer kann Gettorf nicht dienen, dafür eignet es sich bestens als ruhiger Stützpunkt für Ausflüge in die Umgebung. Neben Sehenswürdigkeiten wie der St.-Jürgen-Kirche und einer historischen Windmühle hat es mit der Eichstraße in der Ortsmitte sogar eine kleine, wenn auch mäßig besuchte Fußgängerzone zu bieten.

Der Teufelsstein – größter Findling Schleswig-Holsteins

Seit dem Jahr 2000 erinnert eine bronzene **Teufelsstatue** am Beginn der Gettorfer Fußgängerzone mit einer auf Plattdeutsch beschriebenen Tafel an eine alte Legende. Dieser zufolge warf der Teufel höchstpersönlich einen Felsen nach dem weithin über die Landschaft aufragenden Kirchturm der St. Jürgen-Kirche, um diesen zu zerstören. Durch göttliche Fügung jedoch wurde der mächtige Stein ein wenig abgelenkt und streifte den Turm lediglich, weshalb dieser bist heute eine leichte Schieflage aufweist.

Der sogenannte **Düvelsteen (Teufelsstein)** flog übrigens noch rund 7 km in südwestliche Richtung weiter. Dort, in der Nähe des Nord-Ostsee-Kanals ist der 200 Tonnen schwere Findling noch heute auf einem kleinen (Fahrrad-)Rastplatz zu finden (an der Straße kurz vor 24214 Lindau-Großkönigsförde). Der 1,8 Milliarden Jahre alte Granitbrocken ist der größte Findling Schleswig-Holsteins. Er ist 6 m lang, 4,5 m breit und 3,75 m hoch. Als Geschenk der Eiszeitgletscher wurde er ebenso wie die vielen anderen Findlinge des Landes vor rund 20.000 aus dem rund 500 km entfernten Südschweden hierher verschoben - sofern der Teufel hier nicht doch seine Hand im Spiel hatte.

Kiel und die Eckernförder Bucht → Karte S. 249

Sehenswertes

St.-Jürgen-Kirche: Ihr 1491 errichteter mächtiger, 64 m hoher Turm ist bereits von Weitem aus allen Richtungen zu sehen. Zur Zeit der Schleswig-Holsteinischen Erhebung gegen Dänemark (1848–1851) diente er als Signal- und Beobachtungsturm. Denn von hier konnte man nicht nur den gesamten Dänischen Wohld überblicken, sondern auch früh das Einlaufen dänischer Schiffe in die Eckernförder Bucht erkennen. In ihren Grundzügen um 1250 erbaut, war die dem heiligen Georg (=Jürgen) gewidmete Kirche im Mittelalter ein regionaler Wallfahrtsort.

In ihrem Inneren strahlt das helle, schnörkellose Gotteshaus eine eigentümliche Ruhe aus. Blickfang ist der zweiflügelige Altar mit seiner Rosenkranzmadonna (um 1500). Er und vor allem auch die im Stil der Spätrenaissance gestaltete Kanzel von Hans Gudewerdt d. Ä. (von 1598) gelten als Meisterwerke der Schnitzkunst. Beeindruckend ist zudem die von vier Jünglingen in burgundischer Tracht getragene Bronzetaufe aus dem Jahr 1424.

▪ Kirchstr. 1, Kirchturmaufstieg am letzten Sa im Monat 10 Uhr (nach Anmeldung). Derzeit leider nur zu den Gottesdienstzeiten geöffnet.

Gettorfer Mühle mit Heimatmuseum: Hinter dem modernen Rathaus grüßt die altehrwürdige „Mühle Rosa". Die Holländerwindmühle von 1869 war nur bis 1945 in Betrieb. Viel Mühlentechnik ist daher nicht mehr erhalten geblieben. Die drei Mahlböden beherbergen heute die Gemeindebücherei, das Gemeindearchiv und ein Trauzimmer.

Im benachbarten Heimatmuseum ist man stolz auf eine historische Schulstube. Zudem geben hier eine komplette Schusterwerkstatt, ein historischer Webstuhl, allerlei Gerätschaften aus dem Tischler- und Schmiedehandwerk sowie aus der Landwirtschaft einen interessanten Einblick in frühere Zeiten. Verschiedene historische Kutschen und viele andere Gegenstände in der benachbarten „Remise" vervollständigen die Sammlung.

▪ Do 14–17 Uhr, Erw. 2 €. Mühlenstr. 19, ✆ 04346-8743.

Tierpark Gettorf: Seit über 55 Jahren in der Region beworben, ist der nicht allzu große, im Sommer oft recht überlaufene Park vor allem für Familien mit kleinen Kindern ein Erlebnis. Zu sehen gibt es zahlreiche Tiergehege, in denen sich Zebras, Meerkatzen, Ziegen, Erdmännchen und sogar Tapire mit ihren rüsselartigen Nasen tummeln. Insgesamt sind es etwa 150 verschiedene Tierarten mit 850 Tieren. Auch ein Affenhaus und eine Tropenhalle sind zu bestaunen. Einer der Höhepunkte ist die Stinktier-Fütterung. Natürlich dürfen auch ein Streichelzoo sowie einige tolle Spielplätze nicht fehlen.

Interessant ist **Das verrückte Haus,** ein schwedisches Holzhaus, das mitsamt seiner detaillierten Inneneinrichtung auf dem Kopf steht. Das sorgt für witzige Fotos unter den Besuchern, denen in dem – noch dazu um sieben Grad geneigten – Haus nicht selten regelrecht schwindelig wird. Das Erlebnismuseum steht zwar auf dem Parkgelände, gehört jedoch nicht den Betreibern des Tierparks, daher wird hier ein Extra-Eintritt fällig.

▪ Tägl. 9–18 Uhr (Winterhalbjahr 10–16 Uhr). Erw. 13 €, Kinder (2–17 J.) 10 € (Das verrückte Haus kostet zusätzlich 4,50 €/Pers.) Café/Restaurant vor Ort. Parken kostenlos. Hunde sind im Park nicht erlaubt. Süderstr. 32, ✆ 04346-41600; tierparkgettorf.de.

Geotanium: Der flache Anbau am ehemaligen Gettorfer Amtsgericht wurde vormals als Spielhalle genutzt und war sogar einmal Freilauftrakt des hiesigen Frauengefängnisses. Nun ist darin ein naturhistorisches Urzeitmuseum untergebracht, das kein Museum für einen schnellen Besuch, sondern vor allem eines zum Mitmachen ist. Besonders an

Kopfstand: „Das verrückte Haus" im Tierpark Gettorf

Kiel und die Eckernförder Bucht → Karte S. 249

Familien mit Kindern gerichtet, lernen diese hier spielerisch eine Menge über die Welt der Steine. Die Besucher bearbeiten Fossilien, können kleine Schneckenhäuser freilegen, Bernsteine schleifen oder sogar Gold waschen. Und für die ganz Kleinen gibt es einen Dinosaurier-Spieltisch.

■ Di–Fr. 14–18 Uhr, Sa/So 14–18 Uhr (Mo Ruhetag). Eintritt 10 €. Steinshop vor Ort. Eckernförder Chaussee 5 (Nähe Bahnhof), ✆ 04346-602902, geotanium.de.

Praktische Infos

Einwohner 7600

Information **Gemeinde Gettorf,** Karl-Kolbe-Platz 1, 24214 Gettorf, gettorf.de. **Touristinformation Eckernförde,** Am Exer 1 (Stadthalle), 24340 Eckernförde, ✆ 04351-71790, ostseebad-eckernfoerde.de.

Parken Kostenfrei auf dem Karl-Kolbe-Platz (Rathaus) oder am Haselrott.

Wochenmarkt Di und Fr vormittags Ecke Eichstraße (Fußgängerzone)/Kirchhofsallee.

Essen & Übernachten **Landhaus Hammerich,** gepflegter Landgasthof und Hotel im 3 km östlich von Gettorf gelegenen Osdorf. Angenehmes Ambiente. In dem Familienbetrieb gibt es eine bodenständige und schmackhafte deutsche Küche zu einem guten Preis-Leistungs-Verhältnis. Lecker ist z. B. die Fischplatte oder das Sauerfleisch mit Bratkartoffeln. Zudem stehen einige saubere Zimmer mit insgesamt 17 Betten zur Verfügung. Hauptstr. 3, 24251 Osdorf, ✆ 04346-41481661, landhaus-hammerich.de. **€** (Hotel), **€** (Restaurant)

mein Tipp **Lindenkrug,** klassischer, einfacher Landgasthof in Großkönigsförde (knapp 10 km südwestlich von Gettorf) und damit in unmittelbarer Nähe des Teufelssteins. Direkt am Nord-Ostsee-Kanal gelegen. Von außen eher weniger einladend, aber innen saniert und mit nettem Service. Leckere Hausmannskost wie Bauernfrühstück oder Matjes Hausfrauenart; auch Salate. Zudem viele Rindfleischgerichte mit Fleisch aus der eigenen Gallowayzucht. Mi–So 11.30–21 Uhr (Mo/Di Ruhetag). Dorfstr. 46, 24214 Großkönigsförde, ✆ 04346-412516. **€**

Obstcafé Gut Warleberg, 8 km südlich von Gettorf gelegenes Ausflugsziel auf einer Erhebung inmitten der Kirschplantage eines Obsthofs. Einfaches, naturverbundenes Café mit einigen Innenplätzen und mit Biergarnituren auf der Wiese. Herrlicher Ausblick auf den Nord-Ostsee-Kanal. Reichhaltiges Angebot an Torten und Kuchen. Auch Obst zum Selberpflücken und sogar einen kleinen Weinberg gibt es hier. Mai–Okt. tägl. 13–18 Uhr geöffnet. Gut Warleberg, 24214 Neuwittenbek, ✆ 04346-7077. **€**

Hüttener Berge

Die Hüttener Berge sind ein waldreicher Naturpark mit großen und kleinen Seen, die sich in die hügelige Landschaft einfügen. Sie laden zu ausgedehnten Wanderungen und Radtouren ein.

Mit einer Fläche von 219 km² bilden die Hüttener Berge schon seit 1971 Schleswig-Holsteins kleinsten Naturpark. Er wird eingerahmt durch den Nord-Ostsee-Kanal im Süden, den historischen Ochsenweg im Westen, den Naturpark Schlei im Norden und grenzt im Osten an Eckernförde und den Dänischen Wohld. Bergig wird es jedoch allenfalls im Westen des Naturparks, und zwar im Brekendorfer Forst, der zum Gemeindegebiet von Hütten und Ascheffel gehört. Aber auch hier scheint der Begriff Berge für die schöne, während der letzten Eiszeit geformte Moränenlandschaft mit ihren typischen Knicks (→ S. 416) noch ein wenig zu hoch gegriffen. Aber für hiesige Verhältnisse sind der bewaldete Hügel Scheelsberg (106 m ü. NN) sowie der von einem 3 m hohen Granitfindling gekrönte Heidberg (99 m) und vor allem der **Aschberg** (98,4 m) eben einfach schon ziemlich hoch. Auf Letzterem steht neben dem modernen Panomara-Hotel ein kostenlos zu besteigender Aussichtsturm (tägl. 7–22.30 Uhr). Der mit Gitterrost-Stufen und einer Kletterwand versehene Turm wurde 2013 errichtet und gewährt einen wirklich herrlichen Ausblick. 16 Kirchtürme sind es, die Sie von hier aus bei gutem Wetter zählen können. Außerdem befindet sich hier oben auf dem Aschberg seit 1930 auch eine 7 m hohe Bismarck-Skulptur. Ursprünglich stand das Denkmal fast 100 km weiter nördlich bei Apenrade. Als dieses jedoch 1920 per Volksabstimmung an Dänemark fiel, musste der auf sein Schwert gestützte Reichskanzler hierher umziehen.

Ansonsten sind die Hüttener Berge ein beschauliches Naturparadies mit Wäldern, Mooren und Seen, die wie der große und gut 20 m tiefe **Wittensee** und sein kleinerer Nachbar, der 12 m tiefe **Bistensee,** Überbleibsel aus der letzten Eiszeit sind. Gletscherzungen haben vor etwa 20.000 Jahren die tiefen Seen quasi in die Landschaft gefräst. Kostenlose Badestellen laden hier zur Erfrischung ein. Die größte Ansiedlung bei den Seen ist das Dorf Groß Wittensee. Dort ist mit der **Windmühle Auguste** ein windgängiger und mahlfähiger Kellerholländer von 1874 erhalten geblieben, dessen Anbauten zu einer Ferienwohnung umgestaltet wurden (Besichtigung nur nach Voranmeldung).

Im Süden des Naturparks lädt der Nord-Ostsee-Kanal (→ Kasten S. 262) und damit der Ort **Sehestedt** zu einem Abstecher ein. Bekannt wurde Sehestedt als der einzige Ort in Schleswig-Holstein, der durch den Bau des Kanals in zwei Teile zerschnitten wurde. Eine Kanalfähre verbindet heute beide Ortsteile. Der historische Ortskern wurde beim Bau des Schifffahrtsweges weitgehend zerstört, die auf einem Hügel stehende Peter- und Paul-Kirche (erbaut um 1200; 1829 verlängert) mit ihrem vierkantigen Holzturm blieb jedoch erhalten. Besonders ist auch das danebenstehende, reetgedeckte Pfarrhaus. Es wurde 1820 im klassizistischen Stil errichtet. Mit seiner von vier dorischen Säulen getragenen Vorhalle gilt es als eines der schönsten Dorfpastorate Schleswig-Holsteins und beherbergt heute das Dorfmuseum. Als „Haus der Geschichte" informiert es anschaulich über die Sehestedter Vergangenheit (April–Okt. So 14–16 Uhr). Auf der Nordseite prägt zudem die riesige Hofanlage von **Gut Sehestedt** das Bild des Ortes. Mit seinem prächtigen Herrenhaus und den reetgedeckten Fachwerkscheunen zählt das nach wie vor landwirtschaftlich genutzte Anwesen zu den ältesten Rittergütern im früheren Herzogtum Schleswig.

Einwohner 20.000 (verteilt auf 21 Gemeinden)

Information **Naturpark Hüttener Berge e. V.,** Schulberg 6, 24358 Ascheffel, ✆ 04356-9949545, naturpark-huettenerberge.de.

Wandern/Radfahren 20 markierte Wanderrouten (zwischen 3,6 und 16 km) sowie 6 Radtouren (zwischen 17 und 36 km) führen jeweils als Rundtouren durch den Naturpark Hüttener Berge. Die Routenbeschreibungen inkl. einem Verweis auf die Sehenswürdigkeiten gibt es als Flyer bei den Touristinfos, aber auch als Download unter naturpark-huettenerberge.de.

Essen & Übernachten **Panorama Hotel Aschberg,** Alleinlage direkt auf dem Aschberg mit seinem Aussichtsturm. Der am Hang gebaute Hoteltrakt mit grasbewachsenem Flachdach passt sich harmonisch in die Landschaft ein. Helle und geräumige Zimmer mit Ausblick in modern-stilvollem Ambiente. Gutes Frühstücksbüfett. **Huk's Restaurant** mit kreativer, niveauvoller Küche im nebenstehenden Restaurantbau am Aussichtsturm (Steakpfanne, Kutterscholle). Am Aschberg 3, 24358 Ascheffel, ✆ 04353-99800010, panorama-aschberg.de. **€€** (Hotel), **€€€** (Restaurant)

****** Seehotel Töpferhaus,** ruhige Lage am Bistensee; nordischer Landhausstil, modern ausgestattete Zimmer, Wellnessbereich mit Sauna. Frühstücksraum im Wintergarten mit schönem Seeblick. Beliebte Hochzeitslocation, was gelegentlich für Trubel sorgen kann. Im Haus liegt das **Restaurant LammButtRind** (tägl. 17–24 Uhr) mit frischer und anspruchsvoller Küche. Daher auch HP möglich. Am See 1, 24791 Alt Duvenstedt, ✆ 04338-99710, toepferhaus.com. **€€€** (Hotel), **€€** (Restaurant)

meinTipp **Keramikcafé,** fast direkt neben dem Seehotel in einer uralten Reetdachkate (anno 1764) gelegen. Leckere, frische Kuchen (auch glutenfrei oder vegan) und auch kleine Speisen (Wiener Würstchen, Schinken- oder Käsebrot). Plätze im Pavillon, auf der überdachten Terrasse oder im liebevoll dekorierten, etwas verwunschenen Garten. Auch eigene Töpferei, daher selbst getöpfertes Kaffeegeschirr. Mi–So 13–17 Uhr (Mo/Di Ruhetag). Töpferhaus 3, 24791 Alt Duvenstedt, ✆ 04338-999225.

Aussichtsturm Aschberg

Landkäserei Holtsee, Werksverkauf in der „Käsekiste" gegenüber der Holtseer Landkäserei, wo man nicht nur der vor Ort produzierte Käse in allen Variationen erworben werden kann, sondern auch Frühstück, belegte Brötchen und Kuchen im Angebot sind (Tische auch vor dem Haus). Mo–Fr 8–18 Uhr, April–Okt. auch Sa 8–16 Uhr. Dorfstr. 2, 24363 Holtsee (8 km südlich von Eckerförde gelegen), ✆ 04357-997124.

meinTipp **Whiskey Krüger,** inmitten des Naturparks Hüttener Berge, westlich des Wittensees, gibt es in Holzbunge nicht nur eine große Auswahl hochwertiger Spirituosen, sondern auch ein kleines Whiskey-Museum und ein Whiskey-**Café** mit einer netten Terrasse. Mi/Do (13–17 Uhr) können Sie hier leckeren Fruchtkuchen genießen. Fr/Sa (11–17) gibt es dann auch Baiser- und Whiskytorte. Und natürlich können Sie auch die über 250 Whiskeysorten verkosten. 24361 Holzbunge, Hauptstr. 2 (direkt an der B 203), ✆ 04356-8679125.

Eckernförde

Ein faszinierender Küstenort, weil er wie kaum ein anderer munteres Hafenambiente und einen schönen Ostseestrand auf engstem Raum miteinander kombiniert. Alles ist bequem zu Fuß erreichbar.

Eckernförde liegt ganz am Ende der großen, sich tief in das Landesinnere erstreckenden gleichnamigen Bucht. Das Stadtgebiet gleicht in seinen Umrissen einer von Wasser umgebenen Sanduhr, an deren nur wenige hundert Meter schmalen Engstelle sich der Hafen und die Altstadt befinden. Am Westrand begrenzt das Windebyer Noor (ein 900 m² großer Binnensee) und im Osten die Ostsee das Stadtgebiet. Quirliges Zentrum ist der bis in die Altstadt hineinragende **Hafen**, in dem vor allem hübsche Motorboote und Segeljachten vor Anker liegen. Er beherbergt aber auch Traditionssegler und noch immer einige Fischerboote, mitunter bietet ein Fischer seinen Fang noch „frisch vom Kutter" an. Jeden ersten Sonntag im Monat dient das Areal dem sogenannten **Fischmarkt** mit seinen zahlreichen Verkaufsständen als schöne Kulisse. In früheren Zeiten führten Bahngleise bis zu den Schiffen und es gab einen lebhaften Warenhandel. Insbesondere Getreide wurde von hier aus verschifft. Ein Großteil der **Speicher** wurde längst abgerissen; erhalten blieb jedoch ein riesiger, backsteinerner Rundsilo aus den 1930er-Jahren. Er wurde im Erdgeschoss zu einer Restauration umgebaut. Gekrönt von einem goldenen Engel ist er heute das Wahrzeichen der Stadt. Schön anzusehen gleich in der Nähe ist auch der um 1870 aus gelbem Klinker errichtete Siemsen-Speicher, in dessen Erdgeschoss sich heute eine Musikkneipe befindet, die übrigen Stockwerke werden als Bürogebäude genutzt.

Segler vor dem runden Hafenspeicher

Als weiteres Wahrzeichen der Stadt überspannt seit der großen Sturmflut von 1872 eine hölzerne **Klappbrücke** die Hafenspitze und erlaubt Fußgängern den kurzen Weg zum gegenüberliegenden Stadtteil Borby. In diesem längst eingemeindeten ehemaligen Fischerdorf überragt eine uralte Feldsteinkirche die Stadt. Fast direkt angrenzend, im Stadtteil Louisenberg, liegt der einzige Tiefseehafen der Deutschen Marine. Hier sind unter anderem alle sechs deutschen U-Boote stationiert (U31 bis U36).

Feinsandig und stadtnah: Badestrand Eckernförde

Vom Hafen aus führen die von kleinen Geschäften gesäumten Straßen und enge Gassen in die historische **Altstadt.** Sie bietet ein herrliches Ambiente für einen geruhsamen Einkaufsbummel. Zentrum der Altstadt ist der Rathausmarkt, an dem sich auch das Alte Rathaus befindet. Es wurde 1420 als Zeughaus errichtet, heute ist darin das Stadtmuseum untergebracht. Dahinter erhebt sich die dreischiffige St.-Nikolai-Kirche. Kirchplatz und Rathausmarkt dienen mittwochs und samstags vormittags als schöne Kulisse für den Eckernförder Wochenmarkt.

Direkt vor die hübsche Altstadt hat die Ostsee einen 4 km langen **Badestrand** mit feinem Quarzsand gespült. Hier genießt man unbeschwert und stadtnah das Badeleben. Vor dem Strand erstreckt sich eine schöne lange Promenade mit entsprechender Infrastruktur. Sie zieht sich vom Hafen südwärts am Hauptstrand entlang und mündet in den Hundestrand, an den sich, noch hinter einer wehrtechnischen Dienststelle der Marine und damit schon am Stadtrand, der sogenannte Südstrand (samt FKK-Bereich) anschließt. Etwa auf halber Strecke führt die Promenade am länglichen, bunt bepflanzten **Kurpark** vorbei, in dem sich seit 2002 das auffällige Kunstwerk „Schwimmübungen“ des Bildhauers Martin Wolke befindet. Es zeigt eine riesige, auf dem Bauch liegende Meerjungfrau und einen an Leonardo Da Vincis Davidskulptur erinnernden Mann, der auf das Meer zu blicken scheint. Zudem erinnert hier das Süderschanzen-Denkmal, bestehend aus einem Obelisken und einer daneben aufgestellten Kanone, an die für die Lokalgeschichte wichtige Seeschlacht von 1849 (→ Foto S. 425). Während der damaligen Schleswig-Holsteinischen Erhebung wurden von den nur wenige Meter von der Eckernförder Bucht entfernt stationierten Truppen der auch Süderschanze genannten Südbatterie zwei dänische, die Stadt belagernde Schiffe erbeutet.

Geschichte: Die Herkunft des Stadtnamens ist umstritten und leitet sich möglicherweise von den Eckern (Bucheckern) oder vielleicht auch von den Ykern (Eichen) ab, weil dieser Küstenstreifen früher durch große Laubwälder geprägt war. Das dänische Wort „Egern" bedeutet allerdings auch Eichhörnchen. Und der Sage nach war dieses Gebiet einst so dicht bewaldet, dass die Bewohner der Baumwipfel, die Eichhörnchen, von Baum zu Baum springend von hier aus über den Dänischen Wohld bis nach Kiel gelangen konnten. Somit könnte der Ortsname auch auf das Wort Eichhörnchenfurt (Egernvörde) zurückgehen. Den Stadtvätern (und -müttern) schien diese Geschichte einleuchtend, zumindest findet sich das Eichhörnchen heute im Stadtwappen wieder.

Entstanden ist Eckernförde tatsächlich auf einer Furt beziehungsweise auf einer durch natürliche Sandaufspülung entstandenen Nehrung zwischen der Eckernförder Bucht und dem Windebyer Noor, einem Binnensee. Wachsen konnte es im Laufe der Zeit damit nur sanduhrförmig nach Norden und nach Süden an den Ufern der Bucht und des Sees.

St.-Nicolai-Kirche

Gegründet wurde es um das Jahr 1200 durch eine von den Dänen am Ende der Eckernförder Bucht errichtete Burg, ab 1302 wurde es als Stadt geführt. Im 18. Jh. brachten Fischerei und die Produktion von qualitativ hochwertigen Fayencen (Kunstkeramik) einen gewissen Wohlstand. Nicht nur Keramik und vor allem die Fischräuchereien (→ Kasten „Kieler Sprotten") machten die Stadt jedoch bekannt. Im Mittelalter wurde hier auch ein besonderes Bier gebraut, das sogar bis zum königlichen Hof in Kopenhagen exportiert wurde: das **Kakabellen-Bier.** Seinen im wahrsten Sinne des Wortes etwas „anrüchigen" Namen bekam der süffige Gerstensaft angeblich im Jahr 1503 vom päpstlichen Gesandten Kardinal Raimund Peraudi, der das schmackhafte Bier ob seiner der Verdauung zuträglichen Wirkung als „caca bellam" lobte. Das naturtrübe (und damit wenig haltbare) Kellerbier wird heute nur noch auswärtig gebraut und kann auch nur noch in wenigen Gastronomiebetrieben (z .B. in der Siegfried-Werft) genossen werden.

Für den Tourismus öffnete sich die Stadt schon 1831, als sie Seebad wurde, wobei ein großer Teil der Bevölkerung weiterhin vom Fischfang lebte. Im Zweiten Weltkrieg blieb Eckernförde trotz seines Status als Garnisonsstadt und Marinestützpunkt weitgehend unzerstört. Auch heute noch ist es ein wichtiger Marinestandort. Mit etwa 4000 Soldaten und Zivilbediensteten ist die Bundeswehr damit ein wichtiger Arbeitgeber in der Region.

Sehenswertes

St.-Nicolai-Kirche: Durch einen Torbogen kommt man von Eckernfördes Fußgängerzone auf den Kirchplatz mit seiner schönen Hallenkirche, die auf

Kieler Sprotten – eigentlich ein Etikettenschwindel?

Die Sprotte ist ein an der Küste vorkommender kleiner, heringsartiger Fisch, der – fast immer geräuchert und dann als Kieler Sprotte bezeichnet – mitsamt seinen feinen Gräten, aber ohne Kopf und Schwanz gegessen wird. Anders als der Name es vermuten lässt, hat das im 19. Jh. aufkommende Sprottenräuchern die bedeutsamste Tradition nicht in Kiel, sondern in Eckernförde. Seinen Namen verdankt der Räucherfisch in erster Linie seinem Transportweg. Die schnelle Beförderung der verderblichen Ware in weite Teile Deutschlands war damals nur mit der Bahn möglich, Versandbahnhof für die leckere Fischspezialität war das mit Pferdefuhrwerken leicht erreichbare, 25 km entfernte Kiel. Und genau das stand auf den hölzernen Transportkisten. Zum Ärger der Eckernförder prangert somit auf ihrer besonderen Spezialität für alle Zeiten der Name der benachbarten Landeshauptstadt, wenngleich man einräumen muss, dass traditionell nicht nur in Eckernförde, sondern im gesamten Ostseeraum reichlich Sprotten geräuchert wurden.

Durch das Räuchern bekommen die frisch gefangenen, silbernen Sprotten eine goldene Farbe. Unter den Fischer galt daher der mancherorts noch zu lesende Spruch: „In Eckernför dor hebbt se't rut ut Sülver Gold to maken" („In Eckernförde, da haben sie es raus, wie man aus Silber Gold macht").

Mitte des 18. Jh. gab es in Eckernförde rund 60 und 1925 immerhin noch 37 Räucherbetriebe mit hohen Schornsteinen. Damals muss ein gewaltiger Räucherqualm über der Stadt gelegen haben. Mit dem Rückgang der Fischerei begann auch das Räuchereisterben, doch erst 2022 musste Eckernfördes letzter Betrieb dieser Art (Rehbehn & Kruse) seine Tore für immer schließen. Schon zuvor gründete sich ein Museumsverein, um an diesen Teil der Stadtgeschichte zu erinnern. Im Jahr 2012 gelang es, aus der ehemaligen Räucherei Hopp ein kleines Museum zu machen, das einen interessanten Einblick in den Arbeitsalltag in einem traditionellen Fischräuchereibetrieb vermittelt.

■ **Alte Fischräucherei Eckernförde:** April–Okt. Sa 11–14 Uhr, dann auch Schauräucherei. Führung 5 €/Pers. (40 Minuten); Führung + 15-minütiger Film 7 €/Pers. Gudewerdtstr. 71, ✆ 04351-8804833, alte-fischraeucherei.de.

das frühe 13. Jh. zurückgeht und in ihrer Geschichte viele Umbauten erfahren. Ihr heutiges Erscheinungsbild stammt im Wesentlichen aus dem Jahr 1530 (mit einem Anbau von 1913). Nicht nur einige Fresken im Chorgewölbe, auch zahlreiche Kirchenschätze sind erhalten geblieben. Das Kirchengestühl wurde jedoch zur Auflockerung des Ambientes (vorübergehend) entfernt. Auffallend ist vor allem der Gudewerdt-Altar, ein hölzerner Altaraufsatz (mit einer Kreuzigungsszene im Zentrum), der als bedeutendste Barockschnitzerei Nordeuropas gilt. Bemerkenswert sind zudem die Bronzetaufe (von 1588), das riesige hölzerne Börnsen-Epitaph (Grabdenkmal von 1661) an der backsteinernen Kirchenwand und die 1762 erbaute Orgel (mit 2500 Pfeifen und 37 Registern). Bei dem von der Kirchendecke herabhängenden Votivschiff – das Modell einer Fregatte mit dem biblischen Namen David – handelt es sich um ein besonders großes Exemplar. Es ist 2 m lang und stammt aus dem Jahr 1842.

▪ Geöffnet Mo, Di, Do und Fr 14–16 Uhr, Mi und Sa 10.30–12.30 Uhr. Am Hauptstrand steht zudem eine kleine Schäferwagenkirche, die zum Strandgebet einlädt.

Borbyer Kirche: Auf dem hoch aufragenden Petersberg im nördlich des Hafens gelegenen Stadtteil Bordby begann man schon Mitte des 12. Jh. auf dem Gelände einer ehemaligen Verteidigungsanlage aus den in der Umgebung reichlich vorhandenen Feldsteinen eine Kirche zu bauen. Die mit einfachem Mörtel aus Kalk und Sand errichteten Feldsteinmauern haben die beeindruckende Dicke von rund 1,20 m. In späteren Jahrhunderten wurde das Gotteshaus immer wieder einmal erweitert. Den heutigen Kirchturm hat man erst 1894 erbaut; er ersetzte einen Vorgängerbau.

Der hell getünchte Innenraum mit seiner im 17. Jh. eingezogenen Holzbalkendecke beherbergt vergleichsweise schlichte Kirchenbänke und nicht allzu viele Kirchenschätze. Kunstvoll und bedeutend ist vor allem das romanische Taufbecken (um 1200) aus gotländischem Kalkstein. Es zeigt Szenen der Geburtsgeschichte Jesu. Auch das hölzerne Triumphkreuz an der Nordseite stammt aus vorreformatorischer Zeit (um 1500). Der Hochaltar von 1686 mit seinen Gemälden der Passionsgeschichte wurde von einem Meister der Eckerförder Bildschnitzerschule geschaffen. Zur Kirchenausstattung gehören auch eine kleine Holzkanzel (um 1600) sowie ein auffälliges Gemälde des Weltgerichtes (von 1726). Die beiden großen goldenen Kronleuchter stiftete um 1900 Prinz Heinrich von Preußen. Der die Kirche umgebende Friedhof wird noch heute für Bestattungen genutzt.

▪ Geöffnet April–Okt. Mo–Fr 14–17 und Sa 11–14 Uhr.

Bunte Altstadthäuser

Museum Eckerförde: Untergebracht im geräumigen historischen Alten Rathaus ist es das Heimatmuseum der Stadt und veranschaulicht bereits seit 1975 die kulturgeschichtliche Entwicklung Eckernfördes. Die Ausstellung ist in der Art einer Zeitreise konzipiert. Zu sehen gibt es u. a. einen ehemaligen Kolonialwarenladen, eine Fischräucherei, eine Bildergalerie, eine Sammlung historischer Elektrogeräte und sogar eine Modelleisenbahnanlage, die das

Alte Seebrücke mit Blick auf den U-Boot-Hafen

Kiel und die Eckernförder Bucht → Karte S. 249

Gelände um den Eckernförder Bahnhof um das Jahr 1951 nachbildet.

■ April–Okt. tägl. außer Mo 11–17 Uhr (Nov.–März Di–Fr 14.30–17 Uhr; Sa/So 11–17 Uhr). Erw. 3 €, Kinder 1 €, Familien 6 €. Rathausmarkt 8, ✆ 04351-712547, museum-eckernfoerde.de.

Ostsee-Info-Center: Direkt an der Mole zwischen Hafen und Strand liegt dieses kleine interessante Naturkundemuseum (mit Strandbistro und Strandspielplatz). Vor allem Familien mit Kindern erfahren hier eine Menge über den Lebensraum Ostsee. In einem Streichelbecken darf man sogar mit kleinen Schollen, Krebsen oder Seesternen auf Tuchfühlung gehen. Auch in ein kleines Forschungs-U-Boot darf man klettern.

■ April–Okt. tägl. 10–18 Uhr, Nov.–März Di–So 11–17 Uhr, Sa/So 11–17 Uhr. Erw. (ab 15 J.) 5 €, Kinder 3 €, Familien 6 €. Rathausmarkt 8, ✆ 04351-726057, ostseeinfocenter.de.

Eichhörnchen-Schutzstation: Obwohl direkt an der belebten Ausfallstraße gelegen, hat hier das UmweltInfo Zentrum Eckerförde einen wunderbar naturnahen Erlebnisgarten geschaffen, der einen Besuch lohnt. Darin findet sich auch eine in der Art einer großen Voliere gestaltete Schutzstation für Eichhörnchen. Als Projekt der Wildtierhilfe wird hier das Wappentier der Stadt Eckernförde gehegt und gepflegt, besonders wenn es sich um Findelkinder oder beeinträchtigte Tiere handelt.

■ Di, Mi, Sa und So 10–16 Uhr. Freier Eintritt für Park und Station (Spende erbeten). Hans-Christian-Andersen-Weg 7 (Am Noorwanderweg), ✆ 04351-720255, eichhoernchen-eck.de.

Windebyer Noor: Obwohl nach der Nachbargemeinde Windeby benannt, gehört dieser 390 ha große Binnensee noch zur Stadt Eckerförde und begrenzt diese nach Westen hin. Einst war das von eiszeitlichen Gletschern geschaffene Noor mit der Eckernförder Bucht verbunden, wurde aber im Laufe der Zeit durch Sandablagerungen (→ Nehrungshaken) von dieser abgetrennt. Auf dem so aufgespülten Strandwall steht heute die Stadt Eckernförde. Am Westufer des Sees ragt der sogenannte Weiße Stein mit einer Höhe von rund 1,5 m aus dem Wasser heraus. Die weiße Färbung des von den Gletschermassen der Eiszeit hierher verschobenen riesigen Granitfelsens mit einem (Unterwasser-)Durchmesser von 12 m stammt vom Kot der zahlreichen Wasservögel, die den Stein seit jeher als Ruheplatz aufsuchen.

Die geheimnisvollen Moorleichen von Windeby

Im Domslandmoor zwischen Windeby und Eckernförde entdeckten Torfstecher im Mai 1952 eine geheimnisvolle Moorleiche. Rasch herbeigerufene Archäologen von Schloss Gottorf stellten fest, dass es sich um eine durch das Moor außergewöhnlich gut konservierte Mumie aus der Eisenzeit handelte.

Einige Indizien, z. B. der zarte Knochenbau, sprachen dafür, dass es bei dem Fund um die Überreste einer Frau handelte. Der Todeszeitpunkt wurde auf die Zeit um Christi Geburt datiert. Ungewöhnlicherweise war die linke Kopfhälfte der Mumie kurz geschoren (ein germanisches Symbol der Bestrafung) und in der sich verkrampft emporstreckenden rechten Hand war der Daumen zwischen Zeige- und Mittelfinger geschoben (eine sogenannte Feigenhand als Symbol mit sexueller Aussagekraft). Vor allem aber waren die Augen mit einer Binde verdeckt. Schnell schien klar zu sein, dass es sich bei der jungen Frau um eine hingerichtete Ehebrecherin aus germanischer Zeit handeln müsse. Und als drei Wochen später nur wenige Meter vom Fundort entfernt noch eine zweite, allerdings weit weniger gut erhaltene Moorleiche eines Mannes entdeckt wurde, schien auch der Liebhaber der jungen Frau gefunden zu sein. Jahrzehntelang galt diese Version, die sogar den Stoff für populärwissenschaftliche Abhandlungen und Filme lieferte, als gesichert.

Ab 1979 kamen Zweifel auf. Anhand der beim Fund gemachten Fotografien wurde klar, dass die vermeintliche Feigenhand erst bei der Einlagerung der Mumie entstanden war. Zudem sprach einiges dafür, die die vermeintliche Augenbinde tatsächlich ein verrutschtes Haarband war. 2006 konnte schließlich durch eine DNA-Untersuchung nahezu zweifelsfrei nachgewiesen werden, dass es sich bei der Mumie in Wirklichkeit um die Leiche eines etwa 15 Jahre alt gewordene Jungen handelt, der offenbar Hunger zu erleiden hatte und wahrscheinlich an einer schweren Kieferentzündung starb. Er wurde sehr liebevoll auf Heidekraut gebettet und mit Wollgras bedeckt. Die Ehebrecherinnentheorie war damit endgültig vom Tisch, zumal die zweite Moorleiche auch noch rund 300 Jahre älter war als die erste.

Beide Moorleichen befinden sich heute im schleswig-holsteinischen Museum für Archäologie Schloss Gottorf.

Wandern: Rund drei Viertel des Windebyer Moores sind auf leicht begehbaren Wegen direkt am Wasser zu umrunden. Nur im Nordwesten des Sees müssen Sie aus Naturschutzgründen etwas vom See weg und ein wenig durch die Wiesen und Felder laufen.

Praktische Infos

→ Karte S. 297

Einwohner 22.000

Information **Touristinformation Eckernförde,** Am Exer 1 (Stadthalle), 24340 Eckernförde, ✆ 04351-71790, ostseebad-eckernfoerde.de. *Ostseecard* ab 18 J. 3 €/Tag (Nebensaison 2 €).

Fahrräder **Kompass 98,** Inklusionsbetrieb der Diakonie. Rendsburger Str. 124, ✆ 04351-475703.

Hundestrand Ganz am südlichen Ende der Strandpromenade an der B 76 (Abfahrt Preußerstraße).

Parken Ein Parkleitsystem zeigt an, wo auf den insg. 14 Parkplätzen noch freie Plätze sind. Kostenfrei und relativ strandnah parken Sie auf den Plätzen Grüner Weg und Schulweg/Bahnhof.

Schwimmbad/Sauna **Meerwasser-Wellenbad Eckernförde,** großes Schwimmbecken, große Außenrutsche und Whirlpool; auch Kleinkindbereich. Großer Saunabereich mit Schneekabine und Salzgrotte. Preis für 2,5 Std.: Erw. (ab 15. J.) 5,50 €, Kinder (3–14 J.) 2,50 €. Sauna 19 €. Tägl. 6–21 Uhr; Sa/So nur bis 18 Uhr. Preußerstr. 1, (am Hauptstrand), ✆ 04351-905400, meerwasser-wellenbad.de.

Veranstaltungen Eckernförde bietet ein vielfältiges Veranstaltungsprogramm mit vielen Höhepunkten. Freunde historischer Fahrzeuge kommen auf ihre Kosten, wenn Anfang Mai am Südstrand das **Oldtimer-Trecker-Treffen** stattfindet. An einem langen Wochenende Mitte Mai gibt es, begleitet von Livemusik, Marktgeschehen und SUP-Sportveranstaltungen, die **Eckernförder Sprottentage.** Als eines der ältesten Segelevents der Ostseeküste findet zum Auftakt der Kieler Woche Mitte Juni die **Aalregatta** statt und parallel dazu ein **Kunsthandwerkermarkt.** Im Juli gibt es auf dem Südstrand verschiedene Open-Air-Musikveranstaltungen, bevor am ersten Augustwochenende beim **Piratenspektakel** die Stadt zum Seeräubernest wird (mit Piratenshows, Livemusik, Piratenspielen für Klein und Groß und einem Abschlussfeuerwerk). Sogar international bedeutsam ist das **Green Screen Naturfilm Festival,** das seit 2007 alljährlich Mitte September in Eckernförde stattfindet. Mit rund 30.000 Besuchern ist es das größte Festival für Naturdokumentarfilme Europas. Steinplatten mit den Namen der jeweiligen Preisträger in den verschiedenen Kategorien werden jährlich in die Strandpromenade eingelassen und machen diese zu einem „Walk of Fame" der Naturfilmszene (greenscreen-festival.de).

Wochenmarkt Mi und Sa vormittags auf dem Rathausplatz.

Wohnmobilstellplatz Schöner Stellplatz am Noor in Innenstadtnähe (Kakabellenweg); Kassenautomat.

Übernachten **Siegfried-Werft** **1**, zehn saubere, zweckmäßig eingerichtete kleine Zimmer im holzverkleideten alten Werftgebäude direkt an der Klappbrücke in der Innenstadt. Empfehlenswert vor allem für einen Kurztrip. Auch eher einfach eingerichtete Zimmer auf der anderen Straßenseite. PKW-Einstellplätze in der Nähe (besser voranmelden). Rustikal-gemütliches **Restaurant** mit schmackhafter, eher deftiger Küche wie Rumpsteak, Kutterscholle, Dorschfilet, aber auch Vegetarisches/

Altstadtcafé

Veganes. Zudem gibt es hier das seltene Kakabellen-Bier, das man auch auf der netten Hafenterrasse genießen kann. Tägl. 12–21.30 Uhr. Vogelsang 12, ✆ 04351-75770, hotel-siegfried-werft.de. **€€** (Hotel), **€€** (Restaurant)

MeinTipp *****s Hotel Seelust 14**, das bodenständige Hotel garni besticht durch seine einmalige Lage direkt am Badestrand. 32 modern-maritim eingerichtete Zimmer, fast alle mit Meerblick. Reichhaltiges Frühstücksbüfett im historischen Saal. Dieser wurde extra für die Preisverleihung der Segelolympiade 1936 erbaut. Schöne Strandkorbterrasse, auf der Hausgäste auch frühstücken können. Nachmittags Cafébetrieb. Gutes Preis-Leistungs-Verhältnis. Kostenfreie Parkplätze. Preußerstr. 3, ✆ 04351-72790, seelust-hotel.de. **€€€**

Zeit in Eckernförde 9, Gästehaus mit nur vier liebevoll eingerichteten, nicht allzu großen, aber sehr sauberen Zimmern und zwei Ferienwohnungen inmitten der Altstadt. Netter Frühstücksraum; abwechslungsreiches Frühstück. St.-Nicolai-Str. 17, ✆ 04351-8896267, zeit-in-eckernfoerde.de. **€€**

Essen & Trinken **Ratskeller 10**, saisonale und oft regionale gutbürgerliche Küche; frische Produkte wie gebratene Kutterscholle, herzhafter Grillteller oder Holsteiner halbe Ente. Zudem auch prima Suppen (Fischsuppe, Krabbensuppe) und Menü-Angebote. Rustikales Ambiente, auch schöne Tische draußen am Marktplatz; guter Service. Sa/So 11–22 Uhr, Mo, Di, Fr 17–22 Uhr (Mi/Do Ruhetag). Rathausmarkt 8, ✆ 04351-2412. **€€**

MeinTipp **Fischdeel 6**, Speisen in ansprechendem Ambiente mitten in der Altstadt; alles in hervorragender Qualität zubereitet. Klassiker sind Garnelenpfännchen, fangfrisches Dorschfilet oder Scholle mit Speck, mitunter gibt es auch Meerforelle oder Austern; dazu eine große Weinauswahl. Große, über mehrere Räume verteilt Gaststube und zudem eine (über Strahler beheizte) Terrasse mit vielen Tischen. Kompetenter Service, Sonderwünsche sind kein Problem. Geöffnet 12–22 Uhr (Mo/Di Ruhetag). Kattsund 22, ✆ 04351-5651. **€€€**

Miral 3, Restaurant mit kleiner, aber guter Küche und Bistro-Bar für den Cocktail am Abend. Ofenkäse und Nordseekrabbensuppe sind hier ebenso zu bekommen wie eine Holsteiner halbe Ente oder ein Schweizer Käsefondue. Modernes Ambiente mit grünem Chic. Auf dem Hafenplatz eine windgeschützte Terrasse. Di–Fr 16.30–22 Uhr, Sa 12–22 Uhr, So 12–20 Uhr. Schiffbrücke 11, ✆ 04351-8921520. **€€**

MeinTipp **Mehrfisch 5**, bistroartiges Fischrestaurant. Bestellen und bezahlen am Tresen, daher auch Fischbrötchen und anderes zum Mitnehmen. Reiche Auswahl. Klassiker sind Fish and Chips, Kutterscholle, Dorschfilet, Labskaus und Fischsuppe, aber auch Schnitzel, Currywurst oder Salate. Tägl. 12–21 Uhr. Hafenspitze 2, ✆ 04351-4690877. **€**

FischZeit – Die Fischbrötchen-Manufaktur 13, in diesem gepflegten Fischimbiss/Bistro können Sie tatsächlich außergewöhnlich gute Fischbrötchen genießen, die frisch zubereitet werden. Es gibt aber auch Tellergerichte wie Backfisch, Brathering oder eine Eckernförder Fischsuppe. Zudem gibt es einen Frischfischverkauf. Tägl. 12–17 Uhr (Di Ruhetag). Kieler Str. 67, ✆ 04351-7344031. **€**

Land in Sicht 12, stylisch eingerichtete, große Restauranthalle des Brauhaus Eckernförde. Leckeres Eckernförder Pils und hausgebrautes Bockbier, zudem eine riesige Auswahl an 20 Bieren vom Fass aus ganz Europa und weitere Bierspezialitäten. Einem umfangreichen Bier-Tasting steht hier nichts im Wege. Dazu gibt's eine Brauhausküche mit Flammkuchen oder Wiener Schnitzel. Am Exter 1, ✆ 04351-8508759. **€€**

Kaffeehaus & Konditorei Heldt 11, nostalgisches Kaffeehaus vom alten Schlag in einem denkmalgeschützten Giebelhaus in der Altstadt. Leckere Kuchen und Torten, auch Frühstücksangebote und ein Stammessen (11–16 Uhr) wie z. B. eingelegter Brathering oder Sauerfleisch. Tägl. 9–17 Uhr (Mo Ruhetag). St.-Nicolai-Str. 1, ✆ 04351-2731. **€**

MeinTipp **Spieker 7**, im gelben Siemsen-Speicher am Hafen ist diese empfehlenswerte Musikkneipe längst kein Geheimtipp mehr und vor allem auch bei den Einheimischen *der* abendliche Treffpunkt für die nicht mehr ganz junge Generation. Fr und Sa gibt es Livemusik mit Hutspende für die Künstler, Mi findet eine Jam-Session statt und Do die Hafendisco. Tägl. 19–23 Uhr (So/Mo Ruhetag). Langbrückstr. 34, ✆ 04351-8839966.

Einkaufen **Eckernförder Kaffeerösterei 8**, frisch geröstete Kaffeespezialitäten, die Sie in der Speicherpassage auch direkt z. B. zusammen mit leckeren Pralinen genießen können. Die Rösterei ist ein Inklusionsprojekt

für Menschen mit Behinderung. Tägl. 9–18 Uhr, Sa nur bis 13 Uhr (So Ruhetag). Langebrückstr. 20, ✆ 04351-476446.

Bonbonkocherei & Schokoladen 4, gläserne Bonbonkocherei in den Räumen einer ehemaligen Fischräucherei. Nur einen Steinwurf vom Hafen entfernt werden hier im Hinterhof nach alten Rezepten im Kupferkessel gekochte und dann in traditionellen Gerätschaften gestanzte Bonbons gefertigt. Nicht nur schön anzuschauen – das Angebot an Bonbons, Lakritze und nebenan auch Schokolade ist verführerisch. Gerne können Sie bei der Herstellung der Bonbons und der über 60 verschiedenen Schokoladenkreationen zuschauen. Tägl. 10–18 Uhr. Frau-Clara-Str. 22, ✆ 04351-889986.

Clara Hof Destille 2, kleine, aber feine Destillerie für edlen, oft mit Kräutern verfeinerten Gin, Porst, Geist, Aquavit und Liköre, gute Beratung. Tägl. 10–18 Uhr; Sa nur bis 16 Uhr (So Ruhetag). Frau-Clara-Str. 26 a, ✆ 04351-8808856.

Schwansen

Dieser leicht hügelige, durch Endmoränen der Eiszeit geformte Landstrich besticht durch ruhige Dörfer, imposante Herrenhäuser, abgelegene Naturstrände und schroffe Steilküsten. Inmitten dieser herrlichen Landschaft liegt wie ein Fremdkörper das von Hochhäusern geprägte Ostsee-Resort Damp.

Im Süden und Osten begrenzt die Ostsee mit der Eckernförder Bucht die Halbinsel, im Westen und Norden ist es die Schlei, welche Schwansen vom benachbarten Angeln trennt. Eingebettet in die sanfthügelige Landschaft liegen etwa 20 selbstständige Dörfer und Gemeinden sowie einige geschichtsträchtige **Gutsanlagen** mit ihren prächtigen Herrenhäusern. Verbunden sind diese durch kleine Straßen und Alleen, saftig grüne Wiesen und fruchtbare Felder mit hier und dort auch einmal einem kleinen Wäldchen dazwischen. Landwirtschaft spielt nach wie vor eine bedeutende Rolle. Als besonders malerisch gilt Schwansens „fünfte Jahreszeit“ Ende April/Anfang Mai, wenn die vielen leuchtend gelben Rapsfelder zusammen mit dem strahlend blauen Himmel und seinen weißen Wolken ein herrliches Farbenspiel abgeben.

Von einer frühen Besiedelung Schwansens zeugen die vielen auf der Halbinsel zu findenden Hünengräber aus der Jungsteinzeit. Ab dem Jahr 750 haben sich in der Region dann Dänen und Jüten niedergelassen. Der schon im Waldemar-Erdbuch (einem Steuererfassungsbuch) von 1231 auftauchende Name Schwansen leitet sich vermutlich vom nördlich von Damp gelegenen Schwansener See ab, der dort ausdrücklich als Swansø (dänisch für Schwanensee) erwähnt ist. Motiviert ist der Name wohl durch den schneeweißen Singschwan, der noch heute zum Überwintern aus Skandinavien und vor allem aus Osteuropa hierherkommt und insbesondere im heutigen Naturschutzgebiet Schwansener See (→ S. 306) einen Rückzugsort findet.

Bei der Beschreibung Swansens beschränken wir uns im Folgenden zunächst auf den Küstenstreifen der Halbinsel und Mittelschwansen; die noch auf der Schwansener Seite gelegenen, aber an die Schlei angrenzenden Dörfer werden gesondert im anschließenden Kapitel beschrieben.

Waabs

Drei sich harmonisch in die hügelige Landschaft schmiegende Dörfer sowie einige Weiler und Gutshöfe bilden das Gemeindegebiet von Waabs. Touristisch interessant ist insbesondere der 12 km lange Küstenstreifen von Waabs, an dem sich einsame Steilküsten mit kleinen, zumeist von Campingplätzen gesäumten Stränden abwechseln.

Es sind vor allem Campingfreunde, die Waabs mit seinen insgesamt acht Campingplätzen einen Besuch abstatten und an den strandkorblosen, leicht steinigen, aber schönen Stränden Erholung suchen. Wer den Zeltplatztrubel meiden möchte, fährt am besten von Kleinwaabs aus den kurvigen „Strandweg“

an zwei Campingplätzen vorbei direkt bis zur 1,5 km vom Ortszentrum entfernten bewaldeten **Steilküste** (mit schattigem Parkplatz und Bistro „Meer und Mehr"). Vor dem Kliff erstreckt sich ein bewachter, ruhiger Naturstrand.

Etwas belebter, aber ebenfalls schön ist es vor der Ferienhaussiedlung und dem Campingareal von **Langholz.** Mit diesem bewachten, allerdings etwas steinigen Uferstreifen und zwei Restaurants ist Langholz so etwas wie der Hauptstrand von Waabs.

Wenn es so etwas wie ein dörfliches Zentrum gibt, dann ist es das ehemalige Bauern- und Fischerdorf **Kleinwaabs** mit seiner Marienkirche. Beeindruckend und für die Gemeinde historisch bedeutsam ist aber auch das südlich (Richtung Eckernförde) an der Kreisstraße gelegene **Gut Ludwigsburg.** Denn die Gemeinde Waabs entstand wie viele andere in der Region 1928 im Zusammenhang mit der Auflösung der preußischen Gutsbezirke durch den Zusammenschluss mit den umliegenden Kirchspielen.

Wie fast überall auf der Halbinsel zeugen auch hier Grabhügel aus der Eisen- und Bronzezeit von einer schon viel früheren Besiedlung der Region. Von den ehemals rund 70 **Großsteingräbern** sind allerdings nur wenige erhalten geblieben. Auffällig sind vier bewaldete Langbetten in den Feldern westlich von Kleinwaabs beim Gut Rothensand, schöner noch die Dolmen von Sophienhof (1 km nördlich des Gutes) und Langholz (im Wald nördlich der Ferienhaussiedlung). Besonders beeindruckend ist das Langbett von Karlsminde.

Sehenswertes

Gut Ludwigsburg: Das Gut gilt als eines der schönsten Barock-Herrenhäuser des Landes. Standesgemäß von einem Wassergraben umgeben und damit einer Wasserburg ähnlich, wurde der dreigeschossige, sich direkt aus dem Hausgraben erhebende Backsteinbau Mitte des 18. Jh. auf den Grundmauern eines Vorgängergebäudes barock umgestaltet.

Torhaus Gut Ludwigsburg

Einmalig in Schleswig-Holstein und ein Raumkunstwerk der besonderen Art ist die sogenannte *Bunte Kammer.* Deren noch aus dem Vorgängerbau stammende Vertäfelung aus bemaltem Eichenholz beinhaltet 145 flämische, bis unter die Decke reichende Miniaturgemälde aus dem 17. Jh. Der schöne Raum wird gerne als Trauzimmer verwendet. Der „Goldene Saal" im ersten Stock dient ebenfalls häufig als Hochzeitslocation und auch der Gewölbe-Keller ist für Festivitäten nutzbar.

Ursprünglich war die einst noch viel prächtigere Hofanlage von einem äußeren Wassergraben umgeben. Von diesem sind heute nur noch Reste vorhanden. Auch von den historischen Nebengebäuden sind nicht alle erhalten geblieben. Schön ist vor allem das zweigeschossige Torhaus von 1580. Am Portal befindet sich ein auffälliges Kreuzgruppen-Relief mit neun Sandsteintafeln mit den Wappen der schleswig-holsteinischen Rittergeschlechter Sehestedt und Rantzau. Das Gut wurde Anfang des 15. Jh. eigentlich als „Kohöved" (Kuhhof) errichtet. Doch seit der im dänischen Diplomatendienst stehende Friedrich Ludwig Graf von Dehn das Gut im 18. Jh. zu einem herrschaftlichen Anwesen hatte umgestalten lassen, wurde es gemäß seinem Vornamen fortan Gut Ludwigsburg genannt.

Auf dem Hofgut mit seinem kreisrunden Paddok im Zentrum wird immer noch aktiv Landwirtschaft und vor allem Pferdezucht betrieben. Auch Reiterferien werden angeboten. Besucher sind nicht nur im Hofcafé und Hofladen gerne gesehen.

■ Besichtigung: Interessante Führungen in der Saison jeden Mittwoch um 17 Uhr (nach Voranmeldung). Rustikales Hofcafé/Bistro „Alte Räucherei" und Hofladen für gutseigene (Wild-) Spezialitäten vor Ort. 24369 Waabs, gut-ludwigsburg.de.

Langbett von Karlsminde: Südwestlich von Gut Ludwigsburg, 500 m hinter dem Abzweig der zum Gut Karlsminde und zum Campingareal führenden Straße, befindet sich ein archäologischer Leckerbissen: Mit großem Aufwand wurde hier von 1976 bis 1978 ein archäologisches Denkmal der besonderen Art rekonstruiert – eine 56 m lange und 5,5 m breite Grabanlage aus der Jungsteinzeit, also der Zeit vor 4500 Jahren. Das Megalithgrab ist mit 108 tonnenschweren, bis zu 2,5 m hohen Findlingen eingefasst. In der Grabanlage befinden sich drei Dolmen (große Decksteine), die auf Tragsteinen ruhen und eine von außen zugängliche Grabkammer bilden. Auf der auch wegen einer Sitzgruppe zur Rast einladenden Grabanlage befinden sich einige große, schattenspendende Eichen.

Marienkirche Waabs: Der auf das Jahr 1400 zurückgehende Backsteinbau mit einigen Feldsteinpartien im Sockelbe-

Relikt aus der Jungsteinzeit: Langbett von Karlsminde

reich hat sein heutiges, durch einen wuchtigen Turm dominiertes Erscheinungsbild einem Umbau von 1608 zu verdanken, bei dem auch drei Kreuzrippengewölbe eingezogen wurden. Die von außen schlichte Dorfkirche beherbergt in ihrem Inneren einige bemerkenswerte Kunstschätze.

Verteilt an den Wänden des hellen Kirchenschiffs befinden sich vier spätgotische Marienskulpturen, die aus einem ehemaligen Marienaltar stammen. Auch das nach der Stifterfamilie benannte, kunstvoll geschnitzte Rantzaugestühl (um das Jahr 1600) und die aus gleicher Zeit stammende Holzkanzel sind ein Blickfang. Ungewöhnlicherweise verfügt die Kirche über gleich zwei schöne Taufsteine. Im Foyer befindet sich ein frühgotisches, pokalförmiges Taufbecken aus dem 13. Jh., welches noch aus der Vorgängerkirche stammt. Verwendung findet hingegen die weniger wuchtige, hölzerne Taufe aus dem 1674, die vor dem Altarraum steht.

Etwas ganz Besonderes sind die Wandmalereien im Chorraum. Lange Zeit waren die ursprünglich aus dem 16. Jh. stammenden Fresken weiß übertüncht, erst in jüngster Zeit wurden sie wieder freigelegt. Sie zeigen in einem Zyklus gewissermaßen in Kurzform die biblische Geschichte, angefangen vom Sündenfall im Paradies über Mose bis hin zum Jüngsten Gericht. Im Deckengewölbe sind die zwölf Apostel abgebildet. Der Schnitzaltar ist ein Werk aus dem 17. Jh., dem – wenig passend – ältere Schnitzfiguren hinzugefügt wurden.

■ Die Kirche ist während der Sommermonate tagsüber geöffnet (dann hängt ein „Tritt-ein"-Schild an der Tür).

Fahrradtour: Waabser Schleichwege (27 km)

Startpunkt der Rundfahrt ist in Kleinwaabs am Ostsee-Campingplatz. Zunächst fahren Sie den Strandweg hin-

Marienkirche Waabs

unter bis zum Strandbistro (Meer und Mehr). Dann immer an der Steilküste entlang, an Langholz vorbei über den Campingplatz Ludwigsburg, bis nach 6 km das Campingareal Karlsminde erreicht ist. Dort biegt man rechts ins Landesinnere ab. Auf dem den Hügel hinaufführenden Fahrweg kommen Sie am großen Megalithgrab von Karlsminde vorbei. Kurz darauf gelangen Sie zur Landstraße (mit Fahrradweg). Dort biegen Sie rechst ab und fahren 1 km bis zum Gut Ludwigsburg (Hofcafé). Nur 150 m hinter dem Gut an der Siedlung geht's links ab in den Rothensanderweg, einen gesäumten Plattenweg, der zum Gutshof Rothensande führt.

Insgesamt 8 km fahren Sie nun auf dieser gewundenen Strecke durch die Felder. Hinter dem Gut bald halb links (Hülsenhain), dann geradeaus Richtung Vogelsang-Grünholz; 500 m vor Pommerby rechts ab nach Schwastrum. Dort wird die Hauptstraße überquert und es geht geradeaus, bis am Strand von Damp-Fischleger wieder das Ufer

Kiel und die Eckernförder Bucht → Karte S. 249

erreicht ist. Zurück geht es jetzt noch einmal 5 km an der Steilküste entlang zum Ausgangspunkt.

Praktische Infos

Einwohner 1400

Information **Gemeinde Waabs,** Flintholm 16, 24369 Kleinwaabs. ✆ 04352-1616, ostsee-waabs, touristikverein-waabs.de.

Fahrräder Fahrradvermietung auf dem Ostsee-Campingplatz Familie Heide, Strandweg 21, ✆ 04352-2530.

Strände/Hundestrand **Kleinwaabs** am Ende des Strandwegs (mit Bistro); **Langholzer Strand** (mit DLRG-Station). **Hundestrand** an der Steilküste nördlich des großen Ostsee-Campingplatzes Familie Heide.

Swingolf und Fußballgolf Ein Freizeit- und Familienspaß auf Gut Sophienhof, 18-Loch-Swingolfanlage. Erw. 16 €, Kinder (bis 12 J.) 12 €. Zudem ein Fußballgolf-Platz (Erw. 11 €, Kinder 8 €). Mai–Aug. Mi–So 11–18 Uhr; März, April, Sept. nur am Wochenende 10–18 Uhr. Im Winter geschlossen. **Café** vor Ort. Waabs, Gut Sophienhof, ✆ 04352-6380045, gutsophienhof.de.

Essen & Übernachten **Alte Räucherei:** Hofcafé und Restaurant im Gut Ludwigsburg. Rustikales Ambiente; zudem einfache Außenplätze. Hausgebackene Kuchen, aber auch warme schmackhafte Speisen; mitunter hauseigene (Wild-)Spezialitäten und vor allem Flammkuchen. Waabs, Gut Ludwigsburg, 04358-98818. **€**

Fischerkate, uriges kleines Restaurant in einer reetgedeckten ehemaligen Räucherkate am Camping-Strand von Langholz. Auch einfache Tische vor dem Haus. Im Angebot sind Schollenfilet oder Lachs vom Grill, Hüftsteak oder Puten-Cordon-bleu, auch thailändische Spezialitäten und indisches Curry Madras. Fischerstr. 11, Fr–Di 17.30–21 Uhr und Sa–Di auch 12–15 Uhr. Mi/Do Ruhetag. Nur Barzahlung. ✆ 04352-911490. **€€**

Waabs Mühle, Landgasthof am Ortseingang von Waabs. Spezialitäten von Weide und Meer (z. B. Mühlenteller vom Weiderind oder frische Scholle). Auch acht schöne Zimmer mit Frühstück im Angebot. Fr–Di 18–22 Uhr (Mi/Do Ruhetag). ✆ 04352-2266; waabs-muehle.de. **€€**

*******Ostsee-Campingplatz Familie Heide,** sehr großer Platz mit allem Komfort, einer der zehn beliebtesten Plätze der Republik. Parzellierte Plätze in vier Größen. Animationsprogramm für kleine und große Gäste. Mehrere Spielplätze. Schwimmbad und Wellness-Oase mit Saunen und Dampfbad; Fitnessstudio. Beachclub, Thommys Biergarten und das **Restaurant Meersblick** auf dem Gelände; nebenan zudem die **Pizzeria Strandgut.** Zudem Ferienhäuser und Mobilheime. Naturstrand unterhalb der Steilküste. Strandweg 31, waabs.de.

Ostseecamping Ludwigsburg, schön gelegen zwischen Aassee und Meer. Gepflegte und ruhige Anlage, Minimarkt und Restaurant/Imbiss. Kinderanimation. Strand 4, ✆ 04358-370, ostseecamping-ludwigsburg.de.

Camp Langholz, direkt am etwas steinigen Strand von Langholz gelegen. Sehr unkomplizierter Platz ohne übertriebenes Regelwerk mit lockerem, teils alternativen Publikum. Jeder steht, wie er will: Wohnmobile, Camper und auch noch relativ viele Zelte auf dem Platz. Duschen mit Münze. Ein Spielplatz und einen kleinen Laden (Brötchen bestellen möglich) gibt es auch. Zudem die gemütliche, mit alten Möbeln ausgestattete Bistro-Bar **Strandräuber Spelunke,** in der es häufig Livemusik gibt (Strandräuberkonzerte). Fischerstraße 9, ✆ 04352-911484, camp-langholz.de.

Damp

Betonartige Hochhausarchitektur der 1970er-Jahre und eine große Marina, das ist das bekannte Bild von Damp mit seinem Urlaubsresort Dampland. Zudem befinden sich hier Kurkliniken, aber auch ein Erlebnis-Schwimmbad für den Fall, dass das Wetter einmal nicht mitspielt.

Die Zivilgemeinde Damp mit ihrem etwas landeinwärts liegenden Hauptwohnort Vogelsang-Grünholz ist schon deutlich älter als das Ferienzentrum. Sie ging 1927 aus der Auflösung des Gutsbezirks des benachbarten Gut Damp hervor.

Jachthafen im Kur- und Ferienzentrum: Damp

Mit einer Kapazität von über 2000 Betten und mit rund 360.000 Übernachtungen pro Jahr zählt der weitgehend autofreie Ort mit seinem Urlaubsresort **Dampland** zu den größten Ferienzentren der Ostseeküste. Seine Popularität hat das Resort vor allem seiner Lage am wohl schönsten Strand Schwansens zu verdanken, wo es samt einem großen Jachthafen, der für maritimes Flair sorgt, im Jahr 1973 errichtet wurde. Ein wenig historischen Charme vermittelt allenfalls der deutlich in die Jahre gekommene Museumsdampfer Albatros (Bj. 1912). Doch während das Schwesterschiff Alexandra noch immer von Flensburg aus als Salondampfer in See sticht, liegt die Albatros hier schon seit über 50 Jahren in den Dünen neben dem Jachthafen auf dem Trockenen und ist in einem bedauernswerten Zustand. Ihr Rumpf dient heute als Escape-Room.

Der mit Strandkörben bestückter Strand ist auch für Tagesbesucher kurtaxenfrei, Parken ist jedoch gebührenpflichtig. Nicht nur wegen des auch bei skandinavischen Gästen beliebten Urlaubsresorts Dampland und den vielen Ferienhäuschen, sondern vor allem auch wegen der hochhausartigen VAMED-Rehaklinik ist hier das ganze Jahr über Betrieb.

Wer auf den Trubel verzichten möchte, dem sei alternativ der 1,5 km südlich gelegene, ebenfalls bewachte Strand **Fischleger** am Campingplatz Koralle empfohlen (kostenloser Parkplatz, Kiosk und Restaurant vor Ort).

Sehenswertes

Gut Damp: Kaum 3 km vor dem nach ihm benannten Ferienzentrum liegt etwas versteckt hinter Bäumen diese stattliche Hofanlage, die man durch das historische, von einem Dachreiter bekrönte Torhaus aus dem 17. Jh. betritt. Eine kleine Brücke führt über den das Gut umgebenden Wassergraben. Den riesigen Wirtschaftshof flankieren zwei große, reetgedeckte Fachwerkscheunen sowie zwei ehemalige Kuhhäuser aus dem 18. Jh. Die Blickachse richtet sich jedoch auf das von

Kiel und die Eckernförder Bucht → Karte S. 249

einem weiteren Wassergraben umgebene und von Flügelbauten flankierte Herrenhaus. Dieses wurde 1595 im Renaissance-Stil erbaut.

Etwa hundert Jahre später wurde das gräfliche Herrenhaus pompös barockisiert. Mittelpunkt des Hauses und zugleich einzigartig ist die prunkvolle, mit schönen Stuckarbeiten und Malereien verzierte, 10 m hohe Eingangshalle mit umlaufender Galerie. Hier gibt es sogar eine Orgel, weshalb der originelle riesige Raum ursprünglich auch die Funktion einer Festhalle hatte.

Im kleinen Kuhhaus können Gäste in exklusiven Lofts urlauben, im großen ehemaligen Kuhhaus ist ein stilvolles Restaurant untergebracht. Wirtschaftliches Standbein des Hofes ist jedoch nach wie vor die Land- und Forstwirtschaft; denn zu dem erstmals im 15. Jh. urkundlich erwähnten Gut gehören riesige Ländereien.

Hinter dem Herrenhaus schließt ein Garten im englischen Landschaftsstil an, dessen Mittelallee von stattlichen Linden gesäumt wird.

■ Der Wirtschaftshof des Gutes ist jederzeit von außen zugänglich, das gräfliche Herrenhaus der Familie zu Rewentlow nur zu besonderen Anlässen. Öffnungszeiten Restaurant Kuhhaus s. u. gut-damp.de.

Spaziergang: Seeadlerrundweg Damp (4 km)

Startpunkt für den vom Seeadlerschutz Schlei e. V. konzipierten Rundweg ist Funhalla/Dampland oder das Ausflugsrestaurant Achter't Holt, in welchem es eine ganz kleine Seeadler-Ausstellung gibt. Der auch für Kinder geeignete Spazierweg ist mit zwölf Schautafeln bestückt, auf denen man Wissenswertes über die hiesigen Greifvögel erfährt. Zurück geht es in einem Bogen Richtung Schubystrand und von dort am Ufer wieder nach Dampland. Infos unter seeadlerschutz.de.

Praktische Infos

Einwohner 1500

Information **Damp Touristik GmbH,** Seeuferweg 10, 24351 Damp, ✆ 04352-80666, ostsee-resort-dampland.de.

Escape Room **Key Sone,** der alte Museumsdampfer Albatross am Strand dient als coole Escape-Room-Location, in der es ein Seeräuber-Abenteuer zu überstehen gilt.

Reetgedeckt: Scheunen auf Gut Damp

Fahrräder **DampRad,** Zur Niebymole 1, ✆ 0152-57836221.

Hundestrand Schöner, großer Strandabschnitt südlich des Hafens.

Indoor-Spaßpark Funhalla Indoor-Spielhalle im Dampland-Resort zum Toben, Rutschen und Klettern, mit Kidsclub und Bistro. Für Hausgäste kostenfrei, sonst Tagesticket 8 € (Zuschauer 4 €). Tägl. 10–18 Uhr. ✆ 04352-807000.

Minigolf Wikinger-Golf-Abenteuerplatz mit 18 extragroßen Spielbahnen am Nordstrand. Erw. 9,50 €, Kinder (4–14 J.) 7,50 €. ✆ 0179-1432974.

Parken Großer Parkplatz am Ortseingang mit Shuttle-Service für die vielen Feriengäste. Tagesparkplatz (ohne Hinweisschild) aber auch unmittelbar am Hafen/Strand (Zur Niebymole).

Schwimmen/Sauna **Entdeckerbad,** Meerwasser-Schwimmbad mit großer Saunalandschaft (8 Saunen), 97 m lange Eventrutsche; Innen- und Außenbecken. Gastronomie vor Ort. Online buchbar; Preis für 4 Pers. z. B. 96 €. key-zone.de, ✆ 04352-9560977.

Wasserski Hinter den Parkplätzen am Ortseingang liegt der Wasserskipark Damp. 5-Mast-Anlage für Wasserski und Wakeboarding. 2 Std. Erw. 30 €, Kinder 22 € (Neoprenanzug 8 €, Ski kostenfrei, Wakeboard 8 €). Tägl. 12–19 Uhr, im Hochsommer bis 20 Uhr. wasserski-damp.de.

Essen & Übernachten **Achter't Holt,** Restaurant auf einem Hof in romantischer Alleinlage 1 km nordwestlich des Ferienzentrums. Gemütlich-gepflegtes Interieur, außen eine einfache überdachte Terrasse mit Holztischen. Verarbeitet werden vor allem frische Waren aus der Region. Durchgehend warme Küche, sonntags auch Kaffeebetrieb. Saisonabhängiges Fischangebot, Schnitzel oder Rumpsteak und auch Flammkuchenspezialitäten. Keine Kartenzahlung. Reservierung empfohlen. Kleine Seeadlerausstellung vor Ort. Nur Ostern bis Ende Okt. tägl. ab 16.30 Uhr, So ab 13 Uhr (Do Ruhetag). Schau, ✆ 04352-5431. **€**

Kuhhaus, Restaurant mit sehr schönem Ambiente im Fachwerkbau von Gut Damp. Qualitativ gute Küche; vor allem frische Damwildspezialitäten, aber auch Rumpsteak von der Färse oder gegrillter Tagesfisch. Aufmerksamer Service. Mi–So 17–23 Uhr, Gut Damp 1, ✆ 04352-9549036, gut-damp.de. **€€€**

Kiel und die Eckernförder Bucht → Karte S. 249

Schönhagen

Das schöne kleine Ostseebad liegt abseits des Massentourismus im Norden Schwansens und ist eher so etwas wie eine Wohn- und Ferienhaussiedlung mit bewachtem Badestrand als ein gewachsener Ort. Naturliebhaber finden allerdings am Schwansener See ein Vogelparadies vor.

Wahrzeichen des Ortes ist das 1889 errichtete Herrenhaus des ehemaligen Rittergutes Schönhagen, wegen seiner beeindruckenden Größe auch Schloss Schönhagen genannt. Lange wurde es als Landschulheim genutzt, heute ist darin eine onkologische Rehaklinik untergebracht.

Das Herzstück von Schönhagen ist sein mit Buhnen durchsetzter, rund 3 km langer Strand. Neben recht feinsandigen gibt es hier auch etwas steinigere Uferstreifen mit vom Ostseewasser oft flach geschliffenen kleinen Steinen. Sie eignen sich hervorragend zum Ditschen, bei dem man den Stein so auf die Wasseroberfläche wirft, dass er möglichst oft wieder hochspringt. Den Schönhagenern ist es gelungen, aus diesen Gegebenheiten ein Event zu kreieren und eine Meisterschaft, ja sogar eine Weltmeisterschaft auszurichten: die Ditsch-WM, bei der seit 2016 alljährlich im September der Weltmeister im Steineditschen gekürt wird.

Der für seine zumeist roten Strandkörbe bekannte Badestrand wird von einer kleinen Promenade mit ein wenig Strandgastronomie flankiert. Im Norden führt der Promenadenweg in Richtung des 2 km entfernten Ostsee-Resorts Olpenitz. Imposanter ist jedoch ein Spaziergang entlang der sich südlich anschließenden **Steilküste.** Stellenweise ist sie bis zu 15 m hoch. Dahinter – also fast schon beim Damp-Ostseecamping – liegen der ebenfalls zu Brodersby-Schönhagen gehörende **Schwansener See** und das nach ihm benannte Naturschutzgebiet, das alljährlich Überwinterungsquartier ist für den aus seinen Brutgebieten in Skandinavien und vor allem der osteuropäischen und sibirischen Taiga hierherziehenden schneeweißen Singschwan. Für ihn – der etwas kleiner ist als sein bekannter Artgenosse, der Höckerschwan – bildet das Naturschutzgebiet ein überlebenswichtiges Rückzugsgebiet.

Aber auch für andere Vogelarten ist der fast unmittelbar an der Ostsee gelegene und von einem Schilfgürtel umgebene Binnensee ein wahres Paradies, das Sie von einer Infohütte mit Aussichtsplattform aus einsehen können (die NABU-Hütte ist tägl. von 14–18 Uhr geöffnet). Selbst ein Seeadlerpaar brütet hier wieder. Als typischer Strandsee ist der Schwansener See aus einer kleinen Ostseebucht hervorgegangen, die nach und nach von einem sich schließenden Nehrungshaken (→ S. 417) abgeriegelt und vor etwa 100 Jahren dann endgültig vom Meer getrennt wurde.

▪ Für den Fußweg von Schönhagen über die Steilküste zum artenreichen Naturschutzgebiet müssen Sie etwa eine dreiviertel Stunde veranschlagen. Kürzer läuft man von Süden her, denn der See grenzt hier unmittelbar an die zur Gemeinde Dörphof gehörenden Campingplätze von Schubystrand (Parkplatz vor Ort).

Praktische Infos

Einwohner 700

Information **Touristinformation Schönhagen,** Strandstr. 13, 24398 Schönhagen, ✆ 04644-7091000. Kurtaxe für Übernachtungsgäste Erw. 1,28 €/Tag, Kinder ab 12 J. 0,42 € (Nebensaison 0,64 € bzw. 0,23 €), Strandgebühr für Tagesgäste 2 €, Kinder ab 12 J. 0,50 € (am Automaten oder in der Touristinfo zu entrichten). schoenhagen-ostsee.de.

Fahrräder **Schleiräder,** Ustkaweg 2 in Kappel, auch Bring- u. Holservice nach Schönhagen. ✆ 04642-9651560, schleiraeder.de.

Rote Strandkörbe am Strand von Schönhagen

Bis zu 15 m hoch: Steilküste Schönhagen

Kiel und die Eckernförder Bucht → Karte S. 249

Hundestrand Im äußersten Norden des Strandes (Weidefeld) und im Süden am Fuße der Steilküste.

Parken Parkplätze am Strand und Ortsrand kostenfrei.

Essen & Trinken **Cafe Hof Schwansen,** liebevoll und gemütlich eingerichtet in einer ehemaligen Scheune beim ehemaligen Torhaus von Schloss Schönhagen. Auch Außenplätze. Leckere Torten und hausgemachte Kuchen, zudem nach Voranmeldung das leckere Frühstücksbüfett-Angebot „Tischlein deck dich“. Auch Hofladen mit Deko-Artikeln. März und Nov. nur Fr–So, April–Juni Do–So, Juli–Okt. Mi–So; jeweils 9.30–17 Uhr. Schloßstraße 8, ✆ 01520-8450833.

Fischerhaus Schubystrand, umringt von Campingplätzen im historischen Backsteinhaus am Strand von Schuby gelegen. Herzhafte regionale Küche; auch Terrasse mit Biergarten (dort Selbstbedienung). Tägl. 12–22 Uhr (Mi Ruhetag). Schubystrand (ganz im Süden Richtung Damp noch südlich des Schwansener Sees). 24398 Dörphof, ✆ 04642-9707818. **€€**

Umgebung von Schönhagen

Das Ostseebad Schönhagen gehört verwaltungstechnisch zur Gemeinde Brodersby, die aus den eben genannten Gründen auch einen Schwan in ihrem Gemeindewappen führt. Das Dorf **Brodersby** ist zugleich die größte Ansiedlung der kleinen Landgemeinde. Der namensgebende, angenehm unspektakuläre Ort liegt etwa 4 km landeinwärts (und darf übrigens nicht verwechselt werden mit dem gleichnamigen Dorf Brodersby, das 30 km entfernt an der Schlei im benachbarten Angeln liegt). Ein wenig größer und mit einigen schönen Gebäuden bestückt ist das nur einen Kilometer von Brodersby entfernte Dorf Karby. Rechtlich ist **Karby** eine eigenständige Gemeinde (600 Einwohner). Der Ortsname kommt wie in der Region üblich aus dem Dänischen und bedeutet Kirchdorf, womit schon die wesentliche Sehenswürdigkeit benannt ist: die im 13. Jh. erbaute Dorfkirche, deren Turm um 1500 hinzugefügt wurde. Neben der im Chor stehenden Granittaufe aus dem 12. Jh. ist vor allem die reich geschnitzte Kanzel mit Schalldeckel bemerkenswert. Sie wurde vermutlich von Hans Gudewerdt d. Ä. 1592 gefertigt. Die Kirche ist tagsüber geöffnet.

Schleswig und die Schlei

Sanft schmiegt sich das schleswig-holsteinische Hügelland an die Schlei und zählt zweifellos zu den schönsten Landschaften der Küste. Der Fluss zieht sich als verschlungener Meeresarm – mal schmal, dann wieder in Seebreite – von Schleimünde an der Ostsee 42 km in das Hinterland hinein bis zur Wikingerstadt Schleswig.

Die Endsilben der Ortsnamen ...

... erinnern an die Zeit der frühen dänischen Besiedlung beiderseits der Schlei, wobei die Endung *-by* (z. B. Sieseby) „Dorf" und die Endung *rup* (z. B. Süderbrarup) „kleine Siedlung" bedeutet. Die Endung *-gaard* (z. B. Kronsgaard) steht für „Hof".

Schleswig, die für die Region namensgebende, ehemalige Residenzstadt am Oberlauf der sich weit ins Binnenland ziehenden Schlei, zählt zu den ältesten Städten Nordeuropas. Schon zur Wikingerzeit gab es hier mit dem legendären **Haithabu** ein bedeutendes Handelszentrum, das heute ebenso wie das benachbarte Danewerk zum Weltkulturerbe zählt.

Ein kulturelles Zentrum ist die Stadt nach wie vor. Immerhin verfügt sie mit **Schloss Gottorf** nicht nur über eines der bedeutendsten profanen Bauwerke Schleswig-Holsteins, sondern auch über zwei große Landesmuseen, die darin untergebracht sind. Neben weiteren bedeutenden Museen und prächtigen historischen Gebäuden wie beispielsweise dem Dom zu Schleswig oder dem St.-Johannis-Kloster hat es eine schöne Altstadt zu bieten, die von einer modernen Fußgängerzone kontrastiert wird, während die angrenzende **Fischersiedlung Holm** mit ihren engen Gassen und geduckten Fischerhäusern einen ganz eigenen Charme besitzt.

Östlich von Schleswig erstreckt sich zu beiden Seiten der Schlei eine malerische Landschaft mit sanften Hügeln, Wiesen, fruchtbaren Feldern und kleinen, schattig-grünen Laubwäldern, dazwischen ducken sich kleine Schleidörfer. Als Inbegriff des romantischen Schleidorfs gelten **Sieseby** und der Ort **Arnis,** der trotz seiner geringen Einwohnerzahl Stadtrechte besitzt. Nicht verpassen sollte man auch die schöne Stadt **Kappeln,** den touristischen Mittelpunkt der Schleiregion und Anlegestelle für Ausflugsschiffe, mit denen man von hier aus schleiaufwärts nach Schleswig oder schleiabwärts bis Schleimünde fahren kann. Auch Segler und Paddler sind gerne auf den idylli-

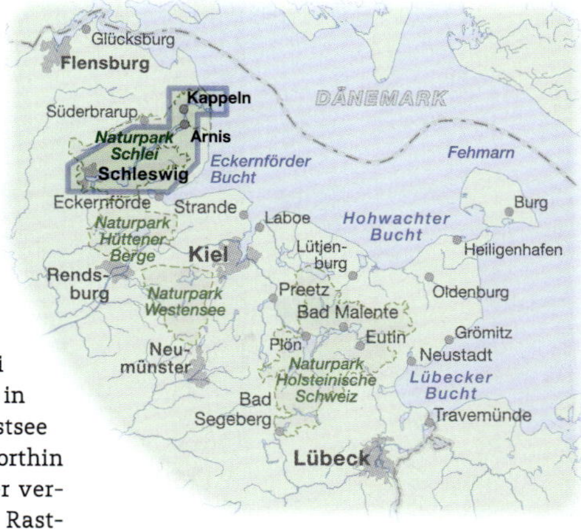

schen Gewässern der Schlei unterwegs, die von einem Wechsel von seeartigen Bereichen und flussförmigen Abschnitten geprägt ist. Beim **Fischerdorf Maasholm** verbreitert sie sich dann mündungstrichterartig ein letztes Mal, bevor sie sich schließlich bei der **Lotseninsel Schleimünde** in einem engen Durchlass mit der Ostsee verbindet. Auf ihrem Weg dorthin laden an den Ufern immer wieder versteckte kleine Badestellen oder Rastplätze mit schönem Blick auf das Wasser und auch nette Cafés und Restaurants zur Einkehr ein.

Was anschauen?

Fischersiedlung Holm: Die sich unmittelbar an die Schleswiger Altstadt anschließende Kleinbürgersiedlung ist ein Schmuckstück an der Schlei. **→ S. 311**

Bordesholmer Altar: Dieser wohl spektakulärste Schnitzaltar seiner Zeit steht im St.-Petri-Dom zu Schleswig. **→ S. 315**

Schloss Gottorf: Schatzkammer Schleswig-Holsteins. Eine Gutenbergbibel findet sich hier ebenso wie ein Gemälde von Lucas Cranach, sagenumwobene Moorleichen oder das berühmte Nydamboot. Im Barockgarten des Schlosses steht der legendäre Gottorfer Globus. **→ S. 317**

Haithabu: Inbegriff einer Wikingersiedlung, UNESCO-Welterbe und bedeutendes archäologisches Museum. **→ S. 325**

Danewerk: Südlicher Schutzwall des einstigen Dänenreiches und als größtes archäologisches Denkmal Europas ebenfalls Welterbe **→ S. 328**

Sieseby: Das winzige Dorf ist ein malerisch am Schleiufer gelegenes Reetdachhaus-Ensemble. **→ S. 345**

Arnis: Die kleinste Stadt Deutschlands ist ein idyllisches Juwel in exponierter Lage an der Schlei. Eine kleine Fähre verbindet die Halbinsel Schwansen mit Arnis. **→ S. 347**

Kappeln: Touristisches Zentrum der Schleiregion mit sehenswerter Altstadt, Hafenpromenade und Heringszaun als Wahrzeichen. **→ S. 350**

Was unternehmen?

Angelner Dampfeisenbahn: Eine Fahrt mit der Museumseisenbahn von Kappeln nach Süderbrarup. **→ S. 354**

Schleischifffahrt: Von Schleswig und Kappeln aus fahren die Ausflugsschiffe in die jeweils andere Stadt, vor allem aber auch bis zur sehenswerten Lotseninsel Schleimünde. **→ S. 356**

Naturschutzgebiet Schleimündung: Interessante Führungen durch dieses einmalige Vogelschutzgebiet. **→ S. 361**

Wo baden?

Luisenbad Schleswig: Kleiner Badestrand samt Bistro an den Königswiesen inmitten der Stadt. **→ S. 320**

Badestellen Ulsnis: In Dorfnähe gibt es mehrere kleine, idyllisch gelegene Schlei-Badestellen. **→ S. 341**

Strand Arnis: 100 m langer Naturstrand an der Schlei mit flachem Ufer. **→ S. 347**

Weidefelder Strand: Ein südlich von Olpenitz gelegener, mit Strandkörben bestückter Ostseestrand, der zur Stadt Kappeln gehört. **→ S. 355**

Schleswig

Weithin sichtbar thront der St.-Petri-Dom über der weit im Binnenland gelegenen Stadt ganz am westlichen Ende der Schlei. Schleswig zählt zusammen mit dem am gegenüberliegenden Schleiufer gelegenen Weltkulturerbe Haithabu zu den ältesten Siedlungen Nordeuropas.

Obwohl die Wikingerstadt Schleswig das kunsthistorische Zentrum der Region und sogar Justizzentrum des Landes ist, hat die ehemalige Residenzstadt ihren kleinstädtischen Charakter weitgehend bewahren können.

Stadtbummel

Die wichtigsten historischen Sehenswürdigkeiten sind rund um den Dom verteilt und lassen sich bequem zu Fuß erkunden. Zentrum der Altstadt mit ihren teils stattlichen Bürgerhäusern ist der **Rathausmarkt.** Bemerkenswert ist hier vor allem die schon vor über 500 Jahren (1517) erbaute „Alte Hof-Apotheke“, die heute einen schönen Laden für Kunsthandwerk und ein Café beherbergt. Das nordöstlich des Platzes gelegene Rathaus ist ebenfalls ein Kulturdenkmal und befindet sich im ehemaligen Franziskanerkloster St. Paul. In Anlehnung an die einst ungefärbten grauen Kutten der Franziskaner wird es von den Schleswigern jedoch schlicht **Graukloster** genannt. Die mittelalterliche Kirche des schon zur

Reformationszeit aufgelösten Klosters musste 1794 dem heutigen klassizistischen Rathausgebäude weichen. Das ebenfalls von der Verwaltung genutzte Konventsgebäude steht allerdings immer noch und wurde lange als Armenstift genutzt. In dessen gotischem Saal, in dem heute Trauungen stattfinden, sind einige Fresken aus dem 13. und 14. Jh. erhalten geblieben.

Die eigentliche Lebensader der Stadt ist jedoch der gut 500 m weiter nördlich gelegene Stadtweg, der sich vom Kornmarkt nach Westen zieht. Als typische **Fußgängerzone** gestaltet, finden sich hier die allseits bekannten Geschäfte der Ladenketten und warten auf die bummelnde Kundschaft. Von der Altstadt führt der Weg dorthin durch die Lange Straße bis zum Gallberg. Hier lassen sich einige alte Bürgerhäuser aus der Mitte des 17. Jh. bestaunen (Lange Straße Nr. 4, 6, 9 und 19 sowie das Feins'sche Haus im Gallberg Nr. 3 und der Schmiedenhof im Gallberg 4), die allesamt im holländischen Barockstil errichtet wurden.

Weitere Bürgerhäuser und Adelshöfe sind rund um den Dom verteilt und verdienen ebenfalls Beachtung. Auffällig sind vor allem die **Domhalle** mit ihrem erst 1929 angefügten, gotisch wirkenden Treppengiebel (Norderdomstr. 4) sowie der **Bischofshof** (Norderdomstr. 15), der auch Königsteinsches Palais genannt wird und heute das Kirchenkreisamt beheimatet. Beide Gebäude gehen auf das 15. Jh. zurück. Auf der gegenüberliegenden Straßenseite des Palais befindet sich der weiß getünchte **Plessenhof** von 1798. In ihm residiert heute die Touristeninformation (Plessenstr. 7).

Lohnenswerter ist ein Spaziergang am Stadthafen vorbei in die sich dort unmittelbar an die Altstadt anschließende ehemalige **Fischersiedlung Holm.** Wie es der dänische Name Holm (= kleine Insel) schon andeutet, war diese selten gut erhaltene eingeschossige Kleinbürgersiedlung mit ihren kopfsteingepflasterten Gassen einst eine kleine Schleiinsel. Sie wurde erst im Jahr 1933 durch Trockenlegung eines Seitenarms der Schlei mit dem Festland verbunden. Hübsche, mit Rosenstöcken geschmückte Fischerhäuschen aus dem 18. und 19 Jh. gruppieren sich fast kreisförmig um einen von Linden gesäumten Friedhof, in dessen Mitte eine 1876 erbaute Kapelle steht. Er ist der geografische Mittelpunkt der Fischersiedlung und im Eigentum der schon 1650 gegründeten „Holmer Beliebung", deren Zweck es war und ist, als Totengilde die Bewohner in dem Holmer Wohnquartier bei der Nachbarschaftshilfe zu unterstützen und den Verstorbenen ein ehrbares (und christliches) Begräbnis zu gewähren.

Rathausmarkt Schleswig

Gleich am Eingangsbereich informiert eintrittsfrei das kleine **Holm-Museum,** eine Dependance des Stadtmuseums, mit einer Fotodokumentation über den historischen Wandel der Fischersiedlung (tägl. außer Mo 10–17 Uhr). Einst gab es hier über 100 Holm-Fischer. Heute ist kaum eine Handvoll von ihnen übrig geblieben. Frühmorgens sind sie auf der Schlei unterwegs und verkaufen danach (insbesondere Mi–Fr ab 9 Uhr) direkt vom Kutter aus ihren frischen Fang am **Stadthafen.** Nachmittags bietet der Holm dann vereinzelt noch immer eine Art Fischeridylle, wenn die kleinen Fischerboote vor den Fischerhäusern an der Schleiseite wieder vertäut und die Netze zum Trocken aufgehängt sind.

Nicht verpassen sollten Sie auch das sich dem Holm anschließende **St.-Johannis-Kloster.** In stiller, parkartiger Umgebung am Ufer der Schlei gelegen, ist es immerhin eines der besterhaltenen mittelalterlichen Klosteranlagen des Landes. Noch weiter östlich am Schleiufer folgt der Stadtteil **„Auf der Freiheit“,** der lange ein riesiges Kasernengelände war und nun modern bebaut wird. Vermutlich stammt der klangvolle, schon im Mittelalter urkundlich verbürgte Name von dem in der Nachbarschaft gelegenen, einst mächtigen St.-Johannis-Kloster. Dieses verfügte nicht nur über große Besitztümer sondern auch über das Recht, Verfolgten hier Asyl zu gewähren. Auf der Freiheit (Hausnummer 1) befindet sich auch die **Mühle Nicola,** ein von einer Stiftung vor dem Verfall geretteter Galerieholländer aus dem Jahr 1861. Er wurde 2013 aus einem Dorf südlich von Rendsburg hierherversetzt und vollständig rekonstruiert (Führungen April–Okt. 1. und 3. Sonntag 14–15 Uhr. Erw. 10 €, Kinder 5 €).

Auch westlich des Stadthafens hat Schleswig eine Menge zu bieten. Dort wird das Schleiufer zunächst vom 16 ha großen Stadtpark Königswiesen flankiert (mit Wikinger-Spielplatz). Nordöstlich schließt sich das Stadtvier-

Silhouette einer Stadt: Schleswig

tel Lollfuß an, welches mit seiner gleichnamigen Hauptstraße die Altstadt mit der ehemaligen herzöglichen Residenz **Schloss Gottorf** verbindet. Das Schloss ist eines der bedeutendsten profanen Bauwerke des Landes und beherbergt heute zwei wichtige schleswig-holsteinische Landesmuseen. Im Schatten des mächtigen Schlosses entstanden auch im Stadtteil Lollfuß zahlreiche repräsentative Adels- und Bürgerhäuser, beispielsweise der Heespenhof (Nr. 78, heute Amtsgericht) oder das frühere Zollhaus (Nr. 110, heute Hotel).

Unübersehbar ist auch der achteckige **Wikingturm** am Wiking-Yachthafen ganz im Westen im Stadtteil Friedrichsberg. Als nach wie vor umstrittenes Prestigeobjekt für die Segelwettbewerbe der Olympischen Sommerspiele von 1972 bietet das 27-geschossige Hochhaus einen weiten Blick auf das Stadtzentrum und die Schlei. Im vorletzten Stock in etwa 90 m Höhe befindet sich eine Panoramabar mit grandioser Aussicht. Nicht weit davon entfernt, ebenfalls im Stadtteil Friedrichsberg, ist in einem auffällig rot gestrichenen Hofgebäude aus dem 17. Jh. das **Stadtmuseum Schleswig** beheimatet. Dem schräg gegenüber liegt das sogenannte, vornehm beige-gelb verputzte Prinzenpalais. Das dreiflüglige barocke Herrenhaus ist heute Sitz des Landesarchiv Schleswig-Holstein.

Vor den Toren der Stadt, keine 3 km weiter am Haddebyer Noor, wartet zudem das Weltkulturerbe **Haithabu** mit seinem Wikingermuseum auf Ihren Besuch.

Stadtgeschichte

Der Stadtname kennzeichnet im altnordischen Dialekt die Lage der Siedlung und bedeutet so viel wie Bucht (dänisch *vik*) an der Schlei. Bereits zur Wikingerzeit (804) wird die Siedlung als Sliesthorp erwähnt, die Endung *thorp* (Dorf) verweist bereits darauf, dass das am Nordufer des Schleiendes gelegene Schleswig im Vergleich mit dem benachbarten Haithabu am Südufer allenfalls eine kleine Nebensiedlung war. Doch während Haithabu nach seiner Zerstörung im 11. Jh. rasch verlassen wurde und zur Bedeutungslosigkeit versank, entwickelte sich das gegenüberliegende Schleswig rasant weiter und wurde im 12. Jh. Bischofsresidenz. Bald darauf (im Jahr 1200) wurde Schleswig dann das Stadtrecht verliehen. Damals schon wurden übrigens die teilweise noch heute gültigen Privilegien der Holmer Fischer ausdrücklich festgeschrieben.

Bereits im 13. Jh. musste die Stadt ihre Vormachtstellung als nordische Handelsmetropole jedoch an Lübeck abtreten. Und weil die Schlei für die zunehmend größeren Handelsschiffe zu flach wurde, grub bald auch das nahe Flensburg der Stadt buchstäblich das Wasser ab, zumindest was die Handelsaktivitäten anging.

Als es 1544 zu einer Landesteilung kam, rückte Schleswig dann im wahrsten Sinne des Wortes wieder in den Mittelpunkt. Denn Herzog Adolf, der in Folge einer Erbauseinandersetzung nun Teile der Herzogtümer Schleswig und Holstein zugesprochen bekam, machte das Schloss Gottorf zu seiner ständigen Residenz und begründete so die herzogliche Linie Schleswig-Holstein-Gottorf. Das kleine Herzogtum entwickelte sich auch durch eine geschickte Heiratspolitik rasch zu einem politisch wie kulturell sehr bedeutsamen Kleinstaat, der nach dem Großen Nordischen Krieg (1700-1721) wieder an das dänische Königshaus fiel.

Zu Beginn des 19. Jh. avancierte Schleswig zum Sitz einer gemeinschaftlichen Regierung der Herzogtümer Schleswig und Holstein. Schnell wurde die Stadt zu einem der Zentren einer gegen die dänische Herrschaft gerichteten Nationalbewegung. So erklang auf

Schleswig und die Schlei → Karte S. 310

Überragend: Dom zu Schleswig ▲
und sein Bordesholmer Altar ▼

dem Schleswiger Sängerfest 1844 zum ersten Mal das Schleswig-Holstein-Lied, welches der Kantor des St.-Johannis-Klosters C. G. Bellmann komponiert hat (sein Grab befindet sich auf dem Klosterfriedhof). Unruhige Zeiten in der Auseinandersetzung mit der dänischen Regierung folgten und mündeten in die Schleswig-Holsteinische Erhebung (→ Kasten S. 330). Nach dem darauf folgenden Deutsch-Dänischen Krieg fiel Schleswig 1866 an Preußen und wurde Hauptstadt der neuen Provinz Schleswig-Holstein.

Nach dem Zweiten Weltkrieg musste die Stadt ihre politische und administrative Funktion als Landeshauptstadt jedoch an Kiel abtreten. Als Ausgleich für diesen Verlust wurde Schleswig zu einem kulturellen Zentrum und gewissermaßen zur Justizhauptstadt des Landes aufgewertet, denn das schleswig-holsteinische Landesverfassungsgericht, drei Obergerichte und auch die Generalstaatanwaltschaft haben hier ihren Sitz. Zudem befinden sich in Schleswig das Landesarchiv Schleswig-Holstein und mit dem Museum für Kunst und Kulturgeschichte sowie dem Museum für Archäologie, beide untergebracht in Schloss Gottdorf, zwei große Landesmuseen.

Sehenswertes

St.-Petri-Dom

Mit seinem hoch aufragenden Turm ist diese etwa 100 m lange Hallenkirche eines der bedeutendsten Baudenkmäler Schleswig-Holsteins, weshalb ihn die Schleswiger auch Petersdom nennen.

Man betritt die Kirche von der Südseite aus noch immer durch das romanische Petri-Portal aus der Zeit um 1180. Ab 1275 wurde der Dom von einer flach gedeckten Basilika schrittweise zu einer Backsteingotik-Kathedrale umgebaut, die erst Ende des 19. Jh. mit der Hinzufügung eines

112 m hohen Turms ihre Vollendung fand. Dieser Turm ist (für 2 €) besteigbar und bietet von seiner Aussichtsplattform mit Panoramafenstern in 65 m Höhe einen herrlichen Blick auf die Stadt und die Schlei; zuvor müssen Sie aber über eine Rundtreppe 241 Stufen erklimmen.

Unbestrittenes Highlight im reich ausgestatteten Dom ist aber der **Bordesholmer Altar** des Husumer Meisters Hans Brüggemann. Er ist einer der spektakulärsten Schnitzaltäre seiner Zeit. Brüggemann arbeitete mit seinen Helfern sieben Jahre lang (von 1514–1521) an diesem Meisterwerk. Mit 392 detailreichen, in zeitgenössischer Kleidung dargestellten Eichenholzfiguren erzählt der Altar kunstvoll von der Leidensgeschichte und der Auferstehung Jesu Christi. Fast ein wenig deplatziert dagegen erscheint das „Christkind hinter Gittern" in dem seit reformatorischer Zeit nicht mehr genutzten vergitterten Tabernakel des Altars. Mit dieser um 1500 in Brüssel gefertigten, nur 52 cm großen Holzfigur ist jedoch ein anmutiger, uralter Brauch verbunden: Jedes Jahr zu Weinachten wird dem einst unbekleideten Christkind ein neues, hellweißes Hemd angezogen. Der mit seiner Höhe von 12,60 und einer Breite von 7,14 m größte Altar Norddeutschlands wurde 1666 aus dem 65 km entfernten Kloster Bordesholm hierher überführt, weil dieses im Zuge der Reformation aufgelöst wurde.

Sehenswert ist zudem das vor dem Altar stehende, von Hinrich Klinghe 1480 gefertigte *Bronzetaufbecken*. Dessen puttenartige Trägerfiguren wurden dem Zeitgeschmack entsprechend erst in der Barockzeit hinzugefügt; ursprünglich wurde es von vier Heiligenfiguren getragen. Ein besonderer Kirchenschatz ist auch die in der Zeit des Barocks gemalte *Blaue Madonna* am Pfeiler zum nördlichen Seitenschiff. Im nördlichen Chorschiff befindet sich ein aufwendig aus Marmor, Alabaster und Kalkstein gefertigtes *Ehrengrabmal* für den dänischen König Friedrich I. (1552). Über 500 Jahre alt ist auch die ursprünglich aus dem Schleswiger Franziskanerkloster stammende *Triumphkreuzgruppe* (um 1500) über dem massiven Lettner, ebenso wie das Chorgestühl (1512) und die riesenhafte, 4,4 m hohe *Christopherus-Eichenholzstatue* am Seiteneingang (um 1515), die ebenfalls von Hans Brüggemann gefertigt wurde.

Erwähnenswert ist überdies der spätgotische *Dreikönigsaltar* im südlichen Seitenchor. Als früher Typus eines Altaraufsatzes wurde er bereits um 1300 gefertigt und ist damit das älteste Ausstattungsstück des Doms. Die lebensgroße, freundlich lächelnde Figurengruppe unter einem Baldachingehäuse stellt die Heiligen drei Könige Kaspar, Balthasar (kniend) und Melchior sowie Maria mit dem Kinde dar.

Angefügt ist dem Dom der sogenannte **Schwahl**, ein dreiflügeliger Kreuzgang aus dem Mittelalter mit uralten Gewölbemalereien aus der Zeit um 1310. Sein ungewöhnlicher Name leitet sich vom dänischen Wort *svalegang* (= kühler Laufgang) ab.

▪ Mai–Sept. tägl. 9–17 Uhr (So erst ab 13.30 Uhr), Okt.–April 10–16 Uhr. Turmaufstieg bis zur Aussichtsplattform tägl. bis 30 Min vor Schließung (2 € Aufstiegsgebühr am Shop entrichten oder einfach in die Box vor der Treppe werfen). Domführungen für Kleingruppen bis 10 Personen (40 €).

St.-Johannis-Kloster vor Schleswig

Das adelige Kloster gilt als älteste Klosteranlage in Schleswig-Holstein. Hinter den Klostermauern mit seinen schönen Außenanlagen geht es beschaulich zu. Ähnlich wie das Kloster Preetz (→ S. 200) wurde auch das hiesige, um 1200 von Benediktinerinnen gegründete Kloster im Zuge der Reformation 1536 von der schleswig-holsteinischen Ritterschaft übernommen und in ein

Schleswig und die Schlei → Karte S. 310

evangelisches adeliges Damenstift umgewandelt. Verständlicherweise mangelt des der adeligen Ritterschaft Schleswig-Holsteins heute an unverheiratetem Nachwuchs, weshalb die historischen Wohnhäuser auf dem Gelände nicht mehr von den Stiftsdamen bewohnt, sondern vermietet sind. Auf diese Weise wird die Erhaltung der Klosteranlage finanziert, zu deren Besitz einst 6500 ha Land gehörten. Im ehemaligen Probstenhaus hat das nordelbische Bibelzentrum seinen Sitz und nutzt den mit Symbolpflanzen des Christentums bestückten Garten als Bibelgarten (frei zugänglich).

In der romanischen Klosterkirche trennt ein Chorportal das einschiffige Langhaus vom Altarraum. Anders als im Langhaus, an dessen Westwand Reste gotischer Fresken freigelegt wurden, dominieren im Altarraum barocke Elemente (Altar von 1712). Hinter dem Altar hängen die Wappen- bzw. Totenschilde der verstorbenen Stiftsdamen. Ebenso selten wie bemerkenswert ist das hölzerne, um das Jahr 1450 ge fertigte Sakramentshaus neben dem Hochaltar. In Gestalt einer schlanken Turmmonstranz ragt es 4,5 m in die Höhe.

Ruhepol: St.-Johannis-Kloster

Vollständig erhalten geblieben sind auch der sich um den Innenhof ziehende Kreuzgang (Schwahl) des Klosters, der Kapitelsaal und der ehemalige Speisesaal (Rempter). In diesem befindet sich heute das zehnsitzige, reich verzierte Nonnenchorgestühl von 1240. Zu den Klosterschätzen gehört auch die sogenannte Johannisschüssel mit dem um 1400 geschnitzten Kopf von Johannes dem Täufer. Diesem Heiligen wurde einst das Kloster geweiht, weshalb der Gegenstand für die Konventualinnen von größter Bedeutung ist. Ohne Anwesenheit der nur tellergroßen Johannisschüssel ist der Konvent bei Versammlungen nicht beschlussfähig. Eine weitere Besonderheit ist das hier aufbewahrte, per Erbfolge an das Kloster gegangene Tafelsilber samt einem Leuchter des Dichters Johann Wolfgang von Goethe.

Nach wie vor wird das Kloster von einem adeligen Klosterprobst und einer adeligen Priorin verwaltet. Vor Ort wohnt und arbeitet heute lediglich eine Geschäftsführerin des Klosters. Auf dem kleinen Klosterfriedhof vor dem Kircheneingang befindet sich auch das mit einem Gedenkstein versehene Grab des einstigen Kantors Carl Gottlieb Bellmann (1772–1861), Komponist des Schleswig-Holstein-Liedes.

▪ Die Klosteranlage ist frei zugänglich. Klosterbesichtigung nur im Rahmen von Führungen. Anmeldung bei Josephine Hubalek: ✆ 01525-3678931. Führungen bietet mitunter auch die Touristinfo Schleswig an (montags 14 Uhr).

Schloss Gottorf

Die 2 km westlich der Altstadt gelegene Schlossanlage ist von einem Burggraben und dem Burgsee umschlossen und beherbergt drei Museen, zwei davon im Schloss selbst, das dritte befindet sich im einige hundert Meter nördlich davon gelegenen Barockgarten. Von September 2025 bis Frühjahr 2028 wird die Museumsinsel für rund 45 Mio. Euro grundlegend saniert und um einen modernen Erweiterungsbau ergänzt. Weite Teile der Ausstellungsgebäude bleiben dann geschlossen.

Doch auch ohne seine bedeutenden Sammlungen ist das über Resten einer mittelalterlichen Wasserburg erbaute Schloss bereits sehenswert. Im Laufe seiner bewegten Geschichte wurde es zunächst zu einer prächtigen Renaissancefestung und bis Ende des 17. Jh. dann zu einer barocken Residenz umgestaltet.

Als Burg erstmals 1161 erwähnt, war die Anlage zunächst Bischofs- und bald darauf Grafensitz. 1460 wurde sie auch Amtssitz der dänischen Könige. Ab 1544 diente das Schloss als Residenz der Herzöge von Schleswig-Holstein-Gottorf. Die Herzöge machten es zu einem wissenschaftlichen und kulturellen Zentrum ersten Ranges. Die (später nach Kopenhagen verbrachte) herzogliche Kunstkammer samt bedeutender Bibliothek und vor allem der heute im Globaushaus ausgestellte begehbare Riesenglobus galten als einzigartig. Im Großen Nordischen Krieg fiel das Schloss dann 1713 wieder an die dänische Krone und wurde zum Sitz der dänischen Statthalter. Im 19. und 20. Jh. wurde das Anwesen zumeist als Kaserne genutzt, 1948 wurde es zum Sitz von zwei Landesmuseen.

Der (bis September 2025 mögliche) Rundgang durch die Museen führt durch alle Flügel und Geschosse des riesigen Schlosses. Im Südflügel hat

Sehenswert: Schloss Gottorf

sich der noch aus einer früheren Bauphase stammende Gotische Saal erhalten. Im Westflügel mit dem Wehrturm befanden sich einst die königlichen Gemächer. Im Original erhaltene Räume wie der mit Jagdmotiven geschmückte Hirschsaal sind allenfalls noch im Nordflügel zu finden. Dort befindet sich auch die prächtige und seit der Renaissance nahezu unverändert ausgestattete *Kapelle* des Schlosses. Ungewöhnlich ist hier insbesondere die kostbar vertäfelte und sogar beheizbare Betloge des Schlossherren über dem Altar.

Museum für Kunst und Kulturgeschichte: Aus einem Fundus von 120.000 faszinierenden Kunstschätzen aller Zeitepochen vom Mittelalter bis zur

Klassischen Moderne werden hier nur ausgewählte Stücke gezeigt, darunter viele Gemälde, Wandteppiche, kostbares Mobiliar und Keramiken sowie in der Gotischen Halle neben dem Haupteingang kostbare Kirchenkunst. Bestechend sind vor allem die Gemälde von Lucas Cranach d. Ä. (1472–1553); ein besonderer Schatz ist auch eine originale Gutenberg-Bibel von 1452.

Museum für Archäologie: Diese schon vor knapp 200 Jahren begonnene Sammlung umfasst unvorstellbare 10 Millionen Funde aus 80.000 Jahren Menschheitsgeschichte und bewahrt damit das archäologische Erbe des Landes Schleswig-Holstein. Zu sehen sind ausgewählte Exponate aus der Stein-, Bronze- und Eisenzeit und aus dem Mittelalter. Berühmt sind die eindrucksvollen, 2000 Jahre alten Moorleichen von Windeby (→ Kasten S. 294) und das Nydamboot. Im süddänischen Nydamer Moor 1863 ausgegraben, wurde es dort wohl vor 1700 Jahren als Opfergabe versenkt. Mit rund 23 m Länge ist es das älteste erhaltene und hochseetüchtige Ruderboot Nordeuropas. Präsentiert wird es in der Nydamhalle, dem ehemaligen Exerzierhaus des Schlosses.

Gottorfer Globus & Barockgarten: 1637 ließ Herzog Friedrich III. gut 800 m nördlich des Schlosses im aufsteigenden Gelände das sogenannte Neue Werk anlegen. Mit seinen Kaskaden war es der erste frühbarocke Terrassengarten nördlich der Alpen. Jahrhundertelang lag der Garten im Dornröschenschlaf. Vor rund 20 Jahren wurde er mitsamt seinen kunstvollen Heckenornamente rekonstruiert wie auch der sagenumwobene Gottorfer Globus, für den ein zentral platziertes Globushaus neu errichtet wurde. Schon im 17. Jh. stand an der gleichen Stelle ein Gebäude, das den dort 1664 fertiggestellten Riesenglobus umschloss.

Die begehbare Weltkugel hatte einen Durchmesser von 3 m und zeigte die damals bekannte Welt. In ihrem Inneren stellte sie erstaunlich detailliert Sternenhimmel und Sonnenlauf dar, die die Besucher erleben konnten, während sich die im Kern schmiedeiserne Konstruktion durch eine faszinierende,

Das legendäre Nydamboot: 1700 Jahre alt

Heimstätte des Riesenglobus: Globushaus im Barockgarten

von Wasserkraft angetriebene Technik drehte. Der Riesenglobus war damit das erste Planetarium der Welt, dessen Darstellungen allerdings auf dem damals noch geozentrischen Weltbild basierten. Auch die heute zu besichtigende, originalgetreue Nachbildung aus dem Jahr 2005 imponiert sehr. Sie können darin die 24 Stunden einer Erdumdrehung in nur 8 Minuten erleben.

Im Großen Nordischen Krieg 1717 schenkte der dänische König Friedrich IV. offenbar nicht ganz freiwillig seinem einmarschierenden Verbündeten Zar Peter dem Großen den kostbaren Globus, der diesen nach Sankt Petersburg transportieren ließ. Dort wurde das Meisterwerk nur 30 Jahre später durch einen Brand nahezu vollständig zerstört.

Auch ohne Besichtigung des Globus lohnt der Besuch des mit interessanten Skulpturen bestückten Barockgartens, den man sich mittels eines Audioguides näherbringen lassen kann. Auf der untersten Terrasse befindet sich der große Herkulesteich mit dem imposanten Herkules-Brunnen.

- **Landesmuseen:** Di–Fr 10–17 Uhr, Sa–So 10–18 Uhr (Nov.–März um eine Stunde verkürzte Öffnungszeiten), Mo Ruhetag. Erw. 10 €, Kinder 3 €, Familien 21 €. Die Eintrittkarte berechtigt zum Besuch aller Museen. Lohnenswert: Audioguide für 2 € (Kinder-Audioguide 1 €). Schlossinsel 1, ✆ 04621-813222, schloss-gottorf.de.

Globushaus und Barockgarten: April–Okt. Di–Fr 10–17 Uhr, Sa–So 10–18. Nov.–März geschlossen. Erw. 7 €, Kinder 3 €, Familien 15 €. Der Barockgarten darf kostenlos besichtigt werden.

Stadtmuseum Schleswig

Im Süden der Stadt, im ehemaligen herzoglichen Gästehaus (von 1634), befindet sich mit dem Stadtmuseum sozusagen die kleine Schwester des nahen Schloss Gottorf. Der von einem historischen Torhaus flankierte sogenannte Günderothsche Hof bietet als geschlossene Hofanlage das passende Ambiente für eine abwechslungsreiche Ausstellung, deren Sammlungsgeschichte 1879 begann. Damals gründete sich ein Verein zur Bewahrung der in der Umgebung ausgegrabenen Altertümer. Diesem stellte die Stadt 1932

Schleswig und die Schlei → Karte S. 310

das viergeschossige, in einem prächtigen Rot bemalte ehemalige Adelspalais zur Verfügung. Gegenstand des Museums ist heute die Stadtgeschichte und Kultur vom Mittelalter bis zur Gegenwart. Die Themenvielfalt überrascht. Ausstellungsschwerpunkte sind unter anderem die Siedlungsgeschichte von Schleswig und Haithabu, die Zeit der preußischen Herrschaft, aber auch eine Sammlung historischer Spielzeuge im Dachgeschoss. Zwei ehemals landwirtschaftlich genutzte Fachwerkbauten flankieren das Haupthaus. Einer davon ist das sogenannte Teddy Bär Haus, welches eine große Sammlung historischer Teddybären beherbergt. Zudem gibt es eine Ausstellungshalle, in der interessante Fotoausstellungen zu sehen sind.

■ Di–So 10–17 Uhr (Mo Ruhetag). Eintritt 5 €, ermäßigt 2,50 €, Familien 9,50 €. Souvenirshop und Museumscafé vor Ort. Friedrichstr, 9–11, ✆ 04621-936820, stadtmuseum-schleswig.de. Das Museum hat zwei Dependancen: die Fischer-Fotoausstellung im Holm-Museum (→ S. 312) und das sich in einem ehemaligen Armenstift des 17. Jh. befindliche Outsidermuseum (Stadtweg 57, am Ende der Fußgängerzone). Dieses zeigt in Wechselausstellungen Kunstwerke, die von Menschen mit seelischen oder geistigen Behinderungen geschaffen wurden (Mo–Fr 14.30–17.30 Uhr. Eintritt 1 €).

Stadtmuseum Schleswig

Möweninsel

Das nur rund 2,3 ha große Inselchen in der Schlei vor Schleswig wird wegen seines 5 m hohen, relativ kahlen Hügels auch Möwenberg genannt. Im Mittelalter stand hier eine kleine Burg, von der aus eine Holzbrücke zur nur 250 m entfernten Altstadt führte.

Seit Jahrhunderten brütet auf dem Eiland eine Lachmöwenkolonie. Ebenso lange wurden hier von einem „Möwenkönig" genannten Pächter Vogeleier gesammelt und vermarktet. Der Eierverkauf wurde 1989 wegen zu hoher Schadstoffbelastung untersagt. Heute ist der Möwenberg ein durch den Verein Jordsand betreutes Vogelschutzgebiet. Besucher dürfen die Insel allenfalls im Winter über das zugefrorene Eis betreten. Gelegenheit dazu gibt es immer seltener; letztmals fror die Schlei hier im Jahr 2012 zu.

Praktische Infos

→ Karte S. 322/323

Einwohner 26.000

Information **Touristinfo Schleswig,** Plessenstr. 7, 24837 Schleswig, ✆ 04621/850056, ostseefjordschlei.de. Keine Kurtaxe.

Baden **Luisenbad,** bewachte Schlei-Badestelle samt Steg direkt in der Stadt mit nettem Strandbistro, Luisenbad 1 C. Zudem gibt es hinter dem Johanniskloster den **Holmer Gründstrand** und noch 200 m weiter östlich die Naturbadestelle **Auf der Freiheit** (vor dem Hotel Strandleben).

Naturbadestelle Winningmay, sehr flach und damit für kleine Kinder geeignet. Kleiner Sandstrand. Recht einsam 7 km östlich der Stadt am Naturschutzgebiet Reesholm gelegen. Parkplatz vor Ort. Erreichbar über die Schleidörfer Straße, dann in Füsing rechts ab (Winningmay 13, 24882 Schaalby).

Fahrräder **Fahrrad Röhling,** Königstr. 36, ✆ 04621-993030.

Freizeitpark für Kinder **Tolk-Schau** → S. 379

Kino Capitol Filmpalast. Capitolplatz 4, ✆ 04621-20500, schleswig.cinemotion-kino.de.

Schleischifffahrt Von Ostern bis Okt. mit der *Wappen von Schleswig* (Bj. 1927) ab Anleger Stadthafen. **Tour Ulsnis:** über Missunde nach Ulsnis (Rundfahrt, Dauer 3 Std.); Sa/So, Mi/Do 14 Uhr. 19 €, Kinder 9 €, Familien 50 €, Hunde 3 €. **Tour Schleimünde:** über Kappeln, Maasholm nach Schleimünde (dort gut 2 Std. Landgang; Dauer 9,5 Std.); nur Di 9 Uhr. Erw. 29 €, Kinder 14 €, Familien 80 €, Hunde 3 €. Tickets vor Ort am Stadthafen (nur Barzahlung). Anmeldung erwünscht. ✆ 04621-24758, schleischifffahrt.de.

Stadtführungen Alle April–Okt., Zahlung jeweils direkt beim Gästeführer: **Die Schleswiger Altstadt:** Mi & Sa 14–15.30 Uhr; Mai–Sept. zusätzlich Di 10.30–12 Uhr. Treffpunkt Touristinfo (Plessenstr. 7). Erw. 7 €, Kinder (6–14 J.) 3,50 €, Familien 15 €. **Fischersiedlung Holm** und **St. Johannis Kloster:** Mo 14–15.30 Uhr. Erw. 9,50; Kinder die Hälfte, Familien 21 €. Treffpunkt am Holm-Museum (Südholmstr. 2). **Abendbummel:** Do 18–19.30 Uhr. Erw. 9 €, Kinder (6–14 J.) 4,50 €. ✆ 04621-850065. Treffpunkt Touristinfo.

Schwimmbad/Sauna **Fjordarium,** gepflegtes kleines Sportbad mit Schwimmer-, Nichtschwimmer- und Planschbecken sowie einem schönen Saunabereich. Bistro. Schwimmbad wechselnde Öffnungszeiten; Erw. 4 €, Kinder (4–16 J.) 2 €. Sauna im Regelfall 10–22 Uhr (Erw. 18 €). Friedrich-Ebert-Str. 1, ✆ 04621-801180, fjordarium.de.

Theater/Konzerte **Slesvighus,** Spielstätte des Schleswig-Holsteinischen Landestheaters. Lollfuß 89, ✆ 04621-25989, sh-landestheater.de. **Uns lütt Theaoter,** Spielstätte der Schleswiger Speeldeel e. V., Aufführungen in plattdeutscher Sprache. Friedrichstr. 60 a, ✆ 04621-9775575, schleswiger-speeldeel.de.

Veranstaltungen Höhepunkte im Schleswiger Veranstaltungskalender sind: Das Stadtfest **Schleswig swingt** im Juli; ein dreitägiges musikalisches Erlebnis auf drei Hauptbühnen in der Fußgängerzone. Die **Wikingertage** Mitte Aug.; ein bereits seit 1986 auf den Königswiesen an der Schlei veranstaltetes mehrtägiges Volksfest mit buntem Markttreiben, Schaukämpfen, einem Kinderwikingerdorf und Wikingerschiffen (winkingertage.de). Das **NØRDEN Festival,** das an drei aufeinanderfolgenden Wochenenden Ende Aug./Sept. ebenfalls auf dem Freigelände und auf Bühnen und Zelten auf den Königswiesen veranstaltet wird. Hier präsentieren Kunstschaffende aus ganz Nordeuropa einen spannenden Querschnitt ihres Wirkens mit vielen (Pop-)Konzerten, zahlreichen Lesungen, Manegevorführungen und anderen Aktivitäten. Zudem sind im Kino ausgezeichnete Filme Schleswig-Holsteiner Filmfestivals zu sehen (norden-fetival.com). Der **Schwahlmarkt** im Dez.; ein 10-tägiger Kunsthandwerkermarkt im Kreuzgang des St.-Petri-Doms.

Wohnmobilstellplatz Stellplatz in schöner Lage direkt am Stadthafen (Am Hafen 5).

mein Tipp **Übernachten** ******Hotel Strandleben 3,** am Schleiufer in einem historischen Gebäude des Alten Offizierskasinos ist ein empfehlenswertes kleines Hotel mit 16 modernen Zimmern und Suiten entstanden, große Wiese und Badestelle vor der Tür. Das elegante **Restaurant** mit schöner Terrasse bietet täglich eine frische, kreative und hochwertige Küche (z. B. Damwildkeule oder Nordischer Pannfisch). Schleibogen 6, ✆ 04621-3969965, strandleben-schleswig.de. **€€** (Hotel), **€€€** (Restaurant)

Hotel Zollhaus 2, Hotel garni im historischen Haus Nähe Schloss Gottorf; schön eingebettet in eine Parkanlage. Große, helle Zimmer, Frühstück im Gartensalon oder auf der Sonnenterrasse. Lollfuss 110, ✆ 04621-290340, zollhaus-zu-gottorf.de. **€€**

Hotel Schleiblick 13, Hotel garni in der Innenstadt mit Balkons zur Schlei, Zimmer mit viel Liebe zum Detail eingerichtet. Das hervorragende Frühstück wird persönlich am Tisch serviert. Hafengang 4, ✆ 04621-23468, hotel-schleiblick.de. **€€**

Hotel Alter Kreisbahnhof 8, das Hotel in dem ehemaligen Gründerzeit-Bahnhof mitten in Schleswig ist ein Inklusionsbetrieb der Diakonie. Es verfügt im Haupt- und (ruhigeren) Gästehaus über 31 barrierefreie Hotelzimmer in drei Kategorien. **Restaurant Gleis 9 8** im historischen, gemütlich-einfach eingerichteten ehemaligen Wartesaal und mit guter schleswig-holsteinischer Küche im Haus (Di–Sa 15–22 Uhr; Mo Ruhetag). Königstr. 9, ✆ 04642-30200. **€€**

Essen & Trinken **Restaurant Mühlenbach 1,** in der Einkaufsmeile gelegen, schmackhafte Grillspezialitäten in großer Auswahl (z. B. Pute, Fisch, Lamm, Hacksteak oder Ribeye-Steak, zudem Salate). Auch wechselnder Mittagstisch mit gutem Preis-Leistungs-

Idstedt
Barockgarten
Gottorfer Globus
Fjordarium Sportbad & Sauna
Hesterberg
Suadicanistraße
Chemnitzstr.
Bismarckstr.
Lutherstraße
Flensburger Straße
Stampfmühle
Stadtweg
Schwarzer Weg
Schlossallee
Lollfuß
Königstraße
Strandweg
Windallee
Am Burggraben
Museumsinsel Schloss Gottorf
Stadtpark Königswiesen
Schleistraße
Burgsee
Gottorfer Damm
Möweninsel
Callisenstraße
Wikingturm
Schlei
Brockdorff-Rantzau-Straße
B76
Stadtmuseum Schleswig
Friedrichstraße
Christian-Albrecht-Str.
Erdbeerenberg
Bahnhofstraße
Öhr
Haddebyer
Mansteinstraße
Busdorfer Straße
Riesberg
Danewerk
Husumer Baum
Busdorfer Teich
B77
Rendsburger Straße
Haithabuweg
Margarethenwallstraße
Kreuzstraße
Zum Nordtor
Bergstraße
Rendsburger Str.
Schleswig
175 m

Übernachten
2 Hotel Zollhaus
3 Hotel Strandleben
8 Hotel Alter Kreisbahnhof
13 Hotel Schleiblick
Essen & Trinken
1 Restaurant Mühlenbach
3 Strandleben
5 Altes Fährhaus
6 Strandrestaurant Marienbad
7 ODINS Haithabu
8 Gleis 9
9 Ringelnatz
11 Zur Schleimöwe
14 Burgermeisterin
Cafés
4 Café 26/Bar 26
10 Alte Apotheke
12 Holm-Café
Faulstraße
Kattsund
Gallberg
Klosterhofer Straße
Ilensee
Mühle Nicola
Holmer Noorweg
Lange Straße
Königstraße
Grau-kloster
Norderdomstr.
Rathaus-markt
St. Petri-Dom
Hafenstr.
Holm-Museum
Knud-Laward-Straße
Holmer Noor
Auf der Freiheit
Plessenstr.
Historische Fischersiedlung Holm
Am St. Johanniskloster
St.-Johannis-Kloster
Schleswiger Stadthafen
Schlei
Dorfstraße
Hasenberg
Fährheit
Chaussee
B76
St. Andreas Kirche Haddeby
Eckernförde
Dom-halle
Domweg
Marktstraße
Graukloster
Plessen-hof
Kirchstraße
Rathaus-markt
Töpferstraße
Bischofs-hof
Süderdomstr.
Fischbrückstr.
Wikinger Museum Haithabu
Plessenstraße
Hafenstraße
Hafengang
Knud-Laward-Str.
Haddebyer Noor
Wohnmobil-stellplatz Stadthafen
Am Hafen
Wikingerdorf Haithabu

Verhältnis; rustikales Ambiente, Terrasse am Bachufer. Tägl. 11.30–14.30 Uhr und 17.30–21.30 Uhr (Di Ruhetag). Mönchenbrückstr. 10, ✆ 04621-9787480. €

Ringelnatz 9, gutbürgerliche Küche im denkmalgeschützten Fachwerkhaus von 1752. Schnitzelgerichte, Currywurst, Schlei-Heringe und gebratenes Heilbuttfilet, auch Salate und vegetarische Piroggen. Sonnige Terrasse, freundlicher Service. Mi–So 17–22 Uhr, Sa/So ab 12.30 Uhr (Mo/Di Ruhetag). Fischbrückstr. 3, ✆ 04621-20177. €

Zur Schleimöwe 11, traditionelles und bodenständiges Fischlokal am Rand der Fischersiedlung Holm. Es gibt ebenso ein kerniges Kapitänsfrühstück (Rührei mit Krabben und Bratkartoffeln) wie auch z. B. eine Holmer Fischplatte. Tägl. 11.30–13.30 und 17–21 Uhr. Keine Kartenzahlung. Süderholmstr. 8, ✆ 04621-24309. €

Burgermeisterin 14, kleiner Imbiss in herrlicher Lage am Schiffsanleger des Stadthafens, in dem es neben großen Burgern wie Wikinger- oder Labskausburger auch Currywurst, Backfisch, Salate und Crêpe gibt. Schöne Sitzgelegenheiten, u. a. auf Liegestühlen und mit Strandkorb. Tägl. 12–19 Uhr. Am Hafen 1, ✆ 01512-2700370. €

MeinTipp **Alte Apotheke 10**, gemütliches Café im ältesten Haus der Stadt. Prima Kuchen; auch Suppen, belegte Brötchen oder Quiche. Zudem Frühstückscafé. Der ehemalige Apothekenraum dient auch als Verkaufsraum für Keramik und anderes Kunsthandwerk oder Leckereien, tägl. 9–18 Uhr. Rathausmarkt 14, ✆ 04621-200396.

Heute Stadtverwaltung: Graukloster

Holm-Café 12, gemütliches kleines Café inmitten der Fischersiedlung Holm. Täglich werden verschiedene Kuchen (auch glutenfrei) gebacken, etwa Eierlikör-Torte oder Apfelkuchen. Auch Belgische Waffeln und mitunter Suppen im Angebot. März–Okt. tägl. 13–18 Uhr (Mo/Di Ruhetag), Nov.–Feb. verkürzte Öffnungszeiten. Süderholmstr. 15, ✆ 04621-20927.

Café 26/Bar 26 4, Panoramabar im 26. Stock des weithin sichtbaren Wikingturms mit umwerfender Aussicht. Abends wird das Café mit Tresen und seinen Clubsessel-Sitzecken zur netten Cocktail-Bar. Café Fr–So 14–17 Uhr. Bar Do–So ab 19 Uhr. Wikingeck 5, ✆ 04621-33040.

Strandrestaurant Marienbad 6, es befindet sich südlich der Stadt zwar an der Ausfallstraße Richtung Busdorf/Haithabu, aber dennoch in herrlicher Lage mit Panoramablick auf Schleswig. Gute Kuchen und Torten. Abends Á-la-Carte-Restaurant mit herzhaften Speisen (Schnitzel, Rumpsteak). Schöner Außenbereich mit Liegewiese, einigen Strandkörben und sogar einer sandigen Badestelle. Di–Sa 12–22, So 10–20 Uhr (Mo Ruhetag). Strandweg 1a; 24866, Busdorf, ✆ 04621-305033. €€

ODINS Haithabu 7, an der Hauptstraße gegenüber dem Wikingermuseum und damit ebenfalls schon in der Gemarkung von Busdorf gelegen, befindet sich bereits seit 1828 dieser ehemalige Dorfkrug. In gemütlichem Ambiente gibt es hier nun eine schnelle, nordische Küche. Beliebt sind Odins Pfanne (Schweinerückensteak), Gallowaygulasch oder auch Lachsforellensteak und zudem Wikingerpizza. Die Mitgliedschaft im Netzwerk „Feinheimisch" garantiert frische und möglichst regionale Zutaten. Durch die offene Küche kann jeder Gast zusehen, wie die Gerichte zubereitet werden. Großer schöner Gastgarten in Nähe des Schleiufers. Zudem werden hier Back- und Konditoreiwaren, Met sowie Wurst- und Räucherwaren vor Ort hergestellt und im eigenen Shop verkauft. Tägl. 8–22 Uhr. Haddebyer Chaussee 13, 24866, ✆ 04621-850500. €€

Altes Fährhaus 5, schon im Schleiort Fahrdorf und damit 7 km von der Innenstadt entfernt gelegen. Direkt an der Schlei mit schönem Blick auf die gegenüberliegende Stadt Schleswig gibt es hier eine unkompliziert gute deutsche Küche (Ragout von der Wildschweinkeule oder Ganze Scholle) und einen freundlichen Service. Mittags auch Stammessen. Großer, heller Gastraum und rustikal-einfacher Außenbereich. Dorfstr. 47, 24857 Fahrdorf, ✆ 04621-3929751. €€

Umgebung von Schleswig

Wikinger Museum Haithabu

Es ist eine der bedeutendsten archäologischen Museumsanlagen Deutschlands und bekam gemeinsam mit dem Danewerk 2018 den Titel UNESCO-Welterbe verliehen. Anhand zahlreicher Originalfunde zeigt es, dass die Wikinger nicht nur raue Gesellen, sondern auch großartige Kunsthandwerker und Baumeister waren.

Die Museumsanlage an dem von der Schlei abgeriegelten Haddebyer Noor ist zweigeteilt und eine Mischung aus Ausstellung und Freilichtmuseum. Vom Parkplatz sind es etwa 300 Meter Fußweg bis zum modernen **Museumsgebäude.** Dort sind etliche Funde wie der *Busdorfer Runenstein* ausgestellt, der an den bedeutsamen Krieger Skarthi erinnert. Auch die fast tausendjährige, bienenkorbförmige *Bronzeglocke* von Haithabu ist ein herausragendes Objekt der Kulturgeschichte. Sie wurde samt Klöppel zwischen den Resten eines untergegangenen Schiffs im ehemaligen Hafen von Haithabu gefunden und ist die älteste komplett erhaltene Leuteglocke Nordeuropas. Höhepunkt sind jedoch die teilweise wieder aufgebauten Reste eines *Wikinger-Langschiffes*, das zwar schon in den 1950er-Jahren im Haddebyer Noor entdeckt, aber erst 1979 aufwendig geborgen werden konnte. Wahrscheinlich wurde es am Ende der Wikingerzeit bei dem vernichtenden Angriff auf die Stadt im Jahr 1050 in Brand gesetzt und zerstört. Mehrmals täglich laufen im hauseigenen Kino zwei verschiedene Filme über das Leben in Haithabu.

Vom Museum aus führt ein Spazierweg etwa einen Kilometer durch das (nur im Sommerhalbjahr geöffnete) **Freigelände** zum historischen, ehemals von einem schützenden Halbkreiswall umgebenen Siedlungsort von Haithabu. Hier wurden 2008 sieben Wikingerhäuser nach originalen Baubefunden rekonstruiert. Im Sommer beleben „wahrhaftige" Wikinger das Wikingerdorf. Sie veranschaulichen mit Handwerk, Kochen und anderen Vorführungen das Leben der damaligen Zeit und bieten ihre selbst gefertigten Produkte wie Schmuckstücke, Ledertaschen oder Töpferwaren zum Kauf an. Schmale (Holzbohlen-)Wege führen zwischen den lehmverputzten Flechtwandhäusern hindurch. Am Noor befindet sich die ebenfalls rekonstruierte Landebrücke des Wikingerdorfes, an der ein nachgebautes Wikingerboot von 6,5 m Länge festgemacht hat.

▪ Tägl. 9–17 Uhr; im Winterhalbjahr 10–16 Uhr (dann Mo Ruhetag). Erw. 11 €, Kinder 4 €, Familien 23 €. Medienguide kostenlos. Ticketschalter sowohl am Museum als auch am Wikingerdorf. Am Haddebyer Noor 5, 24866 Busdorf, ✆ 04621-813122, haithabu.de. Im Ausstellungsgebäude gibt es auch ein Café.

Bedeutend: Wikinger Museum

Weltkulturerbe: Wikingersiedlung Haithabu

Haithabu – bei den Wikingern

Die geografisch günstig am äußersten Ende der Schlei gelegene Wikingersiedlung ist heute UNESCO-Welterbe. Ihr wohlklingender Name bedeutete im Altnordischen schlicht so viel wie „Siedlung auf der Heide".

Vermutlich wurde Haithabu im 8. Jh. von friesischen Händlern gegründet. Wenig später drangen dänische Wikinger in das dünn besiedelte Gebiet ein und machten den Ort zu einem Warenumschlagsplatz, der sich vom 9. bis 11. Jh. zu einer der wichtigsten Handelsmetropolen Nordeuropas entwickelte. Zwischen dem ganz am Ende des schiffbaren Seitenarms der Ostsee gelegenen Haithabu und dem in die Nordsee mündenden Fluss Treene liegen nur 16 km Landweg. Dieser wurde für den Warentransport einfach mit Ochsenkarren überwunden. Den gefährlichen Umweg durch den Kattegat und Skagerrak an der Nordspitze Dänemarks sparte man sich damit. Infolgedessen wurde die Siedlung schnell zur Handelsdrehscheibe und zum Bindeglied zwischen dem Seehandel von Ost- und Nordsee. Zudem verlief vor der Toren Haithabus mit dem Ochsenweg eine uralte Handels- und Heerstraße, die von Jütland bis an die Elbe bei Wedel führte.

Um das Jahr 950 lebten in Haithabu auf einer Fläche von 26 ha bis zu 1500 Einwohner. Zur damaligen Zeit war diese Ansieldung damit eine der größten Städte des Ostseeraums. Der wichtige Handelshafen hatte eine Be- und Endladekapazität von 30 Schiffen. Hier wurden Waren aus der ganzen damals bekannten Welt umgeschlagen, beispielsweise Perlen aus dem Kaukasus, Schmuck aus Gotland, Quecksilber aus Mittelasien, Weine aus dem Rheinland und mit ziemlicher Sicherheit als besonders lohnendes Geschäft auch Sklaven. Vor Ort siedelten sich zudem zahlreiche Handwerker an. Es gab Töpfer, Weber, Holzschnitzer und auch viele Kunsthandwerker, die Luxuswaren aus Gold, Silber oder Messing anfertigten. Selbst die für den Handel notwendigen Wikinger-Langschiffe wurden hier gebaut. Zeitweise hat man in Haithabu sogar Münzen geprägt und auch die Christianisierung des Nordens nahm hier ihren Anfang.

So viel Erfolg weckte Begehrlichkeiten. Schon ab 804 stand Haithabu zunächst unter dänischer, um 900 unter schwedischer und ab 983 wieder unter dänischer Oberhoheit. Dann kam es im Jahr 1050 zu einem verhängnisvollen Angriff durch den norwegischen König, der den Ort brandschatzte und plünderte. Wenig später (1066) wurde das geschwächte Haithabu von den Westslaven abermals gebrandschatzt und dabei endgültig dem Erdboden gleichgemacht. Da nützte auch der heute noch sichtbare, bis zu 10 m hohe und sich halbkreisförmig um das Ufer ziehende Verteidigungswall nichts mehr.

Haithabu wurde danach nie wieder besiedelt, weil das gegenüber am Nordufer der Schlei aufstrebende Schleswig die Hafenfunktion übernahm – ein Glücksfall für die hier ab 1900 grabenden Archäologen. Denn so wurde die Stadt nie überbaut. Zudem ist aufgrund des moorig-feuchten Geländes der ufernahe Untergrund innerhalb des Halbkreiswalles noch vergleichsweise gut erhalten geblieben. 1949 entdeckte man bei Tauchgängen die Palisaden der Hafenbefestigung, überdies fand man Schiffsnieten und später gar ein im Hafengrund liegendes Wikingerschiff, zudem viele Kleinfunde wie Glasperlen oder Schmuck. Viele Kostbarkeiten warten noch immer auf ihre Entdeckung, denn bislang wurden nur 5 % der Fläche innerhalb des Ringwalls und nur 1 % des Hafens ausgegraben.

Einblicke in die Vergangenheit: rekonstruiertes Wikingerhaus

St.-Andreas-Kirche Haddeby

Zwischen dem Wikingermuseum und der Bundesstraße befindet sich eine Feldsteinkirche (um 1200), der es zu verdanken ist, dass auch nach dem Niedergang Haithabus dessen Name erhalten blieb. Denn der Siedlungsname Haddeby ist eine niederdeutsche Entwicklungsform von Haithabu. Der zu Busdorf gehörende Ort selbst besteht heute nur noch aus einer Häusergruppe mit Restaurant samt Campingareal und einem kleinen Jachthafen, jedoch nennt sich wegen seines historischen Erbes auch der gesamte, 9000 Einwohner umfassende Verwaltungsbezirk der benachbarten acht selbstständigen Gemeinden Amt Haddeby.

Das schlichte Kirchenschiff der St.-Andreas-Kirche mit seiner uralten Balkendecke mündet in einen Chor mit spätgotischem Kreuzrippengewölbe, in dem mit dem Schnitzaltar aus dem 15. Jh. ein besonderes Kleinod wartet. Er wird Verkündigungsaltar genannt, weil 20 Apostel- und Heiligenfiguren die in der Mitte dargestellte Marienverkündigung umrahmen. Eine Taufe und eine Kreuzigungsgruppe aus dem 13. Jh. vervollständigen das Bild.

St.-Andreas-Kirche Haddeby

▪ Tägl. 14.30–17 Uhr (und zu den Gottesdiensten) geöffnet.

Wandern: rund um das Haddebyer Noor (6 km)

Vom Parkplatz der Haddebyer Kirche oder alternativ vom Wikingermuseum aus laufen Sie auf der Westseite des Noors zunächst am Museum, dann am Wikingerdorf und später am Runenstein vorbei bis zur Brücke, die über einen schmalen Wasserdurchlass führt. Dieser verbindet das seeähnliche Haddebyer Noor mit dem benachbarten Selker Noor. Am Ostufer führt der Weg zunächst zurück bis zur B 76 am Schleiufer, an dem entlang es zurück zum Parkplatz geht.

Danewerk

Das Danewerk, also der „Deich der Dänen", ist das größte archäologische Denkmal in Europa. Bis Mitte des 19. Jh. war es die südliche Grenzbefestigung des dänischen Gebiets und eine Verteidigungsanlage, die sich quer durch die Region zog. Weite Teile der 8 km südwestlich von Schleswig in der nach diesem Bauwerk benannten Gemeinde Dannewerk gelegenen Anlage sind frei zugänglich. Zudem informiert ein (kostenpflichtiges) **Besucherzentrum** anschaulich über die 1500-jährige Geschichte des Danewerks und die – nicht immer friedvolle – deutsch-dänische Nachbarschaft. Sobald das neue Danevirke-Museum, das derzeit für 10 Mio. € in Holzbauweise errichtet wird, fertig ist, wird die Ausstellung dorthin umziehen. Gefördert wird der Bau vor allem von zwei dänischen Stiftungen, dem dänischen Staat und dem Land Schleswig-Holstein.

Der bereits ab dem 5. Jh., aber insbesondere im 8. Jh. angelegte Schutzwall bezog die geologischen Formationen und vor allem die Schlei sowie die sumpfigen Feuchtgebiete an der zur Eider und Nordsee fließenden Treene als natürliche Grenze geschickt mit ein. Dazwischen blieb eine nur etwa 16 km breite Landbrücke auf der festen Geest, die es mit Konstruktionen von einer Gesamtlänge von 30 km zu sichern galt.

Das passierte durch eine Kombination aus Wällen, Mauern und einer aus Holzpalisaden errichteten, 1200 m langen (heute nicht mehr sichtbaren) Seesperre bei Stexwig an der Schlei. Mit dieser konnte man die Zufahrt zum wichtigen Handelshafen Haithabu kontrollieren, der in das Danewerk mit einbezogen wurde. Auch östlich der Schlei gab es mit dem 4 km langen Osterwall eine Befestigungsanlage, mittels der der Zugang zur Halbinsel Schwansen kontrolliert wurde. Mehrfach hat man das Danewerk durch Palisaden, Feldsteinmauern und später auch durch Ziegelsteinmauern verstärkt. Es wurden Verbindungswälle gezogen und als neuer Schutz im späten 10. Jh. noch ein schnurgerader, 6,5 km langer Wall (Kograben) davorgebaut. Besonders beeindruckend ist die als letzte Verstärkung errichtete, 4 km lange **Waldemarsmauer,** die König Waldemar der Große aus 6,5 Millionen vor Ort gebrannten Ziegelsteinen errichten ließ. Dieses größte Ziegelsteinbauwerk Nordeuropas liegt heute gut geschützt unter einem Erdwall, einen Steinwurf vom Museum entfernt wurden jedoch rund 80 m davon zur Anschauung freigelegt. In Nachbarschaft des Museums befindet sich zudem der einzige, einst mit einem Tor gesicherte Durchlass im Danewerk. Er bildete fast 500 Jahre

Danewerk: Waldemarsmauer

lang die Nahtstelle zwischen Jütland und Europa. Denn genau hier kreuzt der schon seit der Bronzezeit existierende *Ochsenweg* als historischer Heer- und Handelsweg den Hauptwall des Danewerks.

Für die Dänen ist das Danewerk so etwas wie ein Nationalsymbol, weil es seit dem Frühmittelalter die südliche Grenze des Landes markiert. Nördlich der vor Überfällen und Eroberungen schützenden Wallanlage konnte sich dadurch ein einheitliches dänisches Territorium entwickeln. Auch wenn wegen der politischen Verschmelzungen von Schleswig und Holstein das Danewerk ab dem 14. Jh. an Bedeutung verlor, wurde diese natürliche Grenze erst durch Dänemarks Niederlage im

Die überflüssige Schlacht – Idstedt

Es wurde die verlustreichste Schlacht in der Geschichte Nordeuropas. Am 25. Juli 1850 trafen im Rahmen der Schleswig-Holsteinischen Erhebung 37.000 dänische und 26.000 schleswig-holsteinische Soldaten bei Idstedt brutal aufeinander. Innerhalb weniger Stunden waren über 1200 Tote und rund 5000, wegen der großkalibrigen Bleigeschosse teilweise übel verstümmelte Verwundete zu beklagen. Als sich die schleswig-holsteinischen Soldaten nach den heftigen Kämpfen zurückzogen, ging der Sieg letztlich an die dänische Armee.

Weil sich bereits am 5. Juli die europäischen Großmächte darauf verständigt hatten, das Herzogtum Schleswig im dänischen Gesamtstaat zu belassen, war die „Erhebung" bereits gescheitert, bevor die Schlacht begann. Denn das die Erhebung zuvor unterstützende Preußen hatte kurz zuvor einen Waffenstillstand mit Dänemark geschlossen. Wie so oft in der Geschichte wurden hier völlig unnötig Menschenleben geopfert, zumal nach dem Deutsch-Dänischen Krieg wenige Jahre später (1864) es wiederum ein furchtbares Blutvergießen gab, bei dem sich die abermals agierenden Preußen dieses Gebiet einverleibten.

Wappen der Schleswig-Holsteinischen Erhebung

Am ehemaligen Gefechtsstand der Schleswig-Holsteiner wurde 1869 ein obeliskartiges Denkmal eingeweiht. Daneben befindet sich als historischer Erinnerungsort die 1930 im Heimatschutzstil gebaute Idsted-Gedächtnishalle (mit Erweiterungsbau von 2005). Sie enthält eine Dauerausstellung über die Schleswig-Holsteinische Erhebung und die Schlacht bei Idstedt. Neben Dokumenten, Ausrüstungsgegenständen und Waffen beeindruckt vor allem ein riesiges Banner, auf dem die Namen aller 1287 Gefallenen beider Seiten notiert sind.

■ Idstedt Museum: Mai–Okt. Fr–So 11–17 Uhr. Erw. 3 €, Kinder 1,50 €, Führungen unter ✆ 04623-78406. Idstedtkirche 1, 24879 Idstedt (8 km nördlich von Schleswig).

Deutsch-Dänischen Krieg (1864) etwas nach Norden verschoben. Zuvor hatte das dänische Militär 27 Kanonenschanzen entlang des Walls errichtet. Die Schanze 14 wurde nahe dem Besucherzentrum wiederhergestellt.

■ Danevirke Museum Mai–Sept. Mo–Fr 9–17 und Sa/So 10–16 Uhr, Nebensaison 10–16 Uhr (Mo Ruhetag). Dez.–Feb. geschlossen. Erw. (ab 16. J.) 2 €, Kinder sind frei. Hauptstraße 0, 24867 Dannewerk, ✆ 04621-37814; danevirkemuseum.de.

Idstedter Räuberhöhle

Erbaut in der jüngeren Steinzeit vor etwa 5000 Jahren ist dieses Ganggrab eines der wenigen in seiner ursprünglichen Form erhaltenen Großsteingräber überhaupt. Andernorts wurde bei den Hügelgräbern (→ Kasten S. 432) im Laufe der Jahrtausende der namensgebende Erdhügel längst weggespült. Doch hier im dichten Wald hat sich eine von drei riesigen Steinen überdeckte, 4,5 m lange, 2 m breite sowie 1,5 m hohe und auf den ersten Blick unscheinbare Grabkammer noch fast im Urzustand bewahrt. Sie ist von einem Rundhügel von über 17 m Durchmesser umgeben.

■ **Anfahrt:** 6 km nördlich von Schleswig im Wald auf halber Strecke zwischen Ruhekrog und Idstedt gelegen, befindet sich das Megalithgrab unmittelbar an der Landstraße K 44 (Arenholzfeld) in einer kleinen Kurve. Parkmöglichkeit daher nur 150 m hinter dem Abzweig „Wilhelmslust" rechts am Waldparkplatz (von dort 10 Min. Fußweg) oder 100 m hinter dem Grab links am abzweigenden Feldweg (Ostermoorweg). Mit dem Fahrrad (durch den Wald oder auf dem Radweg neben der Straße) ist das Grab jedoch problemlos zu erreichen.

Farradtour: Rundtour durch das Schleswiger Land (45 km)

Start und Ziel ist Schloss Gottorf. Von dort geht es zum Barockgarten, dort links an der Waldmühle vorbei teilweise über naturnahe Waldwege zu-

Idstedter Räuberhöhle: ein Ganggrab

nächst 3 km nach Hüsbygaard. Dort 5 km weiter über Neukrug nach Lürschau zum Arenholzer See (Badestelle mit Imbiss). Weiter nach Norden über die Kreisstraße durch den Wald und an der Idtstedter Räuberhöhle vorbei 6 km nach Idstedt zum gleichnamigen See (Badestelle). Nach Umrundung des nördlichen Seeufers geht es weiter im großen Bogen um den Langsee herum. Zunächst 6 km nach Süderfahrenstedt, dann 6,5 km über Böklund und Kattbek nach Wellspang. Nun 5 km über Tolk (Freizeitpark) Richtung Scholderup und dann über die Trasse der alten Kreisbahntrasse 12 km zurück nach Schleswig und zum Schloss.

Herrliche Naturlandschaft: die Schlei

Die Schleidörfer

Eingebettet in eine herrliche Naturlandschaft beiderseits der Schlei flankieren malerische Dörfer dieses außergewöhnliche Gewässer, das eine bemerkenswerte Ruhe ausstrahlt.

Der im schleswig-holsteinischen Hügelland 42 km lang ins Binnenland hineinragende Meeresarm der Schlei trennt die Halbinsel Schwansen im Südosten von der Halbinsel Angeln im Nordenwesten. Zwei Fähren und zwei Brücken sorgen dafür, dass Sie jederzeit von einem zum anderen Schleiufer und damit von Schwansen nach Angeln wechseln können.

Schon ab dem 7. Jh. gründeten Dänen und Jüten beiderseits der Schlei erste Wohnstätten. Doch erst ab dem 13. Jh. wurde die Region durch umfangreiche Rodungen und die Entwässerung von Mooren urbar gemacht und flächenhaft besiedelt. Später wurde die Gegend vor allem geprägt durch große, adelige Güter und ihre prächtigen Herrenhäuser. Noch heute befindet sich ein Großteil von Flächen der hiesigen Zivilgemeinden im Besitz des Schleswig-Holsteinischen Landadels.

Beiderseits der Schlei prägen schilfbewachsene Ufer und verträumte Dörfer mit uralten Feldsteinkirchen und Reetdachhäusern das Bild. Immer wieder laden herrlich ruhig gelegene Badestellen zu einem Erfrischungsbad in der Schlei oder einfach nur zum Verweilen ein. Die hügelige Landschaft hat ihren ganz besonderen Charakter und wurde von vielen erst entdeckt, als die hier von 1986 bis 2012 gedrehte ZDF-Fernsehserie „Der Landarzt" die schönsten Plätze der Schlei einem Millionenpublikum präsentierte. Seitdem entwickelte sich der hiesige Tourismus stetig weiter in einer gleichwohl noch lange als Geheimtipp geltenden Gegend. 2008

Schleiidylle bei Arnis

schlossen sich die 44 Gemeinden und Städte rund um den Meeresarm zum Naturpark Schlei zusammen, um die abwechslungsreiche Natur- und Kulturlandschaft zu schützen und gleichzeitig touristisch zu vermarkten. Mit einer Fläche von knapp 500 km² ist er der nördlichste Naturpark Deutschlands. Als die Schleiregion gegen Ende der COVID-19-Pandemie im April 2021 zum ersten Feriengebiet Schleswig-Holsteins wurde, das den Tourismus wieder hochfuhr, war die Schlei endgültig in aller Munde. Ein Tourismus-Modellprojekt sorgte damals dafür, dass zunächst nur hier und in Eckernförde wieder Urlaub gemacht werden durfte – wenn auch unter strikten Testvorgaben und Abstandsregelungen. Die Nachfrage der von der Coronakrise geplagten Erholungssuchenden war überwältigend und die Schlei gewann noch einmal viele Bewunderer hinzu. Auch wegen des an ihrer Mündung auf einem ehemaligen Marinestützpunkt entstandenen Ostseeresorts **Olpenitz** gilt die Region als eine der touristisch am stärksten wachsenden der Republik. Besonders gut lässt sie sich übrigens mit dem Fahrrad erkunden:

Los geht es am der Stadt Schleswig gegenüberliegenden südlichen Ufer der Kleinen Breite – einer seeartigen Verbreiterung der Schlei – wo der ruhige Wohnort **Fahrdorf** liegt. Wenig später, am Übergang zur ebenfalls seeähnlichen Großen Breite, liegen die verschlafenen Dörfer **Stexwig** und **Borgwedel,** bevor an der Engstelle **Missunde** eine solarbetriebene Schleifähre die Überfahrt ermöglicht. Wer auf der südlichen Schleiseite bleibt, kann das von stattlichen Gutsanlagen umgebene Dorf **Rieseby** besuchen. Auf der nördlichen Seite lohnt vor allem das kleine **Ulsnis** einen Abstecher. Man trifft sich wieder beim nächsten Schleiübergang von **Lindaunis.** Dort musste die historische Klappbrücke 2023 abgerissen werden, der Übergang über eine Behelfsbrücke ist bis zur Fertigstellung eines Neubaus nur für Fußgänger und Radfahrer möglich. Weiter geht es durch eine malerische Schleilandschaft zum Dorf **Sieseby,** das als Inbegriff der Schleiidylle gilt.

Schleswig und die Schlei → Karte S. 310

Die Schlei

Geologisch betrachtet ist die Schlei kein Fluss, denn sie hat keine Quelle. Ihre größte Süßwasserzufuhr erhält sie von dem Flüsschen Loiter Au bei Schleswig. Ebenso wenig ist sie eine Förde, also eine von einer in der Eiszeit landeinwärts wandernden Gletscherzunge geschaffene Meeresbucht. Dagegen spricht neben der Entstehungsgeschichte ihre geringe durchschnittliche Wassertiefe von lediglich 3 m; bei Schleswig sind es sogar nur 2 m. Für Wasserfahrzeuge zieht sich daher nur eine vergleichsweise schmale Fahrrinne durch das flache Wasser, für größere Schiffe ist der Meeresarm deshalb nicht befahrbar. Für Jollensegler ist das Gewässer hingegen ein Paradies, und so gibt es hier gleich 42 Sportboothäfen. Und sie ist, anders als oft behauptet und mit dem Label „Ostseefjord Schlei" von den örtlichen Fremdenverkehrsverbänden beworben, auch kein Fjord. Zwar wurde die Schlei ähnlich wie ein solcher von einem seewärts wandernden Gletscher der letzen Eiszeit (vor 10.000–15.000 Jahren) geformt, nicht jedoch von Gletscherzungen herausgeschürft, sondern durch Schmelzwasser als glaziale Rinne geschaffen. Vor allem aber besteht sie größtenteils aus Brack- und nicht wie Fjorde aus Meerwasser. Dies macht schon der Name Schlei deutlich, der auf Altdänisch so viel wie „schlammiges Gewässer" bedeutet. Ihr Salzgehalt wird deutlich geringer, je weiter man von der Schleimünde Richtung Schleswig gelangt. Kurzum: Die Schlei ist nichts anderes als ein außergewöhnlicher, 42 km langer Meeresarm der Ostsee.

Außergewöhnlich nicht zuletzt deshalb, weil sich enge und breite Stellen in dem von einem Hügelland umgebenen Gewässer immer wieder abwechseln. In Ostseenähe bei Maasholm gibt es einen kilometerbreiten Mündungstrichter. Doch dieser wird durch zwei aufeinander zuwachsende Nehrungshaken (→ S. 417) fast verschlossen, sodass der eigentliche, durch Molen gesicherte Durchlass zur Ostsee lediglich 100 m breit ist. Im Mittelteil verengt sich die sonst etwa 1 km breite Schlei, bei Arnis auf nur 200 m und bei Missunde auf sogar nur 135 m, bevor sie sich kurz darauf – schon weit im Binnenland – mit der sogenannten Großen Breite eine Ausdehnung von bis zu 4,2 km gönnt. Auf dem Weg zu seinem am weitesten landeinwärts gelegenen Teil wird der Wasserweg an der Stexwiger Enge mit nur 280 m abermals sehr schmal, bevor er sich mit der Kleinen Breite bei der Wikingerstadt Schleswig wieder wie zu einem See verbreitert. An den Rändern der Schlei haben sich zudem einige Haffs bzw. Buchten gebildet, die hier Noore heißen (→ S. 417). Mit ihnen kommt die Schlei auf die beeindruckende Uferlänge von 151 km.

Bekannt ist die Schlei auch für ihren Fischreichtum an Salzwasser- und zugleich an Süßwasserfischen. In Ostseenähe sind es vor allem Dorsch, Meeresforelle, auch Scholle und Hering, die den wenigen verbliebenen Schleifischern in die Netze gehen. In der inneren Schlei sind es eher Aal, Zander, Barsch, Brassen, Karpfen und der seltene Schleischnäpel, ein endemischer Fisch, der mit der Forelle und Maräne verwandt ist.

Nicht weniger besuchenswert ist **Arnis,** eigentlich ein kleines Dorf am südlichen Ufer der Schlei, das jedoch Stadtrechte besitzt und daher die kleinste Stadt Deutschlands ist. Keine fünf Kilometer weiter schleiabwärts folgt mit der Stadt **Kappeln** das eigentliche touristische Zentrum an der Schlei. Mit der Klappbrücke Kappeln gibt es hier zudem den größten und bedeutendsten Schleiübergang. Hinter Kappeln werden die Ufer mit ihren Buchten und Nooren (→ S. 417) noch etwas unzugänglicher und der Meeresarm weitet sich langsam zu einem Mündungsdelta, in dem vor allem das alte Fischerdorf **Maasholm** die Besuchermassen anzieht. Nur mit dem Ausflugsschiff von Kappeln oder Maasholm zu erreichen ist die Lotseninsel **Schleimünde,** die den Übergang von der Schlei in die Ostsee markiert.

Einwohner 9000 (alle Schleidörfer gemeinsam)

Information **Geschäftsstelle der Ostseefjord Schlei GmbH und Touristinformation Schleswig,** Plessenstr. 7, 24837 Schleswig, ✆ 04621-850065, ostseefjord schlei.de. Keine Kurtaxe.

Fahrräder **Schlei Radgeber,** Dorfstr. 40, 24354 Rieseby, ✆ 04355-1814434. **Fahrradverleih Brodersby,** Burger Weg 7, 24864 Brodersby-Burg, ✆ 0170-3888838.

Stexwig und Borgwedel

Am Südufer der inneren Schlei befindet sich die Stexwiger Enge. Diese Engstelle trennt die einem See ähnelnde sogenannte Kleine Breite vor der Stadt Schleswig von der Großen Breite, die bis Missunde reicht. Genau dazwischen liegt das kleine Dorf Stexwig mit seiner malerischen kleinen Marina.

Rechts vom kleinen Jachthafen von Stexwig (und vom Parkplatz am Koppelweg) führt ein Fußweg zu einer sehr gepflegten Badestelle mit sandigem Einstieg, großer Liegewiese, Kinderspielplatz und Toilettenhäuschen. Zudem gibt es hier einen Infopoint zum historischen Schlei-Sperrwerk, das in der Wikingerzeit als Teil des Danewerks in der Stexwinger Enge die Zufahrt nach Haithabu schützte.

Marina in Stexwig

Stexwig gehört zur 775-Einwohner-Gemeinde Borgwedel. Das namensgebende schöne Dorf **Borgwedel** liegt von hier aus 2 km schleiabwärts. Einen Besuch wert ist dort vor allem der Naturerlebnisraum **Alte Ziegelei** am nördlichen Ortsrand (am Ende der Straße Achterwisch). Wie es der Name schon sagt, befand sich hier eine der zahlreichen Ziegeleien an der Schlei. Nachdem der Betrieb im Jahr 1956 eingestellt worden war, eroberte sich die Natur Stück für Stück diese Industriebrache zurück. Ein mit interessanten Informationstafeln zum Ziegeleiwesen bestückter Rundweg lädt zu einem knapp einstündigen Spaziergang ein. Dieser führt nach nur 200 m auch zu einem schönen kleinen, abgelegenen Sandstrand (Badestelle) und kurz dahinter zum ehemaligen Ziegeleigebäude.

Schleswig und die Schlei → Karte S. 310

In Borgwedel gibt es zudem eine Jugendherberge in schöner Lage an der Schlei.

Von dort kann man entlang der Schlei zum 1 km entfernten weißen **Schloss Louisenlund** spazieren (welches verwaltungstechnisch schon zur kleinen Nachbargemeinde Güby gehört). Seit 1949 sind das Schloss und die Hofanlage eine von einer Stiftung geführte private Erziehungseinrichtung, heute ein bekanntes und nobles Internat mit Ganztagsgymnasium. Das frühklassizistische Schloss (von 1776) mit seinem weitläufigen englischen Park war im frühen 19 Jh. Sommersitz des in dänischen Diensten stehenden Gottorfer Stadthalters und Freimaurers Landgraf Carl von Hessen und seiner Frau Louise, der Tochter des dänischen Königs.

Internat Schloss Louisenlund

Missunde und Brodersby

Schon der mittelalterliche Name „Versund" (Fährsund) beschreibt die Lage des 500 Einwohner zählenden Fährorts Missunde an einem schmalen Schleigraben (Sund). Hier gibt es bereits seit 1471 eine Fährverbindung. Knapp 1,5 km hinter dem Fährhaus Missunde liegt am nördlichen Ufer der Schlei das Dorf Brodersby.

Noch bis in das Jahr 1969 versah eine muskelbetriebene Seilfähre in Missunde ihren Dienst. Heute werden die nur 135 m der schmalsten Stelle der Schlei mittels einer **Autofähre** überbrückt. Nach wie vor wird diese an einem Seil geführt. Mitte 2024 soll eine neue, vollelektrische Wagenseilfähre in Dienst gestellt werden. Diese erste und erstaunlich große Elektrofähre an der Schlei kann erstmals auch Reisebusse und landwirtschaftliche Fahrzeuge übersetzen.

Landläufig werden beide Seiten des Schleiübergangs als Missunde bezeichnet. Der nördliche Teil mit dem bekannten Missunder Fährhaus gehört jedoch schon zur Gemeinde Brodersby-Goltoft (und damit zu Angeln). Der eigentliche Ort Missunde liegt südlich der Schlei (und damit in Schwansen). Das einstige, auf einer Schleihalbinsel gelegene Fischerdorf Missunde war bis 1928 Bestandteil des benachbarten Gut Ornum. Heute ist es ein ruhiges Wohndorf mit einem schönen Campingplatz an einer versteckten Schleibucht.

Am südlichen Ortsrand (Hinweisschild) ist auf einem bewaldeten Hügel ein **Großsteingrab** aus der jüngeren Steinzeit (2900–2600 v. Chr.) erhalten geblieben. Die begehbare Grabkammer ist 5,25 m lang und war in früheren Zeiten von einem 3 m hohen aufgeschütteten Hügel von ca. 35 m Durchmesser überdeckt. Vor dem Areal befinden sich zudem die Reste einer ehemaligen Schanze, die nun eine Gedenkstätte ist und daran erinnert, dass sich Deutsche und Dänen von 1848 bis 1864 genau an dieser Stelle erbitterte Kampfhandlungen lieferten.

Missunde ist nicht eigenständig, sondern ein Ortsteil der Schleigemeinde **Kosel.** Durch das gleichnamige, 3 km entfernte Dorf Kosel fährt man zwangsläufig, wenn man die Schleifähre nutzen möchte. Seine romanische **St.-Laurentius-Kirche** fällt vor allem wegen des massiven, aus Feldsteinen und Ziegeln errichteten Rundturms ins Auge (tägl. 8-18 Uhr geöffnet). Der mit einer Gewölbeausmalung versehene Chorraum mit seinem pokalförmigen Taufstein aus der Erbauungszeit und die gotische Kreuzigungsgruppe (13. Jh.) auf dem ansonsten barocken Altaraufbau sind ebenfalls einen Blick wert.

Auch in Brodersby, am nördlichen Ufer der Schlei knapp 1,5 km hinter dem Fährhaus Missunde, wartet mit der **St.-Andreas-Kirche** ein bemerkenswertes Gotteshaus auf seine Entdeckung, strahlt doch das kleine Kirchlein in seinem Inneren ganz ohne bedeutende Kirchenschätze eine eigentümliche Ruhe aus. Schon im 12. Jh. errichtet, ist der Feldsteinbau über Jahrhunderte weitgehend unangetastet geblieben. Lediglich auf der Südseite wurden die Fenster 1899 vergrößert, um für mehr Licht zu sorgen. Aus der Erbauungszeit ist die mächtige romanische Granittaufe erhalten geblieben. Ungewöhnlich ist auch die Doppelglas-Sanduhr auf der Kanzel (von 1726). Sie sorgte für eine klare Zeitvorgabe bei der Predigt: 30 Minuten an Sonntagen und 60 Minuten an Feiertagen. Der an die Westseite der Kirche angelehnte kantige hölzerne Glockenturm ist ungewöhnlicherweise einige Zentimeter niedriger als das Kirchendach. Man vermutet, dass früher die Steuern nach der Höhe des Kirchturms bemessen wurden und die Brodersbyer hofften,

Romanische Feldsteinkirche in Kosel

der angefügte Glockenstapel würde nicht als Turm zählen. Umgeben ist das Kirchlein von einem Friedhof, auf dem einige Gräber auch an die hiesigen Gefechte zwischen Deutschen und Dänen im 19. Jh. erinnern.

In Brodersby mit seinen ebenfalls nur 500 Einwohnern gibt es zudem ein **Dorfmuseum,** das mit einer alten Schmiedewerkstatt samt Feuerwehrauto, einer historischen Zahnarztpraxis und mit haushalts- und landwirtschaftlichen Geräten einen lebendigen Eindruck von vergangenen Zeiten vermittelt. Die etwa 2000 Exponate können und sollen sogar angefasst werden (Sa 14–17 Uhr, Juni–Aug. Sa schon ab 10 Uhr).

Schleifähre Missunde **Achtung:** Wegen eines Konstruktionsfehlers der neuen Elektrofähre Missunde III ist der Fährbetrieb im Jahr 2024 nicht oder nur eingeschränkt möglich. Regulär fährt die Fähre ganzjährig 6–21.50 Uhr (Sa & So 8–21.50 Uhr). Fußgänger 1 €, Radfahrer 1,50 €, PKW (inkl 1 Pers.) 3 €. ✆ 0172-1556422, schleifaehre-missunde.de.

Wandern/Spaziergang Ab dem Fährhaus Missunde gibt es einen als Strandrunde gekennzeichneten Spazierweg. Der Rundweg führt zunächst hinauf zum Ortsteil Burg, dann an der Großen Breite vorbei ins Westerfeld, dann zur St.-Andreas-Kirche nach Klein-Brodersby und an der Fährstraße zurück zum Fähranleger.

Strand/Hundestrand Schöner kleiner Hundestrand „Klein Westerland" am Strandweg im Orsteil Burg, der sich auch als Badestelle eignet.

Essen & Trinken **Fährhaus Missunde,** man sitzt auf einer riesigen Terrasse und kann den zahlreich vorbeifahrenden Seglern und Motorbooten zuschauen. Das Fährhaus bietet eine gute Restaurantküche (z. B. Hirschgulasch, Kalbsschnitzel, Kutterscholle, Veggie-Burger) und ist auch zur Kaffeezeit gut besucht. Zudem werden vier exklusive Schlei-Suiten vermietet. Tägl. 12–21 Uhr (So nur bis 20 Uhr, Mo/Di Ruhetag). Im Winter zumeist nur an den Wochenenden geöffnet (dann brennt auch der Kamin). Missunder Fährstr. 33, 24864 Brodersby, ✆ 04622-626, fährhaus-missunde.de. **€€€** (Hotel), **€€** (Restaurant)

Tonne 98, 400 m westlich des Fähranlegers an der Marina-Brodersby gelegenes, nett gemachtes Schlei-Bistro. Übersichtliche Speisekarte mit Burgern (Biofleisch), Fish & Chips, Currywurst, Schnitzel/Pommes oder Quiche. Bestellung am Tresen. Außenbereich als „Beachbar" mit Schleiblick gestaltet. Fr–So 12–22 Uhr. Marina 1, 24864 Brodersby, ✆ 0175-2043836. **€**

Kuchenhaus, an der Straße in Alleinlage kaum 1 km nördlich der Fährstation gelegen. Die alte, innen nordisch klar eingerichtete Villa lockt mit leckeren (Sahne-)Kuchen (z. B. Himbeer-Baiser-Trümmertorte). Auch Plätze vor dem Haus. Tägl. 13–17 Uhr. Fährstr. 24, 24864 Brodersby. ✆ 04622-9839323.

Campingplatz Wees, sehr überschaubarer, sauberer und ruhig gelegener kleiner Platz am Rande von Missunde, der durch seine Terrassenform mit herrlicher Sicht auf die Schlei besticht. Badewiese, Segelboot-Anleger und Camping-Shop vor Ort. Leihfahrräder mit und ohne Motor. Freundlicher Service. An de Wees 16, 24354 Missunde, ✆ 04354-98430, camping-schlei.de.

MeinTipp **Koseler Hof,** 3 km südlich von Missunde an der Hauptkreuzung von Kosel gelegen, werden in diesem ehemaligen Dorfgasthof Gaumenfreuden aufgetischt. Die Auswahl reicht von Maispoularde über Rumpsteaks bis zum gebratenen Seeteufel. Zudem gibt es schmackhafte Menüangebote. Tägl. 17–22 Uhr. Alte Landstraße 2, ✆ 04354-1320. **€€€**

Besinnungsort: Kirche Brodersby

Rieseby

Das Kirchdorf Rieseby befindet sich 2 km vom südlichen Schleiufer entfernt in herrlicher Landschaft und ist von bemerkenswerten Gutsanlagen umgeben. Der 2800-Einwohner-Ort mit einigen Einkaufsmöglichkeiten ist vielleicht schon so etwas wie der Mittelpunkt Schwansens und eignet sich gut als Ausgangspunkt für (Fahrrad-) Touren in die Umgebung. Wahrzeichen im Dorf ist die **St.-Petri-Kirche** aus dem ersten Drittel des 13. Jh. Wie in der Region üblich verfügt die innen hellweiß getünchte Landkirche über eine uralte Granittaufe (12 Jh.), eine spätmittelalterliche Triumphkreuzgruppe, eine barocke Kanzel und im spätgotischen Chor nicht nur über einen barocken Altaraufsatz, sondern als kunsthistorische Besonderheit auch über ein *Antemensale*, das um 1400 gefertigt wurde. Es handelt sich dabei um eine verzierte Holzplatte, mit der die Vorderseite des Altartisches verkleidet ist. Heute wirkt dieser Altarvorsatz sehr unscheinbar, weil seine einst kunstvolle Bemalung im Laufe der Jahrhunderte fast vollständig verblasst ist (Kirche Ostern bis Okt. 8–16 Uhr geöffnet).

Eine Erwähnung wert ist auch die im historischen Schulhaus untergebrachte **Apotheke** (Dorfstraße 29), denn hier können Sie einen medizinischen Magenbitter erwerben, der von der Apotheke nach einer mittelalterlichen Rezeptur hergestellt wird.

Etwas Besonderes ist auch die **Mühle Anna** im kaum 1 km westlich gelegenen winzigen Ortsteil Norby. Sie bildet mit dem angrenzenden Müllerhaus ein sehr gepflegtes Ensemble. Im Jahr 1911 hat man die Mühle (ursprüngliches Baujahr 1786) aus dem nordfriesischen Westerhever hierherverbracht und dem villenartigen Haus angefügt. Als Unterbau wurde ein dreistöckiger, quadratischer und weiß verputzter Sockel errichtet, der heute das **Heimatmuseum** beherbergt (geöffnet nur Sa/So 14–17 Uhr, Eintritt kostenlos). Anhand zahlreicher, vorwiegend aus dem 19. und frühen 20. Jh. stammender Exponate wird hier die Handwerkskunst Schwansens erlebbar. Die Ausstellung erstreckt sich auch auf die benachbarte Alte Sägerei; in der Wagenremise können Sie zudem alte landwirtschaftliche Maschinen bewundern. Im romantischen Mühlenhaus ist ein kleines Künstleratelier untergebracht mit einem Shop für geschmackvolle Geschenkartikel (Tees, Liköre, Wohnaccessoires, Bücher, Di–So 14–18 Uhr).

Selten: Antemensale Rieseby ▲
Betagt: Torhaus Krieseby ▼
Heimatmuseum: Mühle Anna ▼▼

Rieseby, dessen Ortsname im Altdänischen so viel wie „Dorf am Wald" bedeutet, war wie die ganze südliche Schlei wohl seit dem 6. Jh. von Jüten und Angeln besiedelt. Im Mittelalter befand sich hier eine Thingstätte (Versammlungsplatz). Der Ort blieb jedoch bis auf seine Pfarrkirche und das Pastorat lange nahezu unbesiedelt, weil er jahrhundertelang im Schatten der umliegenden Gutshöfe stand. So lebten hier beispielsweise im Jahr 1840 nur etwa 50 Einwohner, während im benachbarten Gut Saxdorf über 1200 Menschen lebten. Erst mit dem Bau der durch den Ort führenden Eisenbahnlinie Kiel-Flensburg begann ein spürbarer wirtschaftlicher Aufstieg. Aufgrund eines preußischen Gesetzes wurden die umliegenden adeligen Güter dann 1928 zur Gemeinde Rieseby zusammengeschlossen. Die **Gutsanlagen** mit ihren imposanten Herrenhäusern, mächtigen Scheunen und teils großen Parkanlagen sind nach wie vor landwirtschaftliche Betriebe und daher zumeist nicht zugänglicher Privatbesitz. Dies gilt sowohl für das Gut Hörst am östlichen Dorfrand als auch für das eben erwähnte, noch einmal 3 km weiter östlich und sehr versteckt gelegene Gut Saxdorf sowie das rund 4 km nordöstlich von Rieseby gelegene Gut Krieseby, dessen schönes Torhaus von 1749 unmittelbar an der Landstraße steht. Keine 2 km entfernt, fast direkt an der Schlei, befindet sich mit Gut Stubbe ein weiteres Hofgut mit klassizistischem Herrenhaus. Dort hat man sich auf Obstanbau und vor allem auf Tierzucht spezialisiert; unter anderem wird hier das als Nutztierrasse gefährdete Angeler Sattelschwein gezüchtet. Das Gut Stubbe betreibt auch den nahe gelegenen Obsthof an der Lindaunisbrücke und vermarktet seine Produkte im dortigen Hofladen wie auch im Bauernhofcafé.

Essen & Trinken **Obsthof Gut Stubbe,** geräumiges Café samt schönem Hofladen fast direkt an der Schlei. Hier gibt es leckere Torten und Kuchen, aber auch einen preisgünstigen Mittagstisch. Auf der Wiese hinter dem Haus können Sie auf einfachen Holzgarnituren die Speisen bei einem schönen Blick auf die Schlei genießen. Frühstück, Obstpflücken und sogar Traktorfahrten durch die Plantage sind hier ebenfalls möglich. Mi–So 9–17 Uhr. Lindaunisbrücke 1a, ✆ 04355-1458. **€**

Ulsnis

Die kleine Gemeinde liegt auf der nördlichen, also zu Angeln gehörenden Seite des Schleiufers. Sie ist vor allem wegen ihrer historisch bedeutsamen St.-Wilhadi-Kirche besuchenswert, verfügt aber auch über einige besonders schöne Badestellen.

Ulsnis selbst ist nur ein eher weitläufiges Straßendorf, an dessen Nordende eine kleine Allee zu einem hellweiß verputzten Kirchlein führt. Die **St.-Wilhadi-Kirche** ist, zumindest noch in Teilen, ein romanischer Feldsteinbau (um 1150). Wie in der Region üblich auf einem ehemaligen Thingplatz (historische Versammlungsstätte) errichtet, gilt sie heute als ältestes Gotteshaus Angelns, wurde jedoch bis 1888 mehrfach umgebaut.

Nicht sofort ins Auge fallend, aber eine echte Rarität sind die beiden im Sockel der Ostseite vermauerten **Reliefquader** aus der Erbauungszeit von vor fast 900 Jahren. Die Figuren des nordöstlichen Eckreliefs werden als Nymphe bzw. Seejungfrau und tanzende Salome (Verführung zur Sünde) gedeutet. Das zweite Steinrelief zeigt ein älteres sich umarmendes Paar als Symbol der Ehe.

Im Altarraum der Kirche stammt der verwitterte romanische Taufstein ebenfalls noch aus der Erbauungszeit. Lange Zeit wurde er bei einem Schmied und einem Landwirt zweckentfremdet, bis ihn vor fast 100 Jahren der damalige Pastor wieder in die Kirche zurückholte. Sehr besonders und alt ist auch die dahinterstehende große Reiterfigur, die den heiligen Georg als Drachentöter

900 Jahre alte Reliefquader: Kirche Ulsnis

Schleswig und die Schlei → Karte S. 310

zeigt und schon Anfang des 16. Jh. angefertigt wurde. Die Kanzel stammt aus barocker Zeit (1673), während die über dem klassizistischen Altar platzierte Orgel 1786 erbaut wurde. Sie ist das letzte vollendete Werk des berühmten norddeutschen Orgelbauers Johann Daniel Busch (1735–1787).

Das Kirchenareal und der die Kirche umgebende Friedhof sind von einem niedrigen Steinwall umschlossen, den man im Osten und Westen durch zwei im 18. Jh. gemauerte Torbögen mit Wagen- und Durchgangspforte betritt. Der kleine hölzerne Glockenturm mit Zeltdach (von 1759) steht etwas abseitig am Rande des Gottesackers, auf dem einige bemerkenswerte Grabstellen zu finden sind. So befindet sich beispielsweise am südlichen Rand des Friedhofs das Grab des Chemie-Nobelpreisträgers Otto Diels (1879-1954).

In der Dorfmitte, am Abzweig zum 2 km entfernten Ortsteil Ulsnisstrand, befindet sich in einem alten Stallgebäude das **Dorfmuseum.** Es vermittelt einen lebendigen Einblick in die jüngere Geschichte von Ulsnis (Strandweg 1, Ostern–Okt. So 14–17 Uhr). Unweit des Museums steht zudem eine auffällige Skulptur: der **Riese von Ulsnis.** Auf der danebenstehenden Tafel wird die nette Legende vom Riesen und die daraus abgeleitete Herkunft des Ortsnamens erklärt (→ Kasten S. 342). Tatsächlich jedoch geht dieser (ursprünglich Vlfsnees) auf das dänische *ulf* (Wolf) und *nees* (Nase) zurück und verweist als „Wolfsnase“ auf die Lage von Ulsnis an einer in die Schlei vorspringenden Landspitze.

Schön ist es an den **Schlei-Badestellen** an eben jener Landspitze in Ulsnisstrand, zu denen man über die Straße „Strandweg“ gelangt. Diese führt zunächst zum Bootsanleger. Dort geht es linker Hand an einigen schönen Häusern am nördlichen Schleiufer vorbei, bevor der nun von Bäumen gesäumte Weg unvermittelt an einem winzigen Parkplatz endet. Die Naturbadestelle *Ulsnis Dreispitz* verfügt sogar über einen kleinen Sandstrand und eine Schaukel für Kinder. Sollten Sie schon 200 m hinter dem Dorfmuseum links in das kleine Straßchen „Hagab" abbiegen, kommen Sie zu der ebenfalls versteckt hinter einem Wald liegenden Badestelle *Ulsnis Hagab* an der Landzunge am Gunnebyer Noor (mit Parkplätzen, WC/Dusche und Schaukeln). Auch dies ist ein schöner Ort zum Verweilen. Eine dritte schöne Badestelle finden Sie auf der 5 km entfernten, gegenüberliegenden Seite des Gunnebyer Noors. Der *Badestrand Gunneby* (ebenfalls mit WC, Schaukel, Grill) ist allerdings nur vom Ortsteil Gunneby aus erreichbar.

Der Riese von Ulsnis

An der Hauptstraße fällt in der Dorfmitte eine imposante comicartige Skulptur ins Auge, ein zorniger Riese, der einen Stein wirft. Erschaffen und gestiftet wurde sie 2012 von dem wohl berühmtesten Einwohner von Ulsnis, Andi Feldmann, der gemeinsam mit seinem Bruder Rötger Feldmann alias „Brösel" die Werner-Comics entwickelt hat.

Die Stahlfigur erinnert an eine überlieferte Legende, nach der hier einst ein alter Riese mit seinem Sohn wohnte. Nachdem der Sohn flügge geworden war und sich auf der gegenüberliegenden Schleiseite niedergelassen hatte, kam es – wie das bei Vätern und Söhnen manchmal so ist – immer wieder zu Streitigkeiten. Die wurden – wie bei Riesen nicht anders zu erwarten – äußerst martialisch ausgetragen: Man bewarf sich gegenseitig mit riesigen Feldsteinen. Gänzlich aus dem Ruder lief die Sache, als der Vater auf seiner Seite eine kolossale Kirche baute, die der Sohn mit dem Bau einer noch kolossaleren Kirche überbieten wollte. Was folgte, war eine derbe Steinschlacht auf Leben und Tod, bei der die beiden Kirchen zerstört wurden und Vater und Sohn sich gegenseitig erschlugen. Am Ort des tragischen Geschehens – so die Legende weiter – entstanden zwei Dörfer: Ulsnis, benannt nach der Nase des Alten (Ools-Nes), und das gegenüberliegende Rieseby (Dorf des Riesen), benannt nach der Gestalt seines Sohnes. Das klingt gut, ist aber natürlich nichts weiter als eine hübsche Geschichte: Tatsächlich sind beide Ortsnamen altdänischen Ursprungs und haben mit dem Riesenstreit der beiden Riesen nicht das Geringste zu tun.

Lindaunis und Lindau

Lindaunis ist vor allem bekannt, weil es hier eine Brückenverbindung über die Schlei gibt, die bis 2025 durch einen Neubau ersetzt wird. Im nahen Lindau war „Der Landarzt" der gleichnamigen ZDF-Serie mit seiner Praxis zu Hause, was bereits darauf schließen lässt, dass sich die beiden kleinen Dörfer inmitten einer herrlichen Landschaft befinden.

Lindaunis mit seinem kleinen Segelhafen liegt direkt an der Schlei. Das nahe Dorf Lindau hingegen zieht sich ein wenig den Hügel hinauf und eignete sich daher als Mühlenstandort. Die **Windmühle** Lindaumühlenholz (Baujahr 1837) wurde in den 1960er-Jahren stillgelegt, hat aber samt Windrose und Segelflügel die Zeit überdauert. Sie wird heute als Ferienwohnung genutzt.

Anziehungspunkt für viele Besucher ist die südwestlich des Dorfes gelegene, ehemalige **Landarztpraxis** des ZDF-Doktors. Sie befindet sich in wunderschöner Umgebung nahe dem Lindauer Noor, einem Seitenarm der Schlei. Natürlich gab es hier nie eine echte Praxis. Das Haus, das Fernsehgeschichte schrieb, ist in Wirklichkeit das reetgedeckte Herrenhaus eines Hofgutes, dessen vorderer Bereich aus dem 15. Jh. stammt. Nach Einstellung der Dreharbeiten ist es zu einem beliebten Café geworden.

2 km hinter dem Café Lindauhof gibt es mit der **Badestelle** Schneiderhaken auf der Landzunge vor dem Lindauer Noor einen weiteren schönen, etwas versteckt gelegenen Platz zum Verweilen. Sie gelangen dorthin, indem Sie die feldwegartige Straße Lindauhof und später Lindaukamp am „Landarzt-Café" und der nahen Marina vorbeifahren und nach 1 km links abbiegen. Nach wiederum 1 km ist die flache Badestelle mit ihrem Naturstrand erreicht, von dem aus Sie einen Logenblick auf die Schlei und die landschaftsprägende Lindaunisbrücke haben (kleiner PKW-Parkplatz).

Lindauhof: ZDF-Landarztpraxis

Schleswig und die Schlei → Karte S. 310

Diese Brücke und damit die verkehrspolitische Lage an einer der schmalsten Stellen der Schlei war schon immer entscheidend für die Entwicklung der beiden heute zum Gemeindegebiet von Boren gehörenden Dörfer Lindaunis und Lindau, in denen auf wenige Dörfer und Weiler verteilt lediglich 1000 Menschen leben. 1881 errichtete man mit dem Bau der Eisenbahn von Kiel nach Flensburg eine Drehbrücke, die 1927 durch eine eiserne **Klappbrücke** ersetzt wurde. Dieses technische Meisterwerk war eine Besonderheit, kombinierte es doch auf nur einer Fahrspur den Straßen- und Eisenbahnverkehr, indem in die schmale Fahrbahn auch noch Schienen integriert wurden. Im Stundentakt wurde die Brücke dann für die Durchfahrt eines Regionalzuges einfach kurzfristig für den Straßenverkehr gesperrt und ebenfalls stündlich öffnete sich die Brücke für den Schiffsverkehr. 2023 kam das Ende für den fast hundertjährigen Stahlkoloss und er wurde trotz Denkmalschutz abgerissen. Ein 84 Mio. Euro teurer Neubau mit verbreiterten Fahrspuren und Schienenstrang ist derzeit im Bau und soll voraussichtlich 2027 fertiggestellt sein. Für Fußgänger (und schiebende Radler) gibt es jedoch eine Behelfsbrücke.

meinTipp **Essen & Trinken Schlei Kate,** gepflegtes Ambiente in einer Fachwerkkate in Lindaunis. Gemütliche Terrasse. Schmackhafte Küche mit regionalen Produkten (z. B. Angeliter Rumpsteaks, Tagesfisch frisch auf der Haut gebraten, Pasta Ravioloni, Sauerfleisch und Flammkuchen). Auch Kinderkarte und Fischbrötchen. Zudem drei geschmackvoll eingerichtete Gästezimmer mit Frühstück. Tägl. 11.30–21.30 Uhr (Mi Ruhetag). Am Noor 6, 24392 Boren, ✆ 04641-5989235. **€€**

meinTipp **Lindauhof,** Café im Herrenhaus der im 15. Jh. erbauten Hofanlage. Bekannt ist das Haus als Praxis in der ZDF-Serie „Der Landarzt", weshalb an den Wänden der historischen Räumlichkeiten zahlreiche Fotos von der hier gedrehten Kultserie hängen. Große Auswahl leckerer Kuchen (Spezialität ist die Gewittertorte mit Sahnebaiser und Stachelbeeren), die Sie auch im herrlichen Garten mit seinen vielen Rosestöcken genießen können. Tägl. 11–19 Uhr, Sa/So schon ab 9 Uhr (Mo Ruhetag). Lindauhof 4, 24392 Boren, ✆ 04641-3710.

Campingplatz Lindaunis, kleine, idyllische Anlage mit schönem Bootsanleger am nördlichen Ende der (bis 2027 gesperrten Lindaunisbrücke). Großzügige Stellplätze. Brötchenservice/Kiosk und **Gaststätte Schleimöwe** vor Ort. Nur April–15. Okt. geöffnet. Schleistraße 1, 24392 Boren, ✆ 04641-7371, camping-lindaunis.de.

Wo liegt Deekelsen?

25 Jahre lang, von 1986 bis 2012, wurde mit „Der Landarzt" an der Schlei eine der erfolgreichsten ZDF-Fernsehserien mit immerhin 297 Folgen in 22 Staffeln gedreht. Sie brachte den Deutschen die herrliche Schleilandschaft im Vorabendprogramm in ihre Wohnzimmer und sorgte auch touristisch für einen Aufschwung in der Region. Eine Ortschaft Deekelsen, in der die Serie spielt, gibt es dort jedoch nicht, sie war rein fiktiv und „zusammengebaut" aus mehreren Drehorten an der Schlei. So befindet sich die Landarztpraxis selbst in Wirklichkeit auf Gut Lindauhof in Lindau, Deekelsens Bahnhof ist in Wirklichkeit der Bahnhof von Süderbrarup und das Rathaus, die Stammtisch-Kneipe, der Marktplatz und auch die Polizeistation von Deekelsen liegen in Kappeln. Die meisten Szenen jedoch wurden an den schönsten Plätzen im gesamten Hügelland rund um die Schlei in Angeln und Schwansen gedreht.

Malerisches Flächendenkmal: Sieseby

Sieseby

Ein unmittelbar an der Schlei gelegenes Juwel: Das beschauliche Dorf ist eine idyllische Ansammlung von weiß getünchten, reetgedeckten Fachwerkkaten, die jeweils von einem schönen Garten umgeben sind.

Das 100-Seelen-Dorf Sieseby (gesprochen „Siesebü") besteht im Grunde genommen nur aus einer Dorfstraße mit einem Abzweig zum kleinen Bootsanleger für die öffentliche Schleischifffahrt. Für eine ganz besondere Atmosphäre aufgrund ihrer harmonischen Einheitlichkeit sorgen jedoch die ehemaligen, zumeist reetgedeckten Landarbeiterhäuser des benachbarten Guts Bienebek. Aus diesem Grund wurde der komplette Ort Sieseby samt seiner seit ihrer Erbauungszeit nahezu unverändert gebliebenen Gebäude im Jahr 2000 zum ersten Flächendenkmal Schleswig-Holsteins gekürt. Am kleinen Parkplatz am Ortsteingang sollten Sie Ihr Fahrrad oder Auto daher getrost stehen lassen und das zur Gemeinde Thumby gehörende Dorf in aller Ruhe zu Fuß erkunden.

Ab 1839 ließ der Hamburger Kaufmann und Gutsbesitzer Gustav Adolf Schäffer hier in unmittelbarer Nachbarschaft einer jahrhundertealten Kirche für seine Arbeiter einige neue Reetdachhäuser bauen. Seine Initialen G.A.S. und das jeweilige Baujahr schmücken noch heute einige der Bauwerke. 1887 wurde das Gut Bienebek zusammen mit dem gesamten Dorfensemble von Sieseby von der Herzogfamilie Schleswig-Hostein-Sonderburg-Glücksburg erworben, in deren Besitz sich noch heute die meisten der Häuser befinden. Die nahe gelegene Kirche – ein dicht von alten Lindenbäumen umstandener und einem Friedhof flankierter weiß getünchter romanischer Feldsteinbau, der bis zur Spätgotik mehrfach erweitert wurde – betritt man durch einen Vorraum (in dem Schwalben nisten). In ihrem schlichten Inneren fällt

Schleswig und die Schlei → Karte S. 310

v. a. eine reich verzierte Kanzel (1592) sowie ein uraltes Triumphkreuz aus der Erbauungszeit (spätes 12. Jh.) auf.

▪ Die Kirche ist Ostern bis Okt. tägl. 10–16 Uhr geöffnet.

Wandern/Spaziergang Die Ortserkundung von Sieseby lässt sich bequem ein wenig verlängern. Ostwärts von Sieseby führt ein gut 2 km langer Spurbahnweg direkt am Wasser entlang zu dem schön an der Schlei gelegenen **Gut Bienebek.** Gut von außen erkennbar sind die Scheunen und das weiße Herrenhaus des Hofguts, das nach wie vor Eigentum der herzoglichen Familie Schleswig-Holstein-Sonderburg-Glücksburg ist. Auf dem gleichen Weg geht es zurück nach Sieseby.

MeinTipp **Essen & Übernachten Alt Sieseby,** genussvolle regionale Küche in Gourmet-Qualität in einem historischen Gasthof von 1867; innen stilvolles Ambiente, draußen rustikal. Kleine, aber feine Speisekarte, die von aufwendigen Fisch- und Fleischspeisen (z. B. Wolfsbarsch, Entrecote) bis hin zu Bratkartoffelgerichten reicht. Bei schönem Wetter gibt's am Kutschen-Verkaufsstand Kaffee, Kuchen, Eis und Quiche. Zudem fünf Zimmer und zwei Suiten zu vermieten. Mi–So ab 12 Uhr (Mo/Di Ruhetag). Dorfstr. 24, 24351 Thumby, ✆ 04641-5989235. **€€€**

Automuseum und Café

Schleischifffahrt Ostern bis Okt. nach Schleswig oder Kappeln (→ Tour Sieseby, S. 356); schleiraddampfer.de.

Umgebung von Sieseby

Automuseum Collection Schwansen: In Alleinlage, 3 km von Sieseby entfernt an der kleinen Straße Richtung Thumby, gibt es in einem Resthof von 1875 ein kleines, aber feines Oldtimermuseum. Präsentiert werden rund ein Dutzend liebevoll gepflegte und sehr originelle (Klein-)Wagen ab dem Baujahr 1921, zudem als Highlight das erste Wohnmobil überhaupt, ein Morris Oxford Camper Van von 1930 (von dem es weltweit nur zwei Exemplare gibt).

Auch wegen seines gemütlichen, mit Antiquitäten ausgestatteten Cafés, in dem es hausgemachte Kuchen gibt, und wegen des gepflegten Hofgartens ist das Museum ein attraktives Ausflugsziel.

▪ Mai–Sept. Mi–So 12–18 Uhr (Nebensaison nur Fr–So). Eintritt 5€. Schnurrum 1, 24351 Thumby, ✆ 0170-2306280 collection-schwansen.de.

Phonomuseum „Alte Schule": Wiederum 3 km südlich des Automuseums werden im kleinen Dorf **Seeholz** Freunde der Phono- und Radiotechnik auf ihre Kosten kommen. Die umfangreiche Privatsammlung zeigt in vier Räumen anhand von rund 750 Exponaten vom Grammofon über Radios bis zur Stereoanlage die Entwicklung der Musik- und Tonträgerindustrie von 1880 bis 1990. Eine alte Wurlitzer-Musikbox darf da natürlich nicht fehlen.

▪ Mai–Sept. Fr–So 14–18 Uhr. Eintritt frei (Spende erbeten). Eine informative Führung des Betreibers ist obligatorisch (ca. 1,5 Std.). Seeholz 40, 24364 Holzdorf-Seeholz, ✆ 04352-9117848, phonomuseumseeholz.de.

Verkehrt nur unregelmäßig: Autofähre Arnis

Arnis

Dieser Ort ist wirklich etwas Besonderes: Arnis, früher sogar Bad Arnis, ist Deutschlands kleinste Stadt, und das gleich in doppelter Hinsicht: sowohl bezüglich der Einwohnerzahl als auch der Fläche.

Arnis liegt auf einer kleinen Halbinsel an einer Engstelle der Schlei. Es besteht mehr oder weniger nur aus einer 600 m langen, von alten Linden gesäumten Straße, welche die Mittelachse des Ortes bildet und folgerichtig „Lange Straße" heißt. Zu beiden Seiten stehen kleine, eng aneinandergereihte Häuser, deren schmale Gärten hinter dem Haus sanft bis zur Schlei abfallen. Nur das Rathaus und die Kirche stechen ein wenig hervor. Typisch für viele der Häuser sind die kleinen zur Straßenseite zeigenden Erker, sogenannte Utluchten. Von dort aus konnten die Arnisser früher das geschäftige Treiben auf der Langen Straße beobachten.

Lediglich 0,45 km² Gemeindegebiet stehen den knapp 280 Einwohnern zur Verfügung, weshalb Arnis, flächenmäßig die kleinste Stadt Deutschlands, eher ein Dorf ist, das Sie in etwa einer halben Stunde auf einem Wanderweg direkt am Schleiufer und entlang der Noorwiesen bequem umrunden können. Unterhalb der kleinen Schifferkirche gibt es eine Liegewiese mit kleinem **Naturstrand** und flachem Ufer (ohne Strandkörbe und kurtaxenfrei). Er weist eine Länge von 100 m auf, was an der Schlei außergewöhnlich ist. Mit seinen vielen Bootsanlegeplätzen ist Arnis ein beliebter Stützpunkt für Freizeitsegler. Auch das örtliche Gewerbe ist immer noch eng mit der Schifffahrt verbunden: Vier kleine Reparaturwerften und Segelmacher gehen in Arnis ihren Geschäften nach.

Geschichte

Der Stadtname von Arnis geht auf dessen Lage auf einer nach dem germanischen Wort für Adler (*arn*) benannten Landzunge bzw. „Nase" (dänisch *næs*)

Schleswig und die Schlei → Karte S. 310

am Arnisser Noor zurück. Gegründet wurde der Ort 1667 durch Auswanderer aus dem nahen Kappeln. Als der umstrittene, in dänischen Militärdiensten stehende Kappelner Lehnsherr Detlev von Rumohr im Jahr 1666 von seinen bis dahin freien Untertanen den Treueeid und damit quasi die Leibeigenschaft verlangte, spielten 64 Familien nicht mit und verwirkten damit ihr Bleiberecht. In ihrer Not wandten sie sich an ihren jungen Landesherren von Schleswig-Holstein-Gottorf, Herzog Christian Albrecht. Dieser überließ ihnen das hiesige kleine Stück Land, das damals noch eine Insel war, entstanden rund 200 Jahre vorher, als eine bis dahin existierende Landverbindung durchstochen worden war. Die Wiedervereinigung mit dem Festland erfolgte erst 1796 mit dem Bau des sog. Alten Dammes.

Ab etwa 1700 entwickelte sich Arnis durch den florierenden Ostseehandel (vor allem mit Getreide) zu einem recht wohlhabenden Handelsort, in dem zahlreiche Kapitäne, Steuerleute und Matrosen lebten. Seinen wirtschaftlichen Höhepunkt erreichte Arnis um 1850, als hier über 1000 Menschen wohnten und der Ort eine Flotte von 88 Handelsschiffen – und damit mehr als Eckernförde oder Flensburg – beherbergte. Zudem gab es hier mehrere Werften, die damals noch relativ große Segelschiffe bauten. Doch spätestens mit der Eingliederung Schleswigs ins Deutsche Reich brach der zuvor lukrative Handel mit Skandinavien endgültig zusammen; zudem begann die heimische Seglerflotte als Folge des Aufkommens der Dampfschifffahrt zu schrumpfen. Überdies versandete die Schleimündung zunehmend, was größeren Schiffen den Zugang verwehrte.

Utlucht-Haus in Arnis

Den Titel „Stadt“ bekam Arnis übrigens erst nach seiner wirtschaftlichen Blüte im Jahr 1934, also in nationalsozialistischer Zeit. Damals war es der letzte Ort Schleswig-Holsteins, der noch die Bezeichnung „Flecken“ trug, die im Zuge einer Gemeindereform wegfiel. Nur der Hartnäckigkeit des damaligen Bürgermeisters ist es zu verdanken, dass Arnis daraufhin, ebenso wie zuvor die weit größeren ehemaligen „Marktflecken“ Schleswig-Holsteins, zur Stadt erhoben wurde.

Der Ort durfte sogar lange Zeit das Prädikat „Bad“ im Namen führen, obwohl es hier nie ein Kurmittelbad mit entsprechenden Anwendungen oder eine Kurklinik gab. Nach dem Vorbild großer Ostseebäder und in der Hoffnung auf einen florierenden Badetourismus hatte man hier in den 1920er-Jahren am kleinen Badestrand ein Strand- und Umkleidehaus errichtet und sogar einen Bademeister angestellt. Und immerhin gab es damals unmittelbar am Schleiufer eine kleine Quelle (Offa-Quelle), die jedoch lediglich einen hohen Eisengehalt hatte, für eine Heilquelle reichte das nicht. Dennoch erwirkten die findigen Arniser in der schleswigschen Verwaltung die Durchsetzung des Namens Bad Arnis und nannten ihre Stadt noch bis 2009 auch auf dem Ortsschild so.

Ab 1826 verband eine kleine, seilgeführte Fähre Arnis mit dem Weiler Sundacker am südlichen Schleiufer. Doch der Fährbetrieb steht seit Frühjahr 2023 bis auf Weiteres still.

Die malerische Lage an der Schlei wurde der Stadt während der Jahrhundert-Ostseesturmflut im Oktober 2023 zum Verhängnis, als der alte Deich den in die Schlei drückenden Wassermassen nicht mehr standhalten konnte. Er brach und machte die Stadt kurzzeitig wieder zur Insel. Nicht nur die Noorwiesen wurden überspült, auch viele Häuser wurden überflutet. Stellenweise stand dort das Ostseewasser im Erdgeschoss bis auf Brusthöhe, manche Gebäude waren in Folge einsturzgefährdet.

Sehenswertes

Schifferkirche: Am Südende der Halbinsel, auf einer kleinen Anhöhe gelegen, wurde die Kirche im Jahr 1673 zunächst als Fachwerkkirche erbaut. Ursprünglich hatten die neu angesiedelten Schiffer hier ein standesgemäß gemauertes Gotteshaus errichten wollen und für die dafür notwendigen Backsteine Spenden in ganz Schleswig-Holstein gesammelt. Nachdem aber das Schiff mit den in Gotland erworbenen Steinen auf seinem Weg nach Arnis in der Ostsee versank, entschied man sich beim Bau aus Zeitgründen für eine Fachwerkvariante. 1733 konnte das Fachwerk dann weitgehend durch gelbe Backsteine ersetzt werden, lediglich die Nordwand beließ man in der originalen Bauweise. Der hölzerne Glockenturm wurde erst 1825 hinzugefügt. Nach wie vor ist die Kirche von einem Friedhof umgeben. Dort finden sich auch einige, nun mit einem Witterungsschutz versehene Grabplatten von Arnisser Schifferfamilien, die ursprünglich an der Außenwand der Kirche standen.

Typische Schifferkirche in Arnis

Die bunte Kanzel (von 1573) im ansonsten auch vom Kirchengestühl her hellweiß gestalteten Innern ist rund 100 Jahre älter als die Kirche selbst und stammt der Sage nach von einer in der Burchardiflut (1634) untergegangenen Kirche Nordfrieslands (wahrscheinlicher aber aus dem Ostseeraum). Die ebenfalls farbige Holztaufe mit ihrem Messingbecken stammt ebenso wie das Triumphkreuz und das Kirchengestühl noch aus der Erbauungszeit der Kirche. Ungewöhnlicherweise befindet sich die Orgel auf einer Empore über dem schlichten Altar, dessen Holzrelief „Christus stillt den Sturm" 1936 vom Oberammergauer Künstler Andreas Lang für die Kirche geschnitzt und gespendet wurde. Die gegenüberliegende Westempore ist nur von außen über den Turm zu erreichen und nennt sich „Knechteboden", weil hier einst die Schiffsknechte dem Gottesdienst beiwohnten. Zudem schmücken vier von der Balkendecke hängende Votivschiffe (aus dem 18. und 19. Jh.) den Kirchenraum.

Schleswig und die Schlei → Karte S. 310

▪ In der Saison ist die Kirche tagsüber geöffnet. Auf den historischen Grabsteinen des Friedhofs sind oft kleine QR-Codes angebracht, mit deren Hilfe Sie sich per Smartphone die Lebensgeschichten der hier beerdigten Arnisser erzählen lassen können.

Praktische Infos

Einwohner 280

Information **Geschäftsstelle der Ostseefjord Schlei GmbH und Touristinformation Schleswig,** Plessenstr. 7, 24837 Schleswig, ✆ 04621-850065, ostseefjordschlei.de. Kein Gästebeitrag. **Stadt Arnis**, Lange Str. 17, 24399 Arnis, arnis.de. Keine Kurtaxe.

Kanu- und Kajakverleih **Event Nature,** am Fähranleger auf der Schwansener Seite gelegen; dort auch Camping/Glamping und Hüttencamp-Übernachtungsmöglichkeiten. 24398 Sundacker/Winnemark, Mühlenberg 6, ✆ 04644-937170, kanuvermietung-schlei.de.

Parken Gebührenpflichtig am Ortseingang (Neuer Damm), zudem ein kleiner Parkplatz am Strandweg. Die übrigen Bereiche von Arnis sind Parkverbotszone.

Stadtführung Mai–Okt. öffentliche Führungen Fr 14–15.30 Uhr. Treffpunkt Parkplatz Neuer Damm. Erw. 7 €, Kinder (6–14 J.) 3,50 € (Zahlung direkt beim Gästeführer).

meinTipp **Essen & Übernachten** **Zur Schleiperle,** herrliche Lage und ein schönes und gemütliches Ambiente im bootshausartigen Pfahlbau am Steg. Hauptsächlich Café mit hausgemachten Blechkuchen und Torten sowie selbst gemachtem Eis. Es gibt aber auch kleine Mittagsspeisen wie Tagessuppen, Flammkuchen oder Kokoslinsen. Selbstbedienung, Keine Reservierungen. Mi–So 12–17 Uhr (Mo/Di Ruhetag). Strandweg 125. €

Auszeit, einfaches Speiselokal an der Werft. Bodenständige frische Küche (Kartoffelsuppe, Gefüllte Paprika mit Hackfleisch, Seelachsfilet) und auch Kaffeebetrieb (selbst gemachter Pflaumenkuchen). Tägl. warme Küche 14–21 Uhr (Mi Ruhetag). Lange Str. 9, ✆ 0172-3551322. €

Strandhalle 54, Bistro/Restaurant im historischen Strandhaus direkt am Wasser. Spezialität sind Baguettes/Brötchen in allen Variationen (Fisch-, Schinken- und vegane Baguettes) und natürlich Kaffee und Kuchen. Große Terrasse. Selbstbedienung. Tägl. 11–17 Uhr (Fr/Sa Ruhetag). Strandweg 123, ✆ 04642-9279928.

Campingpark Schlei-Karschau, sehr ruhig, 4,5 km westlich von Arnis in Schleinähe gelegen. Großzügige Stellplätze, Badestelle mit Liegewiese und Bootssteg in der Nähe. Auch Mietwohnwagen. **Restaurant Schleistübchen** mit ordentlicher (Bratkartoffel-)Küche am Platz. Karschau 56, 24407 Rabenkirchen-Faulück, ✆ 04642-920820, campingpark-schlei.de. € (Restaurant)

Kappeln

Keine Frage, Kappeln ist der touristische Mittelpunkt der Region und nicht nur wegen seines seltenen Heringszauns überregional bekannt. Auch mit seiner maritimen Hafenpromenade und der herrlichen historischen Altstadt hat Kappeln dem Besucher einiges zu bieten.

Unverwechselbar ist die Silhouette der Stadt: Hinter der breiten Hafenpromenade erhebt sich auf dem hohen Ufer die historische **Altstadt** mit der markanten, von außen wie innen beeindruckenden St.-Nikolai-Kirche. Über allem thront im Südwesten die historische Windmühle Amanda, während auf der gegenüberliegenden Seite die drei markanten Schornsteine einer traditionellen Fischräucherei mit der Aufschrift AAL die Dächer überragen. Steil ziehen sich die kleinen Gässchen und Straßen den Hügel hinauf bis zum dreieckigen Rathausmarkt. Die Altstadt präsentiert sich im Wesentlichen als eine verwinkelte Fußgängerzone, in der zahlreiche kleine Läden und Restaurants zu einem Einkaufsbummel einladen.

Flaniermeile ist jedoch die breite **Hafenpromenade** an der Schlei, die von touristischen Restaurants mit großen Außenterrassen flankiert wird. Am Schleiufer haben drei große Ausflugsschiffe festgemacht, darunter auch ein auffälliger Raddampfer. Täglich starten sie hier schleiaufwärts Richtung Schleswig oder schleiabwärts bis zur Lotseninsel Schleimünde. Im nördlichen Bereich des Schleiufers, vor dem markanten Speicherhotel, liegen idyllisch wie an einer Perlenschnur auf-

Verlässlicher Schleiübergang: Klappbrücke Kappeln

gereiht eine Reihe von Segel- und Motorjachten. Dann folgt der Fischereihafen, der immerhin noch zehn Kappelner Fischkutter beheimatet und die Fischertradition der Stadt aufrechterhält. Fangfrischer Fisch ist somit nach wie vor garantiert.

Ein weiteres markantes Wahrzeichen der Stadt ist die **Klappbrücke** über die an dieser Stelle nur 250 m breite Schlei. Seit dem 17. Jh. gab es hier eine Fährverbindung, denn seit jeher ist Kappeln Brückenkopf zwischen Angeln und der am jenseitigen Ufer gelegenen Halbinsel Schwansen. Heute führt die Bundesstraße über eine Klappbrücke, die als moderner Schleiübergang im Jahr 2002 eine 70 Jahre alte Drehbrücke ablöste. Pünktlich 15 Minuten vor jeder vollen Stunde klappen die vier Fahrbahnteile hoch und lassen die davor wartenden Boote passieren. Es lohnt sich, einmal kurz die Brücke zu Fuß bis zum Aussichtspunkt auf der gegenüberliegenden Seite zu überqueren. Von dort hat man den schönsten Blick auf die Skyline der Stadt und kann vor allem näher den markanten **Heringszaun** betrachten, der als das eigentliche Wahrzeichen Kappelns gilt.

Nicht verpassen sollten Sie auch den kleinen **Museumshafen,** der ein Stück südlich der Altstadt und der Klappbrücke liegt. Rund 30 liebevoll restaurierte Schiffe können dort jederzeit von den frei zugänglichen Stegen aus bestaunt werden. Hier liegen fast schon vergessene Schiffstypen wie Schoner, Ewer oder Schlup. Beim Bootshafen befinden sich zudem der Haltepunkt und das Depot der **Angelner Dampfeisenbahn.** Vor allem an den Sommerwochenenden ist hier Betrieb, wenn die betagten Museumszüge zur Fahrt einladen.

Das Gemeindegebiet von Kappeln liegt beiderseits der Schlei und umfasst auch die nördliche Spitze der Halbinsel Schwansen und damit das 1970 eingemeindete Olpenitz. Dieser ehemalige, schon direkt an der Ostsee gelegene Marinestützpunkt samt Hafen wurde in den letzten Jahren zu einem riesigen Ferienresort umgebaut.

Geschichte

Urkundlich erwähnt wurde Kappeln zwar erst 1357, doch schon vorher haben an dieser schmalen Stelle der Schlei Seefahrer auf dem hohen Ufer eine Kapelle errichtet, und zwar der Legende nach aus Dankbarkeit, die Reise über die Ostsee auf dem Weg nach Haithabu sicher überstanden zu haben. Vermutlich geht der Stadtname darauf zurück. Jedenfalls steht Kappelns heutiges Wahrzeichen, die St.-Nikolai-Kirche, an eben jener Stelle, wo schon im 12. Jh. eine kleine Schifferkapelle stand.

1533 kam Kappeln in den Besitz des Adelsgutes Roest, das sich in einer Talmulde 2 km westlich der Stadt befindet. Mit seinem uralten Doppelgiebel-Herrenhaus (von 1590/1641) ist es heute ein Pferdegestüt. Im Gegensatz zu den freien Bauern im übrigen Angeln waren die Einwohner des damals aufstrebenden Ortes damit einem Gutshof unterworfen. Als der Gutsherr Detlef von Rumohr im Jahr 1666 auch noch versuchte, die Bewohner zu Leibeigenen zu machen, verließ ein Großteil der Einwohner (64 Familien) den Ort. Diese gründeten auf einer nahe gelegenen, dem Herzog Christian Albrecht von Schleswig-Holstein-Gottorf gehörenden Schleiinsel die Siedlung Arnis. 1797 erwarb Landgraf Karl von Hessen-Kassel das Gut Roest, schaffte die Leibeigenschaft wieder ab und verkaufte Kappeln 1807 an den dänischen König Christian VII. Schnell entwickelte sich der betriebsame Handelsort zu einem eigenen Gerichts- und Verwaltungsbezirk mit uneingeschränkter Fleckengerechtigkeit. Unter preußischer Herrschaft erhielt Kappeln 1870 das Stadtrecht.

Traditionsbetrieb: Fischräucherei

Als Anekdote sei erwähnt, dass sich in Kappeln 1814 der erste Kleingärtnerverein im heutigen Deutschland gründete (und noch immer besteht), also längst bevor Mitte des 19. Jh. derartige, nach dem Leipziger Arzt Moritz Schreber benannten Gärten in Mode kamen.

Jahrhundertelang lebten die Kappelner von der Handelsschifffahrt und vom Fischfang, ab Ende der 1960-Jahre dann vorwiegend vom Marinestützpunkt Olpenitz und heute so wie fast überall in der Region in erster Linie vom Tourismus. Kappelns Ferienwohnungen haben Platz für 6600 Gäste; hinzu kommen 660 Hotelbetten und rund 800 Gäste auf den Campingplätzen.

Bekannt wurde der Ort auch durch die hier von 1986 bis 2012 gedrehte ZDF-Fernsehserie „Der Landarzt" (→ Kasten S. 344) – Grund genug für die Stadt Kappeln, einen Platz an der Fußgängerzone (die wenig spektakuläre Rückseite der Sparkasse am Rathaus-Markt) nach dem fiktiven TV-Ort als Deekelsen-Platz zu benennen.

Sehenswertes

St.-Nikolai-Kirche: Der viereckige, mit Kuppelhaube samt schlanker Laterne bekrönte Kirchturm dieser spätbarock-

Wahrzeichen in der Schlei: Europas letzter Heringszaun

klassizistischen Saalkirche (1789–1793) überragt die ganze Stadt. Das Kirchenfundament des ansonsten backsteinernen Gotteshauses besteht aus rechteckig bearbeiteten Feldsteinen, die von 22 „geplünderten" Großsteingräbern der Region stammen.

Im freundlich hell gestrichenen Inneren fällt der Blick sofort auf die sogenannte Palastfassade mit Altar, einer darüber zentral angebrachten Kanzel und einer noch weiter oberhalb thronenden Orgel. Mitsamt den seitlichen Logen und der Sakristei bildet sie ein einheitliches Gebilde aus der Erbauungszeit. Die in den Kanzelaltar integrierte Abendmahlszene aus Schnitzfiguren ist ein Meisterwerk und stammt schon aus einem 1641 von Hans Gudewerdt dem Jüngeren geschnitzten Vorgängeraltar. Gleiches gilt für die beiden Figuren von Moses und Johannes dem Täufer auf dem Schalldeckel der Kanzel. Der Rest des in kunstvollem Knorpelbarock gestalteten Altaraufsatzes der Vorgängerkirche wurde epitaphartig umgebaut und an der Nordseite des Altarraumes angebracht. An der gegenüberliegenden Südseite befindet sich das Gedächtnismal für den umstrittenen Gutsherrn von Gut Roest, Detlef von Rumohr (1634–1678). Auch die hölzerne, pokalförmige Taufe sowie die beiden böhmischen Kristallleuchter sind noch Relikte aus der Vorgängerkirche. Die zweigeschossige, rund umlaufende Empore passt sich gut dem Ensemble an. Vom baumbestandenen Kirchhof hinter dem Gotteshaus aus haben Sie einen schönen Blick hinunter auf die Schlei.

▪ Ostern bis Okt. Mo/Mi 11–17 Uhr, Di 11–14.30 Uhr, Do 10.30–16.30 Uhr, Fr 13–17 Uhr, Sa 12–14 Uhr (dann 11.30–12 Uhr Orgelmatinee).

Heringszaun: Bereits seit dem 15. Jh. wurde mit solchen Anlagen gefischt. Ursprünglich gab es einmal 40 Heringszäune in der Schlei, heute ist Kappelns nur bis in die 1950er-Jahre bewirtschafteter Heringszaun der letzte seiner Art in ganz Europa. Wahrscheinlich fehlte der Gemeinde damals einfach das Geld für den Abriss. Andere Fischereimethoden waren längst wirtschaftlicher geworden, denn der wenig widerstandsfähige Zaun war und ist

Schleswig und die Schlei → Karte S. 310

reparaturanfällig. Er besteht aus etwa 2000 in den Schleigrund gerammten Pfählen mit Höhen von zwischen 1,80 und 4,50 m, die durch ein Weidengeflecht miteinander verbunden sind. Wie bei einer großen Reuse verengt sich der Heringszaun trichterförmig und leitet die im Frühjahr schleiaufwärts ziehenden Heringe in ein Netz, wo sie abgefischt werden.

Immer wieder hat der Schiffsbohrwurm dem geschwungenen Flechtzaun stark zugesetzt, eher notdürftig musste diese einzigartige Seltenheit gepflegt und ständig erneuert werden. 2021 entschloss man sich zu einer Grundsanierung von zumindest einem Fangtrichter dieser seltenen, ursprünglich aus zwei Fangtrichtern bestehenden Fischfanganlage, was faktisch einem Neubau, und zwar aus bohrwurmbeständigem Eukalyptusholz, entsprach. Kappelns Wahrzeichen ist somit wieder funktionsfähig und wird (nur) während der Heringstage auch wieder genutzt.

Touristinfo: Windmühle Amanda

Windmühle Amanda: Mit 32 m Höhe thront sie über der Altstadt und ist die höchste historische Windmühle Schleswig-Holsteins. Die 1888 erbaute Galerieholländermühle musste so hoch sein, damit die umstehenden Häuser ihr nicht den Wind wegnahmen. Also bekam sie einen massiv gemauerten Unterbau mit fünf Etagen. Noch bis 1964 wurde hier Korn gemahlen. Viel Mühlentechnik ist heute allerdings nicht mehr vorhanden. Stattdessen werden die Räumlichkeiten von der Tourismusinformation, zu Ausstellungszwecken und als Trauzimmer genutzt. Im obersten Stock kann man die Galerie betreten und eine schöne Aussicht auf die Stadt genießen. Kappelns Mühlenwahrzeichen ist auch im Winter weithin sichtbar, wenn die Flügel in weihnachtlichem Licht erstrahlen. Der Mühle angeschlossen ist ein voll funktionsfähiges historisches Sägewerk, welches als „Working Museum" von dem Inklusionsbetrieb Kappelner Werkstätten betrieben wird. Unter anderem zu bestaunen sind eine Horizontalgattersäge von 1895 sowie eine Vertikal-Vollgattersäge von 1916.

■ Die kostenfreie Besichtigung der Mühle samt Aussichtsplattform ist Di–So auf Anfrage in der Touristinfo jederzeit möglich (Mittagspause 13–14 Uhr). Mühlenstr. 24, ✆ 04642-4027. Das Sägewerk ist Ostern bis Okt. Mo–Do 9–17 und Fr 9–14 Uhr geöffnet. ✆ 04642-9144363, st-nicolaiheim.de.

Angelner Dampfeisenbahn: Deutschlands nördlichste Museumsbahn tuckert auf der 15 km langen Strecke von Kappeln nach Süderbrarup und ist seit rund 45 Jahren ein Traum für alle Eisenbahnfreunde. Die einfache Fahrt dauert inklusive ein bis zwei Zwischenstopps rund 45 Minuten.

Zum Einsatz kommen gewöhnlich (sonntags) drei betagte skandinavische Personenwagen samt Packwagen aus den 1920er- und 1930er-Jahren (für den Fahrradtransport), die abwechselnd von der Diesellok „Zuckersusi“ (Bj. 1959) oder einer schwedischen Dampflokomotive (Bj. 1952) gezogen werden. Im Hochsommer fährt auf der Strecke mittwochs und samstags auch der Uerdinger Schienenbus (Bj. 1961).

Die Bahnstecke nach Süderbrarup bestand seit 1904 und wurde 1972 für den Personenverkehr und 1981 auch für den Güterverkehr eingestellt. Seit 1979 verkehrt hier die Museumsbahn. Die weitere Strecke von Süderbrarup bis Schleswig wurde abgebaut und zum Radwanderweg umfunktioniert.

▪ Zugbetrieb Mai bis Anfang Okt. nur So, Mitte Juli bis Aug. auch Sa und Mi. Zudem Sonderfahrten, beispielsweise nach Eckernförde. Fahrradmitnahme (nach Anmeldung) möglich; auch ein Kombiticket mit der Schleischifffahrt wird angeboten. Abfahrt Kappeln 10.45 und 13.45 Uhr (Aufenthalt in Süderbrarup 15 Min.). Hin und zurück Erw. 20 € (Diesel) bzw. 28 € (Dampf), Kinder 10 €/14 €, Familien 45 €/65 €. Hunde und Fahrräder (nach Reservierung) 5 €. Tickets am historischen Fahrkartenschalter in Kappeln oder online: angelner-dampfeisenbahn.de, ✆ 04642-9251653.

Olpenitz: Der 1964 erbaute, 160 ha große Marinestützpunkt hatte schon 2006 wieder ausgedient. Bis dahin beherbergte er bis zu 2000 Soldaten. Nach langer Planungsphase hat er sich bis zum Jahr 2022 zu einem modernen und von vielen Einheimischen wegen seiner riesigen Ausdehnung kritisch gesehenen Ostseeresort verwandelt. Rund um das „Port Olpenitz“ genannte Hafenbecken gruppieren sich mehr als 1000 gleichförmige Ein- und Mehrfamilienhäuser mit weißen (Holz-)Fassaden, darunter auch schicke, schwimmende Domizile mit eigenem Schiffsliegeplatz.

Südlich des Resorts befindet sich mit dem **Weidefelder Strand** gewissermaßen der Hausstrand der Stadt Kappeln. Dort können Sie auch einige Strandkörbe mieten.

Ostseeresort Olpenitz

Schön ist ebenfalls in **Olpenitzdorf**, das mit seinen alten Bauernkaten (und einem kleinen Campingplatz) gut 1 km westlich des modernen Ostseeresorts liegt. Historisch bedeutsam ist das am westlichen Ortsrand gelegene Gut Olpenitz. Mit seinem weißen Herrenhaus aus dem 18. Jh., seiner reetgedeckten Fachwerkscheune aus dem 17. Jh. und einem Torhaus (von 1836) ist es jedoch nicht zugänglicher Privatbesitz.

Praktische Infos

Einwohner 8800

Information **Touristinfo Kappeln,** Schleswiger Str. 1 (Holländerwindmühle Amanda), 24376 Kappeln, ✆ 04642-4027, ostseefjordschlei.de. Touristikverein Kappeln, Mühlenstr. 24, ✆ 04642-920930, touristikverein-kappeln.de.

Baden Am nördlichen Schleiufer, noch hinter der Jachtwerft Janssen, befindet sich ein schöner Badesteg. Zu Kappeln gehört auch der **Weidefelder Strand** südlich des Ostseeresort Olpenitz (Restaurant und Parkplatz vor Ort; Münzen für die Parkschranke sind bereitzuhalten).

Fahrräder **Schmidt,** Schmiedestr. 30 sowie Hafenpromenade Olpenitz, ✆ 04642-3606. **Kawerk,** Mühlenstr. 38, ✆ 04642-9144331. **Bft Willer Tankstelle,** Nordstr. 3, ✆ 04642-9257441. **Schleiräder,** Ustkaweg 2, ✆ 04642-9651560. **ORO Bike,** Hafenpromenade Olpenitz, ✆ 0152-57639389.

Schleswig und die Schlei → Karte S. 310

Hundestrand Am südlichen Ende des Weidelfelder Strandes (Richtung Schönhagen).

Parken Die Altstadt ist nahezu autofrei. Großparkplätze unmittelbar am Altstadtrand an der B 203, am Südhafen sowie in der Wassermühlenstraße.

Schleischifffahrt Ostern–Okt. nach Schleswig oder Schleimünde. Drei Schiffe und drei Touren stehen zur Auswahl:

Tour Schleimünde (über Maasholm, Dauer 2:10 Std., 30 Min. Landgang in Schleimünde oder in Maasholm 60 Min., bei Rückfahrt mit dem zweiten Schiff 3,5 bzw. 4,5 Std. Landgang). Mit *dem M/S Nordlicht (Bj. 1989)*, Di/Mi/Fr–So 10.30 und (außer So) auch 13.30 Uhr. Mit dem *Raddampfer Schlei Princess (Bj. 2014)*, der an einen Mississippi-Dampfer erinnert. Tägl. (außer Di) 11.30 und 14.45 Uhr. Reederei Müller, ✆ 04642-6532, schleiraddampfer.de. Zudem mit dem *M/S Stadt Kappeln (Bj. 1986)*, tägl. außer Di + Fr um 11 und 14 Uhr, Reederei Juliane Sebode, ✆ 04642-5590, schlei-ausflugsfahrten.de. Tickets auf dem Schiff oder am Fahrkartenschalter. Preise jeweils Erw. 21 €, Kinder (5–16 J.) 10,50 €, Familien 52,50 €, Hunde 1 €, einfache Fahrt möglich (Fahrrad 3 €).

> **Achtung:** Wegen Sturmflutschäden von Oktober 2023 werden bis Herbst 2024 die Ausflugsschiffe voraussichtlich nicht in Schleimünde anlegen können; stattdessen gibt es einen 30-minütigen Landgang in Maasholm.

Tour Schleswig (Dauer 7:20 Std., mit 1:30 Std. Landgang in Schleswig). Mit *dem M/S Nordlicht* Mo + Do 10.40 Uhr. schleiraddampfer.de. Mit dem *M/S Stadt Kappeln* Di + Fr um 10.45 Uhr, schlei-ausflugsfahrten.de. Preise jeweils Erw. 33 €, Kinder (5–16 J.) 16,50 €, Familien 82,50 €, Hunde 1 €, einfache Fahrt möglich (Fahrrad 3 €).

Tour Sieseby (Dauer 2:10 Std. mit kurzem Landgang in Sieseby). Mit dem *Raddampfer Schlei Princess* nur Di 11.40 Uhr und mit *dem M/S Nordlicht* Di + So 13.30 Uhr. Erw. 20 €, Kinder (5–16 J.) 10 €, Familien 50 €, Hunde 1 €, einfache Fahrt möglich (Fahrrad 3 €).

Stadtführung **Kappeln klassisch:** Mai–Okt. Di 15–16.30 Uhr. Juni–Aug. zusätzlich Di 10.30–12 Uhr. Treffpunkt Touristinfo. Erw. 8 €, Kinder (6–14 J.) 4 €. **Kappeln maritim:** Mai–Okt. Mo 10.30–12 Uhr. Treffpunkt Rathausmarkt 1, Erw. 7 €, Kinder (6–14 J.) 3,50 €. **Kappeln „Der Landarzt“:** Mai–Okt. Mi 16–17.30 Uhr. Treffpunkt Touristinfo. Erw. 7 €, Kinder (6–14 J.) 3,50 €. **Abendbummel:** Mai–Sept. Do 18–19.30 Uhr, im Okt. Do 17–18.30 Uhr. Treffpunkt Touristinfo. Erw. 9,50 €, Kinder (6–14 J.) halber Preis. Zahlung jeweils direkt beim Gästeführer. ✆ 04621-850065.

Veranstaltungen **Kappelner Heringstage,** alljährlich im Mai (Himmelfahrt). Sie sind eine Erinnerung an die alte Fangmethode mit dem Heringzaun und längst ein beliebtes Volksfest mit Open-Air-Bühne, Fahrgeschäften, Jahrmarktbuden und Verkaufsständen. Herzstück des Volksfestes ist die sogenannte Heringswette, bei der das Gewicht des aktuellen Tagesfangs in Pfund geschätzt wird. Wer am genauesten schätzt, wird für ein Jahr Kappelner Heringskönig oder Heringskönigin. heringstage.de.

Übernachten **Pierspeicher 2,** in schöner Lage am Hafen wurde der sieben Stockwerke hohe Getreidespeicher aus dem Jahr 1936 zum modernen Boutique-Hotel mit großen Zimmern und Suiten umgebaut. Abwechslungsreiches Frühstück. Schönes Restaurant im Haus. Dort ist auch ein Abendmenü buchbar. Am Hafen 19 c, ✆ 04642-9999420, pierspeicher.de. **€€**

Südspeicher 11, auch der historische Südspeicher am Museumsbahnhof und der Schleibrücke wurde mit 32 modernen, nicht allzu großen Zimmern auf vier Böden zum Hotel umgestaltet. Gutes Frühstück. Sauna im Haus. Gleicher Betreiber wie der Pierspeicher. Lichtdurchflutetes Bistro im Haus. ✆ 04642-9999410, suedspeicher.de. **€€**

Hotel zur Mühle 9, Hotel garni in der Innenstadt mit sauberen und zweckmäßigen

Kappelns Schleiraddampfer

Zimmern, prima Frühstück und freundlichem Service. Mühlenstr. 60, ✆ 04642-7333 oder 4444, hotel-cafe-kappeln.de. **€€**

Hotel Schleimünde 10, 5 km außerhalb der Innenstadt in Olpenitzdorf in Nähe der Schleimündung gelegen. Zweckmäßige und saubere, teilweise ein wenig in die Jahre gekommene Zimmer und Appartements. Ordentliches Frühstück, nette Gastgeber und ein gutbürgerliches Restaurant (Mo–Sa ab 17 Uhr) im Haus. Olpenitzer Dorfstr. 29, ✆ 04642-81647, hotel-schleimuende.de. **€** (Hotel), **€€** (Restaurant)

meinTipp **Essen & Trinken** **Restaurant Stark 1**, der Inbegriff eines Fischrestaurants, natürlich direkt am Fischereihafen gelegen. Frischer Fisch ist daher garantiert. Diesen können Sie sich direkt in der offenen Küche aussuchen und zuschauen, wie er zubereitet wird. Rustikales Ambiente, freundliches Personal. Keine Kartenzahlung; rechtzeitige Reservierung ist absolut ratsam. Tägl. 17–22 Uhr (So/Mo Ruhetag). Am Hafen 20, ✆ 04642-1616. **€€**

Alte Räucherei 7, rustikal-gemütliches (Fisch-)Lokal mit Biertresen, dessen irischer Koch und Gastwirt sich ausschließlich auf leckere Fischgerichte spezialisiert hat (Bratheringe, Seelachsfilet, Schleibutt). Windgeschützte Terrasse an der Hafenpromenade. Keine Reservierungen. Mi–So 12–19.30 Uhr (Mo/Di Ruhetag). Am Hafen 16, ✆ 04642-5095. **€–€€**

Palette54 **8**, gemütliches Kneipenrestaurant in der Altstadt. Frühstücksangebote bis 13 Uhr. Mittags eine Snack-Karte (Toast Hawaii, Bratenbrot). Abends gibt es Spezialitäten wie Maispoulardenbrust, Lammhüfte oder auch ein Blumenkohl-„Steak". Sehr leckere Desserts. Di–So 9–0 Uhr. Kehrwieder 1, ✆ 04642-9279976. **€€**

Aurora **5**, die ehemalige TV-Landarztkneipe ist heute ein gut besuchtes Steakhaus im Balkan-Küchen-Stil. Vielfältige Auswahl an Grillspezialitäten; auch guter Grillfisch im Angebot. Restaurant-Terrasse auf dem Markplatz vor dem Haus. Zudem Hotelbetrieb mit 20 Zimmern. Tägl. 11.30–22 Uhr. Rathausmarkt 6, ✆ 04642-4088. **€€**

Tauwerk-ASC **12**, Restaurant und schöner Biergarten am Südhafen in Kappeln. Nettes Ambiente, leckere Speisen mit herzhaften Gerichten wie Lachsfilet auf Zitronenspaghetti oder Sauerfleisch mit Bratkartoffeln, Kaffeebetrieb. Mi–So 12–21 Uhr (Mo/Di Ruhetag). Am Südhafen, ✆ 04642-2158. **€**

meinTipp **Aal- und Fischräucherei Föh** **4**, sie besteht schon seit 1911 und ihre hohen, sich nach oben verjüngenden Schornsteine mit der Aufschrift AAL sind längst zu einem Wahrzeichen der Stadt geworden. Nach wie vor wird hier mit Buchenholz und Erlenspänen geräuchert. Einfaches Ambiente, doch hier gibt es im Innenbereich und auf Fiete's Fisch & Bierterrasse große Portionen in bester Qualität, allerdings nur mittags und nachmittags, denn die Küche schließt schon sehr früh. Selbstbedienung. Gleichzeitig Fischfachgeschäft, auch prima Fischbrötchen zum Mitnehmen. Terrasse Mo–Fr 11–18 Uhr, Sa 11–16 Uhr. Laden Mo–Fr 9–18 Uhr, Sa 9–14 Uhr (So Ruhetag). Dehnthof 26–32, ✆ 04642-2274. **€**

meinTipp **Seagull** **13**, stilvoll-modernes, kleines Hafenbistro auf dem Steg am südlichen Jachthafen. Terrasse mit schönem Blick. Im Angebot sind Suppen, Kabeljau im Seranoschinken, Quiche, Matjes und eine Currywurst gibt es auch. Mo/Di 17–21 Uhr, Fr/Sa 14–22 Uhr, So 12–17 Uhr (Mi/Do Ruhetag). Am Südhafen 3. **€**

Café Alte Schmiede **3**, nicht nur Café mit „Candle Light Frühstück" und leckerem Kuchen, sondern auch Restaurant mit wechselndem Mittagstisch (Do immer „Leber Berliner Art") und sogar Speisen wie Pannfisch, Schnitzel oder Sauerfleisch. Innen ein gemütlich-klares Ambiente; auch Außenplätze. Tägl. 9–17.30 Uhr (Mi Ruhetag). Schmiedestr. 41, ✆ 04642-1568. **€**

Schlaefkes Schokoladenküche **6**, Achtung Suchtgefahr: hier gibt es ausgefallene Schokoladenkreationen in riesiger Auswahl. In erster Linie ein Ladengeschäft mit offener Produktion, in dem Sie bei der Herstellung der Köstlichkeiten zusehen können, es gibt aber auch einen gemütlichen Cafébetrieb, in dem leckere Trinkschokoladen und Kaffeespezialitäten sowie hausgemachte Schokoladenkuchen genossen werden können. Mo–Fr 11–18 Uhr, Sa/So 11–16 Uhr, ✆ 04642-988012.

Maasholm

Fast vollständig von Wasser umgeben, war das auf einer weit in die Schleimündung hineinragenden Halbinsel gelegene Maasholm früher ein reines Fischerdorf. Nun wird es dominiert vom großen Jachthafen der Freizeitsegler. Dennoch können Sie hier auch heute noch fangfrischen Fisch direkt vom Kutter kaufen.

Maasholm hat seinen dörflichen Charakter bis heute erhalten können und ist mit einem kleinen Rundgang schnell zu erkunden. Im Grunde genommen besteht der Ort nur aus drei zum **Hafen** führenden schmalen Gassen. Interessant ist die kleine Reetdachkate aus dem Jahr 1805 (Hauptstraße Nr. 69), die der kleinen Gemeinde als Rathaus dient. Historisch bedeutsam ist auch der ehemalige Rettungsbootschuppen aus dem Jahr 1916 mit noch vorhandener Slipanlage. Das hier stationierte Seenotrettungsboot der DGzRS liegt natürlich mittlerweile am Schiffsanleger und ist jederzeit zum Auslaufen bereit.

Nach wie vor sind ein paar Kutter im Fischereihafen vertäut; prägend für das Dorf wird jedoch zunehmend der mit 480 Liegeplätzen größte Jachthafen an der Schlei. Von hier aus starten viele Charterboote zu ihrem Ostseetörn. Aber auch die Ausflugsboote der Schlei-

Mit dem Ausflugsschiff erreichbar: Fischersiedlung Maasholm

schifffahrt sorgen für ordentlich Betrieb, da sie auf dem Weg zur Lotseninsel Schleimünde auch kurz am hiesigen Schiffsanleger festmachen.

Die anmutige weiße **Petri-Kirche** in exponierter Lage am Westufer ist nicht so alt, wie sie erscheint. Erst seit 1952 haben die Maasholmer ihr eigenes Gotteshaus, einen der ersten Kirchenbauten der Nachkriegszeit. Hinter der Kirche am westlichen Schleiufer sind noch immer die vielen (nämlich 48) historischen Kahnstellen zu bestaunen, in denen die Einwohner, die bis in die 1950er-Jahre fast ausnahmslos Fischer waren, ihre offenen, nur 10 cm tief gehenden Boote festmachten. Mit diesen legten sie in den flachen Schleigewässern Reusen zum Aalfang und Angelschnüre aus oder stachen im Winter vom Boot aus die Aale am schilfreichen und schlickigen Ufer. Eine Bronzeplastik (von 1999) des Aalstechers „Peter Aal" erinnert am Hafen heute an diese längst vergangene Tradition.

Dass Maasholm ursprünglich einmal eine Insel war, ist noch daran zu erkennen, dass die am **Wormshöfter Noor** vorbeiführende Straße zum Ort etwas höher liegt und einem Damm ähnelt. Ursprünglich gab es hier auch ein Eiland mit dem Namen Oehe. An dessen südlichem Ende siedelten schon die Wikinger inmitten feuchter Wiesen. Um 1600 erfolgte dann eine Wiederbesiedelung der Wikingersieldung, die nun Maas genannt wurde. Nach Überflutungen im Jahr 1701 musste das Dorf auf das hochwassersichere und über den besagten Damm mit dem Festland verbundene Maasholm verlegt werden. Der Ortsname spiegelt also die Lage wieder, denn das dänische *Mås* oder *Mose* bedeutet Feuchtwiese bzw. Moor und Holm heißt im Dänischen kleine Insel.

Zum Gemeindegebiet gehört auch das 3 km nördlich vor Maasholm liegende Maasholm-Bad. Anders als es der Name vermuten ließe, handelt es sich hier um eine in den 1970er-Jahren auf dem Reißbrett entstandene und eher unspektakuläre (Ferien)-Haussiedlung auf der „grünen Wiese". Interessanter und ein schönes Ausflugsziel ist das fast unmittelbar am Meer gelegene **Gut Oehe.** Herausstechend ist

Schleswig und die Schlei → Karte S. 310

das 1707 erbaute Herrenhaus. Das Hofgut mit seinen Nebengebäuden auf dem weitläufigen Gelände hat sich dem Tourismus geöffnet. In den Gästehäusern gibt es schöne Ferienwohnungen; auch der etwas weiter nördlich am schönen Naturstrand gelegene Campingplatz gehört zum Gut. Vor allem aber ist es das schöne Landhaus-Café/ Restaurant im ehemaligen historischen Pferdestall, das zur Rast einlädt.

Praktische Infos

Einwohner 600

Information **Touristinformation,** Uleweg. 34, 24404 Maasholm, ✆ 04642-6228; Touristinfo (April–Okt.) auch an der von der B 199 nach Maasholm führenden Straße in Kieholm-Hasselberg. maasholm.de

Fahrräder **Dibbern,** Noorweg 107, Maasholm-Bad, ✆ 04642-6893.

Parken Wenige Parkmöglichkeiten im Ort, aber am Ortseingang befindet sich ein kostenloser Großparkplatz. Der Parkplatz am Hafen ist den Seglern vorbehalten.

Fast am Meer gelegen: Gut Oehe

Essen & Trinken **Am Schleieck,** Gaststätte Aussichtsterrasse mit Blick auf das seeähnliche Wormshöfter Noor. Schmackhafte Küche (guter gemischter Vorspeisenteller, Dorschfilet, Lachsschnitte, Grillteller, aber auch ein Pfeffer-Hüftsteak und auch Vegetarisches). Di, Do, Fr 16.30–22 Uhr, Sa/So 12–22 Uhr (Mo + Mi Ruhetag). Schmiedestr. 140, ✆ 04642-6016. **€€**

Restaurant Raub, schmackhafte, gutbürgerliche Brat-Küche mit Variationen von frischen Fisch- und Fleischgerichten im relativ einfachen Gastraum. Freundlicher Service und ordentliche Portionen. Hofterrasse am Haus. Mi–So 12–19 Uhr (Mo/Di Ruhetag). Hauptstr. 60, ✆ 04642-9653939. **€€**

Tonne 15, bodenständig-einfache Küche mit Schnitzeln, Fischgerichten, verschiedenen großen Burgern und auch z. B. einer veganen Currywurst. Kleiner Gastraum und windgeschützte Terrasse vor dem Haus. Tägl. 11.30–21 Uhr (Di/ Mi Ruhetag). Uleweg 31 (am Jachthafenparkplatz), ✆ 04642-924161. **€**

Fischräucherei Petersen, kultiges kleines Fischfachgeschäft mit absolut leckeren Fischbrötchen „auf die Hand" (350 m dorfeinwärts im Uleweg 47, tägl. 9–17 Uhr). Direkt am Hafen (Uleweg 30, April–Okt. tägl. 12–19 Uhr) betreibt Familie Petersen zudem einen **Imbiss,** in dem es nicht nur üppig belegte Fischbrötchen gibt, sondern der auch für eine legendäre Currywurst (samt Pommes) bekannt ist, die mit hausgemachter – gelber – Spezialsoße serviert wird. ✆ 04642-6125. **€**

Café Sand am Meer, gemütlich und rustikal eingerichtetes Café mit leckeren Torten (z. B. Nougat-Torte, Rhabarber-Baiser) und (Blech-)Kuchen aus eigener Herstellung. Auch schattige Plätze im kleinen „Zaubergarten-Hinterhof". Am Wochenende Frühstücksangebote. Mi + Do 13–18 Uhr, Fr–So 9–18 Uhr (Mo/Di Ruhetag). Hauptstr. 13, ✆ 04642-969963.

meinTipp **Landhaus Gut Oehe,** sehr gepflegtes Landhaus Café-Restaurant mit schönen Gartenplätzen. Ein lohnenswertes Ausflugsziel im 3 km entfernten Hofgut, das sich in Alleinlage fast direkt am Ostseestrand befindet. Nachmittags Café & Bistro (Küchlein, Strudel, Waffeln, Flammkuchen), abends gehobenes Restaurant mit kleiner, aber feiner Karte (Veggie-Burger, Rib-Eye-Steak, Kabeljaufilet). Hauseigenes Pils-Craft-Bier. April–Dez. tägl. 11–22 Uhr. Oehe 1 a, ✆ 04642-6029. **€€€**

Schönes Ausflugsziel: Lotseninsel Schleimünde

Außerhalb von Maasholm

Naturschutzgebiet Schleimündung: Knapp 3 km nordöstlich von Maasholm befindet sich das in den Überresten einer ehemaligen Raketenstation der Bundesluftwaffe untergebrachte **Naturerlebniszentrum (NEZ).** Man erreicht es über einen als Lehrpfad angelegten, rund 2 km langen Weg, der nur für Fußgänger oder Radler zugänglich ist. Im Haus und dem riesigen Außengelände erfahren vor allem Familien mit Kindern eine Menge über die hiesige Tier- und Pflanzenwelt.

Zusammen mit der einige Hundert Meter entfernten **Vogelwarthütte** (mit kleinem Ausstellungsraum) grenzt das NEZ an das hinter dem Überlaufdeich liegende, streng geschützte und gebietstechnisch schon zur Stadt Kappeln gehörende Naturschutzgebiet „Vogelfreistätte Oehe-Schleimünde". Dieses besteht im Wesentlichen aus einem sogenannten Nehrungshaken (→ S. 417) und steht schon seit 1927 unter Naturschutz. Hier schieben sich zur Schlei hin grasbedeckte Geröllflächen in das Wasser hinein, während die östliche Küstenlinie sich als unberührter Naturstrand präsentiert. Immer wieder wird die Landzunge bei Stürmen überflutet. Es wird befürchtet, dass sich die Ostsee hier einen zweiten Zugang zur Schlei suchen könnte - mit entsprechenden Hochwasser-Auswirkungen für die unmittelbar an der Schlei gelegenen Ortschaften.

Damit für bodenbrütende Vogelarten der Lebensraum nicht von Büschen und Bäumen überwuchert wird, sorgt im 700 ha großen Habitat eine Herde von Galloway-Rindern ganzjährig für eine extensive Beweidung der Landflächen. Als Brut-, Rast- und Überwinterungsgebiet für eine einzigartige Vogelwelt ist dieser Nehrungshaken von sogar internationaler Bedeutung und nur im Rahmen von Führungen zugänglich. Auch ein Strandspaziergang entlang der Küste zur Lotsenstation und dem Leuchtturm Schleimünde ist nicht erlaubt. Schleimünde selbst ist daher nur mit dem Ausflugsschiff zu erreichen. Im Jahr 2011 wurde das Naturschutzgebiet noch um einen kleinen

Bereich südlich der Schleimündung (Nordhaken Olpenitz) erweitert.

▪ **Naturerlebniszentrum (NEZ):** Ausstellungsräume April–Okt. tägl. 9–18 Uhr zugänglich. Eintritt frei (Spende erwünscht). Das Außengelände ist ganzjährig frei zugänglich. ✆ 0172-5707477 (schöner Spielplatz vor Ort). Zu erreichen nach 2 km vom kostenfreien Wanderparkplatz Exhöft (1 km vor Maasholm) oder mit dem Rad von Maasholm aus. Es gibt einige Veranstaltungen und Mitmachangebote wie z. B. Bernsteinschleifen. nez-maasholm.de.

Naturschutzgebiet Schleimündung: Führungen des Vereins Jordsand (April–Okt.) ab der Vogelwarthütte Di–So 10 und 15 Uhr (Dauer 1,5 Std.). Zudem ab der Lotseninsel Schleimünde Di–So (abhängig vom Fahrplan der Ausflugsschiffe; Dauer 20 Min.). Vogelwart in Maasholm: ✆ 04642-921680; jordsand.de/schutzgebiete/schleimündung.

Schleimünde: Dieser faszinierende, nur 1 ha große Ort ist ausschließlich per Schiff zu erreichen und wird auch **Lotseninsel** genannt. Schleimünde, also die Stelle, an der die Schlei in die Ostsee mündet, wurde im 18. Jh. künstlich geschaffen und mit Molen befestigt. Der ursprüngliche, jedoch langsam versandende Mündungsbereich der Schlei lag damals noch 1 km weiter nördlich. Dort hat sich im Laufe der Zeit ein Nehrungshaken gebildet, der die kleine Insel mit dem Festland verband und zur Halbinsel machte. Als streng geschütztes Naturschutzgebiet ist diese flache Landzunge jedoch nicht zugänglich. Der Inselcharakter von Schleimünde ist damit bis heute erhalten geblieben, zumal bei stürmischem Hochwasser der Nehrungshaken gelegentlich überspült wird. Vor allem das Jahrhunderthochwasser von Oktober 2023 hat hier große Schäden verursacht.

Damit die Schiffe den schmalen Zugang zur Schlei nicht verpassen, wurde im Jahr 1871 der heute grünweiß gestreifte, 14,3 m hohe **Leuchtturm** auf einen Damm am Südende der Lotseninsel erbaut. Zur gleichen Zeit wurde ein Nothafen angelegt und das Lotsenhaus errichtet. Noch bis 1980 wohnten hier Lotsen, welche die Frachtschiffer um die Untiefen der Schlei herumführten. Diese Zeiten sind längst vergangen und auch das Leuchtfeuer wird seit 1986 ferngesteuert, weshalb das Haus heute den Mitarbeitenden der sich ebenfalls auf der Insel befindlichen kleinen Gastwirtschaft Giftbude als Unterkunft dient. Diese Selbstbedienungsgastronomie heißt seit jeher Giftbude; der besorgniserregende Name rührt vom niederdeutschen Wort für „geben" her, meint also eine Hütte, in der einem etwas gegeben wird. Früher wurden viele Strandlokale an der Küste Giftbuden genannt, heute tragen nur noch wenige diesen Namen.

Die Schleswiger Werkstätten haben die auch bei Freizeitseglern und Kanuten beliebte Insel gepachtet und betreiben die Giftbude und einen Kiosk als Inklusionsbetrieb für Menschen mit Handicap (für das Jahr 2024 bleibt die Giftbude jedoch wegen besagter Sturmflutschäden geschlossen). Eigentümer der verwaltungstechnisch zu Kappeln gehörenden Lotseninsel ist seit 2008 die Lighthouse Foundation, eine Stiftung, die sich weltweit für nachhaltige Projekte im Umgang des Menschen mit seiner maritimen Umwelt einsetzt.

▪ **Ausflugsschiffe:** Ab Kappeln (→ S. 356). Tipp: Wenn Sie länger als nur 30 Min. auf der Lotseninsel bleiben wollen, fahren Sie mit den Vormittags-Ausflugsdampfern dorthin und erst mit der Nachmittagsfahrt wieder zurück. Dann haben Sie 3 Std., um auf diesem Kleinod beispielsweise etwas zu essen oder im klaren Wasser baden zu gehen.

Ab Schleswig: (→ S. 321). Das Ausflugsschiff (Wappen von Schleswig) macht gut 2 Std. an der Lotseninsel fest.

> **Achtung:** Wegen der Sturmflutschäden von Oktober 2023 werden bis Herbst 2024 die Ausflugsschiffe voraussichtlich nicht in Schleimünde anlegen können; stattdessen gibt es einen 30-minütigen Landgang in Maasholm.

Leuchtturm Schleimünde

Angeln und die Flensburger Förde

Die Halbinsel Angeln mit ihren zumeist beschaulichen Dörfern bildet gewissermaßen das Dreieck zwischen den Städten Schleswig, Kappeln und Flensburg. Umrahmt wird die Landschaft von der Flensburger Förde und von der Schlei, die sich gut 40 km ins Landesinnere schlängelt und mit kleinen Stränden und wildromantischen Steilküsten gespickt ist.

Der Salondampfer Alexandra ...

... ist ein schwimmendes Denkmal und als Deutschlands letztes dampfbetriebenes Passagierschiff längst zum Wahrzeichen Flensburgs geworden.

Der Küstenstreifen Angelns beginnt an der Schleimündung – und das vergleichsweise lieblich. Von hier bis zur Geltinger Birk schmiegt sich ein schmaler Sandstrand an den nur leicht erhöhten Uferstreifen, auf dem einige Campingplätze angesiedelt sind. Die Landspitze **Geltinger Birk** selbst ist ein herrliches Naturschutzgebiet, in dem die berühmten Konik-Wildpferde leben. Hier beginnt die Flensburger Förde, die vielleicht am wenigsten vom Tourismus in Mitleidenschaft gezogene und daher ursprünglichste Küstenlandschaft in Schleswig-Holstein. Sie wird von der Halbinsel Holnis in etwa zwei gleich lange Abschnitte geteilt: Außenförde und Innenförde.

Die **Außenförde** ist eine schöne Steilküstenlandschaft, die immer wieder einmal durch flache Strandabschnitte oder Jachthäfen unterbrochen wird. Sie reicht bis zur **Halbinsel Holnis,** an deren flacher Ostseite sich der schönste und vor allem feinsandigste Strand der Förde befindet.

Als lang gezogener Seitenarm der Ostsee ist die nun beginnende **Innenförde** sogar noch mehr von wildromantischen Steilküsten gesäumt. Nur an wenigen Stellen, wie in dem zu **Glücksburg** gehörenden Sandwig, kommen hier echte Badefreuden auf. Sie endet in **Flensburg,** dessen Hafen die westlichste Spitze der Förde bildet. Auch an der Innenförde zeugen einige Jachthäfen davon, dass die Förde zu den beliebtesten Segelrevieren Deutschlands zählt.

Im hügeligen Hinterland sind die verstreuten Dörfer durch kurvenreiche Straßen verbunden. Hier warten einige

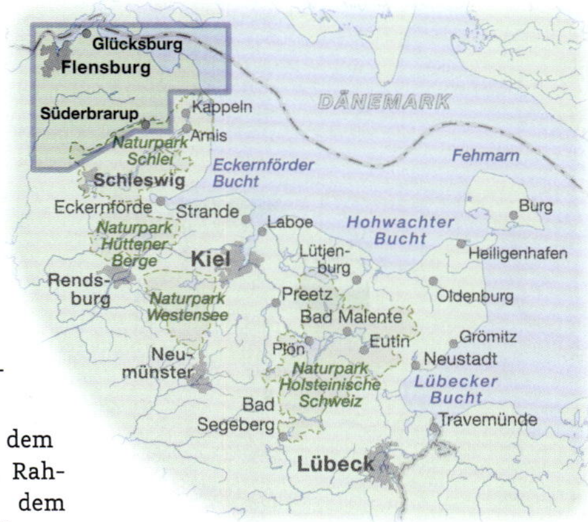

bedeutende archäologische Sehenswürdigkeiten auf ihre Entdeckung, vor allem rund um **Süderbrarup.** Höchste Erhebung in Angeln ist nicht der 71 m hohe **Scheersberg** mit dem markanten Bismarckturm, sondern der 82 m hohe Höckeberg in der Gemeinde Freienwill (südl. von Flensburg).

Benannt ist die Halbinsel nach dem Volksstamm der Angeln, die im Rahmen der Völkerwanderung ab dem 5. Jh. nach Britannien auswanderten und von denen sich die Bezeichnung „England" (Land der Angeln) ableitet. Bald bevölkerten Jüten und Dänen das ursprüngliche Land der Angeln. Vor allem die dänische Endsilbe *-by* (= Dorf) vieler angeliter Ortschaften (z. B. bei Pommerby, Nieby) erinnert an diese frühe Besiedlung. Noch heute vermischt sich hier Deutsches und Dänisches. Immerhin leben in der Region auch die dänisch sprechenden Südschleswiger, die mit etwa 42.000 Angehörigen nach wie vor eine stattliche Minderheit bilden.

Was anschauen?

Landschaftsmuseum Angeln: Kein Freilichtmuseum im eigentlichen Sinne: Hier wurde ein ganzes Dorf, nämlich Unewatt, ins Konzept miteinbezogen. Ein Leckerbissen für Liebhaber alten Handwerks, historischer Landmaschinen und ländlicher Wohnkultur. → **S. 380**

Schloss Glücksburg: Was für ein Schloss! Märchenhaft spiegelt sich das hellweiße Wasserschloss im Schlossteich und wartet als eines der bekanntesten Bauwerke Norddeutschlands auf seine Besucher. → **S. 385**

Flensburger Schifffahrtsmuseum: Im ehemaligen Zollpackhaus am Museumshafen wird die ru(h)mreiche maritime Vergangenheit der Stadt anschaulich erzählt. → **S. 395**

Altstadt Flensburg: Ein Einkaufsparadies mit historischem Charme. Auch in den vielen Hinterhöfen der alten Kaufmannshäuser finden sich hübsche Läden und Cafés. → **S. 391**

Was unternehmen?

Geltinger Birk: Ein wahres Naturparadies, in dem sich auf ausgedehnten Wanderungen oder Radtouren die hier wild lebenden Konik-Wildpferde beobachten lassen. → **S. 370**

Tolk-Schau: Da schlagen Kinderherzen höher: nett gemachter Freizeitpark mit Fahrattraktionen, Dinosaurierpark und Wildgehege. → **S. 379**

Schiffsausflug nach Dänemark: Vom Hafen Langballigau, aber auch von Flensburg aus startet im Sommer ein Ausflugsschiff zu einem Tagesausflug nach Sønderborg. → **S. 382** und → **S. 405**

Wo baden?

Falshöft: Ein schöner, nicht zu voller Abschnitt des herrlichen Strandes findet sich am Fuße des Leuchtturms. → **S. 371**

Holnis: Die Ostseite der Halbinsel flankiert ein langer, flach abfallender, von einem kleinen Deich gesäumter Badestrand. → **S. 386**

Wassersleben: Am westlichsten Punkt der Ostsee liegt dieser etwa 600 m lange, kurtaxenfreie Badestrand. → **S. 410**

Geltinger Bucht

Von der Schleimündung bis zur Flensburger Außenförde umfasst die Geltinger Bucht den nordöstlichen Teil von Angeln. Weite und zumeist kurtaxenfreie Strände sowie viel unberührte Natur kennzeichnen diesen sehenswerten Küstenabschnitt. Am ursprünglichsten geht es im schönen Naturschutzgebiet Geltinger Birk am äußersten Ende der Flensburger Förde zu.

Es sind vor allem kleine Dörfer und der rund 8 km lange, von Maasholm bis zur Geltinger Birk reichende Sandstrand, die das Gesicht der Geltinger Bucht prägen. Im Norden und Westen des Amtes Geltinger Bucht, also dort wo die eigentliche Bucht von Gelting liegt und die Flensburger Außenförde beginnt, wird die Küstenlinie dann zunehmend steiniger und ist durch einige Steilküstenabschnitte geprägt. Wie fast überall an der schleswig-holsteinischen Ostseeküste befinden sich an den schönsten Küstenabschnitten immer auch schöne Campingplätze oder Ferienhausanlagen.

Los geht es mit den Campingarealen der Gemeinden **Hasselberg** und **Kronsgaard.** Der feinsandige, zum Baden einladende Sandstrand zieht sich hier über die Kronsgaarder Strände **Pottloch** und **Golsmaas** bis hinauf zum **Leuchtturm Falshöft.** Ganz der Natur vorbehalten ist dann die nördliche Spitze der Halbinsel Angeln mit dem Naturschutzgebiet **Geltinger Birk** (→ S. 370), ideal für ausgiebige Wanderungen in unberührter Natur.

Mit gut 2000 Einwohnern ist der Ort **Gelting** nicht nur Namensgeber und Verwaltungszentrum, sondern mit seinen Einkaufsmöglichkeiten auch Versorgungszentrum dieser dünn besiedelten Region. Ein gepflegter Bürgerpark mit einem Teich und einem Kneippbecken erinnert daran, dass Gelting seit 1990 der erste (und einzige) anerkannte Kneippkurort an der Ostsee ist. Von der historischen Bedeutung Geltings zeugt die schon um 1300 errichtete *Katharinenkirche*, die 1793 im klassizistischen Stil umgebaut wurde (tägl. 8–17 Uhr geöffnet). In der von innen hellweiß gestalteten Kirche beeindrucken vor allem die Altarwand mit ihrem Schnitzaltar und dem darüberliegenden Orgelprospekt sowie das aus Eichenholz geschnitzte Taufbecken, dessen überdimensionierter Deckel als ein Hauptwerk des Knorpelbarocks gilt.

Gelting gehörte früher zu einem gleichnamigen adeligen Gut, das sich noch heute am östlichen Ortrand befindet. Es ist eines der ältesten Adelshöfe Angelns und wird wegen seines von einem Schlossgraben umgebenen Herrenhauses *Wasserschloss Gelting* genannt. Da sie in Privatbesitz ist, kann die dreiflügelige, im 18. Jh. zu ihrer heutigen prächtigen Form umgestaltete Hofanlage nicht besichtigt werden. Lediglich ein Blick durch das 1754 errichtete Torhaus ist möglich.

An der Bucht vor Gelting gibt es gleich zwei Sporthäfen. Touristisch interessant ist vor allem die 2 km entfernte Feriensiedlung **Wackerballig** mit Campingplatz und kleinem Strand. Wegen der in diesem Teil der Geltinger Bucht besonders geringen und daher vor allem für Familien mit Kindern zum Baden geeigneten Wassertiefe hat man im Jahr 1980 den zugehörigen Jachthafen einfach ein Stück vom Ufer entfernt im tieferen Gewässer angelegt. Er ist über einen seebrückenartigen, 220 m langen Steg zu erreichen und bietet mit seinem Bistro vor allem bei Sonnenuntergang einen herrlichen Logenplatz.

Nur 1,5 km weiter westlich liegt **Gelting Mole,** der zweite Hafen des

Abendstimmung in der Feriensiedlung Wackerballig

Angeln und die Flensburger Förde → Karte S. 366

Ortes. Dieser auf den ersten Blick nicht unbedingt einladend wirkende Sportboothafen war 35 Jahre lang das Tor nach Skandinavien, denn von 1965 bis 1999 verkehrte von hier aus eine große Autofähre bis ins dänische Faaborg.

Noch weiter westlich wird die Küste der Flensburger Außenförde bis Langballigau etwas steiler und ursprünglicher und damit teilweise auch sehr steinig. Dennoch finden sich immer wieder einige versteckte **Badestellen** (mit kleinem Parkplatz). Besonders schöne Rückzugsorte mit sandigem Strandabschnitt sind der kleine Strand von **Ohrfeldhaff,** kurz vor der kleinen Landspitze von Habernis der Strand von **Norgaardholz** (750 m südlich der am Campingplatz gelegenen Badebrücke) und insbesondere die versteckte Badestelle **Na de Huk** (nahe der Landspitze).

Interessant sind auch das an der Steilküste gelegene **Neukirchen** und dessen kleine Siedlung **Nieby** (dänisch für *neues Dorf*). Lost-Places-Anhänger könnten Gefallen an dem Ort finden, weil hier einmal eine beachtliche Seebrücke stand, von der heute nur noch die langsam verrottenden Pfeiler aus massivem Edelholz aus dem Wasser emporragen. Wegen der zollfreien Einkaufsmöglichkeiten auf sogenannten „Butterfahrten“ nach Dänemark hatten Investoren in den späten 1970er-Jahre den kostspieligen Anleger errichten lassen, der dem Verfall preisgegeben ist, seit eine zum 30. Juni 1999 in Kraft getretene Änderung des EU-Zollrechts den Butterfahrten an den deutschen Küsten ein jähes Ende bereitet hat.

Wegen ihrer herrlichen Lage ganz unmittelbar an der Steilküste ist auch die 800 m westlich der Siedlung errichtete **Neue Kirche** etwas Besonderes. Den Zugang zur weiß getünchten Kirche, die von alten Linden und einem Friedhof umgeben ist, markiert ein ebenfalls weiß gestrichenes Backsteintor. Die Innenausstattung stammt im Wesentlichen noch aus der Erbauungszeit. Beeindruckend ist vor allem der mit einem Abendmahlsgemälde versehene Flügelaltar. Gesichert ist die Zukunft der Neuen Kirche jedoch keineswegs, denn durch andauernde Landabbrüche vor

Wenig los: Naturstrand Norgaardholz

U-Boot-Versenkung und Hinrichtung in der Geltinger Bucht

In der Nacht vom 4. zum 5. Mai 1945 wurden in den letzten Kriegstagen 47 U-Boote der Kriegsmarine von ihren Besatzungen selbst versenkt, damit sie nicht den Siegermächten in die Hände fielen. Bis auf ein tief im Grund eingesunkenes U-Boot blieb die Flotte allerdings nicht ewig auf dem Meeresgrund liegen, sondern wurde um 1950 vom Grund der Geltinger Bucht gehoben und in Flensburg verschrottet.

Gedenktafel von Norgaardholz

Ein zweites, noch sinnloseres Geschehen spielte sich ebenfalls zu Kriegsende hier ab: Im Vertrauen auf die am 4. Mai 1945 unterzeichnete Teilkapitulation der deutschen Streitkräfte für Nordwestdeutschland, Dänemark und Holland gegenüber den britischen Truppen verließen am 6. Mai vier junge Marinesoldaten auf der dänischen Insel Fünen ihre Einheit, um nach Hause zurückzukehren. Sie wurden von dänischen Hilfspolizisten aufgegriffen und dem deutschen Ortskommandanten übergeben, der die Männer zu der in der Geltinger Bucht versammelten deutschen Schnellbootflotte überstellen ließ.

Noch am 9. Mai wurden drei der Männer vor einem Marinekriegsgericht an Bord des Begleitschiffs „Buea" wegen Fahnenflucht zum Tode durch Erschießen verurteilt; der vierte Matrose erhielt drei Jahre Zuchthaus. Am nächsten Tag, also mittlerweile schon zwei Tage nach Kriegsende, wurde das Urteil auf dem Achterdeck des vor Norgaardholz liegenden Schiffes durch Erschießen vollstreckt. Die Leichen der Hingerichteten versenkte man anschließend in der Geltinger Bucht.

Seit 1999 erinnert ein Gedenkstein an der Seebadeanstalt von Norgaardholz (beim Campingplatz am Zugang zur Bootsrampe bei der Badebrücke) an die drei Marinesoldaten Alfred Gail, Martin Schilling und Fritz Wehrmann. Sie waren die tragischen Opfer des letzten von der menschenverachtenden NS-Justiz vollstreckten Todesurteils. Der Gedenkstein zitiert auch einen bewegenden Auszug aus dem Abschiedsbrief eines der Soldaten an seine Eltern.

allem in den stürmischen Wintermonaten rückt die Steilküste, die hier „Klüft" genannt wird, trotz Errichtung von Buhnen und eines Steindammes immer näher an das Gotteshaus heran.

Es liegt auf der Hand, dass die Kirche der Namensgeber des Ortes Neukirchen ist. So neu ist die Kirche allerdings gar nicht, denn sie wurde bereits 1621 errichtet. Hier am Eingang der Flensburger Förde plante damals der Herzog von Schleswig-Holstein-Sonderburg den Bau eines eigenen Hafens für den lukrativen Seehandel. Er wollte damit eine Verbindung zu seinen Besitzungen auf der anderen (dänischen) Fördeseite schaffen und überdies dem benachbarten Flensburg Konkurrenz machen. Also ließ er als Erstes im „neuen Dorf" (Nieby) 32 Häuser für die hier angesiedelten Arbeiter und parallel dazu auf der nahen Steilküste als würdige Basis seiner neuen „Stadtgründung" dieses Gotteshaus bauen. Zur Fertigstellung des Hafens kam es allerdings nie. Seit 2013 ist Neukirchen ein Ortsteil der Landgemeinde Steinbergkirche.

Erdholländer: Mühle Charlotte

Auch das Hinterland der Geltinger Bucht hält Überraschungen bereit. So steht auf dem ebenfalls zur Gemeinde Steinbergkirche gehörenden, 70 m hohen Scheersberg ein frei zugänglicher **Bismarckturm** (→ S. 372), von dem aus Sie einen herrlichen Rundblick über die Geltinger Bucht haben. Zu Füßen des Scheersberg liegt der kleine Ort Nübelfeld mit der **Mühle Hoffnung** und zugehörigem Getreidesilo. Der reetgedeckte Achteck-Erdholländer von 1841 ist nicht mehr funktionsfähig und wird als Ferienwohnung genutzt.

Geltinger Birk

Dieser knapp 800 ha große, nördliche Teil der Geltinger Halbinsel steht schon seit 1934 unter Schutz und hat sich mit seinen Gewässern, verlandeten Schilfsümpfen, Seegraswiesen und Dünen zu einem besonders schönen Küstensaum entwickelt, der zum Rückzugsort für zahlreiche bedrohte Vogelarten geworden ist.

Sie können diese nordöstliche Landspitze Angelns per Fahrrad umrunden oder auf breiten Rundwanderwegen erkunden. Los geht es am Parkplatz mit dem netten Imbiss „Birklein". Nach wenigen Metern grüßt schon die reetgedeckte **Mühle Charlotte.** Der schöne Erdholländer wurde 1826 nicht nur zum Kornmahlen, sondern vor allem als Schöpfmühle zu Entwässerungszwecken erbaut (und ist heute ein komfortables Ferienhaus). Denn ursprünglich gab es weiter nördlich einmal eine kleine Insel (Birkeninsel), die sich im Laufe der Zeit durch einen Nehrungshaken mit dem Festland verbunden hat. Durch Eindeichungen eines mitunter unter dem Meeresspiegel liegenden Teils der Birk wollte man diesen landwirtschaftlich nutzen. Also musste das Gebiet ständig entwässert werden. Heute übernimmt ein kleines Schöpfwerk neben der Mühle diese Aufgabe.

Nach etwa 30 Minuten (zu Fuß) ist die wunderschön an der Außenförde gelegene Infohütte des NABU erreicht (Toilette). Bis zur Birk-Nack (Birkspitze) müssen Sie etwa eine Stunde rechnen. Mit etwas Glück können Sie unterwegs eine Herde Wildpferde sehen. Es handelt sich um robuste Konik-Pferde, die hier 2002 ausgewildert wurden und zusammen mit etwa 300 zotteligen Schottischen Hochlandrindern diese einzigartige Küstenlandschaft vor Verbuschung schützen.

Information NABU bietet auf der Geltinger Birk zahlreiche geführte Wanderungen und auch Fahrradtouren zu bestimmten Themen an (Kosten 10 €; Kinder frei). Infos und Termine unter ✆ 04632-553 und geltinger-birk.de. Treffpunkt Parkplatz Mühle Charlotte. Der NABU unterhält auch die „Integrierte Station Geltinger Birk“ samt kleiner Ausstellung in Falshöft (April–Sept. 11–16 Uhr; Mi Ruhetag). 24395 Nieby, Falshöft 11.

Wandern Vier nach Tieren benannte **Rundtouren durch die Geltinger Birk** stehen zur Auswahl: *Möwe* (13,3 km), von der Mühle Charlotte oder von Falshöft rund um die Birk. *Hochlandrind* (10,4 km), vom Strandparkplatz Falshöft aus durch das Hinterland zur Birkspitze und an der Ostsee zurück. *Konik* (6,2 km), von der Mühle Charlotte über die Binnenweiden zur NABU-Hütte und an der Förde wieder zurück. *Eule* (3 km), kleine Binnenlad-Runde von Nieby aus.

Radfahren Der **Geltinger-Birk-Törn,** eine 25-km-Rundtour (ausgeschildert), führt weitgehend unberührte Natur von Gelting durch das Naturschutzgebiet Geltinger Birk an der Wasserseite entlang bis zum Leuchtturm Falshöft. Über Kronsgaard geht es wieder nach Gelting zurück.

Sehenswertes

Leuchtturm Falshöft: Am südöstlichen Ende der Geltinger Birk tat das von einem Badestrand flankierte, im Jahr 1909 erbaute rot-weiß gestreifte Leuchtfeuer 92 Jahre lang treu seinen Dienst. Dann machte im Jahr 2002 die Sattelitennavigation den Turm überflüssig. Die Ansteuerung in die Flensburger Förde und die Warnung vor Untiefen übernimmt seither der der rund 8 km entfernte, nördlich der Geltinger Birk inmitten der Förde stehende Leuchtturm Kalkgrund alleine.

Geöffnet: Leuchtturm Falshöft

Nach seiner Außerdienststellung kaufte die Gemeinde Pommerby das aus Gusseisensegmenten gefertigte Leuchtfeuer. Anfangs wurde der mit zwei umlaufenden Galerien versehene Leuchtturm von Falshöft nur als Trauzimmer genutzt. Inzwischen kümmert sich ein Förderverein um das nachts mit einem gedimmten weißen Festfeuer versehene Kulturdenkmal. Eine Besichtigung der Aussichtsplattform ist ebenfalls möglich, im Erdgeschoss wurde zudem ein kleines Leuchtturm-Museum eingerichtet.

■ April–Okt. Di + Do 15–17 Uhr und Fr 14.30–17.30. Erw. 2,50 €, Kinder 1,50 €. Sibbeskjär, 24395 Pommerby, leuchtturm-falshoeft.de.

Bismarckturm Scheersberg: Unweit der Küsten-Bundesstraße B 199 bei Nübelfeld empfiehlt sich der guten Aussicht wegen ein Abstecher zu dem auf dem 70 m hohen Scheersberg erbauten Bismarckturm. Er steht auf dem Gelände der Internationalen Bildungsstätte Jugendhof Scheersberg und verfügt über eine schöne Aussichtsplattform, die eine Rundumsicht über ganz Angeln ermöglicht.

Über dem Eingangsportal des Turmes hängt neben einem Bronzerelief des Reichskanzlers auch dessen martialischer Spruch „Wir Deutschen fürchten Gott, sonst nichts auf der Welt". Bismarcks zweiter bei seiner damaligen Grundsatzrede zur Außenpolitik 1888 angefügter Halbsatz „und diese Gottesfurcht ist es schon, die uns den Frieden lieben und pflegen lässt" wurde hier allerdings beflissentlich unterschlagen.

Schöne Aussicht: Bismarckturm

Errichtet wurde der bis zur Fahnenmastspitze 32,3 m messende Turm in den Jahren 1900–1903 von der Landschaft Angeln und den angrenzenden Städten. Bei der Finanzierung war man auch auf Sachspenden der Bevölkerung angewiesen. Im Turm verbaut sind daher 366 große Steine, die von Einzelpersonen, Vereinen und Gemeinden gespendet und mit den Namen der Stifter versehen wurden. Über die vier Stockwerke im Inneren verteilt gibt es eine Dokumentation zur Entstehung des Turmes, zu den Konflikten der deutsch-dänischen Grenzregion Angeln und zur Rolle der Landschaft Angeln in der Zeit des Nationalsozialismus.

■ Ende März bis Ende Okt. tägl. 8–20 Uhr geöffnet. Eintritt frei. Scheersberg 9, 24972 Quern.

Wandern: Strandrunde Habernis (8 km)

Los geht es am Parkplatz Schleuse Habernis. Gegenüber dem Parkplatz wandern Sie zunächst auf schmalen, aber gut beschilderten Holzstegen und später über Feld- und Waldwege durch das Habernisser Moor. Nach 1 km erst links und dann gleich wieder rechts im Zickzack durch die Habernisser Au. Vorbei an der artesischen Quelle Wolsroi und später am Ferienhof Bendixen gelangt man nach 3 km zum Strand von Norgaardholz (am nördlichen Ende des Campingplatz Nordstern). Am Strand entlang geht es nun 1 km nach Norden bis zum Parkplatz Na de Huk. Dort auf dem Feldweg 1,5 km bis zum Campingplatz Habernis (Strandlounge) und die letzten 500 m wieder am Strand entlang zum Ausgangspunkt.

Praktische Infos

Einwohner 13.000 (Amt Geltinger Bucht, verteilt auf 16 Gemeinden).

Information **Touristikverein Ferienland Ostsee Geltinger Bucht e. V.,** Nordstr. 1 a,

Bismarcktürme

Der erste Reichskanzler Otto von Bismarck (1815–1898) war schon zu Lebzeiten eine Legende. Doch nach seinem Tod setzte eine heute kaum nachvollziehbare Bismarckverehrung ein, die sich zu einem wahren Kult steigerte. Vor allem die *Deutsche Studentenschaft* rief dazu auf, „auf allen Höhen unserer Heimat [...] ein Wahrzeichen vaterländischen Dankes" für den „Schmied der deutschen Einheit" zu errichten. So entstanden innerhalb der Grenzen des ehemaligen Deutschen Reiches 243 Bismarcktürme und -säulen, von denen immerhin noch 175 erhalten sind. Einer dieser begehbaren Aussichtspunkte steht auf dem Scheersberg (Gemeinde Steinbergkirche), ein zweiter auf dem Vogelberg (in Lütjenburg) und ein dritter auf dem Pariner Berg (bei Bad Schwartau). Gemeinsam war den meisten Bauwerken die Ausstattung mit einer Feuervorrichtung, in der an Gedenktagen (v. a. Bismarcks Geburtstag am 1. April) „Flammen über ganz Deutschland zu Ehren Bismarcks" entzündet wurden (Infos unter bismarcktuerme.de).

24395 Gelting, ✆ 04643-777, ferienlandostsee.de und **Touristinfo Kapplen** (auch für die Geltinger Bucht), Schleswiger Str. 1 (Holländerwindmühle Amanda), 24376 Kappeln, ✆ 04642-4027, ostseefjordschlei.de.

Barfusspark In **Hasselberg-Schwackendorf** neben einem Bauernhof gelegen ist diese gepflegte Anlage vor allem für Kinder ein Erlebnis. Auf 1,5 km Weglänge ist auf dem 2,5 ha großen Gelände einiges zu entdecken; immer wieder unterbrochen von Spiel-, Fühl- oder Balancierstationen. Zudem gibt's hier einen Streichelzoo, ein Hüpfkissen und eine Minigolfanlage. Ende April bis Anfang Okt. tägl. 10–18 Uhr (Sa/So bis 19 Uhr). Erw. 9 €, Kinder (ab 90 cm) 7 €. Schwackendorf 37 (zwischen Gelting und Kappeln), ✆ 04642-965178, barfusspark-schwackendorf.de.

Maislabyrinth Beim historischen **Gut Oestergaard** rund 7 km westlich von Gelting befindet sich auf einer Fläche in einer Größe von drei Fußballfeldern ein riesiger Irrgarten, in dem sich große und kleine Abenteurer bei einer Stempelrallye richtig austoben können. In der Mitte gibt es einen kleinen Aussichtsturm, am Eingang einen Kiosk. Eintritt 4,50 € (mitunter SB-Kasse). Toiletten nur am Hof von Gut Oestergaard (in dem gelegentlich Märkte, Konzerte und andere Veranstaltungen stattfinden). Mitte Juli bis Mitte Okt. tägl. 10–19 Uhr. Oestergaard 2 (nahe der B 199), 24972 Steinberg, ✆ 04642-876608, gut-oestergaard.

Strände/Hundestrand Durchgehender feinsandiger Badestrand mit verschiedenen Zufahrten und (zumeist kostenpflichtigen) Parkplätzen von **Hasselberg** über **Kronsgaard/Pottloch/Golsmaas** bis **Falsthöft** (jeweils auch mit Hundestrand-Abschnitt). Einen Sandstrand gibt es zudem am Hafen **Wackerballig**. Etwas steiniger, aber ruhiger sind die weiter nördlich folgenden Naturstrände (mit zumeist kostenfreien Parkplätzen) von **Ohrfeldhaff** (kein Hundestrand), **Steinberghaff** (mit Restaurant und Campingareal), **Noorgaardholz** (Zufahrt am Parkplatz Klevelücke, südl. der Seebadeanstalt mit Badebrücke, hier auch Hundestrand), **Na de Huk, Habernis** (auch Hundestrand, Campingplatz und gemütliche Strand-Lounge) und **Neukirchen** (unterhalb der Steilküste).

Übernachten **Hotel Gasthuus Spieskamer,** stimmiges Preis-Leistungs-Verhältnis, saubere, mit Liebe zum Detail eingerichtete Zimmer. Freundlicher Service; reichhaltiges Frühstücksbuffet. Zudem ein Speiselokal mit gutbürgerlicher Küche im Haus (auch vegane Gerichte und Speisekarte mit Allergenkennzeichnung). Ruhige Lage, gut 1 km vom Strand entfernt. Hasselberg 3, 24376 Hasselberg, ✆ 04642-6683, spieskamer.de. **€€** (Hotel), **€€€** (Restaurant)

Pension Tüxen, einsame, ruhige Lage, ca. 3 km vom Strand entfernt. 17 gut ausgestattete Zimmer und fünf Appartements, großer Garten

Angeln und die Flensburger Förde → Karte S. 366

mit Teichlandschaft und gepflegter Liegewiese, Wellnessbereich mit Sauna und Whirlwanne. Frühstücksbuffet. Eckeberg 1, 24376 Hasselberg, 04642-6462, pension-tuexen.de. €

Janbeck's FAIRhaus, das erste klimapositive Hotel in Schleswig-Holstein. Auf einem alten Resthof gelegen, mit uralter Linde vor dem Haus. Nette familiäre Atmosphäre. Sieben rustikal-gemütliche Quartiere mit insg. 21 Betten. Hundefreundlich und weitgehend barrierefrei. Leckeres Frühstück mit selbstgemachten Produkten (Brot aus Vollkornmehl, Säfte, Marmeladen). Lehbek 10, 24395 Gelting, 04643-186501, janbecks.de. €€

MeinTipp **Hof Norderlück,** Ostseehotel garni mit Reetdach, 21 nordisch-gemütlich eingerichtete Zimmer. Liebevoll gestaltete Außenanlage. Freundlicher Service und ein herrliches Frühstücksbuffet mit frischen regionalen Produkten. Ein idealer Platz zum Erholen. Von der überdachten Terrasse oder den Balkonen Aussicht auf die rund fünf Gehminuten entfernte Ostsee. Steinberghaff 16, 24972 Steinberg, 04636-6669960; hof-norderlueck.de. €€

Ostseehotel Hunhoi, ruhige Lage westlich des Hafens Gelting-Mole. 11 Zimmer in guter Ausstattung mit schöner Aussicht auf die umliegenden Wiesen und das Meer. Das Frühstück wird am Tisch serviert. Zudem gibt es ein Restaurant/Café im Haus, in dem Sie eine gute, vorwiegend italienische, aber auch Holsteiner Küche genießen können. Hunhoi 3, 24395 Niesgrau, 04643-1864880, ostseehotel-hunhoi.de. €€ (Hotel), €€ (Restaurant)

Campingplatz Wackerballig, direkt am Wasser gelegener gepflegter Platz mit groß bemessenen Stellplätzen. Auch Mietwohnwagen und Chalets. Kiosk und Brötchenservice. Strandweg 2 a, 24395 Gelting, 04643-1335, campingplatz-wackerballig.de.

Campingplatz Steinberghaff, kleiner, sehr ruhig direkt am hier schmalen, steinigen Ostseestrand gelegener Platz, freundlich-familiäre Atmosphäre. Viele Dauercamper. Sauna. **Gaststätte Fischerkrog** mit zünftigen Speisen neben dem Gelände. Ganzjährig geöffnet. Fischerstr. 21, 24972 Steinberghaff, 04632-247, campingplatz-steinberghaff.de. € (Restaurant)

Essen & Trinken **Strandcafé Lieblingsplatz,** seinem Namen gemäß gemütlich eingerichteter Wohlfühlort am Strand von Kronsgaard hinter dem kleinen Deichweg. Im skandinavisch gelben Holzhaus mit großer Terrasse und Wiese gibt es Kaffee- und Teespezialitäten, leckeren Kuchen (z. B. Möhren-, Käsekuchen oder Mangotorte), wohlschmeckende Waffeln und auch Cocktails. Zudem Frühstücksangebote und herzhafte Kleinigkeiten (Sandwich, Antipasti-Platte). Mi–So 12.30–18 Uhr. 04643-1860563.

Cafe Lichthof, dieses gemütliche Café in einem alten Bauernhaus von 1859 gibt es in Falshöft schon seit 1997. Liebevoll eingerichtete Räume, schöner Cafégarten. Es werden Torten, Kuchen und auch Gemüsekuchen mit Kräuterquark oder Wurst- und Käsebrote serviert. Nur Fr–So 12–17 Uhr. Falshöft 29, 24395 Nieby, 04643-1354.

Café-Restaurant Sonne und Meer, Restaurant-Bungalow mit schönem Ausblick aufs Wasser und den Hafen und zudem hochwertigen, frischen Speisen aus der Region (z. B. Husumer Rib-Eye-Steak oder Ostsee-Dorsch aus Maasholm). Auch Cafébetrieb. Windgeschützte Terrasse und Kinderspielplatz am Haus. Kostenlose Parkplätze. Mi–So 12–22 Uhr (Mo/Di Ruhetag). Gelting Mole 1, 24395 Niesgrau, 04643-185771. €€

Fähr-Café Bonsberg, gutbürgerliche, frische Küche, guter Service. Leckere Ostseescholle mit Krabben, auch Fleischgerichte (Steaks) und Vegetarisches. Schöne Gartenterrasse. Zudem Café und Hotelbetrieb. Parkplätze am Haus. Mo/Di 14–21 Uhr, Mi–So 12–14 und 17–21 Uhr. Am westlichen Ende des Hafens Gelting-Mole gelegen. Bonsberg 5, 24395 Niesgrau, 04643-2466.

Restaurant Steinberghaff, Strandrestaurant in schöner Lage mit Ostseeblick. Moderngepflegte Einrichtung. Gutes hausgemachtes Labskaus oder Sauerfleisch; auch Backfisch, Currywurst, Veganes und Pasta. Zudem Cafébetrieb. Schöner Gastgarten, kostenlose Parkplätze. Mi–Fr ab 14.30 Uhr, Sa/So Küche 12–19.30 Uhr (Mo/Di Ruhetag). Steinberghaff 22, 24972 Steinberg, 04632-1755. €€

MeinTipp **Strand Lounge Habernis,** chillig-sandiger Außenbereich mit Palmen, Liegestühlen und einem abgeschnittenen Mercedes als Hingucker. Gemütliche Gaststube mit einfachem Wintergarten. Leckere Schnitzel, Riesenburger oder Salate, aber auch z. B. gebratener Lachs auf Gemüse. Netter Service. In der Saison Mi–Fr 14–21 Uhr, Sa/So ab 12–21 Uhr (Mo/Di Ruhetag). Habernis 7 (am öffentlichen Strand neben dem Campingplatz von Habernis gelegen). 24972 Steinberg. €

Süderbrarup

Der wegen seiner archäologischen Fundstellen interessante, architektonisch aber eher unspektakuläre Hauptort im Süden Angelns eignet sich gut als Ausgangspunkt für die Erkundung der Region. Ende Juli allerdings herrscht hier richtig Trubel. Dann nämlich wird Süderbrarup zum Schauplatz des Brarup-Marktes – und das schon seit über 430 Jahren.

Als einer der größeren Orte Angelns ist Süderbrarup auch eine Art Verkehrsknotenpunkt zwischen Schleswig und Kappeln. Zudem ist es der Verwaltungssitz des gleichnamigen Amtes Süderbrarup; auch Haltepunkt der Bahnlinie Kiel–Flensburg und obendrein Endstation der im Sommerhalbjahr von Kappeln bis hierher verkehrenden Museumszüge der Angelner Dampfeisenbahn.

Im Ort mit seiner bemerkenswerten frühgeschichtlichen Vergangenheit ist vor allem das **Thorsberger Moor** (→ S. 378) am nördlichen Ortsrand bedeutend, welches sich heute lediglich als kleiner, baumumrandeter und von Gänsen bevölkerter Teich präsentiert. Doch wo heute dieses unscheinbare Gewässer ist, befand sich einst ein germanisches Opfermoor aus der römischen Kaiserzeit, das viele Schätze barg. Archäologisch bedeutsam ist auch das auf der gegenüberliegenden Straßenseite des Thorsberger Moores direkt an den Gleisen der Museumsbahn gelegene **Hügelgrab Kummerhy** *(Kummer = Kammer; hy = Hügel)*. Das Rundgrab, bei dem es sich um einen geöffneten Grabhügel aus der jüngeren Bronzezeit (1100–720 v. Chr.) hadelt, hat einen Durchmesser von 15 m. In seiner Mitte gab es eine kleine Grabkammer mit Leichenbrand, die von einem wohl erst in der Wikingerzeit hinzugefügten Steinkreis umgeben war. Dahinter steht ein 2 m hoher Wächterstein mit mehr als 45 schalenartigen Vertiefungen.

„Bahnhof Deekelsen" in Süderbrarup

Angeln und die Flensburger Förde → Karte S. 366

Brarup-Markt

Das letzte vollständige Juli-Wochenende ist so etwas wie die fünfte Jahreszeit in Angeln. Dann findet mit dem Brarup-Markt auf dem großen Festplatz in Süderbrarup das mit rund 300.000 Besuchern größte und wichtigste ländliche Volksfest Schleswig-Holsteins statt. Heute vor allem ein Jahrmarkt mit vielen Fahrgeschäften, Schaustellern sowie Tanz- und Schankzelten, kann der Brarup-Markt eine über 430-jährige Geschichte als früher bäuerlich geprägter Markt aufweisen. An diese Tradition erinnert nur noch der Pferdemarkt, der hier nach wie vor am Marktmontag jedes Jahres stattfindet.

Vielleicht schon im Zuge der Kriegsbeuteopfer im Thorsberger Moor vor 2000 Jahren, sicher aber wegen seiner Quelle, der schon zu heidnischer Zeit eine Heilkraft zugesprochen wurde, kamen neben Pilgern auch viele Händler nach Süderbrarup. Sehr wahrscheinlich wurde hier schon vor der Christianisierung Markt gehalten; eine erste urkundliche Erwähnung des Brarup-Marktes ist allerdings erst für das Jahr 1593 belegt.

- Infos zum aktuellen Marktgeschehen unter brarupmarkt.de.

Der von hier rund 500 m entfernte **Bahnhof** im Ortskern ist denkmalgeschützt und Endstation der von Kappel kommenden Museumseisenbahn. Als „Bahnhof Deekelsen" (→ S. 344) wurde er durch die ZDF-Serie „Der Landarzt" bekannt und beherbergt heute ein nettes Café. Schräg gegenüber befindet sich die „Alte Post" mit ihrem Treppengiebel von 1899. In dem historischen Gebäude war bis 2008 und damit über hundert Jahre lang die Post beheimatet (Bahnhofstraße 6).

Ortsbildprägend ist auch die auf einem Hügel stehende und von einem großen Friedhof umgebene **St.-Jacobi-Kirche** aus dem 12. Jh. (tagsüber geöffnet). Erst im Jahr 1892 wurde ihr hoher neugotischer Turm aus gelblichen Backsteinen hinzugefügt. Damals hat man auch das Kirchenschiff durch ein Tonnengewölbe und eine Empore dem Zeitgeschmack entsprechend umgestaltet. Aus der Erbauungszeit der Kirche ist lediglich die wuchtige Granittaufe erhalten geblieben.

Gegenüber dem weiß getünchten Gotteshaus befindet sich jenseits der Hauptstraße ein riesiger, festplatzähnlicher **Marktplatz**, der in der Frühzeit einmal eine Begräbnisstätte war. Einmal im Jahr wird er zum Austragungsort des berühmten Brarup-Marktes.

Geschichtlich bedeutend, aber heute unspektakulär ist zudem die **Heilige Quelle** im Nordosten des Ortes (an der Quellenstraße zwischen Freibad und Sportplatz). Sie ist mittlerweile versiegt und wird allenfalls von Oberflächenwasser gespeist. In früheren Zeiten war die schwach-radiumhaltige Quelle allerdings einmal eine bedeutende Wallfahrtsstätte.

Geschichte

Der Name des Ortes am südlichen Flusslauf der Oxbek leitet sich vom Wort „Brathorp" her, was so viel wie „Dorf am Abhang" bedeutet. Süderbrarup ist der wahrscheinlich älteste Ort der Region und war schon in der Bronzezeit relativ dicht besiedelt, worauf nicht nur zahlreiche bronzezeitliche Grabstätten und Einzelgräber wie z. B. das Hügelgrab Kummerhy hinweisen. Ganz in der Nähe gibt es auch drei große (heute teilweise überbaute) Männergrabfelder aus der nachfolgenden Eisenzeit (1. Jh. v. Chr.–6. Jh n. Chr.), in denen jeweils über 1000 Männer bestattet wurden. Hinzu kommen noch einige Frauenfriedhöfe (in Norderbrarup). Das größte Gräberfeld mit über 2000 Urnengräbern liegt allerdings unter dem heutigen Marktplatz, dem Schauplatz des Brarup-Marktes. 1200 Urnen konnten hier bislang geborgen werden.

Zudem gibt es am nördlichen Ortsrand mit dem ehemaligen Thorsberger Moor eine sehr bedeutende germanische Opferstelle. In Folge der Thorsberger Mooropferungen begann auch ein reger Warenhandel im Ort. Schon in heidnischer Zeit wurde dem (schwach radiumhaltigen) Wasser der auf einem Thingplatz im Osten der Siedlung entspringenden Quelle eine Heilkraft zugeschrieben. Zu christlicher Zeit wurde sie dann dem hl. Jacobus, dem Schutzpatron der Wallfahrer, geweiht und als Heilige Quelle bezeichnet. Und wo Pilger unterwegs sind und sich von der Heilkraft einer Quelle eine Linderung ihrer Leiden versprechen, da sind auch die Händler nicht weit. Auf deren Geschäft geht der Brarup-Markt zurück. Dieser findet seit Hunderten von Jahren am Gedenktag des – meist als Pilger mit einer Jakobsmuschel dargestellten – hl. Jacobus (25.Juli) hier in Süderbrarup statt und sorgt seither für eine wirtschaftliche Belebung. Richtigen Aufschwung brachte dann 1841 die Eröffnung der heute noch betriebenen Eisenbahnstrecke Kiel-Flensburg.

Thorsberger Moor

Torfstecher waren es, die in den 1850er-Jahren beim Abstechen eines Hochmoores am nördlichen Ortsrand von Süderbrarup (Am Thorsberg) auf seltsam deformierte Waffen oder Schilde stießen. Das kleine Moor wurde daraufhin systematisch ausgegraben. Dabei wurde klar, dass es sich hier um einen Opferplatz handeln musste, an dem 500 Jahre lang den germanischen Göttern etwa 14.000 Kriegsbeuteopfer dargebracht und hier deponiert wurden. Viele davon haben durch das Moor konserviert die Zeit erstaunlich gut überdauert. Es handelt sich daher um eine der bedeutendsten archäologischen Fundstellen Schleswig-Holsteins.

St.-Jacobi-Kirche in Süderbrarup

Tongefäße mit kleinen (Speise-) Opfergaben aus dem 1. Jh. v. Chr. sind die ältesten Funde, gefolgt von hochwertigeren kleinen Metallgegenständen wie Fibeln, Gürtelbeschläge oder Schmuck aus dem 2. Jh. n. Chr. Ab dem 3. Jh. n. Chr. wurden dann große Kriegsbeuteopfer wie hölzerne Rundschilde, Schwertscheiden, Beschläge, Zaumzeuge und Sattelgeschirre von Pferden im Moor versenkt. Auch eine germanische Gesichtsmaske aus Silber, ein Kettenhemd und runenbeschriftete

Angeln und die Flensburger Förde → Karte S. 366

Gegenstände aus Edelmetall kamen zum Vorschein. Textile Kleidungsstücke wie eine Reiterhose und eine Tunika aus dem 4. Jh. sind ebenfalls erhalten geblieben, während sich fast sämtliche Gegenstände aus Eisen und damit die meisten Waffenopfer im Hochmoor zersetzt haben. Auffällig ist, dass die gefundenen Ausrüstungsgegenstände und Waffen wahrscheinlich nicht nur bei Kampfhandlungen mit den Feinden beschädigt, sondern zudem im Rahmen eines Opferkultes unbrauchbar gemacht wurden. Die für damalige Verhältnisse sehr wertvollen Beutestücke stammen von militärischen Anführern innergermanischer Konflikte und wurden von den Siegern hier den Göttern geopfert. Viele Gegenstände sind römischer Herkunft und belegen den Einfluss Roms bis nach Nordgermanien.

Für Deutschland ist das nach dem germanischen Kriegsgott Thor benannte Moor die einzige Kriegsbeuteopferstelle, während in Südskandinavien gut zwei Dutzend Mooropferplätze gefunden wurden. Der eigentliche Opferplatz im Moor befand sich ungefähr dort, wo sich heute die kleine Insel im Teich erhebt. Die geborgenen Fundgegenstände sind auf einige Museen verteilt, wesentliche Artefakte (wie Gesichtsmaske und Hose) befinden sich jedoch in Schleswig auf der Museumsinsel Schloss Gottorf.

■ Tägl. frei zugänglich. Bahnhofstr. 74 a (nördlicher Ortsausgang); schattiger Parkplatz vor Ort. Ein ca. 600 m langer Rundweg mit archäologischen Infotafeln führt um den kleinen See.

Praktische Infos

Einwohner 5300

Information **Touristinfo Kapplen,** Schleswiger Str. 1 (Holländerwindmühle Amanda), 24376 Kappeln, ✆ 04642-4027, ostseefjord schlei.de und **Amt Süderbrarup,** Team Allee 22, 24392 Süderbrarup, ✆ 04642-7802, amtsuederbrarup.de. Keine Kurtaxe.

Fahrräder **Helmuth Ebsen**, Schleswiger Str. 8, 24860 Böcklund, ✆ 04623-7527.

Kanu- und Kajakverleih **Schlei erleben,** Groß Brebel 19 b, ✆ 04641-6439792, schleierleben.de. Nur Kartenzahlung.

Kerzenziehen **KerzenHuus,** 6 km südlich von Süderbrarup kann man für 4,50 € pro Paar selbst Kerzen ziehen. Auch Kinder haben hier ihren Spaß. Di–Fr 11–18 Uhr, Sa/So 13–18 Uhr (Mo Ruhetag). Loiter Str. 1, 24888 Steinfeld, ✆ 04622-9898311, kerzenhuus.de.

Guly-Thing: historischer Thingplatz

Jemanden dingfest machen

Nach germanischem Recht wurden Volks- und Gerichtsversammlungen als Thing oder Ding bezeichnet. Der meist etwas erhöht (häufig auf einem Grabhügel) unter einem Baum gelegene Platz hieß Thingplatz. Oft war es eine alte Linde (Gerichtslinde), unter der getagt wurde. Die Versammlung fand unter Vorsitz des Stammesoberhauptes statt; alle freien Männer seines Stammesgebietes waren verpflichtet, daran teilzunehmen. Wer sich dem Thing bzw. Ding, der Gerichtsversammlung, entzog, war dingflüchtig. Er konnte dann festgenommen, also dingfest gemacht werden.

Museumsbahn **Angelner Dampfeisenbahn** (→ S. 354), angelner-dampfeisenbahn.de.

Schwimmbad Freibad „Zur heiligen Quelle", einfaches, aber gepflegtes kleines Freibad mit 25-m-Becken. Quellenstraße. In der Saison tägl. 5.45–8.25 Uhr und 14–20 Uhr. Erw. 4 €, Kinder 2 €. ✆ 04641-3660.

Essen & Trinken **Ebsen's Kaffeehaus**, im alten Bahnhof von Süderbarup („Bahnhof Deekelsen"), gemütlich mit antiken Möbeln bestückt und mit Fotos aus der Zeit, als das Kaffeehaus noch eine Bahnhofshalle war. Leckere Kuchen und Torten aus eigener Herstellung (z. B. Creme-Baiser-Torte mit Pfirsich). Auch Frühstücksangebote. Di–Sa 7–18 Uhr, So 6.30–17 Uhr (Mo Ruhetag). Bahnhofstr. 15, ✆ 04641-9898388.

Lindenhof Böel, 4 km westlich von Süderbrarup gelegener Landgasthof mit modern-stilvoller Einrichtung und deftigem Essen in guter Qualität. Es gibt Pannfisch und Dorsch, Schnitzel, Rostbeef mit Bratkartoffeln oder Burger; große Portionen und freundlicher Service. Auch raffinierte Vorspeisen (gratinierter Ziegenkäse oder Gelbe-Bete-Carpaccio) und leckere Desserts. Terrasse und Gastgarten. Mi–So ab 17 Uhr (Mo/Di Ruhetag). Lindenalle 1, 24401 Böel, ✆ 04641-4809766. **€€**

Umgebung von Süderbrarup

Das Guly-Thing: Zwischen Kappeln und Süderbrarup wurde auf einem Hügel (dem Arltberg) ein historischer Thingplatz rekonstruiert, der sich ursprünglich im nahen Dorf Gulde befand. Dieser Versammlungs- und Gerichtsplatz aus dem Jahr 300 n. Chr., der aus einem Steinkreis aus Findlingen besteht, ist frei zugänglich. Auch ein Hünengrab mit Dolmen und eine nachgebildete Grabstätte aus der Wikingerzeit mit rekonstruiertem Runenstein befinden sich vor Ort.

▪ Anfahrt: Gut ausgeschildert zwischen Gulde und Oersberg gelegen (9 km nordöstlich von Süderbrarup; Schild „Thingplatz). Kirchenweg 18, 24409 Stoltebüll. Parken unterhalb des Hügels. guly-thing.de.

Tolk-Schau: Vor allem für kleinere Kinder (bis 11 Jahre) und Eltern ein Riesenspaß: Die Tolk-Schau ist ein nett gemachter Freizeitpark im südlichen Angeln zwischen Süderbrarup und Schleswig in der kleinen Gemeinde Tolk. Aus einem ehemaligen Märchenwald in den 1960er-Jahren entstanden, bietet der im Laufe der Zeit immer größer gewordene Park auf einer Fläche von nunmehr 30 ha viele Attraktionen. Es gibt eine Sommerrodelbahn, lange Rutschen, aber auch Fahrgeschäfte wie Karussells und eine kleine Achterbahn. Man kann eine Original-Dampflok bestaunen und sich verschiedene Themenausstellungen, den erstaunlich großen Dinosaurierpark und ein Wildgehege ansehen oder sich von der Bimmelbahn über das von zahlreichen Pfauen bevölkerte Gelände fahren lassen.

▪ Ende April bis Ende Okt. tägl. 10–18 Uhr. Tagesticket ab 90 cm Körpergröße 31 €. Gegen eine Gebühr (ab 15 €) sind auf dem Gelände über 50 Grillhütten buchbar. Hunde sind im Park nicht erlaubt. Tolk-Schau 1, 24894 Tolk (zwischen Schleswig und Süderbrarup gelegen), ✆ 04622-922, tolk-schau.de.

Angeln und die Flensburger Förde → Karte S. 366

Langballig/Unewatt

Besuchenswert ist der beschauliche Luftkurort Langballig vor allem wegen seines kleinen, 3 km nördlich gelegenen Hafens Langballigau und des in den beschaulichen Ortsteil Unewatt integrierten Landschaftsmuseums Angeln.

Der Ortsname (vom altdänischen *balgh* = Erhebung) beschreibt die leicht erhöhte Lage des erstmals 1450 als Langballe erwähnten einstigen Bauerndorfes an der Außenförde. Der an der Hauptkreuzung liegende ehemalige Bahnhof (Restaurant *Station*) zeugt noch davon, dass das 3 km landeinwärts gelegene **Langballig** von 1885 bis 1953 einen Anschluss an die Flensburger Kreisbahn hatte, die als Schmalspurbahn Kappeln mit Flensburg verband.

Ein kleines Naturparadies ist das verträumte **Tal der Langballigau** im Osten des kleinen Gemeindegebiets. Man kann es auf einem schönen Weg erwandern, der vom sehenswerten, nur gut 1 km östlich von Langballig gelegenen Dorf **Unewatt** bis zur Einmündung der sich dahinschlängelnden Langballigau in die Außenförde führt.

Ihr Mündungstrichter wurde in den 1920er-Jahren zum gleichnamigen Fischereihafen **Langballigau** ausgebaut. Heute spielt die Fischerei kaum noch eine Rolle, Langballigau hat sich längst zu einem schönen Jachthafen samt Mole und Aussichtsplattform gemausert. Hier treffen sich Segler, Camper, wegen des benachbarten Strandes auch Badegäste und all diejenigen, die in der Hafengastronomie den Sonnenuntergang genießen wollen. Zudem lädt in der Saison die M/S Feodora II zu einem Schiffausflug in das dänische Sønderborg ein.

5 km westlich vom Hafen Langballigau gibt es mit **Bockholmwik** noch einen zweiten kleinen Jachthafen. Wegen der geringen Wassertiefe hat man ihn einfach in die Förde gebaut und über einen langen Steg zugänglich gemacht. Flankiert wird er von einem schmalen Badestrand und einem schönen Campingplatz.

Sehenswertes

Landschaftsmuseum Angeln/Unewatt: Dies ist kein Landschaftsmuseum im eigentlichen Sinn. Hier hat man ein kleines, weitläufig bebautes Dorf ins Konzept mit einbezogen und so ein dezentrales, über den 70-Einwohner-Ort verteiltes Museum geschaffen, das anschaulich die Kulturgeschichte der ländlichen Region Angelns erzählt. Die fünf Museumsinseln der in die hügelige Landschaft eingebetteten Siedlung sind durch einen 1,7 km langen Rundwanderweg erschlossen.

Los geht es am *Marxenhof*, einem imposanten Bauernhof von 1626. Er wurde nach Art anderer Freilichtmuseen zusammen mir seiner Wandständerscheune in den 1980er-Jahren aus Süderbrarup hierherversetzt und zeigt eine Dauerausstellung zum ländlichen Wohnen und Wirtschaften im 19. Jh. Dahinter liegt ein gepflegter Rosengarten. Die Gebäude der übrigen Museumsinseln befinden sich jedoch an den Original-Standorten. So kommt man nach wenigen Metern zur kleinen *historischen Räucherei* mit einer Ausstellung zur Hausschlachtung und daneben dem Turm des *Umspannwerks.* Von dort führt der Weg zur *Buttermühle*, einer funktionsfähigen, von der Langballigau gespeisten Wassermühle. Dank der Wasserkraft konnte hier Butter als Angelns berühmtester Exportschlager in großer Stückzahl hergestellt werden. Gegenüber diesem

Maritimer Treffpunkt: Hafen Langballigau

technischen Denkmal lädt ein gepflegter Gasthof zur Einkehr ein. Wer mag, kann nun einen Abstecher den Hügel hinauf zur zweiten Mühle machen, zur *Windmühle Fortuna*. Auch dieser 1878 gebaute Galerieholländer ist noch voll funktionsfähig. Wieder zurück im Dorf führt der Rundweg zur letzten Station in der *Christensen-Scheune*. Dort sind historische landwirtschaftliche Geräte und Maschinen zu bestaunen. Man erfährt zudem einiges über die Zuchtgeschichte des Angelner Sattelschweins und der Angeliter Kuh und auch über die örtliche Fischerei. Zudem beinhaltet die Ausstellung eine Gemäldesammlung des Bauernhofmalers Heinrich Hinrichsen (1832–1925).

▪ Mai–Sept. Di–So 10–17 Uhr, April & Okt. Fr–So 10–17 Uhr. Erw. 5 €, Kinder und Jugendl. frei. Kinder können sich an der Kasse einen Entdeckerrucksack ausleihen und mit dem Inhalt spielerisch das Dorf erkunden. Unewatter Str. 1 a, ✆ 04636-1021, unewatt.kultur-schleswig-flensburg.de.

Windmühle Munkbrarup: 6 km westlich von Langballig, auf halbem Weg Richtung Flensburg, ist die liebevoll gepflegte Mühle „Hoffnung" ein lohnenswertes Ausflugsziel. Weithin sichtbar thront Deutschlands nördlichste Graupenmühle auf einem Hügel am Ortsrand von Munkbrarup und ist jederzeit auch von innen zu bestaunen. Der 1845 errichtete Erdholländer stand zunächst an der Förde in Meierwik und wurde 1868 hierherversetzt, wo er nun inmitten einer gepflegten Streuobstwiese steht. 1958 wurde die sich seit fünf Generationen in Familienbesitz befindende Segelwindmühle stillgelegt, sie ist aber noch voll funktionsfähig. Im benachbarten Backhaus wird einmal im Monat gebacken. Im Sommerhalbjahr stehen dort täglich zur Selbstbedienung Getränke sowie Kaffee und Muffins bereit (Geld einfach in die Kasse legen).

Die gegenüberliegende romanische Laurentiuskirche mit ihrem bemerkenswerten Granit-Taufstein aus dem Jahr 1200 ist leider nur zu den Gottesdienstzeiten zugänglich.

▪ Die Mühle ist tägl. 7–21 Uhr geöffnet. Eintritt frei (Spendenbox). Auberg 6, 24960 Munkbrarup, muehle-hoffnung.de.

Angeln und die Flensburger Förde → Karte S. 366

Schiffsausflug nach Dänemark

Sønderborg: In der Saison (Mai–Okt.) startet das Ausflugsschiff M/S Feodora II zu einem Tagesausflug nach Sonderburg. Dort bleibt genug Zeit, um die Hafenpromenade, das Museum Schloss Sonderburg oder die Fußgängerzone in der Jugendstil-Stadt mit ihren 30.000 Einwohnern zu Fuß zu erkunden.

Fahrplan: Nebensaison Do 10.30 Uhr. Zur Hauptsaison Juli/Aug. gibt es donnerstags sogar gleich drei Abfahrtzeiten (10, 13 und 16 Uhr; Rückfahrt 11.30, 14.30 und 18.30 Uhr), außerdem dann auch Di, Mi + Sa 10.30 Uhr (Fahrtzeit jeweils 1 Std., Aufenthalt 3,5 Std. Rückfahrt Sønderborg 15 Uhr, Ankunft Langballig 16 Uhr). Erw. 26 €, Kinder (4–14 J.) 13 €. Tickets ab 9.30 Uhr direkt am Schiff (nur Barzahlung). ✆ 04636-6519946. hk-reederei.de.

Fahrradfähren: Nach E-Mail-Voranmeldung ist auf der M/S Feodora auch eine Fahrradmitnahme möglich; in diesem Fall könnten Sie die Insel Als ein wenig ausführlicher erkunden oder auch den gut 50 km langen Rückweg über Flensburg mit dem Drahtesel antreten.

In den Sommerferien bietet zudem die dänische Fahrradfähre „Thjalfe" täglich die Überfahrt über Brunsnæs nach Egernsund an (17 € + 4 € Rad). Tickets und Info unter fahrradfaehre.info.

Wandern

Der vom NABU konzipierte 95 km lange **Panorama-Wanderweg Fördesteig** verläuft in 16 Abschnitten größtenteils an der Küste entlang von der dänischen Grenze (Schusterkate) bei Flensburg bis nach Maasholm an der Außenförde und von dort noch ein Stück die Schlei entlang bis Kappeln. Die einzelnen Etappen sind nur 3,6 bis 12,5 km lang.

Besonders schön ist die 6,9 km lange **Etappe Nr. 6 von Bockholm nach Langballigau** entlang der Steilküste und an den Küstenwäldern vorbei. Etappe Nr. 7 (4,8 km) führt dann von Langballigau zunächst nach Westerholz und über das von Obstbäumen gesäumte Sträßlein weiter nach Dollerupholz.

▪ Weitere Infos unter fördesteig.de.

Praktische Infos

Einwohner 1600

Information **Touristinfo Flensburg,** Nikolaisstr. 8, 24937 Flensburg, ✆ 0461-9090920, flensburger-foerde.de. **Infopoint Langballig** (März–Okt.), Strandweg 4, 24977 Langballig. Keine Kurtaxe.

Einkaufen **Dolleruper Destillerie**, diese nördlichste Brennerei Deutschlands ist eine schöne kleine Manufaktur, in der nicht nur ein prima Apfelbrand hergestellt wird, sondern noch eine Reihe anderer Brände, Geiste und Liköre aus regionalem Obst, aber auch deutscher Whisky, Rum und Gin. Und mit dem Urstrom-Bier bietet die Destillerie auch einen naturbelassenen Gerstensaft an, dessen Zutaten aus kontrolliert biologischem Anbau stammen. 3 km südöstlich von Langballig nahe der B 199 gelegen. Neukirchener Weg 8 a, 24989 Dollerup. Hofladen: Mi–Fr 10–18 Uhr, Sa 10.30–16.30 Uhr. ✆ 04636-976030.

Fahrräder **Marc Ebsen,** Neukirchener Weg 4, 24989 Dollerup-Streichmühle, ✆ 04636-1436.

Strände/Hundestrand Flach abfallende Strände am Hafen **Bockholmwik** und am Hafen **Langballigau** (der östliche Strandabschnitt ist Hundestrand). Ein kleiner Strand befindet sich auch 1 km weiter östlich vor dem Camping **Westerholz** (mit Imbiss). Zudem gibt es eine versteckte, recht steinige Badestelle mit Steg im wiederum 4 km östlich gelegenen **Dollerupholz.** Dort ragt etwa 50 m vom Ufer entfernt der legendäre **Fünenstein** aus dem Meer. Mit einer Länge von 4 m und einer Breite von 3 m ist er der größte Findling der Flensburger Förde.

Essen & Übernachten **Hotel Ostsee-Anker,** auf dem Gelände eines Campingplatzes am Strand von Langballig gelegen, der von der Jahrhundertsturmflut im Oktober 2023 stark betroffenen war. Zimmer mit Blick aufs Meer. Frühstücksbuffet im angrenzenden **Restaurant Strandterrasse,** das sich auf für das Abendessen anbietet. Leihfahrräder im Angebot. Strandweg 1, ✆ 04636-1646, ostsee-anker.de. **€€** (Hotel), **€€** (Restaurant)

Odinfischer, Fischbistro mit schönem Blick auf den Hafen von Langballigau, vor allem bei Sonnenuntergang. Kräftige Küche mit beliebten Gerichten (z. B. Backfisch oder Schollenfilet mit Pommes, Meerforelle mit Kartoffelsalat), natürlich gibt es hier auch gute Fischbrötchen. In der Saison tägl. 11–20 Uhr (Mo Ruhetag). Strandweg 6, ✆ 04636-9796542. **€**

MeinTipp **Station L,** gepflegtes Ambiente im alten Bahnhofsgebäude von Langballig, aufmerksames Personal und ein gutes Preis-Leistungs-Verhältnis. Abwechslungsreiche Monatskarte (Parmesan-Süppchen, Ligurischer Fischtopf, Ochsenbäckchen mit Schmorgemüse, Garnelen mit Pilzen, Knoblauch-Spaghetti, gute Flammkuchen). Auch vegane und vegetarische Speisen. Gästezimmer im Haus. Di–So 11.30–14 und ab 17.30 Uhr (Mi nur ab 17.30 Uhr, Mo Ruhetag). Raiffeisenstr. 1, ✆ 04636-9771230. **€**

MeinTipp **Unewatt by Hendrik,** Gasthof mit stilvoll-ländlichem Ambiente im Museumsdorf Unewatt; „Feinheimisch"-zertifiziert, was bedeutet, dass die meisten Lebensmittel und Zutaten aus der Region kommen und damit Nachhaltigkeit und Frische der verarbeiteten Produkte garantiert ist. Im Angebot sind z. B. Kotelett vom Landschwein, Königsberger Klopse vom Wild, Filet vom Kabeljau und ein Fang des Tages (zum Tagespreis). Zur Kaffeezeit gibt's auch selbstgemachte Kuchen und Torten. Gemütliche Gaststube und viele schöne Außenplätze unter alten Bäumen. Parkplätze am Haus. Mi–Sa 12–22.30 Uhr, So 12–16 Uhr, Mo/Di Ruhetag. Unewatter Str. 8, ✆ 04636-9776668. **€€**

MeinTipp **Alles isst gut,** zwar mitten im ländlichen Angeln 11 km südlich von Langballig gelegen, aber trotz des auf den ersten Blick einfachen Ambientes gegenüber einer Tankstelle einen Ausflug wert. Innen gemütlich, Terrasse vor dem Haus. Frisch und kreativ zubereitete Speisen mit regionalem Bezug in prima Qualität (z. B. French Rack vom Geestschwein,

Deutschlands nördlichste Graupenmühle in Munkbrarup

Husumer Färsenburger, Sauerfleisch oder Knurrhahnfilet. Relativ kleines Restaurant, daher unbedingt reservieren. Do–Mo 17.30–22 Uhr; Sa/So auch 11.30–14 Uhr (Di/Mi Ruhetag). Flensburger Str. 72, 24966 Sörup, ✆ 04635-2207. **€€**

Fördeferien Bockholmwik, terrassenförmig angelegter Campingplatz mit Aussicht auf das Wasser; kinder- und hundefreundlich. Luxuriöse Sanitäranlagen (mit Einzelkabinen bzw. Familienbädern). Zudem (auch im Winterhalbjahr nutzbare) Ferienwohnungen und das nette **Café/Restaurant Bock 19.** Bockholmwik 19, 24960 Munkbrarup, foerdeferien-bockholmwik.de, ✆ 04635-2088. **€€** (Restaurant)

Glücksburg

Der Name Glücksburg ist fest verbunden mit dem quadratischen, schneeweißen Schloss, das gleichsam der Inbegriff eines malerischen Wasserschlosses ist. Mit seinem Badestrand Sandwig ist Glücksburg aber auch ein anerkanntes Ostseebad.

Der optisch vom „weißes Schloss am Meer" genannten Strandhotel dominierte **Strand** ist nicht allzu groß, aber gespickt mit Strandkörben, hat eine schöne Seebrücke mit Fähranleger und liegt in einer kleinen Bucht, die von einem hohen bewaldeten, mit hübschen Villen übersäten Ufer gesäumt ist. Einige große Appartement- bzw. Hotelanlagen im Stil der 1970er-Jahre stören das Gesamtbild nur wenig. Eine hübsche Promenade zieht an der Steilküste entlang, von der man die gegenüberliegende dänische Küste mit den vorgelagerten Ochseninseln im Blick hat. Sie führt am nördlichen Ende bis zum Schwennautal mit seinem kleinen Strand samt Restaurant. Auf der anderen Seite, am südlichen Ende, führt die Promenade zum **Yachthafen** mit der Hanseatischen Yachtschule, der größten und ältesten Segelschule Deutschlands. Hier befindet sich auch das kleine **Planetarium** der Hochschule Flensburg. Westlich des Hafens liegt ein wenig verborgen hinter dem bewaldeten Ufer der Naturstrand Quellental.

Auch wenn es am Strand noch so schön ist, Blickfang der nördlichsten Stadt Deutschlands ist und bleibt das ein wenig landeinwärts gelegene, märchenhafte und von einem großen Gewässer umgebene **Schloss Glücksburg.** Der sich nordwestlich des Schlosses befindliche Stadtkern ist im Vergleich weniger beeindruckend. Lohnenswerter ist ein Abstecher in die Natur um Glücksburg herum. Landschaftsprägend ist vor allem der insgesamt 600 ha große Wald, der zu ausgiebigen Spaziergängen einlädt. An der Straße nach Holnis gibt es sogar ein kleines **Waldmuseum,** welches die hiesige Tier- und Pflanzenwelt vorstellt (April–Okt. nur Sa/So 11–16 Uhr, Holnisstr. 2, Eintritt frei). Und auch einen Klimapark hat Glücksburg vorzuweisen. Einen Besuch lohnt insbesondere aber die 5 km lange **Halbinsel Holnis** (→ S. 386). Sie ist ein Naturparadies der Extraklasse.

Geschichte

Zahleiche Gräber aus der Jungsteinzeit zeugen von einer frühen Besiedlung des Gebietes. Ab dem Jahr 1250 stand für über 350 Jahre an der Stelle des heutigen Schlosses ein Zisterzienserkloster. Die Mönche kultivierten das Land und stauten auch den heute noch vorhandenen Mühlenteich auf. Als das Kloster nach seiner durch die Reformation bedingten Auflösung durch eine Landesteilung und Erbansprüche an Herzog Johann von Schleswig-Holstein-Sonderburg (1545–1622) fiel, ließ dieser das Kloster abreißen. Viele der hochwertigen Baumaterialien wurden aber wiederverwendet für sein Schloss, das nebenan auf einem Granitsockel errichtet wurde. Die Fundamente des Klosters versanken in dem heutigen Schlossteich, den der Herzog aufstauen ließ. Über dem Eingang seines prunkvollen Wasserschlosses ließ er die Initialen GGGMF „Gott gebe Glück mit Frieden" anbringen, weshalb das Anwesen und die kleine, um das Schloss entstandene Siedlung bald Glücksburg genannt wurde. Glücksburg blieb – mit Unterbrechungen – immer im Besitz der herzoglichen Linie Schleswig-Holstein-Sonderburg-Glücksburg. Diese stellt bis

Malerisches Wasserschloss: Glücksburg

heute nicht nur das dänische Königshaus, sondern ist durch verwandtschaftliche Beziehungen zugleich die Wiege fast aller anderen europäischen Königshäuser. Zwischenzeitlich gehörte das Schloss einmal direkt der dänischen Krone, weshalb König Friedrich VII. Glücksburg ab 1854 zu seiner bevorzugten Sommerresidenz machte und hier 1863 starb. Kurz darauf (1864) fiel Glücksburg - wie das gesamte Herzogtum Schleswig – kurzfristig an das preußische Königshaus, welches das Schloss aber schon 1869 wieder an den amtierenden Herzog zurückgab.

Ab 1872 avancierte dann der Ortsteil Sandwig mit einem kleinen Kurhaus zum Strandbad. In der Folgezeit entstanden einige Hotels und Pensionen. 1900 bekam der Flecken Glücksburg das Stadtrecht zugesprochen. 1938 wurden die Halbinsel Holnis und Bockholm zwangseingemeindet.

Sehenswertes

Schloss Glücksburg: Sicher eins der schönsten Schlösser im Lande. Das sich hellweiß im Teich spiegelnde Wasserschloss beeindruckt schon von außen. Einst residierten hier die Herzöge von Schleswig und Holstein, zeitweise war Glücksburg sogar Sitz des dänischen Königshauses. Dem fast 450 Jahre alten Schloss vorgelagert ist das alte Hofgut mit dem Kavalierhaus, das man über eine Brücke und das Torhaus betritt. Vom Hof aus geht es über einen breiten Steindamm zum eigentlichen Wasserschloss. Über dessen von zwei Löwen flankiertem Portal befindet sich ein Wappenrelief mit der goldenen Aufschrift „Anno Domini 1587", das Jahr, in dem Herzog Johann der Jüngere hier das Schloss erbauen ließ. Über dem mittleren herzoglichen Wappen prangen in kleinen goldenen Lettern als Wahlspruch des Herzogs die bald darauf den Schlossnamen prägenden Initialen: GGGMF (Gott gebe Glück mit Frieden).

Das Wasserschloss mit seinem quadratischen Grundriss und seinen vier charakteristischen achteckigen Türmen gilt als ein Hauptwerk der Renaissancebaukunst. Im Kern besteht es aus drei identischen, aneinandergebauten Giebelhäusern, deren Mittelbau von einem Dachreiter gekrönt wird.

Um die kostbaren Fichtenholzböden zu schonen, müssen Besucher in überdimensionale Filzpantoffeln schlüpfen. So rutschen Sie dann durch einen Teil der 3000 m² großen Räumlichkeiten, die in den unteren Geschossen von einem stuckverzierten Gewölbe gekrönt sind. Höhepunkte sind der Rote Saal im ersten Obergeschoss, ein 300 m² großer und früher mit rotem Seidenstoff ausgekleideter Festsaal sowie der ebenso große Weiße Saal ein Stockwerk darüber, in dem kostbare Gobelins hängen. Die übrigen Räume sind überwiegend mit Möbeln, Gemälden, Porzellan, Waffen und anderen Einrichtungsgegenständen des 19. Jh. ausgestattet. Auch kostbare Ledertapeten sind zu bestaunen. Der Herzog baute damals erstaunlich modern. Die Schlafräume wurden alle mit einer Sitzbadewanne ausgestattet und erhielten außerdem die noch heute von außen sichtbaren kleinen Erker, in denen sich ein Plumpsklo befand. So verschwanden die Hinterlassenschaften kurzerhand im Schlossteich.

Es gibt sogar ein Kellergeschoss, welches sich zur Hälfte unterhalb des Wasserspiegels befindet. Auch das Bodenniveau der barock ausgestatteten, in hellem Weiß gehaltenen Kapelle reicht bis ins Kellergeschoss. Das Gotteshaus diente noch bis 1965 als Gemeindekirche von Glücksburg. Nebenan in der Hausgruft sind 38 Angehörige der herzoglichen Familie bestattet. Seit 1922 macht eine Stiftung das Schloss als Museum der Öffentlichkeit zugänglich.

Nördlich des Schlosses, sozusagen auf der Landseite, befinden sich der frei zugängliche Schlosspark samt Orangerie und nebenan das in den 1990er-Jahren angelegte, rund 1,5 ha große Rosarium, in dem Sie (von Mai–Sept.) über 500 duftende Rosensorten bewundern können. Im ehemaligen Gärtnerhaus befindet sich ein schönes Café.

▪ Mai–Okt. tägl. 11–17 Uhr (im Winterhalbjahr reduzierte Öffnungszeiten). Erw. (ab 16.J) 10 €, ermäßigt (Schüler, Studierende) 6 €, Familien 21 €, Audioguide für Kinder oder Erwachsene (oder App) kostenlos. Führungen Sa, So, und in der Hauptsaison auch Mi 14 Uhr (+ 3 €), dann Mo 11 Uhr auch Kinderführungen mit kleinen Prinzen und Prinzessinnen. Stiftung Schloss Glücksburg, ✆ 04631-442330, schloss-gluecksburg.de.

Planetarium: Fast direkt an der Förde im Ortsteil Sandwig gelegen ist das 1969 erbaute, nördlichste Planetarium Deutschlands zum Kulturdenkmal geworden und wird zusammen mit der benachbarten Sternwarte von der Hochschule Flensburg betrieben. Nach seinem Erbauer Menke-Planetarium benannt, werden hier Sternenbilder und Planeten in anschaulich gestalteten Vorträgen erklärt. Bis zu 40 Personen finden unter der Kuppel Platz, auf der sich der ideale Sternenhimmel erzeugen lässt. Zudem werden hier mit Hilfe der Fulldome-Projektionsanlage 360°-Shows und vor allem auch Filme für Kinder gezeigt wie z. B. Der kleine Eisbär oder Der Räuber Hotzenplotz, aber auch Musikvideos von Queen oder Pink Floyd.

▪ Veranstaltungen für Kinder und Erwachsene im Regelfall Fr und Sa um 17 und 19 Uhr, mitunter auch Do 19 Uhr. Erw. 7–12 €, Kinder 5–10 €. Nur Barzahlung. Sitzplatzreservierung online. Fördestr. 37, ✆ 0461-8051273, planetarium-gluecksburg.de.

Klimapark: Bildungszentrum mit Gästehäusern und Werkstätten, wo vor allem Kinder (aber auch Erwachsene) an mehr als vierzig Erlebnisstationen z. B. dem Treibhauseffekt auf die Spur kommen oder herausfinden können, wie man aus Wind, Wasser und Sonne Energie gewinnen kann. Nachhaltigkeit wird hier großgeschrieben, vielleicht wirken das Gelände und manche Stationen auch deshalb ein bisschen vernachlässigt oder abgenutzt.

▪ April–Okt. Di–Fr 9–18 Uhr, Sa/So 10–18 Uhr. Erw. 6 €, Kinder (6–16 J.) 4 €, Familien 14 €. Artefact, Zentrum für nachhaltige Entwicklung, Bremsbergallee 35, ✆ 04631-61160; artefact.de.

Halbinsel Holnis

Hier gibt es all das, was die Ostseeküste ausmacht: schöne Sandstrände und naturbelassene Steilküsten. Die 6 km lange Halbinsel trennt die Flensburger Innen- von der Außenförde. Sie markiert den nördlichsten Punkt der schleswig-holsteinischen Ostseeküste und ragt wie ein Finger nach Dänemark hinein.

Ursprünglich war der nördliche Teil des früher stark bewaldeten Holnis eine Insel, die zunächst durch einen Damm und dann im Jahr 1929 durch Eindeichung des Noors endgültig ans Festland angeschlossen wurde. Im Namen spiegelt sich das wider, denn der Namenszusatz -nis (oder dänisch -næs) bezeichnet eine Landspitze, während der Name Hol(d) für Wald steht. Die an der Innenförde liegende Westseite der Halbinsel ist durch Steilküstenlandschaft geprägt und daher weniger zum Baden geeignet. Hier liegt die Ferienhaussiedlung **Schausende** samt Yachthafen. Auf dem Steilufer steht der nördlichste Leuchtturm der deutschen Ostseeküste. Der 1967 erbaute, rot-weiße Stahlbetonturm ist mit einer Höhe von 26,8 m ein wichtiges Leit- und Quermarkenfeuer für die Fördeschifffahrt.

Die schöne und recht ursprüngliche **Nordspitze** der Halbinsel ist am besten ab dem Parkplatz ganz am Ende der Hornisser Noorstraße zu erreichen. Von dort geht es ein paar Hundert Meter zu Fuß weiter durch einen dichten Bewuchs bis zum Ufer, einem von einigen Bäumen flankierten schmalen Sandstreifen. Die dänische Küste scheint zum Greifen nah; denn hier - an ihrer schmalsten Stelle - ist die Förde nur etwa 1800 m breit. Das dänische Ufer ist gut zu erkennen, ebenso der charakteristische Doppelturm der Kirche von Broager.

Im gesamten Nordteil von Holnis gibt es nur wenige Häuser und Höfe. Schön ist die Hofanlage des Holnisser Fährhauses, welches daran erinnert, dass es hier bis 1875 eine Fährverbindung nach Brunsnæs gab. Heute ist darin ein Restaurant untergebracht.

Dänemark immer im Blick: Holnis

Der Osten der Halbinsel ist gesäumt von einem kilometerlangen, teilweise naturbelassenen Sandstrand, der wegen seines besonders flach abfallenden Ufers vor allem bei Familien mit Kindern beliebt ist. Aufgrund der hier oft starken Winde und dem nur stehtiefen Wasser ist das Ostufer von Holnis zudem auch für Surfer, Kiter und Wingfoiler attraktiv. Am kurtaxenpflichtigen und mit einigen Strandkörben versehenen feinsandigen Strand im Mini-Ortsteil **Drei** gibt es mit einem Campingplatz, Ferienhäusern, Hotels und Gastronomie auch ein wenig touristische Infrastruktur.

Wandern Gleich vier Rundwege erschließen diesen schönen Naturraum der Halbinsel Holnis. 1. Der **Holnis-Rundweg** (10 km, rote Kennzeichnung). Er führt von den Siedlungen Schausende oder Drei einmal um die komplette Halbinsel. 2. Der **Noor-Rundweg** (5,2 km, blau). Über diesen geht es vom Ortsteil Drei um das aus Naturschutzgründen im Jahr 2002 wieder geflutete Kleine Noor herum. Besonders schön sind die beiden kurzen Rundwege (ab Parkplatz Holnis Wendeplatz, auch Bushaltestelle). 3. Der **Kliff-Rundweg** (3,3 km, grün), der auch an einer Vogelbeobachtungsstation am kleinen Noor und der Salzwiese vorbeiführt und 4. Der **Strand-Rundweg** (3,2 km, orange), der ebenfalls an dem Salzwiesenbiotop und dann direkt am sandig-steinigen Ufersaum um die Nordspitze herumführt. Alle vier Wege treffen sich am Fährhaus Holnis.

Angeln und die Flensburger Förde → Karte S. 366

Praktische Infos

→ Karte S. 389

Einwohner 6300

Information **Tourismus-Service Glücksburg,** Schinderdam 5 und Schlosshof 2, ☎ 04631-40770, gluecksburg-urlaub.de. *Ostseecard* 2,50 € (Nebensaison 1 €).

Ausflugsschiff/Förderundfahrt Glücksburg-Flensburg (→ S. 405); viking-flensburg.

Fahrräder Fahrradhandel **Jürgen Nickel,** Rathaustr. 20, ☎ 04631-4091651.

Hundestrand Südlich von Holnis-Drei.

Parken Parkraum ist in Glücksburg Mangelware und nur relativ weit vom Strand entfernt möglich, beispielsweise im Quellental beim Yachthafen, an der Fördeland-Therme oder an der Paulinenallee.

Schwimmbad/Sauna **Fördeland-Therme,** relativ kleines Bad samt Außenpool mit Speed-Rutsche. Weniger für Schwimmer als für Familien mit Kindern geeignet. Wassertemperaturen relativ kühl. Nur wenige Umkleidekabinen. Schöner Saunabereich. Erw. 2 Std. 12 €; Kinder 7 € (Aufschlag pro Stunde 1 €). Sauna für 4 Std. 23 €. Tägl. 10–22 Uhr, Do nur ab 14 Uhr. Di Ruhetag. Sandwigstr. 1 a, foerdelandtherme.de.

Stadtführung Immer montags 10 Uhr (Dauer 1:30 Std.). Treffpunkt vor der Touristinfo im Rathaus (Schinderdam 5). Anschließend besteht die Möglichkeit, das Schloss zum ermäßigten Eintrittspreis von 6 € zu besichtigen.

Archäologischer Rundwanderweg Dolmenpfad Glücksburg (5 km)

Ausgangspunkt ist der Parkplatz Friedeholz (Paulinenallee). Der Weg führt zunächst durch den Wald am Wildschweingehege Friedeholz und einem Waldspielplatz vorbei und verbindet dann zehn bronzezeitliche Grabhügel (Dolmen) aus der Jungsteinzeit.

Übernachten *******Vitalhotel Alter Meierhof 9,** kurz vor Flensburgs Stadtgrenze gelegen, lässt dieses Luxushotel mit wunderbarem Ostseeblick keine Wünsche offen. Große Zimmer, angenehmer Spa-Bereich sowie sehr freundliches und kompetentes Personal. Dass es hier auch ein hochwertiges Frühstücksbuffet (samt Kaviar) und ein Sternerestaurant mit klassisch-französischer Küche mit modernen Akzenten gibt, versteht sich von selbst. Uferstr. 1, ☎ 04631-61990, alter-meierhof.de. **€€€€** (Hotel), **€€€€** (Restaurant)

******Strandhotel 5,** der imposante historische, hellweiß gestrichene Hotelbau von 1872 liegt direkt am Glücksburger Strand und wird daher auch „weißes Schloss am Meer" genannt. Hell und freundlich gestaltete Zimmer, Saunen und Wellnessangebote, großes Frühstücksbuffet. Dazu gibt es das **Gourmet-Restaurant Felix 5,** das auch für seine zahlreichen kulinarischen Veranstaltungen bekannt ist. Kostenlose Parkplätze am Haus. Kirstenstr. 6, ☎ 04631-61410, strandhotelgluecksburg.de. **€€€** (Hotel), **€€€€** (Restaurant)

MeinTipp **Smucke Steed 3,** der plattdeutsche Name dieser Hotel-Pension bedeutet „schöner Ort". Um diesen zu schaffen, wurde hier das alte Mädchenpensionat und Seminarhaus der Diakonie von 1898 mit Liebe zum Detail zu einem geschmackvollen Boutique-Hotel mit 16 Zimmern umgestaltet. Ruhige Lage, freundlich-familiärer Service. Frühstück in Bio-Qualität mit vielen selbstgemachten Kleinigkeiten wie Aufstrichen oder vitaminreichen Smoothies. Schöner Garten mit Saunahaus (Aufpreis). Paulinenallee 5, ☎ 04631-4445161, smucke-steed.de. **€€**

Pension Jepsen 2, eine der letzten klassischen Frühstückspensionen an der Flensburger Förde in einer Jugendstilvilla von 1908. Ein Hauch von Nostalgie weht durch die gepflegte, etwa 200 m vom Strand entfernte Pension. Reichhaltiges Frühstück. Sandwigstr. 12, ☎ 04631-8310, pension-jepsen.de. **€**

MeinTipp *****Ostsee-Strandhaus 6,** Hotel & Appartementhaus am Strand von Holnis Drei. Helle Zimmer im nordischen Design mit Küchenzeile und Balkon. Gutes Frühstück. Schönes SB-Strandcafé/Bistro (leckere Torten) im Haus. An der Promenade 1, ☎ 04631-622071, ostsee-strandhaus-holnis.de. **€€**

Essen & Trinken **Restaurant Scheune 10,** rustikal-nettes, dem Namen entsprechend scheunenartiges Restaurant im Herzen Glücksburgs. Leckere, gutbürgerliche Speisen (Dorschfilet, Rumpsteak, Spaghetti mit Garnelen, Salat mit Hähnchenstreifen, aber auch Auberginenschnitzel). Zuvorkommender Service. Tägl. 17–22 Uhr; nur Di und So schon ab 12 Uhr, dann Mittagstisch. Mo Ruhetag. Schinderdam 7, ☎ 04631-443977. **€€**

Marktwirtschaft – Brauhaus zu Glücksburg 11, Restaurant in einer robust entkern-

ten Gründerzeitvilla. Leckere, selbstgebraute, naturbelassene Biere der Marke LYKKE (= dänisch *Glück*) im Angebot. Dazu gibt's eine rustikale Brauhausküche, in der von der Frikadelle mit Brot über (Bio-)Brotstullen bis zum Glücksburger Bierschnitzel vieles zu haben ist. Tägl. 16–24 Uhr, Sa/So schon ab 12 Uhr. Postplatz 1, ✆ 04631-443960. **€**

MeinTipp **Lütt und Lecker 4,** der Name ist Programm: gemütlich-klein der Ort, schmackhaft die frischen Speisen. Gutes Preis-Leistungs-Verhältnis. Das Angebot reicht von Pellkartoffeln mit Hühnerbruststreifen über Schweineschnitzel mit Waffelpommes bis hin zu Forellenfilets, Pasta oder veganen Burgern. Tägl. 17–22 Uhr, Sa/So schon ab 12 Uhr (Mo/Di Ruhetag). Das Restaurant befindet sich in Reich's Hotel, Sandwigstr. 17, ✆ 04631-2489. **€**

Restaurant Quellental 8, modernes Design im historischen Gebäude, einsam gelegen an der waldgesäumten Westseite des Yachthafens (beim Ruheforst). Hier gibt es vor allem leckere Bratfischgerichte, aber auch die schnelle Küche wie Currywurst und Fischbrötchen, zudem eine kleine Tageskarte. Auch Kaffee und Kuchen. Selbstbedienung. Wechselnde Öffnungszeiten. Im Quellental 1, quellental-gluecksburg.de. **€**

Glückselig 1, modernes Strandrestaurant am kleinen Strand im nordöstlich gelegenen Schwennautal. Schöne Terrasse, auf der abends herrliche Sonnenuntergänge zu erleben sind. Empfehlenswerte und abwechslungsreiche, allerdings nicht allzu umfangreiche Speisekarte (z. B. Ossobuco vom Kalb, Fasanenbrust, Rotbarschfilet). Gastfreundlicher Service. Tagsüber Bistro/Bar/Cafébereich (bis 17.30 mit Selbstbedienung). Spielplatz und Parkplatz nebenan. Tägl. 12–21.30 Uhr (Mo/Di Ruhetag). Schwennaustr. 41, glueckselig.de. **€€€**

Café am Schloss 12, schönes Ambiente im historischen Gärtnerhaus von 1833; nette, von einer Buchenhecke umrahmte Sommerterrasse am Rosarium. Das Café lockt mit leckeren Frühstücksangeboten. selbstgemachtem Kuchen sowie mit Kaffee- und besonders auch Teespezialitäten. Mi–So 9–18 Uhr. Am Schlosspark 2 a, ✆ 04631-5644587.

Fährhaus Holnis 7, am traditionellen Hofensemble der ehemaligen Fährstation an der Nordspitze der Halbinsel Holnis wird ab Ende 2024 nach langer Schließung das Ausflugsrestaurant wieder eröffnet. Es bietet eine Küche mit Speisen aus nachhaltigem Anbau. Holnisser Fährstraße 21, fährhausholnis.de.

Die Flensburger Förde prägt die Stadt: Kaikante am Hafen

Flensburg

Bundesweit vor allem bekannt durch das Kraftfahrtbundesamt und die Biermarke mit dem „Plop", präsentiert sich die Hafenstadt im inneren Winkel der Flensburger Förde heute als weltoffene Einkaufsstadt mit schönem Altstadtensemble.

Ausgangpunkt ist für viele Besucher der Stadthafen. Als das natürliche Ende der Flensburger Förde zieht er sich tief in die Stadt hinein. Entlang der Kaikante wird er flankiert von einer langen Promenade und bietet mit seinen vielen Bootsanlegern beiderseits der Hafenspitze reichlich Platz, insbesondere für Jachten und Jollen. Besuchermagnet ist vor allem der große **Museumshafen** auf der Westseite, in dem entlang eines Holzsteges zahlreiche alte Traditionssegler festgemacht haben. Auch die benachbarte Museumswerft und das gegenüberliegende Schifffahrtsmuseum laden hier zu einem Besuch ein. Blickfang und Wahrzeichen am Hafen ist aber der **Salondampfer Alexandra** (von 1908), der als schwimmendes Denkmal noch immer im Einsatz ist

Flensburg ist aber noch viel mehr als ein lebendiger Hafen. Die Stadt verfügt über bemerkenswerte historische Sehenswürdigkeiten und ist zudem ein Einkaufsparadies, das zu einem ausgedehnten Shoppingbummel einlädt. Denn nicht etwa Kiel oder Lübeck, sondern Flensburg hat die längste Einkaufsstraße Schleswig-Holsteins. Sie erstreckt sich auf einer Länge von 1,4 km quer durch hübsche Altstadtgassen und Plätze vom Nordermarkt bis zur Roten Straße am Südermarkt. Es lohnt sich, dabei auch die vielen Hinterhöfe der ehemaligen Kaufmannshäuser zu erkunden, die heute hübsche kleine Läden, hippe Cafés oder Künstlerateliers beherbergen.

Die Altstadt beginnt am **Nordertor,** das schon 1595 erbaut wurde und mit seinem markanten Treppengiebel heute

Flensburgs einziges erhaltenes Stadttor ist. Zwei Wappen zieren seine Nordseite: das Wappen des zur Erbauungszeit regierenden dänischen Königs Christian IV. und rechts daneben das Flensburger Stadtwappen. Darunter steht die weise Inschrift *„Friede ernährt, Unfriede verzehrt"*. Als krasser optischer Gegensatz zum historischen Stadttor wurde im Jahr 2008 direkt angrenzend der blau verglaste Anbau der Wissenschaftsausstellung **Phänomenta** platziert. Von dort führt die Norderstraße Richtung Einkaufsmeile. Mit ihren kleinen Shops und Bistros gilt sie als Flensburgs multikulturelles Szeneviertel und hat mit den **Schuhleinen** eine ungewöhnliche Attraktion zu bieten. Niemand weiß so recht, wie und warum eine derartige Kunstform diesen Teil der Stadt erobert hat. Aber irgendjemand fing im Jahr 2007 an, Schuhe an die zwischen den Häuserfronten gespannten Leinen zu hängen. Seitdem sind Hunderte von alten Schuhpaaren hinzugekommen und zum beliebten Fotomotiv avanciert. Bemerkenswert ist auch der von der Norderstraße zum Hafen führende **Oluf-Samson-Gang.** Einst war diese kleine, nach einem Flensburger Reeder benannte Gasse die „Sündenmeile" der Stadt. Denn in den Jahren nach dem Zweiten Weltkrieg und noch bis zum Jahr 2015 beherbergte sie einige Bordellbetriebe. Heute sind die meisten der kleinen, ehemals von Seeleuten und Handwerkern bewohnten Altstadthäuser wunderbar sanierte Schmuckstücke. Für konditionsstarke Leser sei erwähnt, dass sich schräg gegenüber dem Oluf-Samson-Gang die Marientreppe für einen Abstecher hinauf zum Schlosswall und dann rechts zur Aussichtsplattform Duburg anbietet. Benannt ist diese nach einer längst abgerissenen Höhenburg, die an dieser Stelle einmal stand.

Ab Kreuzung mit der Toosbüystraße/Neue Straße wird die Norderstraße zur Fußgängerzone. Der Straßenübergang ist an dieser Stelle von gleichgeschlechtlichen Ampelpärchen gesichert (→ Kasten S. 393), die zum beliebten Fotomotiv geworden sind. Sie führt an der **Marienkirche** vorbei bis zum Nordermarkt. Mit seinen Straßencafés und Kneipen rund um den Neptunbrunnen (von 1758) ist dieser älteste Marktplatz Flensburgs heute ein beliebter Treffpunkt. Schräg gegenüber der Kirche lohnt ein Blick in die malerische Marienstraße, in der in einem alten Fachwerkhaus das älteste Rumhaus der Stadt seine Kundschaft empfängt (Johannsen, Haus Nr. 6).

Mit dem Namen Große Straße wird vom Nordermarkt aus die Fußgängerzone nun immer breiter. Mitunter zeugen hier prachtvolle Patrizier- und Kapitänshäuser aus dem 18. Jh. vom Reichtum ihrer ehemaligen Eigentümer und von der wechselvollen Geschichte der Rumstadt. Einen Blick lohnt auch die an der Einkaufsmeile gelegene **Heiliggeistkirche** (Helligåndskirken).

Die nun bald den schlichten Namen Holm tragende und mit ihren Ladenketten und Einkaufspassagen einer typischen deutschen Fußgängerzone immer ähnlicher werdende Flaniermeile führt weiter bis zum geräumigen **Südermarkt,** der von Flensburgs größter Kirche, der **Nikolaikirche,** geprägt wird. Schon seit 800 Jahren findet hier (jeden Mittwoch und Samstag) ein Wochenmarkt statt. Im südwestlichen Eck des Marktplatzes hat das älteste Privathaus der Stadt die Zeit überdauert (erbaut um 1490); es beherbergt heute die Nikolai-Apotheke. Nicht verpassen sollten Sie wenige Schritte weiter die etwas versteckt südwestlich des Südermarkts sich anschließende **Rote Straße,** die mit ihren vielen kleinen Läden und Cafés als historische Altstadtgasse samt malerischer Handelshöfe ein besonderes Einkaufserlebnis bietet. In einem der sechs Hinterhöfe befindet sich auch das (eintrittsfreie) kleine Museum der Rummanufaktur Braasch.

Bierliebhaber finden die **Flensburger Brauerei,** wenn sie am Ende der Roten Straße die verkehrsreiche Friedrich-Ebert-Straße überqueren und weiter geradeaus noch rund 250 m die Schleswiger Straße hinabgehen, oder aber über die Ampelkreuzung an dem markanten, 1930 erbauten Deutschen Haus (Kino und Veranstaltungsstätte) vorbei über die Bahnhofstraße der Beschilderung folgen.

Kulturell Interessierte sollten westlich der Altstadt die auf einer Anhöhe liegende, sogenannte **Museumsinsel** besuchen. Neben den attraktiven Museen laden hier der Alte Friedhof und der benachbarte Christiansenpark zu einem Spaziergang ein.

Aber auch abseits der Innenstadt gibt es einiges zu entdecken. Dort zeigt sich Flensburg weniger touristisch. Das **Südostufer,** rund um den historischen Margarethenhof und die mittelalterliche *St. Johanniskirche*, ist Flensburg ältester Siedlungsplatz. Hier finden sich noch verträumte Altstadtgassen mit historischen kleinen Häusern. Und wen es hinauf in Richtung der die Silhouette des Ostufers beherrschenden *St.-Jürgen-Kirche* (von 1907) im Stadtteil Jürgensby zieht, der wird auch dort ruhige Straßen antreffen, die jedoch vorwiegend von bedeutend größeren, schon in der ersten Hälfte des 20. Jh. errichteten Wohnhäusern flankiert sind. Das Siedlungsgebiet Flensburgs erstreckt sich ohnehin noch überraschend weit hinein in das zur Halbinsel Angeln gehörende Hügelland am Ostufer der Förde, auf dem immerhin rund die Hälfte der Bevölkerung Flensburgs wohnt.

Johannisstraße: historische Altstadtgasse am Südostufer

Im Nordosten der Stadt ist vor allem der Stadtteil **Mürwik** bekannt, weil sich hier (seit 1951) das wenig ansehnliche **Kraftfahrt-Bundesamt** und (seit 1910) die Offiziersschule der Deutschen Marine befinden. Die großflächige, auch vom gegenüberliegenden Förderufer gut erkennbare **Marineschule** ist ein riesiger Backsteinbau mit burgartigen Konturen samt Turm. Sie ist das größte zusammenhängende Backsteingebäude Nordeuropas und hat zur Wasserseite eine Länge von 200 m. Im Volksmund wird sie daher auch „Rotes Schloss am Meer" genannt. Im ehemaligen Kommandeurhaus wird derzeit die historische Lehrsammlung des Wehrgeschichtlichen Ausbildungszentrums museal aufbereitet. Besuchenswert ist aber vor allem auch der auf der Anhöhe gelegene **Mürwiker Wasserturm.** 1961 errichtet, sieht er aus wie eine türkisfarbene, monumentale Blumenvase. Er hat eine Aussichtsplattform und kann besichtigt werden (Mai–Sept.).

Flensburg verfügt auch über zwei kleine **Strände.** Ganz am östlichen Rand des Stadtteils Mürwik liegt am Fuße bewaldeter und locker bebauter Waldflächen der Strand von *Solitüde* (franz. für

Gleichgeschlechtliche Ampelpärchen

Flensburg ist eine weltoffene Hafenstadt, die Vielfalt auch im Stadtbild leben will. Als Zeichen für Toleranz zum internationalen Tag gegen Homophobie im Jahr 2017 erstmals installiert, setzte die Stadt mit den gleichgeschlechtlichen Ampelpärchen sozusagen ein Statement mit Signalwirkung. Seither zeigen die roten und grünen Ampelfrauen- und Ampelmännchen-Paare den Fußgängern an, wann sie stehen bleiben müssen oder gehen dürfen. Allerdings nicht überall in der Stadt, denn für solche Lichtsignalanlagen ist eine Ausnahmegenehmigung des Verkehrsministeriums nötig. Und die gab es nur für eine Ampelanlage. Die weist nun als Homo-Ampel im Norden der Fußgängerzone an der Kreuzung Norderstraße/Toosbüystraße Fußgängern den Weg.

Einsamkeit) mit einem runden Strandpavillon und einer Badebrücke. Von den Einheimischen wird er schlicht „Soli" genannt. Auf der gegenüberliegenden Seite der Innenförde, also ganz im Norden Flensburgs, befindet sich ein weiterer Strand mit Badebrücke, der sich etwas übertrieben *Ostseebad* nennt. Von hier aus ist es nur ein kurzes Stück nach **Wassersleben** an der dänischen Grenze. Der einstige Vorort Flensburgs gehört zwar heute verwaltungstechnisch zur Gemeinde Harrislee, kann aber wegen seines großen und feinsandigen Strandes als Flensburgs eigentliches Strandbad gelten.

Die nachbarschaftlichen Bindungen zu Dänemark sind fast überall in Flensburg zu spüren, nicht nur was das skandinavische Flair am Hafen und die im Zweiten Weltkrieg kaum zerstörte Altstadt angeht. Auch die dänische Sprache und Kultur ist in der Stadt präsent. Immerhin gehören etwa 20 % der Flensburger Bevölkerung und damit rund 20.000 Personen der dänischen Minderheit an. Konzerte, Theateraufführungen und Gottesdienste, auch in dänischer Sprache, gehören zum deutsch-dänischen Zusammenleben. Natürlich gibt es in der Stadt auch dänische Schulen und Kindergärten, und mit dem Flensborg Avis können Sie sogar eine zweisprachige Tageszeitung kaufen. Auch politisch ist die dänische Minderheit vertreten. Ihre Partei, der Südschleswigsche Wählerverband (SSW), wurde bei der letzten Kommunalwahl 2023 mit knapp 25 % Stimmenanteil stärkste Kraft. Zudem ist Flensburg Standort einer Universität und (Fach-)Hochschule.

Stadtgeschichte

Die drittgrößte Stadt Schleswig-Holsteins ist heute das Zentrum der dänischen Minderheit in Deutschland. Erstmals urkundlich erwähnt wurde der Stadtname im Jahr 1248. Eine kleine

Handels- und Fischersiedlung hat es hier wahrscheinlich schon 100 Jahre früher gegeben. Einer Sage nach geht der Name auf den aus dem nahe gelegenen Ort Leck stammenden Ritter Fleno zurück, der am Ufer neben einem in die Förde fließenden Bach im Auftrag des dänischen Herzogs Knud Lavard Mitte des 12. Jh. eine Burg errichten ließ und damit Flensburg gründete. Tatsächlich hat man Reste einer burgähnlichen Turmbefestigung gefunden, weshalb ein Turm mit herabfließendem Wasser heute das Flensburger Wappen ziert.

Realistischer ist aber ein anderer, sich auf die geologischen Bedingungen beziehender Namensursprung. Im Altdänischen bedeutet „fle" so viel wie Schilf und bezeichnet wahrscheinlich die Lage der Burg auf einer schilfbewachsenen Landzunge. Wohl deshalb steht auf dem ältesten bekannten Siegel der Stadt aus dem Jahre 1386 auch nur Flesburg, erst später wurden daraus Flensburg.

Voraussetzung für eine rasche Entwicklung der kleinen Siedlung war jedenfalls die günstige Lage als sichererer, windgeschützter Hafen, der zudem noch am Kreuzungspunkt zweier wichtiger Handelsstraßen lag. Überdies verfügte die Flensburger Förde im Mittelalter über ein gewaltiges Vorkommen an Heringen, die in großen Mengen von hier aus exportiert wurden. Kein Wunder also, dass der jungen Stadt schnell eine Karriere als wichtige Handelsniederlassung vergönnt war; kein Wunder auch, dass Flensburg aus diesen Gründen häufig Schauplatz kriegerischer Auseinandersetzungen war, vor allem zwischen Dänen und Holsteinern.

Bereits 1284 wurde dem Ort vom dänischen König das Stadtrecht verliehen und dieses vom Schleswiger Herzog bestätigt (Schleswig war zu diesem Zeitpunkt ein dänisches Lehen). Das Herzogtum Schleswig gehörte im Gegensatz zum Herzogtum Holstein nicht zum Heiligen Römischen Reich Deutscher Nation, folglich war Flensburg auch nicht Mitglied der Hanse. Dennoch unterhielten im Mittelalter die örtlichen Handelskontore wie beispielsweise die mächtige Knutsgilde gute Beziehungen zu den Hansestädten des Ostseeraumes. Doch erst mit dem Niedergang der Hanse im 16. Jh. blühte Flensburg richtig auf und entwickelte sich zur wichtigsten Seehandelsstadt der dänischen Krone. Um 1600 lebten in der von einer Stadtmauer und Türmen geschützten Hafenstadt 6000 Menschen, zugleich waren 200 Handelsschiffe hier beheimatet und damit deutlich mehr als in Kopenhagen. Nicht nur Heringe, vor allem auch Zucker sowie Tran (durch die Walfangfahrten nach Grönland) waren die einträglichsten Handelswaren. Der Dreißigjährige Krieg beendete jäh die Zeit des wirtschaftlichen Aufschwungs, bevor im 18. Jh. der Rumhandel Flensburg eine zweite Blütezeit bescherte (→ Kasten S. 396).

Nach dem Deutsch-Dänischen Krieg im Jahr 1848 fiel Flensburg an Preußen. 1875 wurde eine Ostseebadgesellschaft gegründet, um den Kurbetrieb als ein wirtschaftliches Standbein zu etablieren. Von den einst hochtrabenden Plänen ist heute lediglich ein eher bescheidener Stadtstrand am Nordwestufer Flensburgs geblieben, der aus besagten Gründen noch immer den klangvollen Namen *Ostseebad* trägt.

Entscheidend für die Zukunft der Stadt war die Volksabstimmung von 1920, in der nach dem verlorenen Ersten Weltkrieg die Einwohner über den Grenzverlauf zwischen Deutschland und Dänemark abstimmten. Flensburg entschied sich mit großer Mehrheit für den Verbleib bei Deutschland und wurde durch die damit verbundene Abspaltung von Nordschleswig zur Grenzstadt.

Den Zweiten Weltkrieg überstand Flensburg vergleichsweise glimpflich; nur knapp 5 % der Stadt wurde durch Bomben zerstört. Dabei mag es wie ein Treppenwitz der Geschichte anmuten, dass ein Teil Flensburgs nach der Zerstörung Berlins und dem Selbstmord Adolf Hitlers im Mai 1945 für einige Wochen als provisorische Reichshauptstadt diente: In der Marineschule Mürwik spielte der letzte Akt der Nazi-Diktatur, weil die geschäftsführende Reichsregierung unter Großadmiral Karl Dönitz hierherflüchtete. Diese Regierung bestand vom 2. bis 23. Mai 1945 im nicht regulär von den Alliierten besetzten Sonderbereich Flensburg-Mürwik, der damit den letzten Rest des NS-Staates bildete. Bereits am 7. Mai 1945 unterzeichnete der zuvor von Dönitz beauftragte Generaloberst Alfred Jodel im Hauptquartier der alliierten Streitkräfte in Reims die bedingungslose Kapitulation der Wehrmacht, die am 8. Mai in Kraft trat und das Ende des Zweiten Weltkriegs in Europa markiert, obwohl die provisorische Reichsregierung formell noch bis zum 22. Mai in Mürwik zu Kabinettssitzungen zusammentrat. Am 23. Mai verkündeten die Alliierten die Auflösung der Regierung und nahmen sämtliche Regierungsmitglieder fest, die sich später als Kriegsverbrecher bei den Nürnberger Prozessen verantworten mussten.

Nach dem Krieg strömten viele Vertriebene in die nun rasant wachsende Stadt. Der Strukturförderung diente nicht nur die Reaktivierung verschiedener militärischer Einrichtungen am Ostufer im Stadtteil Mürwik, sondern auch die dortige Ansiedlung des Kraftfahrt-Bundesamts, welches den Namen Flensburg in der Republik bekannt machte. Bekannt machte den Stadtnamen auch Beate Uhse, die hier 1962 den ersten Sexshop der Welt gründete.

Sehenswertes

Flensburger Schifffahrtsmuseum

Die maritime Geschichte der Stadt lebendig erzählt: Im 1842 erbauten ehemaligen Zollpackhaus an der Schiffbrücke und in zwei weiteren Gebäuden erfahren Sie Interessantes über das Leben und Arbeiten der Flensburger Kaufleute, Reeder und Seeleute, die mit ihrem geschäftigen Treiben die Hafenstadt über Jahrhunderte geprägt haben.

Nordertor: „Friede ernährt, Unfriede verzehrt"

Angeln und die Flensburger Förde → Karte S. 366

Flensburgs ru(h)mreiche Vergangenheit

Dänemark hatte (von 1754-1917) eine Kronkolonie in der Karibik, nämlich Dänisch-Westindien (die heutigen Jungferninseln). Und das zur dänischen Krone gehörende Flensburg besaß zu dieser Zeit die größte Handelsflotte im Ostseeraum.

Kein Wunder, dass die geschäftstüchtigen Kaufmannsfamilien und Reeder mit ihren wagemutigen Kapitänen schnell in den Überseehandel einstiegen und Flensburg zum Haupthafen der dänischen Westindienflotte machten. Es ging um Kolonialwaren wie Tee und Tabak und vor allem um den Import des heiß begehrten Rohrzuckers, der als „weißes Gold" gehandelt wurde. Bereits 1755 kehrte das erste Flensburger Schiff aus der Karibik zurück und brachte dabei auch das Nebenprodukt Rum mit. Bei der Zuckerproduktion fällt nämlich quasi als Abfallprodukt ein dunkler Zuckersirup (Melasse) an. Damit dieser nicht verdirbt, wird er nach seiner Fermentierung zum Zuckerwein und anschließend destilliert. Jener frisch gebrannte Rum war zwar billig, aber praktisch auch ungenießbar. Daher wusste hierzulande zunächst niemand etwas mit diesem seltsamen Alkohol anzufangen. Doch schon bald erkannten die findigen Flensburger, dass man durch geschicktes Mischen und lange Lagerung in Holzfässern die angelieferte Spirituose zu einer Köstlichkeit veredeln konnte. Das löste einen regelrechten Boom aus. Im späten 18. Jh., zur Blütezeit des Rumhandels, waren es über 200 Rumhäuser, die das wahre „Gold der Karibik" veredelten und Flensburg zur Hauptstadt des Rums machten. In den 1960er-Jahren waren es immerhin noch 27 Rumhäuser; heute sind nur noch zwei Manufakturen übrig geblieben.

Rumhaus in der roten Straße

Als Flensburg nach dem Deutsch-Dänischen Krieg 1864 nicht mehr zu Dänemark gehörte, wurde der Rum nicht mehr von den dänischen Jungferninseln, sondern aus der britischen Kolonie Jamaika importiert. Die florierenden Geschäfte blieben dem Fiskus nicht verborgen und veranlassten die preußische Finanzverwaltung zu einem hohen Einfuhrzoll auf Spirituosen. Doch dieses Zollgesetz entpuppte sich letztlich als Glückstreffer. Um Steuern zu sparen importierten die cleveren Seefahrer ein besonders intensives Rum-Konzentrat (Roh-Rum), dass als bis zu 85%iger „German Flavoured Rum" oder auch „Pure-Rum" in Jamaika extra für den deutschen Markt destilliert wurde (und wird). Dies war die

Rummuseum Braasch

Geburtsstunde des Rumverschnitts. Unter Zugabe des weichen Flensburger Wassers, angereichert mit Kornbranntwein sowie einigen geheimen Zutaten, verfeinerten die Rumhäuser das flüssige Gold kunstvoll und lagerten es dann erneut im Fass ein – und so blieb es bis heute. In Flensburg wurde demnach nie Rum gebrannt.

Dem Rum können Sie an vielen Orten in Flensburg nachspüren. Vor allem im Schifffahrtsmuseum gibt es eine interessante Rumausstellung, die auch die menschenunwürdige Kehrseite des dänisch-karibischen Erbes thematisiert: die Sklaverei auf den Zuckerrohrplantagen.

Rumhäuser: Wissenswertes über Flensburgs flüssiges Gold erfahren Sie auch in den beiden letzten verbliebenen Rumhäusern der Stadt. Das älteste und lange Zeit einzig verbliebene ist *Johannsen Rum,* das sich seit 1878 in der Marienstraße 6 (beim Nordermarkt) befindet (90-minütige Führung mit Verkostung unter johannsen-rum.de). 2014 kam das Rumhaus *Braasch* hinzu, das nicht nur Wein- und Rumspezialitäten anbietet, sondern im Hinterhof seiner historischen Hofanlage in der Roten Str. 26 (beim Südermarkt) auch ein **Rummuseum** eingerichtet hat (eintrittsfrei geöffnet zu den Ladenzeiten).

Rumregatta: Seit über 40 Jahren findet am Himmelfahrtswochenende auf der Flensburger Innenförde die internationale Rumregatta für historische Segelschiffe statt. Diese ist längst zu Nordeuropas größtem Gaffelsegler-Event und mit dem landseitigen Gaffelmarkt am Museumshafen zu einem maritimen Volksfest geworden. Hier geht es weniger um den Regattasieg, sondern um eine Hommage die ru(h)mreiche Seehandelstradition der Stadt. Gewinner der begehrten und besonders gestalteten 3-Liter-Magnum-Flasche Regatta-Rum der Johannsen Hökerei ist daher nicht der erste, sondern der Traditionssegler, der den zweiten Platz belegt. Die Rumregatta organisiert der Museumshafen-Verein. museumshafen-flensburg.de.

Ausstellungsschwerpunkte sind zudem die Fördeschifffahrt, die Werftindustrie sowie die Schiffstechnik und -takelage. Besonders sehenswert sind zudem die Ausstellung zu Zucker, Rum und Sklaverei sowie das Rummuseum im historischen Zollkeller, in dem auch ein gut gemachter 18-minütiger Film zu diesem Thema zu sehen ist. Hinzu kommen wechselnde Sonderausstellungen.

▪ Di–So 10–17 Uhr (Mo Ruhetag). Erw. 8 € (Verbundkarte mit den städtischen Museen auf dem Museumsberg 10 €), Kinder (unter 18 J.) frei. Museumscafé und Museumsladen vor Ort. Schiffbrücke 39, ✆ 0461-852970, schifffahrtsmuseum-flensburg.de.

Museumshafen und Museumswerft

In dem lang gestreckten **Museumshafen** an der Schiffbrücke tummeln sich etliche historische Boote, angefangen von klassischen Jachten über Dampfschiffe wie die berühmte Alexandra bis hin zu segelnden Berufsfahrzeugen. Zudem können Sie hier eine Sammlung kleiner Arbeitsboote (Jollen der Lüttfischer) und die Replik des historischen Hafenkrans bewundern, mit dessen Hilfe man im 18. Jh. die Masten setzte. Und einen Gästehafen für historische Schiffe gibt es auch. In der ehemaligen Wachhütte des Hafenmeisters befindet sich zudem eine beliebte Fischbrötchenbude (Ben's Fischbude).

Direkt an der Wasserkante arbeiten überdies die Bootsbauer in einer **Museumswerft** nach historischen Plänen an traditionellen Holzbooten. Sie lassen sich dabei gerne zuschauen, und so erfährt man bei einem zwanglosen Besuch allerlei Interessantes aus dem Bootsbauhandwerk, beispielsweise wie Planken gebogen werden oder was Kalfatern ist. Schön ist auch das angeschlossene Werftcafé.

▪ **Museumshafen:** Ganztägig frei zugänglich. Der Museumshafen organisiert zudem verschiedene Feste und Ausflugsfahrten wie die berühmte Rum-Regatta (an Himmelfahrt), Apfelfahrten (Oktober) und den Grogtörn (2. Weihnachtstag), für die sich Gäste anmelden können. museumshafen-flensburg.de.

Museumswerft: Tägl. 10–18 Uhr. Den Eintritt von 1 € für Menschen ab 7 Jahren einfach in die Box werfen (zur Unterstützung der gemeinnützigen GmbH). Schiffbrücke 44, ✆ 0173-5473949, museumswerft.de.

Lebendiges Bootsbauhandwerk: Museumswerft

Salondampfer Alexandra

Die „Alex“ ist das letzte dampfbetriebene Passagierschiff Deutschlands und als solches längst zum maritimen Wahrzeichen der Stadt geworden. Einst waren es 22 kohlefressende Dampfer, die von Flensburg aus eine Linienverbindung ins heutige Dänemark bedienten. Auch die Alexandra sollte Ende der 1970er-Jahre verschrottet werden, doch ein Förderverein rettete und sanierte das Schiff. Betrieben wird die 1908 erbaute und nun als technisches Denkmal geschützte Alexandra von einer ehrenamtlichen Crew, die in den Sommermonaten zu Rundfahrten einlädt. Dabei können Sie auch dem Kapitän und dem Heizer im Maschinenraum über die Schulter sehen.

■ Rundfahrten Ende Mai bis Ende Sept. nur So 13 und 15.15 Uhr. Erw. 20 €, Kinder (2–18 J.) 8,50 €. Tickets am gelben Pavillon an der Dampferbrücke und (besser) nach Vorreservierung. Schiffbrücke 37, ✆ 0461-18291805, dampfer-alexandra.de.

Phänomenta

Physik zum Anfassen, das ist das Prinzip dieses Science Centers der Uni-Flensburg, dessen Anbau mit seiner auffälligen blauen Glasfassade direkt neben das historische Nordertor gesetzt wurde und architektonisch in krassem Kontrast zu diesem steht. Auf 3500 m² Ausstellungsfläche wurden etwa 170 Experimentierstationen eingerichtet, an denen vor allem Kinder im Schulalter kurbeln, treten, drehen, ziehen, kombinieren, staunen und dabei jede Menge Hebel und Knöpfe drehen. Durch diesen spielerischen Ansatz der Wissensvermittlung lassen sich die Phänomene der Naturwissenschaft und Technik hautnah und mit allen Sinnen erleben.

■ Fr–So 11–18 Uhr, Di–Do 9–16 Uhr (in den Ferien von Schleswig-Holstein auch 11–18 Uhr); Mo geschlossen. Erw. 12 €, Jugendl. (bis 16 J.) 9 €, Kinder (3–6 J.) 3 €, Familien 34 €. Cafeteria vor Ort. Norderstr. 157–163, ✆ 0461-144490, phaenomenta-flensburg.de.

Marienkirche

Mit dem Bau dieser dreischiffigen Backsteinhallenkirche am Nordermarkt wurde um 1284 begonnen. Sie diente als Pfarrkirche der rasch wachsenden ersten Handelssiedlung am Westufer des Hafens und ersetzte schon damals einen frühgotischen Vorgängerbau. Erweiterungsbauten folgten im 15. und 18. Jh. und veränderten das äußere Erscheinungsbild stark. Auch der neugotische Turm ersetzte 1880 seinen Vorgänger.

Nach der Reformation bekam die Kirche eine neue Innenausstattung; diese stammt daher größtenteils aus der Renaissance. Lediglich Reste der gotischen Gewölbemalerei sind erhalten geblieben. Blickfang ist der reich

Schwimmendes Wahrzeichen: Salondampfer Alexandra

bebilderte, vergoldete Hochaltar (1598), der als größter Altar seiner Art in Schleswig-Holstein ein Hauptwerk der norddeutschen Spätrenaissance ist. Auch die reich verzierte Kanzel samt übergroßem Schalldeckel (1579) ist bemerkenswert. Auf ihr ist eine Kanzeluhr angebracht. Diese besteht aus vier Sanduhren, die jeweils eine Viertelstunde anzeigen. Sie diente Pfarrer und Gemeinde zur zeitlichen Orientierung, denn eine Predigt sollte damals nie länger als eine Stunde dauern.

An den hell gestrichenen Seitenwänden befinden sich viele kunstvolle Epitaphien (Gedächtnismale). Bemerkenswert ist insbesondere das im Seitenschiff hängende Epitaph der Familie Beyer aus dem Jahr 1591, weil auf ihm ein Gemälde mit der ältesten Stadtansicht Flensburgs zu finden ist. Aus dem gleichen Jahr stammt das davorstehende, in Flensburg kunstvoll gegossene Bronzetaufbecken. Getragen wird es von bronzenen Figuren der vier Evangelisten.

Nikolaikirche am Südermarkt

Von der im Jahr 1732 erbauten Orgel ist nur noch das äußere Erscheinungsbild (Prospekt) erhalten geblieben, die Orgel selbst stammt aus dem Jahr 1983.

Zwischen der Kirche und dem Nordermarkt befindet sich als Verbindungsbau der 1595 errichtete **Schrangen,** ein Gebäude mit markthallenartigen Arkaden, das nach dem mittelalterlichen Wort für „Tisch" benannt ist. Denn hier – und nur hier auf den Tischen unter diesen Marktlauben – durften bis ins 18. Jh. die ansässigen Knochenhauer (Metzger) ihr Fleisch verkaufen.

▪ Geöffnet Mo–Fr 10–16 Uhr, Sa 10–12.30 Uhr und zu den Gottesdiensten.

Nikolaikirche

Die ehemalige Pfarrkirche der zweiten, rasch wachsenden Handelssiedlung am Westufer ist ein beeindruckend großer Kirchenbau am Südermarkt. Entsprechend lange war die Bauzeit (von 1390–1480). Das Ergebnis der hohen, dreischiffigen und siebenjochigen, von zwölf mächtigen Rundpfeilern getragenen Backsteinhalle kann sich sehen lassen. Ein Großteil der Kirchenausstattung wurde um 1850 verschleudert. Im heute wenig überladenen Inneren werden die Blicke vor allem auf den im nordischen Hochbarock gefertigten Altar gelenkt (1749). Seitlich davor steht eine 1497 in Flensburg gegossene Bronzetaufe mit kunstvollem, barock überdimensionierten Taufdeckel (1722). Übrig blieben auch die Kanzel (1570) und das Triumphkreuz aus gleicher Zeit, ebenso wie einige Epitaphien, Gemälde und Messingleuchter. Einzigartig im nordeuropäischen Raum ist die Doppelorgel, deren 15 m hohes, im Jahr 1609 geschnitztes Orgelprospekt an sich schon ein Meisterwerk ist. Das Instrument selber wurde mehrfach umgebaut und erweitert; erstmals 1709 vom berühmten Orgelbauer *Arp Schnitger.* Seit 2009 verbergen sich hinter dem restaurierten Prospekt weltweit erstmalig zwei Stilinstrumente: eine

Orgel nach dem barocken Klangbild der Schnitgerorgel und eine weitere symphonische Orgel mit den Merkmalen vulminöser romantischer Orgeln.

Der 90 m hohe neugotische Turmaufsatz wurde 1878 auf den Grundfesten seines gotischen, durch einen Brand zerstörten Vorgängerturms errichtet. Er ist mit einem Glockenspiel von 17 Glocken ausgestattet, das mehrmals täglich erklingt (zumeist 9,12,15 und 18 Uhr).

▪ Tägl. 9–18 Uhr geöffnet.

Heiliggeistkirche (Helligåndskirken)

Das zwischen Norder- und Südermarkt direkt an der Fußgängerzone gelegene Gotteshaus wurde 1386 erbaut. Es war einst die Kirche des Heilig-Geist-Hospitals und wurde im Zuge der Reformation zur Hauptkirche der evangelisch-lutherischen Dänischen Kirche (Dansk Kirke i Sydslesvig). Seither werden hier Gottesdienste in dänischer Sprache gehalten.

Man betritt die von innen hellweiß gestrichene gotische Hallenkirche durch ein seitliches Spitzbogenportal. Licht gelangt nur durch die Spitzbogenfenster auf der Süd- und Ostseite in den Kirchenraum, weil die Fenster und der Eingang an der Nordseite Ende des 19. Jh. wegen eines Neubaus in der Nachbarschaft vermauert wurden. Zentrales Ausstattungsmerkmal ist der spätbarocke, in Weiß und Gold gehaltene Altar von 1719. Bemerkenswert sind auch die beiden für eine Seefahrerkirche üblichen Votivschiffe (beide um 1860), die im Seitenschiff und an der Südwand platziert wurden.

▪ In der Saison häufig, jedoch nur unregelmäßig geöffnet. Gottesdienste So 10 Uhr.

Museumsberg Flensburg

Die beiden imposanten, um die vorletzte Jahrhundertwende errichteten Museumsbauten auf der Anhöhe ober-

Thront über der Stadt: der Museumsberg

halb der Innenstadt machen den Museumsberg zu einem der größten Museen Schleswig Holsteins.

Blickfang ist das schlossähnliche **Heinrich-Sauermann-Haus.** Es wurde 1900-1903 als Kunstgewerbemuseum und -Schule der Stadt Flensburg errichtet. Grundstock bildet die Sammlung kunstgewerblicher Altertümer des Flensburger Möbelfabrikanten Heinrich Sauermann (1842–1904). Gegenstand der Ausstellungen ist die Kulturgeschichte des ehemaligen Landesteils Schleswig vom Mittelalter bis zur Neuzeit. Neben Möbeln und sakralen Kunstwerken gelten als Höhepunkte der Ausstellung nordfriesische Bauernstuben aus dem 17. und 18. Jh.

Das nebenan gelegene **Hans-Christiansen-Haus** wurde noch bis in die 1980er-Jahre als Schulgebäude genutzt. Es beherbergt insbesondere die bedeutende Gemäldesammlung des Museums, in der neben Hauptwerken des in Flensburg geborenen Jugendstilmalers Hans Christiansen (1866–1945)

Angeln und die Flensburger Förde → Karte S. 366

Petuh und Petuh-Tanten

In Flensburg ist sehr vereinzelt noch eine ganz eigene Sprachvariante zu hören: das Petuh oder auch Petuhtantendeutsch, bei dem es sich um so etwas wie einen lokalen Dialekt beziehungsweise eine Mischsprache aus Hochdeutsch, Plattdeutsch, Dänisch und Sønderjysk (Plattdänisch) handelt.

Im ausgehenden 19. Jh. waren es vor allem kultivierte, meist ältere Damen (Petuh-Tanten) der deutsch- und dänischstämmigen Flensburger Mittelschicht, die – ausgestattet mit einer Jahresfahrkarte – fast täglich mit den Fördedampfern durch das deutsch-dänische Grenzgebiet schipperten und dabei bei Kaffee und Kuchen ein Schwätzchen (Klönsnack) hielten. Hier trafen das Deutsche und das Dänische aufeinander und vermischten sich mit der Zeit zu einer Flensburger Mundart. Die Dauerkarten der Fördedampfer hießen früher Partoutbillet (franz. partout = überall), daher der umgangssprachliche Name Petuh.

Einige Petuh-Redewendungen haben bis heute Eingang in die Alltagssprache der Stadt gefunden (z. B.: *Is dat Szünde* = Das ist jammerschade oder *So' Aggewars!* = Was für ein Stress). Gegenwärtig sind es lediglich einige Laiendarstellerinnen, die das vom Aussterben bedrohte Petuh pflegen; vereinzelt werden auch Stadtführungen auf Petuh angeboten.

auch expressionistische Kunst mit Werken von Emil Nolde, Erich Heckel und Ernst Barlach sowie zeitgenössische Kunst zu bestaunen ist. Zudem werden anspruchsvolle Sonderausstellungen gezeigt. Zu sehen gibt es hier auch das sogenannte „Pariser Zimmer", ein im niederdeutschen Stil gefertigtes Zimmer, das Heinrich Sauermann als Exponat für die Weltausstellung 1900 in Paris anfertigte.

Im Erdgeschoss des zentralen Museumsgebäudes (Heinrich-Sauermann-Haus) ist zudem das **Naturwissenschaftliche Museum Flensburg** beheimatet. Dessen Ausstellung über die Entstehung und Entwicklung der Region präsentiert anschaulich die wichtigsten Lebensräume des nördlichen Schleswig-Holsteins anhand von detailgetreuen Modellen (von Insekten) und vielen Tierpräparaten (z. B. von einem Elch).

Auf dem Museumsberg gibt es zudem zwei frei zugängliche Grünanlagen, die zu einem Spaziergang einladen. Gegenüber den beiden Museumsgebäuden liegt der **Alte Friedhof** von 1813 mit eindrucksvollen Grabdenkmälern und seiner klassizistischen Kapelle am Friedhofseingang. Als Zeitzeuge der deutsch-dänischen Geschichte steht hier weithin sichtbar auch der **Idstedt-Löwe.** Dieses Denkmal erinnert an den Sieg der dänischen Truppen über die aufständischen Schleswig-Holsteiner in der Schlacht bei Idstedt (1850, → Kasten S. 330) und hat eine bemerkenswerte Reise hinter sich. Nach dem Sieg der Preußen kam der kurz zuvor fertiggestellte Bronzelöwe 1867 nach Berlin, 1945 nach Kopenhagen und kehrte erst im Jahr 2011 wieder an seinen angestammten Platz zurück. Der sich dahinter anschließende, 1797 im Stil englischer Landschaftsgärten an-

Eiszeithaus im Christiansenpark

gelegte **Christiansenpark** ist ein denkmalgeschütztes 4,2 ha großes Parkensemble. Samt Friedhof war der Park ursprünglich sogar einmal 25 ha groß und weitgehend in Privatbesitz des durch den Westindienhandel zu Wohlstand gekommenen Handelshauses. Doch mit dessen wirtschaftlichem Niedergang wurden immer wieder Geländeteile als Bauland verkauft, bis im Jahr 1992 endlich die Stadt Flensburg den westlichen Rest des Parks erwarb.

Darin befindet sich auch das sogenannte **Eiszeithaus,** das um 1820 an dieser Stelle ursprünglich als Pferdestall erbaut wurde. Als Dependance und erdgeschichtliches Schaumagazin des Naturwissenschaftlichen Museums zeigt es heute eine bedeutende geologisch-paläontologische Sammlung. Ein paar Meter unterhalb des Eiszeithauses befindet sich eine vergitterte, Anfang des 19 Jh. angelegte **Mumiengrotte,** die einen phönizischen Sarkophag aus der Zeit um 400 v. Chr. beherbergt.

Mit der **Spiegelgrotte** existiert ein weiteres (allerdings nur auf Anfrage begehbares) Kuriosum schon in direkter Nachbarschaft des Hauptgebäudes, ganz am südlichen Ende des Museumsberges. Der unterirdische achteckige Kuppelbau ist auf jeder Seite mit Spiegeln ausgestattet, sodass sich der Betrachter in einem grenzenlosen Raum wähnt.

▪ Di–So 10–17 Uhr (Mo Ruhetag). Museumsberg inkl. Naturwissenschaftliches Museum und Eiszeithaus Erw. 8 € (Verbundkarte mit dem städtischen Schifffahrtsmuseum 10 €), Kinder (unter 18 J.) frei. Museumsshop vor Ort. Museumsberg 1, ✆ 0461-852956, museumsberg-flensburg.de. Das Eiszeithaus ist nur Mi und So 10.30–17 Uhr geöffnet. Mühlenstr. 7, ✆ 0461-852577, eiszeit-haus.de.

Flensburger Brauerei

Sie ist eines der Aushängeschilder der Stadt. Schon 1888 gegründet, ist die Flensburger Brauerei Emil Petersen GmbH & Co. KG als eine der wenigen Großbrauereien Deutschlands noch immer weitgehend in Familienbesitz und hat in ihrer Geschichte einige Krisen überstanden. 1922 wurde das heutige Kernprodukt, das Flensburger Pilsener, ins Sortiment aufgenommen.

Angeln und die Flensburger Förde → Karte S. 366

Es ist mit 38 Bittereinheiten eines der herbsten Biere in Deutschland. Als in den 1970er-Jahren die Konkurrenz auf den Kronkorken setzte, schien die Flensburger Brauerei diesen Trend zu verschlafen. Man blieb bei dem traditionellen (und später durch einen neuen Dichtungsring optimierten) Bügelverschluss mit seinen vergleichsweise hohen Produktions- und Reinigungskosten. Doch spätestens mit dem Aufkommen der prolligen Comicfigur „Werner" des Zeichners Rötger Feldmann zu Beginn der 1980er-Jahre wurde der „Bölkstoff" mit dem Plop-Sound unerwartet deutschlandweit zum Kult. Auch ein den Großteil der Produktionsanlagen zerstörender Großbrand 1988, dem Jahr des 100. Firmenjubiläums, konnte dem bis heute andauernden Siegeszug des Flens nichts anhaben.

„Blumenvase" am Volkspark: Mürwiker Wasserturm

Eine Brauereibesichtigung samt Filmvorführung gewährt einen informativen Einblick in die Braukunst; beeindruckend ist neben dem Sudhaus vor allem die Abfüllanlage. Natürlich gibt es dabei auch eine Bierverkostung und eine leckere Brotzeit. Am Rande des Eingangstores gibt es einen „Plop-Shop", in dem Sie sich mit jeder Menge Flens-Tüddelkram eindecken können.

■ Brauereibesichtigung Mo–Fr 14 und 18 Uhr; Sa 11 und 15 Uhr (Dauer 3 Std.). 18 €/Pers. inkl. (nicht barrierefreiem) Rundgang und Verkostung. Tickets nur online. Der Plop-Shop ist Mo–Sa 13.30–18.30 geöffnet. Munketoft 12, ✆ 0461-863122, flens.de.

Mürwiker Wasserturm

Entgegen seines Namens steht dieser ungewöhnliche Trinkwasserspeicher nicht in Mürwik sondern im benachbarten Stadtteil Fruerlund. Satte 37,5 m hoch erstreckt er sich am Rande eines Volkspark genannten Kleingarten- und Waldgeländes hinter dem Ostufer der Förde in die Höhe. Das ungewöhnliche, wegen seiner Trichterform auch Blumenvase genannte Bauwerk wurde 1961 erbaut. Es sorgt für konstanten Druck im Leitungssystem und sichert mit einem Behältervolumen von 1,5 Millionen Litern als Reserve für Spitzenverbräuche nach wie vor die Wasserversorgung der Stadt. Der türkisfarbene Turm ist begehbar. Über einen Aufzug und eine Treppe gelangen Sie zu einer umlaufenden Aussichtsgalerie in 26 m Höhe, von der aus sich weite Teile der Stadt überblicken lassen.

■ Mai–Sept. Mi–So 11–13 Uhr und 15–18 Uhr (Mo/Di Ruhetag). Eintritt frei. Am Volkspark.

Yachting Heritage Centre

Freunde des noblen Jachtsports finden im Industriehafen am Fördeostufer direkt neben der Jachtwerft Robbe & Berking Classics ein kleines, aber feines Museum mit wechselnden Ausstellungen zur Geschichte des klassischen Jachtsegelns. Zum Museum gehört die mit 8500 Bänden größte Jachtsportbibliothek der Welt.

▪ Di–So 11–17 Uhr, Eintritt 5 €. Harniskai 13, ✆ 0461-31803063. yachtingheritagecentre.de.

Bergmühle

Etwas versteckt auf den Hügeln im Norden Flensburgs hat eine 1792 erbaute Getreidemühle die Zeit überdauert. Von einem Mühlenverein in jahrzehntelanger Arbeit bis zum Jahr 2022 liebevoll instand gesetzt, verfügt die nun wieder voll funktionsfähige Mühle über eine Windrose, mit deren Hilfe die Mühlenkappe mit den Jalousieflügeln automatisch in den Wind gedreht wird. Einstmals gab es 30 derartige Mühlen in der Stadt. Dieser einstöckige Galerieholländer ist eine von nur zwei Flensburger Mühlen, die das Mühlensterben überlebt haben (die zweite Mühle ist die zu Wohnzwecken umgebaute St.-Johannis-Mühle von 1808 im Stadtteil Sandberg).

▪ Mo–Fr 14–17 Uhr und Sa 11–14 Uhr können Sie im Mühlenladen ein Dinkel-Bergmühlenbrot und ein paar regionale Spezialitäten erstehen. Ansonsten öffnet die Mühle nur zum Deutschen Mühlentag (Pfingstmontag) und bei besonderen Anlässen. An der Bergmühle 7, bergmuehle-flensburg.com.

Praktische Infos → Karte S. 407

Einwohner 100.000

Information **Touristinfo Flensburg,** Nikolaisstr. 8, 24937 Flensburg, ✆ 0461-9090920, flensburger-foerde.de. Keine Kurtaxe (es gibt allerdings eine Beherbergungsabgabe von 7,5 % des Übernachtungspreises, welche die Vermieter an die Stadt abführen müssen).

Ausflugsschiffe/Förderundfahrt **Flensburg-Glücksburg,** vorbei an den Ochseninseln bei Sønderhav mit der MS Viking (Dauer pro Strecke 45 Min.). Erw. hin und zurück 18 €, Jugendl. 12 €, Kinder 7 €, Fahrrad 6 € (einfache Fahrt möglich, dann reduzierte Fahrpreise und Fahrrad nur 3 €). Tägl. außer an Liegetagen 9.30, 11.30, 13.30 und 15.30 Uhr. Tickets am Anleger Schiffsbrücke oder online. viking-schifffahrt.de.

Flensburg-Sonderburg, mit dem Katamaran MS Liinsand (Bj. 2017). Dauer pro Strecke 45 Min. In der Saison Mo–Sa 9.45 und 16.40 Uhr. Abfahrt Sønderborg 11.25 und 18.30 Uhr. Hin und zurück 29 €/Pers., Familie 59 €, Kinder (unter 4 J.) und Hunde kostenlos, Fahrrad 7 € (einfache Fahrt möglich, dann reduzierte Fahrpreise und Fahrrad 5 €). Abfahrt Anleger Schiffsbrücke. Tickets online unter foerdexpress.de. ✆ 04841-9374617.

Salondampfer Alexandra, Ende Mai bis Ende Sept. nur sonntags (→ S. 399)

Kino **51 Stufen,** Programmkino im Deutschen Haus. Friedrich-Ebert-Str. 7, ✆ 0461-31802110, 51Stufen.de. **UCI Flensburg,** Süderhofenden 14, ✆ 0461-7070333, uci-kinowelt.de.

Parken In Flensburg sind die Parkgebühren vergleichsweise hoch. Reichlich Parkhäuser und auch Parkplätze an der Förde (Schiffbrücke) sind aber vorhanden.

Schwimmbad/Sauna **Campusbad,** großes Hallenbad mit 50-m-Becken und Sprungturm. Auch Freizeitbecken mit Wildbach und Whirlliegen. Zudem große Sauna-Welt. 4 Std. Erw. 10 €, Kinder 6,50 €, Sauna 19,50 €. Di–So

Wanderung/Fahrradtour: Ausflug nach Dänemark

Der nach Sønderborg fahrende Katamaran MS Liinsand dient auch als Fahrradfähre. Von Sønderborg beträgt die zumeist auf Fahrradwegen oder kleinen Straßen verlaufende Strecke zurück nach Flensburg etwa 40 km. Natürlich ist die Tour auch in umgekehrter Reihenfolge möglich. Infos und Fährticktes unter foerdeexpress.de.

Einkehrtipp: Annies Kiosk im Fördedorf Sønderhav (rund 15 km vor Flensburg, Fjordvejen 67, tägl. 10–21 Uhr).Wegen seiner typisch dänischen Hot Dogs und der riesigen Softeis-Portionen hat der Kiosk seit Jahrzehnten nahezu Kultcharakter.

Angeln und die Flensburger Förde → Karte S. 366

10–22 Uhr (Mo Ruhetag). Thomas-Fincke-Str. 19, ✆ 0461-858800, campusbad-fl.de.

Stadtführung Zahlreiche 90-minütige **Erlebnisführungen** zu verschiedenen Themen (z. B. Do 11.30 Uhr „Höfe, Rum & alte Schiffe", Do 19.30 Uhr „Dämmerungsbummel" oder Mi 15 Uhr und Sa 11.30 Uhr „Altstadt: Geschichte & Geschichten") nach Voranmeldung. Erw. 9 €, Kinder (6–14 J.) 6 €, Familien 25 €. Anmeldung bei der Touristinfo und online unter flensburger-foerde.de.

Wenn Sie auf eigene Faust die Stadt erkunden möchten: Ab dem Schifffahrtsmuseum folgt mit ihren 20 beschilderten Stationen die **Rum & Zucker Meile** den Spuren von Ruhm und Rum. An gleicher Stelle beginnt (mit 14 Stationen) auch der **Kapitänsweg.** Infos und Übersichtspläne unter schifffahrtsmuseum-flensburg.de (Stichwort Vermittlung). Zudem lädt der in der Fußgängerzone (Holm 35) beginnende Jugendstilweg dazu ein, 20 besondere Innenstadt-Gebäude dieser Zeit zu Fuß zu entdecken (museumsberg-flensburg.de).

Theater/Konzerte Stilvolles **Stadttheater** aus dem Jahr 1894: Spielstätte des Schleswig-Holsteinischen Landestheaters. Rathausstr. 22, ✆ 0461-23388, sh-landestheater. **Niederdeutsche Bühne Flensburg,** Aufführungen in plattdeutsche Sprache im Stadttheater und im Studio in der Augustastraße 5, ✆ 0461-13790, niederdeutschebuehne.de. **Orpheus Theater,** eines der kleinsten Theater in Deutschland und stimmungsvolles Juwel im Herzen der Altstadt; versteckt im ehemaligen Dachboden der in einem etwas windschiefen Fachwerkhaus untergebrachten Kneipe Porticus. Man sitzt an gemütlich kleinen Tischen. Vor allem Konzerte. Marienstr. 1, ✆ 0461-23168, orpheustheater.de. **Kulturwerkstatt Kühlhaus,** Konzerte, Lesungen und andere Veranstaltungen im ehemaligen Kühlhaus der Deutschen Bahn. Mühlendamm 25, ✆ 04621-29866, kuehlhaus.net.

Veranstaltungen Höhepunkte im Flensburger Veranstaltungskalender sind das Folk-Festival **folkBALTICA** im Mai (folkbaltica.de) und die volksfestartige **Rumregatta** der Traditionssegler am Himmelfahrtswochenende (→ Kasten S. 397). Zudem finden im Juli im Rahmen der **Flensburger Hofkultur** viele Konzerte statt (flensburger-hofkultur.de). Sportlich zu geht es im Sept. mit dem **Flensburg-Marathon** (flensburg-marathon.de) und Anfang Okt. mit der Unternehmensregatta **Deutscher Company Cup** (company-cup.eu).

Wochenmarkt Jeden Mi und Sa 7–14 Uhr auf dem Südermarkt.

Übernachten Die Stadt Flensburg erhebt bei Privatreisen eine Beherbergungsabgabe für Übernachtungen in Hotels und Ferienwohnungen (im Volksmund auch Bettensteuer genannt). Diese beträgt 7,5% des Übernachtungspreises.

******Hotel Hafen Flensburg 6,** modern-stilvoll ausgestattetes Hotelensemble aus 8 verschiedenen Häusern samt schönem Innenhof im maritimen Herzen der Stadt. Insgesamt 69 luxuriöse Zimmer und Appartements. Schönes Wellnessdeck mit Sauna. Gutes Frühstücksbüfett. Stilvolles, empfehlenswertes **Restaurant Columbus 6** im Haus. Schiffbrücke 33, ✆ 0461-160680, hotel-hafen-flensburg.de. **€€€** (Hotel), **€€€** (Restaurant)

******Hotel Petuh 16,** Boutiquehotel garni in einer ehemaligen, denkmalgeschützten Ziegelei in zentraler Lage Nähe ZOB und Hafen. 20 modern und stilvoll eingerichtete Zimmer, Kaffeevollautomat kostenlos, Frühstück mit leckeren, frisch zubereiteten Eierspeisen. Nur wenige Hotelparkplätze (besser reservieren). Wilhelmstr. 4, ✆ 0461-80707280, petuh.de. **€€€**

Hotel Alte Post 15, 77 großzügige, gepflegte Zimmer und zentrale und daher nicht immer lärmfreie Lage zwischen Fußgängerzone und Busbahnhof. Frühstücksbüfett. Zwei (externe) Restaurants im Einkaufszentrum am Haus. Fitnessraum. Leider keine hauseigenen Parkplätze, aber es gibt an der Rezeption ein vergünstigtes Ticket für das Parkhaus City Süderhofenden, Rathausstr. 2, ✆ 0461-8070810, altepost-flensburg.de. **€€**

Gästehaus Lavendel 14, beste Innenstadtlage, 8 saubere, geschmackvoll eingerichtete Doppelzimmer, Gemeinschaftsbad für je 4 Zimmer und Gemeinschaftsküche, kein Frühstück (aber ein Kaffeeautomat). Große Str. 65 a, ✆ 015678853783, gaestehaus-lavendel.com. **€**

mein Tipp **Seemannsheim 5,** Hostel mit gepflegten Doppelzimmern und Mehrbettzimmern für Backpacker. Prima Lage am Hafen und nettes Personal. Gutes Frühstücksangebot in der Gästeküche. Keine Parkplätze (aber Platz für Fahrräder). Das niveauvolle Restaurant Hafenküche befindet sich im gleichen Haus. Schiffbrücke 40, ✆ 0461-40717808, seemannsheim-flensburg.de. **€**

mein Tipp **Essen & Trinken Hafenküche 5,** hochwertige, schmackhafte Speisen in freundlichem Ambiente im alten Seemannsheim neben dem Schifffahrtsmuseum. Es gibt nur eine kleine, wechselnde Karte mit Suppe, Salat, Labskaus und je ein Fisch-, Fleisch-, veganes

Flensburg
Cafés
3 Werftcafé
7 PlanB
19 Café K
20 Roter Hof
21 Alte Kaffeerösterei
Nachtleben
1 Genusswerk Flensburg
9 Hansens Brauerei
10 Porticus 1740
Übernachten
5 Seemannsheim
6 Hotel Hafen Flensburg
14 Gästehaus Lavendel
15 Hotel Alte Post
16 Hotel Petuh
Essen & Trinken
1 Genusswerk Flensburg
2 Flensburger Fischkate
4 Ben's Fischhütte
5 Hafenküche
6 Restaurant Columbus
8 Piet Henningsen
9 Hansens Brauerei
11 Strandgut
12 Das Kleine Restaurant
13 Gosch
17 Restaurant Borgerforeningen
18 Alte Senfmühle
20 Roter Hof
Wassersleben
Flensburger Förde
Yachting Heritage Centre
Volkspark
Mürwiker Wasserturm
Kraftfahrt-Bundesamt, Marineschule, Glücksburg
Berg-mühle
Nordertor
Phänomenta
Museums-hafen
Flensburger Schifffahrts-museum
Oluf-Samson-Gang
Salondampfer Alexandra
Marien-kirche
Heiliggeist-kirche
Stadt-theater
Stadt-park
Museums-berg
Eiszeithaus
Alter Friedhof
Idsted-löwe
Christiansen-park
Nikolai-kirche
Süder-markt
Deutsches Haus
Flens-burger Brauerei
Campusbad
Schleswig
190 m
K 28
Nordstraße
Hafendamm
Süderhofenden
Schützenkuhle
Zur Exe
Apenrader Straße
Batteriestraße
Strandweg
Brauereiweg
Trollseeweg
Werftstraße
Neustadt
Harrisleer Straße
Schiffbrücke
Norderstraße
Ballastbrücke
Am Lautrupsbach
Mürwiker Str.
Bismarckstraße
Blasberg
Harniskai
Industriekai
Kielseng
Harnis
Am Volkspark
Sankt-Jürgen-Str.
Wilhelmstr.
Johannisstraße
Angelburger Str.
Heinrichstr.
Bahnhofstr.
Schleswiger Str.
Husumer Straße
Friesische Straße
Südergraben
Rote Str.
Holm
Nikolaistr.
Rathausstr.
Norderhofenden
Große Str.
Marienstr.
Nordergraben
Marienhölzungsweg
Wrangelstraße
Moltkestraße
Friedhofstraße
Mühlenstraße
Mathildenstraße
Stuhrsallee
Reepschlägerbahn
Friedrichstr.
Dorotheenstraße
Hochstraße
Waldstraße
Duburger Straße
Ritterstr.
Am Burgfried
Toosbüystraße
Knuthstraße
Schloßstraße
Gartenstraße
Feldstraße
Gasstraße
Eckenerstraße
Alter Kupfermühlenweg
Bauer Landstr.

oder vegetarisches Gericht. Die Tagesgerichte werden jeweils an die große Tafel an der Wand geschrieben. Aufmerksamer Service. Schiffbrücke 40, ✆ 0461-40717797. **€€€**

MeinTipp **Piet Henningsen 8**, uriges, im Seefahrtskneipen-Look mit allerlei maritimen Mitbringseln geschmücktes (Fisch)-Restaurant, das hier schon 1886 eröffnet wurde. Leckere Krabben- oder Fischsuppe, empfehlenswerter Fischteller, fangfrische Kutterscholle, aber auch z. B. argentinisches Filetsteak mit Hummer. Windgeschützte Terrasse mit Blick auf den Hafen vor dem Haus. Tägl. 17–23 Uhr, Schiffbrücke 20, ✆ 0461-24576. **€€€**

Hansens Brauerei 9, hier im ehemals ältesten Rumhaus Flensburgs (von 1781) wird nicht mehr Rum veredelt, sondern Bier gebraut. Flensburgs zweite relativ bekannte Brauerei, die allerdings eine reine Gasthausbrauerei ist. Gebraut werden leckere, naturtrübe und ungefilterte Biere (Craft Beer); dazu gibt's eine kräftige Brauhausküche wie Grillhaxe, Spare-Ribs, Frikadellen oder auch ein Bierkutschersteak. Windgeschützte Biergartenterrasse mit Blick auf die Schiffbrücke vor dem Haus. Tägl. 11.30–23 Uhr, Fr/Sa bis 24 Uhr. Schiffbrücke 16, ✆ 0461-22210. **€€**

Restaurant Borgerforeningen 17, im historischen Hof an der Fußgängerzone befindet sich dieser traditionelle Treff der dänisch sprechenden Vereine. Hier gibt es eine leckere, eher deftige Küche in gepflegtem Ambiente. Spezialität sind zarte Steaks aller Art, die im Ofen langzeitgegart und dann in der Pfanne zubereitet werden. Mo–Sa 11.30–14.30 und 17–21 Uhr (So Ruhetag). Holm 17, ✆ 0461-23385. **€€**

Gosch 13, Ableger des allseits bekannten Fischimbisses in schönster Lage an der Hafenspitze. Auch schöne Stegterrasse mit herrlichem Stadtblick. Natürlich achtet man hier trotz Selbstbedienung auf gepflegtes Ambiente. Die Auswahl an Fischspezialitäten reicht vom leckeren Fischbrötchen über Backfisch bis zur halben Languste. Tägl. 11–22 Uhr. Am Kanalschuppen 4, ✆ 0461-18285330. **€€**

Alte Senfmühle 18, gemütliches Ambiente in den Räumen einer ehemaligen Essig- und Sauerkrautfabrik. Gute Suppen, schmackhafte Bratküche (Fisch, Steaks, Penne, Schnitzel, Burger aber auch z. B. Sauerfleisch). Schöne Hofterrasse. Tägl. 11–23 Uhr. Holmhof 45, ✆ 0461-8072636. **€€**

Strandgut 11, kleines und einfach-gemütliches Suppen- und Hausmannskost-Restaurant im Bio-Bistro-Look. Im Herzen der Stadt, etwas versteckt gelegen im Neptun-Hof. Mittags sind Sie hier richtig, denn im Angebot sind auch Pasta, Couscous, Currywurst und ein Mittagsgericht. Nette Außenplätze auf dem Hof. Mo–Sa 12–16 Uhr (So Ruhetag). Große Str. 77 b. **€**

Das Kleine Restaurant 12, unkomplizierte Gastwirtschaft in der Fußgängerzone mit einfachen Tischen vor dem Haus. Schmackhafte, deftige Küche mit reichhaltigen Portionen, wie z. B. Schnitzel mit Pommes, Fisch mit Bratkartoffeln oder Kräuterspätzle. Tägl. 12–21 Uhr, Fr/Sa bis 22 Uhr. Große Str. 67, ✆ 0461-12522. **€**

Roter Hof 20, Restaurant und Café in einem typischen Flensburger Kaufmannshof mit einem umfangreichen Angebot. Frühstück von 10–12 Uhr. Nachmittags gibt's hausgemachte Kuchen und Torten, mittags und abends auch Deftiges wie z. B. hausgemachte Currywurst in verschiedenen Varianten, Penne, Gemüsecurry, Fish and Chips, Kabeljaufilets und Rumpsteaks. Tägl. 10–21 Uhr (So Ruhetag). Rote Str. 14, ✆ 0461-5052370. **€**

Genusswerk Flensburg 1, das Lokal ist eine gläserne Brauerei und Destille. Damit ist die geräumige Brauereigaststätte in den gepflegten und mit einer historischen Dampfmaschine als Blickfang gestalteten Räumen der Westindien Compagnie das nördlichste Brauhaus Deutschlands. Probieren können Sie eine üppige Auswahl an vor Ort gebrauten Bieren, darunter auch exotische Sorten wie z. B. ein Lakritzbier. Und eine überschaubare Auswahl an rustikalen Brauhausspeisen (Schnitzel/Pommes) gibt es auch. Mi–Sa 17–23 Uhr. Brauereiweg 21, ✆ 0461-97879188. **€**

Alte Kaffeerösterei 21, das in Flensburgs Sonnenhof gelegene verwinkelte Café auf zwei Etagen samt Innenhof-Terrasse ist auch eine kleine Kaffee-Rösterei mit entsprechenden Spezialitäten. Dazu gibt es leckere Kuchen und Torten. Tägl. 10–18 Uhr (Sa nur bis 16 Uhr). Rote Str. 16 (Sonnenhof), ✆ 0461-50508900.

Werftcafé 3, gemütlich zusammengewürfelte Einrichtung; mitten in der Museumswerft gelegen, jedoch nicht von dieser betrieben (weshalb beim Café-Besuch auch nicht der Obolus für die Museumswerft zu zahlen ist). Segelüberdachte Terrasse mit Blick auf den Museumshafen. Leckere Kaffeespezialitäten. Rein vegetarisches Café mit prima Kuchen (auch glutenfrei und vegan). Tägl. 11–18 Uhr (freitags open end). ✆ 0172-1010670.

Punkte in Flensburg

Natürlich war es eine politische Entscheidung zur Strukturförderung, dass man im Jahr 1951 das Kraftfahrt-Bundesamt (KBA) im abgelegenen Flensburg ansiedelte und nicht etwa in München, Wiesbaden oder Kiel, die ebenfalls im Gespräch waren. Das heutige, wenig einladende Hochhaus der Behörde an der Fördestraße wurde dann 1965 im Stadtteil Mürwik neu als Verwaltungsgebäude erbaut. Hier arbeiten über 1000 Menschen.

Die Flensburger Punktesammler führen nicht nur ein **Fahreignungsregister** („Verkehrssünderdatei"), sondern auch ein Fahrerlaubnisregister und das zentrale Fahrzeugregister aller in Deutschland zugelassenen Kraftfahrzeuge und ihrer Halter. Wenn Sie eine Rückrufaktion ihres KFZ-Herstellers versäumen, bekommen Sie daher ungemütliche Post aus Flensburg. Darin wird Ihnen die Zwangsstilllegung Ihres Fahrzeugs angedroht, sollten Sie den Mangel nicht umgehend beheben lassen. So selten, wie man meinen könnte, ist dieser Fall übrigens nicht; jährlich werden auf diese Weise 70.000 bis 100.000 Verfahren eingeleitet, um betroffene Autos aus dem Verkehr zu ziehen.

Kraftfahrt-Bundesamt

Und auch was den Entzug der Fahrerlaubnis angeht, ist man in Flensburg fleißig. Sind mindestens acht Punkte gesammelt, ist der „Lappen" erst einmal für mindestens sechs Monate weg (Führerscheinentzug). Rund 90.000 Mal im Jahr ist dies der Fall. Zudem werden in Deutschland jährlich für bestimmte Verkehrsdelikte rund 440.000 Fahrverbote von zwischen einem und drei Monaten verhängt. Und Punkte sind schnell kassiert, beispielsweise für einen Vorfahrtsverstoß oder die Benutzung des Handys am Steuer. Im Jahr 2023 hatten daher mehr als 10,6 Millionen Personen einen Eintrag im Fahreignungsregister. Als Vorwarnung flattert Ihnen ab vier Punkten eine Ermahnung ins Haus. Um einen Punkt abzubauen, können Sie dann alle fünf Jahre an einem Fahreignungsseminar teilnehmen. Leichte Verstöße mit einem Punkt werden aber nach zweieinhalb Jahren ohnehin gelöscht, andere Ordnungswidrigkeiten und bestimmte Straftaten nach fünf oder zehn Jahren.

- **Sie kennen Ihren Punktestand nicht?** Sie können ihn problemlos per Online-Ausweis abfragen oder per Post einholen. Wenn Sie aber ohnehin schon einmal in Flensburg sind, können Sie ihn auch im Pförtnerpavillon vor Ort gebührenfrei abfragen (Mo–Mi 9–15 Uhr, Do 9–16.30 Uhr, Fr 9–14 Uhr; Ausweis nicht vergessen). Eine telefonische Auskunft ist nicht möglich. Besucherparkplätze am Eingang. Kraftfahrt-Bundesamt: Fördestraße 16 (gegenüber der Marineschule), Flensburg-Mürwik, ✆ 0461-3160, kba.de.

Porticus 1740 10, Flensburgs gemütliche Kult- und Szenekneipe mit dem kleinen Orpheus Theater im Obergeschoss. Schon von außen ist der betagte Fachwerkbau ein Schmuckkästlein in der Altstadt. Sowohl Raucher- als auch Nichtraucherbereich. Keine Speisen. So ab 20 Uhr, Mo–Sa 19–2 Uhr, am Wochenende sogar nachts bis 4 Uhr. Marienstr. 1.

Café K 19, im alten Ratskeller am Südermarkt gibt es verschiedene Frühstücksvariationen mit selbstgemachten Marmeladen im hell gestrichenen und modern gestalteten Gewölbekeller. Schöner Außenbereich auch vor dem Haus. Zudem gibt es hier diverse Kaffeespezialitäten und Kuchen und für den Mittagshunger Kleinigkeiten wie Pasta, Focaccia, Salate, Suppen und belegte Brötchen. Tägl. 9–18 Uhr. Südermarkt 15, ✆ 0461-3181674.

PlanB 7, Kaffeebar, die ihrem Namen mit gutem Kaffee alle Ehre macht. Auch Backnaschereien wie z. B. leckerer Möhrenkuchen oder Zimtschnecken; allerdings keine Toilette. Tägl. 10–18 Uhr. Norderstr. 46, ✆ 0461-40781212.

meinTipp **Ben's Fischhütte 4**, mittlerweile schon Kult gewordener Fischbrötchenimbiss im kleinen Holzverschlag am Museumshafen, weshalb sich hier oft lange Schlangen bilden. Das Warten lohnt, gibt es hier doch absolut leckere frisch aufgebackene, knusprige Brötchen mit üppigem Belag und hausgemachten Soßen. Frischer Fisch (Matjes, Stremellachs usw.) ist natürlich garantiert; die Bar-Bezahlung erfolgt kontaktlos (ggf. Wechselgeld einfach aus dem Körbchen nehmen). Museumshafen. ✆ 0176-64965206.

meinTipp **Flensburger Fischkate 2**, nicht nur Fischladen mit großer Auswahl an frischen Meeresfrüchten und Salaten. Im hellen Gastraum gibt's auch frisch zubereitete Fischbrötchen und eine kleine Auswahl an Speisen (z. B. Räucherfischteller oder Fisch mit Bratkartoffeln). Gut erreichbar in einer renovierten Scheune im nördlichen Stadtteil Mürwik direkt an der Durchgangsstraße gelegen. Di–Sa 8–18 Uhr. Fördestr. 65, ✆ 0461-99936736. **€**

Umgebung von Flensburg

Wassersleben

Nur 4 km nördlich der Innenstadt liegt dieser von einem Buchenwald eingerahmte Badeort samt kleinem Jachthafen. Das große Plus der 500-Einwohner-Siedlung ist ihr kurtaxenfreier Sandstrand. Und der kann mit einem Superlativ aufwarten, denn genau hier erreicht die Ostsee ihren westlichsten Punkt. Weniger schön ist die Bebauung, die im Wesentlichen aus gleichförmigen Wohn- und Ferienappartementhäusern besteht.

Wassersleben ist Grenzort. Davon künden einige große Grenzshops, in denen skandinavische Kunden vor allem Alkoholika und Süßigkeiten in extremen Mengen erwerben. Die Auswahl ist beeindruckend, für deutsche Verhältnisse jedoch nicht wirklich preiswert.

Der Ortsname geht zurück auf den ehemaligen, in dänischen Diensten stehenden Konferenzrat Joachim Wasserschlebe (1709–1787), der hier 1780 ein riesiges Grundstück für seinen Altersruhesitz kaufte. Mit der Zeit entwickelte sich das waldreiche Wassersleben zum Villenvorort von Flensburg, wurde jedoch in der NS-Zeit 1938 nach Harrislee eingemeindet.

Etwas Besonderes ist der **Grenzübergang Schusterkate**, der Wanderer zu einem kleinen Ausflug nach Dänemark einlädt. Er gilt als einer der kleinsten Grenzübergänge Nordeuropas und besteht lediglich aus einem Holzbrücklein, das über die Mündung der Krusau führt. Die Brücke – übrigens die einzige, die Deutschland mit Dänemark verbindet – fungiert auch als Durchlass für einen Mini-Sportboothafen. Das Grenzhäuschen ist längst verwaist, ab und an kontrolliert hier aber die dänische Polizei. Gut erkennbar ist auch der Grenzstein Nr. 1, einer von 280 Steinen dieser Art, die seit der Volksabstim-

Westlichster Punkt der Ostsee: Sonnenaufgang in Wassersleben

mung von 1920 von hier bis zur Nordseeküste die deutsch-dänische Grenze markieren. Ein schöner Wanderweg führt als Teilstück des dänischen Küstenwanderwegs „Gendarmenpfad" von der malerischen Schusterkate (Skomagerhus) rund 3 km durch den **Kollunder Wald** nach Kollund. Obwohl schon in Dänemark gelegen, gehörte dieser Wald seit 1883 der Stadt Flensburg, die ihn jedoch im Jahr 2006 wegen klammer Kassen an einen dänischen Geschäftsmann verkaufte. Immerhin konnte die Naturschutzstiftung „Den Danske Naturfond" den wegen seiner vielen Tier- und Pflanzenarten für Dänemark einzigartigen Wald Ende 2017 (zu einem wesentlich höheren Preis) wieder erwerben und überlässt ihn weitgehend der Natur.

Essen & Übernachten ******Hotel Wassersleben,** altehrwürdiges Hotel in wunderbarer Lage. Als Boutiquehotel umgestaltet. 22 in zartem Grau und Weiß gestaltete Zimmer mit Blick auf den kleinen Jachthafen und das Meer. Einige Bäder und Zimmer sind allerdings ein wenig in die Jahre gekommen. Frühstück leider mit Aufbackbrötchen. Im **Restaurant „Esszimmer"** gibt es Di–Sa ab 17 Uhr eine kleine Karte mit schmackhaften Speisen (Rumpsteak, Dorade, Flunder). Wassersleben 4, ✆ 0461-77420, hotel-wassersleben.de. **€€€** (Hotel), **€€** (Restaurant)

Industriemuseum Kupfermühle

Nur 1 km hinter Wassersleben liegt unmittelbar an der Grenze der kleine, ebenfalls zur Gemeinde Harrislee gehörende Ortsteil Kupfermühle. Dieses wasserreiche Tunneltal des kleinen Flusses Krusau war wegen seines starken Gefälles ideal, um hier ein Hammerwerk zu betreiben, dessen Energiebedarf zunächst durch ein (immer noch vorhandenes) Wasserrad gedeckt wurde. Erst 1933 kam eine (heute denkmalgeschützte) Dampfmaschine hinzu.

Ihren Anfang nahm die Wassermühle an der Krusau schon um 1600. Gefertigt wurden zunächst vor allem Kupferplatten zum Verkleiden von Schiffen und zur Dacheindeckung von Kirchen und Schlössern. Im 18. Jh. folgte die Produktion von Haushaltsgeräten und Rohren aus Kupfer und Messing. 250

Angeln und die Flensburger Förde → Karte S. 366

Grenzzaun nach Dänemark

Ungehinderter Grenzverkehr sieht anders aus: Seit dem Jahr 2019 gibt es zwischen Dänemark und Deutschland entlang der kompletten Landesgrenze einen knapp 70 km langen Zaun.

Offiziell dient der von Wassersleben bei Flensburg bis hinüber zur Nordseeküste reichende Grenzzaun dazu, Wildschweine und damit die Afrikanische Schweinepest vom Königreich fernzuhalten. Die dänische Wildschweinpopulation war zum Zeitpunkt des Baus allerdings längst nur noch winzig und mittlerweile hat man sogar selbst die letzten überlebenden Tiere in Südjütland abgeschossen. Zwar spielt für Dänemark die auf den Export ausgelegte Zucht von Hausschweinen eine große wirtschaftliche Rolle und eine Ausbreitung der Tierseuche könnte Milliardenschäden verursachen. Die Sinnhaftigkeit des Grenzzauns ist dennoch zu bezweifeln, weil sich das für Menschen ungefährliche Virus vor allem durch Tiertransporte und infizierte Lebensmittel ausbreitet. Diesbezüglich strenge Hygienemaßnahmen und Aufklärung erscheinen also wirkungsvoller. So ist es nicht auszuschließen, dass der Zaun seitens der dänischen Regierung bloße Symbolpolitik darstellt. Seit der Flüchtlingskrise von 2015 verschärfte Dänemark seine Asyl- und Einwanderungspolitik; an der Grenze wird trotz Schengenabkommen wieder kontrolliert. Bei dem Zaun handelt es sich um ein 1,5 m hohes, stabiles Stahlgeflecht, das einen halben Meter weit in den Boden reicht, damit sich die Wildschweine nicht darunter durchwühlen können. Den Lebensraum zerschneidet der Zaun so aber auch für andere Tiere, selbst wenn es alle hundert Meter Schlupflöcher von 20 mal 20 cm für Kleintiere gibt. Größere Tiere wie Rehe oder auch Wölfe passen da nicht hindurch. Er unterbindet somit den Wildwechsel, weshalb auf längere Sicht eine Abnahme der genetischen Vielfalt der Populationen prognostiziert wird.

Grenzübergang Schusterkate

Ein Ärgernis ist der Zaun auch für den kleinen Grenzverkehr in der Region. Mitten in Europa ist den benachbarten Dorfbewohnern auf beiden Seiten der Grenze das grenzüberschreitende Zusammenleben nicht mehr in gewohnter Weise möglich. Auch Spaziergänger, Radfahrer und die Bauern, die auf beiden Seiten Felder haben, können jetzt nicht mehr einfach schnell mal die Seite wechseln, sondern müssen einen der 20 permanenten Durchlässe für den Verkehr benutzen.

Jahre lang war die Kupfermühle eine der größten Industrieanlagen Dänemarks und produzierte hier auch in deutscher Zeit als „Crusauer Kupfer- und Messingfabrik" noch bis zum Jahr 1962.

In drei historischen Industriehallen können Sie auf einem Rundgang durch das Turbinenhaus und die Maschinenhalle anhand funktionstüchtiger Gerätschaften ein Stück Industriegeschichte bestaunen.

Ein architektonisches Denkmal ist auch die benachbarte, ockerfarben gestrichene Werkssiedlung mit den Arbeiterwohnungen. Deren ehemaliges Direktorenhaus (Turmgebäude) ziert noch immer eine Büste des dänischen Königs Christian IV., denn dieser war vor über 400 Jahren der Gründer der Kupfermühle.

▪ Mai–Okt. Mi–So 13–17 Uhr, Nov.–April nur Sa/So 13–17 Uhr. Erw. 5 €, Schüler 2 €. ✆ 0461-40077125, Messinghof 3, Harrislee, industrie museum-kupfermuehle.de.

meinTipp **Essen & Trinken Café LaFe,** schönes Ambiente im ehemaligen Direktorenhaus der Arbeitersiedlung Kupfermühle am Industriemuseum. Leckere Kuchen und Torten (z. B. Schwedischer Apfelkuchen), die man am besten direkt am Tresen aussucht. Sa/So gibt es ein absolut empfehlenswertes Frühstücksbüfett mit außergewöhnlichen Köstlichkeiten. Netter Service und auch ein paar gemütlich-einfache Außenplätze. Nur Fr 14.30–17 Uhr sowie Sa/So 9–17 Uhr geöffnet. Zur Kupfermühle 17, 24955 Harrislee, ✆ 0515-1943905.

Arnkiel Park

8 km südlich der Stadt, direkt an der Verbindungsstraße von Schleswig nach Flensburg, gibt es für Archäologiebegeisterte in Munkwolstrup eine informative, 2 ha große Freilichtanlage zu besichtigen. Sieben Großsteingräber erinnern hier an jungsteinzeitliche Siedlungsaktivitäten. Da sie im Lauf der Zeit stark zerstört wurden, hat man im Jahr 2003 ein Hünenbett von 75 m Länge am Originalstandort rekonstruiert und zugänglich gemacht. In einem Infopavillon und auf zahlreichen Info-Tafeln erfährt man alles über die hiesigen, zwischen 4200 und 1700 v. Chr. entstandenen Megalithanlagen der sogenannten Trichterbecherkultur. Benannt wurde das Gelände nach dem Apenrader Propst Troels Arnkiel (1638–1720), der 1702 in seinem Buch *Die Cibrische Heyden-Religion* die hiesige Grabanlage beschrieb.

▪ Infopavillon und Grabanlage sind ganzjährig kostenfrei geöffnet. Munkwolstruper Weg, 24988 Oeversee (Hinweisschild an der Verbindungsstraße).

Großsteingräber der Trichterbecherkultur: Arnkiel Park

Angeln und die Flensburger Förde → Karte S. 366

Rückzugsort: Strandkorb in Eckernförde

Nachlesen

& Nachschlagen

Geografie und Landschaft ▪ 416
Flora und Fauna ▪ 419
Geschichte ▪ 421
Typisch Ostseeküste ▪ 429
Reisepraktisches in Stichworten ▪ 435

Uferstreifen zwischen Dahme und Kellenhusen

Geografie und Landschaft

Im Gegensatz zur flachen Nordseeküste prägen sanft geschwungene Täler und Hügel aus Grund- und Endmoränenmaterial die Ostseeküstenlandschaft Schleswig-Holsteins.

Erdgeschichtlich ist das Land ziemlich jung und erhielt erst in der letzten Eiszeit vor etwa 120.000 Jahren seine heutige Form. Unaufhaltsam rollten die Gletscher – aus Skandinavien kommend – wie Bulldozer über Schleswig-Holstein hinweg und schleppten Geröll, Kalk, Lehm und riesige Findlinge mit sich. Durch den unvorstellbaren Druck dieses wandernden Eisgebirges wurden Geröllkuppen aufgeschoben und Täler geformt, sodass sich die für die Region typische hügelige Grund- und **Endmoränenlandschaft** herausbildete. Die Gletscherablagerungen stellen außerdem die Grundlage dar für den fruchtbaren Ackerboden der heutigen Landschaft, die sich im Laufe der Zeit durch Rodung der Wälder und Trockenlegung der Sümpfe zur Kulturlandschaft wandelte.

Die für Schleswig-Holstein heute so typische **Wallhecken- oder Knicklandschaft** ist allerdings erst ca. 200 Jahre alt und entstand im Rahmen der ersten Bodenreform. Jeder Bauer erhielt einst eigenen Grund und Boden, den er nach dem Willen des dänischen Königs Christian VII. mit „lebenden Zäunen" einzukoppeln hatte. Denn Holz für Zäune war knapp, und so wurden Wälle angelegt und dicht mit Sträuchern bepflanzt. Dies war die dauerhafteste und damit billigste Art, das Vieh ausbruchsicher auf den Weiden zu halten. Der ungewöhnliche Name *Knick* rührt daher, dass beim Anlegen der Wälle junge Zweige nach unten gebunden, also geknickt wurden, um auf diese Weise die einzelnen Sträucher dichter miteinander zu verschlingen.

Mit der Zeit wurden die Knicks an der waldarmen Ostseeküste auch zu wichtigen Brennholzlieferanten, denn alle 10 bis 15 Jahre muss ein Knick „auf den Stock gesetzt werden". Dabei wird fast der gesamte Holzbewuchs bis auf kurze Stümpfe gekürzt, ansonsten würde die Wallhecke in den unteren

Abschnitten kahl und ihrer natürlichen Schutzfunktion beraubt werden. Alle 30 bis 50 m wird jedoch ein „Überhälter", also ein den Knick überragender älterer Baum, stehen gelassen. Heute wachsen auf manchen Feldern nur noch diese einzelnen Bäume ohne dazugehörige Wallhecke, denn leider haben durch die Flurbereinigung und andere fragwürdige Maßnahmen nur wenige der kostbaren Wallhecken die Zeit überdauert. Dabei bieten diese Knicks nicht nur Schutz für 1800 Pflanzen und 7000 Tierarten, sondern beugen zudem der Erosion vor, weshalb sie mittlerweile geschützt sind und nicht ohne behördliche Genehmigung entfernt werden dürfen. Wird ein Weg beidseitig von einer Wallhecke, also von einem Doppelknick, begrenzt, spricht man von einem **Redder.**

Die Küstenlinie Schleswig-Holsteins beträgt ca. 328 km, einschließlich der Insel Fehmarn (78 km) sind es sogar 406 km. Flach abfallende Strände wechseln sich immer wieder mit Steilküstenbereichen ab, an denen ständig das Meer nagt und die insgesamt gesehen immerhin eine Länge von 148 km haben.

Für den hiesigen Küstenverlauf sind neben den zahlreichen Stränden und Abschnitten kleinerer Steilküsten auch die sog. **Nehrungs- oder Strandhaken** typisch. Meeresströmungen verfrachten besonders während der Herbst- und Winterstürme das durch die Brandungswellen von den Steilküsten abgetragene Sand- und Geröllmaterial die Küste entlang und lassen so diese Landzungen entstehen, an denen das Material wieder abgelagert wird. Das „Wachstum" der Nehrungen ist unterschiedlich, kann aber an einigen Stellen bis zu 18 m im Jahr betragen. Oft gehen vom eigentlichen Nehrungshaken in Strömungsrichtung kleinere Nehrungen ab und formen so eine Vielzahl kleinster Buchten. Diese schließen sich im Laufe der Zeit und bilden kleine Strandseen. Für diese seenartigen, fast vollständig von der Ostsee oder der Schlei abgetrennten, also haffartigen Gewässer gibt es im Norden Schleswig-Holsteins den Begriff **Noor.** Bekannt sind z. B. das *Windebyer Noor* bei Eckernförde oder das *Haddebyer Noor*, an dem sich die Wikingersiedlung Haithabu befindet. Früher hat man diese Seen oft eingedeicht, künstlich trocken-

Vor der Fehmarnsundbrücke

Bernstein und andere Strandfundstücke

Wo heute die Ostsee rauscht, gab es vor 40 Mio. Jahren subtropische Wälder. Das von ihren Bäumen tropfende Harz gelangte durch die Flüsse ins Meer, wo es unter Luftabschluss innerhalb mariner Sedimente versteinerte und zu Bernstein wurde. Etwa 300 verschiedene Bernsteinarten sind bekannt, die Palette reicht von hellen Elfenbein- bis zu dunkel schimmernden Brauntönen. Der Stein kann milchig, trüb oder klar sein, mitunter sind kleine Insekten eingeschlossen, die am Harz kleben geblieben sind. Schon in frühester Zeit wurde Bernstein am Strand gesammelt und zu Schmuck verarbeitet. Im antiken Griechenland und in Rom galt er als so kostbar, dass er dort mit Gold aufgewogen wurde.

Eindeutiges Kennzeichen der Steine ist ihre Brennbarkeit (davon stammt auch ihr Name: niederdeutsch „börnen" für „brennen"). Dazu kommt: Bernstein ist leicht, schwimmt in konzentriertem Salzwasser und lädt sich in trockenem Zustand durch einfaches Reiben elektrostatisch auf.

Wer sich auf die Suche nach dem „Gold der Ostsee" machen will, sollte einen Sturm abwarten. Dann ist die Chance am größten, dass die Steine am Strand zusammen mit Muscheln und Algen angespült wird, besonders vor den Steilküsten. Doch Vorsicht: Den Stein nie in der Hosen- oder Jackentasche aufbewahren! Bernstein sieht dem gefährlichen weißen Phosphor zum Verwechseln ähnlich, der als Bestandteil von über der Ostsee abgeworfenen Brandbomben des Zweiten Weltkriegs mitunter immer noch an die Strände gespült wird. Und dieser fängt beim Trocknen durch den Kontakt mit Sauerstoff plötzlich zu brennen an, wodurch es immer wieder zu Unfällen kam.

Am Ostseestrand lässt sich jedoch noch eine Vielzahl anderer interessanter **Gesteinssorten** finden. Häufig vorkommend sind Sandsteine und Gneise, die fast alle immer auch rötliche Spuren enthalten. Besonders kräftig rot schimmert auch der Unakit. Vielfach sind zudem Steine aus Granit, Basalt, Quarzit oder Kalk zu finden. Bekannt und ebenfalls zahlreich vorkommend sind Feuersteine. Haben die Feuersteine ein Loch, nennt man sie **Hühnergötter.** Sie gelten als Glücksbringer. Früher hat man sie – gemäß einem slawischen Volksglauben – auf einer Schnur aufgereiht an die Hühnerstange gehängt oder einzeln in die Hühnernester gelegt, um Poltergeister zu vertreiben. Begehrt sind auch die kleinen **Donnerkeile.** Das sind kegelförmig-spitz zulaufende Steine mit gelblichbrauner Farbe. Es handelt sich dabei um fossile Innenskelette urzeitlicher Tintenfische (sog. Belemniten). Einer Sage nach entstanden die Donnerkeile immer dort, wo die vom germanischen Thor geschleuderten Blitzbündel einschlugen. Lange glaubte man, dass die Donnerkeile die Dächer vor Blitzschlag schützten. Man sammelte sie auch, um einem Hexenschuss vorzubeugen.

meinTipp Wenn Sie einen Bernstein kaufen möchten, sollten Sie wissen: Bei mit **„Echt Bernstein"** gekennzeichneten Produkten handelt es sich um Pressbernstein, der bei der Herstellung erhitzt, gepresst und mitunter mit einem Farbzusatz versehen wird. Der tatsächlich echte Bernstein firmiert unter dem Namen **Naturbernstein.**

gelegt und landwirtschaftlich genutzt. Heute hingegen bleiben die Strandseen und die sie umgebenden Nehrungshaken weitgehend von technischen Eingriffen verschont – man schätzt sie als Brutreviere für bedrohte Vogelarten und hat sie daher im Regelfall unter Naturschutz gestellt. Solche geschützten Bereiche sind beispielsweise das *Naturschutzgebiet Graswarder* in Heiligenhafen, der *Krummsteert* und der *Grüne Brink* auf Fehmarn. Und auch in *Pelzerhaken*, an der Kieler Außenförde bei *Wentdorf* und an der *Schleimündung* bei Maasholm hat sich ein solcher Strandhaken gebildet.

Übrigens ist nicht nur das Land, sondern auch die **Ostsee** erdgeschichtlich relativ jung. In ihrer heutigen Form ist sie erst vor ein paar Tausend Jahren durch das Abschmelzen der riesigen eiszeitlichen Eismassen entstanden. Durch den Zugang zur Nordsee nahm sie sauerstoffreiches Salzwasser auf. Da dieser Durchlass, der Skagerrak, mit der Zeit immer schmaler wurde (und heute noch wird), hat das Ostseewasser zunehmend wieder an Salz- und Sauerstoffgehalt eingebüßt; der Salzgehalt liegt heute zwischen 1,8 % an der Küste Schleswig-Holsteins und nur 0,3 % an der Küste Finnlands. Zum Vergleich: Die Nordsee kommt im Durchschnitt auf einen Wert von 3,5 %.

▪ **Daten zur Ostsee:** Fläche: 412.560 km² (zum Vergleich: Deutschland hat eine Gesamtfläche von 356.957 km²). Volumen: 21.631 km³ (dies ist rund die Hälfte des Volumens der Nordsee). Nord-Süd-Ausdehnung: ca. 1300 km; durchschnittliche Breite: ca. 300 km; mittlere Tiefe: 52 m; maximale Tiefe: 460 m.

Flora und Fauna

Schleswig-Holstein ist Lebensraum und Rückzugsgebiet für eine Vielzahl von bedrohten Tier- und Pflanzenarten. Um diese herrliche Landschaft zu erhalten, stehen einige Landesteile unter Naturschutz.

Typisch für manche Landstriche an der Küste und auf Fehmarn sind die gelegentlich überfluteten Salzwiesen, auf denen Pflanzen gedeihen, die sich an den hohen Salzgehalt angepasst haben, z. B. Salzbinsen und Strandastern. Auf den schmalen Dünen dahinter wächst u. a. Sandhafer bzw. -roggen, in Ufernähe v. a. Silbergras. Ansonsten präsentiert sich das flache Land hinter den Deichen wie auch die hügelige Moränenlandschaft an den Steilküsten oder im Hinterland als intensiv landwirtschaftlich genutzte fruchtbare Kulturlandschaft mit großen, häufig durch **Knicks** (→ S. 416) aufgeteilten Wiesen und Feldern. In diesen Knicks haben bis heute zahlreiche Pflanzenarten überlebt, die andernorts längst der industriellen Landwirtschaft zum Opfer gefallen sind.

Das Küstenhinterland ist aber auch erstaunlich waldreich. Landschaftsprägend sind insbesondere die vor über 100 Jahren wiederaufgeforsteten Buchenwälder mit ihren reichen Beständen an Schwarz-, Reh- und Damwild. Einige Wildgehege bieten einen schönen Einblick in das Leben der Waldbewohner, v. a. der *Erlebniswald Trappenkamp* (→ S. 238).

Eine regionale Besonderheit sind die an einigen Orten in hoher Zahl vorkommenden **Fledermausarten.** So gelten die *Kalkberghöhlen von Bad Segeberg* als größtes natürliches Fledermausquartier Mitteleuropas. Dort lebt auch ein Höhlenkäfer, der auf der Welt einzigartig ist (→ S. 241). Im Naturpark Holsteinische Schweiz sind überdies wieder einige Fischotter heimisch geworden.

Buchstäblich Lufthoheit haben im Land an der Küste die Vögel. Ostholstein liegt an der *Vogelfluglinie* (→ Kasten S. 120) und bietet durch seinen Wasserreichtum und seine zahlreichen Vogelschutzgebiete ideale Lebensbedingungen auch für bedrohte Arten. In einzelnen Regionen brütet sogar wieder der majestätische **Seeadler,** das Wappentier der Bundesrepublik Deutschland, der sein gigantisches Nest meist auf alten Buchen baut. Näher an der Zivilisation ist der **Weißstorch,** der in den letzten Jahren in immer mehr Dörfern wieder auf hohen Scheunen oder alten Schornsteinen sein Lager aufschlägt.

Weniger bekannt ist, dass an der Ostseeküste auch einige große Meeressäuger leben. Unangefochtene Stars der hiesigen Tierwelt sind die in der westlichen Ostsee extrem selten anzutreffenden *Seehunde* und *Kegelrobben*. Häufiger wird schon einmal ein *Schweinswal* gesichtet. Denn die Ostsee ist ganzjährig wichtiger Lebensraum für die naturgeschützten Wale, die mit ihrer Länge von maximal 1,50 m und einem Gewicht von selten mehr als 60 kg aussehen wie kleine Delfine und deshalb früher auch „kleine Tümmler" genannt wurden. Man vermutet, dass nur noch etwa 800 bis 2000 dieser Tiere in der westlichen Ostsee leben. Doch auch deren Bestand ist extrem gefährdet, denn jährlich ersticken einige Tiere dieser kleinsten Walart der Welt in Fischernetzen; zudem sind die küstennah lebenden Tiere sehr anfällig für Lärmstörungen, die beispielweise von Schiffsmotoren ausgehen.

Weit weniger publikumsattraktiv ist die **Qualle.** Ausgerechnet im Sommer, und dann v. a. bei Ostwind, taucht sie vor den Stränden auf. In Ufernähe kommen v. a. die *Ohrenquallen* vor. Die vier kreisrunden oder eben ohrenförmigen Kringel, die man in den durchsichtigen Hauben der Ohrenquallen gut erkennen kann, sind übrigens Geschlechtsorgane – bei den Männchen sind diese weiß, bei den Weibchen rosa- oder lilafarben. Das Gift der Tiere ist sehr schwach und für den Menschen ungefährlich, beim Schwimmen sind sie trotzdem nicht jedermanns Sache. Anders verhält sich das bei den *Gelben Nesselquallen,* die auch *Feuerquallen* genannt werden. Sie können das Badevergnügen ebenfalls gründlich verder-

Feuchte Salzwiesen: Lebensraum für Schafe und Weißstörche

Ostholstein pur: weite Getreidefelder und schöne Alleen

ben und zudem schmerzhafte Ausschläge oder gar verbrennungsartige Hautveränderungen hervorrufen.

▪ **Hinweis:** Für die **Erste Hilfe** bei einem Kontakt mit einer Feuerqualle empfiehlt es sich, die durch Nesselgift betroffenen Stellen schnell zu neutralisieren: Es gibt Menschen, die für diesen Fall immer ein kleines Fläschchen *Essig oder Rasierschaum* mitführen. Zudem sind die Nesselfäden vorsichtig mit einem stumpfen Gegenstand oder mit Sand *abzuschaben*. Sie können auch mit Salz-, keinesfalls jedoch mit Süßwasser abgewischt werden, da sonst bis dahin noch unversehrte Nesselzellen augenblicklich zerplatzen und ihr Gift absondern. Später helfen zur Linderung der Schmerzen Kälte oder juckreizstillende *(Brand-)Salben.*

Geschichte

Die Geschichte des Küstenlandes ist durchdas ständige Gerangel zwischen den verschiedenen Machthabern überaus kompliziert. Dem britischen Premierminister Lord Palmerston (1784–1865), der die Dänen gegen die deutschen Einheitsbestrebungen unterstützte, wird folgendes Aperçu zugesprochen: Die Geschichte des Landes sei so verworren, dass sie nur drei Menschen auf der Welt richtig verstanden hätten. Der Erste sei der deutschstämmige Prinzgemahl Albert (1819–1861), seinerzeit Ehemann der englischen Königin Viktoria; dieser habe aber seine Kenntnisse mit ins Grab genommen. Beim Zweiten handele es sich um einen deutschen Professor, der aber sei durch die Beschäftigung mit dem komplizierten Sachverhalt verrückt geworden. Der Dritte sei er selber, ihm aber sei alles wieder entfallen ... Wir beschränken uns deshalb auf die Grundzüge:

Erste Besiedlung

Um 3500 v. Chr. wurden in der eisfrei und wärmer gewordenen Region die ersten **steinzeitlichen Rentierjäger** sesshaft. Sie begannen, ihren Lebensraum durch Abholzen der Wälder und durch Beweidung zu verändern und errichteten auch die vereinzelt heute noch erhaltenen gewaltigen Grabanlagen für ihre Toten (→ Kasten S. 432). In der

Bronzezeit um 1000 v. Chr. wurde die Besiedelung langsam etwas dichter.

Im 5. und 6. Jh. jedoch, während der **Völkerwanderung**, verließen die zu den Germanen zählenden Volksstämme das Land. So wanderten insbesondere die aus dem gleichnamigen Gebiet nördlich der Schlei stammenden Angeln in das römische Britannien aus. Noch heute leitet sich der Name England daraus her, der so viel wie bedeutet wie „Land der Angeln". Auch Stämme der südlich der Schlei lebenden (Alt-)Sachsen zog es nach Britannien. Dort vereinigten sie sich im Laufe der Zeit mit den Angeln zum Volk der Angelsachsen.

Das heutige Schleswig-Holstein war damit quasi entvölkert Dieser Zustand hielt etwa 100 Jahre an, dann drängten von Norden her germanische **Jüten und Dänen** in die frei gewordenen Gebiete und besiedelten das Land aufs Neue. Die dänische Endsilbe *-by* (= Dorf) der Ortsnamen – z.B. bei Sieseby – erinnert noch heute an diese frühe Besiedelung. Ihre südliche Landesgrenze sicherten die Dänen durch einen gewaltigen Erdwall. Er ist das größte archäologische Denkmal Europas und wird **Danewerk** genannt (→ S. 328).

Wenig später drangen aus dem Osten Europas wendische Stämme (v. a. vom Volke der Obodriten) – also **Slawen** – in das Land ein. Sie bauten in dem Gebiet zwischen Lübeck und Kiel ihre „Burgen", die allerdings ganz anders aussahen als das, was man sich gemeinhin darunter vorstellt. Es handelte sich dabei nämlich lediglich um kleine Ansiedlungen in geschützten Lagen, die durch hohe Erdwälle gesichert waren. Man nannte die Siedler „Wagrier", was vom altnordischen *vagr* (= Bucht) abgeleitet ist und nichts weiter bedeutet als „Menschen, die an der Bucht wohnen". Deshalb wird Ostholstein auch heute noch **Wagrien** genannt (im Folgenden wird weder von Wenden noch von Wagriern, sondern der Einfachheit halber nur von Slawen gesprochen).

Mittelalter

Als Karl der Große im Zuge seiner Expansionspolitik sein Frankenreich auch nach Norden ausweitete, verbündete er sich mit den Slawen und schlug im Jahre 798 die nördlich der Elbe siedelnden Sachsen bei Bornhöved vernichtend. Doch das Bündnis hielt nicht lange, und in den nächsten Jahrhunderten lieferten sich die Slawen immer wieder erbitterte Kämpfe mit ihren Nachbarn.

Zur Sicherung des Friedens zwischen den sächsisch-germanischen Holsteinern sowie Stormarnern auf der einen und den Slawen auf der anderen Seite wurde Anfang des 9. Jh. eine Grenze festgelegt, der **Limes Saxoniae** (Sachsenwall). Dabei handelte es sich um einen breiten, unbesiedelten Geländestreifen, der natürliche Hindernisse wie Sümpfe und Flüsse mit einbezog und an wichtigen Übergangsstellen mit Wallburgen geschützt war. Der Sachsenwall reichte – grob gesehen – vom heutigen Kiel südostwärts bis in die Elbniederung bei Lauenburg.

Die Slawen waren Heiden, und mit der Ausbreitung des Christentums unter den germanischen Stämmen kam es unweigerlich zu religiös motivierten Auseinandersetzungen. Im Zuge der germanischen Missionierungsbestrebungen wurde 968 das Bistum Oldenburg in Holstein gegründet, das in den folgenden Jahrhunderten eines der Zentren im oft blutigen Kampf um die Christianisierung der Slawen wurde.

1111 übernahmen die **Schauenburger Grafen** die Herrschaft, doch die Kämpfe gingen weiter, und das Land wurde zunehmend verwüstet. In dieser Zeit trat der Bremer Domherr **Vicelin** in Erscheinung, der auch „Slawenapostel" genannt wird und 1126 den Auftrag erhielt, von Lübeck aus die Slawen zu christianisieren. Die vor allem im Binnenland anzutreffenden, meist mit runden Steintürmen versehenen Feldsteinkirchen werden heute noch Vicelinkirchen genannt.

Schleswig-Holsteinischer Adel und Leibeigenschaft

Im Zuge der Neubesiedelung entstand auch der heute noch einflussreiche holsteinische **Adel.** Einheimische Bauernführer, die sich in den Kämpfen mit den Slawen besonders bewährt hatten, wurden von den Schauenburger Grafen ab dem 12 Jh. mit größeren Gütern belehnt. Dafür mussten sie in ihrem Gebiet die Verwaltung übernehmen, den Einwanderern Siedlungs- und Ackerflächen zuweisen, Streitigkeiten schlichten und Ähnliches mehr. Und sie waren verpflichtet, den Schauenburger Grafen für Krieg und Verteidigung zur Seite zu stehen, wovon die Siedler befreit waren, die aber im Gegenzug Abgaben an den Adel zu entrichten hatten. Im nördlichen, dem unmittelbar zum dänischen Königreich gehörenden Landesteil Schleswig war der Adel zwar politisch unbedeutender, dehnte sich ab dem 14. Jh. aber über Grunderwerb auf dem Dänischen Wohld und in Schwansen aus. Nur in Angeln herrschte noch lange eine genossenschaftlich orentierte dörfliche Gesellschaftsform vor, was bis heute an den relativ kleinen, von Knicks begrenzten Feldern ablesbar ist.

So entstand eine schleswig-holsteinische **Ritterschaft,** die in der Folgezeit immer unabhängiger wurde. Das zugeteilte Lehen betrachtete man zunehmend als Eigentum, das vererbt oder verkauft werden konnte, und aus den ehemals noch bedingt freien Siedlern wurden **Leibeigene,** die zur Bewirtschaftung herangezogen wurden und denen es bei Strafe verboten war, den Gutsbezirk zu verlassen. Erst viel später, nämlich 1805, wurde die Leibeigenschaft von den dänischen Behörden aufgehoben; faktisch wurde sie in einigen Gebieten aber noch bis in die 1920er-Jahre ausgeübt. Denn da das Land weiterhin der Herrschaft gehörte, waren die Bauern Pacht schuldig, die sie oft auf dem Gutshof abarbeiteten.

Residenz des Adels: prächtige Herrenhäuser (Gut Hagen)

Durch die immer wieder aufflammenden Kämpfe entvölkerte sich das Land nach und nach. Der einzige Ausweg war eine gezielte Zuwanderungspolitik, die unter Graf Adolf II. ab 1142 mit der massiven Anwerbung von Menschen aus den dicht bevölkerten Regionen Flandern, Holland, Friesland und Westfalen begann. Er lockte einwanderungswillige Bauernfamilien, indem er ihnen reichlich eigenes Acker- und Weideland anbot. Im Rahmen dieser Besiedlungspolitik, die später von Adolf III. und Adolf IV. fortgesetzt wurde, entstanden zahlreiche Ortschaften, von denen einige ab etwa 1230 Stadtrechte verliehen bekamen.

Der nördliche, ganz unter dänischem Einfluss stehende Landesteil war schon Ende des 10. Jh. weitgehend christianisiert. Ab dem Ende des 12. Jh. neigten sich die Christianisierungskämpfe auch in Holstein langsam ihrem Ende zu. Es gibt viele Belege dafür, dass Christen und Slawen in verschiedenen Dörfern nun vergleichsweise friedlich nebeneinanderlebten. Die logische Folge war, dass sie auch untereinander heirateten und sich die unterschiedlichen Kulturen auf diese Weise vermischten. Religiöse Konflikte gab es nahezu keine mehr. Es hätten also glückliche Zeiten anbrechen können, aber es kam anders, denn der Dänenkönig Waldemar II. eroberte im Jahr 1201 Holstein (und bald darauf auch Lübeck). Plötzlich war Wagrien dänisch, was letztlich wieder zahlreiche kriegerische Auseinandersetzungen nach sich zog. 1227 wurde in der **Schlacht bei Bornhöved** die schauenburgische Herrschaft wiederhergestellt. Die dänische Vorherrschaft war damit zunächst überwunden.

Doch im Jahr 1459 starb Graf Adolf VIII. ohne männlichen Nachkommen, weshalb mit ihm die schauenburgische Linie erlosch. Daraufhin wurde sein Neffe, der aus dem Hause Oldenburg stammende dänische König Christian I. von der Ritterschaft, unter Zusicherung bestimmter Privilegien zum Landesherrn und regierte Schleswig und Holstein in Personalunion. Insbesondere wurde mit der Ritterschaft der Holsteiner Grafen 1460 das sog. **Ripener Privileg** vereinbart, welches deren Eigenständigkeit garantierte. Außerdem sah es vor, dass Schleswig und Holstein „auf ewig ungeteilt" zusammenbleiben sollten. Die Formel von der ewigen Einheit *(„dat se bliven tosamende up ewich ungedeelt")* wurde oft beschworen, hielt der Realität aber nicht lange stand. Schon nach dem Tod Christians I. teilten die Erben das Land untereinander auf, was wieder zu jahrhundertelangen Auseinandersetzungen führte. Folgenschwer war die Landesteilung von 1544, als der die Reformation in seinem Reich einführende König Christian III. im Rahmen von Thronstreitigkeiten seine Halbbrüder Johann den Älteren und Adolf entschädigte und zu Herzögen von Schleswig und Holstein machte. Geteilt wurde jedoch nicht nach Fläche und Region, sondern nach der Steuerkraft der einzelnen Ämter. Einige Gebiete regierten beide Brüder auch gemeinsam. Adolf bekam den Bezirk um Gottorf und begründete damit die Linie Schleswig-Holstein Gottorf. Als sein Bruder Johann d. Ä. 35 Jahre später ohne Nachkommen starb, wurde dessen Anteil zwischen dem König (nun Friedrich II.) und Adolf aufgeteilt, weshalb das Gebiet der Herzogtümer nun endgültig einem riesigen Flickenteppich glich.

Der Grundgedanke der dauerhaften Zusammengehörigkeit beider Landesteile wirkte dennoch weiter fort. Staatsrechtlich war deren Verbundenheit jedoch ein schwieriges Konstrukt, zumal das zweisprachige (dänisch-deutsche) Herzogtum Schleswig Teil des sogenannten Dänischen Gesamtstaats war, während das deutschsprachige Herzogtum Holstein seit dem frühen Mittelalter auch zum Heiligen Römischen Reich Deutscher Nation (und ab 1815 zum Deutschen Bund) gehörte.

Neuzeit

Auch im **Dreißigjährigen Krieg** hatte das Land schwer zu leiden, weil der Dänenkönig Christian IV. als Herzog von Holstein der katholischen Liga den Krieg erklärte. Weitere militärische Auseinandersetzungen folgten, so die Schwedisch-Dänischen Kriege um 1658 und später die Napoleonischen Kriege – immer war auch Schleswig-Holstein Schauplatz von Kampfhandlungen, blieb aber weitgehend unter dänischer Herrschaft.

Der spätestens ab dem 19. Jh. aufkommende Nationalismus sorgte dafür, dass sowohl dänische als auch deutsche Nationalliberale verstärkt auch in Schleswig Einfluss gewannen. Das Herzogtum war im Norden überwiegend dänischsprachig und dänischgesinnt, weshalb dort viele die verfassungsmäßige Aufnahme Schleswigs in das Königreich forderten. Im überwiegend deutschsprachigen Süden hingegen forderte man die Mitgliedschaft Schleswigs im Deutschen Bund.

1848 erhoben sich die Schleswig-Holsteiner mit einer provisorischen Regierung in Kiel gegen die dänischen Gesamtstaatspläne **(Schleswig-Holsteinische Erhebung),** aber die Revolte scheiterte blutig (→ Kasten S. 330). Als Dänemark 1864 versuchte, den Landesteil Schleswig voll dem Königreich einzuverleiben, nutzte Preußen die Gelegenheit und erklärte Dänemark den Krieg. Preußische Truppen und die mit ihnen verbündeten Österreicher rückten nun ein und errangen einen hart umkämpften Sieg über Dänemark. Nur zwei Jahre später kam es jedoch zu einer kriegerischen Auseinandersetzung zwischen dem Deutschen Bund unter Führung Österreichs und seinem ehemaligen Partner Preußen und dessen Verbündeten andererseits (Deutscher Krieg 1866). Die Preußen siegten und so wurde Schleswig-Holstein 1867 **preußische Provinz.** Die Einwohner,

Denkmal für Kaiser und König Wilhelm I. auf Fehmarn ▲
Erinnerung an die Erhebung gegen Dänemark (1848) in Eckernförde ▼

jahrhundertelang von großen Gütern oder von der Kirche verwaltet, wurden nun preußische Bürger mit allen Rechten und Pflichten, auch der Pflicht zum Kriegsdienst. Peinlich genau wurde die Verwaltung und Regierung des Landes nach preußischem Muster umstrukturiert. 1871 wurde Schleswig-Holstein schließlich **Teil des Deutschen Reiches.**

In preußischer Zeit begann ein ungeahnter wirtschaftlicher Aufschwung, auch was den Bädertourismus betraf, bevor der **Erste Weltkrieg** eine Zäsur brachte. Infolge des Krieges führte man 1920 für die nördlichen Gebiete Schleswigs eine Volksabstimmung zum Verbleib im deutschen Staatsgebiet durch. Nordschleswig mit Sonderburg wurde daraufhin an Dänemark abgetreten.

Die meisten Bauern arbeiteten aber immer noch auf den großen Gütern oder mussten ihr Land von den Gutsherren pachten. Erst 1927 beschloss der Preußische Landtag die Auflösung der herrschaftlichen Gutsbezirke und ihre Eingliederung in selbstständige politische Landgemeinden mit frei gewählten Gemeindevertretungen.

Der **Zweite Weltkrieg** brachte – wie überall – Not und Elend, und nach dem Krieg mussten die Schleswig-Holsteiner eine weitere Bewährungsprobe bestehen. Durch die Heimatvertriebenen verdoppelte sich die Bevölkerung mit einem Schlage, in einigen Orten verdreifachte sie sich gar. Zwar wurden 1948 einige Vertriebene in andere Bundesländer umgesiedelt, dennoch mussten über 1 Mio. Flüchtlinge integriert werden. Die Zusammenführung der vielen Menschen ohne Wohnung und Eigentum stellte eine gewaltige Leistung dar. Die in den meisten westlichen Bundesländern vor allem seit den 1970er-Jahren hartnäckig durchgeführte Gebietsreform wurde in Schleswig-Holstein kaum vollzogen. Aus diesem Grund gibt es in Deutschlands nördlichstem Bundesland noch immer viele kleine und kleinste selbstständige Gemeinden, die sich zumeist verwaltungstechnisch zu sogenannten Ämtern zusammengeschlossen haben.

In die Schlagzeilen geriet Schleswig-Holstein nach dem Zweiten Weltkrieg v. a. durch seine Politiker. Zunächst wäre da Karl Carstens zu nennen, der als ehemaliger Abgeordneter des Wahlkreises Ostholstein 1979 zum Bundespräsidenten gewählt wurde und das Amt bis 1984 innehatte. Dann sorgte 1987 die sog. **Barschel-Affäre** für Aufregung, die mit dem bis heute von manchen angezweifelten Selbstmord des ehemaligen schleswig-holsteinischen Ministerpräsidenten endete, nach dem die Affäre benannt ist. Uwe Barschel hatte im Wahlkampf einen Mann fürs Grobe engagiert, der mit allerlei fragwürdigen Mitteln versuchte, den sozialdemokratischen Gegenkandidaten Björn Engholm öffentlich zu diskreditieren. Das Ganze flog auf, Barschel trat zurück, kündigte aber sofort an, der Öffentlichkeit alsbald Informationen präsentieren zu wollen, die ihn rehabilitieren sollten. Am 11. Oktober 1987 wurde er von zwei Reportern des „Stern" tot in der Badewanne eines Genfer Hotels aufgefunden. Einen (allerdings für die Beteiligten weit glimpflicher verlaufenden) Skandal brachte auch das Jahr 2005, als die seit zwölf Jahren amtierende Regierungschefin Heide Simonis (SPD) selbst nach vier Wahlgängen im Parlament nicht zur Ministerpräsidentin wiedergewählt wurde. Sie trat zurück und machte einer großen Koalition aus CDU und SPD Platz.

Die dänische Minderheit übrigens spielt im Bundesland Schleswig-Holstein bis heute eine politische Rolle. Ihre Interessen vertritt der Südschleswige Wählerverband (SSW), der als einzige Partei im deutschen Parteiensystem bei Wahlen von der 5%-Hürde befreit ist. Bei der Bundestagswahl 2022 trat der SSW erstmals seit 60 Jahren wieder an und konnte aufgrund

Die Novembersturmflut von 1872 und das Ostseesturmhochwasser von 2023

Am 13. November 1872 wurde die Ostseeküste Schleswig-Holsteins von der größten Sturmflut seit Menschengedenken erfasst. Orkanartige Nordwestwinde pressten vom 1. bis 10. November tagelang riesige Wassermassen durch den Kattegat und den Fehmarnbelt bis in die nun „randvolle" Lübecker Bucht und weiter in die östliche Ostsee. Nach kurzem Abflauen drehte der wieder stürmischer werdende Wind dann plötzlich um ca. 180° auf Nordost, sodass das angestaute Wasser zurückdrückte (Badewanneneffekt). In der Nacht vom 12. auf den 13. November erreichte er dabei Windstärke 12. Infolgedessen türmten sich Wellen von bis zu 7 m Höhe auf und krachten mit bis dahin ungekannter Wucht auf die weitgehend ungeschützte Küste. Dörfer und Städte wurden überschwemmt. In Schleswig-Holstein wurden 3000 Häuser zerstört, 15.000 Menschen wurden obdachlos, 31 Menschen und Tausende Nutztiere ertranken in den Fluten. Besonders stark traf es den Küstenort Dahme und die Stadt Eckernförde, die komplett in den Fluten versanken. Der Wasserspiegel stieg um 3,3 m höher als normal. Riesige Flächen an Acker- und Weideland wurden durch das Salzwasser unbrauchbar. Unaufhaltsam bahnte sich die Flut ihren Weg ins z. T. erheblich unter dem Meeresspiegel liegende Hinterland, weil das Wasser durch die engen Belte und Sunde nicht schnell genug wieder in die Nordsee abfließen konnte. Um das Land für die Zukunft zu schützen, wurde in der Folgezeit ein 4 m hoher Deich gebaut.

Aber alles hat zwei Seiten: Landvermesser, Ingenieure und Tiefbauarbeiter wurden zum Deichbau an die Küste beordert. Teilweise kamen die Familien nach, Verwandte und Freunde wurden eingeladen, hier die Ferien zu verbringen. Die bis dahin weitgehend unbekannte Küste war plötzlich in aller Munde. Dank der Eisenbahnverbindung kamen Neugierige aus Hamburg und Kiel. Neue Herbergen entstanden, und der Badebetrieb an der Küste entwickelte sich unaufhaltsam, was der so geplagten Region Arbeit und Wohlstand verschaffte.

In der Nacht vom 20. auf den 21. Oktober 2023 kam es durch eine vergleichbare meteorologische Situation wie im Jahr 1872 zu einem ähnlichen „Badewanneneffekt". Mit einem erhöhten Wasserstand von 2,2 m gab es das schwerste Hochwasser seit 150 Jahren. Doch diesmal waren die Küsten weitgehend durch Deiche geschützt. Dennoch gab es kleinere Deichdurchbrüche, beispielsweise in Arnis an der Schlei. Zudem kam es zu zahlreichen Küstenabbrüchen und Zerstörungen von Seebrücken, Stegen oder Promenaden. Überdies mussten bei dem Jahrhundertereignis rund 2000 Menschen evakuiert werden, zum Beispiel in Fehmarnsund, in Eckernförde und vor allem in Maasholm an der Schlei. Nicht nur dort, auch in der Stadt Flensburg gab es große Überschwemmungen. Hunderte Boote wurden in den Jachthäfen der schleswig-holsteinischen Küste, vor allem in Schilksee, Strande und Dahme, durch heftige Böen auf die Strände gespült oder sanken in den Häfen. Leider war auch ein Todesopfer zu beklagen, eine Frau, die auf Fehmarn tragischerweise in ihrem Auto von einem umstürzenden Baum getroffen wurde.

dieser Regelung als achte im Parlament vertretene Partei ein Mandat erringen. Bei der Landtagswahl 2021 hat der SSW mit 5,7% zum ersten Mal seit 1950 diese Hürde sogar noch übersprungen und stellt im Schleswig-Holsteinischen Landtag vier Abgeordnete. Regiert wird das nördlichste Bundesland derzeit von einer Koalition aus CDU und Grünen.

Entwicklung des Badetourismus

Erst Ende des 18. Jh. wurde der aus England auf den Kontinent übergreifende Gedanke, dass das Meerwasser durchaus der Gesundheit förderlich sei, auch hierzulande hoffähig, und zwar im wahrsten Sinne des Wortes: 1793 nämlich überredete der Leibarzt des Herzogs von Mecklenburg, Professor Samuel Gottlieb Vogel (1750–1837), in Heiligendamm bei Bad Doberan eine ganze Hofgesellschaft, sich dem bislang verschmähten Ostseewasser auszusetzen – noch dazu im September! Mit Meeresbadevergnügen im modernen Sinne hatte die von Vogel initiierte Veranstaltung freilich noch nichts zu tun; es war eher ein wohldosierter Annäherungsversuch an das neue Element, der die adelige Gesellschaft nicht gleich überfordern sollte: Man stellte Badewannen an den Strand, füllte sie mit Ostseewasser, spannte ein schützendes Zelt um das kleine „Privatmeer", entkleidete sich, stieg hinein und ließ es sich dort mehr oder minder gut gehen. Ein wahrlich bescheidener Anfang, aber doch so etwas wie die Geburtsstunde deutscher Ostsee-Badefreuden. Der nächste Schritt in Sachen „Eroberung der Ostsee" ließ nicht lange auf sich warten, denn ab etwa 1800 begann die Ära der sog. **Badekarren.** In diesen komplett geschlossenen Gefährten wurde man von Pferden ins hüfttiefe Wasser gezogen. Dort angelangt, konnte man seine mobile Umkleidekabine nach hinten hinaus verlassen, selbstverständlich in langer Badekleidung und geschützt von einer ausladenden Markise, die wirklich jeden neugierigen Blick verhinderte. Die Ära der Badekarren sollte die Badekultur an der Ostseeküste fast ein ganzes Jahrhundert beherrschen. Was folgte, war das Zeitalter der **Badeanstalten,** und zwar in Form von fest installierten Badehäusern, die auf Holzpfählen gebaut wurden und vom Strand bis weit ins Meer hineinreichten. Von einer Plattform konnte man dann ins kühle Nass gelangen. Natürlich musste all dies streng nach dem Gebot der Geschlechtertrennung geschehen, d. h., man baute Badehäuser für Männer und Frauen, die häufig an unterschiedlichen Strandabschnitten platziert wurden, damit man sich nicht ins Gehege kam. Außerhalb der Badeanstalten den Schritt ins Meer zu wagen war strengstens verboten, und das Strandleben genoss man im Liegestuhl, natürlich von Kopf bis Fuß bekleidet. Nur den Kindern war es gestattet, gelegentlich die Kleiderordnung etwas aufzuweichen:

Historischer Badekarren in Grömitz

Sie durften zum Spielen am Wasser die Schuhe ausziehen …

Badeanstalten dieser Art waren noch bis in die 1920er-Jahre ein gewohntes Bild an der Ostseeküste. Erst danach kamen sog. Familienbäder auf, in denen die Geschlechtertrennung aufgelockert wurde. Wer in solchen Einrichtungen baden wollte, musste allerdings seine Familienzugehörigkeit nachweisen. Dennoch war damit der Grundstein für die heutige Ostsee-Badekultur gelegt, die sich dann ab den 1930er-Jahren und verstärkt nach dem Zweiten Weltkrieg bis zur heutigen Form ausbilden konnte.

Im Zuge dieser Entwicklung avancierte der Tourismus zur wichtigsten Einkommensquelle der Küstenorte. Um die immer zahlreicher anreisenden Gäste zufriedenstellen zu können, baute man **Strandpromenaden,** Kurhäuser mit entsprechenden Einrichtungen und natürlich jede Menge Unterkünfte. Dass dabei mancherorts auch regelrechte Bausünden begangen wurden, versteht sich von selbst. Insbesondere in den 1960er- und 1970er-Jahren galt oft das Motto „Masse statt Klasse", und es entstanden wahre Bettenburgen, die den Charakter vieler ehemals kleiner Fischerdörfer nachhaltig veränderten. Nicht zuletzt durch die nach der deutschen Wiedervereinigung wiederbelebte neue (alte) Konkurrenz mit den mecklenburg-vorpommerschen Küstenorten hat aber längst ein Umdenken eingesetzt. Die Bauvorhaben sind schon lange nicht mehr überdimensioniert, man hegt und pflegt seine Naturparks, rückt stolz das reiche kulturelle Erbe der Region in den Mittelpunkt, setzt also insgesamt auf sanftere und zeitgemäßere Formen des Tourismus.

Auch an der Ostseeküste führte die **Corona-Pandemie** zu starken touristischen Einschränkungen. Schleswig-Holstein verhängte im März 2020 als erstes Bundesland ein sofortiges Einreiseverbot für Touristen, das sogar für Zweitwohnsitze galt. Die Region Eckernförde-Schlei wurde im April 2021 im Rahmen eines Tourismus-Modellprojektes aber auch wieder zum ersten Feriengebiet, indem unter strikten Testvorgaben und Abstandsregelungen erneut Urlaub gemacht werden konnte. Als im Sommer 2020 die Bestimmungen landesweit weiter gelockert wurden, stürmten die Menschen geradezu trotz Hygieneregeln an die Ostseeküste. Seither entdeckten viele die Schönheit dieses relativ nahen Urlaubsziels wieder ganz neu.

Typisch Ostseeküste

Bedeutsam für die Alltagskultur in den ländlichen Gegenden der schleswig-holsteinischen Ostseeküste sind das Gildewesen und der nordische Sprachdialekt, also das Plattdeutsche. Baulich ist dieses uralte und windreiche Kulturland nicht nur geprägt durch seine vielen Hünen- und Hügelgräber und reetgedeckten Bauernkaten, auch die historischen Windmühlen und vor allem die vielen Windkraftanlagen sind unübersehbar.

Das Gildewesen

In Schleswig-Holstein nimmt das Gildewesen eine zentrale Stellung im gesellschaftlichen Leben ein. Die jährlichen *Gildefeste*, in denen z. T. jahrhundertealte Traditionen gepflegt werden, gehören zu den regionalen Höhepunkten.

Gelebte Tradition: Gildeumzug in Oldenburg

Das Wort **Gilde** kommt ursprünglich aus dem Germanischen und bedeutet so viel wie *Opfergelage* oder *Trinkgelage*. Mit der Bezeichnung kommt einerseits die kultisch-religiöse und andererseits die gesellige Seite dieser genossenschaftlichen Gemeinschaft zum Ausdruck. Die Gilden sind eine Art *Brüderschaft*, also ein Zusammenschluss von Personen zum gegenseitigen Schutz und zur gegenseitigen Hilfeleistung bei Unheil (wie Feuer, Krankheit, Tod, Viehseuchen) sowie zur Pflege des geselligen Beisammenseins. Bis zur Reformation gab es *z. B. Brandgilden, Schweinegilden* und zahlreiche *Kaufmannsgilden*. In vielen Gilden ist den Frauen bis heute eine Mitgliedschaft verwehrt, doch gehen in jüngster Zeit – nicht nur angesichts eines zunehmenden Mitgliederschwunds – immer mehr Gilden dazu über, ihre Vereinigung für Frauen zu öffnen.

Die älteste Gilde der Welt ist die *St. Johannis Toten- und Schützengilde von 1192 e. V.* aus Oldenburg/Holstein. Vom 13. bis 17. Jh. wurden in der gesamten Region zahlreiche Schützengilden gegründet, die mitunter auch *Totengilden* waren und sind; wie etwa die 1650 gegründete *Holmer Beliebung* in Schleswig. Früher waren die Totengilden eine Art Versicherungsgemeinschaft, die - außer für eine würdige Beerdigung auch für ein Leichen- oder Totengeld sorgten, mit dem die Bestattungskosten beglichen werden konnten. Noch heute zahlen einige Totengilden der Familie des verstorbenen Mitglieds ein (geringes) Sterbegeld.

In der Praxis sind viele Gilden im Grunde genommen eine Art **Schützenverein,** manche auch ein historischer Verein. Zahlreiche Gilden gehören heute einfach dem Typus einer sogenannten Lustgilde an, was die meisten Gilden aber nicht davon abhält, ein jährliches *Schützenfest* zu veranstalten. Dabei ziehen die Gildebrüder (und mitunter auch Gildeschwestern) in Gildeuniform und angeführt von einer Kapelle durch den Ort, um anschließend auf dem Festplatz ihren ihren *Schützenkönig* zu küren. Denn das sportliche Schießen wird neben der Pflege der Geselligkeit und der plattdeutschen Sprache in vielen Gildesatzungen ausdrücklich gefordert.

Plattdeutsch

Die eigentliche Landessprache an der Küste ist Plattdeutsch und so wird insbesondere auf den Dörfern, Platt gesprochen. Wie überall in Deutschland sind die Mundartsprachen von Region zu Region, manchmal von Dorf zu Dorf etwas verschieden. Es ist übrigens gar nicht so schwer, mit den Einheimischen ins Gespräch zu kommen, denn die Schleswig-Holsteiner sind aufgeschlossene Menschen und nicht – wie vielerorts behauptet – „sture Norddeutsche".

Platt ist eine niederdeutsche *Mundart*. Niederdeutsch war vom 13. bis 16. Jh. als Lingua franca die Handelssprache der mächtigen Hansestädte und somit die wichtigste Sprache im Norden Europas. Mit dem Niedergang des Städtebundes wurde auch das niederdeutsche Platt mehr und mehr vom Hochdeutschen verdrängt. Bald galt es als Sprache des einfachen Volkes. Gleichwohl *schnacken* noch heute viele Einheimische zumindest gelegentlich *op Platt*, und das nicht nur beim Standardgruß *moin*, mit dem man sich übrigens zu jeder Tages- und Nachtzeit begrüßt. Das hat auch seine Berechtigung, denn der Gruß leitet sich vom niederdeutschen „moi" her, was „gut" und „schön" heißt. Man wünscht sich also schlicht alles Gute.

Katen

Kate ist der niederdeutsche Begriff für „kleines Haus". Zumeist handelt es sich um ein eingeschossiges (Fachwerk-) Haus, dessen Satteldach mit Reet eingedeckt ist. Normalersweise gehört zur Kate kein Scheunen- oder Stallgebäude, weil es im Haus eine Abgrenzung zwischen Wohn- und Tierbereich gab und der Giebelraum als Stroh- und Heulager diente. Hier lebten die einfachen Leute wie kleine Handwerker, Tagelöhner und oft Landarbeiter der umliegenden Gutshöfe. In deren Eigentum waren daher auch die meisten der heute so idyllisch anmutenden, oft in einer kleinen Ansammlung stehenden Bauernkaten. Die Bewohner mussten ihren mühsamen Dienst zumeist in den benachbarten, oft adeligen Gutsanlagen verrichten, deren prächtige Herrenhäuser (→ S. 14) bis heute ebenso charakteristisch für die Region sind. Viele der noch erhaltenen und von einem Bauerngarten umgebenen Katen sind inzwischen zu geschackvollen (Ferien-) Häusern umgebaut.

Angelner Reetdachkate

Hünen- oder Hügelgräber

Ursprünglich war Schleswig-Holstein geradezu übersät mit Gräbern aus der Stein- und Bronzezeit. Doch die meisten von ihnen wurden geplündert und die Steine als Baumaterial verwendet. Viele wurden auch beseitigt, weil sie beim Pflügen der großen Äcker störten. Dennoch schlummern auch heute noch einige Gräber versteckt in den Wäldern oder unter Buschwerk inmitten großer Felder, andere wurden restauriert und für Besucher zugänglich gemacht.

Steinzeitliche Grabanlage auf Fehmarn (Wulfen)

Nur Hünen – so die dem volkstümlichen Namen zugrunde liegende Vorstellung – konnten in der Lage gewesen sein, die riesigen Steine herbeizuschaffen und zu Gräbern aufzuschichten. Tatsächlich errichteten die Menschen der **Jungsteinzeit** ihre aufwendigen Begräbnisstätten mithilfe von Zugtieren und einfachsten Karren. Entstanden sind die Gräber im Zeitraum zwischen 4000 und 2000 v. Chr., in der Wissenschaft werden sie als **Megalithgräber** (Gräber aus großen Steinen) bezeichnet. Es handelt sich dabei um Kollektivgräber, die über einen Zeitraum von mehreren Generationen genutzt wurden. Besonders große Grabanlagen nennt man „Lang-" oder „Riesenbetten" (→ Ruserberg S. 161, Flehm S. 170, Wulfen/Fehmarn S.138, Karlsminde S. 300 oder Munkwolstrup S. 413). Die Begräbnisstätten waren ursprünglich von einem Erdhügel umgeben (daher der Name „Hügelgrab"), doch wurde die Erde in den mehreren Tausend Jahren seit ihrer Erbauung fast überall abgespült. Legiglich bei der Idstedter Räuberhöhle (S. 331) ist der Rundhügel der Grabanlage noch erhalten geblieben. In ihrem Inneren bargen die Hügel rechteckige Grabkammern mit Decksteinen aus riesigen Findlingen, wo man den Verstorbenen als Grabbeigabe für ein Leben nach dem Tode Tongefäße, Schmuck und Waffen hinterließ. Auf einer Seite verfügten die Kammern über einen tief liegenden Zugang.

In der nachfolgenden **Bronzezeit** (etwa 1800–800 v. Chr.) wurden die Menschen in einer anderen Form der Hügelgräber bestattet. Man legte sie in ausgehöhlte Eichenstämme, umgab diese mit weniger großen Steinen und überwölbte das Ganze schließlich mit Erde. Über die bereits bestatteten Verstorbenen wurden die nachfolgenden gelegt, sodass im Laufe der Zeit ein riesiger Hügel entstand (z. B. bei Hohwacht → S. 163).

Leuchttürme

Jedes Leuchtturm-Exemplar auf der Welt ist in dreierlei Hinsicht einzigartig und unverwechselbar: in Form, farblicher Markierung und ihrem individuellen Lichtsignal. Auch wenn durch moderne funktechnische Navigationshilfen viele Leuchttürme an Deutschlands Küsten ihre Existenzberechtigung verloren haben, sichern einige Türme nach wie vor als weit sichtbare Landmarken die Schifffahrtswege. Und weil es an der Ostseeküste vielbefahrene Wasserstraßen gibt, sind in der Lübecker und der Hohwachter Bucht, der Kieler und der Flensburger Förde und auf Fehmarn noch rund zwei Dutzend Leuchtfeueranlagen in Betrieb. Sechs von ihnen sind – zumindest zeitweise – für Besucher zugänglich (Infos dazu im Reiseteil). Leuchtturmwärter gehören allerdings endgültig der Vergangenheit an; die Lichtzeichen an Schleswig-Holsteins Ostseeküste sind heute voll automatisiert und werden von der Verkehrszentrale in Travemünde fernüberwacht.

Windmühlen

Man könnte denken, dass historische Mühlen zur Ostseeküste gehören wie die Berge zur Schweiz. Doch weit gefehlt.

Im Jahr 1957 wurde ein bundesweit gültiges Mühlengesetz erlassen, das Kleinbetrieben, die der Konkurrenz durch die industriellen Getreideverarbeitungsunternehmen nicht mehr gewachsen waren, eine Stilllegungsprämie zusprach und so den Ausstieg erleichterte. Die Folge war ein großes Mühlensterben, das sich in den späten 1960er-Jahren wiederholte und das Ende fast aller naturgetriebenen Mühlen im Land bedeutete. Anders als an der Nordseeküste, wo viele Mühlen als historische Gebäude erhalten wurden, hat man an der Ostseeküste die meisten

Leuchtturm Schleimünde ▲
Windmühle Munkbrarup ▼

Windmühlen verkommen lassen oder gar ganz abgerissen. Der älteste Mühlentyp ist die **Bockwindmühle,** die es schon vor 500 Jahren in Schleswig-Holstein gab. Hier ruht die ganze Mühle auf einem Bock (oder Ständer), der in den Wind gedreht wird. In Schleswig-Holstein lässt sich eine solche Mühle nur noch im Freilichtmuseum in Molfsee (bei Kiel, → Foto S. 246) bewundern.

Am weitesten verbreitet sind die **Kappenwindmühlen**, die auch **Holländerwindmühlen** genannt werden, weil sie in den Niederlanden entwickelt wurden. Bei diesem Typ – meist ein achteckiger Holzbau – ist nur die obere Kappe drehbar. Man drehte sie zunächst von Hand mithilfe eines *Steerts,* eines mit der Kappe verbundenen Balkens, der vor allem beim Erdholländer heute noch zu sehen ist. Bei den höher gebauten Galerieholländern hat man aber mit der Zeit fast überall eine Windrose angebracht, welche die Kappe der Mühle samt Flügeln über ein Zahnradgetriebe selbstständig in den Wind dreht. Diese Windmühlen begannen schon ab dem 16. Jh. die Bockwindmühlen zu verdrängen. Die meisten Holländerwindmühlen sind allerdings erst in den Jahren 1850–95 entstanden.

Die Mühlen dienten unterschiedlichen Zwecken, die meisten jedoch waren Getreide- oder Peldemühlen. Bei der Peldemühle wurden die Gerstenkörner nicht zermahlen, sondern nur von ihrer Hülle befreit, in Stücke gebrochen und so zu Graupen verarbeitet. Aus den Graupen machte man dicke Grütze, die bis zur Einführung der Kartoffel das Grundnahrungsmittel der Bevölkerung war.

Windkraftanlagen

Anstelle historischer Windmühlen schießen heute auch an der Ostseeküste Windkraftanlagen wie Pilze aus dem Boden. Und ganz nebenbei fließen so Millionen Euro an Gewerbesteuer in die Kassen der Anrainergemeinden. Das weckt in klammen Finanzzeiten natürlich weitere Begehrlichkeiten, zumal die Windkraftanlagen in der Region auch Arbeitsplätze (vor allem in der Wartung) sichern. Bundesweit werden derzeit rund 24 % des Strombedarfs mithilfe von Windenergie gedeckt, langfristig wird ein Anteil von bis zu 35 % angestrebt. Schleswig-Holstein kommt bereits heute auf über 140 % und plant fast das Dreifache seines theoretisch benötigten Strombedarfs durch Windenergie zu erzeugen und so zur Energiemacht in Sachen Stromexport zu werden. Allerdings sind die Übertragungsverluste beim Stromtransport erheblich.

Das Hauptproblem der sauberen Energiequelle Wind ist jedoch dessen Unstetigkeit und die deshalb ständig schwankende Energieleistung der Windkrafträder. Diese Schwankungen müssen durch andere in Bereitschaft stehende Kraftwerke dem ebenfalls wechselnden Stromverbrauch angepasst werden Trotz der offenkundigen ökologischen Vorteile der Windkraft sind aber auch kritische Stimmen von Landschafts- und Naturschützern zu hören, denn die hohen Windkraftanlagen stehen im Verdacht, Zugvögel und Fledermäuse zu verwirren oder gar zu erschlagen. Durch ihren Schlagschatten und den tieffrequenten Schall sowie den nicht hörbaren, aber weitreichenden Infraschall beeinträchtigen sie darüber hinaus das Wohlbefinden einiger Anwohner. Zudem stören sie das Landschaftsbild, sodass man negative Auswirkungen auf den Tourismus befürchtet. Um Abhilfe zu schaffen, werden vermehrt gigantische Windparks im Meer gebaut. So stehen 30 km nordöstlich von Fehmarn bereits zwei große Offshore-Windparks (Rødsand I und II mit insgesamt 162 Anlagen), allerdings in dänischen Gewässern.

Ausflugsschiff auf der Schlei

Reisepraktisches in Stichworten

Anreise und Verkehrsmittel vor Ort

Alternativen zur bevorzugten Anreisevariante mit dem eigenen Fahrzeug sind die Bahn und der Fernbus. Von Deutschland und der Schweiz aus gibt es verschiedene **ICE- und IC-Verbindungen** bis Hamburg oder Kiel. Für die Anschlusszüge stehen vier Regionalverbindungen zur Verfügung: Die beliebteste ist der *Hamburger Strand-Express*, der im Sommerhalbjahr von Hamburg direkt zu den Ostseebädern fährt, momentan jedoch nur bis Lübeck. Bis zur Fertigstellung des Fehmarnbelttunnels (2028) muss man dort wegen der Erneuerung der Gleisanlagen in den Expressbus X85 der Bahn-Tochter Autokraft GmbH umsteigen, der im Stundentakt weiter über Haffkrug, Lensahn, Oldenburg und Großenbrode nach Burg auf Fehmarn verkehrt. Die zweite Verbindung führt von Lübeck quer durch die Holsteinische Schweiz bis Kiel.

Die dritte Möglichkeit ist die direkte Verbindung von Hamburg nach Kiel; dort kann man umsteigen in den Regionalzug nach Eckernförde und Rieseby, der erst nach Fertigstellung einer neuen Schleibrücke bei Lindaunis (2027) auch wieder weiter bis Flensburg verkehren kann. Zudem gibt es eine Bahnstrecke von Hamburg über Neumünster nach Schleswig und weiter bis nach Flensburg (Fahrradmitnahme jeweils möglich).

Mit dem **Schleswig-Holstein-Ticket** (gilt auch für Hamburg und Mecklenburg-Vorpommern) können bis zu 5 Personen einen Tag lang alle Nahverkehrszüge der Bahn für nur 29 € zzgl. 4 € je weiteren Mitfahrer nutzen (gültig erst ab 9 Uhr; Infos unter bahn.de).

Fernbusse fahren von diversen deutschen Großstädten bis Hamburg, Lübeck, Kiel und weiter bis Schleswig und Flensburg oder auch direkt in einige Badeorte wie Heiligenhafen und Fehmarn. Preislich ist der Fernbus im Vergleich zur Bahn meist die billigere

Variante – aber nicht immer: Wer den (dauerhaften) Spartarif der Bahn in Anspruch nimmt, reist im Extremfall für gerade mal 22 € an die Küste – das kann selbst der Bus nicht immer unterbieten. Da das Kontingent des 22-Euro-Angebots aber in den attraktiven Reisemonaten blitzschnell erschöpft ist, muss man sich auch im „Bahn-Sparmodus" auf höhere Tarife einstellen. Ein Vergleich von Bahn- und Buspreisen lohnt aber; einen guten gegenüberstellenden Überblick findet man unter busliniensuche.de/bahn-spezial; Verbindungen auch über fahrplan.guru.

An der Küste selbst existiert eine **Bus-Verkehrsgemeinschaft,** deren Routen vorwiegend von Bussen der Firma *Autokraft* (einer Tochter der Deutschen Bahn AG) bedient werden. Sie verbindet regelmäßig die einzelnen Ostseebäder sowie die Orte der Holsteinischen Schweiz miteinander (Fahrpläne unter bahn.de/autokraft). Mit der *Ostseecard* (siehe unten) ermäßigt sich bei einer Fahrt mit den Linienbussen in die nähere Umgebung der Fahrpreis; für den Lübecker Bus beträgt er dann nur 1 € pro Fahrt. Die Fahrplanauskunft für den ganzen Norden bekommen Sie unter nah.sh.de.

Darüber hinaus gibt es in der Region Ostholstein Nord (z. B. Neustadt, Grömitz, Kellenhusen, Dahme, Lensahn, Oldenburg, Schönwalde, Wangels, Heiligenhafen, Oldenburg), in Ostholstein-Mitte (z. B. Eutin, Malente, Neustadt, Scharbeutz) sowie rund um Ahrensbök täglich von 8 bis 18 Uhr auch **Anruf-Linien-Fahrten (ALFA).** Das System ist einfach: Man ruft spätestens 60 Min. vor dem gewünschten Fahrtantritt bei der ALFA-Dispositionszentrale unter ✆ 0800-2532253 an und wird mit dem Kleinbus zum üblichen Bustarif von einer gewünschten Einstiegshaltestelle zum Fahrtziel gebracht. Dieser Bus eignet sich perfekt als Transfershuttle vom Bahnhof zum Urlaubsquartier (Infos unter: rohde-bus.de).

Auf der Insel Fehmarn gibt es einen **Bürgerbus,** der nach einem festen Fahrplan verkehrt, aber von ehrenamtlichen Fahrerinnen und Fahrern gelenkt wird (*Ostseecard*-Inhaber 0,50 €, sonst 2 €, Fahrplan unter buergerbus-fehmarn.de).

Parken: Da fast alle Ostseeurlauber mit dem Pkw anreisen, ist die Parkplatzsuche mitunter nicht ganz einfach. Um Abhilfe zu schaffen und um die Ortszentren zu entlasten, wurden in den Ostseebädern vielfach gut beschilderte und nur noch selten kostenlose Großparkplätze eingerichtet, die meist recht strand- bzw. innenstadtnah liegen. Wer noch näher am Ort des Geschehens parken will, wird teils noch mehr zur Kasse gebeten. In manchen Orten gibt es ein „Handy-Parksystem": Man schickt an eine am Parkplatz angezeigte Telefonnummer eine SMS mit dem Autokennzeichen und der gewünschten Parkdauer. Die Abrechnung erfolgt mit der Mobil-Telefonrechnung (das System funktioniert auch mit Prepaidkarte). Kurz vor Ablauf der Parkzeit wird man per SMS auf deren nahendes Ende hingewiesen und kann ggf. die Parkzeit wiederum per SMS verlängern.

Baden

→ Strandleben, S. 16/17

Barrierefreiheit

Auch wenn noch Luft nach oben ist: In kaum einer Urlaubsregion ist man so gut auf Menschen mit Handicap eingestellt wie an der Ostseeküste. Es gibt ein großes Angebot an rollstuhlgerechten Übernachtungsmöglichkeiten und auch die meisten Strandzugänge und natürlich die Zugänge zu den Seebrücken der Ostseebäder sind barrierefrei. In den größeren Küstenorten gibt es zudem über einen Mattenweg erreichbare Strandkörbe sowie spezielle Strand- und Wasserrollstühle für Menschen mit Mobilitäts- und Aktivitätseinschränkungen. Auch viele Museen an der schleswig-holsteinischen Ost-

Der Strandkorb – Freiluftsofa in steifer Brise

Der Strandkorb gehört zum Bild der Küste wie der Strand und das Meer. Er erlaubt es, den Tag am Meer bei jedem Wetter zu genießen, ist Windschutz und Schattenspender zugleich. Man kann darin sogar einen kurzen Regenschauer abwettern, und das schon seit über 140 Jahren.

Im Jahr 1882 ging die rheumakranke Elfriede Maltzahn aus Kühlungsborn (ein damals schon bekanntes mecklenburgisches Seebad) zum Rostocker Hof-Korbmacher *Wilhelm Bartelmann.* Sie beauftragte ihn mit der Fertigung eines Korbstuhls, mit dem sie die Seeluft windgeschützt genießen könnte. Damit war der Strandkorb geboren, der schon bald durchschlagende Erfolge feierte. Mit der Zeit wurden die Strandkörbe immer komfortabler und bekamen ein bewegliches Oberteil. Zuletzt musste das Rohrgeflecht weichen und wurde durch witterungsbeständigeren Kunststoff ersetzt. Doch trotz aller Vorteile: Diese ausgesprochen praktische Erfindung ist eine ganz und gar deutsche Eigenheit und konnte sich im Ausland nie richtig durchsetzen. Wer es ausprobieren will: Mit einer Tagesmiete von 12 bis 16 Euro ist man dabei. Und Auswahl gibt es reichlich: 70.000 Körbe warten an den deutschen Küsten auf Urlauber, teilweise sind sie schon von zu Hause aus per Internet buchbar.

seeküste wurden in den letzten Jahren barrierefrei gestaltet.

▪ Je nach Grad der Schwerbehinderung sind die Gäste und ihre eingetragenen Begleitpersonen von der Kurtaxe befreit. Bei der Suche nach einer barrierefreien Unterkunft helfen die örtlichen Fremdenverkehrsämter; Infos auch unter ostsee-schleswig-holstein.de/barrierefreies-reisen und z. B. bei urlaub-barrierefrei.info. Empfehlenswert ist zudem die Online-Karte wheelmap.org, in der zu nahezu allen Urlaubsorten Infos über rollstuhlgerechte Toiletten, Parkplätze oder Restaurants zu finden sind.

Gästekarte/Ostseecard

Um die der Erholung dienenden öffentlichen Einrichtungen finanzieren und unterhalten zu können, wird in den größeren Orten von Erwachsenen ein **Tourismusbeitrag** bzw. ein Kurbeitrag erhoben, der je nach Saison und Ort variiert (in der Hauptsaison zahlt man zwischen 2 und 3,50 € pro Tag und Person, unter 18-Jährige sind frei). Im Gegenzug erhält man in den meisten Ortschaften die sog. *ostseecard,* eine **Gästekarte,** die zuallererst zum freien Strand-Zutritt berechtigt. Darüber hinaus erhält man ermäßigten Eintritt in Schwimmbäder, Museen usw., aber auch Rabatte in verschiedenen Restaurants und Geschäften sowie z. T. auch

Schilf statt Ziegel: ein Dach aus Reet

Reetgedeckte Häuser sind aus Schleswig-Holstein kaum wegzudenken. Die Dächer sehen nicht nur malerisch aus, sie sind auch funktional, denn im Winter sorgen sie für Wärme und im Sommer für angenehme Kühle. Sie sind regen- und schneedicht, frostbeständig und atmungsaktiv, luftfilternd und feuchtigkeitsregulierend – und bei Sturm elastisch. Früher galten Reetdächer als Billiglösung für arme Leute, heute sind sie wegen der teuren Handarbeit Luxus geworden. Hinzu kommt die Investition für eine meist kostspielige Brandversicherung, denn das Material ist recht leicht entzündbar. Wurde ein Reetdach fachgerecht eingedeckt, ist es so lange haltbar wie ein gewöhnliches Ziegeldach. Heute wird hochwertiges Reetgras mangels geeigneter Schilfgürtel nur noch an wenigen Stellen in Holstein geerntet – meist kommt es aus Osteuropa oder China.

Die Firtseindeckung ist regional oft unterschiedlich. Während in Holstein und dem südlichen Schleswig auf den Dächern zumeist Reetfirste bzw. Strohfirste anzutreffen sind, werden in Angeln die Firste oft mit Heidekraut ummantelt und – ähnlich wie in Dänemark – mit speziellen Hängehölzern gesichert. Mitunter werden auch mit einem engmaschigen Drahtgepflecht zugsicher verspannte Grassodenfirste angefertigt.

in Linienbussen. Da die *Ostseecard* anders als die traditionellen Kurkarten ortsübergreifend gültig ist, muss man bei Abstechern in andere dem Verbund angeschlossene Ferienorte nicht auf die Vergünstigungen verzichten. Insbesondere entfällt damit das lästige Lösen von Strandkarten, ohne die man früher die Strände „fremder" Ostseebäder nicht betreten durfte. Nur Tagesausflügler, die nicht in einem der Verbund-Orte übernachten, müssen ihren Obolus weiterhin per Strandkarte entrichten (erhältlich im Tourismusbüro oder beim Strandkorbvermieter, aber zunehmend vor allem am Automaten; der Preis liegt im Schnitt 0,50 € über dem Tagestarif der örtlichen *ostseecard)*. Ob Sie gezahlt haben bzw. Inhaber einer *Ostseecard* sind, wird an den Stränden der großen Ostseebäder von Kontrolleuren überprüft.

Man bekommt die *Ostseecard* beim Check-in im Hotel, in der Pension oder Ferienwohnung bzw. beim Touristenservice.

Essen und Trinken

In den Augen mancher Gourmets gilt Schleswig-Holstein immer noch als kulinarisches Entwicklungsland. Tatsächlich ist in den Touristenhochburgen meist deftige Hausmannskost üblich, und natürlich haben sich auch hier die Preise in den letzten Jahren z. T. kräftig erhöht. Doch wahre Touristenfallen mit fettigen Schnitzeln und ebensolchen Pommes gibt es immer weniger, stattdessen eröffnen immer mehr gute Gaststätten, ja sogar Spezialitätenrestaurants. Einem kulinarischen Erlebnis steht also nichts entgegen (Restauranttipps im Reiseteil). Allerdings gilt für fast alle Restaurants gerade in der Hauptsaison: Eine **Reservierung** ist dringend empfohlen.

Preiskategorien für Lokale

€	bis 20 Euro
€€	20–30 Euro
€€€	30–40 Euro
€€€€	über 40 Euro

Die im Reiseteil empfohlenen Adressen sind mit Preiskategorien gekennzeichnet. Sie dienen der groben Orientierung im Hinblick darauf, ob es sich im jeweiligen Fall z. B. um ein nobles Restaurant oder um eine einfachere Lokalität für den kleineren Geldbeutel handelt. Bei Cafés/Bistros und Bars wird eine Preiskategorie nur angegeben, wenn es dort auch ein „Hauptgericht" gibt.

Wer die etwas ungewöhnlichere **regionale holsteinische Küche** ausprobieren möchte, dem seien folgende Gerichte empfohlen: Zunächst der *Grote Hans*, ein in Wasser gekochter Hefeteig, der dann in verschiedenen Variationen angeboten wird. Beispielsweise wird er mit Schweinebacke gefüllt, gut gewürzt und dann mit reichlich Senfsoße übergossen. Nicht ganz jedermanns Geschmack dürfte das *Schwarzsauer* sein, das früher am Schlachttag zubereitet wurde: Kleine Schweinefleischstücke (auch Schnauze und Bein) werden mit Schweineblut verkocht und mit Gewürzen verfeinert. Süßsauer eingekocht und dann frisch gebraten wird die *Gänse-* oder *Entenkeule*, die vornehmlich in der kalten Jahreszeit serviert wird. Typisch für die Region ist auch *Labskaus*, das wohl bekannteste Seemannsgericht. Ursprünglich handelte es sich dabei um ein typisches Restegericht, dessen Zusammensetzung mittlerweile natürlich standardisiert ist: Matjes, gepökeltes Fleisch, Rote Bete und Kartoffeln werden vermengt und mit einem Spiegelei gekrönt.

Weit verbreitet sind auch die weniger „dramatischen" Spezialitäten wie

Fischplatte mit Bratkartoffeln

Räucherfisch und *Holsteiner Katenrauchschinken*, die im ganzen Land in oft historischen Räuchereien erzeugt werden.

Seefisch wird fast überall angeboten, doch die Gerichte unterscheiden sich zumeist nicht wesentlich von den gängigen **Fischspezialitäten** anderer deutscher Küstenregionen. Auf jeden Fall sehr empfehlenswert ist es, sich in den Hafenorten beispielsweise Dorsch, Scholle oder Butt fangfrisch vom Kutter zu besorgen – der Geschmack ist wirklich unvergleichlich. In vielen Restaurants der Küste kann man sich hingegen nicht immer sicher sein, ob der Fisch frisch aus dem nächsten Hafen kommt oder tiefgefroren angeliefert wurde, denn die Nachfrage nach Fisch übersteigt in der Hochsaison oft das regionale Angebot. Dem Namen nach bekannt sind v. a. die *Kieler Sprotten*. Die Sprotte ist ein an der Küste vorkommender heringsartiger Fisch, der – fast immer geräuchert – mitsamt seinen feinen Gräten, aber ohne Kopf und Schwanz gegessen wird. Der Name jedoch ist eigentlich ein Etikettenschwindel, denn die längste Tradition hat das Sprottenräuchern nicht in Kiel, sondern in Eckernförde (→ Kasten S. 291).

Bemerkenswert ist auch das Angebot an *Süßwasserfischen*. In den vielen Seen der Holsteinischen Schweiz tummeln sich beispielsweise Zander, Maränen und Lachsforellen. Im Winter ist Karpfenzeit. Der wohlschmeckende, aber grätenreiche Fisch wird dann in den Gasthöfen der Region meist als in Bierteig gebackenes Filet angeboten. Egal, ob Fisch oder Fleisch als Hauptgang gegessen wird – was den Nachtisch angeht, so ist eine Spezialität im Norden überhaupt nicht wegzudenken: die aus verschiedenen Beeren zubereitete *rote Grütze.*

Weil das heimische Essen meist besonders deftig ist, gehört zum Abschluss ein *Köm* einfach dazu, also ein **Kümmelschnaps** (etwa aus Lütjenburg → S. 166). Auch in seiner Stammkneipe bestellt der Norddeutsche gerne „Lütt un Lütt", also Bier und Korn.

Nationalgetränk Angelns ist der **Angler Muck,** ein Mischgetränk, das je zur Hälfte aus Rum und Wasser besteht. Abgeschmeckt mit Zucker und Zitronensaft, wird er ähnlich wie ein Grog heiß zubereitet, und zwar in einem speziellen 1,5 l fassenden „Angler-Muck-Pott" aus Porzellan, der auf einem Stövchen serviert wird. Der Name stammt vom englischen *mug* (=Krug) und bezieht sich auf den speziell genutzten Porzellanpott. Für den Sommer gibt es auch eine kalte Variante, bei der im Verhältnis 3:1 Limonade und Korn gemischt werden; gelegentlich sind es auch Zitronensprudel und Rum, die mit Eiswürfeln serviert werden.

Zur Kaffeezeit gibt es dann noch Besonderheiten wie den Pharisäer oder die Tote Tante. Während es sich beim **Pharisäer** um Kaffee mit einem Schuss Rum und Schlagsahne obenauf handelt, wird bei der **Toten Tante,** die in anderen Regionen eher als Lumumba bekannt ist, Kakao statt Kaffee verwendet und die Sahnehaube mit Schokostreuseln verziert.

Während Bier, und insbesondere das Flensburger Bier, allgegenwärtig ist, hat lediglich in Lübeck auch Wein Tradition, und zwar der **Rotspon.** Die Bezeichnung geht auf das niederdeutsche Wort *span* zurück, das „Fass" bedeutet. Tatsächlich wurden schon seit dem Mittelalter in den Lübecker Lagerhäusern französische Weine bis zur Flaschenabfüllung in Holzfässern gelagert und nahmen hier ihren ganz besonderen Geschmack an.

Kinder

→ Mit Kindern an der Küste, S. 20/21

Klima und Reisezeit

Entgegen ihrem Ruf ist die Ostseeküste in Wirklichkeit ein **Schönwettergebiet.** In Sachen Sonne liegt man bundesweit an der Spitze. Folglich gibt es relativ wenig Niederschläge .Dass die Ostseeküste zu den regenärmsten und sonnenreichsten Gebieten Deutschlands gehört, liegt daran, dass die Wolken häufig über dem Festland und nicht über dem Wasser abregnen. In Hamburg mag noch so ein Schmuddelwetter sein – an der Küste scheint bereits wieder die Sonne. Allerdings geht es hier oft auch ganz schön stürmisch zu. Wegen der ständigen Brise (im Durchschnitt 4 Beaufort = 20–28 km/h) ändert sich das Wetter aber ebenso oft schlagartig und lange Regenperioden sind eher selten. Die staubfreie, **jod- und salzkristallhaltige Luft** ist eine Wohltat für die Atemwege. Und sie gilt als gesundheitsfördernd, vor allem für Allergiker. Ihre heilende Wirkung versucht man immer stärker zu vermarkten, beispielsweise über Angebote zur natürlichen Sole-Inhalation, die den Stoffwechsel aktiviert und bei Atemwegsbeschwerden, Herz- und Kreislauferkrankungen sowie Störungen des vegetativen Nervensystems und der Schilddrüsenfunktion helfen soll. Wie dem auch sei, die Abwehrkräfte werden auf jeden Fall durch das milde Reizklima und das erfrischende Meerwasser gestärkt.

	Flensburg				Hohwacht			
	Ø Lufttemperatur (Tagesmittel in °C), Veränderung zur Periode 1961–1990		Ø Niederschlag (in mm), Veränderung zur Periode 1961–1990		Ø Lufttemperatur (Tagesmittel in °C), Veränderung zur Periode 1961–1990		Ø Niederschlag (in mm), Veränderung zur Periode 1961–1990	
Jan.	2,0	+1,4	91	+17	1,9	+1,0	62	+5
Febr.	2,0	+1,3	69	+22	2,2	+1,0	49	+13
März	4,0	+1,3	65	+3	4,3	+1,1	46	-3
April	7,8	+1,5	44	-6	8,0	+1,6	36	-10
Mai	11,9	+0,6	58	-4	11,9	+0,9	50	+1
Juni	15,0	+0,1	80	+14	15,4	+0,7	64	+6
Juli	17,3	+1,3	98	+14	17,7	+1,3	68	-4
Aug.	17,2	+1,3	107	+8	17,6	+1,3	74	+13
Sept.	13,9	+0,9	89	-1	14,3	+0,8	58	-2
Okt.	9,8	+0,2	101	+13	10,1	+0,2	58	+2
Nov.	5,7	+0,5	84	-21	5,9	+0,5	55	-14
Dez.	3,0	+0,8	100	+9	3,0	+0,7	63	0
Jahr	**9,1**	**+0,9**	**986**	**+67**	**9,3**	**+0,9**	**682**	**+7**

Daten: Deutscher Wetterdienst, Periode 1991–2020

Die schleswig-holsteinische Ostseeküste ist daher nicht nur im Sommer eine Reise wert. Hier ist das ganze Jahr über Saison, auch in den vergleichsweise milden Wintern. Badetemperaturen ab 19 °Celsius werden aber nur im Hochsommer erreicht.

Kunst und Kultur

→ Erlebnis Kultur, S. 14/15

Hundestrände

→ Strandleben, S. 16/17

Sport

→ Aktiv an der Ostseeküste, S. 18/19

Übernachten

Der Ostseeurlauber schläft mehrheitlich in Ferienwohnungen, von denen es eine Überfülle gibt. Besonders in der Hochsaison zwischen Juni und August ist die Küste vielerorts ausgebucht; hier empfiehlt sich eine Reservierung oder ein Ausweichen in die Holsteinische Schweiz oder nach Angeln, wo immer mal ein Zimmer frei ist.

Ferienwohnungen: Gelegentlich bieten private Vermittlungsbüros Wohnungen an, fast überall übernehmen diese Aufgabe jedoch die örtlichen Fremdenverkehrsbüros, die Kataloge mit Ferienwohnungen bereithalten. Wenn Sie entsprechende Angebote einholen wollen, sind Sie dort an der richtigen Adresse. Informieren kann man sich zudem im Internet, beispielsweise unter ostsee-schleswig-holstein.de.

▪ Wegen der wirklich unüberschaubaren Fülle an Angeboten im Bereich Ferienwohnungen haben wir im Reiseteil dieses Buches auf entsprechende Hinweise verzichtet; lediglich örtliche Vermittlungsagenturen werden genannt.

Hotels/Pensionen: Wer in einem Hotel schlafen möchte, wird meist kräftig zur Kasse gebeten, denn die meisten Häuser an der Küste gehören der gehobenen

Kategorie an. Pensionen gibt es insgesamt relativ wenige, da viele Häuser in den letzten Jahren zu Appartementanlagen umgebaut wurden. Ein Unterkunftsverzeichnis erhalten Sie bei den Touristeninformationen (online, aber auch als Prospekt in Papierform).

Preiskategorien für Unterkünfte

€	bis 100 Euro
€€	101–200 Euro
€€€	201–300 Euro
€€€€	über 300 Euro

Die im Buch verwendeten Preiskategorien beziehen sich auf die Übernachtung im Doppelzimmer während der Hochsaison (HS) und beinhalten auch ein Frühstück. In der Nebensaison (NS) und in den Wintermonaten offerieren einige Vermieter Sonderpreise. Campingplätze erhalten keine Preiskategorie.

Jugendherbergen: Es gibt sie in allen größeren Ortschaften, namentlich 2-mal in Lübeck, Scharbeutz, Dahme, Burg (Fehmarn), Schönberg, Bad Malente, Plön, Bad Segeberg, Kiel, Eckernförde, Borgwedel (Schlei), Kappeln und Flensburg. Die Herbergen sind allen Altersgruppen zugänglich, Voraussetzung ist lediglich ein gültiger Jugendherbergsausweis (bis 26 J. 7 €, für Senioren oder Familien 22,50 € pro Jahr). Für den Aufenthalt hat man i. d. R. die Wahl zwischen Übernachtung/Frühstück, Halb- oder Vollpension. Die Übernachtung mit Frühstück kostet zwischen 28 und 39 €. Einzelgäste ab 27 Jahren zahlen einen Zuschlag von 5,50 € pro Nacht.

▪ Infos beim Landesverband Nordmark des Deutschen Jugendherbergswerks, Rennbahnstr. 100, 22111 Hamburg, ✆ 040-655995-66, jugendherberge.de/nordmark.

Schlafstrandkorb (Kellenhusen)

Urlaub auf dem Bauernhof: Bauernhofurlaub an der Küste ist immer mehr im Kommen. Derzeit gibt es an der Küste und im Hinterland knapp 150 Ferienhöfe, die jeweils über einige Ferienwohnungen und gelegentlich auch Privatzimmer verfügen. Infos bei den Touristinfos und unter landsichten.de/schleswig-holstein.

Camping/Wohnmobil: Ganz sicher ist die schleswig-holsteinische Ostseeküste ein Eldorado für Campingfreunde. Ganze Küstenstreifen und manche Seeufer sind mit **Campingplätzen** übersät, insgesamt sind es rund 100. Die z. T. sehr großen Plätze bieten Sportmöglichkeiten, Kinderbetreuung und Animation, fast immer sind auch ein Lebensmittelladen und ein Restaurant vorhanden. Viele Campingplätze sind jedoch nur in der Zeit von April bis Oktober geöffnet und im Hochsommer sehr voll; eine vorherige Reservierung ist dann dringend zu empfehlen. Camping ist kein billiges Vergnügen, die Preise pro Übernachtung liegen für eine Familie pro Stellplatz bei 45–120 €.

Wohnmobilisten sind an der Küste ebenfalls gerne gesehen. Nahezu jedes Ostseeküstenbad hat mittlerweile spezielle **Wohnmobilstellplätze** ausgewiesen, zudem bieten sich die vielen Campingplätze immer als Alternative an. Freies Übernachten direkt an der Küste ist hingegen ein Problem, im Hinterland aber gelegentlich möglich.

▪ Im Reiseteil dieses Buches sind viele Plätze detailliert beschrieben. Eine schöne Übersicht über die Camping- und Wohnmobilplätze entlang der Ostseeküste und in der Holsteinischen Schweiz erhält man auch unter vcsh.de (auch download oder Prospektbestellung).

Schlafstrandkorb: Als neue Übernachtungsmöglichkeit (meist nur für 1–2 Nächte) haben sog. Schlafstrandkörbe die Küste erobert. Sie sind mittlerweile vereinzelt nahezu an jedem Strand der größeren Urlaubsorte Schleswig Holsteins aufgestellt (meist in der Nähe der jeweiligen Kurverwaltung bzw. deren Toiletten). In diesen wetterfesten und mit einem großen Faltdach verschließbaren XXL-Strandkörben (von 2,40 m Länge und 1,30 m Breite) können 2 Erwachsene unter freiem Himmel übernachten und dabei den Sonnenauf- oder Untergang sozusagen hautnah erleben. Die Preise schwanken zwischen 59 und 85 € pro Korb und Nacht, ein Schlafsack ist mitunter mitzubringen. Je nach Urlaubsort sind aber auch Erweiterungspakete buchbar – vom Bettwäschepaket bis zum Gourmetfrühstück oder Abend-Dinner im Korb. Infos unter ostsee-schleswig-holstein.de/strandschlafen-ostsee.html.

Die Deutsche Gesellschaft zur Rettung Schiffbrüchiger

Mitte des 19. Jahrhunderts gerieten vor den deutschen Küsten jährlich Dutzende Schiffe in Seenot, doch fehlende Ausrüstung und das seit dem Mittelalter geltende Strandrecht, nach dem – sofern es keine Überlebenden gab – das angeschwemmte Strandgut den Küstenbewohnern bzw. deren Landesherren gehörte, verhinderten häufig die Rettung der Verunglückten. Furchtbare Schiffskatastrophen, wie die des Auswandererschiffs „Johanne“ mit 77 Toten im November 1854 vor der Nordseeinsel Spiekeroog, führten aber zu einem Umdenken und letztlich im Jahr 1865 zur Gründung der „Deutschen Gesellschaft zur Rettung Schiffbrüchiger“ (DGzRS).

Anfangs fuhren die wagemutigen Retter noch in einfachen Ruderbooten hinaus, heute gehört die Gesellschaft zu den modernsten Seenotrettungsdiensten der Welt. Die Zentrale, von der die Rettungsteams der 55 Stationen entlang der Nord- und Ostseeküste koordiniert werden, befindet sich in Bremen. 800 Freiwillige und 180 Festangestellte stehen in Diensten der DGzRS, mehr als 86.000 Menschen konnten bis heute mithilfe der Seenotkreuzer und Seerettungsboote aus lebensgefährlichen Situationen befreit werden. Bemerkenswert ist, dass die Seenotretter seit nun fast160 Jahren unabhängig von staatlicher Unterstützung sind. Die Gesellschaft finanziert sich nur durch Spenden.

▪ **Information:** Rund um die Uhr besetzte Rettungsstationen gibt es in Grömitz, Großenbrode, Laboe und Olpenitz. Freiwilligenstationen gibt es in Travemünde, Neustadt, Fehmarn, Heiligenhafen, Lippe, Schilksee, Eckernförde, Schleswig, Damp, Maasholm, Gelting und Langballigau. Im Notfall ist die Seenotleitung in Bremen über ✆ 0421-536870 zu erreichen. Notrufe können auch über die Nummer ✆ 112 oder in den deutschen Mobilfunksystemen über ✆ 124-124 erfolgen.

Kartenverzeichnis

Ostseeküste – Schleswig-Holstein Umschlagklappe vorne

Angeln und die Flensburger Förde 366
Bad Malente-Gremsmühlen 223
Burg 123
Eckernförde 297
Eutin 219
Fehmarn 112/113
Flensburg 407
Glücksburg 389
Grömitz 91
Heiligenhafen 148/149
Hohwachter Bucht 142/143
Holsteinische Schweiz 208
Kappeln 357
Kiel und die Eckernförder Bucht 249
Kiel 270/271
Lübeck und Lübecker Bucht 26
Lübeck 47
Neustadt 81
Oldenburg 153
Plön 231
Preetz 203
Schleswig und die Schlei 310
Schleswig 322/323
Travemünde 57

Zeichenerklärung für die Karten und Pläne

Autobahn
Schnellstraße/Tunnel
mehrspurige Straße
Hauptstraße
Landstraße
Ostseeradwanderweg
Fährverbinung
Kanal
Fluss
Bahnlinie
Bahnlinie/Tunnel im Bau
Landesgrenze
Lübeck besonders sehenswerte Orte

Gewässer
Stadtfläche
Militärgebiet
Naturpark
Schutzgebiet/Forst
Feuchtgebiet
Strand
Fußgängerzone
Flughafen
Hafen
Fähre
Parkplatz
Leuchtturm
Mühle

Sehenswürdigkeit
Museum
Hünengrab
Schloss
Kirche
Kloster
Freizeit & Sport
Information
Apotheke
Post
Geldautomat/Bank
Krankenhaus
Berg
Strand

Fotonachweis

Alle Fotos von Dieter Katz außer: S. 69 (Bildarchiv Preußischer Kulturbesitz, bpk) | S. 152, 260 (Steffen Fietze) | S. 40 (Oliver Mahlzahn)

Alles im Kasten

Die Hanse 30
Die steinerne Maus 35
Lübecker Marzipan 41
Der Präsident geht baden 69
Die vergessene Kirchenschuld 72
Der Untergang der Cap Arcona 79
Der dicke Mann und die Eiche 95
Fehmarnsundbrücke: Wahrzeichen der Ostseeküste 109
Steinfischer 116
Die Vogelfluglinie 120
Freie Fehmaraner 126
Wo Jimi Hendrix sein letztes Konzert gab 131
Ole Liese – das Testament des Fürsten 174
Die Bräutigamseiche 216
Der Schwarze Trompeter 229
Kieler Umschlag 250
Die Kieler Woche 255
NOK – die meistbefahrene Wasserstraße der Welt 262
Der Teufelsstein – größter Findling Schleswig-Holsteins 283
Kieler Sprotten – eigentlich ein Etikettenschwindel? 291
Die geheimnisvollen Moorleichen von Windeby 294
Haithabu – bei den Wikingern 326
Die überflüssige Schlacht – Idstedt 330
Die Schlei 334
Der Riese von Ulsnis 342
Wo liegt Deekelsen? 344
U-Boot-Versenkung und Hinrichtung in der Geltinger Bucht 369
Bismarcktürme 373
Brarup-Markt 376
Jemanden dingfest machen 379
Gleichgeschlechtliche Ampelpärchen 393
Flensburgs ru(h)mreiche Vergangenheit 396
Petuh und Petuh-Tanten 402
Punkte in Flensburg 409
Grenzzaun nach Dänemark 412
Bernstein und andere Strandfundstücke 418
Schleswig-Holsteinischer Adel und Leibeigenschaft 423
Die Novembersturmflut von 1872 und das Ostseesturmhochwasser von 2023 427
Hünen- oder Hügelgräber 432
Der Strandkorb – Freiluftsofa in steifer Brise 437
Schilf statt Ziegel: ein Dach aus Reet 438
Die Deutsche Gesellschaft zur Rettung Schiffbrüchiger 443

Vielen Dank!

Mein besonderer Dank gilt den vielen Leserinnen und Lesern, die mit Tipps und Beiträgen bei der Aktualisierung dieses Reisehandbuchs geholfen haben. Einen herzlichen Dank für die Unterstützung auch an Dres. Birgit und Niko Lorenz (Grube).

Dank schulde ich auch den Mitarbeiterinnen und Mitarbeitern des Michael-Müller-Verlages und der D&M Services GmbH; insbesondere meinen Lektorinnen Christine Beil und Dagmar Tränkle, der Redaktion um Carolin Hellwig, dem engagierten Layout- und Kartografie-Team und nicht zuletzt meiner Frau Susanne für die Unterstützung und Geduld.

Impressum

Text und Recherche: Dieter Katz | **Lektorat:** Christine Beil, Dagmar Tränkle | **Redaktion:** Carolin Hellwig | **Layout:** D&M Services GmbH: Christiane Bauer, Jana Dillner, Mirko Graf, Jana Locker, Julia Lüssow, Dirk Thomsen | **Karten:** Theresa Flenger, Thomas Klein, Judit Ladik, Annette Seraphim | **Herausnehmbare Karte:** Annette Seraphim | **GIS-Consulting:** Rolf Kastner | **Fotos:** siehe Fotonachweis S. 444 | **Innentitel:** Häuser in Heiligenhafen | **Covergestaltung:** Karl Serwotka | **Covermotiv:** Badestrand am Brodtener Ufer bei Travemünde an der Lübecker Bucht © mauritius images / Hans Blossey / imageBROKER

ISBN 978-3-96685-304-0

 Druck: Westermann Druck Zwickau GmbH.

Haftungsausschluss

Die in diesem Reisebuch enthaltenen Informationen wurden vom Autor nach bestem Wissen erstellt und von ihm und dem Verlag mit größtmöglicher Sorgfalt überprüft. Dennoch sind, wie wir im Sinne des Produkthaftungsrechts betonen müssen, inhaltliche Fehler nicht mit letzter Gewissheit auszuschließen. Daher erfolgen die Angaben ohne jegliche Verpflichtung oder Garantie des Autors bzw. des Verlags. Autor und Verlag übernehmen keinerlei Verantwortung bzw. Haftung für mögliche Unstimmigkeiten. Wir bitten um Verständnis und sind jederzeit für Anregungen und Verbesserungsvorschläge dankbar.

Aktuelle Infos zu unseren Titeln, Hintergrundgeschichten zu unseren Reisezielen sowie brandneue Tipps erhalten Sie in unserem regelmäßig erscheinenden Newsletter, den Sie im Internet unter **michael-mueller-verlag.de** kostenlos abonnieren können.

Was haben Sie entdeckt?

Haben Sie ein besonderes Restaurant, ein neues Museum oder ein nettes Hotel entdeckt? Wenn Sie Ergänzungen, Verbesserungen oder Tipps zum Buch haben, lassen Sie es uns bitte wissen!

Schreiben Sie an: Dieter Katz, Stichwort „Ostseeküste – Schleswig-Holstein"
c/o Michael Müller Verlag GmbH | Gerberei 19 | D – 91054 Erlangen
dieter.katz@michael-mueller-verlag.de

Abruzzen ■ Ägypten ■ Albanien ■ Algarve ■ Algarve ■ Allgäu ■ Altmühltal & Fränk. Seenland ■ Amsterdam ■ Andalusien ■ Apulien ■ Australien – Der Osten ■ Auvergne & Limousin ■ Azoren ■ Bali & Lombok ■ Barcelona ■ Berlin ■ Bodensee ■ Bornholm ■ Bremen mit Bremerhaven ■ Bretagne ■ Brüssel ■ Budapest ■ Chalkidiki ■ Chiemgau & Berchtesgadener Land ■ Chios ■ Cilento ■ Comer See ■ Cornwall & Devon ■ Costa Brava ■ Costa de la Luz ■ Costa Rica ■ Côte d'Azur ■ Cuba ■ Dänemark Nordseeküste ■ Dolomiten ■ Dolomiten ■ Dominikanische Republik ■ Dresden ■ Dublin ■ Düsseldorf ■ Ecuador ■ Eifel ■ Elba ■ Elsass ■ Fehmarn ■ Florenz & Chianti ■ Föhr & Amrum ■ Franken ■ Fränkische Schweiz ■ Fränkische Schweiz ■ Friaul-Julisch Venetien ■ Fuerteventura ■ Gardasee ■ Gardasee ■ Golf von Neapel ■ Gomera ■ Gran Canaria ■ Hamburg ■ Harz ■ Haute-Provence ■ Ibiza & Formentera ■ Irland ■ Island ■ Istanbul ■ Istrien ■ Jerusalem ■ Kalabrien & Basilikata ■ Kanada – der Westen ■ Karpathos ■ Kärnten ■ Katalonien ■ Kefalonia & Ithaka ■ Köln ■ Kopenhagen ■ Korfu ■ Korsika ■ Korsika ■ Kos ■ Krakau ■ Kreta ■ Kreta ■ Kroatische Inseln & Küstenstädte ■ Kykladen ■ Lago Maggiore ■ Lago Maggiore ■ La Palma ■ La Palma ■ Languedoc-Roussillon ■ Lanzarote ■ Latium mit Rom ■ Lesbos ■ Ligurien ■ Ligurien ■ Limnos ■ Liparische Inseln ■ Lissabon & Costa de Lisboa ■ Lissabon ■ London ■ Lübeck ■ Lüneburg & Lüneburger Heide ■ Madeira ■ Madeira ■ Madrid ■ Mailand ■ Mainfranken ■ Mainz ■ Mallorca ■ Malta, Gozo, Comino ■ Marken ■ Marseille ■ Mecklenburgische Seenplatte ■ Mecklenburg-Vorpommern ■ Menorca ■ Midi-Pyrénées ■ Mittel- und Süddalmatien ■ Montenegro ■ Moskau ■ München ■ Münster & Münsterland ■ Naxos ■ Neuseeland ■ New York ■ Niederlande ■ Nord- u. Mittelengland ■ Nord- u. Mittelgriechenland ■ Norddalmatien ■ Norderney ■ Nordkroatien ■ Nördliche Sporaden ■ Nordportugal ■ Nordseeküste – Schleswig Holstein ■ Nordspanien ■ Normandie ■ Norwegen ■ Nürnberg, Fürth, Erlangen ■ Oberbayerische Seen ■ Oberitalien ■ Oberitalienische Seen ■ Odenwald ■ Oslo ■ Ostfriesland – Ostfriesische Inseln ■ Ostseeküste – Mecklenburg-Vorpommern ■ Ostseeküste – von Lübeck bis Kiel ■ Paris ■ Peloponnes ■ Pfalz ■ Piemont & Aostatal ■ Piemont ■ Polnische Ostseeküste ■ Porto ■ Portugal ■ Potsdam ■ Prag ■ Provence & Côte d'Azur ■ Provence ■ Regensburg ■ Rhodos ■ Rom ■ Rügen, Stralsund, Hiddensee ■ Rumänien ■ Rund um Meran ■ Salzburg & Salzkammergut ■ Samos ■ Santorini ■ Sardinien ■ Schottland ■ Schwarzwald Mitte/Nord ■ Shanghai ■ Sizilien ■ Sizilien ■ Slowakei ■ Slowenien ■ Spreewald ■ Sri Lanka ■ St. Petersburg ■ Steiermark ■ Stockholm ■ Straßburg ■ Südböhmen – Böhmerwald ■ Südengland ■ Südfrankreich ■ Südnorwegen ■ Südschwarzwald ■ Südschweden ■ Südtirol ■ Südtoskana ■ Südwestfrankreich ■ Sylt ■ Tallinn ■ Teneriffa ■ Teneriffa ■ Tessin ■ Thailand – der Norden ■ Thassos & Samothraki ■ Thüringen ■ Toskana ■ Toskana ■ Tschechien ■ Türkei ■ Türkei – Lykische Küste ■ Türkei – Mittelmeerküste ■ Türkei – Südägäis ■ Türkische Riviera – Kappadokien ■ Umbrien ■ USA – Südwesten ■ Usedom ■ Valdarno, Casentino & Florenz ■ Vancouver & Seattle ■ Varadero & Havanna ■ Venedig ■ Venetien ■ Wachau, Wald- u. Weinviertel ■ Wales ■ Warschau ■ Westböhmen & Bäderdreieck ■ Wien ■ Zakynthos ■ Zypern

MM-Travel **MM-City** **MM-Wandern**

WULFENER HALS
CAMPING ★★★★★ FERIENPARK
www.wulfenerhals.de
Camping, Mietwohnwagen
Mobilheime, Ferienhäuser
Apartments, Hotelzimmer
Surfen, Kiten, SUP,
Tauchen, Wakeboarden
Separater Wohnmobilpark
Direkt am 18-Loch-Golfpark
Beheizter Pool und Wellness
Sport- und Kinderanimation
sowie Abend-Entertainment
Top-Surf- und Kiterevier
Beheizter Pool und Badelagune
Über 50 Livekonzerte im Jahr
9 und 18-Loch-Golfplatz
Leading Campings
ADAC Superplatz 2024
ADAC
2003-2024
TopPlatz
DTV-BVCD
Superior
UMWELT MANAGEMENT
EMAS
GEFRAGTESTER CAMPINGPLATZ 2023
DEUTSCHLANDS TOP 100
PLATZ 1

Register

Die in Klammern gesetzten Koordinaten verweisen auf die herausnehmbare Karte.

Adel 423
Adolf II. 29, 166, 424
Adolf III. 53, 74, 424
Adolf IV. 150, 162, 178, 238, 249, 251, 424
Adolf VIII. 424
Aertsen, Pieter 193
Ahrensbök (D5) 245
Altenhof 280
Altenkrempe (E4) 74
Ampelpärchen 393
Angeln 19
Angeln (B1) 364
Anreise 435
Anschütz-Kaempfe, Hermann 252
Apengeter, Johann 34, 253
Arche Warder (B4) 268
Arnis (B2) 347
Arnkiel Park (A1) 413
Aschauer Lagune (B2) 280
Ascheberg (C4) 237
Automuseum Collection Schwansen 346

Bad Malente-Gremsmühlen (D4) 220
Bad Schwartau (E5) 49
Bad Segeberg (D5) 239
Badekarren 428
Baden 436
Bahn 435
Barlach, Ernst 38, 253
Barrierefreiheit 436
Barschel, Uwe 426
Bartelmann, Wilhelm 437
Bauer, Wilhelm 252
Behm, Alexander 252
Behrensdorf (D3) 171
Belau (C4) 238
Bellin (D3) 197
Bergmühle 405
Berlin (D5) 244
Bernstein 418
Besiedlung, bronzezeitliche 422
Besiedlung, steinzeitliche 421
Bismarck, Otto von 53, 373
Bismarcksäule (Pariner Berg) 51
Bismarcktürme 373
Bistensee (B3) 286
Blekendorf (D3) 160
Blekendorf (Feldsteinkirche) 162
Bliesdorf (E4) 84
Blome, Otto Graf 191, 194, 195
Blunck, Heinrich 190
Bockwindmühle 434
Bollbrügge (E3) 149
Bordesholmer Altar 315
Borgwedel (B2) 335
Bornhöved (C4) 238
Bosau (D4) 233
Bottsand 183
Brandt,Willy 44
Brasilien (D3) 178
Bräutigamseiche (D4) 216
Bremer, Asmus 250
Brockdorff, Cai Lorenz von 212
Brodersby (B2) 336
Brodersby (C2) 307
Brüggemann, Hans 315
Bungsberg (E4) 210
Bünn, Albert 199

Burg (Insel Fehmarn) 114
 Fehmarn-Museum 117

Camping 442
Cap Arcona (Schiff) 79
Carstens, Karl 426
Christian I. 424
Christian IV. 166, 266, 425
Christian VII. 416
Cismar (E4) 92

Dahme (F4) 97
Dahmeshöved 98
Damp (C2) 302
Danewerk (A2) 328
Dänischer Wohld (C3) 274
Dänisch-Nienhof (C2) 277
Der Landarzt (TV-Serie) 344
Dersau (D4) 236
Deutsch-Dänischer Krieg 425
Deutsche Gesellschaft zur Rettung Schiffbrüchiger (DGzRS) 443
Dobersdorfer See (C3) 192
Dodauer Forst (D4) 216
Dodelsteine 137
Dönitz, Karl 395
Donner, Conrad Hinrich von 204
Dreißigjähriger Krieg 425

Ebert, Friedrich 69
Eckernförde (B2) 288
Ehmsen, Heinrich 257
Einstein, Albert 67
Engholm, Björn 426
Essen und Trinken 438
Eutin (D4) 212
Eutiner Festspiele 217
Eyler, Claudine 101

Fahreignungsregister 409
Fahren (D3) 192
Fahrradfahren 18
Falckensteiner Strand 266
Fargau (D3) 195
Fauna 419

Fehmarn 110
 Albertsdorf (F3) 137
 Bannesdorf (F2) 127
 Bojendorf (E2) 132
 Burg (F3) 114
 Flügge (E3) 132
 Flügger Leuchtturm 132
 Gold (F3) 137
 Grüner Brink 128
 Katharinenhof (F3) 125
 Krummsteert 133
 Landkirchen (F3) 135
 Lemkenhafen (F3) 133
 Leuchtturm Staberhuk 125
 Meeschendorf (F3) 125
 Niobe-Denkmal 128
 Orth (F3) 133
 Petersdorf (F2) 130
 Puttgarden (F2) 127
 Sulsdorfer Wiek 133
 Wallnau (Wasservogelreservat) 132
 Westermarkelsdorf (E2) 129
 Wulfen (F3) 138
 Wulfener Hals (F3) 138

Fehmarnsundbrücke (F3) 109
Feig, Heinrich 95
Ferienwohnungen 441

Strandpromenade Dahme

Fernbus 435
Flath, Otto 242
Fledermäuse 241
Flehm (Langbett) 170
Flensburg (A1) 390
- Alte Friedhof 402
- Christiansenpark 403
- Eiszeithaus 403
- Flensburger Brauerei 403
- Flensburger Schifffahrtsmuseum 395
- Hans-Christiansen-Haus 401
- Heiliggeistkirche (Helligåndskirken) 401
- Heinrich-Sauermann-Haus 401
- Idstedt-Löwe 402
- Marienkirche 399
- Marineschule 392
- Mumiengrotte 403
- Mürwik 392
- Mürwiker Wasserturm 404
- Museumsberg Flensburg 401
- Museumshafen 398
- Museumswerft 398
- Naturwissenschaftliche Museum Flensburg 402
- Nikolaikirche 400
- Oluf-Samson-Gang 391
- Phänomenta 399
- Rote Straße 391
- Rumhäuser 397
- Rummuseum 397
- Rumregatta 397
- Salondampfer Alexandra 399
- Schuhleinen 391
- Spiegelgrotte 403
- Südermarkt 391
- Südostufer 392

Flensburger Förde (B1) 364
Flora 419
Forchhammer, Peter Wilhelm 258
Frantz, Justus 160
Freilichtmuseum Molfsee (C3) 266
Friedrich II. 29
Friedrich Wilhelm von Hessen 176, 194
Friedrichsort (C3) 265
Futterkamp (D3) 162

Gästekarte 437
Geibel Emanuel 60
Gelting (B1) 367
Geltinger Birk (B1) 370
Geltinger Bucht (B1) 366
Geografie 416
Gerold (Bischof) 166, 234
Geschichte 421
Gettorf (B3) 283
Giekau (St.-Johannes-Kirche) 195
Gilde 429
Glücksburg (A1) 384
Göhl (E3) 104
Golf 19
Gömnitzer Berg (E4) 74
Gorch Fock 254
Gottorf, Adolf von 98
Gottorfer Globus 318
Grabensee (D3) 194
Grafenwinkel 14
Grass, Günter 43
Graswarder 146
Grebiner Mühle 233
Gremersdorf (E3) 149
Grenzübergang Schusterkate 410
Griebeler See 211
Grömitz (E4) 85
Gropius, Martin 259
Großenbrode (F3) 106
Grote Hans 439
Grube (F4) 100
Guly-Thing (B1) 379

Güter/Herrenhäuser
- Altenhof (B3) 282
- Bredeneek (C3) 204
- Brodau (E4) 84
- Dobersdorf (C3) 192
- Ehlerstorf (E3) 159
- Farve (E3) 159
- Gaarz (E3) 104
- Görtz (F3) 104
- Güldenstein (E4) 156
- Hagen 191
- Hasselburg (E4) 75
- Helmstorf (D3) 169
- Kamp (D5) 245
- Kletkamp (D4) 170
- Lammershagen (D3) 197
- Löhrstorf (F3) 105
- Ludwigsburg (B2) 299
- Nehmten (D4) 236
- Neuhaus (D3) 196
- Noer 281
- Oevelgönne (E4) 73
- Pronstorf (D5) 243
- Rastorf (C3) 204
- Rixdorf (D4) 233
- Rohlstorf 242
- Rosenhof (F4) 102
- Salzau (D3) 195
- Seedorf (D4) 244
- Seegalendorf (E3) 149
- Sehestedt 286
- Sierhagen (E4) 76
- Siggen (F3) 103
- Testorf (E4) 160
- Wahlstorf (D4) 205
- Waterneverstorf (D3) 172
- Weissenhaus (E4) 158
- Wensin (D5) 242

Haddebyer Noor 328
Haffkrug (E4) 68
Haithabu (A2) 325, 326
Hansa-Park (E4) 71
Hanse 30
Harmsdorf (Schinkenräucherei) 156
Hasselberg (C1) 366
Hausmarken 137
Heckel, Erich 258
Heidkate (D3) 183
Heikendorf (C3) 188
Heiligenhafen (E3) 142
Heinrich der Löwe 29
Helmold von Bosau 234
Helmstede, Hinrich 32
Hemmelsdorfer See (E5) 61
Hendrix, Jimi 131
Heringsdorf (E3) 103
Herrenhäuser 14
Hessenstein (D3) 175, 194
Hessenstein, Friedrich Wilhelm von 174
Hirschfeld, Christian Cay Lorenz 212
Hohenfelde (D3) 177
Hohwacht (E3) 163
Hohwachter Bucht (E3) 140
Holländerwindmühlen 434
Holm (D3) 178
Holnis, Halbinsel (A1) 386
Holtenauer Schleuse (C3) 262, 263
Hotels 441
Hügelgräber 432
Hundestrände 441
Hünengräber 432
Hüttener Berge 286

Idstedter Räuberhöhle (A2) 331

Jacobsen, Arne 116
Janus, Johannes 206
Jugendherberge 442

Kafka, Franz 53
Kalifornien (D3) 178
Kappeln (B1) 350
Kappenwindmühlen 434
Karby (C2) 307
Karl der Große 422
Karl-May-Spiele 240
Kasseedorf (E4) 209
Katen 431
Kellenhusen (A3) 94
Kellenhusener Forst (F4) 94

Kiel (C3) 246, 248
- Alter Botanischer Garten 261
- Alter Markt 248
- Antikensammlung 258
- Aquarium GEOMAR 258
- Arche Warder 268
- Botanischer Garten 260
- Computermuseum 261
- Falckensteiner Strand 266
- Freilichtmuseum Molfsee 266
- Friedrichsort 265
- Gorch Fock 254
- Holtenauer Schleuse 263
- Hörn 251
- Industriemuseum Howaldtsche Metallgießerei 261
- Kieler Schloss 254
- Kiellinie 250
- Kleiner Kiel 250
- Kunsthalle zu Kiel 257
- Leuchtturm Kiel-Holtenau 265
- Maschinenmuseum Kiel-Wik 264
- Mediendom 262
- Medizin- und Pharmaziehistorische Sammlung 259
- Nikolaikirche 253
- Rathaus 250
- Schifffahrtsmuseum Fischhalle (mit Museumsbrücke) 255
- Schilksee 266
- Stadtgalerie Kiel 257
- Stadtmuseum Warleberger Hof 256
- Zoologisches Museum 259

Kieler Sprotten 291, 439
Kieler Woche 255
Kinau, Johann 254
Kirchner, Ernst Ludwig 258
Kirchnüchel (E4) 211
Kitzeberg 189
Klaustorf 107
Kleinwaabs 299
Klima 440
Klingberg (E5) 67
Klostersee-Strand (F4) 93
Knick 416
Kollunder Wald 411
Köm 440
Kraftfahrt-Bundesamt (KBA) 409
Kraksdorf-Strand (F3) 105
Krokau (Windmühle) 183
Kronsgaard (B1) 366
Kultur 441
Kunst 441
Kupfermühle, Industriemuseum 411
Kurtaxe 437

Laboe (C3) 184
Labskaus 439
Laiesz, Ferdinand 54
Landschaft 416
Langballig (B1) 380
Langbetten 432
Langenrade (Windmühle) 237
Lanker See (C4) 199
Leibeigenschaft 423
Lensahn (E4) 154
Lensterstrand (E4) 88
Leuchttürme 433
Limes Saxoniae 422
Lindau (B2) 343
Lindaunis (B2) 343
Lippe (D3) 171
Liss, Johann 151
Löns, Hermann 60, 82

Lübeck (E5) 27
- Aegidienkirche 37
- Buddenbrookhaus 43
- Burgtor 37
- Dom 37
- Europäisches Hansemuseum (Burgkloster) 39
- Gängeviertel 28
- Gothmund 49
- Große Petersgrube 28
- Günter-Grass-Haus 43
- Heiligen-Geist-Hospital 36
- Holstentor 32

Die Ostseeküste: ein Refugium für Wasservögel

Industriemuseum Geschichtswerkstatt Herrenwyk 44
Jakobikirche 35
Katharinenkirche (Museumskirche) 38
Kolk 17 Figurentheater & Museum 42
Marienkirche 34
Maus, steinerne 35
Museum Behnhaus Drägerhaus 39
Museum für Natur und Umwelt 42
Museum Holstentor 38
Museumsquartier St. Annen 40
Petrikirche 33
Rathaus 33
Schiffergesellschaft 36
Stiftshöfe 36
Willy-Brandt-Haus 44
Lütjenburg (D3) 165
Lütt un Lütt 440

Maasholm (C1) 358
Machemehl, Günter 71
Macke, August 39
Maltzahn, Elfriede 437
Mann, Heinrich 43
Mann, Thomas 41, 43, 53
Marzipan 41
Maus, steinerne (Lübeck) 35
Megalithgräber 432
Memling, Hans 40
Missunde (B2) 336
Möltenort (C3) 188
Mönchneversdorf (E4) 209
Mönkeberg (C3) 189
Moorleiche von Windeby 294
Munch, Edvard 39
Munkbrarup, Windmühle 381

Napoleon 31, 60
Naturschutzgebiete 12
Nehrungshaken 417
Nessendorf (Eselpark) 161
Neukirchen (B1) 368
Neukirchen (bei Heiligenhafen) (E3) 105
Neukirchen (bei Malente) (D4) 225
Neuland (Leuchtturm) 172
Neustadt in Holstein (E4) 77
Neversfelde (Aussichtsturm) 224
Nieby (B1) 368
Niederdeutsch 431
Niendorf (E5) 59
Noer (C2) 280
Nolde, Emil 258
Noor 417
Nordic Walking 18
Nord-Ostsee-Kanal (NOK) (B3) 262
Noske, Gustav 69
Notke, Bernd 38
Novembersturmflut (1872) 427

Öffentliche Verkehrsmittel 435
Oldenburg (Holstein) (E3) 150
Olpenitz (C1) 355
Ostermade (F3) 105
Ostsee 419
Ostseecard 437
Ostsee-Erlebniswelt (E3) 107
Ostseeküsten-Radweg 18
Overbeck, Johann Friedrich 39

Paasch, Heinrich 101
Pamir 55
Panker 173
Panorama-Wanderweg Fördesteig 382
Passade (D3) 191
Passader See (C3) 191
Passat 54
Pechstein, Max 258
Pelzerhaken (E4) 82
Pensionen 441
Petuh 402
Petuhtantendeutsch 402
Pharisäer 440
Phonomuseum 346
Plattdeutsch 431
Plett, Peter 182
Plön (D4) 226
Pönitzer Seenplatte 67
Postsee (C4) 199
Pratjau (D3) 195
Preetz (C4) 198
Priwall (E5) 52
Probstei 140
Probsteierhagen (C3) 191
Pronstorf 243
Pülsen (D3) 195
Putlos (E3) 150, 158

Qualle 420

Raabe, Wilhelm 60
Radfahren 18
Rantzau, Heinrich von 84
Ratekau (E5) 51
Reetdächer 438

Reisezeit 440
Reiten 19
Rettin (E4) 83
Reventlow, Otto von 167
Riese von Ulsnis 342
Rieseby (B2) 338
Ripener Privileg 424
Rosenfelder Strand (F4) 103
Rotspon 440
Rumpelsee 73
Ruserberg (Steinzeit-Grabanlage) 161

Sagau (E4) 209
Sande (D4) 236
Scharbeutz (E5) 66
Schashagen (E4) 84
Schauenburger Grafen 422
Schilksee (C3) 266
Schlacht von Idstedt 330
Schlafstrandkorb 443
Schlei (A/B2) 334
Schleimünde 362
Schlesen (C3) 192

Schleswig (A2) 310
- Auf der Freiheit 312
- Bordesholmer Altar 315
- Fischersiedlung Holm 311
- Gottorfer Globus 318
- Graukloster 310
- Holm-Museum 312
- Möweninsel 320
- Museum für Archäologie (Schloss Gottorf) 318
- Museum für Kunst und Kulturgeschichte (Schloss Gottorf) 317
- Rathausmarkt 310
- Schloss Gottorf 317
- St.-Johannis-Kloster vor Schleswig 315
- St.-Petri-Dom 314
- Stadtmuseum Schleswig 319
- Wikingturm 313

Schleswig-Holstein Musik Festival 15, 75, 160, 195
Schleswig-Holstein-Ticket 435
Schmalensee (C4) 238
Schmidt-Rottluff, Karl 71, 164, 258
Schönberg (D3) 178
Schönhagen (C2) 305
Schönwalde am Bungsberg (E4) 208
Schürsdorf (E5) 68
Schwansen (B2) 298
Schwansener See (C2) 306
Schwarzer Trompeter 229
Schwarzsauer 439
Schwedeneck (C2) 277
Schwentine 19
Schwentine (Fluss) 211
Seeholz (B2) 346
Seekamp-Strand (F3) 105
Seenotrettung 443
Sehestedt (B3) 286
Sehlendorfer Strand 160
Selent (D3) 193
Selenter See (D3) 193
Sierksdorf (E4) 70
Sieseby (B2) 345
Siggeneben (F3) 103
Simonis, Heide 426
Slawen 422
Slawenchronik 234
Sophienhof (Kapelle) 205
Sport 441
St.-Andreas-Kirche Haddeby 328
Stahl, Sophie 87
Stakendorf (D3) 182
Stakendorfer Strand (D3) 182
Stein (C3) 183
Steinfischer (Fehmarn) 116
Stellwagen, Friedrich 35
Stexwig (A2) 335
Stocksee (D4) 238
Stöfs (D3) 172
Stohler Kliff (C2) 277
Stoltenberg (D3) 192
Storm, Theodor 145, 239
Strande (C3) 275
Strandkorb 437
Süderbrarup (B2) 375
Surendorf 278
Süsel (E4) 73
Sütel-Strand (F3) 105

Thing 379
Thorsberger Moor (B2) 377
Timmdorf (D4) 225
Timmendorfer Strand (E5) 63
Tintoretto, Jacopo 38
Tischbein, Johann Heinrich Wilhelm 214
Todendorf (D3) 173
Tökendorf (C3) 192
Tolk-Schau (B2) 379
Tote Tante 440
Totengilde 430
Trappenkamp (Erlebniswald) 238
Travemünde (E5) 52
Travenhorst (D5) 245
Travequelle (D4) 245

Übernachten 441
Ukleisee (D4) 217
Ulsnis (B2) 340
Unewatt (B1) 380
Urlaub auf dem Bauernhof 442

Verkehrsmittel vor Ort 435
Vicelin (Bischof) 150, 234, 422
Vicelinkirchen 422
Vogel, Samuel Gottlieb 428
Vogelfluglinie 109, 120
von Eichendorff, Josef 53
Voß, Johann Heinrich 214

Waabs (C2) 298
Wackerballig (B1) 367
Wagner, Richard 53
Wagrien 422
Waldemarsmauer 329
Waldersee, Alfred von 173
Wandern 18
Wangels (E3) 158
Wankendorfer Seengebiet 238
Warder (Kirche) 243
Wassersleben (A1) 410
Wassersport 19
Weber, Carl Maria von 214
Weissenhäuser Strand (E3) 157
Wendtorf (C3) 183
Wieck, Clara 53
Wiepert, Peter 134
Wikinger 326
Wikinger Museum Haithabu 325
Wilhelm I. 133, 254
Wilhelm II. 53, 173, 252, 262
Windkraftanlagen 434
Windmühlen 433
Wisch (D3) 183
Wittensee (B3) 286
Wohnmobil 442

Yachting Heritage Centre 404

Zuse, Konrad 261
Zweiter Weltkrieg 426